2021年度 全国会计专业技术资格考试

经济法基础 应试指南

■ 侯永斌　中华会计网校　编

感恩21年相伴　助你梦想成真

中国商业出版社

图书在版编目(CIP)数据

经济法基础应试指南／侯永斌，中华会计网校编
．—北京：中国商业出版社，2020.11
2021年度全国会计专业技术资格考试
ISBN 978-7-5208-1240-5

Ⅰ.①经… Ⅱ.①侯… ②中… Ⅲ.①经济法–中国–资格考试–自学参考资料 Ⅳ.①D922.29

中国版本图书馆CIP数据核字（2020）第161087号

责任编辑：朱文昊 黄世嘉

中国商业出版社出版发行
010-63180647 www.c-cbook.com
（100053 北京广安门内报国寺1号）

新华书店经销
河北东方欲晓印务有限公司印刷

*

787毫米×1092毫米 16开 28印张 751千字
2020年11月第1版 2020年11月第1次印刷
定价：68.00元

****

（如有印装质量问题可更换）

前　言

正保远程教育

- **发展**：2000—2021年：感恩21年相伴，助你梦想成真
- **理念**：学员利益至上，一切为学员服务
- **成果**：18个不同类型的品牌网站，涵盖13个行业
- **奋斗目标**：构建完善的"终身教育体系"和"完全教育体系"

中华会计网校

- **发展**：正保远程教育旗下的第一品牌网站
- **理念**：精耕细作，锲而不舍
- **成果**：每年为我国财经领域培养数百万名专业人才
- **奋斗目标**：成为所有会计人的"网上家园"

"梦想成真"书系

- **发展**：正保远程教育主打的品牌系列辅导丛书
- **理念**：你的梦想由我们来保驾护航
- **成果**：图书品类涵盖会计职称、注册会计师、税务师、经济师、资产评估师、审计师、财税、实务等多个专业领域
- **奋斗目标**：成为所有会计人实现梦想路上的启明灯

图 书 特 色

1 "恋爱指南"——考情分析及应试方法

- 解读考试整体情况
- 了解考试总体框架
- 制定属于自己的学习计划

2 应试指导及同步训练

深闺棋韵
- 深入解读本章考点及考试变化内容

人生初见
- 了解命题方向和易错点

心有灵犀
- 夯实基础，快速掌握答题技巧

3 易错易混知识点辨析
- 避开设题陷阱，快速查漏补缺

4 考前预测试题
- 名师精心预测，模拟演练，助力通关

目录

第一篇 "恋爱指南"——考情分析及学习方法

2021年考情分析及学习方法 ··· 003
一、佳人如玉 ··· 003
二、书香门第 ··· 004
三、追爱秘籍 ··· 005

第二篇 "初见灵犀"——应试指导及通关演练

第一绝 "琴"——总论

深闺琴声 ·· 009
人生初见 ·· 009
  第一部分 法律基础 ·· 009
  第二部分 平等主体经济纠纷的解决途径 ··············· 017
  第三部分 不平等主体经济纠纷的解决途径 ··········· 028
心有灵犀 ·· 035
心有灵犀答案及解析 ··· 043

第二绝 "棋"——会计法律制度

深闺棋韵 ·· 047
人生初见 ·· 047
  第一部分 会计法律制度 ······································· 047
  第二部分 会计职业道德 ······································· 071
心有灵犀 ·· 072
心有灵犀答案及解析 ··· 079

I

第三绝 "书"——支付结算法律制度

- 深闺书香 ······ 084
- 人生初见 ······ 084
  - 第一部分 支付结算概述 ······ 084
  - 第二部分 银行结算账户 ······ 086
  - 第三部分 票据结算方式 ······ 096
  - 第四部分 非票据结算方式 ······ 118
  - 第五部分 结算纪律及法律责任 ······ 130
- 心有灵犀 ······ 132
- 心有灵犀答案及解析 ······ 143

第四绝 "画"——劳动合同与社会保险法律制度

- 深闺画风 ······ 151
- 人生初见 ······ 151
  - 第一部分 劳动合同法律制度 ······ 151
  - 第二部分 社会保险法律制度 ······ 177
- 心有灵犀 ······ 187
- 心有灵犀答案及解析 ······ 198

第五绝 "诗"——增值税、消费税法律制度

- 深闺诗语 ······ 204
- 人生初见 ······ 204
  - 第一部分 税法基础 ······ 204
  - 第二部分 增值税 ······ 207
  - 第三部分 消费税 ······ 230
- 心有灵犀 ······ 240
- 心有灵犀答案及解析 ······ 254

第六绝　"酒"——企业所得税、个人所得税法律制度

深闺酒醇 261
人生初见 261
  第一部分　企业所得税 261
  第二部分　个人所得税 283
心有灵犀 308
心有灵犀答案及解析 322

第七绝　"花"——其他税收法律制度

深闺花舞 330
人生初见 330
  第一部分　房地产相关税种 330
  第二部分　车辆、船舶与环境相关税种 351
  第三部分　与增值税联系较为密切的税种 357
心有灵犀 366
心有灵犀答案及解析 375

第八绝　"茶"——税收征收管理法律制度

深闺茶话 381
人生初见 381
  第一部分　税收征管法概述 381
  第二部分　税务管理 384
  第三部分　税款征收、税务检查与法律责任 387
心有灵犀 393
心有灵犀答案及解析 396

第三篇 "纸短情长"——易错易混知识点辨析

2021 年易错易混知识点辨析 ·· **401**

第四篇 "执子之手"——考前预测试题

2021 年考前预测试题 ··· **423**
    预测试题（一） ·· 423
    预测试题（一）参考答案及详细解析 ······························· 428
    预测试题（二） ·· 431
    预测试题（二）参考答案及详细解析 ······························· 436

第一篇

"恋爱指南"
——考情分析及学习方法

- 冲刺一拼,梦想成真
- 理顺思路,解决困惑
- 十分努力,十分坚持,一份成功
- 掌握学习方法,事半功倍

智慧启航 >>>

　　读书是在别人思想的帮助下，建立起自己的思想。

——鲁巴金

<<<

2021年考情分析及学习方法

"佳人如玉兮,居一方。辗转反侧兮,思如徨。道阻且长兮,不音往。与卿沐光兮,于明堂。"亲爱的读者朋友们大家好!当你选择本书时,你的心中一定已经有了一位令你辗转反侧,思之如徨的佳人——"初级会计专业技术资格考试"(以下简称"初级会计资格考试")。人生初见,惊鸿一瞥,佳人如玉却也迷蒙难测,执子之手尚需相悉相知,下面就让我们一起走近这位"如玉佳人",掀开她迷蒙的面纱,了解她,体会她,懂得她。

一、佳人如玉

(一)"俏佳人"的"俏脾气"

初级会计资格考试包括两大科目,分别为"初级会计实务"和"经济法基础",要求考生必须在一个考试周期内全部通过,既要有"经济实力",又要"一身正气"才能抱得美人归。如果其中一科考100分,而另一科考59分,则与两科零分没有任何区别。俏佳人有俏脾气,初级会计资格考试每年只安排一次,想要一科一科的通过是无法实现的,故而在备考复习的过程中,要求考生务必做到"两科并重",切勿厚此薄彼。

(二)"俏佳人"的"严家规"

2021年的初级会计资格考试"预计"将自2021年5月15日开始。2020年471万"追求者",在"大魔王"新冠疫情的搅局下,经历了"准丈母娘"九天十八场考核,方决出花落谁家。由于2020年北京、河北、新疆、深圳、大连等地未组织考试,延考人数和2021年报考人数之和预计将突破500万人。

同时考试仍将执行半天制,但为了降低疫情影响,减少聚集时间,两科考试时间各缩短了15分钟。即"预计"自2021年5月15日开始,每天分上、下午安排两个批次的考生参加考试,上午场:8:30—11:30;下午场:14:30—17:30。考试采用"无纸化"(计算机)形式,其中"初级会计实务"的考试时间为105分钟,"经济法基础"的考试时间为75分钟,两科连续进行,中间不休息;答完一科选择交卷后,开始另一科的作答,两科时间不混用。

需要说明的是,考生的具体参考批次与网上报名、缴费的先后顺序无关,由系统自动安排,并记录在"准考证"上。一般在考前一个月左右,各省级考试管理机构会陆续公布本地区初级资格考试准考证网上打印的起止日期,请考生务必关注。

初级会计资格考试的放榜时间通常为全部考试结束后"四周内",届时诸君的考试成绩,将在"全国会计资格评价网"和各地考试管理机构指定媒体上公布。中华会计网校(www.chinaacc.com)会在第一时间整理和更新查询入口链接,亦请考生关注。

(三)"四路"考验"验真心"

"经济法基础"的考题包括四大类,具体题型、题量及考核分值如下:

题型	单项选择题	多项选择题	判断题	不定项选择题	合计
题量	23题	10题	10题	3大题(12小题)	46大题(55小题)
分值	46分	20分	10分	24分	100分

单项选择题:考点单一、得分容易,为"四路"当中的"坦途"。多项选择题:综合性强、陷阱隐蔽,为"四路"当中最难走的"险滩"。判断题:一般是对边角知识点进行考核,就如点点的"梅花桩"。不定项选择题:在大案例背景下,考核知识点的运用,和多选题的评判标准类似,少选得相应

的分值,但错选不得分,考生就好像走在"地雷阵"当中。

需要强调的是2021年"准丈母娘"大放水,在题量和评判标准上均进行了重大让步:将单项选择题由24题改为23题,分值由1.5分/题,提升为2分/题,多项选择题由15题改为10题,评判标准由少选不给分改为给相应分值,判断题取消选错倒扣分制度。

"准女婿"们要加油了!走过"坦途"、渡过"险滩"、跳过"梅花桩"最后避过"地雷阵",用诸君的真心成功通过考验!

(四)"俏佳人"的"小心思"

"俏佳人"自1992年诞生以来,芳龄已然二十有八,而采用"机考"方式,至2021年也已历经十载,在"一期多批次"的考核模式下,建立了成熟完善的题库,其考核全面、系统、分散,各章、各节、各页、各段皆有考题,机会主义者将"死无葬身之地"。

由于考核广度的增大,考生必须对各章各节皆有了解,才能从容闯过"四路考验"。

虽然考核范围大到章章有题,节节有题,点点有题,句句有题,但不同的知识点出题量是不一样的。"俏佳人有她的小心思",重要知识点会从各个角度出题且数量较多,几乎每个批次试卷都会抽中,而这些重要知识点就是她的"心心念念",考生必须熟知这些俏佳人的"心头爱",比如"消费税的征税范围",该知识点在历年考核中,几个个批次均有考到。"非主流"知识点出题量很小,只有个别批次的试卷会抽中一个,备考复习中要分清主次,初级会计资格考试不是高考,我们的目标不是考满分,而是用最少的时间获得最大的回报,因此该放弃的要"果断放弃",不该放弃的要"寸土必争"。

我们发现自2012年机考改革以来,俏佳人的"心头爱"重复率是极高的,经常出现一个题目两年、三年甚至多年连续使用的情况,比如下题:

【例题·多选题】下列社会保险中应由用人单位和职工共同缴纳的有( )。
A. 基本养老保险　　　B. 基本医疗保险　　　C. 工伤保险　　　D. 失业保险

答案　▶ ABD

该题在2013年、2014年、2015年、2016年、2017年、2018年、2019年、2020年均有考核。与本题类似情况的题目是相对较多的,甚至不定项选择题也不例外,因此考生必须重视"历年真题"。

同时在依法治国、减税降费等大的政策背景下,近年来各种法律、法规的修订极为频繁。比如2021年民法典的正式实施、增值税、企业所得税多项优惠政策的出台,资源税等多个税种立法等,导致以往年度的大量真题已经跟不上时代的潮流。本书去粗取精,对近年的真题进行了整理,并对法律规定有所调整的题目按照新的规定进行了改编,考生使用本书,无须再自行寻找其他资料。

二、书香门第

2021年《经济法基础》的考试内容共分八个部分,其具体内容、预计分值比重和复习难度如下:

	章节	分值比重	重要性	复习难度
琴	总论	7%	★	★★
棋	会计法律制度	8%	★	★
书	支付结算法律制度	16%	★★★	★★★
画	劳动合同与社会保险法律制度	14%	★★	★★
诗	增值税、消费税法律制度	20%	★★★	★★★
酒	企业所得税、个人所得税法律制度	16%	★★★	★★★
花	其他税收法律制度	13%	★★	★★
茶	税收征收管理法律制度	6%	★	★

"俏佳人"自幼修习"琴、棋、书、画、诗、酒、花、茶"八项技艺,以"琴、棋、书、画"修身,以"诗、酒、花、茶"养性。"她"对追求者的考核,也是从这八个方面入手。其中"琴、棋、书、画"

对应"非税法篇"的四章,"诗、酒、花、茶"对应"税法篇"的四章。

诚然,复习难度和分值比重并不成正比,如《总论》,涉及大量法理性内容,复习难度较高,但考核分值却不算高,属于非重点章;《支付结算法律制度》《劳动合同与社会保险法律制度》,虽然考核分值不低,但却贴近生活,复习难度不高,属于拿分的重点章。

需要考生注意的是,非重点章中亦有重要考点、甚至必考考点,绝不能整章放弃。至于每一章的具体考点,也是考生"抱得美人归"需要经受的考验,在本书第二篇,笔者使用"★"对其进行了分类,部分考点内容较多,笔者会在配套课程中,再进行更加细致的分类,以便于考生在复习过程中结合自身情况加以掌握。

除上述内容外,这位"俏佳人"青春活泼喜欢新鲜事物,每年新增和调整内容,尤为当年备考复习的重点,具体我们会在第二部分每一章的开篇加以介绍。

三、追爱秘籍

(一)书课融合,灵犀相关

为了帮助2021年的考生更加从容地"与卿相约,执子之手",我们针对新形势下的考试难度、考试方向对本书进行了进一步优化,将其与课程进行深度融合。本书共分为四大部分:

第一篇 "恋爱指南"——考情分析及学习方法

一、佳人如玉——考情分析

二、书香门第——章节概览

三、追爱秘籍——学习方法

第二篇 "初见灵犀"——应试指导及通关演练

1. 人生初见——考点详解

2. 心有灵犀——通关演练及答案解析

第三篇 "纸短情长"——易错易混知识点辨析

第四篇 "执子之手"——考前预测试题

"人生初见"是"爱情"的第一步,在这里笔者会帮助考生完成对考点的初步掌握,其内容完全配套基础班课程,报名学习中华会计网校(www.chinaacc.com)课程的同学,无须再打印讲义,基础较好的读者,亦可以使用本书自学。在这一部分,我们对全部知识点进行了详细的整理、总结和阐述,对其中难以理解的内容增加了"老侯提示"这一小栏目并配合一些小例子进行阐述,以便帮助读者更轻松地掌握相关知识。

"心有灵犀"建立在"相识相知"的基础之上,这一部分设置在每章之后,大多数题目由笔者结合考试难度和考核方式精心编写,少量题目摘自历年经典考题,尽量做到完整覆盖本章考点且无重复考核,帮助考生更进一步理解知识,完成由"知道"到"运用"的跨越。而本部分的所有题目我们会通过"课后作业"方式指导考生进行练习,亦会在配套习题课程中进行讲解。

"纸短情长"是"热恋的痴迷",本部分专门对易错易混知识点进行辨析和强化训练,共设有二十四个专题,对想要高分通过"俏佳人"考核的考生,更需沉下心来仔细研读。对时间有限的考生,亦可选择性阅读。

"执子之手"是考前预测试题。模拟考试的方式、模拟考试的难度,尽量做到与考试同步。

(二)建立兴趣,树立信心

考生常感叹"俏佳人是个冰美人"给人以"生人勿进"之感。他们说"经济法基础"枯燥乏味,法律条文语言晦涩如天书,学不会、学不懂、不爱学、不想学。其实法律源于生活,每个法条都有其背后的故事,理解法条背后的故事,就能学懂法律。"俏佳人"并非缺乏情趣,只要真正爱上她,就能感受到她的魅力所在。俗话说,信心是成功之母,努力是成功之父,而兴趣是最好的老师,学习不是一种负担,请感受其中的快乐,且不说聪慧如您,就是蠢笨如"老赵"者(配套课程中的人物,想更多了解其人其事,咱们课程中不见不散)。只要拥有"长风破浪会有时,直挂云帆济沧海"的信念,亦能每每得偿所愿。

(三)心有猛虎,细嗅蔷薇

经济法基础虽考点繁多、范围宽广,但每年必考考点亦有不少,对于此类佳人的"心头爱",考生务必"凝心静气"做到彻底掌握,切勿"走马观花、浅尝辄止、自欺欺人",须知"懂一点和一点不懂"没有区别。当然,学习过程中也不要钻牛角尖,有时候进了死胡同绕不出来,那就放一放,睡一觉,很多时候"众里寻他千百度,蓦然回首,那人却在,灯火阑珊处"。

(四)理解为主,记忆为辅

记忆只是手段,不是目的,不要本末倒置,成年人的理解能力远远高于记忆能力,有更好的手段达到同样的目的时,何乐而不为呢?"俏佳人"不考默写,初级会计资格考试也没有主观题,90%的内容只要理解,足以应对考题。当然,考试毕竟是考试,想完全不加以记忆是不现实的,如本门课程中大量的时间性规定、处罚性规定等,还需考生下一番苦功,如果连"俏佳人"的"生日"都记不住,想走到最后恐怕也难。笔者在本书及配套课程中会对这些内容加以整理和总结,并辅以一定记忆的方法,总之一句话:"你若不离,我必不弃。"

(五)一张一弛,文武之道

"衣带渐宽终不悔,为伊消得人憔悴",很多考生为了能在考试中顺利通关,在学习之初都拿出了"拼命三郎"的精神,"头悬梁,锥刺股"自不待言,不吃、不睡的也大有人在,但笔者在这里还劝诸君:"爱是漫长的旅途,情长路远,望君珍重。"一开始就过犹不及,拼坏了身体,连考场都上不了,还不如不拼。学累了就放松一下,常回家看看父母,适当和三五朋友小聚一次,不会真的影响到您学习的进度,劳逸结合,会生活才会学习。

(六)但行好事,莫问前程

秘籍在手,还需要你认真去做的就是"爱"。记住初见她时的那份初心,认真地去"爱"她,欢喜的去"陪"她。诸君所求之"佳人",在你选择她时,她就已经爱你了,你对她笑,她便对你也笑;你给予她几分爱,她便回赠你几分;你为她熬夜,她便绝不会辜负你;你对她付出赤诚,她便以赤诚回吻你。"学习"是最真诚和疼惜你的有情人,也是最浪漫之事。

你和你的"心上人"之间只差一个彼此了解对方的方式和方法,而这,恰也正是本书的使命,待到诸君"喜结良缘"之时,便也是笔者欣慰欣喜之日!

最后,笔者赋词一首,遥祝诸君,长相思来常想念,常想念来不复失!

《长相思》

晴亦痴,雨亦痴,帘卷西风半壁湿,思卿未予知。

朝亦思,暮亦思,一径萧萧战马嘶,归来不复失。

2021年考试变化讲解

关于左侧小程序码,你需要知道——

亲爱的读者,无论你是新学员还是老考生,本着"逢变必考"的原则,今年考试的变动内容你都需要重点掌握。微信扫描左侧小程序码,网校名师为你带来2021年本科目考试变动解读,助你第一时间掌握重要考点。

第二篇

"初见灵犀"
——应试指导及通关演练

冲刺一拼，梦想成真

理顺思路，解决困惑

十分努力，十分坚持，一份成功

掌握学习方法，事半功倍

智慧启航 >>>

　　对未来的真正慷慨，是把一切都献给现在。

——阿尔贝·加缪

<<<

第一绝 "琴"——总论

深闻琴声

佳人"八绝"以"琴"为始。正所谓"知音一曲百年经，荡尽红尘留世名"。一如本章，作为全书开篇章节，一方面介绍了法律的基本原理，另一方面介绍了诉讼与非诉讼程序法的相关内容。虽然在考试中所占分值最多8%，但其内容影响至深，远非所占分值可比。

2021年考试变化

本章无实质性变化。

人生初见

第一部分 法律基础

考验一 法的本质与特征（★） *

扫我解疑难

（一）法的本质

1. 法是统治阶级的意志

『注意』法体现"统治阶级"的意志，并不等于"完全不顾及"被统治阶级的意愿。

2. 法是国家意志

（1）法由统治阶级"物质生活条件"决定，反映社会客观需要；

关于"扫我解疑难"，你需要知道——

亲爱的读者，下载并安装"中华会计网校"APP，扫描对应二维码，即可获赠知识点概述分析及知识点讲解视频（前10次试听免费），帮助夯实相关考点内容。若想获取更多的视频课程，建议选购中华会计网校辅导课程。

---

* ★表示了解，★★表示熟悉，★★★表示掌握。

(2)法体现统治阶级的"整体意志和根本利益",非个人意志。

(二)法的特征(见表1-1)

表1-1 法的特征

法的四性	具体内容
国家意志性	法是由国家"制定"或"认可"的规范
强制性	法由国家"强制力"保证其获得普遍遵行
规范性	法规范人们在社会关系中的"权利和义务"
明确公开性和普遍约束性	法是明确公开的,且对全社会各阶层具有普遍约束力

『老侯提示』本质与特征,双位一体,无须区分。

【例题1·判断题】法是统治阶级的国家意志的表现。( )

答案 ✓

【例题2·多选题】关于法的本质与特征的下列表述中,正确的有( )。

A. 法由统治阶级的物质生活条件所决定
B. 法体现的是统治阶级的整体意志和根本利益
C. 法是由国家制定或认可的行为规范
D. 法由国家强制力保障其实施

解析 选项AB,属于法的本质,选项CD,属于法的特征。

答案 ABCD

【例题3·多选题】下列各项中,属于法的特征的有( )。

A. 行为规范性 B. 国家意志性
C. 国家强制性 D. 普遍约束性

答案 ABCD

考验二 法律关系三要素(★★★)

扫我解疑难

法律关系:法律上的权利与义务关系。
三要素:主体、内容、客体。

(一)主体
1. 主体的种类
(1)自然人。
包括"中国公民、外国公民、无国籍人"。
(2)组织——法人和非法人组织(见表1-2)。

表1-2 法律关系主体中组织的类型

组织	类型		具体包括
法人	营利法人		有限责任公司、股份有限公司、其他企业法人等
	非营利法人	事业单位法人	公办医院、学校等
		社会团体法人	各类协会、学会等
		捐助法人	基金会、社会服务机构等
	特别法人	机关法人	各国家机关
		农村集体经济组织法人	生产队
		城镇农村的合作经济组织法人	农民合作社
		基层群众性自治组织法人	居委、村委会
非法人组织	个人独资企业、合伙企业、不具有法人资格的专业服务机构		

(3)国家。
2. 主体资格
(1)权利能力 VS 行为能力(见表1-3)。

表 1-3　权利能力和行为能力

能力	界定
权利能力	法律关系主体"**依法**"享有权利和承担义务的法律"**资格**"
行为能力	法律关系主体"**通过自己的行为**"从事法律活动，取得权利和承担义务的"**能力**"

(2)自然人的权利能力与行为能力。
①权利能力：始于出生、终于死亡。
②行为能力。

『注意』自然人的行为能力，只要求掌握"民事行为能力"即可(见表1-4)。

表 1-4　民事行为能力

行为能力	年龄	精神状态
无民事行为能力人	**不满**8周岁(<8)	"**不能**"辨认自己行为的成年人，包括8周岁以上的未成年人
限制民事行为能力人	8周岁以上**不满**18周岁(8≤且<18)	"**不能完全**"辨认自己行为的成年人
完全民事行为能力人	年满18周岁(≥18)	
	16周岁以上的未成年人，以自己的劳动收入为主要生活来源(16≤且<18)	

『注意』《民法典》规定："以上、以下"包括本数，"超过、不满"不包括本数。

(3)法人以及其他组织的权利能力与行为能力。
①权利能力：始于成立、终于终止。
②行为能力：同权利能力。

(二)内容
1. 法律关系的内容即法律"权利"和法律"义务"
2. "法律权利"是指权利享有者依法有权自主决定作出或者不作出某种行为的自由
3. "法律义务"包括积极义务(如缴纳税款、履行兵役)和消极义务(如不得毁坏公共财物、不得侵害他人生命健康权)

(三)客体
法律关系客体的分类。(见表1-5)

表 1-5　法律关系客体的分类

分类	具体内容		举例	适用范围
物	自然物		土地、矿藏等	常见于"物权关系"，但"经济法基础"考试中，会将合同标的物认定为"合同关系"的客体
	人造物		建筑、机器等	
	一般等价物		货币和有价证券	
	『注意』物可以有固定形态也可以没有固定形态			
人身、人格	生命权、身体权、健康权、姓名权、肖像权、名誉权、荣誉权、隐私权、婚姻自主权等		禁止非法拘禁、禁止刑讯逼供、禁止侮辱诽谤他人、禁止卖身为奴、禁止卖淫	常见于"人身关系"
	『注意1』"**人的整体**"只能是法律关系的主体，不能作为法律关系的客体； 『注意2』"**人的部分**"(比如人的头发、血液、骨髓、精子和其他器官)在某些情况下也可视为法律上的"物"，成为法律关系的客体			
精神产品	智力成果		发明、实用新型、外观设计；商标等	常见于知识产权关系
行为	行为的结果		生产经营行为、经济管理行为、提供一定劳务的行为、完成一定工作的行为	常见于合同关系

【例题1·多选题】下列各项中,属于法律关系构成要素的有( )。
A. 主体　　　　　B. 内容
C. 客体　　　　　D. 法律事件

解析▶ 选项D,是能够引起法律关系发生、变更和消灭的法定情况或者现象。　答案▶ ABC

【例题2·多选题】下列各项中,能够作为法律关系主体的有( )。
A. 乙农民专业合作社
B. 甲市财政局
C. 智能机器人阿尔法
D. 大学生张某

解析▶ 选项AB属于组织,选项D属于自然人,均可以作为法律关系的主体;选项C属于物,为法律关系的客体。　答案▶ ABD

【例题3·单选题】甲公司和乙公司签订购买20台办公电脑的买卖合同,总价款为20万元。该法律关系的主体是( )
A. 甲公司和乙公司
B. 20台办公电脑
C. 20万元价款
D. 签订买卖合同

解析▶ 选项BC,属于买卖合同的标的物和对价,其中选项B在"经济法基础"考试中被认定为该买卖合同的客体;选项D,属于引起法律关系产生的法律行为。　答案▶ A

【例题4·单选题】下列各项中,属于营利法人的是( )。
A. 社会团体
B. 政府机关
C. 有限责任公司
D. 事业单位

解析▶ 选项AD,属于非营利法人;选项B,属于特别法人。　答案▶ C

【例题5·判断题】合伙企业具有法人资格。( )

解析▶ 合伙企业属于非法人组织,不具有法人资格。　答案▶ ×

【例题6·多选题】下列关于自然人民事行为能力的表述中,正确的有( )。
A. 年满18周岁的自然人是完全民事行为能力人
B. 不能辨认自己行为的成年人是限制民事行为能力人
C. 8周岁以下的自然人是无民事行为能力人
D. 16周岁以上的未成年人但以自己的劳动收入为主要生活来源的自然人视为完全民事行为能力人

解析▶ 选项B,不能完全辨认自己行为的成年人为限制民事行为能力人;选项C,不满8周岁的未成年人为无民事行为能力人。　答案▶ AD

【例题7·多选题】下列各项中,属于法律关系的客体的有( )。
A. 有价证券
B. 库存商品
C. 提供劳务行为
D. 智力成果

解析▶ 选项AB属于法律关系客体中的"物";选项C,属于法律关系客体中的"行为";选项D,属于法律关系客体中的"精神产品"。　答案▶ ABCD

考验三　法律事实(★★)

扫我解疑难

概念:法律规定的能够引起法律关系产生、变更和消灭的现象。

分类标准:是否以当事人的意志为转移。

类别:法律事件和法律行为。

(一)法律事件(见表1-6)

表1-6　法律事件

分类	别称	具体内容
自然现象	绝对事件	地震、洪水、台风、森林大火等自然灾害
		生、老、病、死
		意外事故
社会现象	相对事件	社会革命、战争、重大政策的改变等

『注意』法律事件的出现"不以当事人的意志为转移",具有"不可抗力"的特征。

(二)法律行为(见表1-7)

表1-7　法律行为

分类标准	分类内容	代表行为
行为是否合法	合法行为与违法行为	
行为的表现形式	积极行为与消极行为	
行为是否通过意思表示作出	意思表示行为	
	非表示行为	拾得遗失物、发现埋藏物
	【说明】《民法典》规定:民事法律行为是民事主体通过意思表示设立、变更、终止民事法律关系的行为。因此,非表示行为不属于法律行为	
主体意思表示的形式	单方行为	遗嘱、行政命令
	多方行为	
行为是否需要特定形式或实质要件	要式行为与非要式行为	
主体实际参与行为的状态	自主行为与代理行为	
补充	是否存在对待的给付	有偿行为和无偿行为
	法律行为间的依存关系	主法律行为和从法律行为	买卖+保证合同

『注意1』人的行为并非都是法律行为。

『注意2』重点区分"法律事件"与"法律行为",并看清题目问法。

『注意3』法律行为的反向问法,比如:"订立遗嘱"是合法行为、积极行为、意思表示行为、单方行为、要式行为、自主行为。

【例题1·单选题】下列各项中,能够直接引起法律关系发生、变更或者消灭的是( )。

A. 法律关系的主体
B. 法律关系的内容
C. 法律关系的客体
D. 法律事实

解析▶ 选项ABC,属于法律关系的三要素。 答案▶ D

【例题2·单选题】甲公司与乙公司签订租赁合同,约定甲公司承租乙公司一台挖掘机,租期1个月,租金1万元。引起该租赁法律关系发生的法律事实是( )。

A. 签订租赁合同的行为
B. 甲公司和乙公司
C. 1万元租金
D. 租赁的挖掘机

解析▶ 选项A,属于引起法律关系产生的法律事实中的法律行为;选项B,属于法律关系的主体;选项CD,属于租赁合同的对价和标的物,其中选项D在"经济法基础"考试中被认定为该租赁合同的客体。 答案▶ A

【例题3·单选题】下列法律事实中,属于法律事件的是( )。

A. 赠与房屋　　B. 书立遗嘱
C. 火山喷发　　D. 登记结婚

解析▶ 选项ABD,属于法律行为。 答案▶ C

【例题4·单选题】根据行为是否需要特定形式或实质要件,法律行为可以分为( )。

A. 单方的法律行为和多方的法律行为
B. 有偿的法律行为和无偿的法律行为
C. 要式的法律行为和不要式的法律行为
D. 主法律行为和从法律行为

解析▶ 选项A,是根据主体意思表示的形式所作的分类;选项B,是根据是否存在对待的给付所作的分类;选项D,是根据法律行为间的依存关系所作的分类。 答案▶ C

【例题5·单选题】下列各项中,属于单方行为的是( )。

A. 签订合同　　B. 缔结婚姻
C. 订立遗嘱　　D. 销售商品

解析▶ 选项C,单方行为是指由法律主体一方的意思表示即可成立的法律行为,如遗嘱、

行政命令；选项ABD，属于多方行为。**答案** C

【例题6·多选题】下列属于非表示行为的有( )。
A. 订立遗嘱　　B. 行政命令
C. 拾得遗失物　D. 发现埋藏物

解析 选项CD，非表示行为是指非经行为者意思表示而是基于某种事实状态即具有法律效果的行为，如拾得遗失物、发现埋藏物等；选项AB，属于意思表示行为。**答案** CD

扫我解疑难

考验四　法的形式和分类(★★)

(一)法的形式(见表1-8)

表1-8　法的形式

形式		制定机关	注意要点	名称规律
宪法		全国人大	国家"根本"大法，具有"最高"的法律效力	
法律		全国人大——基本法律 全国人大常委会——其他法律		××法
法规	行政法规	国务院		××条例
	地方性法规(自治条例和单行条例)	"地方"人大及其常委会	省；设区的市、自治州	××地方××条例
规章	部门规章	国务院各部委	没有法律、行政法规的依据，部门规章不得设定减损公民、法人和其他组织权利或者增加其义务的规范，不得增加本部门的权力或者减少本部门的法定职责	××办法 ××条例实施细则
	地方政府规章	地方人民政府	没有法律、行政法规、地方性法规的依据，地方政府规章不得设定减损公民、法人和其他组织权利或者增加其义务的规范	××地方××办法
效力排序		宪法>法律>行政法规>地方性法规>同级和下级地方政府规章		

『老侯提示』特别行政区法、国际条约也属于法的形式。

『注意』最高人民法院和最高人民检察院作出的"司法解释"也属于我国法的形式；但最高人民法院的"判决书"不属于我国法的形式。

【例题1·多选题】下列规范性文件中，属于部门规章的有( )。
A. 国务院发布的《中华人民共和国企业所得税法实施条例》
B. 财政部发布的《会计基础工作规范》
C. 中国人民银行发布的《人民币银行结算账户管理办法》
D. 全国人民代表大会常务委员会通过的《中华人民共和国劳动合同法》

解析 选项A，属于行政法规；选项D，属于法律。**答案** BC

【例题2·判断题】在我国，人民法院的判决书是法的形式之一。( )

解析 我国不执行判例法，最高人民法院所作的判决书不能作为法的形式。**答案** ×

【例题3·单选题】下列规范性文件中，法律效力最高的是( )。
A. 国务院发布的《中华人民共和国个人所得税法实施条例》
B. 财政部发布的《会计基础工作规范》
C. 全国人民代表大会通过的《中华人民共和国宪法》
D. 全国人民代表大会常务委员会通过的《中华人民共和国劳动合同法》

解析 法律效力等级：宪法>法律>行政法规>地方性法规>同级和下级地方政府规章。**答案** C

(二)法律效力等级及其适用规则

1. 上位法优于下位法

宪法至上原则、法律高于法规原则、法规高于规章原则、行政法规高于地方性法规原则。

2. 特别法优于一般法

3. 新法优于旧法

4. 新的一般规定与旧的特殊规定不一致——谁来做裁判

(1)法律与法律：全国人大常委会裁决。

(2)行政法规与行政法规：国务院裁决。

(3)法律与授权制定的法规：全国人大常委会裁决。

(4)地方性法规、规章之间不一致时：

①同一机关制定的：制定机关裁决。

②部门规章之间、部门规章与地方政府规章不一致：国务院裁决。

③地方性法规与部门规章之间对同一事项的规定不一致时，处理办法见图1-1。

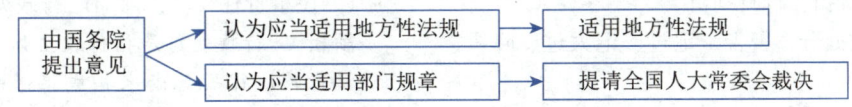

图1-1　地方性法规与部门规章之间对同一事项的规定不一致时的处理办法

【例题4·多选题】下列关于规范性法律文件适用原则的表述中，正确的有( )。

A. 法律之间对同一事项的新的一般规定与旧的特别规定不一致，不能确定如何适用时，由全国人民代表大会常务委员会裁决

B. 根据授权制定的法规与法律不一致，不能确定如何适用时，由全国人民代表大会常务委员会裁决

C. 行政法规之间对同一事项的新的一般规定与旧的特别规定不一致，不能确定如何适用时，由国务院裁决

D. 部门规章与地方政府规章之间对同一事项的规定不一致时，由国务院裁决

答案　ABCD

【例题5·判断题】地方性法规与部门规章之间对同一事项的规定不一致，不能确定如何适用时由国务院提出意见，国务院认为应当适用地方性法规的，应当决定在该地方适用地方性法规的规定，认为应当适用部门规章的，应当决定在该地方适用部门规章的规定。( )

解析　本题所述情形，国务院认为适用部门规章的，应当提请全国人大常委会裁决。

答案　×

(三)法的分类(见表1-9)

表1-9　法的分类

划分标准	法的分类
根据法的内容、效力和制定程序划分	根本法和普通法
根据法的内容划分	实体法和程序法
根据法的空间效力、时间效力或对人的效力划分	一般法和特别法
根据法的主体、调整对象和渊源划分	国际法和国内法
根据法律运用的目的划分	公法和私法
根据法的创制方式和发布形式划分	成文法和不成文法

【例题6·单选题】下列对法所作的分类中，以法的创制方式和发布形式为依据进行分类的是( )。

A. 成文法和不成文法
B. 根本法和普通法
C. 实体法和程序法
D. 一般法和特别法

解析　选项B，是根据法的内容、效力和制定程序所作的分类；选项C，是根据法的内容所作的分类；选项D，是根据法的空间效力、时间效力或对人的效力所作的分类。

答案　A

考验五　法律责任(★★★)

扫我解疑难

(一)民事责任

停止侵害，排除妨碍，消除危险，返还财产，恢复原状，修理、重作、更换，继续履行，

赔偿损失，支付违约金，消除影响、恢复名誉、赔礼道歉。

(二)行政责任

1. 行政处罚

(1)声誉罚：警告。

(2)财产罚：罚款；没收违法所得、没收非法财物。

(3)行为罚：责令停产停业；暂扣或吊销许可证、暂扣或者吊销执照。

(4)人身罚：行政拘留。

2. 行政处分：警告、记过、记大过、降级、撤职、开除

(三)刑事责任

1. 主刑——只能独立使用

(1)管制：3个月以上2年以下，数罪并罚最高3年。

(2)拘役：1个月以上6个月以下，数罪并罚最高1年。

(3)有期徒刑：6个月以上15年以下。

【注意】数罪并罚"总和刑期不满35年的，最高不能超过20年，总和刑期在35年以上的，最高不能超过25年"。

(4)无期徒刑。

(5)死刑：立即执行和缓期"两年"执行。

2. 附加刑——可以同主刑一起使用，也可以单独使用

罚金、剥夺政治权利、没收财产、驱逐出境。

【注意1】政治权利：选举权和被选举权；言论、出版、集会、结社、游行、示威自由的权利；担任国家机关职务的权利；担任国有公司、企业、事业单位和人民团体领导职务的权利。

【注意2】"支付违约金、返还财产"属于民事责任；"罚款；没收违法所得、没收非法财物"属于行政责任；"罚金；没收财产"属于刑事责任。

【注意3】数罪中有判处附加刑的，附加刑仍须执行，其中附加刑种类相同的，合并执行，种类不同的，分别执行。

【例题1·单选题】下列各项中，属于民事责任的是( )。

A. 没收违法所得

B. 行政拘留

C. 恢复原状

D. 吊销营业执照

解析 选项ABD，属于行政责任。

答案 C

【例题2·单选题】甲公司因生产的奶制品所含食品添加剂严重超标，被市场监督管理局责令停产停业。甲公司承担的该项法律责任属于( )。

A. 刑事责任   B. 行政处分

C. 民事责任   D. 行政处罚

解析 行政处罚是指行政主体对行政相对人违反行政法律规范尚未构成犯罪的行为所给予的法律制裁。包括：警告；罚款；没收违法所得、没收非法财物；责令停产停业；暂扣或者吊销许可证、暂扣或者吊销执照；行政拘留等。

答案 D

【例题3·单选题】下列各项中，属于行政处罚的是( )。

A. 记过   B. 开除

C. 罚款   D. 降级

解析 选项ABD，属于行政处分。

答案 C

【例题4·多选题】下列刑事责任形式中，属于主刑的有( )。

A. 无期徒刑   B. 拘役

C. 驱逐出境   D. 罚金

解析 选项CD，属于刑事责任中的附加刑。

答案 AB

【例题5·判断题】附加刑可以同主刑一起使用，还可以单独使用。( )

答案 √

【例题6·单选题】根据刑事法律制度的规定，下列各项中，属于拘役法定量刑期的是( )。

A. 15天以下

B. 1个月以上6个月以下

C. 3个月以上2年以下

D. 6个月以上15年以下

答案 B

【例题7·多选题】根据刑事法律制度的规定，剥夺政治权利是刑事责任中附加刑的一种，下列各项中属于具体政治权利的有( )。

A. 选举权和被选举权

B. 担任国家机关职务
C. 担任国有公司、企业的领导职务
D. 担任事业单位、人民团体的领导职务

答案 ► ABCD

第二部分 平等主体经济纠纷的解决途径

考验一 平等主体经济纠纷的解决途径概述(★)

扫我解疑难

【举例】侯某与赵氏萝卜公司因买卖合同发生纠纷，因双方法律关系平等，因此可以选择(经济)仲裁或民事诉讼方式解决纠纷。

『注意1』"或裁或审原则"：平等主体之间出现经济纠纷时，只能在仲裁或者民事诉讼中"选择一种"解决方式。

『注意2』仲裁协议的"排他原则"：有效的仲裁协议可排除人民法院的管辖权，只有在没有仲裁协议或者仲裁协议无效，或者当事人放弃仲裁协议的情况下，人民法院才可以行使管辖权。

【例题1·判断题】对于平等民事主体当事人之间发生的经济纠纷而言，有效的仲裁协议可排除法院的管辖权。（　）

答案 ► √

【例题2·单选题】甲公司长期拖欠乙公司货款，双方发生纠纷，期间一直未约定纠纷的解决方式，为解决纠纷，乙公司可采取的法律途径是(　)。
A. 提请仲裁　　　B. 提起民事诉讼
C. 申请行政复议　D. 提起行政诉讼

解析 ► 平等主体之间出现经济纠纷时，只能在仲裁或者民事诉讼中选择一种解决方式，有效的仲裁协议可排除人民法院的管辖权，只有在没有仲裁协议或者仲裁协议无效，或者当事人放弃仲裁协议的情况下，人民法院才可以行使管辖权。本题中，甲乙双方无仲裁协议，乙公司只能采用民事诉讼方式解决。

答案 ► B

考验二 （经济）仲裁(★★★)

扫我解疑难

(一)仲裁的适用范围(见表1-10)

表1-10　仲裁的适用范围

是否适用	具体内容	说明
适用《仲裁法》	平等主体间的合同纠纷和其他财产权益纠纷	与民事诉讼"协议管辖"的适用范围相同
不适用《仲裁法》	劳动争议	适用《劳动争议调解仲裁法》
	农业集体经济组织内部的农业承包合同纠纷	适用《农村土地承包经营纠纷调解仲裁法》
不能提请仲裁	(1)婚姻、收养、监护、扶养、继承纠纷	涉及"人身关系"
	(2)行政争议	涉及"不平等"主体

『老侯提示』"不适用《仲裁法》"并非一定不能提请仲裁；"不能提请仲裁"一定不适用《仲裁法》。

【例题1·单选题】下列纠纷中，可以适用《仲裁法》解决的是(　)。
A. 韩某与杨某的确认收养关系纠纷
B. 潘某与李某的监护权纠纷
C. 孙某与郑某的离婚纠纷
D. 张某与王某的网络购物合同纠纷

解析 ► 选项ABC，婚姻、收养、监护、扶养、继承纠纷，不能提请仲裁。

答案 ► D

【例题2·多选题】下列纠纷中，不能依《仲裁法》提请仲裁的有(　)。
A. 赵某与侯某之间的房屋租赁合同纠纷
B. 赵某与高某之间的离婚纠纷
C. 赵某与张某之间的农业承包合同纠纷
D. 赵某与甲公司之间的劳动合同纠纷

解析 ► 选项B，不能提请仲裁当然不适用《仲裁法》；选项C，适用《农村土地承包经营纠纷调解仲裁法》；选项D，适用《劳动争议调解仲裁法》。

答案 ► BCD

(二)仲裁的基本原则(见表1-11)

表 1-11 仲裁的基本原则

基本原则	具体内容
自愿	双方自愿，达成仲裁协议。没有仲裁协议，一方申请仲裁的，仲裁委员会不予受理；有效的仲裁协议可以排除法院的管辖权
公平合理	在法律法规不健全的情况下，仲裁庭可根据公平合理的原则作出裁决
独立仲裁	(1)仲裁机构不按行政区划层层设立，不实行级别管辖和地域管辖，由当事人协议选定； (2)仲裁机构独立存在并依法独立进行仲裁活动，不受任何行政机关、社会团体和个人的干涉 『注意』仲裁机构与行政机关、司法机关、其他机关包括其他仲裁机构间均无隶属关系
一裁终局	仲裁裁决作出后，当事人就同一纠纷再"**申请仲裁或向人民法院起诉**"的，"**仲裁委员会或者人民法院**"不予受理

【例题3·判断题】买卖合同当事人发生纠纷，没有仲裁协议，一方申请仲裁的，仲裁委员会应予受理。（　　）

解析　没有仲裁协议，一方申请仲裁的，仲裁委员会不予受理。　　　答案　×

【例题4·单选题】根据《仲裁法》的规定，下列关于仲裁委员会的表述中，正确的是（　　）。

A. 相互间具有隶属关系
B. 隶属于行政机关
C. 可由当事人自主选定
D. 按行政区划层层设立

解析　选项A，仲裁委员会之间没有隶属关系；选项B，仲裁委员会独立于行政机关，与行政机关没有隶属关系；选项D，仲裁委员会可以在直辖市和省、自治区人民政府所在地的市设立，也可以根据需要在其他设区的市设立，不按行政区划层层设立。　　　答案　C

【例题5·判断题】对仲裁庭作出裁决不服时，仲裁裁决作出后，当事人可就同一纠纷再申请仲裁。（　　）

解析　仲裁裁决作出后，当事人就同一纠纷再申请仲裁或向人民法院起诉的，仲裁委员会或者人民法院不予受理。　　　答案　×

（三）仲裁协议

1. 仲裁协议的形式

仲裁协议应以"书面"形式订立。口头达成仲裁的意思表示无效。

『注意』仲裁协议可以在纠纷发生前约定，也能在纠纷发生后协商订立。

2. 仲裁协议的内容

(1)请求仲裁的意思表示。
(2)仲裁事项。
(3)选定的"仲裁委员会"。

【举例1】因履行本合同发生的一切争议，由当事人协商解决，协商不成，提交北京仲裁委员会仲裁。

甲方：侯某　　　乙方：赵某

『注意』仲裁协议对仲裁事项或者仲裁委员会没有约定或者约定不明确的，当事人可以"补充协议"；达不成补充协议的，仲裁协议无效。

【举例2】因履行本合同发生的某些纠纷，由当事人协商解决，协商不成，双方同意以仲裁方式解决。

甲方：侯某　　　乙方：赵某

3. 仲裁协议的效力（见表1-12）

表 1-12 仲裁协议的效力

仲裁协议	具体内容	注意事项
独立性	仲裁协议"**独立**"存在，合同的变更、解除、终止或者无效不影响仲裁协议的效力	—

续表

仲裁协议	具体内容	注意事项
效力异议	(1)当事人对仲裁协议的效力有异议的，可以请求"仲裁委员会"作出决定或者请求"法院"作出裁定； (2)一方请求仲裁委员会作出决定，另一方请求法院作出裁定的，由"法院"裁定； (3)当事人对仲裁协议的效力有异议，应当在仲裁庭"首次开庭前"提出	『注意』为保证司法资源可以得到合理的分配，此处均要求在"仲裁庭首次开庭前"提出。考题中注意"仲裁庭首次开庭时""起诉前""一审法庭辩论终结前"等错误说法
无视协议的存在	(1)当事人达成仲裁协议，一方向法院起诉未声明有仲裁协议，法院受理后，另一方在首次开庭"前"提交仲裁协议的，法院应当裁定驳回起诉，但仲裁协议无效的除外； (2)另一方在首次开庭"前"未对法院受理该案提出异议的，视为放弃仲裁协议，法院应当继续审理	

【例题6·判断题】仲裁协议既能在纠纷发生前订立，也能在纠纷发生后订立。（　）

答案 √

【例题7·多选题】根据《仲裁法》的规定，下列各项中，属于仲裁协议应当具备的内容有（　）。

A. 仲裁事项
B. 请求仲裁的意思表示
C. 选定的仲裁员
D. 选定的仲裁委员会

解析 仲裁协议应当具有下列内容：请求仲裁的意思表示；仲裁事项；选定的仲裁委员会。

答案 ABD

【例题8·单选题】甲、乙发生合同纠纷，继而对双方事先签订的仲裁协议效力发生争议。甲提请丙仲裁委员会确认仲裁协议有效，乙提请丁法院确认仲裁协议无效。关于确定该仲裁协议效力的下列表述中，符合法律规定的是（　）。

A. 应由丙仲裁委员会对仲裁协议的效力作出决定
B. 应由丁法院对仲裁协议的效力作出裁定
C. 应根据甲、乙提请确认仲裁协议效力的时间先后来确定由仲裁委员会决定或丁法院裁定
D. 该仲裁协议自然失效

解析 (1)当事人对仲裁协议的效力有异议的，可以请求仲裁委员会作出决定或者请求人民法院作出裁定；(2)一方请求仲裁委员会作出决定，另一方请求人民法院作出裁定的，由人民法院裁定。

答案 B

【例题9·单选题】甲、乙因买卖货物发生合同纠纷，甲向法院提起诉讼。开庭审理时，乙提出双方签有仲裁协议，应通过仲裁方式解决。对该案件的下列处理方式中，符合法律规定的是（　）。

A. 仲裁协议有效，法院驳回甲的起诉
B. 仲裁协议无效，法院继续审理
C. 由甲、乙协商确定纠纷的解决方式
D. 视为甲、乙已放弃仲裁协议，法院继续审理

解析 乙在"首次开庭前"未对法院受理该案提出异议的，视为放弃仲裁协议，法院应当继续审理。

答案 D

【例题10·多选题】根据《仲裁法》的规定，下列关于仲裁协议效力的表述中，正确的有（　）。

A. 合同的变更、解除、终止或者无效，不影响仲裁协议的效力
B. 当事人口头达成的仲裁协议有效
C. 仲裁协议对仲裁事项或者仲裁委员会没有约定或者约定不明确，当事人又达不成补充协议的，仲裁协议无效
D. 当事人对仲裁协议的效力有异议的，可以请求人民法院作出裁定

解析 选项B，仲裁协议应当以书面形式订立，口头达成仲裁的意思表示无效。

答案 ACD

（四）仲裁裁决

1. 仲裁庭的组成

仲裁庭由3名或者1名仲裁员组成。

(1)当事人约定由3名仲裁员组成仲裁庭

的，应当各自选定或者各自委托仲裁委员会主任指定1名仲裁员，第3名仲裁员由当事人共同选定或者共同委托仲裁委员会主任指定，第3名仲裁员为首席仲裁员。

(2)当事人约定由1名仲裁员成立仲裁庭的，应当由当事人共同选定或者共同委托仲裁委员会主任指定。

2. 回避制度

(1)是本案当事人，或者当事人、代理人的近亲属；

(2)与本案有利害关系；

(3)与本案当事人、代理人有其他关系，"可能影响公正仲裁"的；

(4)私自会见当事人、代理人，或者接受当事人、代理人的请客送礼的。

3. 仲裁应开庭但不公开

『注意1』当事人协议不开庭的，仲裁庭可以根据仲裁申请书、答辩书以及其他材料作出裁决。

『注意2』当事人协议公开的，可以公开进行，但涉及国家秘密的除外。

4. 仲裁的和解与调解（见表1-13）

表1-13 仲裁的和解与调解

项目	具体内容
和解	(1)当事人申请仲裁后，可以自行和解； (2)达成和解协议的，"可以"请求仲裁庭根据和解协议作出裁决书，"也可以"撤回仲裁申请； (3)当事人达成和解协议，"撤回仲裁申请"后又反悔的，可以根据仲裁协议申请仲裁
调解	(1)仲裁庭在作出裁决前，"可以"先行调解； (2)当事人自愿调解的，仲裁庭"应当"调解； (3)调解不成的，仲裁庭应当及时作出裁决； (4)调解达成协议的，仲裁庭应当制作调解书或者根据协议的结果制作裁决书，调解书与裁决书具有同等的法律效力； (5)调解书经"双方当事人签收后"，即发生法律效力； (6)在调解书"签收前"当事人反悔的，仲裁庭应当及时作出裁决

5. 作出裁决

(1)以谁为准？

①裁决应当按照多数仲裁员的意见作出；

②仲裁庭不能形成多数意见时，裁决应当按照首席仲裁员的意见作出。

『老侯提示』看清案例的表述方式，2∶1时少数服从多数；1∶1∶1时以首席仲裁员意见为准。

(2)何时生效？

裁决书自"作出之日"起发生法律效力。

6. 履行裁决及强制执行

仲裁裁决作出后，当事人应当履行裁决。

一方当事人不履行的，另一方当事人可以按照《民事诉讼法》的有关规定向"人民法院"申请执行。

『注意』与"一裁终局原则"进行区分。

【例题11·多选题】下列仲裁员中，必须回避审理案件的有（　　）。

A. 李某，是案件当事人的股东

B. 张某，是案件当事人的配偶

C. 王某，是案件争议所属区域的专家

D. 赵某，是案件代理律师的父亲

解析 选项A，仲裁员与本案有利害关系；选项BD，仲裁员是本案当事人、代理人的近亲属；上述情形仲裁员必须回避审理案件。

答案 ABD

【例题12·单选题】仲裁裁决书的生效时间是（　　）。

A. 自"作出"之日　　B. 自"送达"之日

C. 自"签收"之日　　D. 自"交付"之日

答案 A

【例题13·多选题】甲、乙因合同纠纷申请仲裁，仲裁庭对案件裁决未能形成一致意见，关于该案件仲裁裁决的下列表述中，符合法律规定的有（　　）。

A. 应当按照多数仲裁员的意见作出裁决

B. 应当由仲裁庭达成一致意见作出裁决

C. 仲裁庭不能形成多数意见时，按照首席仲裁员的意见作出裁决

D. 仲裁庭不能形成一致意见时，提请仲裁委员会作出裁决

解析 （1）裁决应当按照多数仲裁员的意见作出；（2）仲裁庭不能形成多数意见时，裁决应当按照首席仲裁员的意见作出。 **答案** AC

【例题14·判断题】一方当事人不履行生效仲裁裁决的，另一方当事人可以向仲裁机构申请强制执行。（ ）

解析 一方当事人不履行的，另一方当事人可以按照《民事诉讼法》的有关规定向人民法院申请执行。 **答案** ×

【例题15·多选题】甲、乙、丙、丁四人就《仲裁法》的相关规定进行讨论，则下列四人的说法中错误的有（　）。

A. 甲认为仲裁适用于平等主体之间发生的财产权益纠纷，因此离婚财产纠纷也应适用《仲裁法》

B. 乙认为仲裁实行一裁终局原则，因此当事人达成和解协议后反悔的，不可以再就同一事项申请仲裁

C. 丙认为若双方未单独签订仲裁协议而是只在合同中约定仲裁条款，则若合同无效，仲裁条款也无效

D. 丁认为仲裁是否公开进行是自愿的，当事人协议公开的就可以公开进行

解析 选项A，离婚不适用《仲裁法》；选项B，当事人达成和解协议后，可以选择请求仲裁委员会依据和解协议作出裁决，也可以选择撤回申请。选择作出裁决的，反悔后不得再次申请仲裁，但选择撤回申请的，反悔后可以再次申请仲裁；选项C，仲裁协议独立存在，合同的变更、解除、终止或者无效不影响仲裁协议的效力；选项D，当事人协议公开，但是涉及国家秘密的不可以公开。 **答案** ABCD

考验三　民事诉讼（★★★）

扫我解疑难

（一）民事诉讼的适用范围

"平等主体"之间因"财产关系"和"人身关系"发生纠纷，可以提起民事诉讼。详见表1-14。

表1-14　民事诉讼的适用范围

分类	具体内容	举例
民事案件	由物权、债权、知识产权、人身权关系引起的诉讼	房屋产权争议案件、合同纠纷案件、侵犯著作权案件、侵犯名誉权案件等
民事案件	由婚姻家庭、继承关系、收养关系引起的诉讼	离婚案件、追索扶养费案件、财产继承案件、解除收养关系案件等
民事案件	经济关系中属于民事性质的诉讼	因污染引起的侵权案件、因不正当竞争行为引起的损害赔偿案件
商事案件	商事关系诉讼	票据案件、股东权益纠纷案件、保险合同纠纷案件、海商案件等
劳动争议案件	社会关系争议	劳动合同纠纷案件等
非讼案件	适用特别程序、督促程序、公示催告程序审理的案件	选民资格案件，宣告失踪或宣告死亡案件、认定公民无民事行为能力或限制行为能力案件等

【例题1·多选题】下列案件中，适用《民事诉讼法》的有（　）。

A. 公民名誉权纠纷案件

B. 企业与银行因票据纠纷提起诉讼的案件

C. 纳税人与税务机关因税收征纳争议提起诉讼的案件

D. 劳动者与用人单位因劳动合同纠纷提起诉讼的案件

解析 选项C，属于纵向经济纠纷，适用《行政诉讼法》的规定。 **答案** ABD

【例题2·单选题】根据民事诉讼法律制度的规定，下列案件中，适用特别程序审理的是（　）。

A. 扶养费纠纷案件

B. 劳动合同纠纷案件

C. 选民资格案件

D. 房屋产权纠纷案件

解析 ▶ 选项 A，属于民事案件中婚姻家庭关系、继承关系、收养关系引起的诉讼；选项 B，属于劳动争议案件；选项 D，属于民事案件中由民法调整的物权关系、债权关系、知识产权关系、人身权关系引起的诉讼。 答案 ▶ C

(二) 审判制度

1. 两审终审制度——一个诉讼案件经过两级法院审判后即终结

(1) 四级法院：最高、高级、中级、基层。

(2) 二审法院的判决、裁定是终审判决、裁定。

(3) 对终审判决、裁定，当事人不得上诉，如果发现终审判决确有错误，可以通过审判监督程序(再审程序)予以纠正。

(4) 特殊情况——一审终审。

① 适用特别程序、督促程序、公示催告程序和简易程序中的"小额"诉讼程序审理的案件；

『老侯提示』适用简易程序审理的案件并非都是小额案件，注意考题陷阱。

② 最高人民法院所作的一审判决、裁定。

2. 合议制度——由"3 名以上""审判人员"组成审判组织(见表 1-15)。

表 1-15 合议制度

	审判制度	组成	适用
一审	独任制	审判员	简易程序、特别程序、督促程序、公示催告程序
	合议制	审判员+陪审员	一般案件
		审判员	选民资格案、重大疑难案
二审	合议制	审判员	所有案件

『老侯提示』注意"审判人员"和"审判员"的区别，审判人员中还包括人民陪审员。

3. 回避制度——可能影响对案件公正审理

回避制度适用的人员(见表 1-16)。

表 1-16 回避制度

是否适用	具体人员
√	审判人员、书记员、翻译人员、鉴定人、勘验人
×	证人

『注意』当事人请求上述人员回避可以书面提出也可以口头提出。

4. 公开审判制度(见表 1-17)

表 1-17 公开审判制度

分类	审判过程		审判结果
一般情况	法院审理民事或行政案件应当"公开"进行		一律公开宣告判决
特殊情况	依法不公开	涉及国家机密、个人隐私、法律另有规定	
	依当事人申请不公开	离婚案件、涉及商业秘密	

『注意』公开审理案件，应当在开庭前公告当事人姓名、案由和开庭的时间、地点，以便群众旁听。

【链接】(1) 仲裁不公开进行；(2) 当事人协议公开的，可以公开进行，但涉及国家秘密的除外。

【例题 3·单选题】甲、乙公司因技术转让合同的履行产生纠纷，甲公司向某人民法院提起诉讼，法院受理该案件，已知该案件涉及商业秘密，下列关于该案件是否公开审理的表述中，正确的是( )。

A. 该案件应当公开审理

B. 该案件不应当公开审理
C. 由双方当事人协商后决定是否公开审理
D. 由双方当事人申请不公开审理的，可以不公开审理

解析 ▶ 人民法院审理民事案件，涉及商业秘密的案件，当事人申请不公开审理的，可以不公开审理。

答案 ▶ D

【例题4·判断题】民事案件不论是否公开审理，一律公开宣告判决。（　　）

答案 ▶ √

【例题5·多选题】关于民事诉讼与仲裁法律制度相关内容的下列表述中，正确的有（　　）。
A. 民事经济纠纷实行或裁或审制度
B. 民事诉讼与仲裁均实行回避制度
C. 民事诉讼实行两审终审制度，仲裁实行一裁终局制度
D. 民事诉讼实行公开审判制度，仲裁不公开进行

答案 ▶ ABCD

(三)民事诉讼管辖
1. 级别管辖
绝大多数民事案件由基层法院管辖。
2. 地域管辖
（1）一般地域管辖——普通管辖。

按照"当事人所在地与法院辖区的隶属关系"来确定案件管辖法院。
①一般情况。
"原告就被告"原则→由"被告住所地"人民法院管辖。
『注意』被告住所地指其户籍所在地，如果住所地与经常居住地不一致，由"经常居住地"人民法院管辖。
②特殊情况。
"被告就原告"原则→由"原告住所地"人民法院管辖。
Ⅰ. 对"不在中国境内居住"的人提起的有关"身份关系"的民事诉讼；
Ⅱ. 对"下落不明"的人提起的有关"身份关系"的民事诉讼；
Ⅲ. 对"宣告失踪"的人提起的有关"身份关系"的民事诉讼；
Ⅳ. 对"被采取强制性教育措施"的人提起的民事诉讼；
Ⅴ. 对"被监禁"的人提起的民事诉讼。
（2）特殊地域管辖——特别管辖，以"诉讼标的所在地、法律事实所在地"为标准确定管辖法院(见表1-18)。

表1-18　特别管辖

纠纷		管辖法院
合同纠纷		合同"履行"地
保险合同纠纷		"保险标的物"所在地
运输合同纠纷		运输"始发地、目的地"
票据纠纷		票据"支付"地
侵权行为	侵权行为地	侵权行为"实施"地
		侵权结果"发生"地
		『注意1』信息网络侵权行为实施地包括实施被诉侵权行为的"计算机设备所在地"，侵权结果地包括"被侵权人住所地"；
『注意2』因产品、服务质量不合格造成他人财产、人身损害提起的诉讼，"产品制造地、产品销售地、服务提供地、侵权行为地和被告住所地"人民法院均有管辖权
交通事故请求损害赔偿		事故"发生"地或者车辆、船舶"最先到达"地、航空器"最先降落"地
公司设立、确认股东资格、分配利润、解散等纠纷		公司住所地

『注意』特别管辖不排除一般管辖,上述纠纷均可由"被告住所地"人民法院管辖。

（3）专属管辖。

法律规定某些案件必须由特定的法院管辖,当事人不能以协议的方式加以变更。

①因不动产纠纷提起的诉讼,由"不动产"所在地人民法院管辖。

②因港口作业中发生纠纷提起的诉讼,由"港口"所在地人民法院管辖。

③因继承遗产纠纷提起的诉讼由"被继承人死亡时住所地"人民法院或"主要遗产所在地"人民法院管辖。

（4）协议管辖。

①可协议的纠纷类型。

"合同"或者"其他财产权益纠纷"。

『注意』与"仲裁"的适用范围相同。

②可协议的管辖法院。

被告住所地、合同履行地、合同签订地、原告住所地、标的物所在地等"与争议有实际联系"的地点。

『注意1』协议管辖排除普通管辖和特别管辖,以协议约定为准,但不得违反《民事诉讼法》对级别管辖和专属管辖的规定。

『注意2』区别于仲裁中关于仲裁委员会的约定：当事人选择仲裁委员会遵循自愿原则,不要求必须是"与争议有实际联系"地点的仲裁委员会。

（5）共同管辖（选择管辖）——"立案在先"原则。

两个以上人民法院都有管辖权的诉讼,原告可以向其中一个人民法院起诉；原告向两个以上有管辖权的人民法院起诉的,由"最先立案"的人民法院管辖。

『注意』"起诉时间"为此点命题陷阱。

【例题6·判断题】民事诉讼中被告住所地和经常居住地不一致,由被告住所地人民法院管辖。（　　）

解析▶被告住所地和经常居住地不一致,由被告经常居住地人民法院管辖。　答案▶×

【例题7·判断题】因票据纠纷提起的民事诉讼,由原告住所地人民法院管辖。（　　）

解析▶因票据纠纷提起的民事诉讼,由"票据支付地或者被告住所地"的人民法院管辖。　答案▶×

【例题8·单选题】根据民事诉讼法律制度的规定,下列法院中,对公路运输合同纠纷案件不享有管辖权的是（　　）。

A. 原告住所地法院
B. 被告住所地法院
C. 运输目的地法院
D. 运输始发地法院

答案▶A

【例题9·多选题】甲企业得知竞争对手乙企业在M地的营销策略将会进行重大调整,于是到乙企业设在N地的分部窃取乙企业内部机密文件,随之采取相应对策,给乙企业在M地的营销造成重大损失,乙企业经过调查掌握了甲企业的侵权证据,拟向法院提起诉讼,其可以选择提起诉讼的法院有（　　）。

A. 甲住所地法院
B. 乙住所地法院
C. M地法院
D. N地法院

解析▶（1）因侵权行为提起的诉讼,由侵权行为地或者被告住所地人民法院管辖；（2）侵权行为地,包括侵权行为实施地、侵权结果发生地。本题中,侵权行为实施地是N地（N地的分部实施窃取行为）,侵权结果发生地是M地（乙企业在M地的营销策略）,被告为甲企业。

答案▶ACD

【例题10·多选题】甲县的杨某在乙县购买丙县电磁炉厂生产的电磁炉,因电磁炉漏电导致杨某位于丁县的房屋烧毁受损。杨某欲提起侵权之诉,下列法院中,有管辖权的有（　　）。

A. 甲县人民法院
B. 乙县人民法院
C. 丁县人民法院
D. 丙县人民法院

解析▶因产品、服务质量不合格造成他人财产、人身损害提起的诉讼,产品制造地（选项D）、产品销售地（选项B）、服务提供地、侵权行为地（选项C）和被告住所地人民法院均有管辖权。　答案▶BCD

【例题11·判断题】因确认股东资格纠纷引起的民事诉讼,由公司住所地人民法院管辖。（　　）

答案▶√

【例题12·单选题】甲、乙因某不动产发生纠纷，甲欲通过诉讼方式解决。其选择诉讼管辖法院的下列表述中，符合法律规定的是（　）。

A. 甲只能向甲住所地法院提起诉讼
B. 甲只能向乙住所地法院提起诉讼
C. 甲只能向该不动产所在地法院提起诉讼
D. 甲可以选择向乙住所地或该不动产所在地法院提起诉讼

解析 ▶ 因不动产纠纷提起的诉讼，由不动产所在地法院管辖。　　　　　　　　**答案** ▶ C

【例题13·多选题】位于A市的甲公司和位于B市的乙公司在C市签订一份劳务合同，约定由甲公司对乙公司位于D市的设备进行维修，双方未在合同中明确约定诉讼管辖地。其后甲公司依约对设备进行了维修，但乙公司以设备没有恢复原有生产性能为由拒绝付款，双方发生纠纷，则甲公司可以向（　）法院提起诉讼。

A. A市　　　　　B. B市
C. C市　　　　　D. D市

解析 ▶ 因合同纠纷提起的诉讼，合同未约定管辖法院的，由被告住所地或者合同履行地的人民法院管辖。本题中，被告为乙公司，合同履行地为D市。　　　　　　**答案** ▶ BD

【例题14·单选题】甲、乙签订运输合同，约定将一批货物由X地运往Y地。后因乙未在合同约定的时间将货物运达，双方发生争议。甲到乙住所地人民法院起诉后，又分别到X地及Y地人民法院起诉。Y地人民法院于3月5日予以立案，乙住所地人民法院于3月8日予以立案，X地人民法院于3月12日立案。根据民事诉讼法律制度的规定，该案件的管辖法院应当是（　）。

A. 甲住所地人民法院
B. 乙住所地人民法院
C. X地人民法院
D. Y地人民法院

解析 ▶ 因运输合同纠纷提起的诉讼，由运输始发地、目的地或者被告所在地的人民法院管辖；原告向两个以上有管辖权的人民法院起诉的，由最先立案的人民法院管辖。本题中，最先立案的是Y地人民法院。　**答案** ▶ D

（四）诉讼时效

1. 诉讼时效的概念

诉讼时效，是指民事权利受到侵害的权利人在法定的时效期间内不行使权利，当时效期间届满时，债务人获得诉讼时效抗辩权的制度。

『注意1』诉讼时效期间届满，权利人丧失"胜诉权"，义务人可以提出不履行义务的抗辩。

『注意2』诉讼时效期间届满后，义务人同意履行的，不得以诉讼时效期间届满为由抗辩；义务人已自愿履行的，不得请求返还。

『注意3』诉讼时效的期间、计算方法以及中止、中断的事由由法律规定，当事人约定无效。

『注意4』人民法院不得主动适用诉讼时效的规定。

2. 诉讼时效的适用范围（见表1-19）

表1-19　诉讼时效的适用范围

是否适用	请求权
适用	一般的请求权
不适用	请求停止侵害、排除妨碍、消除危险
	不动产物权和"登记的动产"物权的权利人请求返还财产
	请求支付抚养费、赡养费或者扶养费

3. 诉讼时效期间的具体规定（见表1-20）

表1-20　诉讼时效期间的具体规定

诉讼时效期间	起算点	长度
普通诉讼时效期间	"知道或应当知道"权利被侵害和义务人时	除法律另有规定外，为"3年"
最长诉讼时效期间	权利被侵害之日	20年

【举例】赵某于2002年7月1日因鼻窦炎在医院进行了手术。2019年7月10日，赵某的鼻子开始流脓，2019年8月1日经鉴定流脓与当年的手术有关，则赵某最晚应于何时向法院提起诉讼，主张其民事权利？

【答案】（1）普通诉讼时效期间为3年，从知道或应当知道权利被侵害及义务人之日起计算。本题中2019年7月10日赵某仅知道鼻子流脓，但并不知道原因，不构成"知道或应当知道权利被侵害和义务人"，因此诉讼时效期间未起算；2019年8月1日，经鉴定流脓与2002年7月1日的手术有关，赵某"知道权利被侵害和义务人"诉讼时效期间开始起算，直至2022年8月1日止；（2）从权利被侵害之日起超过20年的法律不予保护。本题中，赵某权利被侵害之日为2002年7月1日，直至2022年7月1日止。因此赵某最晚应于2022年7月1日之前起诉。

4. 诉讼时效期间的中止和中断

（1）中止。

在诉讼时效期间的"最后6个月内"，因"下列障碍"致使权利人不能行使请求权的，诉讼时效中止。

①关于法定障碍——客观原因。

Ⅰ. 不可抗力；

Ⅱ. 无民事行为能力人或者限制民事行为能力人没有法定代理人，或者法定代理人死亡、丧失民事行为能力、丧失代理权；

Ⅲ. 继承开始后未确定继承人或遗产管理人；

Ⅳ. 权利人被义务人或者其他人控制。

②关于最后6个月。

在诉讼时效期间的最后6个月以前发生上述事由，到最后6个月时法定事由已消除的，则不能发生诉讼时效中止。

该事由到最后6个月开始时仍然存在，则应从最后6个月开始时中止诉讼时效，直到该障碍消除。

③中止的法律后果。

诉讼时效期间"暂停计算"。自中止时效的"原因消除之日起满6个月"，诉讼时效期间届满。

（2）中断。

在诉讼时效期间，因"下列情形"出现，导致诉讼时效期间中断。

①导致诉讼时效中断的情形——主观原因。

Ⅰ. 权利人向义务人提出履行请求；

Ⅱ. 义务人同意履行义务；

Ⅲ. 权利人提起诉讼或者申请仲裁；

Ⅳ. 与提起诉讼或者申请仲裁有同等效力的其他情形。

②中断的法律后果。

已经经过的时效期间全部归于无效（归零）。从中断、有关程序终结时起，诉讼时效期间"重新计算"（重启）。

【例题15·多选题】根据民事诉讼法律制度的规定，下列关于诉讼时效制度适用的表述中，不正确的有（　　）。

A. 当事人不可以约定延长或缩短诉讼时效期间

B. 诉讼时效期间届满后，当事人自愿履行义务的，不受诉讼时效限制

C. 诉讼时效期间届满后，当事人自愿履行义务后，可以请求返还

D. 当事人未提出诉讼时效抗辩，人民法院可以主动适用诉讼时效规定进行审判

解析▶ 选项A，诉讼时效期间法定，当事人不得约定；选项B，诉讼时效期间届满后，义务人同意履行的，不得以诉讼时效期间届满为由抗辩；选项C，诉讼时效期间届满后，义务人已自愿履行的，不得请求返还；选项D，人民法院不得主动适用诉讼时效的规定。　答案▶ CD

【例题16·多选题】下列各项请求权中，不适用诉讼时效的有（　　）。

A. 债权人请求返还借款

B. 不动产物权的权利人请求返还财产

C. 未登记的动产物权的权利人请求返还财产

D. 请求支付抚养费

解析▶ 选项A，债权请求权适用诉讼时效；选项C，"登记的动产"物权的权利人请求返还财产不适用诉讼时效。　答案▶ BD

【例题17·单选题】根据民事法律制度的规定，向人民法院请求保护民事权利的普通诉讼时效期间为（　　）。

A. 20年　　　　　B. 1年
C. 3年　　　　　D. 2年

解析▶ 根据规定，向人民法院请求保护民事权利的诉讼时效期间为3年。　答案▶ C

【例题 18 · 单选题】 根据民事诉讼法律制度的规定，在诉讼时效最后一定期间内，因法定障碍不能行使请求权的诉讼时效中止，该期间是（ ）。

A. 2 年 B. 3 年
C. 1 年 D. 6 个月

答案 ▶ D

【例题 19 · 多选题】 根据民事法律制度的规定，在诉讼时效期间的最后 6 个月内，因特定情形不能行使请求权的，诉讼时效中止。下列各项中，属于该特定情形的有（ ）。

A. 无民事行为能力人没有法定代理人
B. 权利人向义务人提出履行请求
C. 继承开始后未确定继承人
D. 权利人提起诉讼或者申请仲裁

解析 ▶ 选项 BD，属于主观原因，导致诉讼时效期间中断。

答案 ▶ AC

（五）调解、判决和执行

1. 调解（见表 1-21）

表 1-21 调解

种类	具体内容	注意事项
可以调解	法院审理"**民事**"案件，根据当事人自愿的原则进行调解	当事人一方或者双方坚持不愿调解的，应当及时裁判
必须调解	法院审理"**离婚案件**"，"应当"进行调解	不应久调不决
不得调解	（1）适用"**特别程序、督促程序、公示催告程序**"的案件； （2）"**婚姻等身份关系确认**"案件	区别"离婚案件"与"婚姻身份关系确认案件"

『注意』调解书经"双方当事人签收"后，即具有法律效力。

2. 判决——公开进行没有例外

（1）一审上诉期。

当事人不服地方人民法院第一审判决的，有权在判决书"送达"之日起"15 日内"向上一级人民法院提起上诉。

（2）生效判决。

① 最高人民法院的一审判决；
② 依法不准上诉或者超过上诉期没有上诉的一审判决；
③ 第二审法院的判决，是终审判决。

『注意』生效判决"不得上诉"，如确有错误的，可以通过审判监督程序（再审程序）予以纠正。

3. 执行

发生法律效力的民事判决、裁定、调解书和其他应当由人民法院执行的法律文书，当事人必须履行。

4. 强制执行（见表 1-22）

表 1-22 强制执行

法律文件	申请人	执行机构
判决、裁定	对方当事人向法院申请	第一审法院
	由审判员移送执行员执行	被执行的财产所在地法院
调解书和其他应当由人民法院执行的法律文书	对方当事人向法院申请	被执行人住所地法院 被执行的财产所在地法院

【例题 20 · 判断题】 人民法院对于亲子关系身份案件，不得适用调解程序。（ ）

解析 ▶ 对于亲子关系身份案件，属于婚姻"等"身份关系确认案件，不得调解。

答案 ▶ √

【例题 21 · 单选题】 根据民事诉讼法律制度的规定，当事人不服人民法院第一审判决的，有权在判决书送达之日起一定期间内向上一级人民法院提起上诉。该期间是（ ）日。

A. 5 B. 10
C. 15 D. 30

答案 ▶ C

【例题 22 · 判断题】 对终审民事判决，当事

人不得上诉。（　）

答案 ▶ √

【例题23·多选题】根据民事诉讼法律制度的规定，下列关于执行启动方式的表述中，正确的有（　）。

A. 发生法律效力的民事判决、裁定，一方拒绝履行的对方当事人可以向人民法院申请执行

B. 发生法律效力的民事判决、裁定一方拒绝履行的，可以由审判员移送执行员执行

C. 调解书和其他应当由人民法院执行的法律文书，一方拒绝履行的，对方当事人可以向人民法院申请执行

D. 调解书和其他应当由人民法院执行的法律文书，一方拒绝履行的，可以由审判员移送执行员执行

解析 ▶ 选项AB，发生法律效力的民事判决、裁定可由对方当事人向法院申请执行，也可由审判员移送执行员执行；选项CD，调解书和其他应当由人民法院执行的法律文书只能由对方当事人向法院申请执行。

答案 ▶ ABC

第三部分　不平等主体经济纠纷的解决途径

考验一　不平等主体经济纠纷的解决途径概述（★）

扫我解疑难

【举例】甲公司与税务机关因纳税问题发生纠纷，因税务机关拥有行政执法权，双方法律关系不平等，因此可以选择行政复议或者行政诉讼方式解决纠纷。

『注意』行政复议与行政诉讼都由行政管理相对人甲公司一方提出申请，选择哪种方式与纠纷的性质有关。

考验二　行政复议及税务行政复议（★★★）

扫我解疑难

【说明】"税务行政复议"为"税收征管法"的知识点，因与此处联系密切故调整至此处一并掌握。

（一）行政复议的当事人与行政复议机关

【案例】甲市A县市场监督管理局在产品质量检查中，发现M超市存在销售"三无产品"的情形，遂责令其改正，将"三无产品"全部下架，没收其违法所得，并处以销售产品（包括已售出和未售出产品）货值金额3倍的罚款。M超市认为处罚过重，则其可以向甲市市场监督管理局或A县人民政府申请行政复议。

1. 行政复议"申请人"：M超市

2. 行政复议的"被申请人"：A县市场监督管理局

3. 行政复议机关：被申请人的"上级机关"——甲市市场监督管理局

4. 有行政复议权的其他机关：A县人民政府

（二）行政复议范围

1. 可以申请行政复议的事项（11项）

当事人"认为"行政机关的"具体"行政行为侵犯其合法权益，"符合《行政复议法》规定范围的"，可以申请行政复议。

『注意1』对行政机关的"抽象"行政行为不能申请行政复议，但当事人认为行政机关的具体行政行为所依据的规定不合法，在对具体行政行为申请行政复议时，可以"一并"向行政复议机关提出对该规定的"审查"申请。

『注意2』可以"一并"申请附带审查的仅限于各种"规定"，不包括国务院部委和地方人民政府"规章"。

2. 行政复议的排除事项

（1）不服行政机关作出的"行政处分"或者其他"人事处理决定"。

『老侯提示』外部行为可议，内部行为不可议，但可以依据《公务员法》申诉。

（2）不服行政机关对民事纠纷作出的"调解"或者其他处理。

『老侯提示』行政机关并未行使行政权，当事人可以依法申请仲裁或者向人民法院提起民事诉讼。

【例题1·多选题】下列纠纷中，当事人可以向行政复议机关申请行政复议的有（　）。

A. 李某对公安机关作出的给予其行政拘留决定不服引起的纠纷

B. 甲公司对行政机关作出的查封其财产的

行政强制措施决定不服引起的纠纷

C. 杨某对所任职的税务局作出的免除其职务的决定不服引起的纠纷

D. 乙公司对市场监督管理局作出的吊销其餐饮服务许可证决定不服引起的纠纷

解析 选项C，不服行政机关作出的行政处分或者其他人事处理决定，不能申请行政复议，可以依法提出申诉。　　　**答案** ABD

【例题2·多选题】根据税收征收管理法律制度的规定，纳税人对税务机关的下列行政行为不服时，可以申请行政复议的有( )。

A. 罚款

B. 确认适用税率

C. 加收滞纳金

D. 依法制定税收优惠政策

解析 选项ABC，属于具体行政行为，可以申请行政复议；选项D，属于抽象行政行为，不能申请行政复议。　　　**答案** ABC

【例题3·多选题】根据税收征收管理法律制度的规定，纳税人对税务机关作出的下列行政行为不服时，可以申请行政复议的有( )。

A. 加收滞纳金

B. 发票管理行为

C. 不依法确认纳税担保行为

D. 纳税信用等级评定行为

解析 上述选项均属于税务机关对纳税人作出的具体行政行为，均可以申请行政复议。
　　　答案 ABCD

(三)税务行政复议的"必经复议"("税收征管法")

纳税人、扣缴义务人及纳税担保人对税务机关作出的"征税行为"不服的，应当"先"向复议机关申请行政复议，对行政复议决定不服，可以"再"向人民法院提起行政诉讼。

"征税行为"包括：确认纳税主体、征税对象、征税范围、减税、免税、退税、抵扣税款、适用税率、计税依据、纳税环节、纳税期限、纳税地点以及税款征收方式等具体行政行为和征收税款、加收滞纳金及扣缴义务人、受税务机关委托的单位和个人作出的代扣代缴、代收代缴、代征行为等。

『注意1』申请人按规定申请行政复议的，必须先缴纳或者解缴税款及滞纳金，或者提供相应的担保。

『注意2』申请人对税务机关作出的逾期不缴纳罚款"加处罚款"的决定不服的，应当先缴纳罚款和加处罚款，再申请行政复议。

『老侯提示』对"罚款"决定不服，可以"直接"申请行政复议(无须先缴纳罚款，也无须提供纳税担保)；而仅仅对"加处罚款"不服，申请行政复议的，需要先缴纳罚款和加处罚款。

【例题4·单选题】税务机关作出的下列具体行政行为中，纳税人不服时可以选择申请税务行政复议或者直接提起行政诉讼的是( )。

A. 征收税款

B. 加收滞纳金

C. 确认纳税主体

D. 没收财物和违法所得

解析 选项ABC，属于征税行为，纳税人不服的，必须先申请行政复议，对行政复议决定不服的，可以向人民法院提起行政诉讼；选项D，属于税务行政处罚，不属于征税行为，纳税人不服的，可以申请行政复议，也可以直接向人民法院提起行政诉讼。　　　**答案** D

【例题5·多选题】根据税收征收管理法律制度的规定，纳税人对税务机关的下列行政行为不服，可以直接起诉的有( )。

A. 税务机关加收滞纳金的行为

B. 税务机关将纳税人纳税信用等级由A级降为B级

C. 税务机关扣押、查封纳税人的财产

D. 纳税人依照法律规定提供了纳税担保，税务机关不依法确认纳税担保

解析 选项A，税务机关加收滞纳金的行为必须先申请行政复议，对行政复议决定不服的，可以提起诉讼。　　　**答案** BCD

【例题6·判断题】申请人对税务机关作出逾期不缴纳罚款加处罚款的决定不服的，应当先缴纳罚款和加处罚款，再申请行政复议。（　）
　　　答案 √

(四)行政复议的申请与受理

1. 行政复议申请

(1)申请时间。

①自"知道"该具体行政行为之日起"60日内"提出行政复议申请，但是法律规定的申请期限"超过"60日的除外。

②因不可抗力或者其他正当理由耽误法定申请期限的，申请期限自障碍消除之日起继续计算。

〖注意〗申请人在申请行政复议时可同时申请"赔偿"。

(2)申请方式。

申请人申请行政复议可以"书面"申请，也可以"口头"申请。

〖注意1〗书面申请可以采取"当面递交、邮寄、传真或者电子邮件"等方式提出行政复议申请。

〖注意2〗与仲裁区分，当事人申请仲裁必须有仲裁协议，仲裁协议应当以书面形式订立，口头达成仲裁的意思表示无效。

(3)公民、法人或者其他组织向人民法院提起行政诉讼，人民法院已经依法受理的，不得申请行政复议。

2. 行政复议受理

(1)受理程序("税收征管法")。

①行政复议机关收到行政复议申请后，应当在"5日内"进行审查决定是否受理。

②行政复议机关决定不予受理或者受理以后超过行政复议期限不作答复的，申请人可以自收到不予受理决定书之日起或行政复议期满之日起"15日内"，依法向人民法院提起行政诉讼。

(2)行政复议机关受理行政复议申请，不得向申请人收取任何费用。

(3)行政复议期间具体行政行为不停止执行，但有下列情形之一的，可以停止执行：

①被申请人认为需要停止执行的；

②行政复议机关认为需要停止执行的；

③申请人申请停止执行，行政复议机关认为其要求合理，决定停止执行的；

④法律规定停止执行的。

3. 行政复议申请的撤回("税收征管法")

(1)申请人在行政复议决定作出"前"撤回行政复议申请的，经行政复议机构同意，可以撤回。

(2)申请人撤回行政复议申请的，不得再以"同一事实和理由"提出行政复议申请。但是，申请人能够证明撤回行政复议申请违背其真实意思表示的除外。

(3)行政复议期间被申请人改变原具体行政行为的，不影响行政复议案件的审理。但是，

申请人依法撤回行政复议申请的除外。

【例题7·单选题】根据税收征收管理法律制度的规定，纳税人申请税务行政复议的法定期限是( )。

A. 在税务机关作出具体行政行为之日起60日内

B. 在税务机关作出具体行政行为之日起3个月内

C. 在知道税务机关作出具体行政行为之日起3个月内

D. 在知道税务机关作出具体行政行为之日起60日内

答案 ▶ D

【例题8·判断题】申请人申请行政复议，可以书面申请，也可以口头申请。( )

答案 ▶ √

【例题9·多选题】根据税收征收管理法律制度的规定，纳税人提出税务行政复议书面申请可以采取的方式有( )。

A. 邮寄   B. 邮件
C. 当面递交   D. 传真

答案 ▶ ABCD

【例题10·多选题】行政复议期间具体行政行为不停止执行，但是有( )的情形可以停止执行。

A. 复议机关认为需要停止执行的

B. 申请人要求停止执行的

C. 被申请人认为需要停止执行的

D. 法律规定停止执行的

解析 ▶ 选项B，申请人无决定权，申请人申请停止执行，行政复议机关认为其要求合理，决定停止执行的可以停止执行。

答案 ▶ ACD

【例题11·判断题】行政复议申请人申请行政复议，需要先向行政复议机关预交行政复议费。( )

解析 ▶ 行政复议机关受理行政复议申请，不得向申请人收取任何费用。

答案 ▶ ×

(五)行政复议参加人和行政复议机关

1. 行政复议参加人

包括申请人、被申请人和"第三人"。

〖注意〗行政复议参加人不包括行政复议机关。

2. 行政复议机关

(1)一般情况下行政复议机关的确定(见表1-23)。

表1-23　一般情况下行政复议机关的确定

分类	具体内容
"一个领导"	海关、金融、政府(非省级)
"两个领导"	县级以上政府部门
"独立自主"	省级政府、国务院各部门

(2)特殊情况下行政复议机关的确定。

对省、自治区人民政府依法设立的"派出机关所属的县级地方人民政府"的具体行政行为不服的,向"该派出机关"申请行政复议。

『老侯提示』政府的派出机关就相当于一级政府。

(3)税务行政复议管辖的特殊规定("税收征管法",见表1-24)。

表1-24　税务行政复议管辖的特殊规定

作出具体行政行为的税务机关		税务行政复议机关
计划单列市税务局		国家税务总局
税务所(分局)、各级税务局的稽查局		所属税务局
两个以上税务机关共同作出		共同上一级税务机关
税务机关与其他行政机关共同作出		共同上一级行政机关
被撤销的税务机关在撤销以前所作出		继续行使其职权的税务机关的上一级税务机关
税务机关作出逾期不缴纳罚款加处罚款	对加处罚款不服	作出行政处罚决定的税务机关
	对已处罚款和加处罚款都不服	作出行政处罚决定的税务机关的上一级税务机关

『注意1』对"国家税务总局"的具体行政行为不服,向"国家税务总局"申请行政复议,对国家税务总局的行政复议决定不服的,可以向"人民法院"提起行政诉讼,也可以向"国务院"申请裁决。

『注意2』申请人向具体行政行为发生地的县级地方人民政府提交行政复议申请的,由接受申请的县级地方人民政府依法予以转送。

【例题12·单选题】根据行政复议法律制度的规定,下列各项中,不属于行政复议参加人的是( )。

A. 申请人
B. 被申请人
C. 第三人
D. 行政复议机关

解析 行政复议参加人包括申请人、被申请人和第三人。　　　　**答案** D

【例题13·判断题】对县级以上地方各级人民政府工作部门的具体行政行为不服的,可以向该部门的本级人民政府申请行政复议,也可以向上一级主管部门申请行政复议。( )

答案 √

【例题14·单选题】根据《行政复议法》的规定,对省级人民政府的具体行政行为不服的,行政复议机关是( )。

A. 国务院
B. 国务院相关部门
C. 省级人民政府
D. 最高人民法院

解析 对国务院部门或者省、自治区、直辖市人民政府的具体行政行为不服的,向作出该具体行政行为的国务院部门或者省、自治区、直辖市人民政府申请行政复议。　　**答案** C

【例题15·多选题】根据税收征收管理法律制度的规定,对下列税务机关作出的行政处罚不服的,向国家税务总局申请行政复议的有( )。

A. 计划单列市的税务局
B. 省级税务局
C. 省级税务局的稽查局
D. 国家税务总局

解析 选项C,对税务所(分局)、各级税务局的稽查局的具体行政行为不服的,向其所属税务局申请行政复议，对省级税务局的稽查局的具体行政行为不服，向省级税务局申请行政复议。

答案 ▶ ABD

（六）行政复议的审查及决定

1. 行政复议的审查

（1）审查方式。

行政复议原则上采取"书面审查"方法。

『注意』与仲裁和诉讼不同，其既不开庭也不公开进行。

（2）听证（"税收征管法"）。

①对重大、复杂的案件，申请人提出要求或者行政复议机构认为必要时，可以采取听证的方式审理。

②听证应当公开举行，但是涉及国家秘密、商业秘密或者个人隐私的除外。

③行政复议听证人员不得少于"2人"，听证主持人由行政复议机构指定。

（3）审查工作（"税收征管法"）。

①由"2名以上"行政复议工作人员参加。

②行政复议机关审查被申请人的具体行政行为时，认为其依据不合法，本机关有权处理的，应当在"30日"内依法处理；无权处理的，应当在"7个工作日"内按照法定程序逐级转送有权处理的国家机关依法处理。处理期间，"中止"对具体行政行为的审查。

（4）举证责任：倒置。

行政复议的举证责任，由"被申请人"承担。

（5）答复时间："60+30"。

行政复议机关应当自"受理"申请之日起"60日内"作出行政复议决定；但是法律规定的行政复议期限"少于"60日的除外。

『注意』情况复杂，不能在规定期限内作出行政复议决定的，经行政复议机关的负责人批准，可以适当延长，但延长期限最多不得超过"30日"。

2. 行政复议决定

（1）行政复议决定种类（见表1-25）。

表1-25 行政复议决定种类

决定类型	适用情形	
决定维持	具体行政行为认定事实清楚，证据确凿，适用依据正确，程序合法，内容适当	
决定其在一定期限内履行	被申请人不履行法定职责	
决定撤销、变更或者确认该具体行政行为违法	①主要事实不清、证据不足的；②适用依据错误的；③违反法定程序的；④超越或者滥用职权的；⑤具体行政行为明显不当的	决定撤销或者确认违法的，可以责令被申请人在一定期限内重新作出具体行政行为 『注意』责令重新作出具体行政行为的，不得以同一事实和理由，作出相同或基本相同的具体行政行为

『注意』被申请人不按照法律规定提出书面答复，提交"当初"作出具体行政行为的证据等，视为无证据

（2）行政复议决定生效。

复议决定书一经"送达"即发生法律效力。

【链接】仲裁调解书"签收"后，发生法律效力；仲裁裁决书"作出"之日起发生法律效力；民事诉讼判决书一审"送达之日起15日"内不上诉生效。

【例题16·单选题】根据税收征收管理法律制度的规定，税务行政复议机关审查被申请人的具体行政行为时，认为其依据不合法，本机关有权处理的，应在一定期限处理，该期限为（　　）日。

A. 60　　　　　　B. 30
C. 90　　　　　　D. 180

答案 ▶ B

【例题17·判断题】行政复议的举证责任，由申请人承担。（　　）

解析 ▶ 行政复议的举证责任，由被申请人承担。

答案 ▶ ×

【例题18·多选题】根据税收征收管理法律制度的规定，税务行政复议机构认为被审查的具体行政行为符合法定情形时，可以决定撤销、变更或者确认该具体行政行为违法。该法定情形有（　　）。

A. 适用依据错误的
B. 滥用职权的
C. 违反法定程序的

D. 主要事实不清，证据不足的

答案 ▶ ABCD

【例题19·单选题】根据行政复议法律制度的规定，下列关于行政复议的表述中，正确的是（ ）。

A. 对省人民政府作出的具体行政行为不服的，向该省级人民政府申请行政复议
B. 行政复议决定书一经作出，即发生法律效力
C. 行政复议只能书面申请
D. 不服行政机关作出的行政处分的，可申请行政复议

解析 ▶ 选项B，复议决定书一经"送达"即发生法律效力；选项C，申请人申请行政复议，可以书面申请，也可以口头申请；选项D，不服行政机关作出的行政处分或者其他人事处理决定，不能申请行政复议，可以依法提出申诉。

答案 ▶ A

【例题20·单选题】下列关于税务行政复议审查的表述中，不正确的是（ ）。

A. 对重大案件，申请人提出要求或者行政复议机构认为必要时，可以采取听证的方式审理
B. 对国家税务总局的具体行政行为不服的，向国务院申请行政复议
C. 行政复议机构审理行政复议案件，应当由2名以上行政复议工作人员参加
D. 行政复议原则上采用书面审查的办法

解析 ▶ 对国家税务总局的具体行政行为不服的，向国家税务总局申请行政复议。

答案 ▶ B

考验三　行政诉讼（★★）

扫我解疑难

（一）行政诉讼的适用范围

1. 法院受理的行政诉讼

法院受理公民、法人和其他组织对某些"具体"行政行为不服提起的行政诉讼。

『老侯提示』该内容较多，共计12条，考生把握住"具体"行政行为后，掌握"不受理"的情形，通过排除法应对。

2. 法院"不受理"的行政诉讼

（1）国防、外交等国家行为；
（2）行政法规、规章或者行政机关制定、发布的具有普遍约束力的决定、命令；
（3）行政机关对行政机关工作人员的奖惩、任免等决定；
（4）法律规定由行政机关最终裁决的具体行政行为。

【例题1·单选题】当事人对行政机关作出的下列决定不服提起行政诉讼，人民法院不予受理的是（ ）。

A. 税务机关对甲公司作出税收强制执行的决定
B. 公安机关交通管理部门对李某作出罚款2 000元的决定
C. 公安机关对张某作出行政拘留15日的决定
D. 财政部门对其工作人员孙某作出记过的决定

解析 ▶ 选项D，行政机关对行政机关工作人员的奖惩、任免等决定，不属于行政诉讼的受案范围，可以依法进行申诉。

答案 ▶ D

（二）行政诉讼管辖

1. 级别管辖（见表1-26）

表1-26　行政诉讼的级别管辖

一审行政案件管辖法院	适用情形
基层人民法院	一般行政案件
中级人民法院	对国务院各部门或者"县级"以上地方人民政府所作的具体行政行为提起诉讼的案件
	"海关"处理的案件
	本辖区内"重大、复杂"的案件

2. 地域管辖（见表1-27）

表1-27 行政诉讼的地域管辖

类型	具体内容
普通管辖	(1)"行政案件"由"最初"作出具体行政行为的行政机关所在地人民法院管辖； (2)经"行政复议的案件"，"也"可以由复议机关所在地人民法院管辖
跨区管辖	经"最高人民法院"批准，"高级人民法院"可以根据审判工作的实际情况，确定若干人民法院跨行政区域管辖行政案件
专属管辖	(1)因"不动产"提起的行政诉讼，由"不动产所在地"人民法院管辖； (2)对"限制人身自由"的行政强制措施不服提起的行政诉讼案件，由"被告所在地"或者"原告所在地"人民法院管辖

【例题2·多选题】根据《行政诉讼法》的规定，下列第一审行政案件由中级人民法院管辖的有（ ）。

A. 对国务院各部门所作的具体行政行为提起诉讼的案件
B. 海关处理的案件
C. 确认发明专利权案件
D. 本辖区内重大、复杂的案件

解析 ▶ 选项C，原一审由中级人民法院管辖的"确认发明专利权"案件，改由知识产权法院管辖。
答案 ▶ ABD

【例题3·多选题】根据行政诉讼法律制度的规定，下列关于行政诉讼地域管辖的表述中，正确的有（ ）。

A. 经过行政复议的行政诉讼案件，可由行政复议机关所在地人民法院管辖
B. 因不动产提起的行政诉讼案件，由不动产所在地人民法院管辖
C. 对限制人身自由的行政强制措施不服提起的行政诉讼案件，由被告所在地或者原告所在地人民法院管辖
D. 对责令停产停业的行政处罚不服直接提起行政诉讼的案件，由作出该行政行为的行政机关所在地人民法院管辖

答案 ▶ ABCD

【例题4·单选题】甲市A县国土局征用赵某家的一处住房，给予赵某人民币100万元的补偿，赵某认为补偿过低向甲市国土局申请行政复议，甲市国土局作出了补偿120万元的行政复议决定，赵某仍不服，拟提起行政诉讼。根据《行政诉讼法》的规定，赵某可以向（ ）的人民法院提起行政诉讼。

A. A县国土局所在地
B. 甲市国土局所在地
C. 赵某户籍所在地
D. 被征用房屋坐落地

解析 ▶ 因"不动产"提起的行政诉讼，由不动产所在地人民法院管辖。
答案 ▶ D

(三)行政诉讼的诉讼程序

1. 起诉和受理

(1)必经复议的情况下。

复议机关决定不予受理或受理后超过复议期限不作答复，申请人可以自收到不予受理决定书之日起或者行政复议期满之日起15日内起诉。

(2)选择复议的情况下。

公民、法人或其他组织直接向人民法院提起诉讼的，应当自知道或者应当知道作出行政行为之日起"6个月"内提出。

(3)行政机关不作为的情况下。

公民、法人或其他组织申请行政机关履行保护其人身权、财产权等合法权益的法定职责，行政机关在接到申请之日起2个月内不履行的，可以起诉。（紧急情况下不受该期限限制）

(4)行政诉讼时效期间。

因不动产提起诉讼的案件自行政行为作出之日起超过20年，其他案件自行政行为作出之日起超过5年提起诉讼的，人民法院不予受理。

(5)起诉形式。

起诉应当向法院递交起诉状，并按照被告人数提出副本。书写起诉状确有困难的，可以口头起诉。

(6)法院受理。

法院接到起诉状，对符合条件的，应当登

记立案。当场不能判定是否符合条件的应当接收起诉状，出具注明收到日期的书面凭证，并在7日内决定是否立案。不符合起诉条件的，作出不予立案的裁定，裁定书应当载明不予立案的理由。原告对裁定不服的，可以提起上诉。

2. 审理和判决

（1）公开，但涉及国家秘密、个人隐私和法律另有规定的除外。

『注意』涉及"商业秘密"的案件，当事人申请不公开审理的，可以不公开审理。

（2）合议庭制。

（3）回避制度。

（4）调解（见表1-28）。

表1-28 调解

是否适用	具体情形
不适用调解	一般行政案件
适用调解	（1）行政赔偿、补偿； （2）行政机关行使法律、法规规定的自由裁量权的案件

（5）审理依据。

可作为"依据"的：法律和行政法规、当地的地方性法规。

可作为"参照"的：其他规章。

（6）上诉期。

一审判决——判决书"送达"之日起"15日"内。

一审裁定——裁定书"送达"之日起"10日"内。

【例题5·多选题】北京市人民法院在审理行政性案件时，可以作为审判依据的有（ ）。

A. 法律
B. 行政法规
C. 北京市人大制定的地方性法规
D. 国家税务总局制定的部门规章

解析 ▶ 选项D，规章在法院审理"行政案件"时仅起参照作用。　　答案 ▶ ABC

【例题6·多选题】根据行政诉讼法律制度的规定，下列关于人民法院审理行政案件是否适用调解的表述中，正确的有（ ）。

A. 人民法院审理行政案件，不适用调解，但存在例外情况
B. 人民法院审理行政赔偿的案件，可以调解
C. 人民法院审理行政补偿的案件，可以调解
D. 人民法院审理行政机关行使法律、法规规定的自由裁量权的案件，可以调解

答案 ▶ ABCD

一、单项选择题

1. 法是经过国家制定或者认可才得以形成的规范，这体现了法的（ ）。

A. 国家意志性
B. 强制性
C. 明确公开性和普遍约束性
D. 规范性

2. 关于法的本质与特征的下列表述中，错误的

是( )。
A. 法是统治阶级的国家意志的体现
B. 法由统治阶级的物质生活条件所决定
C. 法完全不顾及被统治阶级的愿望和要求
D. 法是明确而普遍适用的规范

3. 下列主体中,属于非法人组织的是( )。
A. 基金会　　　　B. 有限责任公司
C. 事业单位　　　D. 合伙企业

4. 甲企业和正大计算机专卖店签订了一份购买50台计算机的合同,该买卖合同中,50台计算机属于( )。
A. 法律关系的主体
B. 法律关系的内容
C. 法律关系的事实
D. 法律关系的客体

5. 侯某强占赵某的汽车,则上述法律关系中的客体是( )。
A. 侯某　　　　　B. 侯某的强占行为
C. 汽车　　　　　D. 返还汽车的义务

6. 下列法律事实中,属于法律行为的是( )。
A. 突发地震
B. 书立遗嘱
C. 火山喷发
D. 台风登陆

7. 下列法的形式中,效力等级最低的是( )。
A. 宪法　　　　　B. 法律
C. 行政法规　　　D. 地方性法规

8. 下列各项中,属于按照法的主体、调整对象和渊源对法所作的分类的是( )。
A. 成文法和不成文法
B. 国际法和国内法
C. 实体法和程序法
D. 一般法和特别法

9. 下列关于法律行为的分类中,表述正确的是( )。
A. 按照行为的表现形式不同分为单方的法律行为和多方的法律行为
B. 按照主体意思表示的形式分为意思表示行为与非表示行为
C. 按照行为是否通过意思表示作出分为要式的法律行为和不要式的法律行为
D. 根据主体实际参与行为的状态分为自主行为与代理行为

10. 下列关于刑事责任的说法中,正确的是( )。
A. 附加刑只能和主刑一起适用,不能独立适用
B. 拘役的期限为3个月以上2年以下
C. 剥夺政治权利是剥夺犯罪分子参加国家管理和政治活动的权利
D. 一人犯数罪,数罪中有判处附加刑且附加刑种类不同的,合并执行

11. 下列法律责任形式中,属于民事责任的是( )。
A. 罚金　　　　　B. 罚款
C. 没收财产　　　D. 赔偿损失

12. 下列法律责任的形式中,属于行政责任的是( )。
A. 驱逐出境
B. 吊销许可证
C. 剥夺政治权利
D. 消除危险

13. 对于应当判处死刑的犯罪分子,如果不是必须立即执行的,可以判处死刑同时宣告缓期( )执行。
A. 1年　　　　　B. 2年
C. 3年　　　　　D. 半年

14. 某教师强奸、猥亵多名在校女学生,后因惧怕东窗事发,遂在学校食堂投放毒鼠强导致多人中毒。后经法院判决,该教师犯强奸罪情节恶劣,判处有期徒刑15年,犯投放危险物质罪情节恶劣,判处有期徒刑15年,则数罪并罚的最高刑期不能超过( )年。
A. 15　　　　　　B. 20
C. 25　　　　　　D. 30

15. 下列各项中,属于《仲裁法》规定的仲裁范围的是( )。
A. 继承纠纷
B. 抚养权纠纷
C. 劳动合同纠纷
D. 合同纠纷

16. 甲、乙签订买卖合同同时签订仲裁协议,后双方发生合同纠纷,在仲裁庭首次开庭时,甲对双方事先签订的仲裁协议效力提出异议,对该案件的下列处理方式中,符合法律规定的是( )。

A. 应由仲裁委员会首先对仲裁协议的效力作出决定
B. 甲可以请求法院对仲裁协议的效力作出裁定
C. 该仲裁协议有效，仲裁庭继续仲裁
D. 该仲裁协议自然失效

17. 下列关于仲裁裁决的表述中，错误的是( )。
A. 除当事人协议外，仲裁公开进行，但涉及国家秘密的除外
B. 仲裁员应实行回避制度
C. 当事人申请仲裁后，可以自行和解
D. 仲裁庭在作出裁决前，可以进行调解

18. 甲、乙因合同纠纷申请仲裁，仲裁庭对案件裁决时未能形成多数意见，关于该案件仲裁裁决的下列表述中，符合法律规定的是( )。
A. 应当按照多数仲裁员的意见作出裁决
B. 应当由仲裁庭达成一致意见作出裁决
C. 按照首席仲裁员的意见作出裁决
D. 提请仲裁委员会作出裁决

19. 下列纠纷中，不能通过民事诉讼方式解决的是( )。
A. 赵某与高某因农村土地承包合同纠纷提起诉讼的案件
B. 赵大与赵二因遗产继承纠纷提起诉讼的案件
C. 按照公示催告程序解决的票据丢失案件
D. 纳税人与税务机关因税收征纳争议提起诉讼的案件

20. 下列关于民事诉讼合议制度的说法中，正确的是( )。
A. 合议制度是指由3名以上审判员组成审判组织，代表法院行使审判权
B. 法院审理第一审民事案件由审判员一人独任审理
C. 法院审理第二审民事案件可以由审判员和陪审员组成合议庭
D. 选民资格案或者重大、疑难案件由审判员组成合议庭

21. 赵妻张某的户籍地在甲市，经常居住地是乙市，赵某的户籍地在丙市。2018年2月，张某对长期在法国巴黎工作的赵某提起离婚诉讼，则有管辖权的法院是( )。
A. 甲市法院　　B. 乙市法院
C. 丙市法院　　D. 巴黎法院

22. 根据民事诉讼法律制度的规定，下列各项中，不属于专属管辖的是( )。
A. 因不动产纠纷提起的诉讼
B. 因票据纠纷提起的诉讼
C. 因继承遗产纠纷提起的诉讼
D. 因港口作业中发生纠纷提起的诉讼

23. 2020年12月甲公司与乙银行之间发生借款合同纠纷，乙银行请求保护其民事权利的诉讼时效期间不得超过一定期限，该期限为( )年。
A. 3　　　　　B. 5
C. 10　　　　D. 2

24. 根据民事法律制度的规定，对始终不知道自己权利受侵害的当事人，其最长诉讼时效期间是( )年。
A. 2　　　　　B. 5
C. 20　　　　D. 30

25. 下列各项在诉讼时效期间的最后6个月内发生，不引起诉讼时效期间中止的是( )。
A. 不可抗力
B. 权利人被义务人控制
C. 义务人同意履行义务
D. 继承开始后未确定继承人

26. 根据民事诉讼法律制度的规定，下列各项中，不属于可导致诉讼时效中断的情形是( )。
A. 法定代理人死亡
B. 当事人一方提起诉讼
C. 当事人一方提出要求
D. 当事人一方同意履行

27. 甲、乙公司因买卖合同发生纠纷，经市市场监督管理局调解，双方对合同的履行达成谅解。后甲公司感觉调解结果对自己不利，遂向省市场监督管理局申请行政复议，则下列说法中正确的是( )。
A. 省市场监督管理局应予受理
B. 省市场监督管理局应不予受理
C. 甲公司可向市人民法院提起行政诉讼
D. 甲公司只能履行调解书

28. N市M县市场监督管理局对甲企业作出罚

款，甲企业对此不服，可以向（ ）申请行政复议。
A. M县人民法院
B. M县人民政府
C. M县市场监督管理局
D. N市人民政府

29. 对省、自治区人民政府依法设立的派出机关所属的县级地方人民政府的具体行政行为不服的，向（ ）申请行政复议。
A. 该省、自治区人民政府
B. 该派出机关
C. 该县地方人民政府
D. 该县地方人民政府所在地法院

30. 税务机关作出的下列具体行政行为中，申请人不服，应当先向复议机关申请行政复议，对行政复议决定不服的，可以再向人民法院提起行政诉讼的是（ ）。
A. 征收税款行为
B. 税收保全行为
C. 发票管理行为
D. 行政处罚行为

31. 甲公司因对乙税务机关作出的对其罚款20万元的处罚决定不服，向乙税务机关的上级机关申请行政复议。行政复议机关经过书面审查作出维持原处罚决定的复议决定。甲公司觉得自己确实理亏，希望撤回行政复议申请，则下列说法中正确的是（ ）。
A. 申请人决定撤回申请的，可以撤回
B. 经行政复议机关同意的，可以撤回
C. 经被申请人同意的，可以撤回
D. 不得撤回

二、多项选择题

1. 下列选项中，可以作为法律关系主体的有（ ）。
A. 个人独资企业   B. 股份有限公司
C. 自然人   D. 个体工商户

2. 法律关系客体主要包括物、人身和人格、精神产品和行为。下列各项中，属于物的有（ ）。
A. 自然灾害   B. 苹果树
C. 奥运金牌   D. 人的眼角膜

3. 下列自然人中，属于限制民事行为能力人的有（ ）。

A. 范某，20周岁，有精神障碍，不能辨认自己的行为
B. 孙某，7周岁，不能辨认自己的行为
C. 周某，15周岁，系体操队专业运动员
D. 杨某，13周岁，系大学少年班在校大学生

4. 下列各项中，属于法律事件的有（ ）。
A. 某服装厂与供货商订立了一份合同
B. 张某受到意外事故伤害
C. 战争爆发
D. 赵某出生

5. 法律行为根据行为是否通过意思表示作出分为意思表示行为和非表示行为，下列属于意思表示行为的有（ ）。
A. 订立遗嘱   B. 缔结婚约
C. 拾得遗失物   D. 发现埋藏物

6. 下列关于法的形式的说法中，错误的有（ ）。
A. 宪法由全国人民代表大会及其常委会制定，具有最高的法律效力
B. 法律是由全国人民代表大会及其常委会经过一定立法程序制定颁布的规范性文件
C. 行政法规是由国务院及其各部委在法定职权范围内为实施宪法和法律制定、发布的规范性文件
D. 省、自治区、直辖市人民政府在与宪法、法律和行政法规不相抵触的前提下，可以根据本地区的具体情况和实际需要制定、发布地方性法规

7. 下列规范性文件中，属于规章的有（ ）。
A. 国务院发布的《企业财务会计报告条例》
B. 财政部发布的《金融企业国有资产转让管理办法》
C. 上海市人民政府发布的《上海市旅馆业管理办法》
D. 北京市人大常委会发布的《北京市城乡规划条例》

8. 下列关于法律效力等级及其适用原则说法中，正确的有（ ）。
A. 宪法至上体现了上位法优于下位法原则
B. 同一机关制定的法律、行政法规、地方性法规、自治条例和单行条例、规章，特别规定与一般规定不一致的，适用一般规定
C. 新的规定与旧的规定不一致的，适用新的规定

D. 地方性法规与部门规章之间对同一事项的规定不一致，不能确定如何适用时，由国务院提出意见，国务院认为应当适用部门规章的，应当决定在该地方适用部门规章的规定

9. 赵某因醉驾，被人民法院判处拘役6个月，并处罚金2 000元。其工作的县国土资源管理局对其作出开除公职的处罚决定，则下列说法中错误的有( )。
   A. 拘役属于主刑
   B. 罚金属于行政处罚
   C. 开除属于行政处罚
   D. 赵某对县国土资源管理局将其开除的决定不服，可以向市国土资源管理局申请行政复议

10. 甲税务局向乙百货商场购买了一批办公用品，因办公用品质量问题与该百货商场发生纠纷。同时，甲税务局又因向乙百货商场征收所得税而与其发生争议。则下列说法中正确的有( )。
    A. 甲税务局与乙百货商场的购买办公用品质量纠纷可以申请仲裁
    B. 甲税务局与乙百货商场的购买办公用品质量纠纷不可以申请仲裁
    C. 甲税务局与乙百货商场的纳税争议可以申请仲裁
    D. 甲税务局与乙百货商场的纳税争议不可以申请仲裁

11. 根据《仲裁法》的规定，下列关于仲裁协议的表述中，不正确的有( )。
    A. 仲裁协议可以书面形式订立，也可以口头形式订立
    B. 仲裁协议对仲裁委员会没有约定，当事人又达不成补充协议的，仲裁协议无效
    C. 当事人对仲裁协议的效力有异议的，只能请求仲裁委员会作出决定
    D. 没有仲裁协议，一方申请仲裁的，仲裁委员会应当受理

12. 根据《仲裁法》的规定，下列关于仲裁协议的表述中，正确的有( )。
    A. 仲裁协议一经依法成立，即具有法律约束力
    B. 仲裁协议独立存在，合同的变更、解除、终止或无效，不影响仲裁协议的效力
    C. 有效的仲裁协议被争议双方当事人自愿放弃，人民法院可以行使管辖权
    D. 仲裁协议的内容包括选定的仲裁委员会和仲裁员

13. 下列关于仲裁的说法中，正确的有( )。
    A. 仲裁采用自愿原则
    B. 仲裁实行级别管辖加地域管辖
    C. 仲裁实行一裁终局制度
    D. 仲裁机构隶属于同级人民法院

14. 根据《仲裁法》的规定，仲裁员赵某属于( )情形的，必须回避，当事人也有权提出回避申请。
    A. 是本案当事人的代理人
    B. 是涉案公司的股东
    C. 与本案当事人乘坐过同一班飞机
    D. 私自会见当事人并接受其请客送礼

15. 根据民事诉讼法律制度的规定，在民事诉讼活动中适用回避制度的人员有( )。
    A. 审判员侯某   B. 书记员唐某
    C. 勘验人沙某   D. 证人赵某

16. 根据民事诉讼法律制度的规定，民事诉讼中实行一审终审制的有( )。
    A. 适用特别程序、督促程序
    B. 适用公示催告程序
    C. 适用简易程序
    D. 最高人民法院所作的一审判决

17. 关于民事诉讼与仲裁法律制度相关内容的下列表述中，正确的有( )。
    A. 民事经济纠纷实行或裁或审制度
    B. 民事诉讼实行一审终审制度，仲裁实行一裁终局制度
    C. 民事诉讼与仲裁均应开庭进行
    D. 民事诉讼实行公开审判制度，仲裁也公开进行

18. 根据民事诉讼法律制度的规定，下列关于公开审判制度的表述中，正确的有( )。
    A. 涉及商业秘密的民事案件，当事人申请不公开审理的，可以不公开审理
    B. 不论民事案件是否公开审理，一律公开宣告判决
    C. 涉及国家秘密的民事案件应当不公开审理
    D. 涉及个人隐私的民事案件应当不公开审理

19. 根据民事诉讼法律制度的规定，下列各项中由原告住所地法院管辖的有（　　）。
    A. 被告住所地与经常居住地不一致
    B. 对不在中国境内居住的人提起的有关身份关系的民事诉讼
    C. 对下落不明或宣告失踪的人提起的有关身份关系的民事诉讼
    D. 对被采取强制性教育措施或者被监禁的人提起民事诉讼

20. A地甲企业与B地乙企业签订运输合同，约定由乙企业将一批海鲜由C地运输至E地，双方未在合同中约定管辖法院，乙企业在运输途经D地时因大雪造成高速公路封路，导致未在合同约定的时间将货物运达，致使甲企业蒙受重大损失，甲企业拟对乙企业提起诉讼，其可以选择提起诉讼的法院有（　　）。
    A. B地法院
    B. C地法院
    C. D地法院
    D. E地法院

21. 甲县的赵某在乙县旅游时，通过酒店的电脑在网络散播损害丙县高某名誉的虚假信息。在丁县旅游的高某得知后，欲对赵某提起侵权之诉，下列法院中，有管辖权的有（　　）。
    A. 甲县人民法院
    B. 乙县人民法院
    C. 丙县人民法院
    D. 丁县人民法院

22. 甲企业得知竞争对手乙企业在M地的营销策略将会进行重大调整，于是到乙企业设在N地的分部窃取乙企业内部机密文件，随之采取相应对策，给乙企业在M地的营销造成重大损失，乙企业经过调查掌握了甲企业的侵权证据，于是分别到甲企业住所地人民法院、M地人民法院、N地人民法院起诉，则下列说法中正确的有（　　）。
    A. N地属于侵权行为实施地，M地属于侵权结果发生地
    B. 三地法院对该案件均有管辖权
    C. 只有乙企业住所地人民法院、M地人民法院拥有管辖权
    D. 若乙企业最先向甲企业住所地人民法院起诉，则该案件的管辖法院即为甲企业住所地人民法院

23. 位于A市的甲公司和位于B市的乙公司在C市签订一份劳务合同，约定由甲公司对乙公司位于D市的设备进行维修。其后甲公司依约对设备进行了维修，但乙公司以设备没有恢复原有生产性能为由拒绝付款，双方发生纠纷，现甲公司欲起诉乙公司要求支付报酬，则下列说法中正确的有（　　）。
    A. 若双方未在合同中明确约定诉讼管辖地，则甲公司可以向B市人民法院起诉
    B. 若双方未在合同中明确约定诉讼管辖地，则甲公司可以向D市人民法院起诉
    C. 若双方未在合同中明确约定诉讼管辖地，则甲公司向A、B、C、D四市人民法院起诉均可
    D. 若双方在合同中约定诉讼管辖地为C市人民法院，则甲公司只能向C市人民法院起诉

24. 根据民事诉讼法律制度的规定，下列各项中，可以协议约定管辖法院的有（　　）。
    A. 赵某与侯某的买卖合同纠纷
    B. 赵某与冯某的房屋所有权纠纷
    C. 赵某与高某的著作署名权纠纷
    D. 赵某与唐某的汽车所有权纠纷

25. 下列各项中，不适用诉讼时效期间的有（　　）。
    A. 高某要求赵某恢复装修拆除的承重墙，消除危险的请求权
    B. 侯某要求赵某铲除种植的爬山虎，排除妨碍的请求权
    C. 赵某要求侯某返还房屋的请求权
    D. 赵某要求高某返还手机的请求权

26. 根据民事诉讼法律制度的规定，关于民事案件的调解，下列说法中正确的有（　　）。
    A. 法院审理民事案件，应当进行调解
    B. 法院审理离婚案件，应当进行调解
    C. 婚姻等身份关系确认案件不得调解
    D. 适用特别程序、督促程序、公示催告程序的案件不得调解

27. 根据民事诉讼法律制度的规定，下列关于执行启动方式的表述中错误的有（　　）。
    A. 发生法律效力的民事判决、裁定，一方拒绝履行的，对方当事人可以向人民法院申请执行

B. 发生法律效力的民事判决、裁定，一方拒绝履行的，不可以由审判员移送执行员执行
C. 调解书和其他应当由人民法院执行的法律文书，一方拒绝履行的，对方当事人可以向人民法院申请执行
D. 调解书和其他应当由人民法院执行的法律文书，一方拒绝履行的，可以由审判员移送执行员执行

28. 根据税收征收管理法律制度的规定，下列情形中，属于行政复议期间具体行政行为可以停止执行的情形有( )。
A. 人民法院认为需要停止执行的
B. 法律规定停止执行的
C. 被申请人认为需要停止执行的
D. 复议机关认为需要停止执行的

29. 下列关于行政复议的说法中，正确的有( )。
A. 公民可以自知道行政机关作出的具体行政行为之日起60日内提出行政复议申请，但是法律规定的申请期限超过60日的除外
B. 行政复议机关应当自受理申请之日起60日内作出行政复议决定，但是法律规定的行政复议期限少于60日的除外
C. 情况复杂，不能在规定期限内作出行政复议决定的，经批准可以适当延长，但延长期限最多不得超过60日
D. 申请行政复议的由申请人负责举证

30. 下列关于税务行政复议的说法中，错误的有( )。
A. 复议机关收到行政复议申请后，应当在5日内进行审查，决定是否受理
B. 复议机关收到行政复议申请后，应当在10日内进行审查，决定是否受理
C. 行政复议机关决定不予受理，申请人可以自收到不予受理决定书之日起5日内依法向人民法院提起行政诉讼
D. 行政复议机关决定不予受理，申请人可以自收到不予受理决定书之日起10日内依法向人民法院提起行政诉讼

31. 下列关于税务行政复议管辖的表述中，正确的有( )。
A. 对各级税务局的具体行政行为不服的，向其上一级税务局申请行政复议
B. 对各级税务局的稽查局的具体行政行为不服的，向其所属税务局申请行政复议
C. 对国家税务总局的具体行政行为不服的，向国家税务总局申请行政复议
D. 对各级税务局的具体行政行为不服的，可以向该税务局的本级人民政府申请行政复议

32. 下列关于税务行政复议管辖权的说法中，不正确的有( )。
A. 对计划单列市税务局作出的具体行政行为不服的，向所属省税务局申请行政复议
B. 对税务机关作出逾期不缴纳罚款加处罚款的决定不服的，向作出行政处罚决定的税务机关的上级机关申请行政复议
C. 对两个以上税务机关共同作出的具体行政行为不服的，向共同上一级税务机关申请行政复议
D. 对被撤销的税务机关在撤销以前所作出的具体行政行为不服的，向继续行使其职权的税务机关的上一级税务机关申请行政复议

33. 根据《行政诉讼法》的规定，下列情形中，公民、法人或者其他组织可以向人民法院提起行政诉讼的有( )。
A. 市民认为行政法规侵犯了他们的合法权益
B. 赵某对行政机关作出的任免决定不服的
C. 钱某认为某公安局对其罚款的处罚决定违法
D. 孙某对行政机关作出的限制其人身自由的决定不服的

34. 根据行政诉讼法律制度的规定，由中级人民法院管辖的第一审行政案件有( )。
A. 对市政府作出的行政处罚不服的案件
B. 确认发明专利权的案件
C. 海关处理的案件
D. 对国务院税收主管部门发布的新政策有异议的案件

35. 下列关于行政诉讼的说法中，正确的有( )。
A. 人民法院审理行政案件应当公开进行，但涉及国家秘密、个人隐私和法律另有规定的除外

B. 人民法院审理行政案件，适用回避制度

C. 人民法院审理行政案件，可以对双方当事人进行调解

D. 人民法院审理行政赔偿案件，可以对双方当事人进行调解

36. 下列关于行政诉讼的说法中，正确的有（　）。

　　A. 公民直接向人民法院提起诉讼的，应当自知道或者应当知道作出行政行为之日起6个月内提出

　　B. 公民申请行政机关履行保护其人身权、财产权等合法权益的法定职责，行政机关在接到申请之日起2个月内不履行的，公民可以向法院起诉

　　C. 因不动产提起诉讼的案件自行政行为作出之日起超过10年，人民法院不予受理

　　D. 当事人不服人民法院第一审判决的，有权在判决书送达之日起15日内向上一级人民法院提起上诉

37. 下列各项法律文件的生效时间，正确的有（　）。

　　A. 仲裁调解书自双方签收后生效

　　B. 仲裁裁决书自作出之日起生效

　　C. 民事诉讼一审判决书自送达之日起10日内没有上诉即生效

　　D. 行政复议决定书一经送达即发生法律效力

三、判断题

1. 法律关系的内容是指法律关系主体所享有的权利和承担的义务，其中承担的义务可以是积极义务，也可以是消极义务。（　）

2. 订立遗嘱属于单方行为。（　）

3. 没有法律、行政法规、地方性法规的依据，地方政府规章不得设定减损公民、法人或其他组织权利或增加其义务的规范。（　）

4. 剥夺犯罪分子短期的人身自由的刑罚，由公安机关就近执行，期限为1个月以上6个月以下的刑罚方式是拘役。（　）

5. 民事诉讼和仲裁都是适用于横向关系经济纠纷的解决方式。（　）

6. 经济纠纷案件当事人只能向纠纷发生地仲裁机构提请仲裁。（　）

7. 位于A市的甲公司与位于B市的乙公司，在C市签订一份劳务合同，合同履行地在D市，双方在合同的仲裁条款中约定因履行本合同发生的一切争议，由当事人协商解决，协商不成，提交E市仲裁委员会仲裁。该仲裁协议合法有效。（　）

8. 仲裁裁决作出后，一方当事人就同一纠纷再申请仲裁的，仲裁委员会不予受理，再向人民法院起诉的，人民法院应予受理。（　）

9. 仲裁实行一裁终局原则，因此当事人达成和解协议并撤销仲裁申请后又反悔的，不得再就同一事项申请仲裁。（　）

10. 仲裁裁决作出后，当事人应当履行裁决，一方当事人不履行的，另一方当事人可以按照《仲裁法》的有关规定向仲裁机构申请执行。（　）

11. 因公司设立、确认股东资格、分配利润、解散等纠纷提起的诉讼，由公司住所地人民法院管辖。（　）

12. 对下落不明或宣告失踪的人提起的任何民事诉讼均由原告住所地人民法院管辖。（　）

13. 行政复议机关审查被申请人的具体行政行为时，认为其依据不合法，本机关有权处理的，应当在15日内依法处理。（　）

14. 北京的侯某与南京的赵某签订一份借款合同，双方在合同中约定，因本合同发生的一切争议由双方协商解决，协商不成，双方一致同意向南京市中级人民法院起诉。该约定符合法律规定。（　）

15. 甲乙双方在借款合同中约定，若乙方到期不支付借款本金和利息，甲方的诉讼时效期间为自知道或应当知道之日起5年，该约定经双方签字盖章后生效。（　）

16. 出生于偏远山区的赵某，在当地娶妻张某，后赵某外出打工买彩票发迹，在某市经营建材生意，另娶妻高某，张某经同乡口中得知赵某下落前去投靠，但赵某拒不承认，张某向该市人民法院起诉，请求确认双方存在婚姻关系，对该起案件法院应当先行调解。（　）

17. 对行政机关人员作出的行政处分不服的，向人民法院提起诉讼的，人民法院不予受理。（　）

18. 申请人申请行政复议应当书面申请。（　）

19. 行政复议机关受理行政复议申请，只能向申

请人收取行政复议的成本费用，不得以此为手段从事营利活动。（ ）
20. 申请人对税务机关作出的逾期不缴纳罚款加处罚款的决定不服的，无须缴纳罚款和加处罚款，可以直接申请行政复议。（ ）
21. 行政复议听证人员不得少于3人，听证主持人由行政复议机构指定。（ ）
22. 经高级人民法院批准，中级人民法院可以根据审判工作的实际情况，确定若干人民法院跨行政区域管辖行政案件。（ ）
23. A县的赵某去B县旅游，因抱怨当地的饭菜太难吃，被B县公安机关处以行政拘留15天的行政处罚，赵某不服，可以向B县人民法院提起行政诉讼。（ ）

心有灵犀答案及解析

一、单项选择题

1. A
2. C 【解析】选项C，法也会在一定程度上照顾被统治阶级的利益，其目的是为了保全统治阶级更大的、更为根本的利益。
3. D 【解析】选项AC，属于非营利法人；选项B，属于营利法人；选项D，个人独资企业、合伙企业、不具有法人资格的专业服务机构等属于非法人组织。
4. D 【解析】法律关系的客体是权利和义务指向的对象。买卖合同的客体是"给付行为"，但"经济法基础"在考试中将合同的标的物（50台计算机）认定为该法律关系的客体，本题以"考试标准"给出正确选项为D。
5. C 【解析】选项A，属于法律关系的主体；选项B，属于引起法律关系产生的法律行为；选项D，法律关系的内容。
6. B 【解析】选项ACD，不以人的意志为转移，属于法律事件中的绝对事件（自然现象）。
7. D 【解析】法律效力等级：宪法＞法律＞行政法规＞地方性法规＞同级和下级地方政府规章。
8. B 【解析】选项A，是根据法的创制方式和发布形式所做的分类；选项C，是根据法的内容所做的分类；选项D，是根据法的空间效力、时间效力或对人的效力所做的分类。
9. D 【解析】选项A，根据行为的表现形式不同分为积极行为与消极行为，根据主体意思表示的形式分为单方的法律行为和多方的法律行为；选项B，根据行为是否通过意思表示作出分为意思表示行为与非表示行为；选项C，根据行为是否需要特定形式或实质要件分为要式的法律行为和不要式的法律行为。

10. C 【解析】选项A，附加刑可以和主刑一起适用，也可以独立适用；选项B，拘役的期限为1个月以上6个月以下；选项D，附加刑种类相同的合并执行，附加刑种类不同的分别执行。
11. D 【解析】选项AC，属于刑事责任的附加刑；选项B，属于行政责任。
12. B 【解析】选项AC，属于刑事责任—附加刑；选项D，属于民事责任。
13. B
14. B 【解析】有期徒刑数罪并罚，总和刑期不满35年的，最高不能超过20年。
15. D 【解析】选项AB，婚姻、收养、监护、扶养、继承纠纷不能提请仲裁；选项C，劳动合同纠纷不适用《仲裁法》的规定，由《中华人民共和国劳动争议调解仲裁法》调整。
16. C 【解析】当事人对仲裁协议的效力有异议的，应当在仲裁庭首次开庭"前"提出。本题中，甲在开庭时提出的异议，仲裁协议有效，仲裁庭应当继续仲裁。
17. A 【解析】仲裁不公开进行。
18. C 【解析】裁决应当按照多数仲裁员的意见作出，少数仲裁员的不同意见可以记入笔录。仲裁庭不能形成"多数"意见时，裁决应当按照"首席仲裁员"的意见作出。
19. D 【解析】选项D，属于不平等主体之间的纠纷，可以采取行政复议或者行政诉讼的方式解决。
20. D 【解析】选项A，合议制度是指由3名以上"审判人员"组成审判组织，而非仅由审判员组成；选项B，适用简易程序、特别程序、督促程序、公示催告程序的一审案件由审判员一人独任审理；选项C，法院审理第二审民事案件由审判员组成合议庭。

21. B 【解析】对不在中国境内居住的人提起有关身份关系的民事诉讼，由原告住所地人民法院管辖，原告住所地与经常居住地不一致的，由经常居住地人民法院管辖。

22. B 【解析】选项B，属于特别管辖，由票据支付地人民法院管辖。

23. A 【解析】普通诉讼时效期间为3年，从知道或应当知道权利被侵害及义务人之日起计算。

24. C

25. C 【解析】选项C，引起诉讼时效期间的中断。

26. A 【解析】选项A，在诉讼时效期间的最后六个月内，因无民事行为能力人或者限制民事行为能力人没有法定代理人，或者法定代理人死亡、丧失民事行为能力、丧失代理权，不能行使请求权的，诉讼时效中止。

27. B 【解析】"调解"，行政机关并未行使"公权力"，不服行政机关对民事纠纷作出的调解不能申请行政复议。

28. B 【解析】市场监督管理局属于县级以上地方各级人民政府工作部门，对其具体行政行为不服的，由申请人选择，可以向该部门的本级人民政府申请行政复议，也可以向上一级主管部门申请行政复议。

29. B

30. A 【解析】选项A，属于征税行为，纳税人不服的，必须先申请行政复议，对行政复议决定不服的，可以向人民法院提起行政诉讼；选项BCD，不属于征税行为，纳税人不服的，可以申请行政复议，也可以直接向人民法院提起行政诉讼。

31. D 【解析】申请人在行政复议决定作出"前"撤回行政复议申请的，经行政复议机关同意，可以撤回。本题中，行政复议机关已经作出行政复议决定，因此甲公司不得撤回申请。

二、多项选择题

1. ABCD 【解析】法律关系主体，是指参加法律关系，依法享有权利和承担义务的当事人，包括自然人、法人和非法人组织、国家。其中，个人独资企业是非法人组织，股份有限公司是营利法人，个体工商户的法律性质是自然人(公民)。

2. BD 【解析】选项A，自然灾害不能为人类所控制，不属于法律关系的客体，属于法律事实；选项C，奥运金牌应该是荣誉产品，属于人身、人格中的荣誉权；选项B，属于物；选项D，人身体的一部分也属于物的范畴。

3. CD 【解析】选项CD，8周岁以上的未成年人，不能完全辨认自己行为的成年人为限制民事行为能力人；选项AB，属于无民事行为能力人。

4. BCD 【解析】选项A属于法律行为。

5. AB 【解析】选项CD，属于非表示行为。

6. ACD 【解析】选项A，宪法是由全国人民代表大会制定的；选项C，行政法规是由国务院制定的；选项D，地方性法规是由地方人大制定的。

7. BC 【解析】规章包括部门规章和地方政府规章。选项B，属于部门规章；选项C，属于地方政府规章；选项A，属于行政法规；选项D，属于地方性法规。

8. AC 【解析】选项B，应适用特别规定；选项D，应当提请全国人大常委会裁决。

9. BCD 【解析】选项B，属于刑事责任中的附加刑；选项C，属于行政处分；选项D，行政处分不能申请行政复议，可以依据《公务员法》申诉。

10. AD 【解析】选项A，甲税务局与乙百货商场的购买办公用品质量纠纷，属于买卖合同纠纷，属于平等主体之间的经济纠纷，可以申请仲裁；选项D，甲税务局与乙百货商场的纳税争议，属于不平等主体之间的经济纠纷，可以通过行政复议或行政诉讼方式解决。

11. ACD 【解析】选项A，仲裁协议应当以书面形式订立，口头达成仲裁的意思表示无效；选项C，当事人对仲裁协议的效力有异议时，可以请求仲裁委员会作出决定或者请求人民法院作出裁定；选项D，没有仲裁协议，一方申请仲裁的，仲裁委员会不予受理。

12. ABC 【解析】选项D，仲裁协议的内容包括：请求仲裁的意思表示、仲裁事项、选定的仲裁委员会。

13. AC 【解析】选项B，仲裁不实行级别管辖和地域管辖；选项D，仲裁委员会独立于行政机关，与行政机关没有隶属关系。

14. ABD 【解析】选项C，与本案当事人、代理人有其他关系，"可能影响公正仲裁的"必须回避，当事人也有权提出回避申请，本题中仲裁员赵某与本案当事人乘坐过同一班飞机，并不会影响公正仲裁，无须回避。

15. ABC 【解析】选项D，证人不适用回避制度。

16. ABD 【解析】选项C，简易程序中的"小额诉讼程序"审理的案件实行一审终审制。

17. AC 【解析】选项B，民事诉讼实行两审终审制度，仲裁实行一裁终局制度；选项D，民事诉讼实行公开审判制度，仲裁不公开进行。

18. ABCD 【解析】选项A，离婚案件、涉及商业秘密的案件，当事人申请不公开审理的可以不公开；选项B，不论案件是否公开审理，一律公开宣告判决；选项CD，涉及国家秘密、个人隐私或者法律另有规定的不公开进行。

19. BCD 【解析】选项A，由被告经常居住地人民法院管辖。

20. ABD 【解析】因铁路、公路、水上、航空运输和联合运输合同纠纷提起的诉讼，由运输始发地(C地)、目的地(E地)或者被告住所地(B地)法院管辖。

21. ABC 【解析】因侵权行为提起的诉讼，由侵权行为地(包括侵权行为实施地、侵权结果发生地)或者被告住所地(甲县)人民法院管辖；信息网络侵权行为实施地包括实施被诉侵权行为的计算机设备所在地(乙县)，侵权结果地包括被侵权人住所地(丙县)。

22. AB 【解析】选项ABC，因侵权行为提起的诉讼，由侵权行为地或者被告住所地人民法院管辖。侵权行为地，包括侵权行为实施地(N地)、侵权结果发生地(M地)；选项D，原告向两个以上有管辖权的人民法院起诉的，由"最先立案"的人民法院管辖。

23. ABD 【解析】选项ABC，合同纠纷可以由合同履行地(D市)或被告住所地(B市)人民法院管辖；选项D，合同纠纷双方当事人可以协议约定管辖法院，协议管辖排除普通管辖和特别管辖。本题中协议约定由合同签订地(C市)人民法院管辖，则排除了被告住所地(B市)与合同履行地(D市)法院的管辖权。

24. AD 【解析】选项AD，合同或者其他财产权益纠纷的当事人可以书面协议选择管辖法院但不得违反《民事诉讼法》对级别管辖和专属管辖的规定；选项B，属于专属管辖不得协议；选项C，属于人身权纠纷不得协议。

25. ABC 【解析】选项AB，请求停止侵害、排除妨碍、消除危险的，不适用诉讼时效期间；选项C，不动产物权的权利人请求返还财产的，不适用诉讼时效期间；选项D，登记的动产物权的权利人请求返还财产的，不适用诉讼时效期间。本题中，手机属于未登记的动产，适用诉讼时效期间的规定。

26. BCD 【解析】选项A，法院审理民事案件，根据当事人自愿的原则，进行调解。当事人一方或者双方坚持不愿调解的，应当及时裁判。选项B，法院审理离婚案件，应当进行调解，但不应久调不决。选项CD，适用特别程序、督促程序、公示催告程序的案件，婚姻等身份关系确认案件以及其他根据案件性质不能调解的案件，不得调解。

27. BD 【解析】选项AB，发生法律效力的民事判决，裁定可由对方当事人向法院申请执行，也可由审判员移送执行员执行；选项CD，调解书和其他应当由人民法院执行的法律文书只能由对方当事人向法院申请执行。

28. BCD 【解析】选项A，与人民法院无关。

29. AB 【解析】选项C，延长期限最多不得超过30日；选项D，申请行政复议的由被申请人负责举证。

30. BCD 【解析】选项CD，行政复议机关决定不予受理，申请人可以自收到不予受理决定书之日起15日内依法向人民法院提起行政诉讼。

31. ABC 【解析】选项D，对各级税务局的具体行政行为不服的，向其上一级税务局申请行政复议。

32. AB 【解析】选项A，向国家税务总局申请行政复议；选项B，税务机关作出逾期不缴纳罚款加处罚款的决定不服的，向作出行政处罚决定的税务机关申请行政复议。

33. CD 【解析】选项A，抽象行政行为不可诉讼；选项B，内部行政行为不可诉讼，只能依据《公务员法》提出申诉。

34. AC 【解析】选项B，原一审由中级人民法院管辖的"确认发明专利权"案件，改由知识产权法院管辖；选项D，因行政法规、规章提起的行政诉讼，人民法院不予受理。

35. ABD 【解析】审理行政案件，不适用调解。但是，行政赔偿、补偿以及行政机关行使法律、法规规定的自由裁量权的案件可以调解。

36. ABD 【解析】选项C，因不动产提起诉讼的案件自行政行为作出之日起超过20年，人民法院不予受理。

37. ABD 【解析】选项C，民事诉讼一审判决书的上诉期为送达之日起15日。

三、判断题

1. √
2. √
3. √
4. √
5. √
6. × 【解析】经济纠纷案件当事人可以通过协议选定仲裁机构。
7. √
8. × 【解析】仲裁裁决作出后，一方当事人就同一纠纷再申请仲裁或者向人民法院起诉的，仲裁委员会或者人民法院不予受理。
9. × 【解析】当事人达成和解协议并"撤销仲裁申请"后又反悔的，可以再就同一事项申请仲裁；当事人达成和解协议并依据和解协议"作出裁决"后又反悔的，不得再就同一事项申请仲裁。
10. × 【解析】强制执行，只能向"人民法院"申请。
11. √
12. × 【解析】对下落不明或宣告失踪的人提起的有关"身份关系"的民事诉讼由原告住所地人民法院管辖。
13. × 【解析】行政复议机关审查被申请人的具体行政行为时，认为其依据不合法，本机关有权处理的，应当在"30日"内依法处理。
14. × 【解析】合同纠纷的当事人可以书面协议选择管辖法院，但不得违反《民事诉讼法》对级别管辖和专属管辖的规定。一般民事案件由基层人民法院管辖，双方不得约定由中级人民法院管辖。
15. × 【解析】诉讼时效期间法定，当事人不得约定。
16. × 【解析】婚姻等身份关系确认案件不得调解。
17. √ 【解析】行政机关对行政机关工作人员的奖惩、任免等决定，不属于行政诉讼的受案范围，可以依法进行申诉。
18. × 【解析】申请人申请行政复议可以书面申请，也可以口头申请。
19. × 【解析】行政复议机关受理行政复议申请，不得向申请人收取任何费用。
20. × 【解析】本题所述情形，应当先缴纳罚款和加处罚款，再申请行政复议。
21. × 【解析】行政复议听证人员不得少于"2人"。
22. × 【解析】经最高人民法院批准，高级人民法院可以根据审判工作的实际情况，确定若干人民法院跨行政区域管辖行政案件。
23. √ 【解析】对限制人身自由的行政强制措施不服提起的行政诉讼案件，由被告所在地或者原告所在地人民法院管辖。

第二绝 "棋"——会计法律制度

深闻棋韵

佳人"八绝"以"棋"明理。正所谓"方寸之间人世梦,三思落子无转圜"。一如本章,作为与会计工作"最相关"的法律制度,本章以《会计法》为主线,同时涵盖了《企业会计准则》《会计基础工作规范》《会计档案管理办法》等相关法律、法规和会计职业道德的内容。其目的是使初入会计行业的"菜鸟"们熟悉与会计工作相关的一系列法律制度,树立法律意识和良好的职业道德,并为尽快修炼成"老鸟"打下坚实的基础。

从考核角度看,本章内容因较为简单所占的分值比重并不高,仅为10%。

2021年考试变化

本章无实质性变化。

人生初见

第一部分 会计法律制度

考验一 会计法律制度的概念和适用范围(★)

扫我解疑难

(一)会计法律制度的概念

国家权力机关和行政机关制定的,调整"会计关系"的法律文件的"总称"。

(二)会计关系

1. 包括内容

(1)会计机构和会计人员从事会计业务处理中的经济关系;

(2)国家在管理会计工作中发生的经济关系。

2. 会计关系的主体与客体

(1)主体:会计机构和会计人员;

(2)客体:与会计工作相关的具体事务。

(三)会计法律制度的主要内容(见表2-1)

表2-1 会计法律制度的主要内容

会计法律制度	制定机关	法律文件
法律	全国人大"常委会"	《会计法》
行政法规	国务院	《总会计师条例》《企业财务会计报告条例》
部门规章	财政部	《代理记账管理办法》《企业内部控制基本规范》《会计基础工作规范》《企业会计准则》及其解释
	财政部与国家档案局	《会计档案管理办法》

(四)国家统一的会计制度

国家统一的会计制度,是指国务院财政部门根据《会计法》制定的关于"会计核算、会计监督、会计机构、会计人员以及会计工作管理"的制度。

【例题1·判断题】会计法律制度指的是国家权力机关和行政机关制定的《中华人民共和国会计法》。（ ）

解析 会计法律制度，是指国家权力机关和行政机关制定的关于会计工作的法律、法规、规章和规范性文件的总称。
答案 ×

【例题2·多选题】下列会计法律制度中，由国务院制定的有( )。

A.《中华人民共和国会计法》
B.《总会计师条例》
C.《企业财务会计报告条例》
D.《会计档案管理办法》

解析 选项A，由全国人大常委会制定；选项D，由财政部与国家档案局联合制定。
答案 BC

【例题3·多选题】国家统一的会计制度，是由国务院财政部门根据《会计法》制定的，包括会计核算制度和( )。

A. 会计监督制度
B. 会计机构和会计人员管理制度
C. 法律责任
D. 会计工作管理制度

答案 ABD

考验二 会计工作管理体制(★)

扫我解疑难

(一)会计工作的主管部门

统一领导："国务院财政部门"主管全国的会计工作。

分级管理："县级"以上地方各级人民政府财政部门管理本行政区域内的会计工作。

(二)单位内部的会计工作管理

1. 谁是单位负责人

法人组织：单位法定代表人。

非法人企业：法律、行政法规规定代表单位行使职权的主要负责人。

2. 单位负责人负责什么

(1)对本单位的会计工作和会计资料的"真实性、完整性"负责。

(2)应当保证会计机构、会计人员依法履行职责，不得授意、指使、强令会计机构、会计人员违法办理会计事项。

『注意1』单位负责人是本单位会计行为的责任主体，但不要求单位负责人事必躬亲地办理"具体"会计事项。

『注意2』单位负责人的责任"不能免除"办理具体事务的会计人员的责任。

【例题1·判断题】县级以上地方各级人民政府财政部门管理本行政区域内的会计工作。（ ）
答案 √

【例题2·单选题】根据会计法律制度的规定，下列人员中，对本单位的会计工作和会计资料的真实性、完整性负责的是( )。

A. 总会计师   B. 单位负责人
C. 会计核算人员   D. 单位审计人员

答案 B

【例题3·多选题】关于单位负责人在单位内部会计工作管理的职责，下列表述中正确的有( )。

A. 单位负责人对本单位会计资料的真实性、完整性负责
B. 单位负责人必须事事参与，严格把关
C. 应依法做好会计监督工作
D. 不能授意、指使、强令会计人员办理违法会计事项

解析 选项B，单位负责人是本单位会计行为的责任主体，但不要求单位负责人事必躬亲办理具体会计事项；选项C，属于会计人员的职责。
答案 AD

考验三 会计核算(★★★)

扫我解疑难

(一)会计核算基本要求

1. 依法建账

(1)各单位必须依法建立会计账簿。

(2)不得私设会计账簿。

『注意』各单位有且只能有"一套账"，不能不设置，也不能账外设账，如设置"小金库"。

2. 根据"实际发生"的经济业务进行会计核算

3. 保证会计资料的真实和完整

(1)会计资料包括"会计凭证、会计账簿、财务会计报告"等会计核算专业资料。

(2)会计资料的"真实性和完整性"，是会计

资料"最基本"的质量要求。

①真实性。

会计资料的内容和结果与单位实际发生的经济业务相一致。

②完整性。

构成会计资料的各项要素都必须齐全，要如实、全面地记录和反映经济业务发生情况。

(3)区别"伪造"与"变造"。

①"伪造"会计资料。

以"虚假"的经济业务为前提来编制会计凭证和会计账簿——无中生有。

②"变造"会计资料。

用涂改、挖补等手段"改变"会计凭证和会计账簿的真实内容，以"歪曲"事实真相——篡改事实。

『注意1』任何单位不得以虚假的经济业务事项或者资料进行会计核算。

『注意2』任何单位和个人不得伪造、变造会计凭证、会计账簿及其他会计资料，不得提供虚假的财务会计报告。

4. 正确采用会计处理方法

各单位的会计核算应当以实际发生的经济业务为依据，按照规定的会计处理方法进行，保证会计指标的口径一致、相互可比和会计处理方法的前后各期相一致。

5. 正确使用会计记录文字(见表2-2)

表2-2 正确使用会计记录文字

分类	具体内容
一般情况	会计记录的文字"应当"使用中文
民族自治地方	会计记录可以"同时使用"当地通用的一种民族文字
中国境内的外商投资企业、外国企业和其他外国组织	会计记录可以"同时使用"一种外国文字

6. 使用电子计算机进行会计核算必须符合法律规定

使用电子计算机进行会计核算的单位，其"会计软件、生成的会计资料、会计账簿的登记、更正"，应当符合国家统一的会计制度的规定。

【例题1·判断题】会计核算必须根据实际发生的经济业务事项进行。（ ）

答案 √

【例题2·多选题】下列各项中属于会计核算的基本要求的有( )。

A. 正确使用会计记录文字
B. 保证会计资料的真实和完整
C. 正确采用会计处理方法
D. 依法建账

答案 ABCD

【例题3·单选题】根据会计法律制度的规定，下列行为中属于伪造会计资料的是( )。

A. 用挖补的手段改变会计凭证和会计账簿的真实内容
B. 由于过失导致会计凭证与会计账簿记录不一致
C. 以虚假的经济业务编制会计凭证和会计账簿

D. 用涂改的手段改变会计凭证和会计账簿的真实内容

解析 选项AD，篡改事实，属于变造会计资料；选项B，属于登记错误，应该按规定更正，不属于伪造和变造；选项C，无中生有，属于伪造会计资料。 答案 C

【例题4·单选题】某单位业务人员朱某在一家个体酒店招待业务单位人员，发生招待费800元。事后，他将酒店开出的收据金额改为1 800元，并作为报销凭证进行了报销。朱某的行为属于下列违法行为中的( )。

A. 伪造会计凭证行为
B. 变造会计凭证行为
C. 做假账行为
D. 违反招待费报销制度行为

解析 将800元改为1 800元，属于采用涂改、挖补等手段来改变会计凭证的真实内容，歪曲事实真相的变造会计凭证行为。 答案 B

【例题5·判断题】在中国境内的外商独资企业可以不使用中文作为会计记录的文字。（ ）

解析 会计记录的文字应当使用中文。在中国境内的外商投资企业、外国企业和其他外国组织的会计记录可以同时使用一种外国文字。

答案 ×

【例题6·判断题】各单位采用的会计处理方法，前后各期应当一致，不得变更。（　　）

解析 ▶ 各单位采用的会计处理方法，不得"随意"变更，而非不得变更。　答案 ▶ ×

【例题7·多选题】根据会计法律制度的规定，使用电子计算机进行会计核算的，下列各项中，应当符合国家统一的会计制度规定的有(　　)。
　A. 计算机操作系统
　B. 会计软件
　C. 计算机生成的会计资料
　D. 对使用计算机生成的会计账簿的登记和更正

解析 ▶ 选项A，会计法律制度对会计电算化作出的规定中，不包括对计算机操作系统的规定。　答案 ▶ BCD

(二)会计核算的主要内容(表2-3)

表2-3　会计核算的主要内容

核算内容	归属会计要素
款项和有价证券的收付	资产
财物的收发、增减和使用	
债权的发生和结算	
债务的发生和结算	负债
资本、基金的增减	所有者权益
收入、支出、费用、成本的计算	收入、费用
财务成果的计算和处理	利润

(三)会计年度
自"公历1月1日起至12月31日止"。

(四)记账本位币(见表2-4)

表2-4　记账本位币的分类和要求

分类		具体要求
一般情况		会计核算以"人民币"为记账本位币
业务收支以人民币以外的货币为主的单位	日常核算	可以选定其中一种货币作为记账本位币
	编报的财务会计报告	应当折算为"人民币"

【例题8·单选题】根据会计法律制度的规定，下列各项中，不属于会计核算内容的是(　　)。
　A. 递延税款的余额调整
　B. 货物买卖合同的审核
　C. 有价证券溢价的摊销
　D. 资本公积的增减变动
　　　　　　　　　　　答案 ▶ B

【例题9·判断题】会计核算以公历每年7月1日起至次年6月30日止为一个会计年度。（　　）

解析 ▶ 我国以每年公历的1月1日起至12月31日止为一个会计年度。　答案 ▶ ×

【例题10·判断题】以人民币以外的货币作为记账本位币的单位，编制财务会计报表时应当折算为人民币。（　　）
　　　　　　　　　　　答案 ▶ √

(五)会计凭证、会计账簿、财务会计报告
【说明】凭证、账簿、报告已在"初级会计实务"中有详细介绍的部分内容，"经济法基础"不再做过多解释，只列示考点所在。
1. 关于依据
在会计信息处理流程中，前一环节是后一环节的依据，但必须有"审核"二字才能判断为正确。如：会计账簿以经过"审核"的会计凭证为依据编制，此说法正确。会计账簿以会计凭证为依据编制，此说法错误。

2. 原始凭证
(1)原始凭证的内容。
①凭证的名称；②填制凭证的日期；③填制凭证单位名称或填制人姓名；④经办人员的签名或者盖章；⑤接受凭证单位名称；⑥经济业务内容；⑦数量、单价和金额。
(2)原始凭证的取得。
①从"外单位"取得的原始凭证，必须盖有填制单位的"公章"。
②从"个人"取得的原始凭证，必须有"填制人员的签名或者盖章"。
③"自制"原始凭证必须有"经办单位负责人或其指定的人员签名或者盖章"。
④购买"实物"的原始凭证，必须有"验收证明"。
⑤"支付款项"的原始凭证，必须有收款单位和收款人的"收款证明"。

⑥"**经上级有关部门批准**"的经济业务，应当将"**批准文件**"作为原始凭证附件。如果批准文件需要单独归档的，应当在凭证上注明批准机关名称、日期和文件字号。

(3) 原始凭证的开具。

① 对外开出的原始凭证，必须加盖"**本单位公章**"。

② 一张原始凭证所列的支出需要由两个以上的单位共同负担时，应当由保存该原始凭证的单位开具"原始凭证分割单"给其他应负担的单位。

(4) 原始凭证的大、小写金额必须一致。

(5) 原始凭证的报销。

一式几联的原始凭证，应当注明各联的用途，只能以一联作为报销凭证。

(6) 退货、退款原始凭证的处理。

发生销货退回的，除填制退货发票外，还必须有"**退货验收证明**"；退款时，必须取得对方的"**收款收据或者汇款银行的凭证**"，不得以退货发票代替收据。

(7) 原始凭证的审核 (见表2-5)。

表2-5 原始凭证的审核

违规类型	具体操作
对"**不真实、不合法**"的原始凭证	有权不予受理，并向单位负责人报告
对"**记载不准确、不完整**"的原始凭证	予以退回，并要求按照国家统一的会计制度的规定更正、补充

(8) 原始凭证错误的更正。

① 各项内容均不得"涂改"；

② 记载内容有误，应当由"出具单位"重开或更正，并在更正处加盖出具单位"印章"；

③ "金额"错误不得更正，应由出具单位重开。

『注意』陷阱一：不得涂改，非不得更正；陷阱二：金额错误，非单价、数量错误。

(9) 原始凭证的外借。

① 原始凭证不得外借。

② 其他单位如因特殊原因需要使用原始凭证时，经本单位"**会计机构负责人 (会计主管人员)**"批准，可以复制。

③ 向外单位提供的原始凭证复制件，应当在专设的登记簿上登记，并由提供人员和收取人员共同签名或者盖章。

(10) 原始凭证的遗失。

① 能取得"**原出具单位**"盖有公章的证明，并注明原凭证号码、金额和内容的。

由"**经办单位**"会计机构负责人 (**会计主管人员**) 和单位负责人批准后，代作原始凭证。

② 确实无法取得证明的 (如火车、轮船、飞机票等)。

由"**当事人**"写出详细情况，由"**经办单位**"会计机构负责人 (**会计主管人员**) 和单位负责人批准后，代作原始凭证。

【例题11·单选题】根据会计法律制度的规定，作为记账凭证编制依据的必须是 ( ) 的原始凭证和有关资料。

A. 经办人签字　　　B. 领导认可
C. 金额无误　　　　D. 经过审核

答案 ▶ D

【例题12·判断题】会计凭证按其来源和用途，分为原始凭证和记账凭证。 ( )

答案 ▶ √

【例题13·单选题】根据会计法律制度的规定，下列关于原始凭证的表述中，正确的是 ( )。

A. 原始凭证必须来源于单位外部

B. 除日期外，原始凭证记载的内容不得涂改

C. 对不真实的原始凭证，会计人员有权拒绝接受

D. 原始凭证金额有错误的，应当由出具单位更正并加盖印章

解析 ▶ 选项A，原始凭证既有来自单位外部的，也有单位自制的；选项B，原始凭证记载的各项内容均不得涂改；选项D，原始凭证金额有错误的，应当由出具单位重开，不得在原始凭证上更正。

答案 ▶ C

【例题14·单选题】甲公司出纳刘某在为员工孙某办理业务时，发现采购发票上所注单价、数量与总金额不符，经查是销货单位填写单价错误，刘某采取的下列措施符合会计法律制度规定的是 ( )。

A. 由孙某写出说明，并加盖公司公章后入账

B. 将发票退给孙某，由销货单位重新开具发票后入账

C. 按总金额入账
D. 将单价更正后入账

解析 （1）原始凭证记载的各项内容均不得涂改；原始凭证有错误的，应当由"出具单位"重开或者更正，更正处应当加盖"出具单位印章"；原始凭证金额有错误的，应当由出具单位重开，不得在原始凭证上更正。（2）本题中，单价错误并非金额错误，单价错误的原始凭证是可以由"出具单位"更正；选项D，并未提及由"出具单位"更正，而选项B，非金额错误，也可以由"出具单位"重开，是最合适的选项。

答案 B

【例题15·单选题】对记载不准确、不完整的原始凭证，会计人员应当（ ）。
A. 拒绝接受，并报告领导，要求查明原因
B. 应予以销毁，并报告领导，要求查明原因
C. 予以退回，并要求经办人员按规定进行更正、补充
D. 拒绝接受，且不能让经办人员进行更正、补充

解析 （1）对不真实、不合法的原始凭证有权不予受理，并向单位负责人报告，请求查明原因，追究有关当事人的责任；（2）对记载不准确、不完整的原始凭证，会计人员应当予以退回，并要求经办人员按规定进行更正、补充。

答案 C

【例题16·单选题】其他单位因特殊原因需要使用原始凭证时，经本单位的（ ）批准，可以复制。
A. 会计机构负责人
B. 总会计师
C. 档案部门负责人
D. 单位负责人

答案 A

3. 记账凭证
（1）记账凭证的种类。
收款凭证、付款凭证、转账凭证、通用记账凭证。
（2）记账凭证的内容。
①填制凭证的日期；②凭证编号；③经济业务摘要；④会计科目；⑤金额；⑥所附原始凭证张数；⑦填制凭证人员、稽核人员、记账人员、会计机构负责人（会计主管人员）签名或者盖章。

『注意』"收、付款凭证"还应当由出纳人员签名或者盖章。

（3）记账凭证的填制。
①一笔经济业务需要填制"两张以上"记账凭证的，可以采用"分数编号法"编号。
②可以根据"每一张"原始凭证、"若干张同类原始凭证汇总"或"原始凭证汇总表"填制。

『注意』不得将不同内容和类别的原始凭证汇总填制在一张记账凭证上。

（4）记账凭证后附原始凭证的处理。
①除"结账、更正错误"外，记账凭证必须附有原始凭证并注明所附原始凭证的张数。
②若一张原始凭证涉及多张记账凭证，可把原始凭证附在一张主要的记账凭证后，并在其他记账凭证上注明附有该原始凭证的记账凭证的编号或附原始凭证复印件。

（5）记账凭证错误的更正。
①填制时发生错误：应当重新填制。
②已登记入账在当年内发现填写错误：
内容有误：红字冲销+蓝字重填。
金额有误：红字冲减或蓝字调增差额。
③以前年度记账凭证有错误：用蓝字填制一张更正的记账凭证。

（6）记账凭证的保管。
①会计凭证登记完毕后，应当按照分类和编号顺序保管。
②对于数量过多的原始凭证，可以单独装订保管。
③各种"经济合同、存出保证金收据以及涉外文件"等重要原始凭证，应当"另编目录，单独登记保管"，并在有关的记账凭证和原始凭证上相互注明日期和编号。

【例题17·多选题】记账凭证可以根据（ ）编制。
A. 一张原始凭证
B. 若干张原始凭证汇总
C. 原始凭证汇总表
D. 本年度财务计划

解析 记账凭证可以根据每一张原始凭证填制，或根据若干张"同类"原始凭证汇总编制，也可以根据原始凭证汇总表填制，不得将不同内容和类别的原始凭证汇总填制在一张记账凭

证上。　　　　　　　　　　　　答案 ▶ AC

【例题18·判断题】不同内容和类别的原始凭证可以汇总填制在一张记账凭证上。（　）

解析 ▶ 不得将不同内容和类别的原始凭证汇总填制在一张记账凭证上。　　答案 ▶ ×

【例题19·多选题】下列关于记账凭证填制的基本要求，不正确的有(　　)。

A. 记账凭证各项内容必须完整，并且应当连续编号

B. 填制记账凭证时若发生错误，应当重新填制

C. 一张发票所列支出需要两个单位共同负担的，应当向其他应负担单位提供发票复印件

D. 所有的记账凭证都必须附有原始凭证

解析 ▶ 选项C，一张原始凭证所列的支出需要由几个单位共同负担时，应当由保存该原始凭证的单位开具原始凭证分割单给其他应负担的单位；选项D，结账和更正错误的记账凭证可以不附原始凭证。　　答案 ▶ CD

4. 会计账簿

(1)会计账簿的种类。

总账、明细账、日记账、其他辅助账簿。

『注意』现金日记账、银行存款日记账必须采用"订本式"账簿。

(2)启用会计账簿。

①在账簿封面上写明单位名称和账簿名称。

②在账簿扉页上应当附启用表，内容包括：启用日期、账簿页数、记账人员和会计机构负责人(会计主管人员)姓名，并加盖人名章和单位公章。记账人员或会计机构负责人(会计主管人员)调动工作时，应当注明交接日期、接办人员或监交人员姓名，并由交接双方人员签名或盖章。

③启用订本账，应从第一页至最后一页顺序编号，不得跳页、缺号。

④使用活页账，应按账户顺序编号，并定期装订成册。

(3)登记会计账簿。

①账簿中书写的文字和数字一般应占格距的"1/2"，不能写满格。

②可以使用红字的情形：按照红字冲账的记账凭证，冲销错误记录；在不设借贷等栏的多栏式账页中，登记减少数；三栏式账户的余额栏前未印明余额方向的，在余额栏内登记负数余额。

③如果发生跳行、隔页，应当将空行、空页划线注销，或者注明"此行空白""此页空白"字样，并由"记账人员"签名或者盖章。

④现金日记账和银行存款日记账必须"逐日"结出余额。

⑤实行会计电算化的单位，用计算机打印的会计账簿必须连续编号，经"审核无误"后装订成册，并由"记账人员和会计机构负责人(会计主管人员)"签字或盖章。

(4)会计账簿记录错误的更正：采用划线更正法。

(5)结账。

①各单位应当按照规定定期结账。

②结账前，必须将本期内所发生的各项经济业务全部登记入账。

③结账时，应当结出每个账户的期末余额。

④年度终了结账时，所有总账账户都应当结出全年发生额和年末余额。

⑤年度终了，要把各账户的余额结转到下一会计年度。

(6)对账(见表2-6)。

表2-6　对账

类型	核对内容
账账核对	账簿记录与账簿记录
账证核对	账簿记录与会计凭证
账实核对	账簿记录与实物资产的实有数额

『注意』所有的对账工作均需用"账簿记录"去核对，而非"账簿"。

【例题20·多选题】根据会计法律制度的规定，下列各项中属于会计账簿类型的有(　　)。

A. 备查账簿　　　　B. 日记账
C. 明细账　　　　　D. 总账

答案 ▶ ABCD

【例题21·多选题】根据会计法律制度的规定，下列关于登记会计账簿基本要求的表述中，正确的有(　　)。

A. 在不设借贷等栏的多栏式账页中只登记增加数，不登记减少数

B. 会计账簿按页次顺序连续登记，不得跳

行、隔页

C. 账簿中书写的文字和数字上面要留有适当空格，一般应占格距的二分之一

D. 按照红字记账凭证冲销错误记录时，可以用红色墨水记账

解析 ▶ 选项 A，在不设借贷等栏的多栏式账页中用红字登记减少数。　　　**答案** ▶ BCD

【例题22·单选题】根据会计法律制度的规定，下列关于结账要求的表述中，不正确的是( )。

A. 结账时，应当结出每个账户的期末余额

B. 各单位应当定期结账

C. 年度终了，所有总账账户都应当结出全年发生额和年末余额

D. 年度终了，要把各账户的发生额结转到下一会计年度

解析 ▶ 选项 D，年度终了，要把各账户的余额结转到下一会计年度。　　**答案** ▶ D

【例题23·判断题】会计账簿记录与记账凭证记录的核对属于账账核对。( )

解析 ▶ 会计账簿记录与记账凭证记录的核对属于"账证"核对。　　　　　**答案** ▶ ×

【例题24·单选题】根据会计法律制度的规定，下列关于账务核对的表述中，不正确的是( )。

A. 保证会计账簿记录与实物及款项的实有数额相符

B. 保证会计账簿记录与年度财务预算相符

C. 保证会计账簿之间相对应的记录相符

D. 保证会计账簿记录与会计凭证的有关内容相符

解析 ▶ 账务核对，包括账证核对(选项 D)、账账核对(选项 C)、账实核对(选项 A)。
答案 ▶ B

5. 财务会计报告

(1)财务会计报告的构成(见表2-7)。

表2-7　财务会计报告的构成

构成种类	具体内容	注意事项
四表	资产负债表、利润表、现金流量表及相关附表、所有者(股东)权益变动表	"季度、月度"财务会计报告可以只报送"资产负债表和利润表"
一注	会计报表"附注"	
一说明	财务情况说明书	"财务情况说明书"是《企业财务会计报告条例》的要求

『老侯提示』"凭证、账簿、计划、审计报告"都不属于财务会计报告的组成部分。

(2)财务会计报告的对外提供。

①签章人员。

单位负责人、主管会计工作的负责人、会计机构负责人(会计主管人员)、总会计师。

②签章方式。

签名"并"盖章。

【说明】《会计法》规定"签名并盖章"，"经济法基础"考试按《会计基础工作规范》规定，要求"签名或盖章"。

③提供报告。

企业向有关各方提供财务会计报告，其编制基础、编制依据、编制原则和方法应当一致。

④报表审计。

财务会计报告"须经"注册会计师审计的，注册会计师及其所在的会计师事务所出具的审计报告应当随同财务会计报告"一并提供"。

⑤保密义务。

接受企业财务会计报告的组织或者个人，在企业财务会计报告未正式对外披露前，应当对其内容保密。

(3)对"国有企业、国有控股的或者占主导地位企业"的特殊规定。

①上述企业应当至少"每年一次"向本企业的职工代表大会公布财务会计报告。

②重点说明事项：

反映与职工利益密切相关的信息；内部审计发现的问题及纠正情况；注册会计师审计的情况；国家审计机关发现的问题及纠正情况；重大的投资、融资和资产处置决策及其原因的说明。

『注意』上述企业不包括"国有资本参股公司"。

【例题25·单选题】根据会计法律制度的规定，下列各项中，不属于财务会计报告的

是( )。
A. 资产负债表　　　B. 审计报告
C. 利润表　　　　　D. 现金流量表

解析 ▶ 企业财务会计报告包括"四表一一说明","凭证、账簿、计划、审计报告等"都不属于财务会计报告的组成部分。 **答案** ▶ B

【例题26·多选题】 根据会计法律制度的规定,下列人员中,应当在财务会计报告上签名并(或)盖章的有( )。
A. 企业会计机构负责人
B. 企业负责人
C. 企业总会计师
D. 企业主管会计工作负责人

解析 ▶ 企业对外提供的财务会计报告应当由企业负责人和主管会计工作的负责人、会计机构负责人(会计主管人员)签名并盖章。设置总会计师的企业,还应由总会计师签名并盖章。
答案 ▶ ABCD

【例题27·判断题】 接受企业财务会计报告的组织或者个人,在企业财务会计报告未正式对披露前,应当对其内容保密。( )
答案 ▶ √

【例题28·判断题】 国有企业应当至少每两年一次向本企业的职工代表大会公布财务会计报告。( )
解析 ▶ 该类企业,应当至少"每年一次"向本企业的职工代表大会公布财务会计报告。
答案 ▶ ×

考验四　会计档案管理(★★★)

扫我解疑难

(一)会计档案的内容
1. 一般会计档案(见表2-8)

表2-8　一般会计档案

分类	具体内容
会计凭证	原始凭证、记账凭证
会计账簿	总账、明细账、日记账、固定资产卡片、其他辅助性账簿
财务会计报告	月度、季度、半年度、年度会计报告
其他	银行存款余额调节表、银行对账单、纳税申报表、会计档案移交清册、会计档案保管清册、会计档案销毁清册、会计档案鉴定意见书及其他具有保存价值的会计资料

『注意』 各单位的"财务预算、计划、制度等文件材料"属于文书档案,不属于会计档案。

2. 电子会计档案
单位可以利用计算机、网络通信等信息技术手段管理会计档案。
(1)同时满足下列条件的单位"内部"形成的属于归档范围的电子会计资料"可仅以电子形式保存",形成电子会计档案:
①来源真实,由电子设备形成和传输;
②电算化系统完善,能够接收、读取、输出符合规定的会计资料,设定了经办、审核、审批等必要的审签程序;
③电子档案管理系统完善,能够接收、管理、利用电子会计档案,符合长期保管要求,与相关联的纸质会计档案建立检索关系;
④能防止被篡改;
⑤已备份;
⑥"非需永久保存或有重要价值"的会计档案。
(2)单位从"外部"接收的电子会计资料,还需附有符合《电子签名法》规定的"电子签名"。

【例题1·多选题】 根据会计法律制度的规定,下列各项中,属于会计档案的有( )。
A. 原始凭证　　　B. 记账凭证
C. 会计账簿　　　D. 年度预算

解析 ▶ 选项D,各单位的预算、计划、制度等文件材料属于文书档案,不属于会计档案。
答案 ▶ ABC

(二)会计档案的管理程序
1. 归档
单位"会计机构"按照归档范围和归档要求,负责定期将应当归档的会计资料整理立卷,编制"会计档案保管清册"。
2. 临时保管
当年形成的会计档案,可由会计机构临时

保管"1年";确需推迟移交的,应经"档案机构同意",最长不超过"3年"。

『注意』"出纳"不得兼管会计档案。

3. 移交与接收

(1)编制清册。

由"会计机构"编制"档案移交清册"。

(2)纸质会计档案的移交。

纸质会计档案移交时,应当保持原卷的封装。

(3)电子会计档案的移交。

①电子会计档案应当与其"元数据"一并移交,特殊格式的电子会计档案应当与其"读取平台"一并移交。

②档案机构对电子会计档案的"准确性、完整性、可用性、安全性"进行检测,符合要求的才能接收。

4. 外借

(1)会计档案"一般"不得对外借出。确因工作需要且根据国家有关规定必须借出的,应当严格按规定办理手续。

(2)借用单位应妥善保管和利用借入的会计档案,确保借入会计档案的安全、完整,并在规定时间内归还。

5. 保管期限(见表2-9)

(1)保管期限包括"永久""定期"两类。

(2)定期的保管期限包括"10年""30年"两类。

表2-9 保管期限

保管年限	会计档案
永久	年度财务报告、会计档案保管清册、会计档案销毁清册、会计档案鉴定意见书
30年	凭证、账簿、会计档案移交清册
10年	其他财务报告、银行存款余额调节表、银行对账单、纳税申报表
特殊	固定资产卡片账在固定资产"报废清理后保管5年"

(3)起算:会计年度终了后第一天。

6. 保管期满会计档案的鉴定与销毁

(1)鉴定。

"档案机构"牵头+会计、审计、纪检监察等机构或人员共同查鉴定,并形成会计档案鉴定意见书。

(2)编制销毁清册。

"档案机构"编制销毁清册,"单位负责人、档案机构负责人、会计机构负责人及档案和会计机构的经办人"于销毁"前"在会计档案销毁清册上"签署意见"。

(3)专人负责监销。

①一般档案:档案机构+会计机构。

②电子档案:档案机构+会计机构+信息系统管理机构。

(4)销毁后。

"监销人"在会计档案销毁清册上签名"或"盖章。

(5)不得销毁的会计档案。

①保管期满但"未结清的债权债务"原始凭证;

②涉及其他"未了事项"的原始凭证;

③建设单位在"项目建设期间形成"的会计档案。

『老侯提示』建设单位在项目建设期间形成的会计档案,应当在办理竣工财务决算后及时移交给建设项目接受单位。

『注意』不得销毁的会计档案应当单独抽出立卷(纸质)或转存(电子),并应当在会计档案鉴定意见书、会计档案销毁清册和会计档案保管清册中列明。

【例题2·单选题】根据会计法律制度的规定,单位会计管理机构临时保管会计档案最长不得超过一定期限,该期限为( )。

A. 3年　　　　　　B. 2年
C. 4年　　　　　　D. 5年

解析 ▶ 会计档案的临时保管期限为1年,特殊情况需要推迟移交的,临时保管期限最长不超过3年。本题将特殊情况表述为一般情况,说法错误。　　　　答案 ▶ A

【例题3·多选题】根据《会计档案管理办法》的规定,下列说法中正确的有( )。

A. 满足法定条件可仅以电子形式保存电子会计档案

B. 由档案机构编制会计档案保管清册

C. 单位保存的会计档案一般不得对外借出

D. 出纳可以兼管会计档案

解析 ▶ 选项B,单位"会计机构"按照归档范围和归档要求,负责定期将应当归档的会计资料整理立卷,编制"会计档案保管清册";选

项D，出纳不得兼管会计档案。 **答案** AC

【例题4·多选题】单位档案管理机构在接收电子会计档案时，应当对电子档案进行检测，下列各项中，属于应检测的内容有(   )。
A. 可用性　　B. 安全性
C. 准确性　　D. 完整性
答案 ABCD

【例题5·单选题】根据会计法律制度的规定，下列企业会计档案中，应永久保管的是(   )。
A. 会计档案移交清册
B. 会计档案保管清册
C. 原始凭证
D. 季度财务报告
解析 选项AC，会计档案移交清册、原始凭证保管30年；选项D，季度财务报告保管10年。 **答案** B

【例题6·单选题】根据会计法律制度的规定，记账凭证的保管时间应达到法定最低期限。该期限为(   )年。
A. 5　　B. 20
C. 10　　D. 30
答案 D

【例题7·判断题】会计档案移交清册、会计档案销毁清册的保管期限与企业年度财务会计报告的保管期限一致。 (   )
解析 会计档案移交清册的保管期限为30年；会计档案销毁清册和企业年度财务会计报告的保管期限为永久，三者不一致。 **答案** ×

【例题8·判断题】会计档案的保管期限是从会计年度终了后的第一天算起。 (   )
答案 √

【例题9·单选题】根据会计法律制度的规定，下列机构中，属于单位会计档案鉴定工作牵头机构的是(   )。
A. 审计机构
B. 纪检监察机构
C. 档案管理机构
D. 会计机构
解析 会计档案鉴定工作应当由"单位档案管理机构"牵头，组织单位会计、审计、纪检监察等机构或人员共同进行。 **答案** C

【例题10·多选题】根据会计法律制度的规定，下列人员中，应在会计档案销毁清册上签署意见的有(   )。
A. 会计管理机构经办人
B. 档案管理机构负责人
C. 会计管理机构负责人
D. 单位负责人
解析 "单位负责人、档案机构负责人、会计机构负责人及档案和会计机构的经办人"于销毁"前"在会计档案销毁清册上"签署意见"。
答案 ABCD

【例题11·多选题】根据会计法律制度的规定，单位下列机构中，应派员监销电子会计档案的有(   )。
A. 人事管理部门
B. 信息系统管理部门
C. 会计管理部门
D. 档案管理部门
解析 "电子会计档案"的销毁由单位档案管理机构、会计管理机构和信息系统管理机构共同派员监销。 **答案** BCD

【例题12·判断题】会计档案销毁之后，监销人应该在销毁清册上签名和盖章。 (   )
解析 监销人在会计档案销毁前应当按照会计档案销毁清册所列内容进行清点核对；在会计档案销毁后，应当在会计档案销毁清册上签名"或"盖章。 **答案** ×

(三)特殊情况下会计档案的处置
1. 分立
原单位存续：存续方统一保管，其他方可以查阅、复制与其业务相关的会计档案。
原单位解散：经各方协商后由其中一方代管或按照国家档案管理的有关规定处置，各方可以查阅、复制。
2. 合并
原各单位仍存续：仍由原各单位保管。
原各单位解散或者一方存续其他方解散：由合并后的单位统一保管。
3. 单位之间的会计档案交接
(1)交接前。
移交会计档案的单位，应当编制会计档案移交清册。
(2)交接时。
交接双方应当按照会计档案移交清册所列内容逐项交接，并由交接双方的单位"有关"负责人负责监督。

(3)交接后。

交接双方经办人和监督人应当在会计档案移交清册上签名"或"盖章。

【例题 13·判断题】 单位合并后原各单位解散的,原各单位的会计档案应当由合并后的单位全部销毁。( )

解析 ▶ 单位合并后原各单位解散或者一方存续其他方解散的,原各单位的会计档案应当由合并后的单位统一保管。 答案 ▶ ×

【例题 14·多选题】 根据会计法律制度的规定,下列关于单位之间会计档案交接的表述中,正确的有( )。

A. 电子会计档案应当与其元数据一并移交

B. 档案接收单位应当对保存电子会计档案的载体和其技术环境进行检验

C. 交接双方的单位有关负责人负责监督会计档案交接

D. 交接双方经办人和监督人应当在会计档案移交清册上签名或盖章

答案 ▶ ABCD

考验五 会计监督(★★★)

扫我解疑难

(一)三位一体的会计监督体系(见表2-10)

表 2-10 三位一体的会计监督体系

监督体系	属性	层次	效力
单位内部监督	内部监督	层次最低	单位的自我监督
社会监督	外部监督	层次居中	对单位内部监督的再监督
政府监督		层次最高	对单位和社会监督的再监督

(二)单位内部监督

1. 主体、对象

监督主体:会计机构、会计人员;

监督对象:单位的经济活动。

2. 单位内部监督的基本要求

(1)记账人员与经济业务事项和会计事项审批人员、经办人员、财物保管人员的职责权限应当明确,并相互分离、相互制约;

(2)重大对外投资、资产处置、资金调度和其他重要经济业务事项的决策和执行的相互监督、相互制约程序应当明确;

(3)财产清查的范围、期限和组织程序应当明确;

(4)对会计资料定期进行内部审计的办法和程序应当明确。

3. 会计机构和会计人员在单位内部会计监督中的职责

(1)对违反《会计法》和国家统一的会计制度规定的会计事项,有权拒绝办理或者按照职权予以纠正。

(2)发现会计账簿记录与实物、款项及有关资料不相符的,按照国家统一的会计制度的规定有权自行处理的,应当及时处理;无权处理的,应当立即向单位负责人报告,请求查明原因,作出处理。

4. 内部控制

(1)原则(见表2-11)。

表 2-11 内部控制的原则

一般企业	小企业
全面性	
重要性	风险导向
制衡性	
适应性	适应性
成本效益	成本效益
	实质重于形式

(2)控制措施(见表2-12)。

表 2-12 内部控制的控制措施

企业	行政事业单位
不相容职务分离控制	不相容岗位相互分离
授权审批控制	内部授权审批控制
会计系统控制	会计控制
财产保护控制	财产保护控制
预算控制	预算控制
运营分析控制	
绩效考评控制	

续表

企业	行政事业单位
	归口管理
	单据控制
	信息内部公开

『注意』不相容职务包括：授权批准与业务经办、业务经办与会计记录、会计记录与财产保管、业务经办与稽核检查、授权批准与监督检查(见图2-1)。

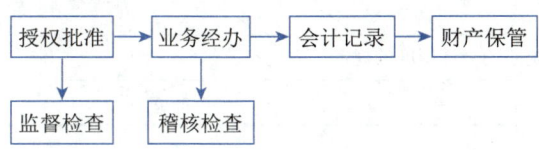

图2-1 不相容职务的内容

【例题1·多选题】根据会计法律制度的规定，下列各项中，属于甲公司内部会计监督主体的有(　　)。
A. 甲公司纪检部门
B. 甲公司债权人
C. 甲公司会计机构
D. 甲公司会计人员

解析▶ 内部会计监督的主体是各单位的会计机构、会计人员；内部会计监督的对象是单位的经济活动。
答案▶ CD

【例题2·判断题】单位内部会计监督的对象是本单位的经济活动。(　　)
答案▶ √

【例题3·多选题】下列有关单位内部会计监督制度基本要求的表述中，符合规定的有(　　)。
A. 记账人员与经济业务的审批人员、经办人员、财物保管人员的职责权限应当明确，并相互分离、相互制约
B. 为保证重大对外投资的决策效率，可以由单位负责人直接决定
C. 财产清查的范围、期限和组织程序应当明确
D. 对会计资料定期进行内部审计是单位会计部门的职责所在

解析▶ 选项B，重大对外投资、资产处置、资金调度和其他重要经济业务，应当明确其决策和执行程序，并体现相互监督、相互制约的要求；选项D，对会计资料定期进行内部审计是单位内部审计人员的职责所在。
答案▶ AC

【例题4·判断题】会计机构和会计人员发现会计账簿记录与实物、款项及有关资料不相符的，应当立即向本单位负责人报告，请求查明原因，作出处理。(　　)

解析▶ 会计机构和会计人员对上述情形有权自行处理的，应当及时处理；无权处理的，应当立即向单位负责人报告，请求查明原因，作出处理。
答案▶ ×

【例题5·单选题】下列各项中，不属于企业内部控制应当遵循的原则的是(　　)。
A. 全面性原则   B. 可比性原则
C. 重要性原则   D. 制衡性原则

解析▶ 选项B，属于会计信息质量要求。
答案▶ B

【例题6·多选题】根据会计法律制度的规定，下列各项中，属于小企业建立与实施内部控制应遵循的原则的有(　　)。
A. 风险导向原则
B. 实质重于形式原则
C. 成本效益原则
D. 适应性原则
答案▶ ABCD

【例题7·判断题】行政事业单位预算控制应强化对经济活动的预算约束。(　　)

解析▶ 行政事业单位应当进行预算控制，强化对经济活动的预算约束，使预算管理贯穿于单位经济活动的全过程。
答案▶ √

【例题8·多选题】根据会计法律制度的规定，下列职务中，属于不相容职务的有(　　)。
A. 业务经办与稽核检查
B. 会计记录与财产保管
C. 授权批准与监督检查
D. 业务经办与会计记录

解析▶ 不相容职务主要包括：授权批准与业务经办、业务经办与会计记录(选项D)、会计记录与财产保管(选项B)、业务经办与稽核检查(选项A)、授权批准与监督检查(选项C)等。
答案▶ ABCD

(三)会计工作的政府监督
1. 监督主体
(1)财政部门。
"财政部门"代表国家对"各单位"和单位中

相关人员的会计行为实施监督检查，对发现的违法会计行为实施行政处罚。

『注意』财政部门包括：国务院财政部门、"省级"以上人民政府财政部门的派出机构和"县级"以上人民政府财政部门。

(2)其他部门。

"审计、税务、人民银行、证券监管、保险监管"等部门依照有关法律、行政法规规定的职责和权限，可以对"有关单位"的会计资料实施监督检查。

2. 财政部门实施会计监督的主要内容

(1)内容(见表2-13)。

表2-13 财政部门实施会计监督的主要内容

监督方向	具体内容
会计工作	是否依法设置会计账簿
	会计资料是否真实、完整
	会计核算是否符合《会计法》和国家统一的会计制度的规定
会计人员	是否具备专业能力、遵守职业道德

『注意』没有对"税"的监督。

(2)查询权。

财政部门在实施监督检查中，发现重大违法嫌疑时，"国务院财政部门及其派出机构"可以向与被监督单位有经济业务往来的单位和被监督单位开立账户的金融机构"查询"有关情况，有关单位和金融机构应予以支持。

(3)保密义务。

财政部门对在监督检查中知悉的国家秘密和商业秘密负有保密的义务。

【例题9·多选题】下列各项中，有权依法对有关单位的会计资料实施监督检查的有( )。

A. 财政部门
B. 税务部门
C. 商业银行
D. 证券监管

解析 ▶ 选项A，财政部门有权依法对各单位会计工作进行监督检查，包括对有关单位的会计资料实施监督检查；选项B，税务部门有权依法对纳税人的会计资料实施监督检查；选项D，证券监管有权依法对证券公司、上市公司等的会计资料实施监督检查。选项C，"人民"银行(非商业银行)，有权依法对商业银行等金融机构的会计资料实施监督检查。

答案 ▶ ABD

【例题10·多选题】根据《中华人民共和国会计法》的规定，下列各项中，属于财政部门实施会计监督检查的内容有( )。

A. 是否依法设置会计账簿

B. 是否按时完成纳税申报

C. 是否按时足额缴纳税款

D. 从事会计工作的人员是否具备专业能力、遵守职业道德

解析 ▶ 选项BC，属于税务部门监督检查的内容。

答案 ▶ AD

【例题11·判断题】财政部门在实施监督检查中，发现重大违法嫌疑时，国务院财政部门可以向被监督单位开立账户的金融机构查询有关情况，发现被监督单位有转移、隐匿财产迹象时，可以通知被监督单位开立账户的金融机构冻结该单位账户，金融机构应予以支持。( )

解析 ▶ 财政部门只有账户查询权，无冻结权。

答案 ▶ ×

(四)会计工作的社会监督

1. 监督主体

(1)注册会计师及其所在的会计师事务所。

①"注册会计师及其所在的会计师事务所"等中介机构接受委托，依法对单位的经济活动进行审计，出具审计报告，发表审计意见。

②委托方责任。

须经注册会计师进行审计的单位，应当向受委托的会计师事务所如实提供会计资料以及有关情况。

任何单位或者个人不得以任何方式要求或者示意注册会计师及其所在的会计师事务所出具不实或者不当的审计报告。

(2)任何单位和个人对违反《会计法》和国家

统一的会计制度规定的行为，有权检举。

2. 注册会计师审计报告

（1）审计报告的概念。

审计报告，是指注册会计师根据"审计准则"的规定，在执行审计工作的基础上，对被审计单位财务报表发表审计意见的书面文件。

注册会计师应当就财务报表是否在"所有重大方面"按照适用的"财务报告编制基础"编制并实现公允反映形成"审计意见"。

『老侯提示1』注册会计师赵某手持两把"板斧"：左手是"财务报告编制基础"（《企业会计准则》），这把板斧砍的是企业会计处理是否正确；右手是"审计准则"，这把板斧砍的是注册会计师是否按照准则要求搜集了审计证据，执行了相关的审计程序。

『老侯提示2』审计不是为了"查账"，亦不是为了"纠错"，而是为了针对财务会计报告的"合法性"和"公允性"发表意见。

（2）审计报告的要素。

①标题；
②收件人；
③引言段；
④管理层对财务报表的责任段；
⑤注册会计师的责任段；
⑥审计意见段；
⑦注册会计师的签名和盖章；
⑧会计师事务所的名称、地址和盖章；
⑨报告日期。

『注意』审计报告要素，是所有意见类型的审计报告均必须包括的内容，不包括"非标准审计报告"中增加的，如"强调事项段"或"其他事项段"等要素。

（3）审计报告的种类和审计意见的类型（见表2-14）。

表2-14 审计报告的种类和审计意见的类型

审计报告		审计意见类型
标准审计报告		不含有"说明段、强调事项段、其他事项段或其他任何修饰性用语"的无保留意见的审计报告 『注意』包含"其他报告责任段"，但不含有强调事项段或其他事项段的无保留意见的审计报告也被视为标准审计报告
非标准审计报告	无保留意见的审计报告	带"强调事项段"或"其他事项段"
	非无保留意见的审计报告	保留意见
		否定意见
		无法表示意见

（4）注册会计师发表各类意见的情形（见表2-15）。

表2-15 注册会计师发表各类意见的情形

审计意见类型	情形
无保留意见	财务报表在"所有重大方面"按照适用的财务报告编制基础编制并实现公允反映 『注意』注册会计师发表无保留意见的前提并非是被审计单位的财务报告没有"任何"错误
保留意见	（1）在"获取"充分、适当的审计证据后，认为错报单独或汇总起来对财务报表影响"重大"，但"不具有广泛性"； （2）"无法获取"充分、适当的审计证据以作为形成审计意见的基础，但认为未发现的错报（如存在）对财务报表可能产生的影响"重大"，但"不具有广泛性"
否定意见	在"获取"充分、适当的审计证据后，认为错报单独或汇总起来对财务报表的影响"重大且具有广泛性"
无法表示意见	"无法获取"充分、适当的审计证据以作为形成审计意见的基础，但认为未发现的错报（如存在）对财务报表可能产生的影响"重大且具有广泛性"

注册会计师审计意见类型见图 2-2。

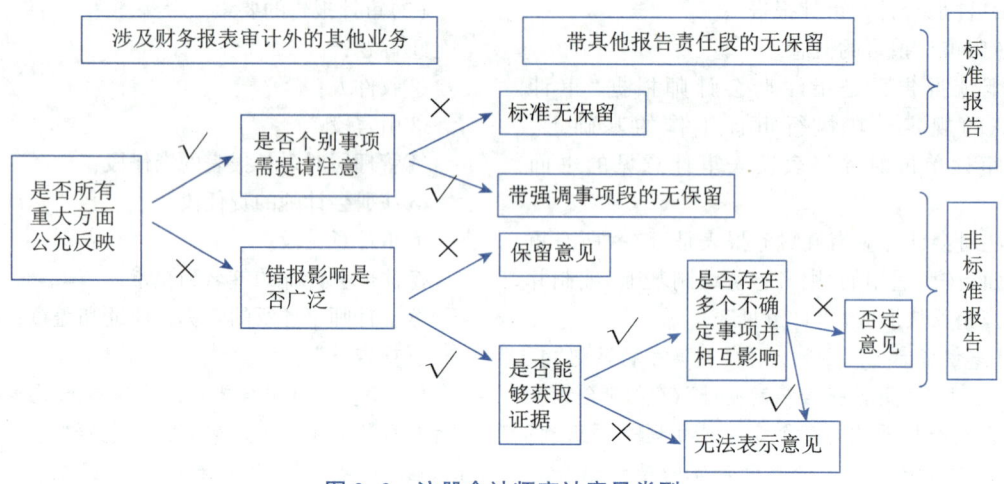

图 2-2 注册会计师审计意见类型

『注意』在极其特殊的情况下，可能存在多个不确定事项。尽管注册会计师对每个单独的不确定事项获取了充分、适当的审计证据，但由于不确定事项之间可能存在相互影响，以及可能对财务报表产生累积影响，注册会计师不可能对财务报表形成审计意见，应当发表"无法表示意见"。

【例题 12·单选题】对 M 市甲公司实施的下列会计监督中，属于社会监督的是( )。

A. 市财政局对甲公司开展会计信息质量检查
B. 甲公司的审计部门审核本公司会计账簿
C. 市税务局对甲公司开展增值税专项税务检查
D. 乙会计师事务所接受委托审计甲公司的年度财务会计报告

解析 ▶ 选项 AC，属于政府监督；选项 B，属于单位内部的监督。 答案 ▶ D

【例题 13·多选题】下列各项中，属于审计报告的要素的有( )。

A. 引言段
B. 管理层对财务报表的责任段
C. 注册会计师的责任段
D. 强调事项段

解析 ▶ 审计报告要素，是所有意见类型的审计报告均必须包括的内容，不包括"非标准审计报告"中增加的强调事项段等要素。

答案 ▶ ABC

【例题 14·多选题】下列各项中，属于非标准审计报告的有( )。

A. 包含其他报告责任段，但不含有强调事项段或其他事项段的无保留意见的审计报告
B. 带强调事项段的无保留意见的审计报告
C. 带其他事项段的无保留意见的审计报告
D. 无法表示意见的审计报告

解析 ▶ 选项 A，属于标准审计报告。

答案 ▶ BCD

【例题 15·单选题】根据会计法律制度的规定，注册会计师已经获取充分、适当的审计证据作为形成审计意见的基础，但认为未发现的错报对财务报表可能产生的影响重大且具有广泛性时，应发表的审计意见类型是( )。

A. 无保留意见 B. 保留意见
C. 无法表示意见 D. 否定意见

答案 ▶ D

【例题 16·判断题】注册会计师应当就财务报表是否在所有重大方面按照审计准则编制并实现公允反映形成审计意见。( )

解析 ▶ 注册会计师应当就财务报表是否在所有重大方面按照"适用的财务报告编制基础"编制并实现公允反映形成审计意见。 答案 ▶ ×

考验六 会计机构与代理记账(★★)

扫我解疑难

(一)会计机构的设置原则

各单位应依据"会计业务"的需要，设置会

计机构,或者在有关机构中设置会计人员并指定会计主管人员;不具备设置条件的,应当委托经批准设立从事会计代理记账业务的"中介机构"代理记账。

『注意1』小型单位经过批准可以没有会计但要有账(个体工商户除外)。

『注意2』个人可以做兼职会计但不属于代理记账。

(二)代理记账

1. 行政许可

"除会计师事务所以外"的机构从事代理记账业务,应当经"县级"以上人民政府财政部门批准,并领取由"财政部统一规定样式"的代理记账许可证书。

『注意』代理记账许可证书由"各地财政部门"根据财政部规定的统一样式自行印制。

2. 业务范围

(1)根据委托人提供的原始凭证和其他相关资料,按照国家统一的会计制度的规定进行会计核算,包括"审核"原始凭证、填制记账凭证、登记会计账簿、编制财务会计报告等。

(2)对外提供财务会计报告。

『注意』由"代理记账机构负责人"和"委托人负责人"签名"并"盖章。

(3)向税务机关提供税务资料。

(4)委托人委托的其他会计业务。

3. 委托合同

(1)订立合同。

委托人委托代理记账机构代理记账,应当在相互协商的基础上,订立"书面"委托合同。

(2)合同应明确的内容。

①双方对会计资料真实性、完整性各自应当承担的责任;

②会计资料传递程序和签收手续;

③编制和提供财务会计报告的要求;

④会计档案的保管要求及相应的责任;

⑤终止委托合同应当办理的会计交接事宜。

4. 双方义务(见表2-16)

表2-16 委托合同双方义务

委托方(单位)	受托方(代理记账机构)
"填制或取得"符合国家统一的会计制度规定的原始凭证	遵守法规,按委托合同办理业务
配备专人负责"日常"货币收支和保管	对在执行业务中知悉的商业秘密予以"保密"
及时向代理记账机构提供真实、完整的"原始凭证"和其他相关资料	对委托人要求作出"不当"的会计处理,提供不实的会计资料等非法要求,予以拒绝
对于代理记账机构退回的,要求按规定"更正、补充"的原始凭证,应当及时予以处理	对委托人提出的有关会计处理相关问题予以解释

【例题1·单选题】下列关于代理记账机构设立的表述中,正确的是( )。

A. 设立代理记账机构,应当经县级以上人民政府财政部门批准,并领取由财政部统一印制的代理记账许可证书

B. 设立代理记账机构,应当经县级以上人民政府财政部门批准,并领取由财政部统一规定样式的代理记账许可证书

C. 设立除会计师事务所以外的代理记账机构,应当经县级以上人民政府财政部门批准,并领取由财政部统一印制的代理记账许可证书

D. 设立除会计师事务所以外的代理记账机构,应当经县级以上人民政府财政部门批准,并领取由财政部统一规定样式的代理记账许可证书

答案 ▶ D

【例题2·单选题】根据会计法律制度的规定,下列各项中,不属于代理记账业务范围的是( )。

A. 出具审计报告

B. 填制记账凭证

C. 编制财务会计报告

D. 登记会计账簿

解析 ▶ 选项A,审计报告由注册会计师出具。

答案 ▶ A

【例题3·判断题】委托人委托代理记账机构代理记账,可以订立口头委托合同。 ( )

解析 ▶ 委托人委托代理记账机构代理记账,应当在相互协商的基础上,订立书面委托

合同。 答案 ×

【例题4·多选题】根据会计法律制度的规定，下列关于代理记账机构及其从业人员义务表述中，正确的有（　　）。
　A. 对执行代理记账业务中知悉的商业秘密予以保密
　B. 拒绝委托人提供不实会计资料的要求
　C. 对委托人提出的有关会计处理相关问题予以解释
　D. 拒绝委托人作出不当会计处理的要求
答案 ABCD

考验七　会计岗位设置（★★）

扫我解疑难

（一）主要会计工作岗位（见表2-17）

表2-17　主要会计工作岗位与非会计工作岗位

属于会计岗位	不属于会计岗位
会计机构负责人（会计主管人员）	总会计师
总账报表	
稽核	内部审计
会计电算化	
出纳	
财产物资核算	
工资核算	
财务成果核算	
往来结算	
资金核算	
成本费用核算	
会计机构内的会计档案管理	档案机构内的会计档案管理

（二）会计工作岗位设置的要求
1. 按需设岗
会计工作岗位可以"一人一岗、一人多岗或者一岗多人"。
『注意』无"多人多岗"。
2. 符合内部牵制的要求
出纳人员不得兼任"稽核、会计档案保管和收入、支出、费用、债权债务账目"的登记工作。
『注意』出纳并非所有账簿都不能登记，除特种日记账必须由出纳登记外，还可以登记固定资产卡片等财产物资明细账。
3. 建立轮岗制度

【例题1·多选题】根据会计法律制度的规定，下列各项中，属于会计工作岗位的有（　　）。
　A. 稽核　　　　　B. 往来结算
　C. 总账报表　　　D. 财产物资核算
答案 ABCD

【例题2·多选题】根据会计法律制度的规定，下列各项中，出纳不得兼任的有（　　）。
　A. 会计档案保管
　B. 稽核
　C. 收入费用账目的登记工作
　D. 债权债务账目的登记工作
解析 出纳人员不得兼任稽核、会计档案保管和收入、支出、费用、债权债务账目的登记工作。
答案 ABCD

【例题3·多选题】2020年8月，公司负责存货明细账登记的会计张某因公外派，财务经理指定由出纳兼任张某的工作，并办理了交接手续。关于这一做法是否符合规定的下列表述中，正确的有（　　）。
　A. 不符合规定，设置会计工作岗位的基本原则是一人一岗
　B. 不符合规定，出纳人员不得兼管账目登记工作
　C. 符合规定，设置会计工作岗位在符合内部牵制制度的情况下可以一人多岗
　D. 符合规定，出纳人员可以负责存货明细账的登记工作
解析 会计工作岗位可以一人一岗、一人多岗或者一岗多人，但出纳人员不得兼管稽核、会计档案保管和收入、支出、费用、债权债务账目的登记工作。
答案 CD

考验八　会计人员（★★）

扫我解疑难

（一）会计人员包括的对象
出纳；稽核；资产、负债和所有者权益（净资产）的核算；收入、费用（支出）的核算；财务成果（政府预算执行结果）的核算；财务会计报告（决算报告）编制；会计监督；会计机构"内"会计档案管理、会计机构负责人（会计主管人员）、"总会计师"。

(二)会计人员的任用

1. 一般会计人员

(1)遵纪守法；

(2)具备良好的"**职业道德**"；

(3)按照国家有关规定参加"**继续教育**"；

(4)具备从事会计工作所需要的"**专业能力**"。

2. 会计机构负责人(会计主管人员)

(1)地位。

会计机构负责人(会计主管人员)，是在一个单位内"具体负责会计工作的中层领导"人员。

(2)任职资格。

应当具备"会计师"以上专业技术职务资格"或者"从事会计工作"3年"以上的经历。

3. 总会计师

(1)地位。

总会计师是主管本单位会计工作的"行政领导"，是单位行政领导成员，是单位"会计工作的主要负责人"，全面负责单位的财务会计管理和经济核算。

(2)设置。

"国有的和国有资产占控股地位的或者主导地位"的大、中型企业必须设置总会计师。

『注意』凡设置总会计师的单位，在单位行政领导成员中，不设与总会计师职权重叠的副职。

(3)职责。

组织领导本单位的财务管理、成本管理、预算管理、会计核算和会计监督等方面的工作，参与本单位重要经济问题的分析和决策。

4. 终身不得从事会计工作——反省"一辈子"

因有"与会计职务有关"的违法行为被依法追究"刑事责任"的人员，不得再从事会计工作。

与会计职务有关的违法行为如下：

(1)提供虚假财务会计报告；

(2)做假账；

(3)隐匿或者故意销毁会计凭证、会计账簿、财务会计报告；

(4)贪污；

(5)挪用公款；

(6)职务侵占。

【例题1·单选题】下列人员中，具备会计机构负责人任职资格条件的是( )。

A. 具备硕士学位并从事会计工作1年的张某

B. 取得会计师专业技术职务资格并从事会计工作1年的王某

C. 取得助理会计师专业技术职务资格并从事会计工作2年的李某

D. 具备中专学历并从事会计工作2年6个月的赵某

解析▶担任单位会计机构负责人(会计主管人员)的，应当具备会计师以上专业技术职务资格或者从事会计工作3年以上经历。 答案▶B

【例题2·多选题】根据会计法律制度的规定，下列关于总会计师地位的表述中，正确的有( )。

A. 是单位内部审计机构负责人

B. 是单位会计机构负责人

C. 是单位会计工作的主要负责人

D. 是单位行政领导成员

解析▶总会计师是主管本单位会计工作的行政领导，是单位行政领导成员，是单位会计工作的主要负责人，全面负责单位的财务会计管理和经济核算。 答案▶CD

【例题3·单选题】根据会计法律制度的规定，下列企业中，必须设置总会计师的是( )。

A. 普通合伙企业

B. 个人独资企业

C. 外商独资企业

D. 国有大中型企业

解析▶国有的和国有资产占控股地位或者主导地位的大、中型企业必须设置总会计师，其他单位可以根据业务需要，自行决定是否设置总会计师。 答案▶D

【例题4·单选题】根据会计法律制度的规定，下列各项工作中，不属于总会计师组织领导本单位会计工作职责的是( )。

A. 财务管理　　　B. 预算管理

C. 成本管理　　　D. 产品质量管理

解析▶总会计师负责组织领导本单位的财务管理、成本管理、预算管理、会计核算和会计监督等方面的工作，参与本单位重要经济问题的分析和决策。 答案▶D

【例题5·判断题】张某从事会计工作因挪用公款被判处有期徒刑，刑罚期满后5年，可以从事会计工作。 ( )

解析▶因有提供虚假财务会计报告，做假账，隐匿或者故意销毁会计凭证、会计账簿、财务会计报告，贪污，挪用公款，职务侵占等与会计职务有关的违法行为被依法追究刑事责任的人员，不得再从事会计工作(终身)。　　答案 ✕

（三）会计人员回避制度

1. 适用范围

"国家机关、国有企业、事业单位"任用会计人员应当实行回避制度。

2. 内容

（1）单位负责人的"直系亲属"不得担任本单位的会计机构负责人、会计主管人员；

（2）会计机构负责人、会计主管人员的"直系亲属"不得在本单位会计机构中担任出纳工作。

『注意』直系亲属：夫妻、直系血亲、三代以内旁系血亲、配偶亲。

【例题6·单选题】按照会计法律制度的规定，下列单位中，任用会计人员应当实行回避制度的是（　）。

A. 国家机关、国有企业、事业单位
B. 国家机关、国有企业、企事业单位
C. 国有企业、企事业单位、外资企业
D. 国有企业、事业单位、外资企业

解析 国家机关、国有企业、事业单位任用会计人员应当实行回避制度。　　答案 A

【例题7·多选题】根据会计法律制度的规定，下列关于会计人员回避制度的表述中，正确的有（　）。

A. 单位负责人的直系亲属不得担任本单位的会计机构负责人
B. 单位负责人的直系亲属不得担任本单位的出纳工作
C. 会计机构负责人的直系亲属不得担任本单位的出纳工作
D. 会计机构负责人的直系亲属不得担任本单位的总账会计

解析 单位领导人的直系亲属不得担任本单位的会计机构负责人、会计主管人员。会计机构负责人、会计主管人员的直系亲属不得在本单位会计机构中担任出纳工作。　　答案 AC

（四）会计工作交接

总原则：交接清楚，分清责任，谁的责任谁承担。

1. 适用情形——换人来做

（1）会计人员工作调动或者因故离职；

（2）会计人员临时离职或者因病不能工作且需要接替或者代理；

（3）临时离职或者因病不能工作的会计人员恢复工作。

『注意1』移交人员因病或者其他特殊原因不能亲自办理移交的，经单位负责人批准，可由移交人员委托他人代办移交，但委托人应当对所移交的会计资料的合法性、真实性负责。

『注意2』没有办清交接手续的，不得调动或者离职。

『注意3』单位撤销时，必须留有必要的会计人员，会同有关人员办理清理工作，编制决算。

2. 交接前的准备工作

（1）已经受理的经济业务尚未填制会计凭证的，应当填制完毕。

（2）尚未登记的账目，应当登记完毕，并在最后一笔余额后加盖经办人员印章。

（3）整理应该移交的各项资料，对未了事项写出书面材料。

（4）编制移交清册，列明应当移交的会计资料和物品等内容；实行会计电算化的单位，还应当列明会计软件及密码、会计软件数据磁盘（磁带）等及有关资料、实物等内容。

3. 交接——逐项移交、逐项核对点收

（1）库存现金、有价证券必须与会计账簿记录保持一致。不一致时，"移交人员"应当限期查清。

（2）会计资料必须完整无缺。如有短缺，"移交人员"应当查清原因，并在移交清册中注明。

（3）银行存款账户余额要与银行对账单核对，如不一致，应当编制银行存款余额调节表调节相符，各种财产物资和债权债务的明细账户余额要与总账有关账户余额核对相符。

（4）移交人员经管的票据、印章和其他实物等，必须交接清楚。

（5）移交人员从事会计电算化工作的，要对有关电子数据在"实际操作"状态下进行交接。

（6）会计机构负责人（会计主管人员）移交时，还应当将全部财务会计工作、重大财务收支和会计人员的情况等，向接替人员详细介绍。对需要移交的遗留问题，应当写出"书面"材料。

4. 监交——直接上级

（1）"一般会计人员"办理交接手续，由"会计机构负责人"（会计主管人员）监交。

（2）"会计机构负责人"（会计主管人员）办理交接手续，由"单位负责人"负责监交，必要时主管单位可以派人会同监交。

5. 交接后的有关事宜

（1）交接完毕后，交接双方和监交人要在移交清册上签名"或"盖章。

（2）移交清册一般应当填制"一式三份"，交接双方各执一份，存档一份。

（3）接替人员应当继续使用移交的会计账簿，"不得自行另立新账"，以保持会计记录的连续性。

6. 交接责任

"移交人员"对所移交的会计凭证、会计账簿、会计报表和其他有关资料的合法性、真实性承担法律责任。

【例题8·判断题】会计人员临时离职或因病不能工作，会计机构负责人（会计主管人员）或单位负责人必须指定有关人员接替或者代理，并办理会计工作交接手续。（　　）

解析 会计人员临时离职或因病不能工作"且需要接替或代理的"，必须办理会计工作交接手续。

答案 ×

【例题9·多选题】根据会计法律制度的规定，下列关于会计工作交接的表述中，正确的有（　　）。

A. 会计人员办理交接手续的，无须监交

B. 会计人员没有办清交接手续的，不得离职

C. 移交人员因病不能亲自办理移交的，经单位领导人批准，可由移交人员委托他人代办移交

D. 移交人员在办理移交时，要按移交清册逐项移交

解析 选项A，一般会计人员办理交接手续，由会计机构负责人（会计主管人员）监交；会计机构负责人（会计主管人员）办理交接手续，由单位负责人监交，必要时主管单位可以派人会同监交。

答案 BCD

【例题10·单选题】根据会计法律制度的规定，负责对一般会计人员办理会计工作交接手续进行监交的是（　　）。

A. 纪检部门负责人

B. 会计机构负责人

C. 档案管理机构负责人

D. 人事部门负责人

答案 B

【例题11·判断题】会计工作交接后，原移交人员对所移交的会计凭证、会计账簿、会计报表和其他有关资料的合法性、真实性承担责任。（　　）

答案 √

（五）会计专业技术资格与职务（如表2-18所示）

表2-18　会计专业技术资格与职务

会计专业职务（会计职称）		会计专业技术资格	
正高级职务	正高级会计师	—	
副高级职务	高级会计师	高级资格	考试与评审相结合
中级职务	会计师	中级资格	全国统一考试
初级职务	助理会计师	初级资格	

【例题12·单选题】下列各项中，不属于会计专业职务的是（　　）。

A. 高级会计师

B. 助理会计师

C. 中级会计师

D. 总会计师

解析 会计专业职务分为正高级会计师、高级会计师、会计师、助理会计师。

答案 D

（六）会计专业技术人员继续教育

1. 谁应当参加

用人单位的"会计专业技术人员"应当接受继续教育。

"会计专业技术人员"包括：具有"会计专业技术资格"的人员+不具有会计专业技术资格但

"从事会计工作"的人员。

2. 教育科目

(1) 公需科目：包括法律法规、理论政策、职业道德、技术信息等基本知识。

(2) 专业科目：包括财务会计、管理会计、财务管理、内部控制与风险管理、会计信息化、会计职业道德、财税金融、会计法律法规等相关专业知识。

3. 开始时间

(1) 具有"会计专业技术资格"的人员：自取得"会计专业技术资格"的"次年"。

(2) 不具有会计专业技术资格但"从事会计工作"的人员：自"从事会计工作"的"次年"。

4. 学习要求

(1) 实行"学分"制管理。

(2) 每年不少于"90学分"，其中，专业科目一般不少于总学分的"2/3"。

(3) 继续教育学分"全国"范围内，"当年度"有效，不得结转以后年度。

5. 管理制度

对会计人员参加继续教育情况实行"登记"管理。

6. 单位责任

(1) 应当保障会计专业技术人员参加继续教育的权利。

(2) 应当建立本单位会计专业技术人员继续教育与使用、晋升相衔接的激励机制，将参加继续教育情况作为会计专业技术人员考核评价、岗位聘用的重要依据。

(3) 会计专业技术人员参加继续教育情况，应当作为聘任会计专业技术职务或者申报评定上一级资格的重要条件。

【例题13·单选题】根据会计法律制度的规定，会计专业技术人员参加继续教育实行学分制管理，每年参加继续教育取得的学分不得低于( )学分。

A. 30　　　　　　B. 90
C. 60　　　　　　D. 120

答案 ▶ B

【例题14·多选题】下列关于会计专业技术人员参加继续教育的说法中，正确的有( )。

A. 只有具有会计专业技术资格的人员才需要参加继续教育

B. 具有会计专业技术资格的人员自取得会计专业技术资格的次年开始参加继续教育

C. 单位应当保障会计专业技术人员参加继续教育的权利

D. 继续教育学分本省范围内，当年度有效，不得结转以后年度

解析 ▶ 选项A，具有会计专业技术资格的人员和不具有会计专业技术资格但从事会计工作的人员均应当参加继续教育；选项D，继续教育学分全国范围内，当年度有效，不得结转以后年度。

答案 ▶ BC

考验九　违反会计法律制度的法律责任(★★★)

扫我解疑难

(一) 违反国家统一的会计制度

1. 违法行为(见表2-19)

表2-19　违反国家统一的会计制度的行为

归类	记忆主线	具体违法行为
核算行为	凭证	(1) 未按照规定填制、取得原始凭证或者填制、取得的原始凭证不符合规定的行为
		(2) 以未经审核的会计凭证为依据登记会计账簿或者登记会计账簿不符合规定的行为
	账簿	(3) 不依法设置会计账簿的行为
		(4) 私设会计账簿的行为
	财务报告	(5) 向不同的会计资料使用者提供的财务会计报告编制依据不一致的行为
	会计档案	(6) 未按照规定保管会计资料，致使会计资料毁损、灭失的行为
	会计处理方法	(7) 随意变更会计处理方法的行为
	文字及本位币	(8) 未按照规定使用会计记录文字或者记账本位币的行为

归类	记忆主线	具体违法行为
监督行为	内控	(9)未按照规定建立并实施单位内部会计监督制度，或者拒绝依法实施的监督，或者不如实提供有关会计资料及有关情况的行为
	人事	(10)任用会计人员不符合《会计法》规定的行为

『注意』不包括违反"税法"的行为。

2. 法律责任(见表2-20)

表2-20 违反国家统一的会计制度的法律责任

执法主体	法律责任		具体标准
县级以上财政部门	责令限期改正		
	罚款	对单位	3 000元以上5万元以下
		对其直接负责的主管人员和其他直接责任人员	2 000元以上2万元以下
	5年内不得从事会计工作		会计人员有上述行为之一，"且"情节严重
行为人所在单位	行政处分		行为人属于国家机关工作人员
司法机关	依法追究刑事责任		构成犯罪

【说明】初级职称为降低考生复习压力，对违法会计法律制度的具体罚款金额一般不予考核。

【例题1·多选题】下列各项中，属于违反国家统一的会计制度规定行为的有（ ）。

A. 私设会计账簿的行为

B. 未按照规定保管会计资料，致使会计资料毁损、灭失的行为

C. 未在规定期限办理纳税申报的行为

D. 未按规定建立并实施单位内部会计监督制度的行为

解析 ▶ 选项C，是违反"税法"的行为，而不是违反《会计法》的行为。 答案 ▶ ABD

【例题2·多选题】某企业将出售废料的收入1万元不纳入企业统一的会计核算，而另设会计账簿进行核算，以解决行政管理部门的福利问题。则该企业及相关人员应承担的法律责任有（ ）。

A. 通报批评

B. 责令其限期改正

C. 对该企业处以相应的罚款

D. 对直接负责的主管人员处以相应的罚款

解析 ▶ (1)该企业私设会计账簿，属于违反国家统一的会计制度规定行为；(2)上述情形，在责令限期改正的同时可以对单位并处3 000元以上5万元以下的罚款；对其直接负责的主管人员，可以处2 000元以上2万元以下的罚款。 答案 ▶ BCD

(二)伪造、变造会计凭证、会计账簿，编制虚假财务会计报告

(三)隐匿或者故意销毁依法应当保存的会计凭证、会计账簿、财务会计报告(见表2-21)

表2-21 隐匿或者故意销毁依法应当保存的各种会计资料行为的法律责任

执法主体	法律责任		具体标准
县级以上财政部门	通报		
	罚款	对单位	5 000元以上10万元以下
		对其直接负责的主管人员和其他直接责任人员	3 000元以上5万元以下
	"5年"内不得从事会计工作		会计人员

续表

执法主体	法律责任		具体标准
行为人所在单位	"撤职直至开除"的行政处分		行为人属于国家机关工作人员
司法机关	隐匿或者故意销毁依法应当保存的会计资料的刑事责任	个人犯罪	(1)处5年以下有期徒刑或者拘役； (2)并处或者单处2万元以上20万元以下罚金
		单位犯罪	(1)对单位判处罚金； (2)对直接负责的主管人员和其他直接责任人的处理同个人犯罪

(四)授意、指使、强令会计机构、会计人员及其他人员伪造、变造或者隐匿、故意销毁依法应当保存的会计资料(见表2-22)

表2-22　授意、指使、强令会计机构或相关人员伪造、变造或者隐匿、故意销毁依法应当保存的会计资料行为的法律责任

执法主体	法律责任	具体标准
县级以上财政部门	罚款	5 000元以上5万元以下
行为人所在单位	"降级、撤职、开除"的行政处分	行为人属于国家机关工作人员
司法机关	依法追究刑事责任	构成犯罪

【例题3·多选题】根据会计法律制度的规定，下列情形中，属于违法行为的有( )。
A. 指使会计人员编制虚假财务会计报告
B. 变造会计账簿
C. 隐匿依法应当保存的会计凭证
D. 拒绝接收金额记载错误的原始凭证
解析 选项D，属于会计人员的正确做法。
答案 ABC

【例题4·单选题】根据会计法律制度的规定，单位会计人员编制虚假财务会计报告，尚不构成犯罪的，除可以给予其罚款和行政处分外，还应当责令其一定期限内不得从事会计工作，该期限为( )年。
A. 10   B. 15
C. 5   D. 20
答案 C

【例题5·多选题】授意、指使、强令会计机构、会计人员及其他人员伪造、变造会计凭证、会计账簿，编制虚假财务报告，故意销毁依法应当保存的会计凭证、会计账簿、财务会计报告，尚不构成犯罪的除依法可处以规定数额的罚款外，对属于国家工作人员的还应当由其所在单位或者有关单位依法给予的行政处分有( )。
A. 降级   B. 撤职
C. 开除   D. 警告

解析 上述情形，属于国家工作人员的，还应当由其所在单位或者有关单位依法给予降级、撤职、开除的行政处分。
答案 ABC

(五)单位负责人对会计人员实行打击报复
1. 刑事责任
情节恶劣的，处"3年"以下有期徒刑或者"拘役"。
2. 行政责任
情节轻微，危害性不大，不构成犯罪的，由其所在单位或者有关单位依法给予行政处分。
3. 对受打击报复的会计人员应"恢复名誉和原有职务、级别"

【例题6·多选题】甲公司2020年度经营不善，单位负责人赵某要求财务负责人冯某对财务报告进行"美化"，冯某明确表示拒绝，赵某遂安排会计人员高某替代冯某的职务，并以冯某工作懈怠、玩忽职守为由将其调去锅炉房烧锅炉，后冯某向当地财政部门举报了甲公司的违法行为。则下列说法中，正确的有( )。
A. 财政部门可以对甲公司处以罚款
B. 赵某上述行为如情节恶劣，可对其处以5年以下有期徒刑
C. 赵某上述行为如不构成犯罪的，由其所在单位给予行政处分
D. 应当恢复冯某的名誉和职务

解析 选项A，对编制虚假财务会计报告的单位，财政部门可以在通报的同时处以5 000元以上10万元以下的罚款；选项BC，公司领导人，对依法履行职责、抵制违反《会计法》行为的会计人员实行打击报复，情节恶劣的，处3年以下有期徒刑或者拘役，尚不构成犯罪的，由其所在单位或者有关单位依法给予行政处分；选项D，对受打击报复的会计人员，应当恢复其名誉和原有职务、级别。 **答案** ACD

(六)财政部门及有关行政部门工作人员职务违法行为

(1)上述人员滥用职权、玩忽职守、徇私舞弊或者泄露国家秘密、商业秘密，构成犯罪的，依法追究刑事责任，尚不构成犯罪的，依法给予行政处分。

(2)收到对违反《会计法》和国家统一的会计制度行为检举的部门及负责处理检举的部门，将检举人姓名和检举材料转给被检举单位和被检举人个人的，由所在单位或者有关单位依法给予行政处分。

第二部分　会计职业道德

考验　会计职业道德（★）

扫我解疑难

(一)会计职业道德的概念

会计职业道德是指会计人员在"会计"职业活动中应当遵循的、体现"会计"职业特征、调整"会计"职业关系的职业行为准则和规范。

(二)会计职业道德与会计法律制度

1. 联系

(1)内容上相互渗透吸收；

(2)作用上相互补充协调。

『注意』 会计职业道德是对会计法律制度的重要补充，会计法律制度是会计职业道德的"最低"要求。

2. 会计法律制度与会计职业道德的区别(见表2-23)

表2-23　会计法律制度与会计职业道德的区别

区别	会计法律制度	会计职业道德
性质不同	由国家强制力保证其获得遵行，具有很强的"他律性"	由会计人员自觉遵守，具有很强的"自律性"
作用范围不同	侧重于"外在"行为、结果的合法化，有极强的"客观性"	既调整"外在"行为，也调整"内在"精神世界，有极强的"主观性"
表现形式不同	表现形式"具体""明确"，属于"成文"规定	表现形式既有"成文"规范，也有"不成文"规范
实施保障机制不同	依靠国家"强制力"保证其获得遵行	依靠"道德教育、社会舆论、传统习俗和道德评价"来实现
评价标准不同	以权利和义务(法律规定)为标准	以善恶(道德评价)为标准

【例题1·判断题】会计职业道德是对会计法律制度的最低要求。（　　）

解析 会计职业道德是对会计法律制度的重要补充，会计法律制度是对会计职业道德的最低要求。 **答案** ×

【例题2·单选题】下列关于会计职业道德的表述中，正确的是(　　)。

A. 会计职业道德是统治阶级国家意志的体现

B. 会计职业道德依靠国家强制力保证其贯彻执行

C. 会计职业道德不要求调整会计人员的外在行为

D. 会计职业道德的表现形式既有成文的规范，也有不成文的规范

解析 选项A，法律是统治阶级国家意志的体现；选项B，会计法律制度依靠国家强制力保证其贯彻执行；选项C，会计职业道德不仅调整会计人员的外在行为，还调整会计人员内在的精神世界。 **答案** D

(三)会计职业道德的主要内容

爱岗敬业、诚实守信、廉洁自律、客观公

正、坚持准则、提高技能、参与管理、强化服务。

【例题3·多选题】根据会计法律制度的规定,下列各项中,属于会计职业道德内容的有( )。

A. 爱岗敬业　　　　B. 客观公正
C. 强化服务　　　　D. 参与管理

答案 ▶ ABCD

心有灵犀 限时90min

扫我做试题

一、单项选择题

1. 下列各项会计法律制度中,由国务院制定的是( )。
   A.《会计法》
   B.《总会计师条例》
   C.《企业会计准则》
   D.《会计档案管理办法》

2. 下列人员中,( )应当对甲公司的会计工作和会计资料的真实性、完整性负责。
   A. 甲公司的控股股东
   B. 甲公司的法定代表人
   C. 甲公司的会计机构负责人
   D. 甲公司的总会计师

3.《会计法》规定,构成会计资料的各项要素都必须齐全,以使会计资料如实、全面地记录和反映经济业务发生情况,便于会计资料使用者全面、准确地了解经济活动情况。此项规定主要是保证会计资料的( )。
   A. 真实性　　　　B. 合法性
   C. 准确性　　　　D. 完整性

4. 下列关于会计凭证的说法中,错误的是( )。
   A. 结账的业务,记账凭证可以不附原始凭证
   B. 更正错误,记账凭证可以不附原始凭证
   C. 一张原始凭证所列的支出需要由两个以上的单位共同负担时,应当由保存该原始凭证的单位将该原始凭证的复印件给其他应负担的单位
   D. 原始凭证上的各项内容均不得涂改

5. 下列关于原始凭证取得的说法中,错误的是( )。
   A. 从外单位取得的原始凭证,必须盖有填制单位的公章
   B. 从个人取得的原始凭证,必须有填制人员的签名或者盖章

C. 购买实物的原始凭证,必须有验收证明
D. 经上级有关部门批准的经济业务,批准文件需要单独归档不作为原始凭证附件

6. 根据会计法律制度的规定,下列各项中,不属于企业财务会计报告组成部分的是( )。
   A. 会计报表
   B. 会计报表附注
   C. 财务情况说明书
   D. 审计报告

7. 根据《会计档案管理办法》的规定,下列说法中正确的是( )。
   A. 所有会计档案均可仅以电子形式保存
   B. 单位会计管理机构临时保管会计档案最长不超过1年
   C. 单位保存的会计档案一般不得对外借出
   D. 由档案机构编制会计档案保管清册

8. 会计档案的保管期限不包括( )。
   A. 5年　　　　　B. 10年
   C. 30年　　　　D. 永久

9. 下列关于会计档案管理的要求的说法中,正确的是( )。
   A. 银行对账单属于会计凭证类会计档案
   B. 会计档案移交清册由档案机构负责编制
   C. 单位之间的会计档案交接双方应当按照会计档案移交清册所列内容逐项交接,并由交接双方的单位有关负责人负责监督
   D. 出纳人员可以兼管会计档案

10. 根据会计法律制度的规定,下列会计档案中,属于定期保管的是( )。
    A. 会计档案鉴定意见书
    B. 年度财务会计报告
    C. 会计档案保管清册
    D. 原始凭证

11.《会计法》规定:审计、税务、人民银行、证

券监管、保险监管等部门应当依照有关法律、行政法规规定的职责，对有关单位的（　　）实施监督检查。
   A. 会计工作　　　B. 会计行为
   C. 会计资料　　　D. 会计处理方法

12. 某单位赵某主要负责合同签订、业务经办等事项，按照会计内部控制制度的要求，下列赵某可以兼任的岗位是（　　）。
   A. 合同审批　　　B. 稽核检查
   C. 商品保管　　　D. 收入账目的登记

13. 下列各项中，不属于审计报告的要素的是（　　）。
   A. 标题　　　　　B. 引言段
   C. 审计意见段　　D. 强调事项段

14. 各单位应依据（　　），设置会计机构，或者在有关机构中设置会计人员并指定会计主管人员；不具备设置条件的，应当委托经批准设立从事会计代理记账业务的中介机构代理记账。
   A. 单位规模的大小
   B. 经济业务和财务收支的繁简
   C. 经营管理的需要
   D. 会计业务的需要

15. 下列各项中，属于代理记账机构的义务的是（　　）。
   A. 及时提供真实、完整的原始凭证和其他相关资料
   B. 配备专人负责日常货币收支和保管
   C. 对在执行业务中知悉的商业秘密予以保密
   D. 填制或取得符合国家统一的会计制度规定的原始凭证

16. 下列各项中，关于会计工作岗位表述不正确的是（　　）。
   A. 可以一人一岗
   B. 可以一人多岗
   C. 可以一岗多人
   D. 可以多岗多人

17. 关于会计人员的任职资格下列表述中错误的是（　　）。
   A. 从事会计工作应当具备所需要的专业能力，遵守职业道德
   B. 担任会计主管人员，应当具备会计师以上专业技术职务资格或者从事会计工作3年以上经历
   C. 2014年因私设会计账簿行为受到行政处罚的会计赵某，2020年可以担任甲公司会计人员
   D. 2011年因提供虚假财务会计报告被判处有期徒刑的钱某，2013年刑满释放，2020年可以担任乙公司会计人员

18. 根据会计法律制度规定，回避制度中所说的直系亲属不包括（　　）。
   A. 夫妻关系　　　B. 配偶的弟弟
   C. 兄弟姐妹　　　D. 儿子的女朋友

19. 2020年4月，甲公司内部机构调整，会计小张调离会计工作岗位，离岗前与接替者小江在会计机构负责人的监交下办理了会计工作交接手续。下列说法正确的为（　　）。
   A. 小张与小江办理会计工作交接时还应该有公司人事部门派人参加监交
   B. 小张与小江的会计工作交接还应当有上级主管单位派人参加监交
   C. 小张与小江的会计工作交接符合规定
   D. 小张与小江办理会计工作交接时还应该有单位负责而在场监交

20. 下列各项中，属于初级会计职务的是（　　）。
   A. 初级经济师
   B. 助理会计师
   C. 注册会计师
   D. 会计员

21. 下列各项中，不属于违反国家统一的会计制度的行为的是（　　）。
   A. 甲公司未按照规定使用会计记账本位币
   B. 乙公司与某演员签订阴阳合同，偷逃税款数千万元人民币
   C. 丙公司擅自销毁依法应当保存的会计资料
   D. 丁公司在账外设置小金库

22. 甲公司单位负责人高某，对依法履行职责的会计人员赵某打击报复，情节恶劣，构成犯罪，则可以判处的最高刑罚是（　　）。
   A. 管制
   B. 拘役
   C. 有期徒刑3年
   D. 有期徒刑5年

23. 赵某故意销毁应予以保存的企业财务会计报告，情节恶劣触犯刑法，在法律许可范围内，可以对赵某判处有期徒刑最高为（　）年。
   A. 3
   B. 5
   C. 7
   D. 10

24. 下列关于会计职业道德的说法中，正确的是（　）。
   A. 会计职业道德是在会计职业活动中应当遵循的、体现会计职业特征的、调整会计职业关系的职业行为准则和规范
   B. 会计职业道德依靠国家强制力保证其贯彻执行
   C. 会计职业道德与会计法律制度作用范围相同
   D. 会计职业道德是会计法律制度的最低要求

25. 会计法律制度是通过一定的程序由国家立法部门或行政管理部门制定、颁布的，表现形式是具体的、明确的、正式形成文字的成文规定，而会计职业道德出自会计人员的职业生活和职业实践，其表现形式既有成文的规范，也有不成文的规范，这体现了两者（　）。
   A. 实施保障机制不同
   B. 性质不同
   C. 表现形式不同
   D. 作用范围不同

二、多项选择题

1. 下列各项中，属于国家统一的会计制度的内容有（　）。
   A. 国家统一会计核算制度
   B. 会计监督制度
   C. 会计机构和会计人员管理制度
   D. 会计工作管理制度

2. 下列关于会计法律制度的说法中，正确的有（　）。
   A. 会计法律制度，是关于会计工作的法律文件的总称
   B. 会计法律制度是调整会计关系的法律规范
   C. 会计关系仅指会计机构和会计人员在办理会计事务过程中发生的经济关系
   D. 会计关系的客体是会计机构和会计人员

3. 单位负责人在内部会计监督中的职责，下列表述正确的有（　）。
   A. 不得授意、指使、强令会计机构、会计人员违法办理会计事项
   B. 应对本单位会计资料的真实性负责
   C. 应对本单位会计资料的完整性负责
   D. 应依法做好会计核算工作

4. 关于会计核算的基本要求，下列说法中，正确的有（　）。
   A. 会计核算必须以实际发生的经济业务事项为依据
   B. 各单位都应当按照《会计法》的规定设置会计账簿，进行会计核算
   C. 会计资料的真实性和完整性，是会计资料最基本的质量要求
   D. 任何单位和个人不得伪造、变造会计凭证、会计账簿及其他会计资料，不得提供虚假的财务会计报告

5. 下列各项中，属于变造会计凭证行为的有（　）。
   A. 某公司为一客户虚开假发票一张，并按票面金额的10%收取好处费
   B. 某业务员将购货发票上的金额50万元修改为80万元报账
   C. 某企业出纳将一张报销凭证上的金额7 000元涂改为9 000元
   D. 购货部门转来一张购货发票，商品名称有误，出票单位已作更正并加盖出票单位公章

6. 下列关于会计核算要求中，说法正确的有（　）。
   A. 我国的会计年度自公历1月1日起至12月31日止
   B. 在民族自治地方，会计记录可以仅使用当地通用的一种民族文字
   C. 业务收支以人民币以外的货币为主的单位，可以不选择人民币作为记账本位币
   D. 使用电子计算机进行会计核算的单位，其会计软件，应当符合国家统一的会计制度的规定

7. 根据会计法律制度的规定，下列各项中，属于会计核算内容的有（　）。
   A. 财物的减值
   B. 有价证券的购入

C. 债务的偿还
D. 资本公积的形成

8. 下列各项中,属于记账凭证的有( )。
   A. 收款凭证
   B. 付款凭证
   C. 转账凭证
   D. 购货发票

9. 下列关于原始凭证外借的要求中,说法错误的有( )。
   A. 原始凭证可以外借
   B. 其他单位如因特殊原因需要使用原始凭证时,经本单位负责人批准,可以复制
   C. 向外单位提供的原始凭证复制件,应当在专设的登记簿上登记
   D. 向外单位提供的原始凭证复制件,应当由提供人员和收取人员共同签名或者盖章

10. 某单位会计人员夏某在填制记账凭证过程中发生了以下事项,错误的有( )。
    A. 根据若干张原始凭证进行汇总填制记账凭证
    B. 一张更正错误的记账凭证未附原始凭证
    C. 一笔经济业务需要填制两张记账凭证,采用了分数编号法编号
    D. 填制记账凭证时,因出现文字错误,遂用划线更正法进行了更正

11. 记账人员与经办经济业务事项和会计事项的相关人员的职责权限应当明确,并相互分离、相互制约。下列各项中属于该相关人员的有( )。
    A. 审批人员
    B. 经办人员
    C. 出纳人员
    D. 仓库保管人员

12. 下列关于会计账簿的说法中,错误的有( )。
    A. 会计账簿登记必须以记账凭证为依据
    B. 会计账簿登记必须以会计凭证为依据
    C. 账目核对包括账证核对、账账核对、账实核对
    D. 各单位应当定期将会计账簿记录与实物、款项实有数相互核对,以保证账实相符

13. 根据会计法律制度的规定,下列人员中,应当在单位财务会计报告上签名或盖章的有( )。
    A. 单位负责人
    B. 总会计师
    C. 会计机构负责人
    D. 出纳人员

14. 根据会计法律制度的规定,单位下列资料中,应当按照会计档案归档的有( )。
    A. 固定资产卡片
    B. 纳税申报表
    C. 年度预算方案
    D. 年度财务工作计划

15. 下列关于会计档案的表述中,不符合《会计档案管理办法》规定的有( )。
    A. 会计档案保管期限分为10年、30年
    B. 银行存款余额调节表的保管期限为30年
    C. 单位会计档案销毁后单位负责人应在会计档案销毁清册上签署意见
    D. 电子会计档案销毁,应当由档案机构、会计机构和电子信息管理机构共同派员监销

16. 下列情况下,不得销毁会计档案的有( )。
    A. 保管期未满的会计档案
    B. 正在项目建设期间的建设单位,其保管期已满的会计档案
    C. 未结清的债权债务的原始凭证
    D. 涉及未了事项的原始凭证

17. 关于会计监督的监督主体及对象下列说法错误的有( )。
    A. 单位内部会计监督的主体是单位负责人
    B. 单位内部会计监督的对象是会计机构和会计人员
    C. 财政部门是会计工作的政府监督的唯一主体
    D. 社会监督的主要主体是注册会计师及其所在的会计师事务所

18. 下列各项中,属于财政部门实施会计监督检查的内容有( )。
    A. 会计机构负责人是否具备专业能力、遵守职业道德
    B. 会计核算是否符合会计法和国家统一的会计制度的规定
    C. 营业执照是否在规定时间内进行了年检
    D. 是否按照税法的规定按时进行纳税申报

19. 下列各项中,属于单位建立与实施内部控制

应遵循的基本原则的有( )。
A. 全面性
B. 重要性
C. 成本效益
D. 实质重于形式

20. 下列各项中,属于行政事业单位内部控制措施的有( )。
A. 不相容岗位相互分离
B. 内部授权审批控制
C. 归口管理
D. 运营分析控制

21. 下列各项中,属于非标准审计报告的有( )。
A. 不含有说明段、强调事项段、其他事项段或其他任何修饰性用语的无保留意见的审计报告
B. 包含其他报告责任段,但不含有强调事项段或其他事项段的无保留意见的审计报告
C. 带其他事项段的无保留意见的审计报告
D. 带强调事项段的无保留意见的审计报告

22. 下列各项中,关于注册会计师应当发表的审计意见类型说法正确的有( )。
A. 注册会计师发表的审计意见类型包括无保留意见和非无保留意见两种
B. 被审计单位财务报表在所有方面按照适用的财务报告编制基础编制并实现公允反映,注册会计师才能发表无保留意见的审计报告
C. 注册会计师在获取充分、适当的审计证据后,认为错报单独或汇总起来对财务报表影响重大,但不具有广泛性,应当发表保留意见的审计报告
D. 注册会计师无法获取充分、适当的审计证据以作为形成审计意见的基础,但认为未发现的错报(如存在)对财务报表可能产生的影响重大,但不具有广泛性,应当发表无法表示意见的审计报告

23. 下列各项中,属于代理记账机构可以接受委托,代表委托人办理的业务事项有( )。
A. 填制和审核原始凭证
B. 登记会计账簿
C. 编制财务会计报告
D. 向税务机构提供纳税资料

24. 从事下列工作中,不属于会计工作岗位的有( )。
A. 稽核
B. 档案部门的会计档案管理人员
C. 会计电算化
D. 注册会计师

25. 下列各项中,属于出纳人员不得兼管的工作有( )。
A. 稽核
B. 会计档案保管
C. 登记银行存款日记账
D. 登记费用明细账

26. 甲公司是一家国有大型工业企业,2020年该公司对内部会计岗位进行了一系列调整,其中符合法律规定的有( )。
A. 单位负责人任命原从事出纳工作的小张担任往来款项核算会计
B. 单位负责人任命原从事总账会计工作的李某担任会计机构负责人,李某已在原岗位工作5年,并取得初级会计师资格
C. 不再设置总会计师职务,由副总经理赵某主管会计工作
D. 单位负责人任命原办公室职员小王担任出纳工作,小王以前从未接触过会计工作

27. 关于会计人员工作交接下列说法中正确的有( )。
A. 会计人员工作调动,应当与接替人员办理交接手续
B. 接替人员对所接受的相关资料应对照移交清册逐项点收
C. 办理会计工作交接时,必须由专人负责监交
D. 会计人员因病暂时不能工作,应当与接替人员办理交接手续

28. 根据会计法律制度的规定,关于会计人员继续教育下列说法中,正确的有( )。
A. 凡是用人单位的会计人员无论是否取得会计专业技术资格均应当接受会计人员继续教育
B. 会计人员继续教育的主要内容是加强会计职业道德的培训以提高会计人员职业道德水平
C. 用人单位应当保障会计人员参加会计继

续教育的权利
D. 会计人员每年参加继续教育取得的学分不得少于24学分，其中专业科目一般不少于总学分的2/3

29. 甲公司由于经营不善，连续亏损两年。为了避免第三年再次出现亏损，董事长赵某授意会计人员高某对财务报表进行"美化"，高某请示财务经理冯某后遵照办理。甲公司行为尚未构成犯罪，则财政部门对甲公司及相关人员的处罚正确的有（　）。
A. 对甲公司董事长赵某处以罚款
B. 会计高某终身不得从事会计工作
C. 对财务经理冯某处以罚款
D. 对甲公司予以通报的同时，并处以罚款

30. 根据会计法律制度的规定，下列各项中，属于会计职业道德内容的有（　）。
A. 坚持准则　　B. 客观公正
C. 参与管理　　D. 廉洁自律

三、判断题

1. 县级以上地方各级人民政府财政部门主管全国的会计工作。（　）
2. 各单位发生的经济业务事项应当在依法设置的会计账簿上统一登记、核算，不得私设账外账。（　）
3. 审计报告是财务会计报告的组成部分，应当随同财务会计报告一并提供。（　）
4. 国有企业应当至少每年一次向本企业的职工代表大会公布财务会计报告。（　）
5. 会计机构、会计人员必须按照国家统一的会计制度的规定对原始凭证进行审核，对记载不准确、不完整的原始凭证有权不予受理，并向单位负责人报告。（　）
6. 甲公司向乙公司购买一批产品，取得增值税专用发票上注明的价款为100万元，税额为13万元，后发现合同约定价税合计金额为100万元，该发票不能更正，只能由乙公司重开。（　）
7. 记账凭证的保管期限和银行存款余额调节表的保管期限一致。（　）
8. 单位合并后一方存续其他方解散，各单位的会计档案应由存续方统一保管。（　）
9. 财政部门在实施监督检查中，发现重大违法嫌疑时，县级以上人民政府财政部门可以向被监督单位开立账户的金融机构"查询"有关情况，金融机构应予以支持。（　）
10. 设立除会计师事务所以外的代理记账机构，应当经所在地的县级以上人民政府财政部门批准，并领取由财政部统一印制的代理记账许可证书。（　）
11. 赵某为某国有企业的负责人，他将其朋友的妻子张某安排在本部门担任会计机构负责人，他的这一行为违背了会计人员回避制度。（　）
12. 国有企业、事业单位、股份制企业必须设置总会计师。（　）
13. 会计工作交接后，接替人员应当另立新账，以明确责任。（　）
14. 甲公司负责收入、费用核算的赵某离职后，将原会计工作交接给张某，后财政部门对甲公司进行检查时，发现其费用账目有伪造情形，经查是赵某工作期间所为，赵某认为其已经离职，所有责任应当由接替人员张某承担，赵某的理解正确。（　）
15. 会计专业技术资格是指进入会计职业，从事会计工作的一种法定资质，是进入会计职业的"门槛"。（　）
16. 发生销货退回，退款时，可以退货发票代替收据。（　）
17. 现金日记账和银行存款日记账必须逐月结出余额。（　）
18. 甲公司是一家大型国有企业，已经按照国家规定设置了总会计师，为了保证会计核算的真实、完整，该公司经董事会决定，再设置一名副总会计师配合总会计师的工作，该做法符合法律规定。（　）
19. 单位撤销时，必须留有必要的会计人员，会同有关人员办理清理工作，编制决算。未移交前，不得离职。（　）

四、不定项选择题

【资料一】2019年底，甲公司会计机构负责人赵某按照公司董事长王某的要求，让会计人员孙某通过伪造原始凭证、变造会计账簿等手段少列收入以少缴税款。孙某对此拒绝，赵某另安排会计人员李某完成上述工作并据此编制了虚假财务会计报告。

王某听取了赵某的工作汇报，要求对孙某作出

处理。

甲公司以不服从工作安排为由将孙某调离会计工作岗位，指定出纳人员陈某兼管孙某的全部工作，包括营业收入明细账、固定资产明细账、无形资产明细账的登记和会计档案保管。双方办理了工作交接。

孙某认为公司将其调离会计工作岗位是对其实行打击报复，于是向当地财政部门和税务机关举报甲公司。财政部门和税务机关根据举报线索进行调查后，认定甲公司存在会计违法行为和逃税行为，分别进行了处罚。

要求：根据上述资料，不考虑其他因素，分析回答下列小题。

1. 甲公司的下列行为中，违反会计法律制度的是（　　）。
   A. 变造会计账簿
   B. 编制虚假财务会计报告
   C. 以不服从工作安排为由将孙某调离会计工作岗位
   D. 伪造原始凭证

2. 孙某的下列工作中，不得由陈某兼管的是（　　）。
   A. 营业收入明细账的登记
   B. 固定资产明细账的登记
   C. 会计档案保管
   D. 无形资产明细账的登记

3. 关于孙某和陈某工作交接的下列表述中，正确的是（　　）。
   A. 移交清册仅需孙某和陈某签名或盖章
   B. 陈某应按照移交清册逐项核对点收
   C. 陈某应当继续使用移交的会计账簿，不得自行另立新账
   D. 应由赵某负责监交

4. 对甲公司及相关责任人的违法行为，财政部门和税务机关可采取的处罚措施是（　　）。
   A. 财政部门对甲公司的违法行为予以通报
   B. 税务机关对甲公司处以罚款
   C. 税务机关向甲公司追缴少缴的税款
   D. 财政部门对甲公司及相关责任人处以罚款

【资料二】2019年9月，甲公司会计机构负责人张某因故离职，甲公司聘用王某担任会计机构负责人，与张某交接会计工作。

王某任职后，发现公司会计人员吴某负责出纳和会计档案保管；周某负责财产物资核算和成本费用核算；郑某负责财务成果核算和总账报表编制；李某负责往来核算和稽核。王某依照企业内部控制要求对相关人员进行了岗位调整，并向单位负责人孙某进行了汇报。

2019年11月5日，周某依据职责对下列原始凭证进行了审核，并作出了相应处理：

序号	凭证类型	开具单位	项目	审核情况
1	限额领料单	甲公司仓储部门	领用原材料	记载内容不准确
2	增值税专用发票	乙公司	购进办公用品	品名及金额错误
3	入库单	甲公司仓储部门	材料入库	记载内容不完整
4	火车票	中国国家铁路集团有限公司	交通费	审核无误

要求：根据上述资料，不考虑其他因素，分析回答下列小题。

1. 关于张某和王某工作交接的下列表述中，正确的是（　　）。
   A. 张某和王某交接工作应由孙某监交
   B. 张某、王某和监交人应在移交清册上签名或者盖章
   C. 张某对需要移交的遗留问题，应当写出书面材料
   D. 王某应按移交清册逐项核对点收

2. 王某的下列资历中，符合会计机构负责人任职资格要求的是（　　）。
   A. 具有2年会计工作经历
   B. 具有经济师专业技术职务资格
   C. 具有税务师职业资格
   D. 具有会计师专业技术职务资格

3. 甲公司会计人员的下列岗位设置中，王某应予以调整的是（　　）。
   A. 郑某兼任财务成果核算和总账报表编制
   B. 吴某兼任出纳和会计档案保管
   C. 周某兼任财产物资核算和成本费用核算
   D. 李某兼任往来核算和稽核

4. 周某对原始凭证作出的下列处理措施中，正确的是（　　）。

A. 将3号凭证退回经办人要求补充
B. 对4号凭证予以受理
C. 将2号凭证退回经办人，要求乙公司重开
D. 对1号凭证予以接受，对不准确的项目自行更正，并在更正处加盖印章

【资料三】2020年1月，甲公司一批会计档案保管期满。其中有尚未结清的债权债务原始凭证。甲公司档案管理机构请会计机构负责人张某及相关人员在会计档案销毁清册上签署意见，将该批会计档案全部销毁。

2020年9月，出纳郑某调岗，与接替其工作的王某办理了会计工作交接。

2020年12月，为完成利润指标，会计机构负责人张某采取虚增营业收入等方法，调整了财务会计报告，并经法定代表人周某同意，向乙公司提供了未经审计的财务会计报告。

要求：根据上述资料，不考虑其他因素，分析回答下列小题。

1. 关于甲公司销毁会计档案的下列表述中，正确的是（　）。
   A. 档案管理机构负责人应在会计档案销毁清册上签署意见
   B. 法定代表人周某应在会计档案销毁清册上签署意见
   C. 保管期满但未结清的债权债务原始凭证不得销毁
   D. 会计机构负责人张某不应在会计档案销毁清册上签署意见

2. 下列关于会计人员郑某与王某交接会计工作的表述中，正确的是（　）。
   A. 移交完毕，王某可自行另立新账进行会计记录
   B. 应由会计机构负责人张某监交
   C. 郑某与王某应按移交清册逐项移交，核对点收
   D. 移交完毕，郑某与王某以及监交人应在移交清册上签名或盖章

3. 关于甲公司向乙公司提供财务会计报告的下列表述中，正确的是（　）。
   A. 会计机构负责人张某应在财务会计报告上签名并盖章
   B. 主管会计工作的负责人应在财务会计报告上签名并盖章
   C. 法定代表人周某应在财务会计报告上签名并盖章
   D. 财务会计报告经注册会计师审计后才能对乙公司提供

4. 关于会计机构负责人张某采取虚增营业收入等方法调整财务会计报告行为性质及法律后果的下列表述中，正确的是（　）。
   A. 可对张某处以行政拘留
   B. 该行为属于编制虚假财务会计报告
   C. 可对张某处以罚款
   D. 张某5年之内不得从事会计工作

心有灵犀答案及解析

一、单项选择题

1. B 【解析】选项A，由全国人大常委会制定；选项C，由财政部制定；选项D，由财政部和国家档案局联合制定。

2. B 【解析】(1)单位负责人对本单位的会计工作和会计资料的真实性、完整性负责；(2)单位法定代表人属于单位负责人。

3. D

4. C 【解析】选项C，应当由保存该原始凭证的单位开具原始凭证分割单给其他应负担的单位。

5. D 【解析】选项D，经上级有关部门批准的经济业务，应当将"批准文件"作为原始凭证附件。如果批准文件需要单独归档的，应当在凭证上注明批准机关名称、日期和文件字号。

6. D 【解析】企业财务会计报告包括"四表一注一说明"，"凭证、账簿、计划、审计报告等"都不属于财务会计报告的组成部分。

7. C 【解析】选项A，仅以电子形式保存的会计档案，必须满足法定条件；选项B，单位会计管理机构临时保管会计档案一般不超过1年，最长不超过3年；选项D，由会计机构编制会计档案保管清册。

8. A 【解析】会计档案的保管期限包括"永久、定期"两类；定期的保管期限包括"10年、

30年"两类；固定资产卡片账在固定资产"报废清理后"还要再保管5年。

9. C 【解析】选项A，属于其他类会计档案；选项B，由会计机构负责编制；选项D，出纳人员不得兼管会计档案。

10. D 【解析】选项ABC，属于永久保存的会计档案。

11. C

12. C 【解析】不相容职务包括：授权批准与业务经办、业务经办与会计记录、会计记录与财产保管、业务经办与稽核检查、授权批准与监督检查。本题中，赵某属于业务经办人员，不能与选项A授权批准人员、选项B稽核检查人员、选项D会计记录人员相互兼任。

13. D 【解析】审计报告要素，不包括"非标准审计报告"中增加的强调事项段等要素。

14. D

15. C 【解析】选项ABD均属于委托方的义务。

16. D

17. D 【解析】选项C，因违反国家统一的会计制度，受到行政处罚的会计人员，5年内不得从事会计工作，本题中，至2020年，已满5年；选项D，因有"提供虚假财务会计报告，做假账，隐匿或者故意销毁会计凭证、会计账簿、财务会计报告，贪污，挪用公款，职务侵占"等与会计职务有关的违法行为被依法追究"刑事责任"的人员，不得再从事会计工作。

18. D 【解析】直系亲属包括夫妻、直系血亲、三代以内旁系血亲、配偶亲。

19. C 【解析】一般会计人员办理交接手续，由会计机构负责人(会计主管人员)监交。

20. B 【解析】初级会计职务称为助理会计师。

21. B 【解析】选项B，在违反税法的同时，构成逃税罪，属于犯罪行为。

22. C 【解析】本题所述行为，可以处以3年以下有期徒刑或者拘役。

23. B

24. A 【解析】选项B，会计职业道德主要依靠道德教育、社会舆论、传统习俗和道德评价来实现；选项C，会计法律制度侧重于"外在"，会计职业道德既要求"外在"，又

要求"内在"；选项D，会计法律制度是会计职业道德的最低要求。

25. C

二、多项选择题

1. ABCD

2. AB 【解析】选项C，会计关系还包括国家在管理会计工作过程中发生的经济关系；选项D，会计关系的主体是会计机构和会计人员，客体是与会计工作相关的具体事务。

3. ABC 【解析】选项D，是会计机构、会计人员的职责。

4. ABCD

5. BC 【解析】选项A，属于伪造行为；选项D，属于对原始凭证错误的更正，不属于变造行为。

6. ACD 【解析】选项B，会计记录的文字应当使用中文，在民族自治地方，会计记录可以同时使用当地通用的一种民族文字。

7. ABCD 【解析】选项A，属于财物的收发、增减和使用；选项B，属于款项和有价证券的收付；选项C，属于债权、债务的发生和结算；选项D，属于资本、基金的增减；上述内容均需进行会计核算。

8. ABC 【解析】选项D，属于原始凭证。

9. AB 【解析】选项A，原始凭证不得外借；选项B，其他单位如因特殊原因需要使用原始凭证时，经本单位"会计机构负责人(会计主管人员)"批准，可以复制。

10. AD 【解析】选项A，记账凭证可以根据若干张"同类"原始凭证汇总填制，但不同内容和类别的原始凭证不得汇总在一张记账凭证上；选项B，更正错误的记账凭证可以不附原始凭证；选项C，一笔经济业务需要填制"两张以上"记账凭证的，可以采用"分数编号法"编号；选项D，如果在填制记账凭证时发生错误，应当重新填制。

11. ABCD 【解析】记账人员与经济业务事项和会计事项审批人员、经办人员、财物保管人员的职责权限应当明确，并相互分离、相互制约。选项CD，均属于财物保管人员。

12. AB 【解析】选项AB，会计账簿登记必须以"经过审核"的会计凭证为依据。

13. ABC 【解析】对外提供的财务会计报告，

应由单位负责人和主管会计工作的负责人、会计机构负责人(会计主管人员)签名(或)盖章。设置总会计师的单位,还须由总会计师签名并盖章。

14. AB 【解析】选项CD,各单位的预算、计划、制度等文件材料属于文书档案,不属于会计档案。

15. ABC 【解析】选项A,会计档案的保管期限分为"永久"和定期两类,定期保管的会计档案保管期限分为10年、30年两类;选项B,保管期限为10年;选项C,单位会计档案销毁后应当由监销人员在会计档案销毁清册上签名或盖章。

16. ABCD

17. ABC 【解析】选项AB,单位内部会计监督的主体是会计机构和会计人员,对象是单位的经济活动;选项C,除财政部门外,审计、税务、人民银行、证券监管、保险监管等部门依照有关法律、行政法规规定的职责和权限,可以对有关单位的会计资料实施监督检查。

18. AB 【解析】选项C,是工商部门的检查内容;选项D,是税务部门监督检查的内容。

19. ABC 【解析】选项D,属于小企业内部控制的基本原则。

20. ABC 【解析】选项D,属于企业内部控制措施。

21. CD 【解析】选项AB,属于标准审计报告。

22. AC 【解析】选项B,被审计单位财务报表在所有"重大"方面按照适用的财务报告编制基础编制并实现公允反映,注册会计师应当发表无保留意见的审计报告;选项D,应当发表保留意见的审计报告。

23. BCD 【解析】选项A,不包括"填制"原始凭证。

24. BD 【解析】选项B,档案部门的会计档案管理人员不属于会计岗位,会计机构内的会计档案管理属于会计岗位;选项D,属于社会审计人员,不属于会计人员。

25. ABD 【解析】出纳人员不得兼管稽核、会计档案保管和收入、支出、费用、债权债务账目的登记工作。

26. AB 【解析】选项AD,担任一般会计人员,应当具备从事会计工作所需要的"专业能力",遵守职业道德;选项B,担任会计机构负责人应当具备会计师以上专业技术职务资格或者从事会计工作3年以上的经历;选项C,国有的和国有资产占控股地位的或者主导地位的大、中型企业必须设置总会计师。

27. ABC 【解析】会计人员临时离职或者因病不能工作且需要接替或者代理的,会计机构负责人(会计主管人员)或者单位领导人必须指定有关人员接替或者代理,并办理交接手续。

28. AC 【解析】选项B,会计职业道德只是专业科目之一,会计继续教育既包括公需科目也包括专业科目;选项D,会计专业技术人员参加继续教育每年应取得不少于90学分。其中,专业科目一般不少于总学分的2/3。

29. ACD 【解析】选项A,赵某的行为属于指使会计人伪造、变造会计资料行为,可以处5 000元以上5万元以下的罚款;选项B,高某属于伪造、变造会计资料的会计人员,5年内不得从事会计工作;选项C,冯某属于直接负责的主管人员,可以处3 000元以上5万元以下的罚款;选项D,对伪造、变造会计资料的单位,在予以通报的同时可以并处5 000元以上10万元以下的罚款。

30. ABCD

三、判断题

1. × 【解析】国务院财政部门主管全国的会计工作。
2. √
3. × 【解析】审计报告并非财务会计报告的组成部分。
4. √
5. × 【解析】对不真实不合法的原始凭证有权不予受理,并向单位负责人报告。
6. √ 【解析】原始凭证金额错误不得更正,应由出具单位重开。
7. × 【解析】记账凭证保管期限为30年,银行存款余额调节表保管期限为10年。
8. √
9. × 【解析】财政部门在实施监督检查中,发现重大违法嫌疑时,国务院财政部门及其派出机构可以向被监督单位开立账户的金融机构"查询"有关情况，金融机构应予以支持。

10. × 【解析】除会计师事务所以外的机构从事代理记账业务，应当经县级以上人民政府财政部门批准，并领取由财政部统一规定样式的代理记账许可证书。

11. × 【解析】单位负责人的直系亲属不得担任本单位的会计机构负责人（会计主管人员）。本题中，张某是赵某朋友的妻子，与赵某无亲属关系。

12. × 【解析】国有的和国有资产占控股地位或者主导地位的大、中型企业必须设置总会计师，其他单位可以根据业务需要，自行决定是否设置总会计师。

13. × 【解析】接替人员应当继续使用移交的会计账簿，不得自行另立新账，以保持会计记录的连续性。

14. × 【解析】移交人员对所移交的会计凭证、会计账簿、会计报表和其他有关资料的合法性、真实性承担法律责任。

15. × 【解析】从事会计工作只要具备从事会计工作所需要的专业能力，遵守职业道德即可。

16. × 【解析】发生销货退回的，除填制退货发票外，还必须有"退货验收证明"；退款时，必须取得对方的"收款收据或者汇款银行的凭证"，不得以退货发票代替收据。

17. × 【解析】现金日记账和银行存款日记账必须"逐日"结出余额。

18. × 【解析】凡设置总会计师的单位，在单位行政领导成员中，不设与总会计师职权重叠的副职。

19. √

四、不定项选择题

【资料一】

1. ABCD 【解析】选项ABD，属于伪造、变造会计凭证、会计账簿，编制虚假财务会计报告的违法行为；选项C，属于单位负责人对会计人员实行打击报复的违法行为。

2. AC 【解析】选项AC，出纳人员不得兼任（兼管）稽核、会计档案保管和收入、支出、费用、债权债务账目的登记工作。选项BD，"无形资产明细账、固定资产明细账"属于财产物资明细账，可以由出纳人员负责登记。

3. BCD 【解析】选项A，交接完毕后，交接双方和监交人要在移交清册上签名或者盖章；选项B，移交人员在办理移交时，要按移交清册逐项移交，接替人员要逐项核对点收；选项C，接替人员应当继续使用移交的会计账簿，不得自行另立新账，以保持会计记录的连续性；选项D，一般会计人员办理交接手续，由会计机构负责人（会计主管人员）监交。

4. ABCD 【解析】选项AD，伪造、变造会计凭证、会计账簿，编制虚假财务会计报告，尚不构成犯罪的，由县级以上人民政府财政部门予以通报，可以对单位并处5 000元以上10万元以下的罚款；对其直接负责的主管人员和其他直接责任人员，可以处3 000元以上5万元以下的罚款；选项BC：纳税人采取伪造、变造账簿、记账凭证，或者在账簿上多列支出或者不列、少列收入，不缴或者少缴应纳税款的，由主管税务机关追缴其不缴或少缴的税款、滞纳金，并处不缴或者少缴的税款50%以上5倍以下的罚款。

【资料二】

1. ABCD 【解析】选项A，会计机构负责人（会计主管人员）办理交接手续，由单位负责人监交；选项B，交接完毕后，交接双方和监交人要在移交清册上签名或者盖章；选项C，会计机构负责人（会计主管人员）移交时，必须将全部财务会计工作、重大财务收支和会计人员的情况等，向接替人员详细介绍，对需要移交的遗留问题，应当写出书面材料；选项D，移交人员在办理移交时，要按移交清册逐项移交；接替人员要逐项核对点收。

2. D 【解析】担任单位会计机构负责人（会计主管人员）的，应当具备会计师以上专业技术职务资格"或者"从事会计工作3年以上经历。

3. B 【解析】选项B，出纳人员不得兼任（兼管）稽核、会计档案保管和收入、支出、费用、债权债务账目的登记工作。

4. ABC 【解析】选项AD，会计机构、会计人员必须按照国家统一的会计制度的规定对原始凭证进行审核，对记载不准确、不完整的原始凭证予以退回，并要求按国家统一的会计制度的规定更正、补充；选项C，原始凭证金额有错误的，应当由出具单位重开或者更正。

【资料三】

1. ABC 【解析】选项ABD，单位负责人、档案管理机构负责人、会计管理机构负责人、档案管理机构经办人、会计管理机构经办人在会计档案销毁清册上签署意见；选项C，保管期满但未结清的债权债务原始凭证和涉及其他未了事项的会计凭证不得销毁。

2. BCD 【解析】选项A，接替人员应当继续使用移交的会计账簿，不得自行另立新账，以保持会计记录的连续性；选项B，一般会计人员办理交接手续，由会计机构负责人（会计主管人员）监交；选项C，移交人员在办理移交时，要按移交清册逐项移交；接替人员要逐项核对点收；选项D，交接完毕后，交接双方和监交人要在移交清册上签名或者盖章。

3. ABC 【解析】选项ABC，企业对外提供的财务会计报告应当由企业负责人和主管会计工作的负责人、会计机构负责人（会计主管人员）签名并盖章；选项D，法律并未规定必须经过审计的财务会计报告才能对外提供，财务会计报告须经注册会计师审计的，企业应当将注册会计师及其会计师事务所出具的审计报告随同财务会计报告一并对外提供。

4. BCD 【解析】编制虚假财务会计报告构成犯罪的，依法追究刑事责任；尚不构成犯罪的：（1）对其直接负责的主管人员和其他直接负责人员，可以处3 000元以上5万元以下的罚款；（2）属于国家工作人员的，还应当由其所在单位或者有关单位依法给予撤职直至开除的行政处分；（3）其中的会计人员，五年内不得从事会计工作。

第三绝 "书"——支付结算法律制度

深闻书香

佳人"八绝"以"书"为魂。正所谓"铁画银钩书万古,春秋雅事一毫藏"。一如本章,支付结算既是会计工作的重点,也是考核的核心,是"非税法篇"最重要的部分,考试中分值占比在15%以上。考生务必花费一定精力攻克"票据法",你现在的付出会受益整个会计"考试"生涯。

2021年考试变化

本章无实质性变化。

人生初见

第一部分 支付结算概述

考验一 支付结算概述(★)
扫我解疑难

(一)支付结算的概念

支付结算是指单位、个人在社会经济活动中使用"票据、银行卡和汇兑、托收承付、委托收款"等结算方式进行货币给付及资金清算的行为。

『注意1』支付结算是指"转账结算",不包括使用现金。

『注意2』未经中国人民银行批准的非银行金融机构和其他单位不得作为中介机构办理支付结算业务。

(二)主要支付结算工具(见图3-1)

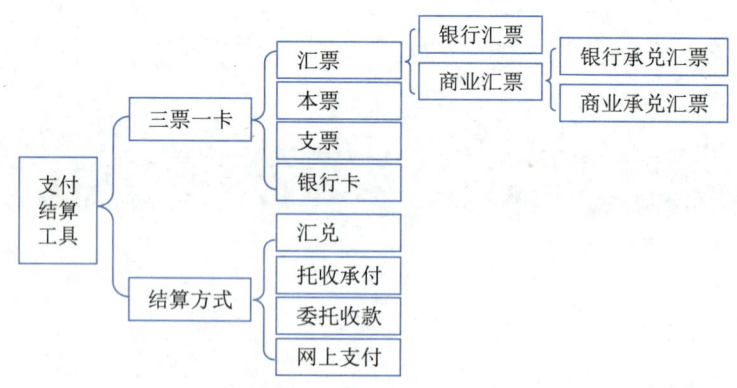

图3-1 支付结算工具

(三)办理支付结算的原则

1. 恪守信用,履约付款
2. 谁的钱进谁的账,由谁支配
3. 银行不垫款

【例题1·多选题】根据支付结算法律制度的规定,下列各项中,属于单位、个人在社会经济活动中使用的人民币非现金支付工具的有(　　)。

A. 股票
B. 支票
C. 汇票
D. 本票

解析 非现金支付工具主要包括"三票一卡"和结算方式。"三票一卡"是指汇票、本票、支票和银行卡，结算方式包括汇兑、托收承付和委托收款等。

答案 BCD

【例题2·多选题】下列各项中，属于支付结算应遵循的原则有(　　)。

A. 恪守信用，履约付款原则
B. 谁的钱进谁的账，由谁支配原则
C. 银行不垫款原则
D. 一个基本存款账户原则

解析 选项D，属于银行结算账户管理的原则。

答案 ABC

【例题3·判断题】根据支付结算法律制度的规定，付款人账户内资金不足的，银行应为付款人垫付资金。(　　)

解析 支付结算遵循"银行不垫款"原则。

答案 ×

考验二　办理支付结算的基本要求(★★★)

(一)填写规范

1. 关于收款人名称

单位和银行的名称应当记载"全称"或"规范化简称"。

2. 关于出票日期

(1)出票日期"必须"使用"中文大写"。

(2)规范写法：在填写月、日时，月为壹、贰和壹拾的，日为壹至玖和壹拾、贰拾和叁拾的，应当在其前加零；日为拾壹至拾玖的，应当在其前加壹。

【理解】日期写法应满足三大要求：汉语语言的规律、数字金额的构成、防止涂改的要求。

【举例】1月15日，应写成零壹月壹拾伍日；10月20日，应写成零壹拾月零贰拾日。

3. 关于金额

票据和结算凭证金额以中文大写和阿拉伯数码同时记载，二者"必须"一致。

『注意』二者不一致的票据无效；二者不一致的结算凭证，银行不予受理。

(二)签章要求(见表3-1)

表3-1　签章要求

分类		具体要求
一般规定		票据和结算凭证上的签章为签名、盖章或者签名加盖章
具体规定	单位、银行	该单位、银行的盖章，加其法定代表人或其授权的代理人的签名"或者"盖章(预留银行签章)
	个人	本人的签名"或者"盖章

(三)更改要求

1. "金额、日期、收款人名称"不得更改，更改的票据无效；更改的结算凭证，银行不予受理

2. 对票据和结算凭证上的其他记载事项，"原"记载人可以更改，更改时应当由原记载人在更改处"签章"证明

(四)区分"伪造"与"变造"

"伪造"是指无权限人假冒他人或虚构他人名义"签章"的行为；

"变造"是指无权更改票据内容的人，对票据上"签章以外"的记载事项加以改变的行为。

『注意』"伪造人"不承担"票据责任"，而应追究其"刑事责任"(附带民事赔偿)。

『老侯提示』票据是"文义证券"，伪造人因未在票据上签自己的章，因此不承担票据责任。

【例题1·判断题】办理支付结算时，单位和银行的名称应当记载全称或者规范化简称。(　　)

答案 √

【例题2·单选题】张某于2020年1月20日签发一张支票，该支票出票日期的填写方式应当是(　　)。

A. 贰零贰零年壹月贰拾日
B. 贰零贰零年零壹月贰拾日

C. 贰零贰零年壹月零贰拾日
D. 贰零贰零年零壹月零贰拾日

解析 ▶ 选项 AC，"1 月"前应当加"零"，因为不加零会导致变造行为的发生，即票据出票日期可能被变造为"壹拾壹月"；选项 B，"20 日"前应加"零"，因为不加零，票据出票日期可能被变造为"贰拾壹日"等。

答案 ▶ D

【例题 3·单选题】2020 年 8 月 18 日，甲公司向乙公司签发一张金额为 10 万元，用途为服务费的转账支票，发现填写有误，该支票记载的下列事项中，可以更改的是( )。

A. 用途　　　　　B. 收款人名称
C. 出票金额　　　D. 出票日期

解析 ▶ 出票金额、出票日期、收款人名称不得更改，更改的票据无效。

答案 ▶ A

【例题 4·多选题】根据支付结算法律制度的规定，下列关于办理支付结算基本要求的表述中，正确的有( )。

A. 票据上的签章为签名、盖章或者签名加盖章
B. 结算凭证的金额以中文大写和阿拉伯数码同时记载，二者必须一致
C. 票据上出票金额、收款人名称不得更改
D. 票据的出票日期可以使用阿拉伯数码记载

解析 ▶ 选项 D，票据的出票日期必须使用中文大写。

答案 ▶ ABC

【例题 5·判断题】票据伪造和票据变造是欺诈行为，构成犯罪的，应追究刑事责任。( )

答案 ▶ √

【例题 6·多选题】根据支付结算法律制度的规定，下列各项中，属于变造票据的行为有( )。

A. 原记载人更改付款人名称并在更改处签章证明
B. 剪接票据非法改变票据记载事项
C. 涂改出票金额
D. 假冒他人在票据上背书签章

解析 ▶ 选项 A，属于依法更正票据行为；选项 D，属于伪造行为；选项 BC，对票据上"签章以外"的记载事项加以改变的是变造行为。

答案 ▶ BC

第二部分　银行结算账户

考验一　银行结算账户的分类(★)（见图 3-2）

扫我解疑难

(一)银行结算账户按存款人分类

单位银行结算账户和个人银行结算账户。

『注意』个体工商户凭营业执照以字号或经营者姓名开立的银行结算账户纳入单位银行结算账户管理。

(二)单位银行结算账户按用途分类

基本存款账户、一般存款账户、专用存款账户和临时存款账户。

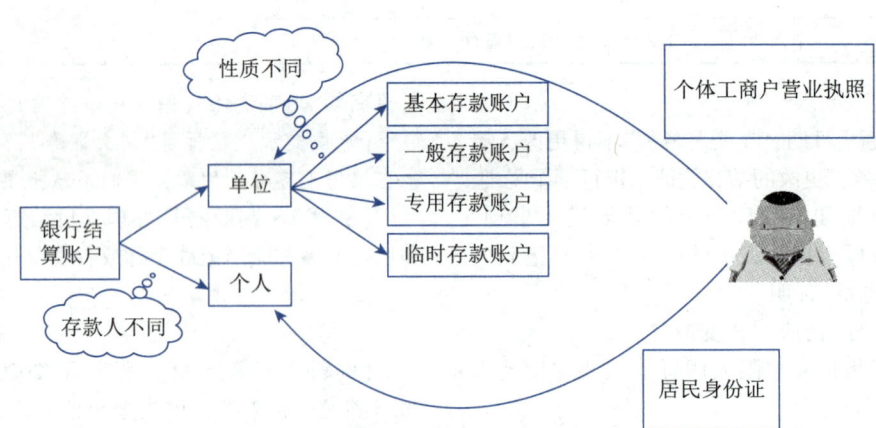

图 3-2　银行结算账户的分类

【例题1·判断题】个体工商户凭营业执照以字号或经营者姓名开立的银行结算账户纳入单位银行结算账户管理。（　　）

答案　√

【例题2·多选题】根据支付结算法律制度的规定，下列单位银行结算账户中，属于按用途分类的有（　　）。

A. 一般存款账户
B. 预算单位零余额账户
C. 专用存款账户
D. 基本存款账户

解析　单位银行结算账户按用途分为基本存款账户、一般存款账户、专用存款账户、临时存款账户。

答案　ACD

考验二　银行结算账户的开立、变更和撤销（★★★）

扫我解疑难

（一）开立

银行结算账户开立的流程见图3-3。

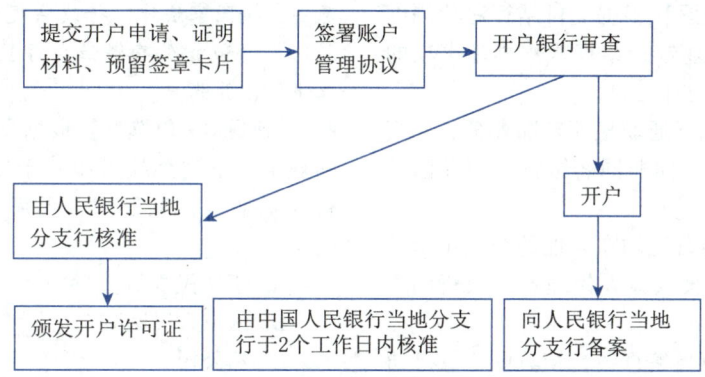

图3-3　银行结算账户开立的流程

1. 存款人自主原则

除国家法律、行政法规和国务院规定外，任何单位和个人不得强令存款人到指定银行开立银行结算账户。

2. 开户申请的签章要求

（1）单位：单位"公章"和法定代表人或其授权代理人的签名或者盖章。

（2）个人：个人本名的签名或盖章。

『注意1』单位在开户申请上的签章只能是"公章"而不是"财务专用章"。

『注意2』变更和撤销申请的签章要求与开户申请相同。

3. 签订银行结算账户管理协议——明确银企双方的权利与义务

（1）异地开户。

对注册地和经营地均在"异地"的单位，银行应当与其法定代表人或者负责人"面签"银行结算账户管理协议。

（2）开通非柜面转账业务。

银行为存款人开通非柜面转账业务时，双方应签订协议，约定非柜面渠道向非同名银行账户和支付账户转账的日累计限额、笔数和年累计限额等，超出限额和笔数的，应到银行柜面办理。

4. 企业（在境内设立的企业法人、非法人企业和个体工商户）与非企业法人在开户制度上的区别（见表3-2）。

表3-2　企业（在境内设立的企业法人、非法人企业和个体工商户）
与非企业法人在开户制度上的区别

	非企业法人	企业
核准制账户	基本存款账户、临时存款账户（因注册验资和增资验资开立的临时存款账户除外）、预算单位专用存款账户、QFII专用存款账户	"基本存款账户、临时存款账户"改为执行备案制

续表

	非企业法人	企业
开户许可证	有正本和副本之分，正本由"申请人"保管；副本由申请人"开户银行"留存	用"基本存款账户编号"，代替原基本存款账户核准号使用 『注意』申请开立一般存款账户、专用存款账户、临时存款账户时，应当向银行提供基本存款账户编号
生效日	存款人开立单位银行结算账户，自正式开立之日起"3个工作日后"，方可办理"付款业务" 『注意』注册验资的临时存款账户"转为"基本存款账户和因"借款转存"开立的一般存款账户除外	自开立之日即可办理收付款业务

【例题1·多选题】根据支付结算法律制度规定，关于开立企业银行结算账户办理事项的下列表述中，正确的有（ ）。

A. 银行为企业开通非柜面转账业务，应当约定通过非柜面渠道向非同名银行账户转账的日累计限额

B. 注册地和经营地均在异地的企业申请开户，法定代表人可授权他人代理签订银行结算账户管理协议

C. 银企双方应当签订银行结算账户管理协议，明确双方的权利和义务

D. 企业预留银行的签章可以为其财务专用章加其法定代表人的签名

解析 ▶ 选项B，对注册地和经营地均在"异地"的单位，银行应当与其法定代表人或者负责人"面签"银行结算账户管理协议。 答案 ▶ ACD

【例题2·判断题】甲公司在A区市场监督管理局办理登记注册，为便于统一管理，A区市场监督管理局要求甲公司在工商银行开立基本存款账户，该做法符合法律规定。（ ）

解析 ▶ 存款人开立银行结算账户遵循自主原则，除国家法律、行政法规和国务院规定外，任何单位和个人不得强令存款人到指定银行开立银行结算账户。 答案 ▶ ×

【例题3·单选题】根据支付结算法律制度的规定，下列存款人中，于2020年1月在银行开立基本存款账户，无需核发开户许可证的是（ ）。

A. 丁居民委员会
B. 丙市人民医院
C. 乙公司
D. 甲县市场监督管理局

解析 ▶ 企业银行结算账户实行备案制，不再核发开户许可证；选项AD，属于特别法人，选项B，属于事业单位，其开立银行结算账户仍实行核准制。 答案 ▶ C

【例题4·判断题】企业银行结算账户自开立之日即可办理收付款业务。（ ）
答案 ▶ √

(二)变更

1. 主动变更

银行结算账户的变更流程见图3-4。

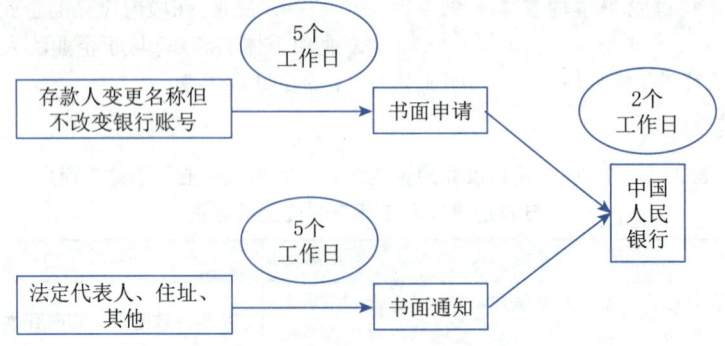

图3-4 银行结算账户的变更流程

2. 被动变更

(1)银行发现企业名称、法定代表人或单位负责人发生变更的,应及时通知企业办理变更手续;企业自通知送达之日起的合理期限内仍未办理变更手续,且未提出合理理由的,银行有权采取措施适当控制账户交易。

(2)企业营业执照、法定代表人或者单位负责人有效身份证件列明有效期限的,银行应当于到期日前提示企业及时更新,有效期到期后的合理期限内企业仍未更新,且未提出合理理由的,银行应当按规定中止其办理业务。

3. 原开户许可证的处理

(1)因办理变更收回企业开户许可证原件,"不再换发"新的开户许可证。

(2)企业名称、法定代表人或单位负责人变更,账户管理系统"重新生成"新的基本存款账户编号,银行应当打印《基本存款账户信息》并交付企业。

(3)企业遗失或损毁取消许可前基本存款账户开户许可证的,由企业出具说明,人民银行分支机构"不再补发",企业可以向基本存款账户开户银行申请打印《基本存款账户信息》。

【例题5·单选题】根据支付结算法律制度的规定,存款人更改名称,但不更改开户银行及账号的,应于一定期限向其开户银行提出银行结算账户更改申请,该期限为( )。

A. 3日内　　　B. 3个工作日内
C. 5个工作日内　D. 5日内

答案 ▶ C

(三)撤销

1. 应当撤销银行结算账户的法定情形

(1)被撤并、解散、宣告破产或关闭的;
(2)注销、被吊销营业执照的;
(3)因"迁址"需要变更开户银行的;
(4)因其他原因需要撤销银行结算账户的。

『老侯提示』存款人"迁址"视不同情况(是否变更开户行)分别适用"变更"或"撤销"的规定。

2. 撤销程序

(1)存款人撤销银行结算账户,必须与开户银行核对银行结算账户存款余额,交回各种重要空白票据及结算凭证,银行核对无误后方可办理销户手续。

(2)企业因转户原因撤销基本存款账户的,银行应打印"已开立银行结算账户清单"并交付企业。

3. 撤销顺序

撤销银行结算账户时,应当"先"撤销一般存款账户、专用存款账户、临时存款账户,将账户资金转入基本存款账户"后",方可办理基本存款账户的撤销。

4. 不得撤销银行结算账户的情形

存款人"尚未清偿"其开户银行债务的,不得申请撤销该银行结算账户。

5. 强制撤销

银行对一年未发生收付活动且未欠开户银行债务的单位银行结算账户,应通知单位自发出通知之日起 30 日内办理销户手续,逾期视同自愿销户,未划转款项列入久悬未取专户管理。

【例题6·多选题】根据支付结算法律制度的规定,下列情形中,存款人应向开户银行提出撤销银行结算账户申请的有( )。

A. 存款人被宣告破产的
B. 存款人因迁址需要变更开户银行的
C. 存款人被吊销营业执照的
D. 存款人被撤并的

答案 ▶ ABCD

【例题7·单选题】根据支付结算法律制度的规定,下列关于银行结算账户管理的表述中,正确的是( )。

A. 撤销基本存款账户,应当与开户银行核对银行结算账户存款余额
B. 撤销基本存款账户,可以保留未使用的空白支票
C. 单位的地址发生变更,不需要通知开户银行
D. 撤销单位银行结算账户应先撤销基本存款账户,再撤销其他类别账户

解析 ▶ 选项AB,存款人撤销银行结算账户,必须与开户银行核对银行结算账户存款余额,交回各种重要空白票据及结算凭证,银行核对无误后方可办理销户手续;选项C,单位的地址发生变更应于5个工作日内书面通知开户银行并提供有关证明;选项D,撤销银行结算账户时,应先撤销一般存款账户、专用存款账户、临时存款账户,将账户资金转入基本存款账户后,方可办理基本存款账户的撤销。

答案 ▶ A

【例题8·判断题】存款人未清偿其开户银行债务的，也可以撤销该银行结算账户。（ ）

解析 存款人未清偿其开户银行债务的，"不得撤销"该银行结算账户。

答案 ×

考验三　各类银行结算账户（★★★）

扫我解疑难

（一）基本存款账户

1. 开户资格——12项

『注意1』"个人"不能开。

『注意2』级别不够不能开："团级"以上军队、武警部队及分散执勤的支（分）队。

『注意3』临时机构不能开：异地"常设"机构。

『注意4』非独立核算附属机构不能开：单位设立的"独立核算"的附属机构。

2. 证明文件

营业执照或批文或证明或登记证书。

『老侯提示』此外还需提供"法定代表人身份证件"，如授权他人办理，还需提供"授权书""被授权人的身份证件"。

3. 使用规定

基本存款账户是存款人的主办账户，一个单位只能开立"一个"基本存款账户。

存款人日常经营活动的资金收付，以及存款人的工资、奖金和现金的支取，应通过该账户办理。

【例题1·单选题】根据支付结算法律制度的规定，下列首次申请开立单位银行结算账户的存款人中，不应开立基本存款账户的是（ ）。

A. 丙学校

B. 甲电影公司临时摄制组

C. 丁居民委员会

D. 乙公司

解析 选项B，临时机构不得开立基本存款账户，可以申请开立临时存款账户。

答案 B

【例题2·单选题】根据支付结算法律制度的规定，关于基本存款账户的下列表述中，不正确的是（ ）。

A. 基本存款账户是存款人的主办账户

B. 一个单位只能开立一个基本存款账户

C. 基本存款账户可以办理现金支取业务

D. 单位设立的独立核算的附属机构不得开立基本存款账户

解析 单位设立的独立核算的附属机构，可以申请开立基本存款账户。

答案 D

（二）一般存款账户

1. 概念

一般存款账户是指存款人因借款或其他结算需要，在"基本存款账户开户银行以外"的银行营业机构开立的银行结算账户。

2. 开户要求——开户证明文件

（1）基本存款账户开户许可证或企业基本存款账户编号；

（2）开立基本存款账户规定的证明文件；

（3）存款人因向银行借款需要，应出具借款合同；

（4）存款人因其他结算需要，应出具有关证明。

3. 使用范围

一般存款账户用于办理存款人借款转存、借款归还和其他结算的资金收付。

该账户"可以办理现金缴存"，但不得办理现金支取。

『注意』开立一般存款账户"没有数量限制"。

【例题3·单选题】根据支付结算法律制度的规定，下列关于一般存款账户开立和使用的表述中，正确的是（ ）。

A. 可以支取现金

B. 可以用于办理存款人借款转存和借款归还

C. 须经中国人民银行分支机构核准

D. 可以在基本存款账户开户银行申请开立

解析 选项AB，一般存款账户可以办理借款转存、借款归还、现金缴存，但不得办理现金支取；选项C，一般存款账户执行备案制；选项D，一般存款账户是在基本存款账户开户银行以外的银行营业机构开立的银行结算账户。

答案 B

（三）专用存款账户——13个

1. 概念

专用存款账户是存款人按照法律、行政法规和规章，对其"特定"用途资金进行"专项"管理和使用而开立的银行结算账户。

2. 使用规定（见表3-3）

表 3-3 专用存款账户使用规定

各类专用账户	具体使用规定
"单位银行卡"账户	资金必须由基本存款账户转入，该账户"**不得办理现金收付**"业务
(1)"证券交易结算资金"账户； (2)"期货交易保证金"账户； (3)"信托基金"账户	"**不得支取**"现金
(1)基本建设资金账户； (2)更新改造资金账户； (3)政策性房地产开发资金账户	需要支取现金的，应在"**开户时报中国人民银行当地分支行批准**"
(1)粮、棉、油收购资金账户； (2)社会保障基金账户； (3)住房基金账户； (4)党、团、工会经费账户	支取现金应按照国家现金管理的规定办理
"收入汇缴"账户	除向其基本存款账户或预算外资金财政专用存款账户划缴款项外，"**只收不付**"，不得支取现金
"业务支出"账户	除从其基本存款账户拨入款项外，"**只付不收**"，可以按规定支取现金

3. 开户要求

出具其开立基本存款账户规定的证明文件、基本存款账户开户许可证或企业基本存款账户编号和各项专用资金的有关证明文件。

【例题 4·单选题】根据支付结算法律制度的规定，下列各项中属于存款人按照法律、行政法规和规章，对其特定用途资金进行专项管理和使用而开立的银行结算账户是( )。

A. 基本存款账户　　B. 一般存款账户
C. 专用存款账户　　D. 临时存款账户

答案 ▶ C

【例题 5·单选题】甲地为完成棚户区改造工程，成立了 W 片区拆迁工程指挥部。为发放拆迁户安置资金，该指挥部向银行申请开立的存款账户的种类是( )。

A. 基本存款账户　　B. 临时存款账户
C. 一般存款账户　　D. 专用存款账户

解析 ▶ 发放拆迁户安置资金，开立专用存款账户，专款管理。

答案 ▶ D

【例题 6·单选题】根据支付结算法律制度的规定，下列专用存款账户中，不能支取现金的是( )。

A. 证券交易结算资金专用存款账户
B. 社会保障基金专用存款账户
C. 住房基金专用存款账户
D. 工会经费专用存款账户

解析 ▶ 证券交易结算资金、期货交易保证金和信托基金专用存款账户不得支取现金。

答案 ▶ A

(四)预算单位零余额账户

1. 开户程序(见图 3-5)

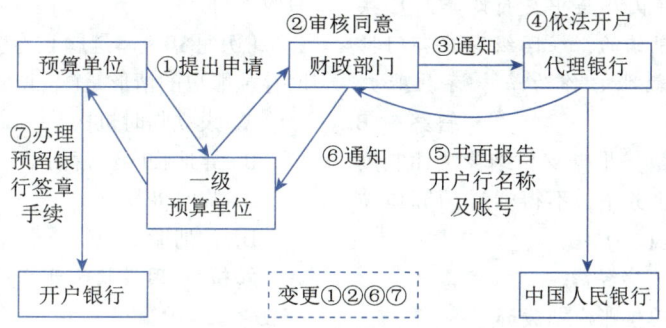

图 3-5 预算单位零余额账户的开户程序

2. 开户要求

一个基层预算单位开设"一个"零余额账户。

3. 账户管理

（1）预算单位未开立基本存款账户，或者原基本存款账户在国库集中支付改革后已按照财政部门的要求撤销的：作为"**基本存款账户**"管理。

（2）除上述情况外，作为"**专用存款账户**"管理。

4. 使用规定

（1）用于财政"授权"支付；

（2）可以办理转账、"提取现金"等结算业务；

（3）可以向本单位按账户管理规定保留的相应账户划拨工会经费、住房公积金及提租补贴，以及财政部门批准的特殊款项；

（4）不得违反规定向"本单位其他账户"和"上级主管单位""所属下级单位账户"划拨资金。

【例题7·单选题】根据支付结算法律制度的规定，预算单位应向（ ）申请开立零余额账户。

A. 中国人民银行　　B. 财政部门
C. 上级主管部门　　D. 社保部门

答案▶B

【例题8·单选题】未在银行开立账户的W市退役军人事务局，经批准在银行开立了预算单位零余额账户，下列账户种类中，该零余额账户应按其管理的是（ ）。

A. 一般存款账户
B. 基本存款账户
C. 专用存款账户
D. 临时存款账户

解析▶预算单位未开立基本存款账户，或者原基本存款账户在国库集中支付改革后已按照财政部门的要求撤销的，经同级财政部门批准，预算单位零余额账户作为基本存款账户管理。

答案▶B

【例题9·单选题】根据支付结算法律制度的规定，下列各项业务中，不得通过预算单位零余额账户办理的是（ ）。

A. 划拨本单位工会经费
B. 向所属下级单位账户划拨资金
C. 转账
D. 提取现金

解析▶选项A，预算单位零余额账户可以向本单位按账户管理规定保留的相应账户划拨工会经费、住房公积金及提租补贴，以及财政部门批准的特殊款项；选项B，预算单位零余额账户不得违反规定向"本单位其他账户"和"上级主管单位""所属下级单位账户"划拨资金；选项CD，预算单位零余额账户可以办理"转账""提取现金"等结算业务。

答案▶B

（五）临时存款账户

1. 适用范围

（1）设立临时机构：如设立工程指挥部、摄制组、筹备领导小组等。

（2）异地临时经营活动：如建筑施工及安装单位等在异地的临时经营活动。

（3）注册验资、增资。

（4）军队、武警单位承担基本建设或者异地执行作战、演习、抢险救灾、应对突发事件等临时任务。

2. 开户时"不需要提供"基本存款账户开户登记证（或企业基本存款账户编号）的情形

设立临时机构；境外（含港、澳、台地区）机构在境内从事经营活动；军队、武警单位因执行作战、演习、抢险救灾、应对突发事件等任务需要开立银行账户；验资临时账户。

『老侯提示』上述情形均不存在基本存款账户，因此无须提供。

3. 使用规定

（1）临时存款账户的有效期最长不得超过"2年"。

（2）临时存款账户支取现金，应按照国家现金管理的规定办理。

（3）"注册验资"的临时存款账户在验资期间只收不付。

【例题10·单选题】存款人不得申请开立临时存款账户的情形是（ ）。

A. 设立临时机构
B. 异地临时经营活动
C. 临时借款
D. 注册验资

解析▶因借款而开立的银行结算账户属于一般存款账户。

答案▶C

【例题11·单选题】某电影制作企业临时到外地拍摄，其在外地设立的摄制组可以开立的账户是( )。
A. 基本存款账户　B. 一般存款账户
C. 专用存款账户　D. 临时存款账户

解析 ▶ 设立临时机构,如设立工程指挥部、摄制组、筹备领导小组等,可以开立临时存款账户。
答案 ▶ D

【例题12·单选题】根据支付结算法律制度的规定,临时存款账户的有效期最长不得超过一定期限,该期限为( )年。
A. 1　　　　B. 10
C. 5　　　　D. 2
答案 ▶ D

(六)个人银行结算账户

1. 分类及功能(见表3-4)

表3-4　个人银行结算账户的分类及功能

项目类型		Ⅰ类	Ⅱ类	Ⅲ类
转账业务	向非绑定账户转"出"	√	限额	限额
	向非绑定账户转"入"	√	限额	限额
			经银行工作人员面对面确认身份	经银行工作人员面对面确认身份
现金业务	存入	√	限额	×
	支取	√	限额	×
购买投资理财等金融产品		√	√	×
消费和缴费		√	限额	限额
"限额"		—	日累计≤1万元 年累计≤20万元	任一时点账户余额≤2 000元

〖注意1〗银行通过Ⅱ类账户放贷及个人通过Ⅱ类账户还贷,不受转账限额规定
〖注意2〗Ⅲ类账户不得发放实体介质(卡、折)

2. 开户程序(见表3-5)

表3-5　个人银行结算账户的开户程序

方式		可开立账户
柜面开户		Ⅰ、Ⅱ、Ⅲ
自助机具开户	工作人员现场核验	Ⅰ、Ⅱ、Ⅲ
	工作人员未现场核验	Ⅱ、Ⅲ
电子渠道开户		Ⅱ、Ⅲ

【例题13·判断题】通过手机银行等电子渠道受理开户申请的,银行可为开户申请人开立Ⅰ类账户。( )

解析 ▶ 申请开立Ⅰ类账户必须有银行工作人员现场核验开户申请人的身份信息,通过网上银行和手机银行等电子渠道受理银行账户开户申请的,银行可为开户申请人开立Ⅱ类户或Ⅲ类户。
答案 ▶ ×

【例题14·单选题】根据支付结算法律制度的规定,下列关于个人银行结算账户使用的表述,错误的是( )。
A. 银行可以通过Ⅱ类银行账户为存款人提供购买投资理财产品服务
B. 银行可以通过Ⅲ类银行账户为存款人提供限制金额的消费和缴费支付服务
C. 银行可以通过Ⅱ类银行账户为存款人提供单笔无限额的存取现金服务
D. 银行可以通过Ⅰ类银行账户为存款人提供购买投资理财产品服务

解析 ▶ 银行可通过Ⅱ类户为存款人提供存款、购买投资理财产品等金融产品、限定金额的消费和缴费支付等服务,不得通过Ⅱ类户和Ⅲ类户为存款人提供无限额存取现金服务。
答案 ▶ C

【例题15·判断题】个人可以通过开立的Ⅰ类银行账户存取现金。( )
答案 ▶ √

【例题16·判断题】新入学大学生开立交学费的个人银行结算账户,可由所在大学代理。( )

解析 开立个人银行账户原则上应由本人办理，符合条件的可由他人代理。 **答案** √

【例题17·判断题】无民事行为能力或限制民事行为能力人，不得申请开立个人银行结算账户。（　　）

解析 无民事行为能力或限制民事行为能力的开户申请人，由法定代理人或者人民法院等有关部门依法指定的人员代理办理。 **答案** ×

3. 开户证明文件（见表3-6）

存款人申请开立个人银行账户时，应向银行出具本人"有效"身份证件，银行通过有效身份证件仍无法准确判断开户申请人身份的，应要求其出具"辅助"身份证明材料。

表3-6　个人银行结算账户的开户证明文件

开户人		"有效"身份证件	"辅助"身份证明
中国大陆居民	定居国内	身份证 『注意』"不满16周岁"的可以使用"户口簿"	户口簿、护照、机动车驾驶证、居住证、社会保障卡、军人和武警身份证件、公安机关出具的户籍证明、工作证 『注意』军人、武警尚未领取居民身份证的，还应出具"军人保障卡"或所在单位开具的尚未领取居民身份证的证明材料
	定居国外	中国护照	定居国外的证明文件
中国港澳居民		来往内地通行证、港澳居民居住证	港澳特别行政区居民身份证
中国台湾居民		来往大陆通行证、台湾居民居住证	台湾居住的有效身份证明
外国人		外国护照或永久居留证	外国居民身份证、使领馆人员身份证件或者机动车驾驶证等其他带有照片的身份证件

『注意』上述个人的"完税证明""水电煤缴费单等税费凭证"也可作为辅助身份证明

4. 代理开户

（1）出具证明。

①代理人应出具"代理人、被代理人的有效身份证件"以及合法的"委托书"等。

②银行认为有必要的，应要求代理人出具证明代理关系的"公证书"。

（2）单位代理。

单位代理开立的个人银行账户，在被代理人持本人有效身份证件到开户银行办理身份确认、密码设置(重)置等激活手续前，只收不付。

（3）法定代理。

无民事行为能力或限制民事行为能力的开户申请人，由法定代理人或者人民法院等有关部门依法指定的人员代理办理。

『注意』无民事行为能力人或限制民事行为能力人，可以申请开立个人银行结算账户，但不得使用银行卡。

5. 可以转入个人银行结算账户的款项——一切个人合法所得

『注意』禁止"公款私存"。

6. 使用规定

（1）单位从其银行结算账户支付给个人银行结算账户的款项，每笔"超过5万元"的，应向其开户银行提供付款依据。

（2）从单位银行结算账户支付给个人银行结算账户的款项应纳税的，税收代扣单位付款时应向其开户银行提供"完税证明"。

【例题18·单选题】根据个人银行结算账户实名制的要求，下列人员出具的身份证件中，不属于在境内银行申请开立个人银行账户的有效身份证件是(　　)。

A. 20周岁的吴某出具的机动车驾驶证

B. 定居美国的周某出具的中国护照

C. 25周岁的王某出具的居民身份证

D. 15周岁的学生赵某出具的户口簿

解析 选项A，属于辅助身份证明；选项B，国外的中国公民有效身份证件为中国护照；选项C，在中华人民共和国境内已登记常住户口的中国公民有效身份证件为居民身份证；选项D，不满16周岁的，可以使用居民身份证或户口簿作为有效身份证件。 **答案** A

（七）异地银行结算账户

『老侯提示』上述各类账户开立在异地就是所谓的异地银行结算账户。

考验四　银行结算账户的管理(★)

扫我解疑难

(一)实名制管理

(1)存款人应当以"实名开立"银行结算账户,并对其出具的开户(变更、撤销)申请资料实质内容的真实性负责,但法律、行政法规另有规定的除外。

(2)不得出租、出借银行结算账户和利用银行结算账户套取银行信用或洗钱。

(二)预留银行签章管理(见表3-7)

表3-7　预留银行签章管理

情形		办理人员	证明文件	
遗失	公章或财务章	—	书面申请、营业执照等	
	个人章	—	经签名确认的书面申请、原预留印章或签字人的身份证件	
更换	公章或财务章	法定代表人或单位负责人	正常更换	(1)书面申请、原预留公章或财务专用章等; (2)法定代表人或单位负责人的身份证件
			无法提供原章	原印鉴卡片、营业执照正本、司法部门的证明
		授权他人	(1)+授权书,以及被授权人的身份证件	
	个人章	法定代表人或单位负责人	加盖该单位公章的书面申请以及法定代表人或单位负责人的身份证件	
		授权他人	加盖该单位公章的书面申请、法定代表人或单位负责人的身份证件(非必须)、该单位出具的授权书以及被授权人的身份证件	

(三)可授权他人办理的事项

存款人申请"临时存款账户展期""变更、撤销单位银行结算账户""变更预留公章、财务章、个人签章"可由法定代表人或单位负责人直接办理,也可授权他人办理。

【链接】对注册地和经营地均在"异地"的单位,银行应当与其法定代表人或者负责人"面签"银行结算账户管理协议。

(四)对账管理

银行结算账户的存款人收到对账单或对账信息后,应及时核对账务并在规定期限内向银行发出对账回单或确认信息。

【例题1·多选题】甲公司预留银行单位公章不慎丢失,向开户银行申请更换印章。下列文件中,甲公司应向开户银行出具的有(　)。

A. 街道办事处证明
B. 营业执照正本
C. 司法部门的证明
D. 原印鉴卡片

解析▶单位存款人申请更换预留公章或财务专用章但无法提供原预留公章或财务专用章的,应向开户银行出具原印鉴卡片、营业执照正本、司法部门的证明等相关证明文件。

答案▶BCD

【例题2·多选题】根据支付结算法律制度的规定,关于单位存款人申请变更预留银行的单位财务专用章的下列表述中,正确的有(　)。

A. 需提供原预留的单位财务专用章
B. 需提供单位书面申请
C. 需重新开立单位存款账户
D. 可由法定代表人直接办理,也可授权他人办理

解析▶选项C,单位存款人申请变更预留银行签章,只需要按规定提供相关证明文件即可,无须重新开立单位存款账户。　答案▶ABD

【例题3·单选题】根据支付结算法律制度的规定,关于银行结算账户管理的下列表述中,不正确的是(　)。

A. 存款人可以出借银行结算账户
B. 存款人不得出租银行结算账户
C. 存款人应当以实名开立银行结算账户
D. 存款人不得利用银行结算账户洗钱

解析▶存款人不得出租、出借银行结算账户。　答案▶A

第三部分　票据结算方式

考验一　票据的含义、种类、特征与功能(★)

扫我解疑难

(一)含义

票据是指出票人依法签发的，约定自己或者委托付款人在见票时或指定的日期向收款人或持票人无条件支付一定金额的有价证券。

(二)种类

《票据法》规定的票据包括：汇票、本票和支票。

(三)票据的特征(见表3-8)

表3-8　票据的特征

特征		解释
完全有价证券	所谓"完全"	票据所表示的权利与票据不可分离
	设权证券	区别于"证权证券"
	提示证券	行使权利必须出示票据
	交付证券	转让必须交付票据
	缴回证券	权利实现时要缴回票据
文义证券		票据上的权利义务必须依票据上所记载的文义而定，不得以文义之外的任何事项来主张票据权利
无因证券		行使权利不看取得票据的原因
金钱债权证券		区别于"物权证券"和"社员权证券"
要式证券		票据的制作、形式、文义都有《票据法》规定的格式和要求
流通证券		可以背书形式转让，无须通知债务人

(四)票据的功能(见表3-9)

表3-9　票据的功能

功能	解释
支付功能	支付款项
汇兑功能	异地使用
信用功能	通过"远期票据"到期才付款的特征实现
结算功能	债务抵销
融资功能	通过"远期票据"的贴现、转贴现、再贴现功能实现

『注意』区别"支付功能"与"结算功能"，双方当事人互负到期债务，"交换票据"抵销债务是结算功能的体现。

【例题1·单选题】下列票据中，不属于我国《票据法》所称票据的是(　)。
A. 本票　　　　　B. 支票
C. 汇票　　　　　D. 股票
解析　我国《票据法》中规定的票据限于汇票、本票、支票。
答案　D

【例题2·多选题】根据支付结算法律制度的规定，下列选项中，属于票据特征的有(　)。
A. 设权证券　　　B. 提示证券
C. 交付证券　　　D. 缴回证券
答案　ABCD

【例题3·多选题】根据支付结算法律制度的规定，下列各项中，属于票据功能的有(　)。
A. 汇兑功能　　　B. 融资功能
C. 支付功能　　　D. 信用功能
答案　ABCD

【例题4·单选题】甲公司向乙公司购买货

物，收到乙公司发来的货物后，将出票人为丙公司、收款人为甲公司的商业汇票背书转让给乙公司以抵顶货款。上述行为充分体现了票据的（　　）。

　A．结算功能　　　　B．信用功能
　C．支付功能　　　　D．融资功能

解析 ▶ 背书转让体现的是支付功能，而非结算功能。结算功能是指双方当事人互负到期债务，交换票据抵销债务。

答案 ▶ C

考验二　票据的当事人（★★★）

扫我解疑难

（一）基本当事人

在票据作成和交付"时"就已经存在的当事人。

包括：出票人、付款人和收款人。

『注意1』基本当事人是构成票据法律关系的必要主体。

『注意2』本票的基本当事人无"付款人"。

（二）非基本当事人

在票据作成并交付"后"，通过一定的票据行为加入票据关系而享有一定权利、承担一定义务的当事人。

包括：承兑人、背书人、被背书人和保证人。

票据的当事人见表3—10。

表3—10　票据的当事人

类别	内容	界定	
基本当事人	出票人	依法定方式签发票据并将票据交付给收款人的人	
	收款人	票据正面记载的到期后有权收取票据所载金额的人	
	付款人	由出票人委托付款或自行承担付款责任的人	银行汇票的付款人为"出票"人（银行）
			商业承兑汇票的付款人是该汇票的"承兑"人
			银行承兑汇票的付款人是"承兑"银行
			支票的付款人是出票人的"开户"银行
			本票的付款人是"出票"人（银行）
非基本当事人	承兑人	接受汇票出票人的付款委托，同意承担支付票款义务的人	
	背书人	在转让票据时，在票据背面或粘单上签字或盖章，并将该票据交付给受让人的票据收款人或持有人	
	被背书人	被记名受让票据或接受票据转让的人	
	保证人	为票据债务提供担保的人，由票据债务人以外的第三人担当	

『老侯提示』所谓承兑即"承诺到期兑现"，因此承兑人只在"远期"商业汇票中出现，即付票据无须提示承兑。

【例题·多选题】下列各项中，属于票据基本当事人的有（　　）。

　A．出票人　　　　B．收款人
　C．付款人　　　　D．保证人

解析 ▶ 选项D，属于票据的非基本当事人。

答案 ▶ ABC

考验三　票据权利（★★★）

扫我解疑难

（一）票据权利（见表3—11）

表3—11　票据权利

	付款请求权	追索权
概念	持票人向票据的主债务人，包括（汇票的承兑人、本票的出票人、支票的付款人）出示票据要求付款的权利	持票人行使付款请求权被拒绝或其他法定原因存在时，向其前手请求偿还票据金额及其他法定费用的权利

续表

	付款请求权	追索权
顺位	第一顺序	第二顺序
行使人	票据记载的"**收款人**"或"**最后的被背书人**"	票据记载的"**收款人**""**最后的被背书人**"、代为清偿票据债务的"**保证人**""**背书人**"

『**老侯提示**』 票据的权利与其本身不可分割，谁持有票据，谁就可以行使相应权利。

【**例题1·判断题**】代为清偿票据债务的保证人和背书人不是行使票据追索权的当事人。（　　）

解析 能够行使追索权的当事人包括：票据记载的"收款人""最后的被背书人"，代为清偿票据债务的"保证人""背书人"。 **答案** ×

【**例题2·单选题**】甲公司持有一张商业汇票，到期委托开户银行向承兑人收取票款。甲公司行使的票据权利是（　　）。

A. 付款请求权
B. 利益返还请求权
C. 票据追索权
D. 票据返还请求权

解析 付款请求权，是指持票人向汇票的承兑人、本票的出票人、支票的付款人出示票据要求付款的权利，是第一顺序权利。 **答案** A

（二）票据权利的取得

1. 票据的取得"必须"给付对价
2. 因"税收、继承、赠与"可以依法"无偿"取得票据的，不受给付对价之限制，但所享有的票据权利"不得优于前手"
3. 因"欺诈、偷盗、胁迫或明知有上述情形出于恶意"而取得票据的，不得享有票据权利。持票人因"重大过失"取得不符合票据法规定的票据的，也不得享有票据权利

【**例题3·多选题**】根据《票据法》的规定，票据持有人有下列（　　）情形，不得享有票据权利。

A. 以欺诈、偷盗、胁迫等手段取得票据的
B. 明知前手欺诈、偷盗、胁迫等手段取得票据而出于恶意取得票据的
C. 因重大过失取得不符合《票据法》规定的票据的
D. 自合法取得票据的前手处因赠与取得票据的

解析 选项D，因税收、继承、赠与可以依法无偿取得票据的，不受给付对价之限制，但所享有的票据权利不得优于前手。本题中因前手合法取得票据，故持票人虽未支付对价依然享有票据权利。 **答案** ABC

【**例题4·单选题**】张某因采购货物签发一张票据给王某，胡某从王某处窃取该票据，陈某明知胡某系窃取所得但仍受让该票据，并将其赠与不知情的黄某，下列取得票据的当事人中，享有票据权利的是（　　）。

A. 王某　　　　B. 胡某
C. 陈某　　　　D. 黄某

解析 选项B，胡某以偷盗手段取得票据，不享有票据权利；选项C，陈某明知胡某有盗窃情形，属于出于恶意取得票据，不享有票据权利；选项D，黄某虽然不知情，但是其未支付合理对价，其票据权利不优于其前手陈某，因陈某不享有票据权利，故黄某也不享有票据权利。 **答案** A

（三）票据权利的行使与保全

持票人对票据债务人行使票据权利，或者保全票据权利，应当在票据当事人的营业场所和营业时间内进行，票据当事人无营业场所的，应当在其住所进行。

（四）票据权利丧失的补救措施——"挂失止付、公示催告、普通诉讼"

1. 挂失止付

（1）概念。

丢失票据的权利人将情况通知付款人或代理付款人，由其审查后暂停对该票据的支付。

（2）可以挂失止付的票据种类。

①"已承兑"的商业汇票；
②支票；
③填明"现金"字样和代理付款人"的银行汇票；
④填明"现金"字样的银行本票。

『**老侯提示**』只有确定付款人或代理付款人的票据丧失时才可进行挂失止付。

(3) 挂失止付通知书的记载事项。

①票据丧失的时间、地点、原因；

②票据的种类、号码、金额、出票日期、付款日期、付款人名称、收款人名称；

③挂失止付人的姓名、营业场所或者住所以及联系方法。

『注意』欠缺上述记载事项之一的，银行不予受理。

(4) 信息登记。

承兑人或承兑人开户银行收到挂失止付通知或公示催告等司法文书，并确认相关票据未付款的，应当于当日依法暂停支付并在中国人民银行指定的票据市场基础设施登记或委托开户银行在票据市场基础设施登记相关信息。

(5) 止付期。

付款人或者代理付款人自收到挂失止付通知书之日起"12日"内没有收到人民法院的止付通知书的，自第13日起，不再承担止付责任，持票人提示付款即依法向持票人付款。

『注意』挂失止付不是丧失票据后采取的必经措施，而是一种暂时的预防措施。

2. 公示催告

(1) 概念。

丢失票据的权利人向"法院"申请，由法院以公告方式通知不确定的利害关系人在规定的期限内向法院申报票据权利，逾期无申报者，由法院通过除权判决宣告所丧失票据无效的程序。

(2) 申请公示催告。

失票人应当在通知挂失止付后的3日内，也可以在票据丧失后，依法向"票据支付地"人民法院申请公示催告。

『注意1』"挂失止付"非"公示催告"的必经前置程序。

『注意2』此处不包括"被告住所地"，因为利害关系人不明确。

『注意3』申请公示催告的主体必须是可以背书转让的票据的最后持票人。

(3) 程序（见图3-6和图3-7）。

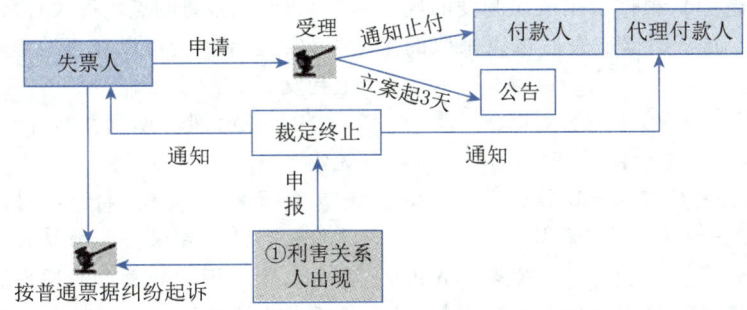

图3-6 公示催告程序（1）

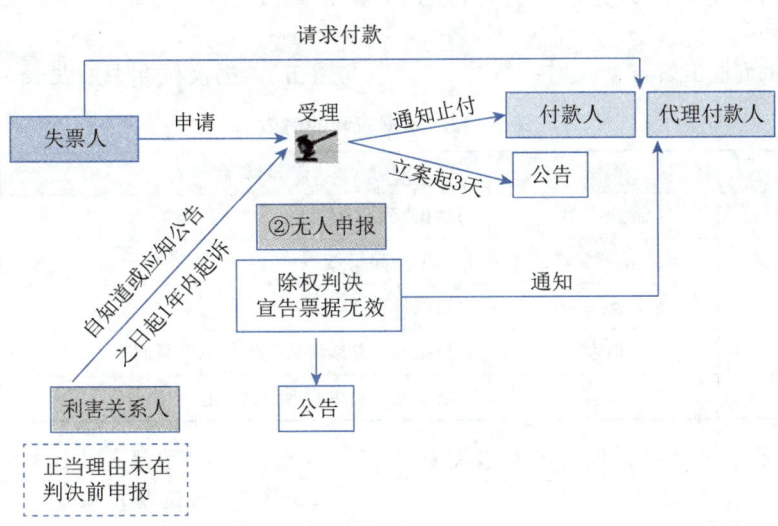

图3-7 公示催告程序（2）

①申请书内容。

票面金额；出票人、持票人、背书人；申请的理由、事实；通知挂失止付的时间；付款人或代理付款人的名称、地址、电话。

②付款人与代理付款人止付期责任。

收到止付通知即行止付直至公示催告程序终结，非经法院许可擅自解付不免除票据责任。

③公告刊登媒介。

"全国性"的报刊。

④公示催告的期间。

国内票据自公告发布之日起60日，涉外票据根据具体情况适当延长，但最长不得超过90日。

⑤公示催告期间的票据行为。

公示催告期间，转让票据权利的行为无效，以公示催告的票据质押、贴现而接受该票据的持票人主张票据权利的，人民法院不予支持，但公示催告期间届满以后人民法院作出除权判决以前取得该票据的除外。

3. 普通诉讼(略)

【例题5·多选题】根据票据法律制度的规定，下列各项中，属于票据丧失后可以采取的补救措施有( )。

A. 挂失止付　　B. 公示催告
C. 普通诉讼　　D. 仲裁

解析▶ 票据丧失后可以采取挂失止付、公示催告和普通诉讼三种形式进行补救。

答案▶ ABC

【例题6·单选题】根据支付结算法律制度的规定，失票后持有人可以办理挂失止付的是( )。

A. 未承兑的商业汇票

B. 支票
C. 未填写代理付款行的银行汇票
D. 转账银行本票

解析▶ 选项A，"已承兑"的商业汇票可以办理挂失止付；选项C，"填明"现金字样和代理付款人的银行汇票可以办理挂失止付；选项D，填明"现金"字样的银行本票可以办理挂失止付。

答案▶ B

【例题7·判断题】挂失止付是票据丧失后采取的必经措施。( )

解析▶ 挂失止付并不是票据丧失后采取的必经措施，而只是一种暂时的预防措施，最终要通过申请公示催告或提起普通诉讼来补救票据权利。

答案▶ ×

【例题8·多选题】下列选项关于票据权利丧失补救的表述中，正确的有( )。

A. 办理挂失止付应有确定的"付款人"，因此未填明代理付款人的银行汇票不得挂失止付

B. 银行网点营业时间终止后，因为紧急情况可以到该银行网点负责人的家中提示付款

C. 公示催告可以在当地影响力较大的晚报上刊发

D. 公示催告期间，转让票据权利的行为无效

解析▶ 选项B，持票人对票据债务人行使票据权利，或者保全票据权利，应当在票据当事人的营业场所和营业时间内进行，票据当事人无营业场所的，应当在其住所进行；选项C，公示催告应当在"全国性"的报刊上刊发。

答案▶ AD

(五)票据权利的时效(见表3-12)

表3-12　票据权利的时效

对象	票据	起算点	期限
对出票人或承兑人	商业汇票	自票据"到期日"起	2年
	银行汇票、本票	自出票日起	2年
	支票	自出票日起	6个月
追索与再追索	追索	自被拒绝承兑或者被拒绝付款之日起	6个月
	再追索	自清偿或者被提起诉讼之日起	3个月

『注意1』票据权利丧失但仍然享有民事权利。

『注意2』追索权和再追索权时效的适用对象，不包括追索"出票人、承兑人"。

【例题9·多选题】根据支付结算法律制度的规定，下列关于票据权利时效的表述中，正

确的有( )。

A. 持票人对前手的追索权,自被拒绝承兑或者拒绝付款之日起6个月

B. 持票人对银行汇票出票人的权利自出票日起1年

C. 持票人对商业汇票承兑人的权利自票据到期日起1年

D. 持票人对支票出票人的权利自出票日起6个月

解析 ▶ 选项B,持票人对银行汇票出票人的权利自出票之日起2年;选项C,持票人对商业汇票承兑人的权利自票据到期日起2年。

答案 ▶ AD

【例题10·单选题】甲公司将一张商业承兑汇票背书转让给乙公司,乙公司于汇票到期日2020年5月10日向付款人请求付款时遭到拒绝,乙公司向甲公司行使追索权的最后日期为( )。

A. 2020年8月10日
B. 2020年11月10日
C. 2020年10月10日
D. 2020年6月10日

解析 ▶ 持票人对前手的追索权,自被拒绝承兑或者被拒绝付款之日起6个月。 答案 ▶ B

『老侯提示』本题中的"甲公司"并非出票人,该票据并非甲公司"出票"给乙公司而是"背书"给乙公司。

【例题11·单选题】2020年6月5日,A公司向B公司开具一张金额为5万元的支票,B公司将支票背书转让给C公司。6月12日,C公司请求付款银行付款时,银行以A公司账户内只有5 000元为由拒绝付款。C公司遂要求B公司付款,B公司于6月15日向C公司付清了全部款项。根据票据法律制度的规定,B公司向A公司行使再追索权的期限为( )。

A. 2020年6月25日之前
B. 2020年8月15日之前
C. 2020年9月15日之前
D. 2020年12月5日之前

解析 ▶ B公司行使再追索权的对象是A公司,A公司是支票的出票人,持票人对支票出票人的权利,自出票日起6个月,出票日为2020年6月5日,所以B公司向A公司行使再追索权的期限是在2020年12月5日之前。

答案 ▶ D

考验四 票据责任(★)

扫我解疑难

票据责任是指票据债务人向持票人支付票据金额的责任。

(一)责任人(见表3-13)

表3-13 票据的责任人

责任人	承担责任的原因	责任
汇票承兑人	因承兑	付款责任
本票的出票人	因出票	
支票的付款人	与出票人存在资金关系	
汇票、本票、支票的"背书人",汇票、支票的出票人、保证人	票据不获承兑或不获付款	清偿责任

『老侯提示』"付款请求权"对应"付款义务","追索权"对应"清偿义务"。

(二)提示付款(见后"具体票据的相关规定")

(三)票据的抗辩

1. 对物的抗辩——"原子弹"(关键词:任何)
如果存在背书不连续等合理事由,票据债务人可以对票据权利人拒绝履行义务。

2. 对人的抗辩——"灭蟑灵"(关键词:特定)

(1)票据债务人可以对不履行约定义务的与自己有"直接"债权债务关系的持票人进行抗辩。

(2)票据债务人不得以自己与"出票人"或者与"持票人"的前手之间的抗辩事由对抗持票人。

『注意』持票人明知存在抗辩事由而取得票据的除外。

【例题1·单选题】根据支付结算法律制度的规定,下列有关票据责任的说法中,正确的是( )。

A. 票据债务人可以以自己与出票人或者与持票人的前手之间的抗辩事由对抗持票人

B. 持票人未按照规定期限提示付款的,付款人的票据责任解除

C. 持票人委托的收款银行的责任,限于按照票据上记载事项将票据金额转入持票人账户

D. 付款人委托的付款银行的责任,限于按照票据上记载事项从付款人账户支付票据金额,不必审查背书连续

解析 选项A,票据债务人不得以自己与出票人或者与持票人的前手之间的抗辩事由对抗持票人;选项B,持票人未按照规定期限提示付款的,在作出说明后,承兑人或者付款人仍应当继续对持票人承担付款责任;选项D,付款人付款时需要审查背书连续。 **答案** C

【例题2·多选题】下列主体中,应当向持票人承担票据责任的有( )。

A. 空头支票出票人的开户行Q银行
B. 不获承兑的汇票出票人乙公司
C. 签发银行本票的P银行
D. 对汇票予以承兑的甲公司

解析 选项A,出票人签发空头支票的,出票人的开户行不承担票据责任。 **答案** BCD

考验五 票据行为(★★★)

扫我解疑难

概念:票据行为是指以在票据上"签名或盖章"为权利义务成立要件的法律行为。

分类:包括出票、背书、承兑、保证。

『注意』不包括"提示付款"和"付款",且应与"失票救济措施"进行区分。

【例题1·多选题】根据支付结算法律制度的规定,下列各项中,属于票据行为的有( )。

A. 出票   B. 背书
C. 承兑   D. 付款

解析 票据行为包括出票、背书、承兑和保证。 **答案** ABC

(一)出票

1. 票据的记载事项(见表3-14)

表3-14 票据的记载事项

事项	特征	举例
必须记载事项	不记载票据行为无效	出票人签章
相对记载事项	不记载按法律规定执行	付款地、出票地
任意记载事项	记载即产生法律效力,不记载不产生法律效力	"不得转让"字样
非法定记载事项	该记载事项不具有票据上的效力,银行不负审查责任	用途

2. 出票人的责任

出票人因签发票据,则须保证该票据能够获得承兑或付款,否则应当向持票人承担清偿责任。

【例题2·单选题】根据支付结算法律制度的规定,下列事项中,属于汇票任意记载事项的是( )。

A. 保证人在汇票上记载"保证"字样
B. 背书人在汇票上记载被背书人名称
C. 出票人在汇票上记载"不得转让"字样
D. 承兑人在汇票上签章

解析 选项ABD,属于保证、背书、承兑的必须记载事项,如果不记载会导致该项票据行为无效,其中被背书人名称可以授权被背书人补记;选项C,属于任意记载事项,不记载不产生法律效力,记载则票据丧失流通性。 **答案** C

(二)背书

1. 背书的种类(见表3-15)

表3-15 背书的种类

种类	具体要求
转让背书	以背书方式转让票据权利 『注意』票据"贴现"属于转让背书

续表

种类		具体要求
非转让背书	委托收款背书	被背书人不得再以背书转让票据权利
	质押背书	(1) 为担保债务，以在票据上设定质权为目的； (2) 被背书人依法实现其质权时，可以行使票据权利； (3) 债务人履行债务，质权人只需返还票据，无须再次做成背书

2. 背书记载事项(见表3-16)

表3-16 背书记载事项

事项	具体内容	注意事项
必须记载事项	背书人签章	
	被背书人名称	【授权补记】背书人未记载被背书人名称即将票据交付他人的，持票人在被背书人栏内记载自己的名称与背书人记载具有"同等法律效力"
相对记载事项	背书日期	背书未记载日期的，视为在票据"到期日前"背书

3. 粘单的使用

粘单上的"第一记载人"，应当在票据和粘单的粘接处签章。

『老侯提示』粘单的第一记载人是指第一手使用粘单的"背书人"。

4. 背书连续

(1) 背书连续，是指在票据转让中，转让票据的背书人与受让票据的被背书人在票据上的签章依次前后衔接。

(2) 票据的第一背书人为票据"收款人"，最后的持票人为"最后背书的被背书人"，中间的背书人为前手背书的被背书人。

(3) 以背书转让的票据，背书应当连续。持票人以背书的连续，证明其票据权利。

(4) 非经背书转让，而以其他合法方式取得票据的，依法举证，证明其票据权利。

『老侯提示』判定背书是否连续的标准为看"前一手背书的被背书人是否为后一手背书的背书人"，是则连续，否则不连续，若票据中存在"质押背书等非转让背书，不影响背书的连续性"，看质押背书的前手被背书人与质押背书的后手背书人是否为同一人即可。

5. 背书特别规定

(1) 条件背书——条件无效。

背书不得附有条件，背书附有条件的，所附条件"不具票据上的效力"。

(2) 部分背书——背书无效。

部分背书是指将票据金额的一部分转让或者将票据金额分别转让给两人以上的背书。

(3) 限制背书。

"出票人"记载"不得转让"字样，票据不得背书转让(丧失流通性)。

"背书人"在汇票上记载"不得转让"字样，其后手再背书转让的，原背书人对后手的被背书人不承担保证责任，其只对直接的被背书人承担责任。

『老侯提示』背书人记载"不得转让"不属于背书附条件，"条件"的特点是或能够达成或不能够达成，而"不得转让"仅仅是一种限制。

(4) 期后背书。

"被拒绝承兑、被拒绝付款或者超过付款提示期限"，不得背书转让；背书转让的，背书人应当承担票据责任。

6. 背书效力

背书人以背书转让票据后，即承担保证其后手所持票据承兑和付款的责任。

【例题3·多选题】甲公司将一张银行承兑汇票转让给乙公司，乙公司以质押背书方式向W银行取得贷款。贷款到期，乙公司偿还贷款，收回汇票并转让给丙公司。票据到期后，丙公司作成委托收款背书，委托开户银行提示付款。根据票据法律制度的规定，下列背书中，属于非转让背书的有（ ）。

A. 甲公司背书给乙公司
B. 乙公司质押背书给W银行
C. 乙公司背书给丙公司

D. 丙公司委托收款背书

解析 转让背书是以转让票据权利为目的的背书,"委托收款"和"质押"背书并不以转让票据权利为目的,属于非转让背书。**答案** BD

【例题4·判断题】背书人未记载被背书人名称即将票据交付他人的,持票人在票据被背书人栏内记载自己的名称与背书人记载具有同等法律效力。( )

答案 √

【例题5·单选题】根据支付结算法律制度的规定,关于票据背书效力的下列表述中,不正确的是( )。

A. 背书人在票据上记载"不得转让"字样,其后手再背书转让的,原背书人对后手的被背书人不承担保证责任

B. 背书附有条件的,所附条件不具有票据上的效力

C. 背书人背书转让票据后,即承担保证其后手所得票据承兑和付款的责任

D. 背书未记载日期的,属于无效背书

解析 选项D,背书未记载日期的,视为在票据到期日前背书。**答案** D

【例题6·单选题】根据支付结算法律制度的规定,票据凭证不能满足背书人记载事项的需要,可以加附粘单。粘单上的第一记载人,应当在票据和粘单的粘接处签章。该记载人是( )。

A. 粘单上第一手背书的被背书人

B. 粘单上最后一手背书的被背书人

C. 粘单上第一手背书的背书人

D. 票据持票人

答案 C

【例题7·单选题】根据支付结算法律制度的规定,下列关于票据背书的表述中,正确的是( )。

A. 以背书转让的票据,背书应当连续

B. 背书时附有条件的,背书无效

C. 委托收款背书的被背书人可再以背书转让票据权利

D. 票据上第一背书人为出票人

解析 选项B,背书附有条件的,所附条件不具票据上的效力;选项C,委托收款背书的被背书人不得再以背书转让票据权利;选项D,票据上的第一背书人为收款人。**答案** A

【例题8·判断题】图3-8为某银行转账支票背书签章的示意图。该转账支票背书连续,背书有效。( )

答案 √

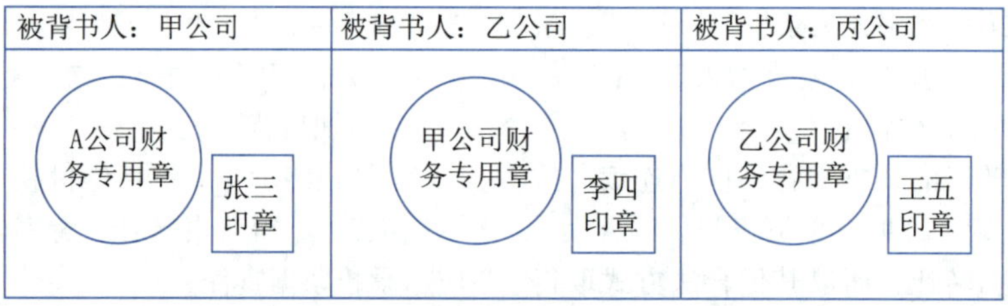

被背书人：甲公司	被背书人：乙公司	被背书人：丙公司
A公司财务专用章　张三印章	甲公司财务专用章　李四印章	乙公司财务专用章　王五印章

图3-8　某银行转账支票背书签章示意图

【例题9·判断题】甲公司签发一张商业汇票给乙公司,乙公司将该汇票背书转让给丙公司并在票据背面注明"不得转让"字样,此行为属于附条件的背书。( )

解析 记载"不得转让"字样,属于限制背书。**答案** ×

(三)承兑

1. 承兑仅适用于(远期)商业汇票
2. 提示承兑

(1)"定日"付款或者"出票后定期"付款:汇票"到期日前"提示承兑。

(2)"见票后定期"付款的汇票:自"出票日起1个月内"提示承兑。

『注意』汇票未按照规定期限提示承兑的,丧失对其前手的"追索权",但不丧失对"出票人"的权利。

『老侯提示』"提示承兑"决定持票人"未来"能否获得付款;"提示付款"决定持票人"现在"能否获得付款,这是两者的本质区别。

3. 受理

付款人应当在自收到提示承兑的汇票之日起"3日内"承兑或拒绝承兑。

4. 承兑的记载事项

(1)必须记载事项：表明"承兑"的字样；承兑人签章。

(2)相对记载事项：承兑日期。

『注意1』汇票上未记载承兑日期的，应当以收到提示承兑的汇票之日起3日内的最后1日为承兑日期。

『注意2』见票后定期付款的汇票，应当在承兑时记载"付款日期"。

5. 附条件的承兑

承兑不得附有条件，承兑附有条件的，视为"拒绝承兑"。

『注意』与背书附有条件进行区分，背书附有条件的，所附条件"不具票据上的效力"。

6. 出票人责任

(1)出票人应于汇票"到期日前"，将汇票款项存入承兑银行。

(2)出票人于汇票到期日未能足额交存票款，承兑银行除凭票向持票人无条件付款外，对出票人"尚未支付"的汇票金额按照每天"0.5‰"计收利息。

【例题10·单选题】根据支付结算法律制度的规定，持票人取得的下列票据中，须向付款人提示承兑的是( )。

A. 丙公司取得的由P银行签发的一张银行本票

B. 戊公司向Q银行申请签发的一张银行汇票

C. 乙公司收到的由甲公司签发的一张支票

D. 丁公司收到的一张见票后定期付款的商业汇票

解析▶ 提示承兑仅适用于商业汇票。

答案▶ D

【例题11·单选题】甲公司向乙公司签发了一张见票后3个月付款的银行承兑汇票。乙公司持该汇票向付款人提示承兑的期限是( )。

A. 自出票日起10日内

B. 自出票日起1个月内

C. 自出票日起6个月内

D. 自出票日起2个月内

解析▶ 见票后定期付款的商业汇票，持票人应当自出票日起1个月内向付款人提示承兑。

答案▶ B

【例题12·判断题】付款人对银行承兑汇票可以附条件承兑。( )

解析▶ 付款人承兑汇票，不得附有条件；承兑附有条件的，视为拒绝承兑。

答案▶ ×

【例题13·单选题】2019年12月25日，P银行支付一张由其承兑的到期汇票款项100万元，当日出票人乙公司在P银行存款为40万元。P银行为乙公司垫付资金当日应计收的利息是( )。

A. (1 000 000 − 400 000) × 0.5‰ = 300(元)

B. 1 000 000 × 0.5‰ = 500(元)

C. 0

D. 400 000 × 0.5‰ = 200(元)

解析▶ 银行承兑汇票的出票人于汇票到期日未能足额交存票款时，承兑银行除凭票向持票人无条件付款外，对出票人尚未支付的汇票金额按照每天万分之五计收利息。

答案▶ A

(四)保证

1. 保证人(见表3-17)

表3-17 票据的保证人

分类		具体内容
必备条件		保证人是票据债务人以外的人
绝对禁止		以公益为目的的事业单位、社会团体、企业法人的"职能部门"作为票据保证人的，票据保证无效
相对禁止	国家机关	经"国务院批准"为使用外国政府或者国际经济组织贷款进行转贷，国家机关提供票据保证的有效
	企业法人的"分支机构"	在法人书面"授权"范围内提供票据保证的有效

2. 记载事项(见表3-18)

表3-18 保证的记载事项

分类		具体内容
必须记载事项		表明"保证"的字样；保证人签章
相对记载事项	保证人名称和住所	未记载的，以保证人的营业场所、住所地或者经常居住地为保证人住所
	被保证人的名称	未记载的，已承兑的汇票"承兑人"为被保证人；未承兑的汇票以"出票人"为被保证人
	保证日期	未记载的，出票日期为保证日期

『老侯提示』此处除上述内容外，"保证人'必须'在票据或粘单上记载下列事项"，考试中如果以此作为题干，则上述所有事项均需选择。

3. 保证责任
(1)保证人的责任。
保证人对合法取得汇票的持票人所享有的汇票权利，承担保证责任。但是，被保证人的债务因汇票记载事项欠缺而无效的除外。
被保证的汇票，保证人应当与被保证人对持票人承担"连带责任"。
(2)共同保证人的责任。
保证人为两人以上的，保证人之间承担连带责任。

4. 附条件的保证
保证不得附有条件，附有条件的，"不影响"对票据的保证责任。
『注意』与背书附有条件、承兑附有条件进行区分。

5. 保证效力
保证人清偿汇票债务后，可以行使持票人对被保证人及其前手的追索权。

【例题14·多选题】根据支付结算法律制度的规定，票据或粘单未记载下列事项，保证人仍需承担保证责任的有( )。
A. 保证人签章
B. 保证日期
C. 被保证人名称
D. "保证"字样

解析 选项AD，属于保证的绝对记载事项，如果不记载，保证行为无效；选项BC，属于保证的相对记载事项，未记载上述事项，按照法律规定执行，保证人仍应当承担保证责任。

答案 BC

【例题15·多选题】根据支付结算法律制度的规定，下列关于票据保证责任的表述中，正确的有( )。
A. 保证人与被保证人对持票人承担连带责任
B. 保证附有条件的，影响对票据的保证责任
C. 票据到期后得不到付款的，持票人向保证人请求付款，保证人应当足额付款
D. 保证人为两人以上的，保证人之间承担连带责任

解析 选项B，保证附有条件的，"不影响"对票据的保证责任。

答案 ACD

【例题16·单选题】根据支付结算法律制度的规定，下列表述中，正确的是( )。
A. 背书未记载背书日期，背书无效
B. 承兑未记载承兑日期，承兑无效
C. 保证未记载保证日期，保证无效
D. 出票人未记载出票日期，票据无效

解析 选项A，背书未记载日期的，视为在票据到期日前背书；选项B，汇票上未记载承兑日期的，应当以收到提示承兑的汇票之日起3日内的最后一日为承兑日期；选项C，保证人在票据或者粘单上未记载"保证日期"的，出票日期为保证日期。

答案 D

【例题17·多选题】下列关于保证人在票据或者粘单上未记载"被保证人名称"的说法正确的有( )。
A. 已承兑的票据，承兑人为被保证人
B. 已承兑的票据，出票人为被保证人
C. 未承兑的票据，出票人为被保证人
D. 未承兑的票据，该保证无效

答案 AC

考验六　票据的追索（★★★）

扫我解疑难

(一)适用情形

1. 到期后追索——到期后被拒绝付款

2. 到期前追索——被拒绝承兑；承兑人或付款人死亡、逃匿；承兑人或付款人被依法宣告破产等

『老侯提示』行使追索权的前提是：能"证明"合法的"付款请求权"无法实现。

(二)被追索人的确定

1. 票据的出票人、背书人、承兑人和保证人对持票人承担连带责任

2. 持票人行使追索权，可以不按照票据债务人的先后顺序，对其中任何一人、数人或者全体行使追索权

3. 持票人对票据债务人中的一人或者数人已经进行追索的，对其他票据债务人仍可以行使追索权

(三)追索内容

1. 持票人的追索内容

(1)被拒绝付款的汇票"金额"；

(2)汇票金额从到期日或者提示付款日起至清偿日止，按照中国人民银行规定的利率计算的"利息"；

(3)取得有关拒绝证明和发出通知书的"费用"。

『注意』追索金额不包括持票人的"间接损失"。

2. 被追索人的再追索内容

(1)已经清偿的全部金额；

(2)再发生的利息；

(3)发出通知书的费用。

(四)行使追索权

1. 取得证明

(1)持票人行使追索权时，应当提供被拒绝承兑或者拒绝付款的有关证明。

(2)证明种类。

①承兑人或者付款人的"拒绝证明"或"退票理由书"；②医院或者有关单位出具的承兑人、付款人"死亡的证明"；③司法机关出具的承兑人、付款人"逃匿的证明"；④"公证机关出具的具有拒绝证明效力的文书"；⑤人民法院出具的承兑人或者付款人依法宣告破产"司法文书"；⑥行政部门对因违法被责令终止业务活动的承兑人或者付款人的"处罚决定"。

(3)持票人不能出示拒绝证明的丧失对其前手的追索权。

2. 通知期限

得到证明之日起"3日内"。

3. 未通知责任

未按照规定期限通知，"仍可以行使追索权"，但应当赔偿因为迟延通知而给被追索人造成的损失，赔偿金额以汇票金额为限。

(五)清偿效力

被追索人依照规定清偿债务后，其责任解除，与持票人享有同一权利。

【例题1·单选题】根据支付结算法律制度的规定，关于票据追索权行使的下列表述中，正确的是(　　)。

A. 持票人不得在票据到期前追索

B. 持票人应当向票据的出票人、背书人、承兑人和保证人同时追索

C. 持票人在行使追索权时，应当提供被拒绝承兑或拒绝付款的有关证明

D. 持票人应当按照票据的承兑人、背书人、保证人和出票人的顺序行使追索权

解析　选项A，在票据到期日前，出现特定情形的，持票人可以行使追索权；选项BD，持票人行使追索权，可以不按照票据债务人的先后顺序，对其中任何一人、数人或者全体行使追索权。 答案▶C

【例题2·单选题】根据支付结算法律制度的规定，票据的持票人行使追索权，应当将被拒绝事由书面通知其前手，通知的期限是(　　)。

A. 自收到有关证明之日起5日内

B. 自收到有关证明之日起7日内

C. 自收到有关证明之日起3日内

D. 自收到有关证明之日起10日内

解析　持票人应当自收到被拒绝承兑或者被拒绝付款的有关证明之日起3日内，将被拒绝事由书面通知其前手。 答案▶C

【例题3·多选题】甲公司签发并承兑了一张汇票给乙公司。乙公司将汇票背书转让给丙公司，并在汇票背面记载"不得转让"字样。丙公司又将汇票背书转让给丁公司。丁公司在向甲公司提示付款时遭到拒绝。下列关于该汇票

的表述中，正确的有( )。

A. 甲公司不承担票据责任
B. 丁公司可以向丙公司行使追索权
C. 丁公司享有票据权利
D. 丁公司可以向乙公司行使追索权

解析 选项A，甲公司为出票人(承兑人)，承担票据责任；选项B，背书人以背书转让票据后，即承担保证其后手所持票据承兑和付款的责任；选项C，背书连续，丁公司享有票据权利；选项D，背书人在票据上记载"不得转让"字样，其后手再背书转让的，原背书人对后手的被背书人不承担保证责任，所以丁公司不得追索乙公司。 **答案** BC

[例题4·多选题] 根据支付结算法律制度的规定，持票人行使票据追索权出具的下列证明中，具有法律效力的有( )。

A. 法院关于承兑人被依法宣告破产的司法文书
B. 承兑人出具的拒绝证明
C. 医院出具的付款人死亡的证明
D. 司法机关出具的付款人逃匿的证明

解析 选项A，承兑人或者付款人被人民法院依法宣告破产的，人民法院的有关司法文书具有拒绝证明的效力；选项B，持票人提示承兑或者提示付款被拒绝的，承兑人或者付款人必须出具拒绝证明，或者出具退票理由书；选项CD，持票人因承兑人或者付款人死亡、逃匿或者其他原因，不能取得拒绝证明的，可以依法取得其他有关证明，包括医院或者有关单位出具的承兑人、付款人死亡的证明；司法机关出具的承兑人、付款人逃匿的证明；公证机关出具的具有拒绝证明效力的文书。 **答案** ABCD

[例题5·多选题] 根据支付结算法律制度的规定，下列各项中，票据持票人行使追索权时，可以请求被追索人支付的金额和费用有( )。

A. 因汇票资金到位不及时，给持票人造成的税收滞纳金损失
B. 取得有关拒绝证明和发出通知书的费用
C. 票据金额自到期日或提示付款日起至清偿日止，按规定的利率计算的利息
D. 被拒绝付款的票据金额

解析 选项A，税收滞纳金损失属于间接损失，持票人可以请求被追索人支付的金额和费用不包括间接损失。 **答案** BCD

考验七 银行汇票(★★)

扫我解疑难

(一)概念

银行汇票是出票银行签发的，由其在见票时按照实际结算金额无条件支付给收款人或者持票人的票据。

(二)适用范围

1. 银行汇票可用于转账，填明"现金"字样的银行汇票也可以支取现金

2. "单位和个人"各种款项结算，均可使用银行汇票

(三)出票

1. 申请人或者收款人有一方为"单位"的，不得申请"现金"银行汇票

2. 申请"现金"银行汇票，申请人需在申请书上填明"代理付款人"名称

3. 必须记载事项

表明"银行汇票"的字样，无条件支付的"承诺"，出票金额，付款人名称，收款人名称，出票日期，出票人签章。

『注意1』共计7项内容，欠缺上述记载事项之一的，银行汇票无效。

『注意2』与本票和支票进行区分，本票的必须记载事项无"付款人名称"，支票的必须记载事项无"收款人名称"。

(四)实际结算金额

1. "未填明"实际结算金额和多余金额或者实际结算金额"超过"出票金额的，银行不予受理

2. 实际结算金额一经填写不得更改，更改实际结算金额的银行汇票无效

3. 未填写实际结算金额或者实际结算金额超过出票金额的银行汇票不得背书转让

(五)提示付款

1. 提交联次

"银行汇票"+"解讫通知"两联。

2. 银行应审查的事项

(1)银行汇票和解讫通知是否齐全、汇票号码和记载的内容是否一致。

(2)收款人是否确为本单位或本人。

(3)银行汇票是否在提示付款期限内。

(4)必须记载的事项是否齐全。

(5)出票人签章是否符合规定，大小写出票

金额是否一致。

(6)出票金额、出票日期、收款人名称是否更改,更改的其他记载事项是否由原记载人签章证明。

3. 提示付款期限

自"出票"之日起"1个月"。

4. 持票人超过付款期限提示付款

(1)"代理付款银行"不予受理。

(2)持票人可在票据权利期内,向出票银行作出说明并提供证件,持汇票和解讫通知向"出票行"请求付款。

5. 未开户个人的提示付款

未在银行开立存款账户的个人银行汇票持票人可以向"任何"一家银行机构提示付款。

(六)退款和丧失

1. 提交资料

(1)银行汇票和解讫通知。

(2)单位申请人的单位证明或个人申请人的身份证件。

2. 资金去向

(1)转账银行汇票:只能转入原申请人账户。

(2)"现金"银行汇票:退付现金。

3. 手续欠缺情况下的办理时间

申请人缺少解讫通知要求退款的,出票银行应于银行汇票"提示付款期满1个月后"办理。

4. 银行汇票丧失

失票人可以凭人民法院出具的其享有票据权利的证明,向出票银行请求付款或退款。

【例题1·单选题】下列款项结算中,可以使用现金银行汇票的是( )。

A. 赵某向张某支付购房款20万元

B. 丙公司向刘某支付劳务费15万元

C. 孙某向戊公司支付装修款15万元

D. 甲公司向乙公司支付材料款20万元

解析 申请人或者收款人有一方为"单位"的,不得申请"现金"银行汇票。 答案 A

【例题2·多选题】郑某为支付甲公司货款,向银行申请签发了一张金额为60万元的银行汇票。甲公司受理该汇票时,应当审查的内容有( )。

A. 银行汇票和解讫通知是否齐全

B. 该银行汇票是否在提示付款期内

C. 收款人是否确为甲公司

D. 必须记载的事项是否齐全

答案 ABCD

【例题3·单选题】根据支付结算法律制度的规定,下列关于银行汇票使用的表述中,正确的是( )。

A. 银行汇票不能用于个人款项结算

B. 银行汇票不能支取现金

C. 银行汇票的提示付款期限为自出票日起1个月

D. 银行汇票必须按出票金额付款

解析 选项A,单位和个人各种款项结算,均可使用银行汇票;选项B,银行汇票可用于转账,填明"现金"字样的银行汇票也可以支取现金;选项D,银行汇票按不超过出票金额的实际结算金额办理结算。 答案 C

【例题4·判断题】未填写实际结算金额的银行汇票不得背书转让。 ( )

答案 √

【例题5·判断题】申请人缺少解讫通知要求退款的,出票银行应于银行汇票提示付款期满1个月后办理。 ( )

答案 √

【例题6·判断题】5月15日,甲公司向A厂购买一批原材料,财务部向丙银行提出申请并由丙银行为其签发了一张价值80万元、收款人为A厂的银行汇票。由于物价上涨等因素,该批材料实际结算金额为88万元,A厂按实填写了结算金额并在汇票上签章。A厂在6月10日向丙银行提示付款,被拒绝受理,丙银行拒绝受理A厂的提示付款请求是正确的。 ( )

解析 实际结算金额88万元,超过出票金额80万元,未填明实际结算金额和多余金额或者实际结算金额超过出票金额的,银行不予受理。 答案 √

考验八 商业汇票(★★★)

扫我解疑难

(一)概念、种类和适用范围

1. 概念

(1)商业汇票:是出票人签发的,委托付款人在指定日期无条件支付确定的金额给收款人或者持票人的票据。

(2)电子商业汇票：是出票人依托电子商业汇票系统，以数据电文形式制作的，委托付款人在指定日期无条件支付确定的金额给收款人或者持票人的票据。

2. 适用范围

在银行开立存款账户的法人以及其他组织之间，才能使用商业汇票。

『注意』只有单位才能使用的支付结算方式包括：国内信用证和商业汇票。

3. 分类——根据"承兑人"的不同(见表3-19)

表3-19 商业汇票的分类

分类标准	票据类别
由"银行以外"的付款人承兑	(电子)商业承兑汇票
由"银行"(包括银行业金融机构和财务公司)承兑	(电子)银行承兑汇票

『注意』商业汇票的承兑人为其付款人。

【例题1·单选题】根据支付结算法律制度的规定，下列各项中，可以作为电子银行承兑汇票的承兑人的是( )。

A. 房地产开发公司
B. 航空公司
C. 财务公司
D. 路桥公司

解析▶ 电子银行承兑汇票由银行业金融机构、财务公司承兑。

答案▶ C

【例题2·单选题】根据票据法律制度的规定，以下票据的付款人不是银行的是( )。

A. 支票
B. 商业承兑汇票
C. 本票
D. 银行汇票

解析▶ 选项A，支票的付款人是出票人的开户银行；选项B，商业承兑汇票由银行以外的付款人承兑；选项CD，银行汇票和本票的付款人为出票银行。

答案▶ B

【例题3·判断题】银行承兑汇票由承兑银行签发。( )

解析▶ 银行承兑汇票应由在承兑银行开立存款账户的存款人签发。银行为承兑人而非出票人。

答案▶ ×

(二)出票

1. 出票人的资格(见表3-20)

表3-20 出票人的资格

票据类型	企业条件
纸质商业汇票	(1)在(承兑)银行开立存款账户； (2)与付款人(承兑银行)具有真实的委托付款关系； (3)有支付汇票金额的可靠资金来源
电子商业汇票	签约开办对公业务的企业网银等电子服务渠道
	与银行签订《电子商业汇票业务服务协议》

2. 电子商业汇票的强制使用

(1)相对强制。

单张出票金额在"100万元"以上的商业汇票"原则上"应全部通过电子商业汇票办理。

(2)绝对强制。

单张出票金额在"300万元"以上的商业汇票应全部通过电子商业汇票办理。

3. 出票人的确定

(1)商业承兑汇票可以由"付款人签发"并承兑，也可以由"收款人签发"交由付款人承兑；

(2)银行承兑汇票应由在承兑银行开立存款账户的存款人签发。

4. 必须记载事项

(1)纸质商业汇票——7项。

表明"商业承兑汇票"或"银行承兑汇票"的字样；无条件支付的"委托"；确定的金额；付款人名称；收款人名称；出票日期；出票人签章。

(2)电子商业汇票——9项。

表明"电子商业承兑汇票"或"电子银行承兑汇票"的字样；无条件支付的"委托"；确定的金额；出票人名称；付款人名称；收款人名称；

出票日期；票据到期日；出票人签章。

『注意』比纸质汇票多了"票据到期日、出票人名称"。

【例题4·多选题】根据支付结算法律制度的规定，下列关于商业汇票出票的表述中，正确的有(　　)。

A. 商业承兑汇票可以由收款人签发
B. 签发银行承兑汇票必须记载付款人名称
C. 银行承兑汇票应当由承兑银行签发
D. 商业承兑汇票可以由付款人签发

解析 选项AD，商业承兑汇票可以由付款人签发并承兑，也可以由收款人签发交由付款人承兑；选项B，付款人名称是商业汇票的必须记载事项；选项C，银行承兑汇票应由在承兑银行开立存款账户的存款人签发。**答案** ABD

【例题5·多选题】根据支付结算法律制度的规定，下列各项中，属于电子商业汇票的必须记载事项的有(　　)。

A. 出票人签章
B. 无条件支付的委托
C. 出票人名称
D. 票据到期日

解析 电子商业汇票的必须记载事项共9项，比纸质商业汇票多"票据到期日""出票人名称"。**答案** ABCD

【例题6·多选题】出票人办理电子商业汇票业务，应同时具备(　　)等条件。

A. 签约开办对公业务的企业网银等电子服务渠道
B. 与银行签订《电子商业汇票业务服务协议》
C. 与付款人具有真实的委托付款关系
D. 有支付汇票金额的资金

解析 选项D，商业汇票的出票人要求有支付汇票金额的"可靠资金来源"即可。
答案 ABC

【例题7·判断题】某人开出一张500万元的纸质商业汇票，该做法符合法律规定。(　　)

解析 单张出票金额在100万元以上的商业汇票原则上应全部通过电子商业汇票办理；单张出票金额在300万元以上的商业汇票应全部通过电子商业汇票办理。**答案** ×

(三)承兑

1. 商业汇票可以在出票时向付款人提示承兑后使用，也可以在出票后先使用再向付款人提示承兑。

2. 银行承兑汇票的承兑程序

(1)银行的信贷部门应审查出票人的资格、资信、购销合同和汇票记载的内容，并可以要求出票人提供担保。

『注意』"资信良好的企业、电子商务企业"申请电子商业汇票承兑的，金融机构可进行"在线"审核。

『老侯提示』考试中题目如"未刻意强调"资信问题既可以理解为该企业资信良好。

(2)与出票人签订承兑协议。
(3)按票面金额的一定比例向出票人收取手续费。

(四)票据信息登记与电子化

1. 票据市场基础设施

"上海票据交易所"是中国人民银行指定的提供票据交易、登记托管、清算结算和信息服务的机构。

『注意』票据信息登记与电子化通过票据市场基础设施完成，而非中国人民银行大额支付系统。

2. 纸质商业承兑汇票的登记

(1)登记时间。

纸质票据贴现前，金融机构办理承兑、质押、保证等业务，应当"不晚于"业务办理的"次一工作日"在票据市场基础设施(上海票据交易所)完成相关信息登记工作。

(2)登记人。

①纸质商业承兑汇票完成承兑后，"承兑人开户银行"应当根据承兑人委托代其进行承兑信息登记。

②承兑信息未能及时登记的，"持票人"有权要求承兑人补充登记承兑信息。

③纸质票据票面信息与登记信息不一致的，以"纸质票据票面信息"为准。

3. 电子商业汇票的登记

电子商业汇票的签发、承兑、质押、保证、贴现等信息，应当通过电子商业汇票系统同步传送至票据市场基础设施。

【例题8·多选题】下列关于票据信息登记与电子化的说法中，正确的有(　　)。

A. 金融机构办理承兑业务，应当不早于业务办理的次一工作日在票据市场基础设施完成相关信息登记工作。

B. 纸质商业承兑汇票完成承兑后,承兑人开户银行应当根据承兑人委托代其进行承兑信息登记

C. 纸质票据票面信息与登记信息不一致的,票据无效

D. 电子商业汇票的签发信息,应当通过电子商业汇票系统同步传送至票据市场基础设施

解析 选项A,金融机构办理承兑业务,应当不晚于业务办理的次一工作日在票据市场基础设施完成相关信息登记工作;选项C,纸质票据票面信息与登记信息不一致的,以"纸质票据票面信息"为准。

答案 BD

(五)商业汇票的贴现

1. 概念

持票人在票据"到期日前",将票据权利背书转让给金融机构,由其扣除一定利息后,将约定金额支付给持票人的票据行为。

2. 分类

按交易方式,贴现分为"买断式"贴现、"回购式"贴现。

3. 当事人

转让票据的:贴出人。
受让票据的:贴入人。

4. 贴现条件

(1)票据未到期;
(2)未记载"不得转让"字样;
(3)持票人是在银行开立存款账户的企业法人以及其他组织;
(4)持票人与出票人或者直接前手之间具有真实的商品交易关系。

『注意』不要求提供"增值税发票和商品发运单据复印件"。

5. 电子商业汇票贴现的必须记载事项

贴出人名称、贴入人名称、贴现日期、贴现类型、贴现利率、实付金额、"贴出人"签章。

『注意』电子商业汇票回购式贴现赎回时应做成背书,并记载原贴出人名称、原贴入人名称、赎回日期、赎回利率、赎回金额、"原贴入人"签章。

6. 票据信息登记与电子化前提下纸质票据贴现的特殊规定

(1)贴现人办理纸质票据贴现时,应当通过票据市场基础设施查询票据承兑信息,并在确认纸质票据必须记载事项与已登记承兑信息一致后,为贴现申请人办理贴现。

『注意』信息不存在或纸质票据必须记载事项与已登记承兑信息不一致的不得办理贴现。

(2)贴现申请人无须提供发票、合同等资料。

(3)贴现人办理纸质票据贴现后,应当在票据上记载"已电子登记权属"字样,该票据应当通过票据市场基础设施办理背书转让、质押、保证、提示付款等票据业务,不再以纸质形式进行。

(4)贴现人应当对纸质票据进行妥善保管。

7. 贴现保证(为转贴现提供保证)

(1)贴现人可以按照市场化原则选择商业银行对纸质票据进行保证增信。

(2)保证增信行对纸质票据进行保管并为贴现人的偿付责任进行先行偿付。

『注意』偿付顺序:承兑人→保证增信人→贴现人。

8. 贴现票据的付款确认

(1)纸质票据。

①付款确认发起人。

保管人可以向承兑人发起付款确认。

②付款确认方式。

实物确认:票据保管人将票据实物送达承兑人或承兑人开户银行。

影像确认:票据保管人将票据影像信息发送至承兑人或承兑人开户银行。

『注意』两者具有同等法律效力。

③实物确认后的票据保管。

银行承兑汇票:由承兑人代为保管。

商业承兑汇票:由承兑人开户银行代为保管。

④付款确认时间。

承兑人收到票据影像确认请求或票据实物后,应当在3个工作日内作出或委托其开户银行作出同意或者拒绝到期付款的应答,拒绝付款的应当说明理由。

(2)电子票据。

电子商业汇票一经承兑即视同承兑人已经付款确认。

『注意1』承兑人或承兑人开户银行在付款确认后,除挂失止付、公示催告等合法抗辩情形外,应当在持票人提示付款后付款。

『注意2』商业汇票使用流程。

纸质:出票→提示承兑→付款确认→提示付款

电子:出票→提示承兑(视同付款确认)→提示付款

9. 贴现利息的计算

贴现利息=票面金额×日贴现率×贴现期

日贴现率=年贴现率/360

贴现期:自贴现日起至票据到期日止

『注意1』实付贴限期为贴现日至汇票到期前1日。

『注意2』承兑人在异地的,贴现的期限应"另加3天"的划款日期。

10. 贴现收款

(1)贴现到期,贴现银行应向付款人收取票款;

(2)不获付款的,贴现银行应向其前手追索票款;

(3)贴现银行追索票款时可从申请人的存款账户"直接"收取票款。

『注意』电子商业汇票当事人在办理回购式贴现业务时应明确赎回开放日、赎回截止日。

【例题9·单选题】根据支付法律制度的规定,下列票据中,可以办理贴现的是( )。

A. 银行承兑汇票　　B. 银行汇票

C. 转账支票　　　　D. 银行本票

解析 选项BCD,即付票据可以直接持票据向付款人提示付款,无须办理贴现。 答案 A

【例题10·多选题】关于商业汇票贴现的下列表述中,正确的有( )。

A. 贴现是一种非票据转让行为

B. 贴现申请人与出票人或直接前手具有真实的商品交易关系

C. 贴现申请人是在银行开立存款账户的企业法人以及其他组织

D. 贴现到期不获付款的,贴现银行可从贴现申请人的存款账户直接收取票款

解析 选项A,贴现是票据持票人在票据未到期前为获得现金向"银行"贴付一定利息而发生的票据转让行为。 答案 BCD

【例题11·单选题】根据支付结算法律制度的规定,下列关于电子银行承兑汇票持票人向银行申请办理贴现条件的表述中,不正确的是( )。

A. 持票人与出票人或者直接前手之间具有真实的商品交易关系

B. 票据必须未到期

C. 必须向银行提供合同与发票

D. 票据上必须未记载"不得转让"事项

解析 选项C,贴现申请人无须提供发票、合同等资料。 答案 C

【例题12·判断题】在票据市场基础设施上无承兑信息的纸质商业汇票,可以办理票据贴现。( )

解析 贴现人办理纸质票据贴现时,应当通过票据市场基础设施查询票据承兑信息,并在确认纸质票据必须记载事项与已登记承兑信息一致后,为贴现申请人办理贴现;信息不存在或者纸质票据必须记载事项与已登记承兑信息不一致的,不得办理贴现。 答案 ×

【例题13·单选题】乙公司为支付甲公司货款,向其签发一张到期日为10月31日的商业承兑汇票,由同城的丙公司承兑。10月10日,甲公司持该汇票到A银行办理贴现,下列有关贴现利息的计算中,正确的是( )。

A. 票面金额×年利率×汇票到期前1日至贴现日天数=贴现利息

B. 票面金额×日利率×汇票到期前1日至贴现日天数=贴现利息

C. 票面金额×日利率×(汇票到期前1日至贴现日天数+3)=贴现利息

D. 票面金额×年利率×(汇票到期前1日至贴现日天数+3)=贴现利息

解析 选项AD,贴现利息计算使用的是日利率;选项C,承兑人在异地的,贴现的期限应"另加3天"的划款日期,本题中,承兑人为同城丙公司,无须另加划款日期。 答案 B

【例题14·多选题】关于电子商业汇票贴现的下列表述中,正确的有( )。

A. 电子商业汇票贴现必须记载的事项中包括贴入人名称及贴入人签章

B. 电子商业汇票回购式贴现赎回时应做成背书,并记载原贴入人名称及原贴入人签章

C. 电子商业汇票一经承兑即视同承兑人已经付款确认

D. 电子商业汇票当事人在办理回购式贴现业务时应明确赎回开放日、赎回截止日

解析 选项 A，电子商业汇票贴现应由"贴出人"签章。

答案 BCD

【例题 15·多选题】 下列关于票据贴现的说法中，正确的有（ ）。

A. 贴现人办理纸质票据贴现时，应当通过票据市场基础设施查询票据承兑信息，纸质票据必须记载事项与已登记承兑信息不一致的以纸质票据为准办理贴现

B. 贴现人办理纸质票据贴现后，再办理背书转让、质押、保证、提示付款等票据业务应当通过票据市场基础设施办理

C. 贴现人可以按照市场化原则选择商业银行对纸质票据进行保证增信

D. 纸质商业汇票的付款确认方式包括实物确认和影像确认，两者具有同等效力

解析 选项 A，纸质票据必须记载事项与已登记承兑信息不一致的不得办理贴现。

答案 BCD

（六）票据交易种类

1. 转贴现
2. 质押式回购
3. 买断式回购

『注意』《票据交易规则》定义的票据交易是指票据在商业银行间的流转，不包括贴现和再贴现。

【例题 16·多选题】 根据票据法律制度的规定，下列各项中，属于票据交易的有（ ）。

A. 贴现

B. 转贴现

C. 质押式回购

D. 再贴现

解析 票据交易包括转贴现、质押式回购、买断式回购。

答案 BC

（七）商业汇票的到期处理

1. 票据到期后的偿付顺序（见表 3-21）

表 3-21　票据到期后的偿付顺序

适用情形		偿付顺序
票据未经付款确认和保证增信即交易	交易后仍未经付款确认	贴现人偿付
	交易后经付款确认	承兑人付款→贴现人偿付
票据经付款确认但未保证增信即交易		承兑人付款→贴现人偿付
票据保证增信后即交易但未经付款确认		保证增信行偿付→贴现人偿付
票据保证增信后且经承兑人付款确认		承兑人付款→保证增信行偿付→贴现人偿付

2. 商业汇票的付款

（1）付款期限与提示付款期限（见表 3-22）。

表 3-22　付款期限与提示付款期限

两个"期限"	票据种类	起算点及长度
"付款"期限	"纸质"商业汇票	自"出票日"起最长不得超过"6 个月"
	"电子"商业汇票	自"出票日"起最长不得超过"1 年"
"提示付款"期限	"远期"商业汇票	自汇票"到期日"起"10 日"
	"即付"商业汇票	自"出票日"起"1 个月"

『老侯提示 1』远期商业汇票是指定日付款、出票后定期付款、见票后定期付款的商业汇票；即付商业汇票是指未记载付款日期的商业汇票、出票日与到期日相同的商业汇票。

『老侯提示 2』"付款"期限是企业透支自己商业信誉的最长期限；"提示付款"期限决定持票人何时可以将票据金额兑现。

『注意』持票人未按规定期限提示付款，持票人开户银行不予受理，但在作出说明后，承兑人或者付款人仍应当继续对持票人承担付款责任。

(2) 应答时间。

①持票人在提示付款期内通过票据市场基础设施提示付款的，承兑人应当在提示付款"当日"进行应答或者委托其开户行进行应答。

②承兑人存在合法抗辩事由拒绝付款的，应当在提示付款当日出具或者委托其开户行出具拒绝付款证明，并通过票据市场基础设施通知持票人。

③承兑人或者承兑人开户行在提示付款当日未做出应答的，视为拒绝付款，票据市场基础设施提供拒绝付款证明并通知持票人。

(3) 付款（见表3-23）。

表3-23 商业汇票的付款

票据	适用情形	具体程序
商业承兑汇票	承兑人账户余额充足	承兑人开户行代承兑人做出同意付款应答，并于提示付款日向持票人付款
	承兑人账户余额不足	(1) 视同拒绝付款；(2) 承兑人开户行应当于提示付款日代承兑人做出拒付应答并说明理由，同时通过票据市场基础设施通知持票人
银行承兑汇票	承兑人已进行付款确认	票据市场基础设施根据承兑人的委托于提示付款日代承兑人发送指令划付资金至持票人资金账户

『注意』保证增信行或贴现人承担偿付责任时，应当委托票据市场基础设施代其发送指令，支付资金至持票人账户。

【例题17·单选题】根据票据法律制度的规定，下列关于票据到期后偿付顺序的说法中，错误的是（ ）。

A. 票据未经承兑人付款确认和保证增信即交易的，若承兑人未付款，应当由贴现人先行偿付

B. 票据经承兑人付款确认且未保证增信即交易的，应当由承兑人付款

C. 票据保证增信后即交易且未经承兑人付款确认的，若承兑人未付款，应当由贴现人先行偿付

D. 票据保证增信后且经承兑人付款确认的，应当由承兑人付款

解析 ▶ 选项C，票据保证增信后即交易且未经承兑人付款确认的，若承兑人未付款，应当由保证增信行先行偿付；保证增信行未偿付的，应当由贴现人先行偿付。 答案 ▶ C

【例题18·单选题】根据支付结算法律制度的规定，电子承兑汇票的付款期限自出票日至到期日不能超过一定限期。该期限为（ ）。

A. 1年　　　　B. 3个月
C. 2年　　　　D. 6个月
答案 ▶ A

考验九　银行本票（★）

扫我解疑难

（一）概念和适用范围

1. 概念

银行本票是出票人（银行）签发的，承诺自己在见票时无条件支付确定的金额给收款人或持票人的票据。

『注意』其基本当事人只有出票人和收款人。

2. 适用范围

(1) 单位和个人在"同一票据交换区域"支付各种款项时，均可以使用银行本票。

(2) 银行本票可以用于转账，注明"现金"字样的银行本票可以用于支取现金。

（二）出票

1. 申请人或收款人

申请人或收款人为"单位"的，不得申请签发"现金"银行本票。

2. 必须记载事项

表明"银行本票"的字样、无条件支付的"承诺"、确定的金额、收款人名称、出票日期、出票人签章。

『注意』本票的必须记载事项为6项，无付款人名称。

3. 交收款人

(1) 申请人应将银行本票交付给本票上记明

的收款人。

(2)收款人受理银行本票时，应审查下列事项：

①收款人是否确为本单位或本人；

②银行本票是否在提示付款期限内；

③必须记载的事项是否齐全；

④出票人签章是否符合规定，大小写出票金额是否一致；

⑤出票金额、出票日期、收款人名称是否更改，更改的其他记载事项是否由原记载人签章证明。

(三)付款

提示付款期限：自"出票日"起最长不得超过"2个月"。

【注意】持票人超过提示付款期限不获付款的，在票据权利时效内向出票银行作出说明，并提供本人身份证件或单位证明，可持银行本票向出票银行请求付款。

(四)退款和丧失

1. 提交资料

单位申请人的单位证明或个人申请人的身份证件。

2. 资金去向

(1)"在本行开立存款账户"的申请人：只能转入原申请人账户。

(2)"现金"银行本票和"未在本行开立存款账户"的申请人：退付现金。

3. 本票丧失

失票人可以凭人民法院出具的其享有票据权利的证明，向出票银行请求付款或退款。

【例题1·单选题】甲公司为支付货款，于6月7日向开户银行A银行申请签发了一张银行本票，并交付给乙公司，8月9日，乙公司持该本票委托自己的开户银行B银行收款，被拒绝，则下列说法中正确的是( )。

A. 乙公司可以向甲公司追索

B. 乙公司可以向B银行追索

C. 乙公司可以向A银行追索

D. 乙公司未在规定期限内提示付款，票据权利消灭

解析 ▶ 银行本票持票人超过提示付款期限不获付款的，在票据权利时效内向出票银行作出说明，并提供本人身份证件或单位证明，可持银行本票向出票银行请求付款。

答案 ▶ C

【例题2·多选题】甲公司向P银行申请签发一张银行本票交付乙公司。下列票据事项中，乙公司在收票时应当审查的有( )。

A. 大小写金额是否一致

B. 出票金额是否更改

C. 银行本票是否在提示付款期限内

D. 收款人是否为乙公司

答案 ▶ ABCD

【例题3·单选题】根据支付结算法律制度的规定，关于银行本票使用的下列表述中，不正确的是( )。

A. 银行本票的出票人在持票人提示见票时，必须承担付款的责任

B. 注明"现金"字样的银行本票可以用于支取现金

C. 银行本票只限于单位使用，个人不得使用

D. 收款人可以将转账银行本票背书转让给被背书人

解析 ▶ 选项C，"单位和个人"在同一票据交换区域需要支付各种款项，均可以使用银行本票。

答案 ▶ C

【例题4·判断题】甲公司向开户银行P银行申请签发的本票超过提示付款期限后，甲公司申请退款，P银行只能将款项转入甲公司的账户，不能退付现金。( )

解析 ▶ (1)出票银行对于在本行开立存款账户的申请人，只能将款项转入原申请人账户，对于现金银行本票和未在本行开立存款账户的申请人，才能退付现金；(2)申请人或收款人为单位的，银行不得为其签发现金银行本票；(3)本题中，甲公司申请签发的本票不能是现金银行本票，同时向开户银行P银行申请，属于在本行开立存款账户的申请人，因此，P银行只能将款项转入原申请人账户，不能退付现金。

答案 ▶ √

考验十 支票(★★★)

扫我解疑难

(一)概念、种类及适用范围

1. 概念

支票是出票人签发的、委托办理支票存款

业务的银行在见票时无条件支付确定的金额给收款人或者持票人的票据。

2. 种类(见表3-24)

表3-24 支票的种类

种类		用途
现金支票		只能用于支取现金
转账支票		只能用于转账
普通支票	一般情况	可以用于支取现金,也可用于转账
	划线支票	只能用于转账,不能支取现金

『老侯提示』在普通支票左上角划两条平行线的划线支票属于普通支票的特殊形式。

3. 适用范围

(1)"单位和个人"的各种款项结算,均可以使用支票。

(2)全国支票影像系统支持"全国"使用。

【例题1·多选题】根据支付结算法律制度的规定,下列票据中,出票人是银行的有( )。

A. 商业汇票　　　B. 银行汇票
C. 本票　　　　　D. 支票

解析 ▶ 选项A,商业汇票的出票人为银行以外的企业和其他组织;选项BC,银行汇票、本票的出票人为银行;选项D,支票的出票人为在银行开立支票存款账户的企业、其他组织和个人。

答案 ▶ BC

【例题2·多选题】根据支付结算法律制度的规定,支票可以分为( )。

A. 现金支票　　　B. 转账支票
C. 普通支票　　　D. 划线支票

解析 ▶ 支票分为现金支票、转账支票和普通支票。选项D,为普通支票中的一种。

答案 ▶ ABC

【例题3·多选题】根据支付结算法律制度的规定,下列各项中,可用于转账的有( )。

A. 现金支票　　　B. 转账支票
C. 普通支票　　　D. 划线支票

解析 ▶ 选项A,现金支票只能用于支取现金;选项B,转账支票只能用于转账;选项C,普通支票可以用于支取现金,也可用于转账;选项D,划线支票只能用于转账,不能支取现金。

答案 ▶ BCD

(二)出票

1. 必须记载事项

表明"支票"的字样、无条件支付的"委托"、确定的金额、付款人名称、出票日期、出票人签章。

『注意』支票的必须记载事项有6项,无收款人名称。

2. 授权补记事项

(1)金额;

(2)收款人名称。

『注意1』未补记前不得"背书转让"和"提示付款"。

『注意2』出票人可以在支票上记载"自己"为收款人。

3. 相对记载事项

(1)付款地。

支票上未记载付款地的,付款地为付款人的营业场所。

(2)出票地。

支票上未记载出票地的,出票地为出票人的营业场所、住所地或经常居住地。

『注意』支票的相对记载事项付款地只有一个,且无"付款日期"。

【例题4·多选题】根据支付结算法律制度的规定,下列支票记载事项中,可以授权补记的有( )。

A. 支票金额　　　B. 付款人名称
C. 出票日期　　　D. 收款人名称

答案 ▶ AD

【例题5·多选题】根据支付结算法律制度的规定,下列各项中,属于无效票据的有( )。

A. 出票时未记载收款人的支票
B. 中文大写金额与阿拉伯数码不一致的本票
C. 企业自行印制并签发的商业汇票
D. 出票后更改收款人名称的银行汇票

解析 ▶ 选项A,支票的收款人名称可以由出票人授权补记,未记载不会导致票据无效;选项B,票据的出票日期必须使用中文大写,使用小写填写的,票据无效;选项C,未使用按中国人民银行统一规定印制的票据,票据无效;选项D,票据的"收款人"名称不得更改,更改的票据无效。

答案 ▶ BCD

(三)签发要求

支票的出票人签发支票的金额不得超过"付

款时"在付款人处实有的金额。禁止签发空头支票。

〖注意1〗陷阱：出票时、签发时、开具时。
〖注意2〗与银行承兑汇票进行区分。

【例题6·多选题】根据支付结算法律制度的规定，下列关于支票出票的表述中，正确的有( )。

A. 出票人签发的支票金额不得超过其付款时在付款人处实有的存款金额
B. 出票人不得签发与其预留银行签章不符的支票
C. 支票上未记载付款行名称的，支票无效
D. 出票人不得在支票上记载自己为收款人

解析 选项D，出票人可以在支票上记载自己为收款人。
答案 ABC

(四)付款

1. 提示付款期限

支票的持票人应当自出票日起"10日内"提示付款。

2. 转账支票的提示付款

(1)持票人可以委托开户银行收款或直接向付款人提示付款；
(2)持票人委托开户银行收款时，应作委托收款背书，在支票背面背书人签章栏签章、记载"委托收款"字样、背书日期，在被背书人栏记载开户银行名称，并将支票和填制的进账单送交开户银行。

3. 现金支票的提示付款

(1)用于支取现金的支票仅限于收款人向付款人提示付款；
(2)收款人应在支票背面"收款人签章"处签章，持票人为个人的，还需交验本人身份证件，并在支票背面注明证件名称、号码及发证机关。

4. 超期提示付款的法律后果。

(1)支票的持票人超过提示付款期限提示付款的，持票人的开户银行不予受理，付款人不予付款。
(2)支票的持票人超过提示付款期限提示付款的，丧失对前手的追索权，但出票人仍应当承担付款责任。

【例题7·单选题】根据支付结算法律制度的规定，下列各项关于支票提示付款的说法正确的是( )。

A. 转账支票提示付款日期为出票日起1个月
B. 出票人记载自己为收款人，提示付款不予受理
C. 支票未记载收款人名称，可以提示付款
D. 现金支票仅限于收款人向付款人提示付款

解析 选项A，支票的提示付款期限为出票日起10日；选项B，支票出票人可以记载自己为收款人；选项C，支票的金额、收款人名称，可以由出票人授权补记，未补记前不得背书转让和提示付款。
答案 D

【例题8·多选题】2020年2月18日，甲公司签发一张转账支票交付乙公司，乙公司于2月20日将该支票背书转让给丙公司，丙公司于3月3日向甲公司开户银行P银行提示付款，P银行拒绝付款，关于丙公司行使票据权利的下列表述中，正确的有( )。

A. 丙公司有权向乙公司行使追索权
B. 丙公司有权向P银行行使追索权
C. P银行有权拒绝付款
D. 丙公司有权向甲公司行使追索权

解析 选项C，支票的持票人超过提示付款期限提示付款的，持票人的开户银行不予受理，付款人不予付款；选项ABD，支票的持票人超过提示付款期限提示付款的，丧失对前手的追索权，但出票人仍应当承担付款责任。
答案 CD

【例题9·判断题】现金支票持票人为个人的，提示付款时应向银行交验本人有效身份证件。( )
答案 √

第四部分 非票据结算方式

考验一 银行卡(★★★)

扫我解疑难

(一)银行卡的概念和分类

1. 概念

银行卡是指经批准由商业银行向社会发行的具有"消费信用、转账结算、存取现金"等全部或部分功能的信用支付工具。

2. 分类(见表3-25)

表3-25 银行卡的分类

分类标准	类别	分类标准	类别
是否可以透支	信用卡	按是否向发卡银行交存备用金	贷记卡
			准贷记卡
	借记卡	按功能	转账卡、专用卡、储值卡
币种	人民币卡		
	外币卡	国内商户可受理的	维萨、万事达、美国运通、大来
信息载体	磁条卡、芯片卡		
发行对象	单位卡、个人卡		

联名(认同)卡是商业银行与营利性机构/非营利性机构合作发行的银行卡附属产品

【例题1·单选题】刘某在P银行申领了一张信用额度为1万元的银行卡,P银行与刘某约定,刘某需存入备用金5 000元,当备用金余额不足支付时,刘某可在1万元的信用额度内透支,该银行卡是( )。

A. 储蓄卡　　　　　B. 借记卡
C. 贷记卡　　　　　D. 准贷记卡

解析 ▶ 准贷记卡是指持卡人须先按发卡银行要求交存一定金额的备用金,当备用金账户余额不足支付时,可在发卡银行规定的信用额度内透支的信用卡。　　答案 ▶ D

【例题2·单选题】根据支付结算法律制度的规定,下列关于银行卡分类的表述中,不正确的是( )。

A. 按是否具有透支功能分为信用卡和贷记卡

B. 按币种不同分为外币卡和人民币卡
C. 按发行对象分为单位卡和个人卡
D. 按信息载体分为磁条卡和芯片卡

解析 ▶ 选项A,银行卡按照是否透支分为信用卡和借记卡,信用卡按是否向发卡银行交存备用金分为贷记卡和准贷记卡两类。
答案 ▶ A

【例题3·单选题】根据支付结算法律制度的规定,下列各项中,不属于借记卡功能的是( )。

A. 网上支付　　　　B. 消费
C. 透支　　　　　　D. 转账

解析 ▶ 借记卡不具有透支功能。　答案 ▶ C

(二)银行卡的申领、注销、挂失和追偿

1. 申领(见表3-26)

表3-26 银行卡的申领

申领人	申领卡种	申领条件	提供证明
单位	单位卡	开立"基本存款账户"	凭"开户许可证"或"基本存款账户编号"
个人	银行卡(储值卡除外)	—	凭"身份证件"
	贷记卡	(1)年满"18周岁"; (2)有"固定"职业和"稳定"收入; (3)工作单位和户口在"常住地"; (4)填写申请表,并在持卡人处亲笔签字	提供"本人及附属卡持卡人、担保人"的身份证"复印件"

2. 注销

(1)持卡人在还清全部交易款项、透支本息和有关费用后,可申请办理销户。

(2)发卡行受理注销之日起"45天后",被注销信用卡账户方能清户。

3. 挂失

向发卡银行或代办银行申请挂失。

4. 发卡银行追偿透支款项和诈骗款项的途径

(1)扣减持卡人保证金；

(2)依法处理抵押物和质物；

(3)向保证人追偿透支款项；

(4)通过司法机关的诉讼程序进行追偿。

【例题4·单选题】甲公司在本地P银行开立基本存款账户，申请单位银行卡的凭据是( )。

A. 法人授权委托书　　B. 营业执照

C. 资信证明　　　　　D. 开户许可证

答案 ▶ D

【例题5·单选题】根据支付结算法律制度的规定，个人申领银行卡应提供的资料是( )。

A. 完税证明　　　　　B. 身份证明

C. 信用证明　　　　　D. 开卡申请表

答案 ▶ B

【例题6·多选题】根据支付结算法律制度的规定，下列各项中，属于发卡银行追偿透支款项和诈骗款项的途径的有( )。

A. 冻结持卡人账户

B. 通过司法机关的诉讼程序进行追偿

C. 依法处理抵押物和质物

D. 向保证人追索透支款项

解析 ▶ 发卡银行通过下列途径追偿透支款项和诈骗款项：扣减持卡人保证金；依法处理抵押物和质物；向保证人追索透支款项；通过司法机关的诉讼程序进行追偿。选项A，仅为止损手段，而非追偿途径。　**答案** ▶ BCD

(三)人民币卡及外币卡

1. 个人人民币卡及外币卡(见表3-27)

表3-27　个人人民币卡及外币卡

卡种	资金来源
个人"人民币"卡	(1)个人持有的"现金"存入；(2)个人的工资性款项、劳务报酬、投资回报等收入"转账"存入
个人"外币"卡	(1)个人持有的外币"现钞"存入；(2)从个人外汇账户(含外钞账户)"转账"存入

2. 单位人民币卡及外币卡(见表3-28)

表3-28　单位人民币卡及外币卡

	单位人民币卡	单位外币卡
资金来源	一律从基本存款账户转账存入，不得取现金，不得将销货收入存入	从其单位的外汇账户转账存入，不得在境内存取外币现钞
资金使用	可以办理商品交易和劳务供应款项的结算，但"不得透支"	
销户	转入其基本存款账户，不得提取现金	转回相应的外汇账户，不得提取现金

【例题7·单选题】甲公司在某开户银行开立了一个单位人民币卡账户，甲公司拟通过该账户办理的下列业务中，正确的是( )。

A. 存入销售收入8万元

B. 从一般存款账户转存银行借款50万元

C. 从基本存款账户转存10万元

D. 缴存现金6万元

解析 ▶ 单位人民币卡账户的资金一律从其基本存款账户转账存入，不得存取现金，不得将销货收入存入单位卡账户。　**答案** ▶ C

【例题8·多选题】根据支付结算法律制度的规定，下列资金中，可以转入个人人民币卡账户的有( )。

A. 个人合法的劳务报酬

B. 个人合法的投资回报

C. 工资性款项

D. 单位的款项

解析 ▶ 一切个人合法所得均可转入个人人民币卡账户，但禁止"公款私存"。　**答案** ▶ ABC

【例题9·单选题】根据支付结算法律制度的规定，关于银行卡账户管理的下列表述中，正确的是( )。

A. 单位外币卡账户可以在境内存取外币现钞

B. 单位人民币卡账户内资金可由其一般款账户转入

C. 单位款项不得转入个人卡账户存储

D. 单位人民币卡账户可以存取现金

解析 ▶ 选项A，单位外币卡账户资金从其单位的外汇账户转账存入，不得在境内存取外币现钞；选项BD，单位人民币卡账户资金一律从基本存款账户转账存入，不得存取现金，不得将销货收入存入。　**答案** ▶ C

(四)贷记卡

1. 特点

先消费后还款。

『注意』区别"准贷记卡"的开卡时缴存备用金规定。

2. "非现金交易"优惠政策

(1) 免息还款期。

期间：银行记账日至到期还款日。

(2) 最低还款额。

『注意』"现金交易"（如贷记卡提现）不享受上述优惠政策。

3. 透支利率

(1) 上下限管理。

上限日利率 0.5‰，下限打"七折"。

(2) 利率调整。

发卡机构至少提前"45日"通知，持卡人有权在新利率生效"前"选择销户。

4. 发卡机构在信用卡协议中以显著方式提示，确保持卡人充分知悉并确认接受的事项

(1) 信用卡利率标准和计结息方式；

(2) 免息还款期和最低还款额待遇的条件和标准；

(3) 向持卡人收取违约金的详细情形和收取标准等。

『注意』信用卡协议中应同时注明"日利率"和"年利率"。

5. 信用卡预借现金业务

(1) 业务种类。

①现金提取：持卡人通过柜面和自动柜员机等自助机具，以现钞形式获得信用卡预借现金额度内资金。

②现金转账：持卡人将信用卡预借现金额度内资金划转到本人银行结算账户。

③现金充值：持卡人将信用卡预借现金额度内资金划转到本人在非银行支付机构开立的支付账户。

『注意』发卡机构不得将持卡人信用卡预借现金额度内资金划转至其他信用卡，以及非持卡人的银行结算账户或支付账户。

(2) 风险控制。

①"信用卡"持卡人通过 ATM 等自助机具办理现金提取业务，每卡每日累计不得超过人民币"1万元"。

②"借记卡"持卡人通过 ATM 等自助机具办理现金提取业务，每卡每日累计不得超过人民币"2万元"。

③储值卡面值或卡内币值不得超过"1 000元"。

6. 由发卡机构自主决定的事项

(1) 免息还款期和最低还款额待遇的条件和标准；

(2) 信用卡透支的计结息方式；

(3) 信用卡溢缴款收费计付利息及利率标准；

(4) 持卡人违约逾期未还款是否收取违约金；

(5) 是否提供信用卡现金充值服务。

7. 不得收取的款项

(1) 滞纳金；

(2) 发卡机构向持卡人提供超过授信额度用卡的，不得收取"超限费"；

(3) 发卡机构对向持卡人收取的"违约金和年费、取现手续费、货币兑换费等服务费用"不得计收"利息"。

【例题10·单选题】根据支付结算法律制度的规定，关于信用卡透支利率及利息管理的下列表述中，不正确的是（ ）。

A. 透支的计结息方式由发卡机构自主确定

B. 透支的利率标准由发卡机构与申请人协商确定

C. 透支利率实行下限管理

D. 透支利率实行上限管理

解析 选项AB，信用卡透支的计结息方式，以及对信用卡溢缴款是否计付利息及其利率标准，由发卡机构自主确定；选项CD，发卡银行对信用卡透支利率实行上限和下限管理。 答案 B

【例题11·多选题】徐女士在P银行申请一张信用卡，关于该信用卡计息和收费的下列表述中，符合法律规定的有（ ）。

A. 若徐女士欠缴信用卡年费，P银行可对该欠费计收利息

B. P银行应在信用卡协议中以显著方式提示信用卡利率标准和计结息方式，并经徐女士确认接受

C. P银行确定的信用卡透支利率可为日利率万分之五

D. 若P银行要调整信用卡利率，应至少提前45个自然日按照约定方式通知徐女士

解析 选项A，发卡机构对向持卡人收取

的年费等服务费用不得计收利息。 **答案** BCD

【例题 12 · 单选题】 张某 3 月 1 日向银行申请了一张贷记卡,6 月 1 日取现 2 000 元,对张某的上述做法,说法正确的是( )。

A. 张某取现 2 000 元符合法律规定

B. 张某取现 2 000 元可享受免息还款期

C. 张某申请贷记卡需要向银行交存一定金额的备用金

D. 张某取现 2 000 元可享受最低还款额

解析 选项 BD,免息还款期和最低还款额待遇是贷记卡"非现金交易"的优惠政策,取现不能享受;选项 C,贷记卡先消费后还款,准贷记卡应在开卡时交存一定备用金。 **答案** A

【例题 13 · 单选题】 根据支付结算法律制度的规定,关于银行卡持卡人提取现金的下列表述中,不正确的是( )。

A. 贷记卡持卡人与发卡机构协议约定通过银行柜面提取现金限额

B. 借记卡持卡人不得通过银行柜面办理提取现金业务

C. 贷记卡持卡人在 ATM 机等自助机具每卡每日累计提取现金不得超过 1 万元人民币

D. 借记卡持卡人在 ATM 机等自助机具每卡每日累计提取现金不得超过 2 万元人民币

解析 选项 B,借记卡持卡人可以通过银行柜面办理提取现金业务。 **答案** B

【例题 14 · 单选题】 根据支付结算法律制度的规定,下列业务中,信用卡持卡人使用预借现金额度内资金不得办理的是( )。

A. 划转到本人银行结算账户

B. 在银行柜面提取现金

C. 在银行 ATM 机上提取现金

D. 划转到其他信用卡

解析 选项 A,属于预借现金业务中的现金转账;选项 BC,属于预借现金业务中的现金提取;选项 D,发卡机构不得将持卡人信用卡预借现金额度内资金划转至其他信用卡,以及非持卡人的银行结算账户或支付账户。 **答案** D

【例题 15 · 单选题】 根据支付结算法律制度的规定,下列信用卡的相关款项中,发卡机构可向持卡人计收利息的是( )。

A. 透支的款项 B. 货币兑换费

C. 取现手续费 D. 违约金

解析 发卡机构对向持卡人收取的"违约金和年费、取现手续费、货币兑换费等服务费用"不得计收"利息"。 **答案** A

(五)银行卡清算市场

1. 自 2015 年 6 月 1 日起,我国放开银行卡清算市场,符合条件的"内外资企业"均可申请在中国境内设立银行卡清算机构。

2. 申请成为银行卡清算机构的,注册资本不低于"10 亿元"人民币。

3. 目前"中国银联股份有限公司"是唯一的银行卡清算机构。

【例题 16 · 多选题】 下列关于银行卡清算市场的说法中错误的有( )。

A. 目前外资企业暂不能申请在中国境内设立银行卡清算机构

B. 申请成为银行卡清算机构的,注册资本不低于 2 亿元人民币

C. 申请成为银行卡清算机构的,注册资本不低于 5 亿元人民币

D. 目前中国银联股份有限公司是唯一经国务院同意,由中国人民银行批准设立的银行卡清算机构

解析 选项 A,目前符合条件的内外资企业均可申请在中国境内设立银行卡清算机构;选项 BC,申请成为银行卡清算机构的,注册资本不低于 10 亿元人民币。 **答案** ABC

(六)银行卡收单

1. 概念

持卡人刷卡消费后,银行在约定期限内与特约商户进行结算,并向其收取一定比例手续费的行为。

2. 收单程序(略)

3. 银行卡收单机构及特约商户(见表 3-29)

表 3-29 银行卡收单机构及特约商户

收单机构	特约商户
从事银行卡收单业务的银行业金融机构	—
获得银行卡收单业务许可、为实体特约商户提供收单服务的支付机构	实体特约商户
为网络特约商户提供收单服务的支付机构	网络特约商户

4. 管理规定
(1)特约商户管理(见表3-30)。

表3-30 特约商户管理

商户管理		具体内容
"实名制"管理		—
签订银行卡受理协议		(1)可受理银行卡种类； (2)开通的交易类型； (3)收单银行结算账户的设置和变更； (4)资金结算周期； (5)结算手续费标准； (6)差错和纠纷处置
确定特约商户的收单银行结算账户	单位	(1)同名单位银行结算账户； (2)其指定的与其存在合法资金管理关系的单位银行结算账户
	个体户或自然人	同名个人银行结算账户
"本地化"管理		收单机构应当对实体特约商户收单业务进行**"本地化"**经营和管理，不得跨省开展收单业务

(2)业务与风险管理。
①风险应对措施(见表3-31)。

表3-31 风险应对措施

时点	措施
认定为风险等级较高商户时	对开通的受理卡种和交易类型进行限制、强化交易监测、设置交易限额、延迟结算、增加检查频率、建立风险准备金 『注意』并不停止其交易
发生风险事件时	延迟资金结算、<u>暂停银行卡交易</u>、<u>回收受理终端</u>、<u>关闭网络支付接口</u>、<u>涉嫌违法及时报案</u> 『注意』收单机构承担因未采取措施导致的风险损失

②风险事件。
套现、洗钱、欺诈、移机、留存或泄露持卡人账户信息。

③资金结算。
收单机构应及时与特约商户结算资金，资金结算时间最迟不得超过"持卡人确认可直接向特约商户付款的支付指令生效日"(刷卡日)后"30个自然日"，因涉嫌违法违规等风险交易需延迟结算的除外。

④差错及退货处理。
收单机构应当根据交易发生时的"原"交易信息发起银行卡交易差错处理、退货交易，将资金退至持卡人"原"银行卡账户。
『注意』若持卡人原银行卡账户已撤销的，退至持卡人指定的本人其他银行账户。

5. 结算收费(见表3-32)

表3-32 结算收费

收费项目	收费方式	费率及封顶标准
收单服务费	<u>收单机构向商户收取</u>	实行市场调节价
发卡行服务费	发卡机构向收单机构收取	借记卡：不高于0.35%(封顶13元)
		贷记卡：不高于0.45%
网络服务费	银行卡清算机构向发卡机构、收单机构分别收取	

『注意』对非营利性的医疗机构、教育机构、社会福利机构、养老机构、慈善机构刷卡交易,发卡行服务费、网络服务费全额减免。

【例题17·多选题】根据支付结算法律制度的规定,下列关于银行卡收单机构对特约商户管理的表述中,正确的有( )。

A. 特约商户是单位的,其收单银行结算账户可以使用个人银行结算账户

B. 对特约商户实行实名制管理

C. 对实体特约商户与网络特约商户分别进行风险评级

D. 对实体特约商户收单业务实行本地化经营,不得跨省域开展收单业务

解析 选项A,特约商户的收单银行结算账户应当为其同名单位银行结算账户,或其指定的、与其存在合法资金管理关系的单位银行结算账户。

答案 BCD

【例题18·单选题】根据支付结算法律制度的规定,银行卡收单服务费是由( )收取。

A. 收单机构向持卡人
B. 收单机构向商户
C. 发卡机构向收单机构
D. 银行卡清算机构向收单机构

答案 B

【例题19·多选题】收单机构应当强化业务和风险管理措施,建立对特约商户的风险评级制度,对于风险等级较高的特约商户,收单机构应当采取的措施有( )。

A. 限制开通的受理卡种和交易类型
B. 强化交易检测
C. 设置交易限额
D. 关闭网络支付接口

解析 选项D,属于发生风险事件时的应对措施。

答案 ABC

【例题20·多选题】下列各项中,属于银行卡收单业务风险事件的有( )。

A. 洗钱
B. 套现
C. 移机
D. 留存持卡人账户信息

答案 ABCD

考验二 网上支付(★★)

(一)概念

电子交易的"当事人",使用电子支付方式通过网络进行货币给付或资金清算的行为。

当事人:消费者、厂商、金融机构。

方式:网上银行、第三方支付。

(二)网上银行(网络银行、3A银行)

1. 特点

能够在任何时间、任何地点、以任何方式为客户提供金融服务。

2. 分类(见表3-33)

表3-33 网上支付的分类

分类标准	具体内容
按服务对象	企业网上银行、个人网上银行
按经营组织	分支型网上银行、纯网上银行
按业务种类	零售银行、批发银行

3. 功能(见表3-34)

表3-34 网上支付的功能

企业网上银行子系统	个人网上银行子系统
账户信息查询	账户信息查询
支付指令	人民币转账业务
B2B 网上支付	银证转账业务
批量支付	外汇买卖业务
	账户管理业务
	B2C 网上支付

【例题1·单选题】根据支付结算法律制度的规定,下列关于个人网上银行业务的表述中,不正确的是( )。

A. B2B 网上支付
B. 查询银行卡的人民币余额
C. 查询信用卡网上支付记录
D. 网上购物电子支付

解析 选项A,是企业网上银行子系统的功能。

答案 A

(三)第三方支付

1. 第三方支付的开户要求

非银行支付机构为个人开立支付账户的,同一个人在同一家支付机构只能开立一个Ⅲ类账户。

2. 第三方支付方式种类

(1)线上支付方式。网上支付和"移动支付中的远程支付"。

(2)线下支付方式。POS机刷卡支付、拉卡拉等自助终端支付、电话支付、"手机近端支付"、电视支付等。

3. 第三方支付行业分类

(1)金融型支付企业。

银联商务、快钱、易宝支付、汇付天下、拉卡拉等。

特点:"无担保功能",立足于企业端。

(2)互联网支付企业。

支付宝、财付通等。

特点:"提供担保功能",立足于个人消费者端。

『注意1』并非所有第三方支付都有担保功能!

『注意2』从事第三方支付业务,必须获得由中国人民银行颁发的支付业务许可证。

【例题2·判断题】 非银行支付机构不得为单位开立支付账户。( )

解析 非银行支付机构为个人开立支付账户的,同一个人在同一家支付机构只能开立一个Ⅲ类账户。支付机构为单位开立支付账户,应当参照《人民币银行结算账户管理办法》的相关规定,要求单位提供相关证明文件等。

答案 ×

【例题3·单选题】 根据支付结算法律制度的规定,下列属于线上支付的是( )。

A. 网上银行支付
B. 固定电话支付
C. 电视支付
D. POS机刷卡支付

解析 选项BCD,属于线下支付。

答案 A

【例题4·单选题】 消费者在超市购物,消费总金额500元,通过支付宝扫码方式使用中信银行信用卡结账。根据支付结算法律制度的规定,下列说法正确的是( )。

A. 支付宝属于银行卡清算机构
B. 支付宝属于第三方支付机构
C. 支付宝属于网上银行
D. 消费者应支付收单结算手续费1.9元

解析 选项ABC,支付宝属于第三方支付机构;选项D,通过支付宝扫码使用信用卡结账,其收单业务手续费由收单机构向特约商户收取。

答案 B

【例题5·多选题】 根据支付结算法律制度的规定,能提供担保功能的第三方支付品牌包括( )。

A. 支付宝
B. 财付通
C. 银联商务
D. 快钱

解析 选项AB,属于互联网支付企业,依托自有电子商务网站,提供担保功能,以在线支付为主,立足于个人消费者端;选项CD,属于金融型支付企业,无担保功能,仅为用户提供支付产品和支付系统解决方案,侧重行业需求和开拓行业应用,立足于企业端。

答案 AB

扫我解疑难

考验三 汇兑(★)

(一)分类

信汇、电汇。

(二)适用范围

单位、个人的各种款项结算均可使用。

(三)汇兑的记载事项——9项

表明"信汇"或"电汇"的字样;无条件支付的委托;确定的金额;收款人名称;汇款人名称;汇入地点、汇入行名称;汇出地点、汇出行名称;委托日期;汇款人签章。

『注意』汇兑凭证记载的汇款人、收款人在银行"开立存款账户"的,必须记载其"账号"。

(四)"汇款回单"VS"收账通知"

1. 汇款回单

汇款回单只能作为汇出银行"受理"汇款的依据,不能作为该笔汇款已转入收款人账户的证明。

2. 收账通知

收账通知是银行将款项"确已收入"收款人账户的凭据。

(五)撤汇

汇款人对汇出银行"尚未汇出"的款项可以申请撤销。

【例题1·单选题】5月20日,甲报社以汇兑方式向李某支付稿费2 000元。下列情形中,甲报社可以申请撤销汇款的是( )。

A. 银行已经汇出但李某尚未领取
B. 银行尚未汇出
C. 银行已向李某发出收账通知
D. 拒绝领取

解析 ▶ 汇款人对汇出银行尚未汇出的款项可以申请撤销。   答案 ▶ B

【例题2·多选题】根据支付结算法律制度的规定,下列事项中,签发汇兑凭证必须记载的有( )。

A. 确定的金额
B. 收款人名称
C. 委托日期
D. 汇款人签章

答案 ▶ ABCD

【例题3·单选题】根据支付结算法律制度的规定,下列关于汇兑业务办理的表述中,正确的是( )。

A. 汇兑凭证记载的汇款人、收款人在银行开立存款账户的,必须记载其账号
B. 汇入银行向收款人发出的收账通知不能作为银行将款项转入收款人账户的凭证
C. 汇出银行签发的汇款回单,不能作为汇出银行受理汇款的依据
D. 汇出银行签发的汇款回单,可以作为该笔汇款已转入收款人账户的证明

解析 ▶ 选项BCD,汇款回单只能作为汇出银行"受理"汇款的依据,不能作为该笔汇款已转入收款人账户的证明;收账通知是银行将款项"确已收入"收款人账户的凭据。   答案 ▶ A

考验四 委托收款(★)

扫我解疑难

(一)适用范围

单位和个人凭"已承兑商业汇票、债券、存单等付款人债务证明"办理款项的结算,均可以使用委托收款结算方式。同城异地均可使用。

(二)程序

1. 签发委托收款凭证必须记载的事项

表明"委托收款"的字样;确定的金额;付款人名称;收款人名称;委托收款凭据名称及附寄单证张数;委托日期;收款人签章。

2. 签发托收凭证

(1)委托收款以"银行以外的单位为付款人"的,委托收款凭证必须记载"付款人开户银行"名称;

(2)以"银行以外的单位"或在"银行开立存款账户的个人"为"收款人"的,委托收款凭证必须记载"收款人开户银行"名称;

(3)"未在银行开立存款账户的个人为收款人",委托收款凭证必须记载"被委托银行"名称。

3. 委托

收款人办理委托收款应向银行提交委托收款凭证和有关债务证明。

4. 付款

(1)以银行为付款人的,银行应当在当日将款项主动支付给收款人。

(2)以单位为付款人的,银行应及时通知付款人,付款人应于接到通知的当日书面通知银行付款,如果付款人未在接到通知的次日起3日内通知银行付款的,视为同意付款。

【例题1·多选题】根据支付结算法律制度的规定,下列债务证明中,办理款项结算可以使用委托收款结算方式的有( )。

A. 已承兑的商业汇票
B. 转账支票
C. 到期的债券
D. 到期的存单

解析 ▶ 单位和个人凭已承兑商业汇票、债券、存单等付款人债务证明办理款项的结算,均可以使用委托收款结算方式。选项B,也属于付款人债务证明,也可以使用委托收款方式结算。   答案 ▶ ABCD

【例题2·单选题】2020年1月15日,甲公司持一张到期银行承兑汇票到P银行办理委托收款,该汇票由Q银行承兑。甲公司在委托收款凭证上可以不记载的事项是( )。

A. 付款人Q银行
B. 收款人甲公司

C. 委托日期
D. 甲公司地址

解析 签发委托收款凭证必须记载下列事项：表明"委托收款"的字样；确定的金额；付款人名称（选项A）；收款人名称（选项B）；委托收款凭据名称及附寄单证张数；委托日期（选项C）；收款人签章。 **答案** D

【例题3·多选题】 根据支付结算法律制度的规定，关于委托收款结算方式的下列表述中，正确的有（ ）。

A. 银行在为单位办理划款时，付款人存款账户不足支付的，应通知付款人交足存款
B. 单位凭已承兑的商业汇票办理款项结算，可以使用委托收款结算方式
C. 以银行以外的单位为付款人的，委托款凭证必须记载付款人开户银行名称
D. 委托收款仅限于异地使用

解析 选项A，银行在办理划款时，付款人存款账户不足支付的，应通过被委托银行向收款人发出未付款项通知书；选项D，委托收款在同城、异地均可以使用。 **答案** BC

【例题4·判断题】 委托收款以单位为付款人的，银行收到委托收款凭证及债务说明，审查无误后应于当日将款项主动支付给收款人。（ ）

解析 委托收款以银行为付款人的，银行应当在当日将款项主动支付给收款人；以单位为付款人的，银行应及时通知付款人，付款人应于接到通知的当日书面通知银行付款。 **答案** ×

【例题5·判断题】 未在银行开立存款账户的个人，不能办理委托收款业务。（ ）

解析 未在银行开立存款账户的个人为收款人，委托收款凭证必须记载被委托银行名称。 **答案** ×

考验五 国内信用证（★★★）

扫我解疑难

（一）概念

国内信用证，是指银行依照申请人的申请开立的、对相符交单予以付款的承诺。

（二）特点

1. 以"人民币"计价
2. "不可撤销"的跟单信用证
3. 适用于"国内企、事业单位之间"的结算
4. 只限于转账结算，"不得支取现金"

『注意』只有单位才能使用的支付结算方式包括：国内信用证和商业汇票。

（三）分类

1. 即期信用证

开证行应在收到相符单据"次日起5个营业日"内付款。

2. 远期信用证

开证行应在收到相符单据"次日起5个营业日内确认"到期付款，并在"到期日"付款。

『注意』（远期）信用证付款期限最长不超过"1年"。

（四）当事人

信用证业务当事人：申请人、受益人、开证行、通知行、交单行、转让行、保兑行、议付行。

（五）程序

1. 开证

（1）开证行"可要求"申请人交存一定数额的"保证金"，并可根据申请人资信情况要求其提供"抵押、质押、保证"等合法有效的担保。

（2）可以采用"信开"和"电开"两种方式。

2. 保兑——类似于票据的"保证"

3. 修改

4. 通知

通知行可由开证申请人指定，如开证申请人没有指定，开证行有权指定。

5. 转让——类似于票据的背书但有区别

转让行应第一受益人的要求，将可转让信用证的"部分或者全部"转为可由第二受益人兑用。

『注意』可转让信用证只能转让"一次"。

6. 议付——类似于"贴现"

（1）信用证未明示可议付，任何银行不得办理议付；

（2）信用证明示可议付，如开证行仅指定一家议付行，未被指定为议付行的银行不得办理议付，被指定的议付行可自行决定是否办理议付。

7. 索偿

（1）议付行议付时，必须与受益人书面约定是否有追索权。

（2）约定有追索权，到期不获付款议付行可向受益人追索；约定无追索权，到期不获付款议付行不得向受益人追索。

8. 寄单索款

9. 付款

若受益人提交了相符单据或开证行已发出付款承诺,即使申请人交存的保证金及其存款账户余额不足支付,开证行仍应在规定的时间内付款。

10. 注销

开证行、保兑行、议付行未在信用证有效期内收到单据的,开证行可在信用证"逾有效期1个月后"予以注销。

【例题1·单选题】根据支付结算法律制度的规定,关于国内信用证的下列表述中,正确的是( )。

A. 付款期限最长不超过6个月
B. 以人民币计价,不可撤销
C. 可支取现金
D. 可转让信用证允许多次转让

解析 选项A,信用证付款期限最长不超过1年;选项B,我国信用证为以人民币计价、不可撤销的跟单信用证;选项C,信用证只限于转账结算,不得支取现金;选项D,可转让信用证只能转让一次。

答案 B

【例题2·单选题】下列关于国内信用证的说法中,错误的是( )。

A. 即期信用证的开证行应在收到相符单据次日起5个营业日内付款
B. 开证行可要求申请人交存一定数额的保证金
C. 开证申请人只能是单位不能是个人
D. 可转让信用证可以部分转为由第二受益人兑用

解析 通知行可由开证申请人指定,如开证申请人没有指定,开证行有权指定。

答案 C

考验六 预付卡(★★★)

扫我解疑难

(一)单用途预付卡与多用途预付卡

1. 单用途预付卡

商业企业发行,只在本企业或同一品牌连锁商业企业购买商品、服务。

2. 多用途预付卡

专营发卡机构发行,可跨地区、跨行业、跨法人使用。

(二)记名预付卡与不记名预付卡(见表3-35)

表3-35 记名预付卡与不记名预付卡

区分标准	记名预付卡	不记名预付卡
	记载持卡人身份信息	不记载持卡人身份信息
单张限额	5 000元	1 000元
挂失	可挂失	不可挂失
赎回	购卡后3个月可赎回	不可赎回
有效期	无	不得低于3年 超期可延期、激活、换卡
提供身份证	需要	一次性购买1万元以上需要
使用信用卡购买及充值	×	×

(三)实名购买预付卡的登记信息(见表3-36)

表3-36 实名购买预付卡的登记信息

登记对象	具体内容
购卡人	姓名或单位名称
单位经办人	姓名、有效身份证件名称和号码、联系方式
其他相关内容	购卡数量、购卡日期、购卡总金额、预付卡卡号及金额

(四)转账购买与充值
1. 转账购买
(1)"单位"一次性购买"5 000元"以上;
(2)"个人"一次性购买"5万元"以上。
2. 转账充值
一次性充值"5 000元"以上。
(五)使用规定
1. 人民币计价
2. 无透支功能
3. 特约商户中使用
4. 不得用于或变相用于提现
5. 不得用于购买非本机构发行的预付卡
6. 卡内资金不得向银行账户或非本发卡机构开立的网络支付账户转移

(六)赎回记名卡时应提供的资料(见表3-37)

表3-37 赎回记名卡时应提供的资料

办理人	提供资料
持卡人办理	预付卡、持卡人和购卡人的有效身份证件
他人代理赎回	持卡人办理时应提供的资料、代理人和被代理人的有效身份证件

『注意』单位购买的记名预付卡,只能由单位办理赎回。

(七)发卡机构
1. 性质
预付卡发卡机构必须是经中国人民银行核准,取得《支付业务许可证》的支付机构。
2. 要求
(1)采取有效措施加强对购卡人和持卡人信息的保护,确保信息安全,防止信息泄露和滥用。
(2)严格发票管理,按照规定开具发票。
(3)对客户备付金需100%集中交存中国人民银行。

【例题1·多选题】根据支付结算法律制度的规定,关于预付卡的下列表述中,正确的有( )。
A. 单张记名预付卡资金限额不得超过5 000元
B. 个人购买记名预付卡可不使用实名
C. 预付卡以人民币计价,不具有透支功能
D. 单张不记名预付卡资金限额不得超过1 000元

解析 ▶ 选项AD,单张记名预付卡资金限额不得超过5 000元,单张不记名预付卡资金限额不得超过1 000元;选项B,个人购买记名预付卡应出示预付卡持卡人和购卡人的有效身份证件;选项C,预付卡以人民币计价,不具有透支功能。
答案 ▶ ACD

【例题2·单选题】根据支付结算法律制度的规定,下列关于记名预付卡的表述中,正确的是( )。
A. 不得设置有效期
B. 不可赎回
C. 卡内资金无限额
D. 不可挂失

解析 ▶ 选项ABD,记名预付卡可挂失、可赎回,不得设置有效期。选项C,单张记名预付卡资金限额不得超过5 000元。
答案 ▶ A

【例题3·多选题】郑某个人一次性购买不记名预付卡2 000元,一次性充值记名预付卡3 000元,下列表述中,符合法律规定的有( )。
A. 郑某可以使用信用卡购买预付卡
B. 郑某可以使用现金3 000元为预付卡充值
C. 郑某购买预付卡时应提供有效身份证件
D. 郑某可以使用现金2 000元购买不记名预付卡

解析 ▶ 选项A,购卡人不得使用信用卡购买预付卡;选项B,一次性充值金额5 000元以上的,不得使用现金;选项C,个人或单位购买记名预付卡或一次性购买不记名预付卡1万元以上的,应当使用实名并向发卡机构提供有效身份证件,郑某购买不记名预付卡可以不提供有效身份证件;选项D,单位一次性购买预付卡5 000元以上,个人一次性购买预付卡5万元以上的,应当通过银行转账等非现金结算方式购买,不得使用现金。
答案 ▶ BD

【例题4·单选题】根据支付结算法律制度的规定,关于预付卡使用的下列表述中,正确的是( )。
A. 可在发卡机构签约的特约商户中使用
B. 可向银行账户转移卡内资金
C. 可用于提取现金

D. 可用于购买非本发卡机构发行的预付卡

解析 选项BCD，预付卡在发卡机构拓展、签约的特约商户中使用，不得用于或变相用于提取现金，不得用于购买、交换非本发卡机构发行的预付卡、单一行业卡及其他商业预付卡或向其充值，卡内资金不得向银行账户或非本发卡机构开立的网络支付账户转移。 **答案** A

【例题5·多选题】 根据支付结算法律制度的规定，下列关于预付卡发卡机构的表述中，正确的有（ ）。

A. 应防止泄露购卡人和持卡人的信息
B. 应将客户备付金存放在商业银行
C. 必须取得《支付业务许可证》
D. 应按规定开具发票

解析 选项B，发卡机构对客户备付金需100%集中交存中国人民银行，而非商业银行。 **答案** ACD

第五部分 结算纪律及法律责任

考验一 结算纪律（★）

扫我解疑难

（一）单位限制
1. 不准签发没有资金保证的票据或远期支票，套取银行信用
2. 不准签发、取得和转让没有真实交易和债权债务的票据，套取银行和他人资金
3. 不准无理拒绝付款，任意占用他人资金
4. 不准违反规定开立和使用账户

（二）银行限制
1. 不准以任何理由压票、任意退票、截留挪用客户和他行资金
2. 不准无理拒绝支付应由银行支付的票据款项
3. 不准受理无理拒付、不扣少扣滞纳金
4. **不准违章签发、承兑、贴现票据，套取银行资金**
5. 不准签发空头银行汇票、银行本票和办理空头汇款
6. 不准在支付结算制度之外规定附加条件，影响汇路畅通
7. 不准违反规定为单位和个人开立账户
8. 不准拒绝受理、代理他行正常结算业务

【例题1·判断题】 付款人同出票人、持票人恶意串通签发无可靠资金来源的汇票骗取资金的，应依法追究法律责任。（ ） **答案** √

【例题2·单选题】 根据支付结算法律制度的规定，下列关于结算纪律的表述中，正确的是（ ）。

A. 银行办理支付结算，不得以任何理由压票
B. 单位和个人办理支付结算，不得以任何理由拒绝付款
C. 银行办理支付结算，可以在支付结算制度之外附加条件
D. 单位和个人办理支付结算，可以签发无资金保证的票据

解析 选项B，单位和个人办理支付结算，不准"无理"拒绝付款，任意占用他人资金，以合理的理由拒绝付款是合法行为；选项C，银行办理支付结算，不准在支付结算制度之外规定附加条件，影响汇路畅通；选项D，单位和个人办理支付结算，不准签发没有资金保证的票据或远期支票，套取银行信用。 **答案** A

考验二 违反支付结算法律制度的法律责任（★★）

扫我解疑难

（一）违反账户管理规定行为的法律责任
1. 区分"非经营性存款人"和"经营性存款人"
『注意』非经营性存款人不一定是个人，经营性存款人也不一定是企业。
（1）对非经营性的存款人的罚款金额都是1 000元。
（2）对经营性的存款人的罚款金额有3种：1 000元；1万元以上3万元以下；5 000元以上3万元以下。
2. 具体处罚规定（见表3-38）

表 3-38 违反账户管理规定行为的具体处罚规定

类型	违反银行账户结算管理制度事项	经营性存款人处罚金额	非经营性存款人处罚金额
变更	法定代表人或主要负责人、存款人地址以及其他开户资料的变更事项未在规定期限内通知银行	1 000 元	1 000 元
伪造、变造开户许可证及开立撤销	违反规定开立银行结算账户	1 万元以上 3 万元以下	
	伪造、变造证明文件欺骗银行开立银行结算账户		
	违反规定不及时撤销银行结算账户		
	伪造、变造、私自印制开户许可证		
使用	违反规定将单位款项转入个人银行结算账户	5 000 元以上 3 万元以下	
	违反规定支取现金		
	利用开立银行结算账户逃废银行债务		
	出租、出借银行结算账户		
	从基本存款账户之外的银行结算账户转账存入、将销货收入存入或现金存入单位信用卡账户		

【例题 1·单选题】存款人违反规定将单位款项转入个人银行结算账户的,对于经营性的存款人,给予警告并处以(　　)的罚款。

　A. 1 000 元
　B. 10 000 元
　C. 5 000 元以上 3 万元以下
　D. 1 万元以上 3 万元以下

解析 ▶ "公款私存",属于使用银行结算账户过程中的违规事项,对经营性存款人处以 5 000 元以上 3 万元以下的罚款。 答案 ▶ C

【例题 2·多选题】存款人的下列行为,中国人民银行可以给予 1 万元以上 3 万元以下罚款的有(　　)。

　A. 经营性存款人伪造证明文件欺骗银行开立银行结算账户
　B. 经营性存款人违反规定出借银行结算账户
　C. 经营性存款人伪造开户许可证
　D. 非经营性存款人违反规定不及时撤销银行结算账户

解析 ▶ 选项 AC,属于开立、变更银行结算账户违规的行为,对经营性存款人,可处以 1 万元以上 3 万元以下罚款;选项 B,属于使用银行结算账户违规的行为,对经营性存款人,可处以 5 000 元以上 3 万元以下罚款;选项 D,属于非经营性存款人违反银行结算账户规定,处以 1 000 元罚款。 答案 ▶ AC

(二)签发空头支票的罚则

支票的出票人签发"空头支票"或者签发"与其预留的签章不符"的支票,不以骗取财物为目的的:

1. 由"中国人民银行"处以票面金额"5%"但"不低于 1 000 元"的罚款

2. 持票人有权要求出票人赔偿支票金额"2%"的赔偿金

3. 对"屡次"签发的,(开户)银行应停止其签发支票

【例题 3·单选题】甲公司向乙公司签发金额为 200 000 元的支票,用于支付货款,乙公司按期提示付款时被告知甲公司在付款人处实有的存款金额仅为 100 000 元,乙公司有权要求甲公司支付的赔偿金是(　　)。

　A. 100 000×5% = 5 000(元)
　B. 100 000×2% = 2 000(元)
　C. 200 000×5% = 10 000(元)
　D. 200 000×2% = 4 000(元)

解析 ▶ 出票人签发空头支票,持票人有权要求出票人赔偿支票金额 2%的赔偿金。 答案 ▶ D

【例题 4·判断题】单位或个人签发空头支票的,由其开户银行处以罚款。(　　)

解析 ▶ 单位或个人签发空头支票的,由中国人民银行处以罚款,并不是开户银行。 答案 ▶ ×

(三)信用卡欺诈行为
1."伪造"信用卡行为
2."妨碍信用卡管理"行为
(1)明知是伪造的信用卡而持有、运输;
(2)明知是伪造的"空白"信用卡而持有、运输,"数量较大"的;
(3)非法持有他人信用卡,数量较大的;
(4)使用虚假的身份证明骗领信用卡的;
(5)出售、购买、为他人提供伪造的信用卡或者以虚假的身份证明骗领信用卡的;
(6)窃取、收买或者非法提供他人信用卡信息资料的。
3."使用"行为
(1)使用伪造的信用卡;
(2)使用以虚假的身份证明骗领的信用卡;
(3)使用作废的信用卡;
(4)冒用他人信用卡;

(5)恶意透支。

【注意】上述行为的行为人均应当承担"刑事责任"。

【例题5·多选题】下列利用信用卡进行诈骗活动的情形中,数额较大应追究刑事责任的有( )。
A. 恶意透支的
B. 冒用他人信用卡的
C. 使用以虚假身份证明骗领的信用卡的
D. 使用伪造的信用卡的

解析 使用伪造的信用卡,或者使用以虚假的身份证明骗领的信用卡的;使用作废的信用卡的;冒用他人信用卡的;恶意透支的,均属于信用卡诈骗活动。进行信用卡诈骗活动,数额较大的,处5年以下有期徒刑或者拘役,并处2万元以上20万元以下罚金。 答案 ABCD

心有灵犀 限时120min

扫我做试题

一、单项选择题

1. 根据支付结算法律制度的规定,下列经济业务使用的非现金支付工具中,属于结算方式的是( )。
   A. 甲公司与戊公司签订购销合同,签发一张3个月后到期的商业承兑汇票抵付货款
   B. 乙公司与戊公司签订购销合同,合同约定采用汇兑方式结算
   C. 丙公司与戊公司签订购销合同,使用单位人民币卡进行结算
   D. 丁公司与戊公司签订购销合同,签发借据一张,注明货款暂欠3个月内支付

2. 某票据的出票日期为"2020年7月15日",其规范写法是( )。
   A. 贰零贰年零柒月壹拾伍日
   B. 贰零贰零年柒月壹拾伍日
   C. 贰零贰贰年柒月壹拾伍日
   D. 贰零贰零年柒月拾伍日

3. 甲公司法定代表人赵某因病辞去职务,公司法定代表人变更为其妻子张某,则甲公司应于( )内书面通知开户银行并提供有关证明。
   A. 2个工作日 B. 5个工作日
   C. 10日 D. 15日

4. 根据支付结算法律制度的规定,下列存款人,不得开立基本存款账户的是( )。
   A. 设立临时机构
   B. 非法人企业
   C. 异地常设机构
   D. 单位设立的独立核算的附属机构

5. 根据支付结算法律制度的规定,关于存款人基本存款账户的下列表述中,不正确的是( )。
   A. 撤销银行结算账户时应先撤销基本存款账户
   B. 一个单位只能开立一个基本存款账户
   C. 基本存款账户是存款人的主办账户
   D. 存款人日常经营活动的资金收付应通过基本存款账户办理

6. 根据《人民币银行结算账户管理办法》的规定,下列情形中存款人不能开立临时存款账户的是( )。
   A. 设立异地常设机构

B. 异地临时经营活动

C. 增资验资

D. 军队、武警单位承担基本建设或者异地执行作战、演习、抢险救灾、应对突发事件等临时任务

7. 甲拟通过电子渠道申请开立两个个人银行存款账户，根据规定，下列选项中，甲可以成功开立的是（　　）。

   A. Ⅰ类银行账户和Ⅱ类银行账户
   B. Ⅰ类银行账户和Ⅲ类银行账户
   C. Ⅱ类银行账户和Ⅲ类银行账户
   D. 两个均为Ⅰ类银行账户

8. 赵某在某银行开立一个Ⅲ类个人银行结算账户，则其可以使用该账户办理（　　）业务。

   A. 存入现金
   B. 支取现金
   C. 购买投资理财产品
   D. 小额转账消费

9. 下列人员在中国境内开立个人银行结算账户，提供的下列证明文件中，属于有效身份证件的是（　　）。

   A. 户口所在地在北京的侯某提供的护照
   B. 户口所在地在石家庄的高某提供的机动车驾驶证
   C. 15周岁的赵某提供的户口簿
   D. 户口所在地在天津的罗某提供的完税凭证

10. 根据支付结算法律制度的规定，企业以未到期的汇票向银行申请贴现，体现了票据的（　　）功能。

    A. 支付功能　　B. 汇兑功能
    C. 融资功能　　D. 结算功能

11. 接受汇票出票人的付款委托，同意承担支付票款义务的人是票据的（　　）。

    A. 出票人　　　B. 背书人
    C. 收款人　　　D. 承兑人

12. 根据票据法律制度的规定，国内票据的公示催告期间为自公告发布之日起的一定期限内，该期限为（　　）日。

    A. 30　　　　　B. 60
    C. 90　　　　　D. 180

13. 甲公司于2020年2月10日签发一张汇票给乙公司，付款日期为同年3月20日。乙公司将该汇票提示承兑后背书转让给丙公司，丙公司又将该汇票背书转让给丁公司。丁公司于同年3月23日向承兑人请求付款时遭到拒绝。根据《票据法》的规定，丁公司向甲公司行使追索权的期限是（　　）。

    A. 自2020年2月10日至2022年2月10日
    B. 自2020年3月20日至2022年3月20日
    C. 自2020年3月23日至2020年9月23日
    D. 自2020年3月23日至2020年6月23日

14. 甲在将一汇票背书转让给乙时，未将乙的姓名记载于被背书人栏内。乙发现后将自己的姓名填入被背书人栏内。下列关于乙填入自己姓名的行为效力的表述中，正确的是（　　）。

    A. 经甲追认后有效
    B. 无效
    C. 有效
    D. 可撤销

15. 根据支付结算法律制度的规定，下列各项中，属于背书相对记载事项的是（　　）。

    A. 不得转让　　B. 背书日期
    C. 被背书人名称　D. 背书人签章

16. 根据支付结算法律制度的规定，下列各项中，（　　）是票据的第一背书人。

    A. 出票人　　　B. 付款人
    C. 收款人　　　D. 承兑人

17. 甲公司在向乙银行申请贷款时以一张银行承兑汇票作质押担保。下列关于甲公司汇票质押的表述中，不符合票据法律制度规定的是（　　）。

    A. 甲公司将票据质押给乙银行应做成背书
    B. 甲公司背书时须在该汇票上记载"质押"字样
    C. 甲公司的质押背书属于转让背书
    D. 甲公司到期无力偿还贷款，乙银行依法实现其质权时，可以行使票据权利

18. 甲公司于2020年3月18日，签发一张见票后3个月付款的商业汇票给乙公司，则乙公司应于（　　）前向承兑人提示承兑。

    A. 2020年4月18日
    B. 2020年5月18日
    C. 2020年6月18日
    D. 2020年6月28日

19. 2020年12月13日，乙公司持一张汇票向承

兑银行 P 银行提示付款，该汇票出票人为甲公司，金额为 100 万元，到期日为 2020 年 12 月 12 日。已知 12 月 13 日，甲公司账户余额为 10 万元。后又于 12 月 18 日存入 100 万元。P 银行拟对该汇票采取的下列处理方式中，正确的是(　　)。

 A. 于 12 月 18 日向乙公司付款 100 万元
 B. 于 12 月 13 日拒绝付款，退回汇票
 C. 于 12 月 13 日向乙公司付款 100 万元
 D. 于 12 月 13 日向乙公司付款 10 万元

20. 下列关于银行汇票的说法中，错误的是(　　)。

 A. 申请人或者收款人有一方为单位的不得申请现金银行汇票
 B. 申请银行汇票，申请人需在申请书上填明代理付款人名称
 C. 出票银行收妥款项后签发银行汇票，需将银行汇票联和解讫通知联交给申请人
 D. 实际结算金额一经填写不得更改，更改实际结算金额的银行汇票无效

21. 根据支付结算法律制度的规定，下列各项中，不属于支票的必须记载事项的是(　　)。

 A. 无条件支付的委托
 B. 出票人签章
 C. 付款人名称
 D. 收款人名称

22. 甲银行为乙公司的银行承兑汇票办理承兑业务时，应当于一定期限内在票据市场基础设施完成相关信息登记工作。该期限是(　　)。

 A. 不早于业务办理的次一工作日
 B. 不晚于业务办理的次一工作日
 C. 不早于业务办理当日
 D. 不晚于业务办理当日

23. 甲公司向乙公司签发一张纸质商业承兑汇票，完成承兑后下列关于该汇票办理票据信息登记的说法中，错误的是(　　)。

 A. 甲公司开户银行应当根据乙公司委托代其进行承兑信息登记
 B. 若承兑信息未能及时登记，乙公司有权要求甲公司补充登记承兑信息
 C. 若该汇票票面信息与登记信息不一致的，以纸质票据票面信息为准
 D. 若甲公司向乙公司签发的为电子商业承兑汇票，则其签发及承兑的信息，将通过电子商业汇票系统同步传送至票据市场基础设施

24. 甲公司与乙公司交易，签发一张 20 万元的支票，并在票据上注明，出票人为甲公司，收款人为乙公司，应乙公司要求未记载出票日期，则下列说法中正确的是(　　)。

 A. 支票的出票日期可以授权补记
 B. 甲公司出票时未记载出票日期，乙公司在提示付款前自行记载与甲公司记载具同等法律效力
 C. 该支票无效
 D. 乙公司持该支票提示付款时，甲公司开户银行应及时与甲公司确认出票时间，若确在 10 日之内，则应履行付款责任

25. 根据支付结算法律制度的规定，下列支付工具中，可以透支的是(　　)。

 A. 储蓄卡　　B. 信用卡
 C. 预付卡　　D. 储值卡

26. 根据支付结算法律制度的规定，下列关于单位人民币卡账户使用的表述中，正确的是(　　)。

 A. 支付交易款项
 B. 从一般存款账户转入资金
 C. 提取现金
 D. 转入销货收入

27. 根据支付结算法律制度规定，关于信用卡计息和收费的下列表述中，正确的是(　　)。

 A. 发卡机构向信用卡持卡人按约定收取的违约金，不计收利息
 B. 发卡机构向信用卡持卡人提供超过授信额度用卡的，应收取超限费
 C. 发卡机构向信用卡持卡人收取的取现手续费，计收利息
 D. 发卡机构向信用卡持卡人收取的年费，计收利息

28. 根据支付结算法律制度的规定，下列情形中，属于线上支付的有(　　)。

 A. 吴某在超市购物，使用公交一卡通支付购物款
 B. 周某在商场购物，通过 POS 机刷卡支付购物款
 C. 董某在机场购物，使用手机近端支付购物款

D. 郑某网上购物，通过支付宝支付货款

29. 个人网上银行具体业务功能不包括( )。
   A. 个人余额查询
   B. 信用卡的购物明细查询
   C. B2C 网上支付
   D. B2B 支付

30. 根据支付结算法律制度的规定，关于汇兑结算方式的下列表述中，不正确的是( )。
   A. 汇款人在银行开立存款账户的，在汇兑凭证上必须记载其账号
   B. 汇款人对汇出银行尚未汇出的款项不得申请撤销
   C. 单位和个人的款项结算均可使用
   D. 收款人在银行开立存款账户的，在汇兑凭证上必须记载其账号

31. 根据支付结算法律制度的规定，下列关于不记名预付卡的表述中，正确的是( )。
   A. 可以挂失
   B. 不得设置有效期
   C. 不得使用信用卡购买
   D. 可以随时赎回

32. 根据支付结算法律制度的规定，下列关于预付卡使用的表述中，正确的是( )。
   A. 超过有效期尚有资金余额的预付卡，可通过延期、激活等方式继续使用
   B. 可用于交换非本发卡机构发行的预付卡
   C. 可用提现
   D. 可以透支

33. 根据支付结算法律制度的规定，下列各项关于预付卡的说法中，正确的是( )。
   A. 单张不记名预付卡资金限额不得超过 5 000 元
   B. 购买不记名预付卡不需要提供购买人身份证件
   C. 为预付卡一次性充值金额在 5 000 元及以上的不允许使用现金
   D. 可以用于购买非本发卡机构发行的预付卡

34. 根据支付结算法律制度的规定，下列支付结算方式中，不得用于异地结算的是( )。
   A. 银行卡   B. 商业汇票
   C. 本票   D. 国内信用证

35. 根据支付结算法律制度的规定，下列结算方式中，只能单位使用的是( )。

   A. 银行卡   B. 委托收款
   C. 国内信用证   D. 支票

36. 经营性存款人的下列行为，中国人民银行可以给予 5 000 元以上 3 万元以下罚款的是( )。
   A. 出租、出借银行结算账户
   B. 违反规定不及时撤销银行结算账户
   C. 伪造、变造开户许可证
   D. 伪造、变造证明文件欺骗银行开立结算账户

37. 根据支付结算法律制度的规定，下列违反结算纪律的行为中，应由单位和个人承担法律责任的是( )。
   A. 受理无理拒付、不扣少扣滞纳金
   B. 签发空头银行汇票、银行本票和办理空头汇款
   C. 签发、取得和转让没有真实交易和债权债务的票据，套取银行和他人资金
   D. 压票、任意退票、截留挪用客户资金

38. 根据支付结算法律制度的规定，下列关于签发空头支票但尚未构成犯罪行为后果的表述中，正确的是( )。
   A. 出票人屡次签发空头支票，中国人民银行有权停止其开户银行办理支票业务
   B. 出票人不以骗取财产为目的，应处以票面金额 10% 但不低于 1 万元的罚款
   C. 出票人不以骗取财产为目的，持票人有权要求其赔偿支票余额 10% 的赔偿金
   D. 出票人不以骗取财产为目的，应由中国人民银行给予处罚

二、多项选择题

1. 根据支付结算法律制度的规定，下列关于支付结算基本要求的表述中，正确的有( )。
   A. 票据和结算凭证上的签章和其他记载事项应当真实，不得伪造、变造
   B. 票据上的出票金额、出票日期、收款人名称不得更改
   C. 票据和结算凭证金额以中文大写和阿拉伯数码同时记载，二者必须一致
   D. 票据的出票日期必须用中文大写和阿拉伯数码同时记载，二者必须一致

2. 下列各项中，属于支付结算时应遵循的原则有( )。

A. 恪守信用，履约付款原则
B. 谁的钱进谁的账，由谁支配原则
C. 存款信息保密原则
D. 银行不垫款原则

3. 甲公司私刻乙公司的印章，将一张记载乙公司为收款人的票据背书转让给丙公司，并在背书人栏签乙公司章，则下列说法中错误的有（　　）。
   A. 甲公司的行为是票据的伪造行为
   B. 甲公司的行为是票据的变造行为
   C. 甲公司的该项行为属于欺诈行为，应追究甲公司的票据责任
   D. 乙公司因对自己的票据保管不善，也应承担相应的票据责任

4. 根据人民币银行结算账户管理的有关规定，下列关于银行结算账户开立、变更和撤销的说法中，错误的有（　　）。
   A. 开立单位银行结算账户，应填写"开立单位银行结算账户申请书"，并加盖单位公章或财务专用章和法定代表人或授权代理人的签名或盖章
   B. 存款人更改名称但不改变银行结算账户，应于5个工作日内书面通知开户银行
   C. 存款人迁址应办理银行结算账户的撤销
   D. 对按规定应撤销而未办理销户手续的单位银行结算账户，银行应通知存款人，自发出通知之日起30日内到开户银行办理销户手续

5. 下列存款人中，于2020年1月在银行开立的基本存款账户实行备案制的有（　　）。
   A. 丁个体工商户
   B. 丙市职业技术学院
   C. 甲太极拳研究会
   D. 乙房地产公司

6. 根据支付结算法律制度的规定，下列关于预算单位零余额账户的使用，表述正确的有（　　）。
   A. 从零余额账户提取现金
   B. 向本单位按账户管理规定保留的相应账户划拨工会经费、住房公积金及提租补贴
   C. 通过零余额账户向下级单位划转资金，为下级单位购买设备
   D. 通过零余额账户向本单位基本户划转资金，用于本单位日常零星支出

7. 下列关于各类银行结算账户的表述中，错误的有（　　）。
   A. 预算单位零余额账户的开设没有数量限制
   B. 一般存款账户的开设没有数量限制
   C. 临时存款账户的有效期最长不超过1年
   D. 注册验资的临时存款账户在验资期间只付不收

8. 下列关于个人银行结算账户的说法中，正确的有（　　）。
   A. 赵某开立的Ⅰ类账户可以存取现金
   B. 钱某开立的Ⅱ类账户可以存取现金
   C. 银行可以为钱某开立Ⅱ类账户配发实体卡片
   D. 孙某开立的Ⅲ类账户任一时点的余额不得超过1 000元

9. 下列关于个人银行结算账户的说法中，正确的有（　　）。
   A. 个人水电煤气缴费单等税费凭证也可作为开立个人银行结算账户的辅助身份证明
   B. 他人代理开立个人银行结算账户，银行认为有必要的，应要求代理人出具证明代理关系的公证书
   C. 单位代理开立的个人银行账户，在被代理人持本人有效身份证件到开户银行办理身份确认、密码重置等激活手续前，只收不付
   D. 无民事行为能力人不能申请开立个人银行结算账户

10. 下列银行结算账户中，可以支取现金的有（　　）。
    A. 因设立临时机构而开立的临时存款账户
    B. 收入汇缴专用存款账户
    C. 一般存款账户
    D. Ⅱ类个人银行结算账户

11. 甲公司签发一张支票给乙公司，乙公司不慎将票据丢失，丙公司捡到该支票后伪造了乙公司的签章，将其背书转让给丁公司用以偿付到期货款，丁公司明知该票据为捡来的但为收回货款欣然接受。根据支付结算法律制度的规定，下列说法中正确的有（　　）。
    A. 丁公司不享有票据权利
    B. 丙公司不享有票据权利
    C. 丙公司不承担票据责任
    D. 乙公司不承担票据责任

12. 根据支付结算法律制度的规定，下列选项所述票据丢失后，可以挂失止付的有( )。
   A. 未承兑的商业汇票
   B. 转账支票
   C. 现金支票
   D. 填明"现金"字样的银行本票

13. 下列关于公示催告的说法中，正确的有( )。
   A. 失票人可以在票据丧失后，依法向票据支付地或被告住所地人民法院申请公示催告
   B. 公示催告申请书的内容应包括票面金额；出票人、持票人、背书人；申请的理由、事实；通知挂失止付的时间；付款人或代理付款人的名称、地址、电话等
   C. 公示催告应当在本地影响力较大的报纸上刊登
   D. 公示催告期间，转让票据权利的行为无效，以公示催告的票据质押、贴现而接受该票据的持票人主张票据权利的，人民法院不予支持

14. 根据支付结算法律制度的规定，关于票据权利时效的下列表述中，不正确的有( )。
   A. 持票人对前手的追索权，自被拒绝承兑或被拒绝付款之日起3个月内不行使的，该权利丧失
   B. 持票人对票据承兑人的权利自票据到期日起6个月内不行使的，该权利丧失
   C. 持票人对支票出票人的权利自出票日起3个月内不行使的，该权利丧失
   D. 持票人在票据权利时效期间内不行使票据权利的，该权利丧失

15. 下列关于票据的记载事项的表述中，错误的有( )。
   A. 背书人未签章，会导致背书行为无效
   B. 支票未记载付款日期的，视为见票即付
   C. 出票人在票据上记载的"不得转让"字样为相对记载事项
   D. 对票据上的所有记载事项，银行均应认真审查并承担相应的实质审查责任

16. 根据支付结算法律制度的规定，下列票据背书行为中，属于非转让背书的有( )。
   A. 票据贴现
   B. 质押背书
   C. 委托收款背书
   D. 背书转让的票据，背书人未记载被背书人名称

17. 根据支付结算法律制度的规定，下列关于票据背书的说法中，正确的有( )。
   A. 使用粘单的背书人均应当在票据和粘单的粘接处签章
   B. 以背书转让的票据，持票人以背书的连续，证明其票据权利
   C. 非经背书转让，持票人依法举证，证明其票据权利
   D. 将票据金额的一部分转让或者将票据金额分别转让给两人以上的背书无效

18. 根据支付结算法律制度的规定，下列各项关于票据记载的说法中，正确的有( )。
   A. 承兑附条件的，所附条件不具票据上的效力
   B. 背书附条件的，所附条件不具票据上的效力
   C. 保证附条件的，视为拒绝承担保证责任
   D. 支票另行记载付款日期的，该记载无效

19. 根据支付结算法律制度的规定，下列各项中，属于保证的相对记载事项的有( )。
   A. 保证人签章
   B. 保证日期
   C. 被保证人名称
   D. 承担保证责任的前提条件

20. A公司向B公司开具一张金额为5万元的银行承兑汇票，由甲银行承兑，票据到期前B公司将该票据背书转让给C公司，赵某作为保证人在票据上签章。票据到期的第二天，C公司请求甲银行付款时，甲银行以A公司账户内只有5 000元为由拒绝付款，则C公司可以向( )追索。
   A. A公司　　　B. B公司
   C. 甲银行　　　D. 赵某

21. 支票的持票人超过提示付款期限提示付款，下列说法中正确的有( )。
   A. 持票人的开户银行不予受理
   B. 付款人不予付款
   C. 丧失对出票人的追索权
   D. 丧失对前手背书人的追索权

22. 甲公司签发一张出票后1个月到期的银行承

兑汇票给乙公司，记载付款人为P银行，赵某作为保证人在票据上签章，但未记载被保证人名称，票据到期日前乙公司向P银行提示承兑被拒绝，则下列说法中正确的有（　）。

A. 该票据的被保证人为P银行
B. 该票据的被保证人为甲公司
C. 乙公司可以向P银行追索
D. 乙公司可以向赵某追索

23. 甲公司签发一张以A银行为付款人的支票给乙公司，乙公司将该票据背书转让给丙公司，同时在该票据的背面注明"不得转让"，丙公司又将其背书转让给丁公司，丁公司向A银行提示付款被拒，则丁公司可以向（　）追索。

A. 甲公司　　　　B. 乙公司
C. 丙公司　　　　D. A银行

24. 下列关于银行汇票和银行本票的退款以及丧失的说法中，正确的有（　）。

A. 对银行汇票来说，只有符合规定填明"现金"的银行汇票的退款，才能退付现金
B. 对银行本票来说，只有现金银行本票的申请人申请退款，才能退付现金
C. 因超过提示付款期限或其他原因要求退款时，无论银行汇票还是本票，单位申请人均应当提供单位证明
D. 银行汇票和本票丧失的，失票人均可凭人民法院出具的其享有票据权利的证明，向出票银行请求付款或退款

25. 甲公司的开户银行为P银行，乙公司的开户银行为Q银行，因乙公司尚欠甲公司货款未清偿，甲公司向丙公司购买原材料时为支付货款，签发了一张以丙公司为收款人，以乙公司为付款人的商业承兑汇票，经乙公司承兑后交付给丙公司，票据到期的第二天，丙公司委托开户银行M银行收款，对方以甲公司货款已还清为由拒绝支付票款，则丙公司可以向（　）行使追索权。

A. 甲公司　　　　B. P银行
C. 乙公司　　　　D. Q银行

26. 甲公司签发一张商业汇票给乙公司，乙公司将其背书转让给了丙公司，丙公司又将其背书转让给了丁公司，丁公司到期提示付款被拒绝，于是向丙公司行使了追索权，丙公司清偿后取得该票据并向出票人甲公司追索，则丙公司可以要求甲公司支付（　）。

A. 本公司向丁公司支付的全部金额
B. 本公司自取得票据后到甲公司清偿前发生的利息
C. 本公司向甲公司发出通知书的费用
D. 本公司自取得票据后到甲公司清偿前因资金周转不足造成的停工待料损失

27. 根据支付结算法律制度的规定，关于票据追索权行使的下列表述中，正确的有（　）。

A. 持票人收到拒绝证明后，应当将被拒绝事由书面通知其前手
B. 汇票被拒绝承兑的，持票人可以行使追索权
C. 持票人可以对出票人、背书人、承兑人和保证人中的任何一人、数人或全体行使追索权
D. 持票人不能出示拒绝证明或退票理由书的，丧失对全部票据债务人的追索权

28. 下列关于电子商业汇票的说法中，正确的有（　）。

A. 电子商业汇票按承兑人的不同可以分为电子商业承兑汇票、电子银行承兑汇票
B. 单张出票金额在100万元以上的商业汇票应全部通过电子商业汇票办理
C. 电子商业汇票的必须记载事项包括票据到期日、出票人名称等
D. 电子商业汇票的付款期限，自出票日至到期日最长不得超过1年

29. 关于电子商业汇票贴现的下列表述中，正确的有（　）。

A. 电子商业汇票贴现必须记载的事项中包括贴入人名称及贴入人签章
B. 电子商业汇票回购式贴现赎回时应做成背书，并记载原贴出人名称及原贴出人签章
C. 办理电子商业汇票贴现及提示付款业务，可选择同城票据交换方式清算票据资金
D. 电子商业汇票当事人在办理回购式贴现业务时应明确赎回开放日、赎回截止日

30. 甲公司向乙公司签发了一张3个月后到期的商业承兑汇票，该票据经甲公司承兑后，乙公司将其贴现给P银行，后P银行将该票据

转贴现给 Q 银行，在办理转贴现前 P 银行未向甲公司请求付款确认，办理转贴现时 P 银行也未选择其他商业银行对该票据进行保证增信，则下列关于该票据到期后偿付责任的说法中正确的有（　　）。

A. 若交易后该票据经付款确认，若甲公司未付款，则乙公司应当先行偿付

B. 若该票据至到期日仍未进行付款确认，若甲公司未付款，则 P 银行应当先行偿付

C. 若该票据至到期日仍未进行付款确认，若甲公司未付款，则乙公司应当先行偿付

D. 若交易后该票据经付款确认，则甲公司应当承担付款责任

31. 根据支付结算法律制度的规定，下列关于票据提示付款期限的表述中，不正确的有（　　）。

A. 支票的提示付款期限是自出票日起 1 个月

B. 银行汇票的提示付款期限是自出票日起 1 个月

C. 商业汇票的提示付款期限是自到期日起 1 个月

D. 银行本票的提示付款期限是自出票日起 1 个月

32. 下列关于支票的说法中，错误的有（　　）。

A. 支票的基本当事人包括出票人、付款人、收款人

B. 支票的种类包括现金支票、转账支票、普通支票和划线支票

C. 出票人不得在支票上记载自己为收款人

D. 支票的出票人签发支票的金额不得超过签发时在付款人处实有的金额

33. 下列关于支票记载事项的说法中错误的有（　　）。

A. 付款日期为支票的相对记载事项，支票未记载付款日期的，视为见票即付

B. 付款地为支票的相对记载事项，支票未记载付款地的，以付款人的营业场所、住所地或者经常居住地为付款地

C. 出票地为支票的相对记载事项，支票未记载出票地的，以出票人的营业场所、住所地或者经常居住地为出票地

D. 付款人名称为支票的授权补记事项

34. 根据支付结算法律制度的规定，下列关于个人申请贷记卡条件的说法中，正确的有（　　）。

A. 年满 16 周岁，有固定职业和稳定收入，工作单位和户口在常住地的城乡居民

B. 填写申请表，并在持卡人处亲笔签字

C. 向发卡银行提供本人及附属卡持卡人、担保人的身份证复印件

D. 向发卡银行提供本人有效身份证件

35. 根据支付结算法律制度的规定，下列关于银行卡风险控制的说法中，正确的有（　　）。

A. 信用卡持卡人通过 ATM 机办理现金提取业务，每卡每日累计不得超过人民币 2 万元

B. 借记卡持卡人通过 ATM 机办理现金提取业务，每卡每日累计不得超过人民币 1 万元

C. 储值卡面值或卡内币值不得超过 1 000 元

D. 发卡机构可自主确定是否提供现金充值服务，并与持卡人协议约定每卡每日限额

36. 根据支付结算法律制度的规定，下列关于银行卡的说法中，错误的有（　　）。

A. 赵某持贷记卡刷卡消费，可享受免息还款期待遇

B. 钱某持贷记卡通过 ATM 机办理现金提取业务后，可享受最低还款额待遇

C. 孙某持单位人民币卡与甲公司交易，透支 2 万元

D. 某银行为推广使用信用卡，可以将透支利率定为日万分之五的 0.6 倍

37. 根据支付结算法律制度规定，关于银行卡收单业务的下列表述中，正确的有（　　）。

A. 特约商户为个体工商户或自然人的，可以使用其同名个人结算账户作为收单银行结算账户

B. 特约商户使用单位银行结算账户作为收单银行结算账户的，收单机构应当审核其合法拥有该账户的证明文件

C. 收单机构向特约商户收取的收单服务费由收单机构与特约商户协商确定具体费率

D. 收单机构应当对实体特约商户收单业务进行本地化经营和管理，不得跨省（自治区、直辖市）域开展收单业务

38. 个体工商户赵某向某银行申请银行卡收单业务，该银行将赵某认定为风险等级较高的特约商户，则银行有权采取的措施有（　　）。

A. 对开通的受理卡种和交易类型进行限制

B. 强化交易监测
C. 设置交易限额
D. 暂停银行卡交易

39. 甲公司的下列行为中，属于银行卡特约商户风险事件的有（　）。
   A. 移机
   B. 银行卡套现
   C. 留存持卡人账户信息
   D. 延迟结算

40. 根据支付结算法律制度的规定，下列行业刷卡交易，发卡行服务费、网络服务费全额减免的有（　）。
   A. 公立学校　　B. 私人诊所
   C. 养老院　　　D. 水电煤气缴费

41. 根据支付结算法律制度的规定，下列关于办理汇兑业务的表述中，正确的有（　）。
   A. 汇款回单可以作为该笔汇款已转入收款人账户的证明
   B. 汇兑凭证记载的汇款人、收款人在银行开立存款账户的，必须记载其账号
   C. 汇款回单是汇出银行受理汇款的依据
   D. 收款通知单是银行将款项已转入收款人账户的凭据

42. 下列关于委托收款的说法中，正确的有（　）。
   A. 单位和个人均可以使用
   B. 委托收款以银行以外的单位为付款人的，委托收款凭证必须记载付款人开户银行名称
   C. 委托收款以银行以外的单位为收款人的，委托收款凭证必须记载收款人开户银行名称
   D. 未在银行开立存款账户的个人，不能办理委托收款业务

43. 下列关于国内信用证办理和使用要求的表述中，符合支付结算法律制度规定的有（　）。
   A. 我国信用证为不可撤销的跟单信用证
   B. 我国信用证付款期限最长不超过1年
   C. 信用证未明示可议付，任何银行不得办理议付
   D. 开证行可要求申请人交存一定数额的保证金

44. 赵某到发卡机构一次性购买4万元不记名预付卡，则下列说法中正确的有（　）。
   A. 发卡机构应当要求赵某提供身份证件
   B. 赵某可以使用现金购买
   C. 赵某可以使用信用卡购买
   D. 赵某可以使用借记卡购买

三、判断题

1. 甲签发一张支票给乙，金额为人民币5 000元。乙将票据金额由5 000元更改为50 000元后背书转让给丙，则乙的行为属于伪造。（　）

2. 除国家法律、行政法规和国务院规定外，任何单位和个人不得强令存款人到指定银行开立银行结算账户。（　）

3. 单位和银行在票据上记载的名称可以是全称也可以是简称。（　）

4. 赵某拟向招商银行某支行借款40万元用于个人购房，已知赵某在该支行未开立任何银行结算账户，则赵某应当在该支行开立一般存款账户，用于借款转存。（　）

5. 财政部门为预算单位在商业银行开设的零余额账户，作为临时账户管理。（　）

6. 单位存款人申请变更预留银行印章，由法定代表人直接办理，不得授权他人。（　）

7. 甲公司签发一张支票给乙公司，保证人为丙公司，乙公司将其背书转让给丁公司，则可以行使付款请求权的为乙公司和丁公司。（　）

8. 当事人丢失票据后申请挂失止付时，填写的挂失止付通知书应记载挂失止付人的姓名、营业场所或者住所以及联系方法等内容。（　）

9. 失票人申请挂失止付，付款人或者代理付款人自收到挂失止付通知书之日起12日内没有收到人民法院的止付通知书的，自第13日起，不再承担止付责任，持票人提示付款即依法向持票人付款。（　）

10. 在票据丧失后，可以不进行挂失止付，但必须进行公示催告程序，若直接针对该票据的承兑人或出票人提起普通诉讼，法院不予受理。（　）

11. 甲公司从乙公司处购买一批原材料，为支付货款，向乙公司签发一张3个月后到期的银行承兑汇票，票据到期的第二天，乙公司持该汇票向承兑人提示付款，承兑人以甲公司账户余额不足为由拒绝付款，承兑人拒绝付款的做法符合法律规定。（　）

12. 甲公司从乙公司处购买一批原材料，为支付货款，向乙公司签发一张3个月后到期的商业承兑汇票，乙公司将该汇票背书转让给丙

公司以支付欠款，票据到期的第二天，丙公司持该汇票向甲公司提示付款，甲公司以乙公司所发材料为残次品，双方已经解除合同为由拒绝付款，甲公司拒绝付款的做法符合法律规定。（ ）

13. 以下为某银行转账支票背面背书签章的示意图。该转账支票背书连续，背书有效。（ ）

被背书人：乙公司	被背书人：丙公司	被背书人：丁公司	被背书人：丁公司开户银行
甲公司签章	乙公司签章	乙公司签章	丁公司签章 委托收款

14. 甲公司签发一张商业汇票给乙公司，乙公司将该汇票背书转让给丙公司并在票据背面注明"不得转让"字样，此行为属于附条件的背书。（ ）

15. 汇票上未记载承兑日期的，承兑行为无效。（ ）

16. 银行汇票的提示付款期限为自出票之日起1个月，持票人超过付款期限提示付款的，出票银行不予受理。（ ）

17. 申请人缺少解讫通知要求退款的，出票银行应于银行汇票提示付款期满后办理。（ ）

18. 甲公司持商业承兑汇票向乙银行办理票据贴现时，应当提供与其直接前手之间进行商品交易的增值税发票和商品发运单据复印件。（ ）

19. 贴现银行追索票款时可从申请人的存款账户直接收取票款。（ ）

20. 北京的甲公司为履行与乙公司的买卖合同，签发一张由本公司承兑的商业汇票交付乙公司，汇票收款人为乙公司，到期日为4月6日。2月16日，乙公司将该汇票背书转让给南京的丙公司，3月18日，丙公司持该汇票向其开户银行办理贴现，该汇票的贴现天数是19天。（ ）

21. 全国支票影像系统支持支票全国使用。（ ）

22. 商业汇票的出票人使用商业汇票时银行账户必须具有足额的资金，以保证票据到期时能够支付汇票金额。（ ）

23. 凡在中国境内金融机构开立基本存款账户的单位，应当凭工商机关核发的营业执照向开户银行申领单位卡。（ ）

24. 发卡银行应在与持卡人签订的信用卡协议中同时注明日利率和月利率。（ ）

25. 申请成为银行卡清算机构的，注册资本不低于5亿元人民币。（ ）

26. 外资企业不能申请在中国境内设立银行卡清算机构。（ ）

27. 银联商务属于互联网支付企业，其特点是依托自有电子商务网站，提供担保功能，以在线支付为主，立足于个人消费者端。（ ）

28. 收款人对同一付款人发货托收累计3次收不回货款的，收款人开户银行应暂停其向外办理托收。（ ）

29. 国内信用证的受益人提交了相符单据，即使申请人交存的保证金及其存款账户余额不足支付，开证行仍应在规定的时间内付款。（ ）

30. 不准违章签发、承兑、贴现票据，套取银行资金是单位和个人办理支付结算所应遵循的结算纪律。（ ）

四、不定项选择题

【资料一】2020年1月8日，甲公司成立，张某为法定代表人，李某为财务人员。1月10日李某携带资料到P银行申请开立了基本存款账户。1月15日甲公司在Q银行申请开立了基本建设资金专户、1月20日甲公司签发一张金额为360万元、由P银行承兑的电子商业汇票交付乙公司。乙公司因急需资金，于5月6日向M银行申请办理了汇票贴现。

要求：根据上述资料，不考虑其他因素，分析回答下列小题。

1. 关于甲公司在P银行开立账户的下列表述中，正确的是（ ）。

A. 该账户2020年1月10日不能办理对外付款业务

B. 甲公司应填制开立银行结算账户申请书

C. P银行应报经当地中国人民银行分支机构核准

D. 甲公司与P银行应签订银行结算账户管理协议

2. 关于甲公司在Q银行开立账户的下列表述中，

正确的是( )。
A. 甲公司应向 Q 银行出具主管部门批文
B. 甲公司应向 Q 银行出具基本存款账户开户许可证
C. 该账户支取现金应在开户时报经中国人民银行当地分支机构批准
D. 银行应向中国人民银行当地分支机构备案

3. P 银行承兑该汇票应当办理的手续是( )。
A. 审查甲公司的资格与资信
B. 对汇票真实交易关系在线审核
C. 与甲公司签订承兑协议
D. 收取甲公司承兑手续费

4. 乙公司到 M 银行办理贴现必须记载的事项是( )。
A. 贴出人乙公司签章
B. 贴现利率
C. 实付金额
D. 贴入人 M 银行名称

【资料二】2019 年 12 月 12 日，甲公司为支付劳务费向李某签发并交付一张金额为 5 万元的现金支票。在提示付款期内，李某向 P 银行提示付款时，甲公司存款余额为 1 万元。

已知，甲公司开户银行为 P 银行，预留 P 银行签章为财务专用章和法定代表人张某的个人名章。

要求：根据上述资料，不考虑其他因素，分析回答下列小题。

1. 甲公司签发该支票必须记载的事项是( )。
A. 出票日期
B. 出票金额
C. 加盖财务专用章和张某的个人名章
D. 付款人 P 银行名称

2. 下列日期中，属于该支票提示付款期限内的是( )。
A. 2020 年 2 月 12 日
B. 2020 年 1 月 12 日
C. 2019 年 12 月 13 日
D. 2019 年 12 月 29 日

3. 李某提示付款应当办理的手续是( )。
A. 填制进账单交 P 银行
B. 在支票背面注明李某的身份证件名称、号码和发证机关
C. 向 P 银行交验本人身份证件

D. 在支票上签章

4. 关于提示付款时甲公司存款余额为 1 万元的下列表述中，正确的是( )。
A. P 银行应拒绝付款并出具拒绝付款证明
B. 该支票为空头支票
C. P 银行应向李某支付款项 1 万元
D. 李某有权要求甲公司给予赔偿

【资料三】2018 年 6 月甲公司在 P 银行开立基本存款账户，2018 年 6 月 12 日，财务人员王某代理甲公司向 P 银行申请签发一张金额为 100 万元的银行汇票，交予业务员张某到异地乙公司采购货物。张某采购货物金额为 99 万元，与票面金额相差 1 万元。乙公司发货后张某将汇票交付乙公司财务人员李某，李某审查后填写结算金额。7 月 10 日李某持票到本公司开户银行 Q 银行提示付款。

要求：根据上述资料，不考虑其他因素，分析回答下列小题。

1. 下列关于王某代理甲公司办理银行汇票申请业务的表述中，正确的是( )。
A. 在"银行汇票申请书"上填明收款人为乙公司
B. 在"银行汇票申请书"上填明申请人为甲公司
C. 在"银行汇票申请书"上的出票金额栏填写"现金"字样
D. 在"银行汇票申请书"上加盖甲公司预留 P 银行签章

2. 下列各项中，属于李某接受银行汇票后应当审查的事项是( )。
A. 出票日期是否更改过
B. 汇票的大小写金额是否一致
C. 银行汇票与解讫通知的汇票号码和记载事项是否一致
D. 汇票上填写的收款人是否为乙公司

3. 下列对该汇票实际结算金额的填写表述中，李某应当采用的是( )。
A. 在汇票上不填写实际结算金额，填写多余金额 1 万元
B. 在汇票上填写实际结算金额为 100 万元
C. 在汇票上填写实际结算金额为 99 万元，不填写多余金额
D. 在汇票上填写实际结算金额为 99 万元，

多余金额为1万元

4. 下列关于李某办理汇票提示付款的表述中，正确的是( )。
   A. 应填写进账单
   B. 应将汇票和解讫通知提交Q银行
   C. 应出具乙公司营业执照
   D. 应在汇票背面加盖乙公司预留Q银行签章

【资料四】2018年12月10日，W市甲公司向乙公司签发一张金额为10万元的纸质商业汇票用于支付货款。12月11日乙公司向甲公司开户银行P银行申请承兑，P银行受理申请。P银行审查相关资料后给予承兑，但未在汇票上记载承兑日期。2019年3月11日汇票到期，持票人乙公司委托开户银行Q银行收取汇票款项。

要求：根据上述资料，不考虑其他因素，分析回答下列小题。

1. 甲公司签发汇票时，下列事项中属于必须记载事项的是( )。
   A. 出票人甲公司签章
   B. 收款人名称乙公司
   C. 付款人名称P银行
   D. 出票地W市

2. P银行受理申请承兑该汇票，应当办理的事项是( )。
   A. 审查甲公司的资格、资信、合同与发票
   B. 收取承兑手续费
   C. 在票据市场基础设施上登记汇票承兑信息
   D. 向乙公司签发收到汇票的回单

3. 该汇票的承兑日期是( )。
   A. 2018年12月11日
   B. 2018年12月13日
   C. 2018年12月10日
   D. 2018年12月12日

4. 乙公司委托Q银行收取汇票款项应当办理的事项是( )。
   A. 在委托收款凭证上记载付款人为P银行
   B. 将填写好的委托收款凭证与汇票一并提交Q银行
   C. 在委托收款凭证上签章
   D. 在委托收款凭证上记载收款人为乙公司

【资料五】2019年8月7日，王某为购物消费便利，到甲支付机构一次性购买一张记名预付卡和若干张不记名预付卡，共计金额6万元。购卡后，王某在生活中广泛使用。2020年5月王某因被派驻国外工作，将剩余的不记名预付卡交由妻子刘某使用，同时委托妻子刘某将记名预付卡代理自己赎回。

要求：根据上述资料，不考虑其他因素，分析回答下列小题。

1. 甲支付机构向王某出售预付卡时，下列信息中，应当登记的是( )。
   A. 王某的身份证件名称和号码
   B. 购卡总金额
   C. 预付卡卡号
   D. 王某的联系方式

2. 王某本次购买预付卡，下列拟使用的资金结算方式中，正确的是( )。
   A. 手机银行转账6万元
   B. 信用卡刷POS机6万元
   C. 借记卡刷POS机6万元
   D. 现金支付6万元

3. 下列事项中，王某可以使用记名预付卡办理的是( )。
   A. 在商场购买预付卡
   B. 将卡内资金转入第三方支付账户
   C. 在甲支付机构签约的特约商户中购物消费
   D. 购买交通卡

4. 刘某为王某代理赎回预付卡时，下列资料中，必须出示的是( )。
   A. 王某的有效身份证件
   B. 王某的记名预付卡
   C. 刘某与王某的结婚证件
   D. 刘某的有效身份证件

心有灵犀答案及解析

一、单项选择题

1. B 【解析】非现金支付工具主要包括"三票一卡"和结算方式。"三票一卡"是指汇票、本票、支票和银行卡，结算方式包括汇兑、托收承付和委托收款等。

2. B 【解析】选项AC，"7月"前无须加"零"，

因为不加零也不会导致变造行为的发生，即票据出票日期不可能被变造为"壹拾柒月"；选项D，"15日"前应加"壹"，因为不加壹，票据出票日期很容易被变造为"贰拾伍日"。

3. B 【解析】单位的法定代表人发生变更时，应于5个工作日内书面通知开户银行并提供有关证明。

4. A 【解析】选项A，可以开立临时存款账户。

5. A 【解析】选项A，撤销银行结算账户的，应先撤销一般存款账户、专用存款账户、临时存款账户，将账户资金转入基本存款账户后，方可办理基本存款账户的撤销。

6. A 【解析】选项A，设立异地临时机构可以申请开立临时存款账户；设立异地常设机构可申请开立基本存款账户。

7. C 【解析】申请开立Ⅰ类账户必须有银行工作人员现场核验开户申请人的身份信息，银行工作人员未现场核验开户申请人身份信息的，通过网上银行和手机银行等电子渠道受理银行账户开户申请的，银行可为开户申请人开立Ⅱ类或Ⅲ类户。

8. D 【解析】Ⅲ类个人银行结算账户，可以办理"限额"消费和缴费、限额向非绑定账户转出资金业务。不得存取现金和购买投资理财产品。

9. C 【解析】选项ABC，中国境内已登记常住户口的中国公民，有效身份证件为居民身份证，不满16周岁的，可以使用居民身份证或户口簿；选项D，个人的完税证明、水电煤缴费单等税费凭证可作为辅助身份证明。

10. C 【解析】融资功能即融通资金或调度资金。票据的融资功能是通过票据的贴现、转贴现和再贴现实现的。

11. D

12. B

13. B 【解析】丁公司行使追索权的对象是甲公司，甲公司是汇票的出票人，持票人对商业汇票出票人的权利，自票据到期日起2年，该汇票的付款日期为同年3月20日，行使追索权的期限自2020年3月20日至2022年3月20日之前。

14. C 【解析】背书人未记载被背书人名称即将票据交付他人的，持票人在被背书人栏内记载自己的名称与背书人记载具有同等法律效力。

15. B 【解析】选项A，"不得转让"字样为任意记载事项；选项B，背书日期为相对记载事项，不记载视为在票据到期日前背书；选项CD，为背书的必须记载事项。

16. C

17. C 【解析】质押背书属于"非转让"背书。

18. A 【解析】见票后定期付款的汇票，持票人应自出票日起1个月内提示承兑。

19. C 【解析】银行承兑汇票的提示付款期限，自汇票到期日起10日内。持票人依照规定提示付款的，承兑银行必须在当日足额付款。银行承兑汇票的出票人于汇票到期日未能足额交存票款时，承兑银行除凭票向持票人无条件付款外，对出票人尚未支付的汇票金额按照每天0.5‰计收利息。

20. B 【解析】选项B，由于现金银行汇票不得背书转让，因此申请"现金"银行汇票，申请人需在申请书上填明"代理付款人"名称。

21. D

22. B 【解析】金融机构办理承兑、质押、保证等业务，应当"不晚于"业务办理的"次一工作日"在票据市场基础设施完成相关信息登记工作。

23. A 【解析】选项A，纸质商业承兑汇票完成承兑后，"承兑人开户银行"应当根据承兑人（甲公司）委托代其进行承兑信息登记；选项B，承兑信息未能及时登记的，"持票人"（乙公司）有权要求承兑人补充登记承兑信息；选项C，纸质票据票面信息与登记信息不一致的，以"纸质票据票面信息"为准；选项D，电子商业汇票的签发、承兑、质押、保证、贴现等信息，应当通过电子商业汇票系统同步传送至票据市场基础设施。

24. C 【解析】支票的出票日期是支票的必须记载事项，若欠缺，则支票无效。

25. B 【解析】按是否具有透支功能银行卡分为信用卡和借记卡，其中信用卡可以透支。

26. A 【解析】单位人民币卡账户的资金一律从其基本存款账户转账存入。不得存取现金，不得将销货收入存入单位卡账户。单位人民币卡可办理商品交易和劳务供应款项的结算，但不得透支。

27. A 【解析】选项ACD，发卡机构对向持卡人收取的违约金和年费、取现手续费、货币兑换费等服务费用不得计收利息；选项B，发卡机构向持卡人提供超过授信额度用卡服务的，不得收取超限费。

28. D 【解析】线上支付包括直接使用网上银行进行的支付和通过第三方支付平台进行的支付。

29. D 【解析】B2B网上支付是企业网上银行子系统的功能。

30. B 【解析】选项AD，汇兑凭证记载的汇款人、收款人在银行开立存款账户的，必须记载其账号；选项B，汇款人对汇出银行尚未汇出的款项可以申请撤销；选项C，单位和个人各种款项的结算，均可使用汇兑结算方式。

31. C 【解析】选项ABD，不记名预付卡，不可挂失、不可赎回、有效期不得低于3年。

32. A 【解析】选项B，预付卡不得用于购买、交换非本发卡机构发行的预付卡；选项C，预付卡不得用于或变相用于提取现金；选项D，预付卡以人民币计价，不具有透支功能。

33. C 【解析】选项A，单张不记名预付卡资金限额不得超过1 000元；选项B，一次性购买不记名预付卡1万元以上的，应当使用实名并向发卡机构提供有效身份证件；选项D，不得用于购买非本机构发行的预付卡。

34. C 【解析】选项ABD，同城、异地均可使用；选项C，只能用于同一票据交换区域。

35. C 【解析】选项C，只能单位使用，个人不能使用；选项ABD，单位和个人均可使用。

36. A 【解析】选项A，属于使用银行结算账户违规的行为，对经营性存款人，可处以5 000元以上3万元以下罚款；选项BCD，属于伪造、变造开户许可证及开立、变更银行结算账户违规的行为，对经营性存款人，可处以1万元以上3万元以下罚款。

37. C 【解析】选项ABD，应由银行承担法律责任。

38. D 【解析】选项A，对"屡次"签发的，(开

户)银行应停止其签发支票；选项B，由中国人民银行处以票面金额5%但不低于1 000元的罚款；选项C，持票人有权要求出票人赔偿支票金额2%的赔偿金。

二、多项选择题

1. ABC 【解析】选项D，票据的出票日期必须使用中文大写。

2. ABD 【解析】选项C，属于银行结算账户管理的原则。

3. BCD 【解析】选项AB，伪造是指无权限人假冒他人或虚构他人名义签章的行为；变造是指无权更改票据内容的人，对票据上签章以外的记载事项加以改变的行为。甲公司的行为属于伪造乙公司签章的行为。选项C，票据是文义证券，以签章为权利义务构成要件，票据上并无伪造人甲公司签章，因此甲公司不承担票据责任。选项D，票据上被伪造人乙公司的签章，并非其真实意思表示，因此乙公司不承担票据责任。

4. ABC 【解析】选项A，"开立单位银行结算账户申请书"上应加盖单位公章而非"单位公章或财务专用章"；选项B，应于5个工作日内向开户银行提出银行结算账户的变更申请；选项C，存款人迁址需要变更开户银行的，才应办理银行结算账户的撤销。

5. AD 【解析】选项AD，企业银行结算账户实行备案制，不再核发开户许可证；选项BC，属于非营利法人其开立银行结算账户仍实行核准制。

6. AB 【解析】选项AB，预算单位零余额账户可以办理转账、"提取现金"等结算业务，可以向本单位按账户管理规定保留的相应账户划拨工会经费、住房公积金及提租补贴，以及财政部门批准的特殊款项；选项CD，预算单位零余额账户不得违反规定向"本单位其他账户"和"上级主管单位""所属下级单位账户"划拨资金。

7. ACD 【解析】选项A，一个基层预算单位开设一个零余额账户；选项C，临时存款账户的有效期限最长不得超过2年；选项D，注册验资的临时存款账户在验资期间只收不付。

8. ABC 【解析】选项AB，Ⅰ、Ⅱ类账户均可办理现金存取业务，只是Ⅰ类账户无限额要

求，Ⅱ类账户有限额要求；选项 C，Ⅰ、Ⅱ类账户均可配发实体卡片；选项 D，Ⅲ类账户任一时点的余额不得超过 2 000 元。

9. ABC 【解析】选项 D，无民事行为能力人可以申请开立个人银行结算账户，由法定代理人代理开立。

10. AD 【解析】选项 A，临时存款账户可以支取现金，但应按照国家现金管理的规定办理；选项 B，收入汇缴账户除向其基本存款账户或预算外资金财政专用存款账户划缴款项外，只收不付，不得支取现金；选项 C，一般存款账户不得办理现金支取；选项 D，银行可通过Ⅱ类户为存款人提供限额支取现金的服务。

11. ABCD 【解析】选项 A，丁公司明知该票据为捡来的但为收回货款欣然接受，属于恶意取得票据，不享有票据权利；选项 B，票据的取得必须给付对价，丙公司对捡到的票据不享有票据权利；选项 C，票据是文义证券，以签章为权利义务构成要件，该票据无伪造人丙公司的签章，丙公司不承担票据责任；选项 D，票据上虽然有乙公司签章但并非其真实意思表示，被伪造人乙公司不承担票据责任。

12. BCD 【解析】选项 A，已承兑的商业汇票、支票、填明"现金"字样和代理付款人的银行汇票以及填明"现金"字样的银行本票丧失，可以由失票人通知付款人或者代理付款人挂失止付。

13. BD 【解析】选项 A，失票人可以在票据丧失后，依法向票据支付地人民法院申请公示催告，公示催告是非诉程序，没有被告；选项 C，公示催告应当在全国性的报纸上刊登。

14. ABC 【解析】选项 A，持票人对前手的追索权，自被拒绝承兑或被拒绝付款之日起 6 个月内不行使的，该权利丧失；选项 B，持票人对票据承兑人的权利自票据到期日起 2 年内不行使的，该权利丧失；选项 C，持票人对支票出票人的权利自出票日起 6 个月内不行使的，该权利丧失。

15. BCD 【解析】选项 A，背书人签章是背书的必须记载事项，未记载则背书行为无效；选项 B，支票限于见票即付，不得另行记载

付款日期，另行记载的该记载无效；选项 C，"不得转让"字样，属于票据的任意记载事项；选项 D，票据上的非法定记载事项不具有票据上的效力，银行对该类事项不负审查责任。

16. BC 【解析】选项 A，票据贴现属于转让背书；选项 D，背书人未记载被背书人名称即将票据交付他人的，持票人在被背书人栏内记载自己的名称与背书人记载具有同等法律效力。

17. BCD 【解析】选项 A，粘单上的"第一记载人"，应当在票据和粘单的粘接处签章。

18. BD 【解析】选项 A，承兑附条件的，视为拒绝承兑；选项 C，保证不得附有条件，附有条件的，不影响对汇票的保证责任。

19. BC 【解析】选项 A，属于保证的必须记载事项；选项 D，属于不得记载的事项。

20. ABCD 【解析】A 公司是出票人，B 公司为前手背书人，甲银行为承兑人，赵某为保证人，持票人合法的付款请求权无法实现，票据的出票人、背书人、承兑人和保证人对持票人承担连带责任，持票人可以不按照票据债务人的先后顺序，对其中任何一人、数人或者全体行使追索权。

21. ABD 【解析】选项 AB，支票的持票人超过提示付款期限提示付款的，持票人的开户银行不予受理，付款人不予付款；选项 CD，支票的持票人超过提示付款期限提示付款的，丧失对前手的追索权，但出票人仍应当承担付款责任。

22. BD 【解析】选项 A，票据上未记载被保证人名称，已承兑的汇票承兑人为被保证人，未承兑的汇票，出票人为被保证人，本题中，票据未承兑，因此甲公司是被保证人；选项 C，P 银行拒绝承兑，因此不是承兑人而只是付款人，付款人只承担相对付款义务，持票人不能向其行使追索权。

23. AC 【解析】选项 B，背书人在票据上记载"不得转让"字样，其后手再背书转让的，原背书人（乙公司）对后手的被背书人（丁公司）不承担保证责任；选项 D，支票的付款人并非票据的主债务人，只承担相对付款义务，不能向其追索。

24. ACD 【解析】选项B,对银行本票来说,只有"现金"银行本票和"未在本行开立存款账户"的申请人,才能退回现金。

25. AC 【解析】选项AC,甲公司为出票人,乙公司为承兑人,票据的持票人合法的付款请求权无法实现时,可以向其追索;选项BD,P银行是甲公司的开户银行,Q银行是乙公司的开户银行,两家银行并非出票人和承兑人,不能对其进行追索。

26. ABC 【解析】选项D,可以追索的金额不包括持票人的间接损失。

27. ABC 【解析】选项D,持票人不能出示拒绝证明、退票理由书丧失对其"前手"的追索权,但承兑人或付款人仍应当对持票人承担责任。

28. ACD 【解析】选项B,单张出票金额在"300万元"以上的商业汇票应全部通过电子商业汇票办理。

29. CD 【解析】选项A,电子商业汇票贴现应由"贴出人"签章;选项B,电子商业汇票回购式贴现赎回时应由"原贴入人"签章。

30. BD 【解析】票据未经承兑人付款确认和保证增信即交易的,若承兑人未付款,应当由贴现人(P银行)先行偿付。该票据在交易后又经承兑人付款确认的,应当由承兑人(甲公司)付款,若承兑人未付款,应当由贴现人(P银行)先行偿付。

31. ACD 【解析】选项A,支票的提示付款期限自出票日起10日;选项C,商业汇票的提示付款期限自到期日起10日;选项D,银行本票的提示付款期限自出票日起2个月。

32. BCD 【解析】选项B,划线支票仅为普通支票的特殊形式,不包括在支票的种类当中;选项C,出票人可以在支票上记载自己为收款人;选项D,出票人签发的支票金额超过其"付款时"在付款人处实有的存款金额的,为空头支票。

33. ABD 【解析】选项A,支票限于见票即付,不能另行记载付款日期,另行记载的,该记载无效;选项B,付款地为支票的相对记载事项,支付未记载付款地的,以付款人的营业场所为付款地;选项D,金额、收款人名

称为支票的授权补记事项。

34. BCD 【解析】选项A,年满18周岁,有固定职业和稳定收入,工作单位和户口在常住地的城乡居民可以申请贷记卡。

35. CD 【解析】选项AB,信用卡持卡人通过ATM等自助机具办理现金提取业务,每卡每日累计不得超过人民币1万元;借记卡持卡人通过ATM等自助机具办理现金提取业务,每卡每日累计不得超过人民币2万元。

36. BCD 【解析】选项AB,贷记卡非现金交易可以享受免息还款期和最低还款额待遇;选项C,单位人民币卡不得透支;选项D,信用卡透支利率下限为日利率万分之五的0.7倍。

37. ABCD

38. ABC 【解析】选项D,属于发生风险事件时的应对措施。

39. ABC 【解析】选项D,属于银行发现特约商户风险等级较高时采取的应对措施之一。

40. AC 【解析】选项AC,非营利性的教育机构、社会福利机构刷卡交易,发卡行服务费、网络服务费全额减免;选项B,非营利性的医疗机构刷卡交易,发卡行服务费、网络服务费全额减免,显然私人诊所不属于非营利性的医疗机构;选项D,水电煤气缴费发卡行服务费、网络服务费优惠。

41. BCD 【解析】选项A,汇款回单只能作为汇出银行受理汇款的依据,不能作为该笔汇款已转入收款人账户的证明。

42. ABC 【解析】选项D,未在银行开立存款账户的个人为收款人,委托收款凭证必须记载被委托银行名称。

43. ABCD

44. ABD 【解析】选项A,一次性购买1万元以上的不记名预付卡需要提供身份证件;选项BD,个人一次性购买预付卡5万元以上的,应通过银行转账等非现金结算方式购买,不得使用现金,本题中购买金额为4万元未达到法定标准;选项C,购买预付卡不能通过信用卡付款。

三、判断题

1. × 【解析】伪造是指无权限人假冒他人或虚构他人名义签章的行为;变造是指无权更改票据内容的人,对票据上签章以外的记载事

项加以改变的行为，乙的行为属于变造。

2. √
3. × 【解析】单位和银行的名称应当记载全称或者"规范化"简称。
4. × 【解析】一般存款账户属于单位银行结算账户，个人不能开立。
5. × 【解析】应该按基本存款账户或专用存款账户管理。
6. × 【解析】单位存款人申请变更预留公章或财务专用章，可由法定代表人或单位负责人直接办理，也可授权他人办理。
7. × 【解析】付款请求权是持票人向支票的付款人出示票据要求付款的权利。丁公司是最后的被背书人，是票据持票人，可以行使付款请求权。
8. √
9. √
10. × 【解析】挂失止付并不是票据丧失后采取的必经措施，而只是一种暂时的预防措施；如果与票据上的权利有利害关系的人是明确的，无须公示催告，可按一般的票据纠纷向法院提起诉讼。
11. × 【解析】票据债务人不得以自己与出票人之间的抗辩事由对抗善意持票人。
12. × 【解析】票据债务人不得以自己与持票人的前手之间的抗辩事由对抗善意持票人。
13. × 【解析】该票据第二次背书的被背书人（丙公司）与第三次背书的背书人（乙公司）不是同一人，该票据背书不连续。
14. × 【解析】"不得转让"为任意记载事项，不属于背书附条件。
15. × 【解析】汇票上未记载承兑日期的，应当以收到提示承兑的汇票之日起三日内的最后一日为承兑日期。
16. × 【解析】银行汇票持票人超过提示付款期限，必须在票据权利时效内向出票银行作出说明，并提供本人身份证件或单位证明，持银行汇票和解讫通知向出票银行请求付款，出票银行应当付款。
17. × 【解析】申请人缺少解讫通知要求退款的，出票银行应于银行汇票提示付款期满1个月后办理。
18. × 【解析】贴现申请人无须提供发票、合

同等资料。

19. √
20. × 【解析】贴现的期限从其贴现之日起至汇票到期的前一日，承兑人在异地的，贴现的期限应另加3天的划款日期，贴现期=19+3=22（天）。
21. √
22. × 【解析】商业承兑汇票的出票人只要具有支付汇票金额的"可靠资金来源"即可使用商业汇票。
23. × 【解析】本题所述情形，应当凭开户许可证或企业基本存款账户编号申领单位卡。
24. × 【解析】信用卡协议中应同时注明"日利率"和"年利率"。
25. × 【解析】申请成为银行卡清算机构的，注册资本不低于"10亿元"人民币。
26. × 【解析】自2015年6月1日起，我国放开银行卡清算市场，符合条件的"内外资企业"均可申请在中国境内设立银行卡清算机构。
27. × 【解析】银联商务属于金融型支付企业，其特点是无担保功能，仅为用户提供支付产品和支付系统解决方案，侧重行业需求和开拓行业应用，立足于企业端。
28. × 【解析】本题所述情形，收款人开户银行应暂停"向该付款人"办理托收。
29. √
30. × 【解析】银行办理支付结算，不准违章签发、承兑、贴现票据，套取银行资金。

四、不定项选择题

【资料一】

1. BD 【解析】选项A，企业银行结算账户自开立之日即可办理收付款业务；选项C，企业开立基本存款账户、临时存款账户取消核准制，实行备案制，不再颁发开户许可证；选项D，开立银行结算账户时，银行应与存款人签订银行结算账户管理协议，明确双方的权利与义务。

2. ACD 【解析】选项A，申请开立基本建设资金专用存款账户应出具主管部门批文；选项B，甲公司开立基本存款账户实行备案制，未取得开户许可证，开立专用存款账户应出具企业基础存款账户编号；选项C，基本建

设资金账户需要支取现金的,应在开户时报中国人民银行当地分支行批准;选项 D,企业开立专用存款账户实行备案制,开户银行应向中国人民银行当地分支行备案。

3. ABCD 【解析】选项 A,银行承兑汇票的出票人或持票人向银行提示承兑时,银行的信贷部门负责按照有关规定和审批程序,对出票人的资格、资信、购销合同和汇票记载的内容进行认真审查;选项 B,对资信良好的企业申请电子商业汇票承兑的,金融机构可通过审查合同、发票等材料的影印件,企业电子签名的方式,对电子商业汇票的真实交易关系和债权债务关系进行在线审核选项;选项 C,符合规定和承兑条件的,承兑银行应与出票人签订承兑协议;选项 D,银行承兑汇票的承兑银行,应按票面金额的一定比例向出票人收取手续费,银行承兑汇票手续费为市场调节价。

4. ABCD 【解析】电子商业汇票贴现必须记载:贴出人名称;贴入人名称;贴现日期;贴现类型;贴现利率;实付金额;贴出人签章。

【资料二】

1. ABCD 【解析】(1)签发支票必须记载下列事项:表明"支票"的字样;无条件支付的委托;确定的金额;付款人名称;出票日期;出票人签章;(2)支票上的出票人的签章,出票人为单位的,为与该单位在银行预留签章一致的财务专用章或者公章加其法定代表人或者其授权的代理人的签名或者盖章。

2. C 【解析】支票的提示付款期限自出票日起10日。本题中,出票日为 2019 年 12 月 12 日,至 2019 年 12 月 22 日提示付款期满。

3. BCD 【解析】选项 A,是转账支票提示付款应当办理的手续;选项 BCD,收款人持用于支取现金的支票向付款人提示付款时,应在支票背面"收款人签章"处签章,持票人为个人的,还需交验本人身份证件,并在支票背面注明证件名称、号码及发证机关。

4. ABD 【解析】选项 A,持票人提示承兑或者提示付款被拒绝的,承兑人或者付款人必须出具拒绝证明,或者出具退票理由书;选项 B,出票人签发的支票金额超过其付款时在付款人处实有的存款金额的,为空头支票;

选项 C,出票人签发空头支票的,银行应予以退票;选项 D,单位或个人签发空头支票不以骗取财物为目的的,持票人有权要求出票人赔偿支票金额2%的赔偿金。

【资料三】

1. ABD 【解析】选项 C,申请人或者收款人为单位的,不得在"银行汇票申请书"上填明"现金"字样。

2. ABCD 【解析】收款人受理银行汇票时,应审查的事项有:(1)银行汇票和解讫通知是否齐全,汇票号码和记载的内容是否一致(选项 C);(2)收款人是否为本单位或个人(选项 D);(3)银行汇票是否在提示付款期限内(自出票日起 1 个月);(4)必须记载的事项是否齐全;(5)出票人签章是否符合规定,大小写出票金额是否一致(选项 B);(6)出票金额、出票日期、收款人名称是否更改,更改的其他记载事项是否由原记载人签章证明(选项 A)。

3. D 【解析】收款人受理申请人交付的银行汇票时,应在出票金额以内,根据实际需要的款项办理结算,并将实际结算金额和多余金额准确、清晰地填入银行汇票和解讫通知的有关栏内。

4. ABD 【解析】在银行开立存款账户的持票人向开户银行提示付款时,应在汇票背面"持票人向银行提示付款签章"处签章,签章须与预留银行签章相同,并将银行汇票和解讫通知、进账单送交开户银行。

【资料四】

1. ABC 【解析】签发商业汇票必须记载下列事项:表明"商业承兑汇票"或"银行承兑汇票"的字样;无条件支付的委托;确定的金额;付款人名称;收款人名称;出票日期;出票人签章。

2. ABCD 【解析】选项 A,银行承兑汇票的出票人或持票人向银行提示承兑时,银行的信贷部门负责按照有关规定和审批程序,对出票人的资格、资信、购销合同和汇票记载的内容进行认真审查;选项 B,银行承兑汇票的承兑银行,应按票面金额的一定比例向出票人收取手续费,银行承兑汇票手续费为市场调节价;选项 C,纸质票据贴现前,金融机构办理承兑、质押、保证等业务,应当不晚于业务办理的次一工作日在票据市场基础设施完成相关信息登记工作；选项D，付款人收到持票人提示承兑的汇票时，应当向持票人签发收到汇票的回单。

3. B 【解析】汇票上未记载承兑日期的，应当以收到提示承兑的汇票之日起3日内的最后一日为承兑日期。

4. ABCD 【解析】签发委托收款凭证必须记载下列事项：表明"委托收款"的字样；确定的金额；付款人名称；收款人名称；委托收款凭据名称及附寄单证张数；委托日期；收款人签章。

【资料五】

1. ABCD 【解析】使用实名购买预付卡的，发卡机构应当登记购卡人姓名或单位名称、单位经办人姓名、有效身份证件名称和号码、联系方式、购卡数量、购卡日期、购卡总金额、预付卡卡号及金额等信息。

2. AC 【解析】选项ACD，个人一次性购买预付卡5万元以上的，应当通过银行转账等非现金结算方式购买，不得使用现金；选项B，购卡人不得使用信用卡购买预付卡。

3. C 【解析】选项AD，不得用于购买、交换非本发卡机构发行的预付卡；选项B，卡内资金不得向银行账户或向非本发卡机构开立的网络支付账户转移。

4. ABD 【解析】赎回时，持卡人应当出示预付卡及持卡人和购卡人的有效身份证件。由他人代理赎回的，应当同时出示代理人和被代理人的有效身份证件。

第四绝 "画"——劳动合同与社会保险法律制度

深闺画风

佳人"八绝"以"画"入微。正所谓"云雨山川素纸装，晓风残月入华章"。一如本章，涉及内容之广为各章之最。既有带薪年休假、试用期、医疗期等大量时间性规定需要加以记忆，同时还有劳动补偿、保险缴费金额等内容，需要准确理解并会计算。但好在本章内容贴近生活、贴近工作理解起来并不困难。同时学好本章对考生帮助尤深，无论是现在，还是遥远的未来，谁又能真正躲得开这份"合同"。

从考核上看，本章命题案例较多，尤其注重细节考察，在考试中所占分值15%。

2021年考试变化

本章无实质性变化。

人生初见

第一部分 劳动合同法律制度

考验一 劳动合同的订立（★★★）
扫我解疑难

（一）订立原则
1. 合法原则
2. 公平原则
3. 平等自愿原则
4. 协商一致原则
5. 诚实信用原则（双方均不得有欺诈行为）

【例题1·多选题】下列各项中，属于劳动合同订立原则的有( )。
A. 公平原则
B. 平等自愿原则
C. 协商一致原则
D. 诚实信用原则

答案 ▶ ABCD

（二）订立主体
1. 资格要求（见表4-1）

表4-1 劳动合同的订立主体及资格要求

订立主体		资格要求
劳动者	一般情况	年满"16周岁" 『注意1』劳动者就业，不因民族种族、性别、宗教信仰不同而受歧视； 『注意2』妇女享有与男子"平等"的就业权利。除国家规定的不适合妇女的工种或岗位外，不得以性别为由拒绝或提高对妇女的录用标准
	特殊情况	(1)"文艺、体育和特种工艺"不受年满16周岁限制，必须遵守国家有关规定，并保障其接受义务教育的权利 (2)残疾人、少数民族人员、退役军人就业，法律、法规有特别规定的，从其规定

续表

订立主体		资格要求
用人单位	一般情况	有营业执照或登记证书
	特殊情况	无营业执照或登记证书,受用人单位"**委托**"可与劳动者订立劳动合同

2. 双方义务(见表4-2)

表4-2　劳动合同订立主体双方的义务

订立主体		义务
劳动者	实话实说	如实说明与劳动合同"**直接相关**"的基本情况
用人单位	实话实说	如实告知工作内容、工作条件、工作地点、职业危害、安全生产状况、劳动报酬等
	不得扣押证件	(1)由劳动行政部门责令限期退还劳动者本人; (2)依照有关法律规定给予处罚
	不得要求提供担保和收取财物	(1)由劳动行政部门责令限期退还劳动者本人; (2)以"**每人**"500元以上2 000元以下的标准处以罚款; (3)给劳动者造成损害的,应当承担赔偿责任

【例题2·多选题】根据劳动合同法律制度的规定,用人单位招用未满16周岁的未成年人应遵守国家相关规定并保障其接受义务教育的权利。下列用人单位中,可招用未满16周岁未成年人的有(　　)。

A. 文艺单位　　　　B. 物流配送单位
C. 体育单位　　　　D. 餐饮单位

解析《劳动法》规定,禁止用人单位招用未满16周岁的未成年人。文艺、体育、特种工艺单位招用未满16周岁的未成年人,必须遵守国家有关规定,并保障其接受义务教育的权利。

答案 AC

【例题3·单选题】下列情形中,用人单位招用劳动者符合法律规定的是(　　)。

A. 甲公司设立的分公司已领取营业执照,该分公司与张某订立劳动合同
B. 乙公司以只招男性为由拒绝录用应聘者李女士从事会计工作
C. 丙超市与刚满15周岁的初中毕业生赵某签订劳动合同
D. 丁公司要求王某提供2 000元保证金后才与其订立劳动合同

解析选项B,在录用职工时,除国家规定的不适合妇女的工种或岗位外,不得以性别为由拒绝录用妇女,"会计工作"显然不属于国家规定的不适合妇女的工种或岗位;选项C,《劳动法》禁止用人单位招用未满16周岁的未成年人,但文艺、体育和特种工艺单位除外,丙超市显然不属于上述单位;选项D,用人单位招用劳动者,不得要求劳动者提供担保或者以其他名义向劳动者收取财物。

答案 A

【例题4·多选题】根据劳动合同法律制度的规定,用人单位需承担的义务有(　　)。

A. 告知劳动者工作内容、工作条件、工作地点、职业危害、安全生产状况、劳动报酬等
B. 不得扣押劳动者相关证件
C. 不得向劳动者索取财物
D. 不得要求劳动者提供担保

答案 ABCD

【例题5·多选题】某化妆品公司招聘了10名销售人员,在签订劳动合同时,要求员工缴纳300元的制服押金,等员工离职时再予以返还。根据《劳动合同法》的规定,下列对化妆品公司应承担的法律责任的表述中,正确的有(　　)。

A. 劳动行政部门可以责令该公司限期返还押金
B. 劳动行政部门可以对该公司处以500元的罚款
C. 劳动行政部门可以对该公司处以2 000元的罚款
D. 如果该公司的行为给员工造成损害的,应当承担赔偿责任

解析选项BC,用人单位以担保或者其他名义向劳动者收取财物的,由劳动行政部门责

令限期退还劳动者本人,并以每人500元以上2 000元以下的标准处以罚款。本题中,该化妆品公司向10名销售人员收取了财物,劳动行政部门可以对该公司处以5 000元以上2万元以下的罚款。

答案 AD

(三)建立劳动关系

用人单位自"用工之日"起即与劳动者建立劳动关系。

『老侯提示』 无论劳动者与用人单位是否签订劳动合同、何时签订劳动合同,劳动关系的建立时间都为用工之日。

【例题6·单选题】2020年3月1日,甲公司与吴某签订劳动合同,约定合同期限1年,试用期1个月,每月15日发放工资。吴某3月12日上岗工作,甲公司与吴某劳动关系的建立时间是( )。

A. 2020年3月12日
B. 2020年4月12日
C. 2020年3月15日
D. 2020年3月1日

解析 用人单位自"用工之日"起即与劳动者建立劳动关系。2020年3月12日,吴某上岗工作即为用工之日。

答案 A

【例题7·单选题】2019年8月1日,甲公司向郭某发出书面录用通知。8月6日,郭某到甲公司上班。8月10日,甲公司与郭某签订劳动合同,约定劳动合同期限2年,试用期1个月。甲公司与郭某劳动关系建立的时间为( )。

A. 2019年9月1日
B. 2019年8月10日
C. 2019年8月6日
D. 2019年8月1日

解析 用人单位自"用工之日"起即与劳动者建立劳动关系。2019年8月6日,郭某到甲公司工作即为用工之日。

答案 C

【例题8·单选题】2020年4月,赵某应聘到甲公司工作,双方口头约定了一个月试用期,但未订立书面劳动合同。关于双方劳动关系建立的下列表述中,正确的是( )。

A. 甲公司应当与赵某补签劳动合同,双方之间的劳动关系自合同补签之日起建立
B. 赵某与甲公司未订立劳动合同,双方之间未建立劳动关系
C. 赵某与甲公司之间的劳动关系自赵某进入公司开始工作时建立
D. 赵某与甲公司之间的劳动关系自试用期满时建立

解析 用人单位自用工之日起即与劳动者建立劳动关系。

答案 C

(四)签订劳动合同

1. 形式

建立劳动关系应当订立"书面"劳动合同。

『老侯提示』 劳动合同是"诺成"合同,原则上,双方应当以书面形式订立,但"非全日制用工"双方当事人可以订立"口头"协议。

2. 订立时间

(1)用人单位应当自用工之日起"1个月"内与劳动者订立书面劳动合同。

(2)未签订劳动合同的法律规定(见表4-3)。

表4-3 未签订劳动合同的法律规定

时间	具体情形	法律后果
用工之日起"1个月"内	双方订立书面劳动合同的	依约履行
	经用人单位书面通知后,劳动者不与用人单位订立书面劳动合同的	(1)终止劳动关系; (2)按实际工作时间向劳动者支付报酬; (3)无须向劳动者支付经济补偿
用工之日起"超过1个月""不满1年"	经单位提出,双方订立书面劳动合同的	用人单位应当自"用工之日起满1个月的次日起至补订书面劳动合同的前1日",向劳动者每月支付2倍的工资 『注意』2倍的工资是指:正常支付工资+额外一个月工资的补偿金
	经单位提出,劳动者不同意与用人单位订立书面劳动合同的	(1)终止劳动关系; (2)支付(离职)经济补偿

续表

时间	具体情形	法律后果
用工之日起"满1年"	用人单位仍未与劳动者订立书面劳动合同	(1)自用工之日起满1个月的次日至满1年的前1日应当向劳动者每月支付2倍的工资,即补偿劳动者"11个月"工资; (2)视为自用工之日起满1年的当日已经与劳动者订立无固定期限劳动合同,应当立即与劳动者补订书面劳动合同
用工之日起"超过1年"	仍未与劳动者"补订"书面劳动合同	履行补订书面无固定期限劳动合同义务 『注意』此时因视为双方已订立无固定期限劳动合同,所以用人单位只需履行补订合同责任,不再支付双倍工资。即超过1年后无论双方何时补订书面劳动合同,劳动者均只能获得11个月的工资补偿

【例题9·单选题】 2018年6月1日,刘某到甲公司上班。2019年6月1日,甲公司尚未与刘某签订劳动合同,下列关于甲公司未与刘某签订书面劳动合同法律后果的表述中,正确的是( )。

A. 视为双方自2019年6月1日起已经订立无固定期限劳动合同

B. 甲公司应向刘某支付2018年6月1日至2019年5月31日期间的2倍工资

C. 双方尚未建立劳动关系

D. 视为2018年6月1日至2019年5月31日为试用期

解析 选项A,自用工之日起满1年的,用人单位仍未与劳动者订立书面劳动合同,视为自用工之日起满1年的当日已经与劳动者订立无固定期限劳动合同;选项B,2倍工资的支付起算点为用工之日起满1个月的次日(2018年7月1日);选项C,劳动关系自用工之日(2018年6月1日)起建立;选项D,试用期为劳动合同的可备条款,应当由合同双方依法进行约定。

答案 A

【例题10·单选题】 2020年7月1日,甲公司书面通知张某被录用,7月6日张某到甲公司上班,11月15日甲公司与张某签订书面劳动合同,因未及时签订书面劳动合同,甲公司应向张某支付一定期间的2倍工资,该期间为( )。

A. 自2020年8月1日至2020年11月14日

B. 自2020年7月1日至2020年11月15日

C. 自2020年7月1日至2020年11月15日

D. 自2020年8月6日至2020年11月14日

解析 用人单位自用工之日起超过1个月不满1年未与劳动者订立书面劳动合同的,应当向劳动者每月支付2倍的工资,并与劳动者补订书面劳动合同;用人单位向劳动者每月支付2倍工资的起算时间为用工之日起满1个月的次日,截止时间为补订书面劳动合同的前一日。

答案 D

(五)合同的效力

1. 生效

劳动合同是诺成合同,双方协商一致,签字盖章依法订立即生效。

『注意』劳动合同是否生效,不影响劳动关系的建立。

2. 劳动合同无效或者部分无效的情形

(1)以欺诈、胁迫的手段或者乘人之危,使对方在违背真实意思的情况下订立或者变更劳动合同的;

(2)用人单位免除自己的法定责任、排除劳动者权利的;

(3)违反法律、行政法规强制性规定的。

3. 合同效力争议的认定

对劳动合同的无效或者部分无效有争议的,由"劳动争议仲裁机构"或者"人民法院"确认。

4. 无效劳动合同的法律后果

(1)无效劳动合同,从"订立时"起就没有法律约束力。

(2)劳动合同"部分无效",不影响其他部分效力的,其他部分仍然有效。

(3)劳动合同被确认无效,劳动者已付出劳动的,用人单位应当向劳动者支付劳动报酬。

(4)劳动合同被确认无效,给对方造成损失的,"有过错的一方"应当承担赔偿责任。

【例题11·多选题】 根据劳动合同法律制度的规定,下列情形中,可导致劳动合同无效或者部分无效的有( )。

A. 一方当事人以胁迫手段，使对方在违背真实意思的情况下订立的
B. 劳动合同条款违反法律、行政法规强制性规定的
C. 劳动合同签订后，用人单位发生分立的
D. 劳动合同欠缺必备条款的

解析 ▶ 选项C，用人单位发生合并或者分立等情况，原劳动合同继续有效，劳动合同由承继其权利和义务的用人单位继续履行；选项D，用人单位提供的劳动合同文本未载明《劳动合同法》规定的劳动合同必备条款的，由劳动行政部门责令改正；给劳动者造成损害的，应当承担赔偿责任。

答案 ▶ AB

【例题12·多选题】根据劳动合同法律制度的规定，下列关于无效劳动合同法律后果的表述中，正确的有( )。

A. 劳动合同部分无效，不影响其他部分效力的，其他部分仍然有效
B. 劳动合同被确认无效，给对方造成损害的，有过错的一方应当承担赔偿责任
C. 劳动合同被确认无效，劳动者已付出劳动的，用人单位应当向劳动者支付劳动报酬
D. 无效劳动合同，从合同订立时起就没有法律约束力

答案 ▶ ABCD

考验二 劳动合同的主要内容(★★★)

扫我解疑难

(一)劳动合同条款的分类(见表4-4)

表4-4 劳动合同条款的分类

必备条款	可备条款
(1)用人单位的名称、住所、法定代表人或者主要负责人； (2)劳动者的姓名、住址、身份证； (3)劳动合同期限； (4)工作内容和地点； (5)工作时间和休息休假； (6)劳动报酬； (7)社会保险； (8)劳动保护、劳动条件和职业危害防护	(1)试用期； (2)服务期； (3)保守商业秘密和竞业限制

【例题1·多选题】根据劳动合同法律制度的规定，下列各项中，属于劳动合同可备条款的有( )。

A. 竞业限制
B. 劳动合同期限
C. 服务期
D. 休息休假

解析 ▶ 选项BD，属于劳动合同的必备条款。

答案 ▶ AC

(二)必备条款

1. 劳动合同期限

(1)劳动合同期限的种类(见表4-5)。

表4-5 劳动合同期限的种类

种类	具体内容
以完成一定工作任务为期限的劳动合同	(1)以完成单项工作任务为期限的劳动合同； (2)以项目承包方式完成承包任务的劳动合同； (3)因季节原因用工的劳动合同
固定期限劳动合同	双方明确约定合同终止时间
无固定期限劳动合同	双方约定合同无确定终止时间

(2)无固定期限劳动合同。

视为：用人单位自用工之日起满1年不与劳动者订立书面劳动合同的，视为用人单位自用工之日起满1年的当日已经与劳动者订立无固定期限劳动合同。

意定：用人单位与劳动者协商一致，可以订立无固定期限劳动合同。

法定：有"下列情形"之一，劳动者提出或者同意续订、订立劳动合同的，除劳动者提出订立固定期限劳动合同外，应当订立无固定期限劳动合同。

『注意』出现法定情形，劳动者有选择权，而用人单位无选择权。

①劳动者在"该"用人单位"连续工作"满"10年"的。

②用人单位初次实行劳动合同制度或者国有企业改制重新订立劳动合同时，劳动者在"该"用人单位连续工作"满10年""且"距法定退休年龄"不足10年"的。

『注意1』关于"满10年"：连续工作满

10年的起始时间,应自用人单位用工之日起计算,包括《劳动合同法》施行前的工作年限。

【注意2】关于"连续工作":劳动者"非因本人原因"从原用人单位被安排到新用人单位工作,原用人单位的工作年限合并计算为新用人单位的工作年限。

【链接】劳动合同的解除和终止:在本单位连续工作满15年,且距法定退休年龄不足5年的,不得解除和终止劳动合同。

③连续订立2次固定期限劳动合同,且劳动者没有"下述情形",续订劳动合同的:

Ⅰ.严重违反用人单位的规章制度的;

Ⅱ.严重失职,营私舞弊,给用人单位造成重大损害的;

Ⅲ.劳动者同时与其他用人单位"建立劳动关系",对完成本单位的工作任务造成严重影响,或者经用人单位提出,拒不改正的;

Ⅳ.劳动者以欺诈、胁迫的手段或者乘人之危,使用人单位在违背真实意思的情况下订立或者变更劳动合同,致使劳动合同无效的;

Ⅴ.被依法追究"刑事责任"的;

Ⅵ.劳动者"患病或者非因工负伤",在规定的医疗期满后不能从事原工作,也不能从事由用人单位另行安排的工作的;

Ⅶ.劳动者不能胜任工作,经过培训或者调整工作岗位,仍不能胜任工作的。

【注意1】连续订立固定期限劳动合同的次数,自"2008年1月1日后"续订开始计算。

【注意2】用人单位违反规定不与劳动者订立无固定期限劳动合同的,自应当订立无固定期限劳动合同之日起向劳动者每月支付2倍的工资。

【老侯提示】区别未按规定期限签订书面劳动合同的"2倍工资"规定,此处不受最多11个月的限制。

【例题2·多选题】2008年以来,甲公司与下列职工均已连续订立2次固定期限劳动合同,再次续订劳动合同时,除职工提出订立固定期限劳动合同外,甲公司应与之订立无固定期限劳动合同的有( )。

A. 不能胜任工作,经过培训能够胜任的李某

B. 因交通违章承担行政责任的范某

C. 患病休假,痊愈后能继续从事原工作的王某

D. 同时与乙公司建立劳动关系,经甲公司提出立即改正的张某

解析 选项A,劳动者不能胜任工作,经过培训或者调整工作岗位,仍"不能"胜任工作。本题中,李某经过培训能够胜任。选项B,被依法追究"刑事责任"。本题中,范某被追究的是行政责任。选项C,劳动者"患病或者非因工负伤",在规定的医疗期满后不能从事原工作,也不能从事由用人单位另行安排的工作。本题中,王某痊愈后能继续从事原工作。选项D,劳动者同时与其他用人单位建立劳动关系,经用人单位提出拒不改正。本题中,张某同时与乙公司建立劳动关系,但经甲公司提出立即改正。上述选项,劳动者均无"法定不得订立无固定期限劳动合同的情形",用人单位应与之订立无固定期限劳动合同。 答案 ABCD

【例题3·多选题】下列各项中,除劳动者提出订立固定期限劳动合同外,用人单位与劳动者应当订立无固定期限劳动合同的情形有( )。

A. 劳动者在该用人单位连续工作满10年的

B. 连续订立2次固定期限劳动合同,且劳动者无法定不得订立无固定期限劳动合同的情形继续续订的

C. 国有企业改制重新订立劳动合同,劳动者在该用人单位连续工作满5年且距法定退休年龄不足15年的

D. 用人单位初次实行劳动合同制度,劳动者在该用人单位连续工作满10年且距法定退休年龄不足10年的

解析 选项C,国有企业改制重新订立劳动合同时,劳动者在该用人单位连续工作满10年且距法定退休年龄不足10年的,应当订立无固定期限劳动合同。 答案 ABD

2. 工作时间与休息、休假

(1)工作时间(见表4-6)。

表4-6 工作时间的总结

工时制度	基本规定(H)	加班(H)
标准工时制	D=8，W=40	『注意』用人单位与工会和劳动者"协商"后可延长工作时间 (1)一般：D≤1 (2)特殊：D≤3，M≤36
不定时工作制	D≤8，W≤40；至少休息1天/W	
综合计算工时制	以周、月、季、年为周期总和计算，但平均工时同标准工时制	

【说明】H 小时；D 天；W 周；M 月

(2)休息 VS 休假(见表4-7)。

表4-7 休息和休假的对比

休息	工作日内的间歇时间	工作日的中午时间
	工作日之间的休息时间	工作日与工作日之间
休假	公休假日	周末
	法定假日	元旦、春节、清明节、劳动节、端午节、中秋节、国庆节
	带薪年休假	见下

(3)带薪年休假。
①概念。
机关、团体、企业、事业单位、民办非企业单位、有雇工的个体工商户等单位的职工"连续工作1年以上"的，享受带薪年休假。

『注意1』"连续工作"是指劳动者"参加工作"的时间，而非在本单位的工作时间。

『注意2』职工在年休假期间享受与正常工作期间相同的工资收入。

②带薪年休假的适用(见表4-8)。

表4-8 带薪年休假的适用

享受	不享受
职工"累计"工作已满1年不满10年的，年休假5天	累计工作满1年不满10年的职工，请"病假"累计2个月以上的
职工累计工作已满10年不满20年的，年休假10天	累计工作满10年不满20年的职工，请"病假"累计3个月以上的
职工累计工作已满20年的，年休假15天	累计工作满20年以上的职工，请"病假"累计4个月以上的
	职工依法享受"寒暑假"，其假期天数多于年休假天数的
	职工请"事假"累计20天以上且单位按照规定"不扣工资"的

『注意1』国家法定休假日、休息日不计入年休假的假期。

『注意2』年休假在1个年度内可以集中安排，也可以分段安排，一般不跨年度安排，但因特殊原因(生产、工作特点等)可跨1个年度安排。

『注意3』职工新进用人单位且符合享受带薪年休假条件的，当年度休假天数按照在本单位剩余日历天数折算确定，折算后不足1整天的部分不享受年休假。

剩余年休假天数=(当年度在本单位剩余日历天数/365天)×职工本人全年应当享受的年假天数

『老侯提示』记住哦，休完年假再离职，员工进入新单位的当年能休几天年休假，跟当年是否在原单位休过假没有关系。

【例题4·单选题】下列关于标准工时制的表述中，正确的是( )。
A. 每日工作8小时，每周工作40小时
B. 每日工作8小时，每周工作48小时
C. 每日工作10小时，每周工作40小时
D. 每日工作10小时，每周工作50小时

答案 ▶ A

【例题5·单选题】至2019年1月，甲公司

职工黄某累计工作已满12年,在甲公司工作满3年。2019年黄某可享受的年休假天数为( )。

A. 10天　　　　　　B. 15天
C. 0　　　　　　　D. 5天

解析 ▶ 职工"累计"(而非在本单位)工作已满10年不满20年的,年休假10天。 答案 ▶ A

【例题6·单选题】赵某工作已满6年,2020年在甲公司已休带薪年休假5天,2020年7月1日调到乙公司工作,提出补休年休假的申请。乙公司对赵某补休年休假申请符合法律规定的答复是( )天。

A. 0　　　　　　　B. 2
C. 5　　　　　　　D. 10

解析 ▶ 职工累计工作已满1年不满10年的,年休假5天。赵某工作已满6年,可享受年休假5天。赵某7月1日调到乙公司,还可在新单位享受的年休假=(当年度在本单位剩余日历天数/365天)×职工本人全年应当享受的年休假天数=(184/365)×5=2.5(天),折算后不足1整天的部分不享受年休假,则赵某可以享受的带薪年休假为2天。 答案 ▶ B

【例题7·多选题】下列关于职工带薪年休假制度的表述中,正确的有( )。

A. 职工连续工作1年以上方可享受年休假
B. 机关、团体、企业、事业单位、民办非企业单位、有雇工的个体工商户等单位的职工均可依法享受年休假
C. 国家法定休假日、休息日不计入年休假的假期
D. 职工在年休假期间享受与正常工作期间相同的工资收入

答案 ▶ ABCD

【例题8·单选题】根据劳动合同法律制度的规定,下列情形中,职工不能享受当年年休假的是( )。

A. 已享受40天寒暑假的
B. 累计工作满5年,当年请病假累计15天的
C. 累计工作满20年,当年请病假累计1个月的
D. 请事假累计10天且单位按照规定不扣工资的

解析 ▶ 选项A,职工依法享受寒暑假,其休假天数多于年休假天数,不能享受当年年休假;选项B,累计工作满1年不满10年的职工,请病假累计2个月以上的,不能享受当年年休假;选项C,累计工作满20年以上的职工,请病假累计4个月以上的,不能享受当年年休假;选项D,职工请事假累计20天以上且单位按照规定不扣工资的,不能享受当年年休假。

答案 ▶ A

3. 劳动报酬

(1)工资支付。

①应当以法定货币支付,不得以实物、有价证券代替;

②必须在约定日期支付,遇休息日、休假日"提前"支付;

③至少"每月"支付一次,实行周、日、小时工资制的,可按周、日、小时支付工资;

④对完成一次性临时劳动或某项具体工作的劳动者,用人单位应在其完成劳动任务后即支付;

⑤用人单位应当依法支付劳动者在"法定休假日"和"婚丧假期间"以及"依法参加社会活动"期间的工资。

(2)加班工资(见表4-9)。

表4-9 加班工资支付标准的总结

加班日	工资支付标准
部分公民放假的节日	有工资,无加班费
平时加班	≥150%
周末加班	≥200%(或补休)
法定休假日加班	≥300%

(3)最低工资制度。

①最低工资不包括"加班工资、补贴、津贴和保险"。

②最低工资的具体标准由省、自治区、直辖市人民政府规定,报国务院备案。

③劳动合同履行地与用人单位注册地不一致的,最低工资标准、劳动保护、劳动条件、职业危害防护和本地区上年度职工月平均工资标准等事项,按照劳动合同"履行地"的有关规定执行;用人单位注册地的标准"高于"劳动合同履行地的标准,"且"用人单位与劳动者"约定"按照用人单位注册地的有关规定执行的,从其约定。

(4) 扣工资。

因劳动者本人原因给用人单位造成经济损失的，用人单位可按照劳动合同的约定要求其赔偿经济损失。

经济损失的赔偿，可从劳动者本人的工资中扣除。但"每月"扣除的部分不得超过劳动者当月工资的"20%"。若扣除后的剩余工资部分低于当地月最低工资标准，则按"最低工资标准"支付。

『老侯提示』 "每月"扣除的部分≤20%；剩余部分≥当地月最低工资标准。

(5) 未及时足额支付劳动报酬的处罚规定（见表4-10）。

表4-10 未及时足额支付劳动报酬的处罚规定

适用情形	处罚规定
未按规定及时足额支付劳动报酬的	劳动行政部门责令限期支付（低于最低工资的应支付差额部分），逾期按应付金额"50%以上100%以下""加付"赔偿金
低于当地最低工资标准支付劳动者工资的	
安排加班不支付加班费的	

【例题9·多选题】根据劳动合同法律制度的规定，下列关于劳动报酬支付的表述中，正确的有（　　）。

A. 用人单位应当向劳动者支付婚丧假期间的工资

B. 用人单位不得以实物及有价证券代替货币支付工资

C. 用人单位与劳动者约定的支付工资日期遇节假日的，应顺延至最近的工作日支付

D. 对在"五四"青年节（工作日）照常工作的青年职工，用人单位应支付工资报酬但不支付加班工资

解析 选项C，工资的发放如遇节假日或休息日，则应提前在最近的工作日支付。

答案 ABD

【例题10·单选题】某年5月甲公司安排李某于5月1日（国际劳动节）、5月7日（周六）分别加班1天，事后未安排补休，已知甲公司实行标准工时制，李某的日工资为200元。计算甲公司应支付李某5月最低加班工资的下列算式中，正确的是（　　）。

A. $200×300\%+200×200\%=1\ 000(元)$

B. $200×200\%+200×150\%=700(元)$

C. $200×100\%+200×200\%=600(元)$

D. $200×300\%+200×300\%=1\ 200(元)$

解析 ①用人单位依法安排劳动者在休息日工作，不能安排补休的，按照不低于劳动合同规定的劳动者本人日或小时工资标准的200%支付劳动者工资；②用人单位依法安排劳动者在法定休假日工作的，按照不低于劳动合同规定的劳动者本人日或小时工资标准的300%支付劳动者工资。

答案 A

【例题11·单选题】2019年5月甲公司安排职工李某于10日（周五）延长工作2小时，于11日（周六）加班1天，之后安排其补休1天。已知甲公司实行标准工时制，李某的日工资为480元。计算甲公司应支付李某5月份最低加班工资的下列算式中，正确的是（　　）。

A. $480÷8×150\%×2+480×150\%×1=900(元)$

B. $480÷8×200\%×2=240(元)$

C. $480÷8×200\%×2+480×200\%×1=1\ 200(元)$

D. $480÷8×150\%×2=180(元)$

解析 用人单位依法安排劳动者在日标准工作时间以外延长工作时间的，按照不低于劳动合同规定的劳动者本人小时工资标准的150%支付劳动者工资；用人单位依法安排劳动者在休息日工作，而又不能安排补休的，按照不低于劳动合同规定的劳动者本人日或小时工资标准的200%支付劳动者工资。李某周六的加班已安排补休，无需支付加班费。

答案 D

【例题12·多选题】下列关于最低工资制度的说法中，错误的有（　　）。

A. 最低工资包括延长工作时间的工资报酬

B. 最低工资的具体标准由省、自治区、直辖市人民政府规定，报国务院批准

C. 劳动合同履行地与用人单位注册地不一致的，最低工资标准按照劳动合同履行地的有关规定执行

D. 用人单位注册地的最低工资标准高于劳

动合同履行地的标准,按照用人单位注册地的有关规定执行。

解析 选项A,最低工资不包括延长工作时间的工资报酬;选项B,最低工资的具体标准由省、自治区、直辖市人民政府规定,报国务院备案;选项D,用人单位注册地的最低工资标准高于劳动合同履行地的标准,且用人单位与劳动者约定按照用人单位注册地的有关规定执行的,从其约定。

答案 ABD

【例题13·判断题】最低工资标准包括以货币形式发放的住房补贴。（ ）

解析 最低工资不包括以货币形式支付的住房补贴和用人单位支付的伙食补贴、中班、夜班、高温、低温、井下、有毒、有害等特殊工作环境和劳动条件下的津贴,国家法律、法规、规章规定的社会保险福利待遇。

答案 ×

【例题14·单选题】甲公司职工吴某因违章操作给公司造成8 000元的经济损失,甲公司按照双方劳动合同的约定要求吴某赔偿,并每月从其工资中扣除。已知吴某月工资2 600元,当地月最低工资标准为2 200元,甲公司每月可以从吴某工资中扣除的法定最高限额为(   )。
A. 520元   B. 440元
C. 400元   D. 2 600元

解析 月工资2 600元的20% = 2 600 × 20% = 520(元),扣除后剩余部分 = 2 600 − 520 = 2 080(元) < 当地月最低工资标准2 200元,则每月准予扣除的最高限额 = 2 600 − 2 200 = 400(元)。

答案 C

【例题15·多选题】关于用人单位未按照劳动合同约定或者国家规定支付劳动者劳动报酬应承担法律责任的下列表述中,正确的有(   )。
A. 由用人单位向劳动者支付违约金
B. 劳动报酬低于当地最低工资标准的,用人单位应当支付其差额的部分
C. 用人单位按照应付劳动报酬金额200%的标准向劳动者加付赔偿金
D. 由劳动行政部门责令用人单位限期支付劳动报酬

解析 选项A,违约金是劳动者违反服务期和竞业限制的约定向用人单位支付的违约补偿;选项C,责令用人单位按照应付金额50%以上100%以下的标准向劳动者加付赔偿金。

答案 BD

(三)可备条款
1. 试用期
(1)试用期期限的强制性规定(见表4-11)。

表4-11 试用期期限的强制性规定

劳动合同期限	试用期
非全日制用工	不得约定
以完成一定工作任务为期限	不得约定
不满3个月	不得约定
3个月以上,不满1年	不得超过1个月
1年以上,不满3年	不得超过2个月
3年以上固定期限	不得超过6个月
无固定期限	不得超过6个月

『注意1』同一用人单位与同一劳动者"只能"约定一次试用期。

『注意2』劳动合同"仅约定"试用期的,试用期不成立,该期限为劳动合同期限。

『注意3』试用期"包含"在劳动合同期限内。

(2)违法约定试用期的法律责任。
①由劳动行政部门责令改正;
②违法约定的试用期已经履行的,由用人单位以劳动者试用期满月工资为标准,按已经履行的超过法定试用期的期间向劳动者支付赔偿金。

(3)试用期工资的强制性规定。
劳动者在试用期的工资不得低于本单位"相同岗位最低档工资的80%"或者不得低于"劳动合同约定工资的80%",并不得低于用人单位所在地的"最低工资标准"。

【例题16·单选题】根据劳动合同法律制度的规定,下列劳动合同中,双方当事人可约定试用期的是(   )。
A. 无固定期限劳动合同
B. 非全日制用工合同
C. 以完成一定工作任务为期限的劳动合同
D. 期限不满3个月的劳动合同

解析 选项A,无固定期限劳动合同可以约定试用期,但约定的试用期不得超过6个月;选项BCD,不得约定试用期。

答案 A

【例题17·多选题】甲公司与其职工对试用期期限的下列约定中,符合法律规定的有(   )。

160

A. 夏某的劳动合同期限 4 年，双方约定的试用期为 4 个月

B. 周某的劳动合同期限 1 年，双方约定的试用期为 1 个月

C. 刘某的劳动合同期限 2 年，双方约定的试用期为 3 个月

D. 林某的劳动合同期限 5 个月，双方约定的试用期为 5 日

解析 选项 A，3 年以上固定期限的劳动合同，试用期不得超过 6 个月；选项 BC，劳动合同期限 1 年以上不满 3 年的，试用期不得超过 2 个月；选项 D，劳动合同期限 3 个月以上不满 1 年的，试用期不得超过 1 个月。 **答案** ABD

【例题 18·单选题】甲公司与张某签订劳动合同，未约定劳动合同期限，仅约定试用期 8 个月，下列关于该试用期的表述中，正确的是（ ）。

A. 试用期约定有效

B. 试用期超过 6 个月部分视为劳动合同期限

C. 试用期不成立，8 个月为劳动合同期限

D. 试用期不成立，应视为试用期 1 个月，剩余期限为劳动合同期限

解析 劳动合同仅约定试用期的，试用期不成立，该期限为劳动合同期限。 **答案** C

【例题 19·多选题】根据劳动合同法律制度的规定，下列关于试用期约定的表述中，正确的有（ ）。

A. 订立固定期限劳动合同应当约定试用期

B. 同一用人单位与同一劳动者只能约定一次试用期

C. 试用期包含在劳动合同期限内

D. 订立无固定期限劳动合同不应约定试用期

解析 选项 A，试用期属于劳动合同的可备条款，订立固定期限劳动合同可以不约定试用期；选项 D，订立无固定期限劳动合同，约定的试用期不得超过 6 个月。 **答案** BC

【例题 20·单选题】甲公司招用胡某并签订了劳动合同，双方约定，劳动合同期限 2 年，试用期 2 个月，试用期满月工资 6 000 元。已知：甲公司所在地月最低工资标准 2 300 元，上年度职工月平均工资 4 200 元。甲公司向胡某支付的试用期月工资最低不应低于（ ）。

A. 3 360 元   B. 4 200 元
C. 4 800 元   D. 2 300 元

解析 劳动者在试用期的工资不得低于本单位相同岗位最低档工资或者劳动合同约定工资的 80%，并不得低于用人单位所在地的最低工资标准。本题中试用期满月工资的 80% = 6 000×80% = 4 800（元），未低于最低工资标准 2 300 元，故胡某试用期工资不得低于 4 800 元。 **答案** C

【例题 21·单选题】2019 年 3 月 1 日，甲公司聘用赵某并与其订立了 2 年期限劳动合同。约定试用期 4 个月，试用期月工资 3 600 元。试用期满月工资 4 500 元，试用期间，甲公司依照约定向赵某支付了试用期工资。2019 年 11 月 4 日，赵某以试用期约定违法为由，要求甲公司支付赔偿金。已知甲公司所在地月最低工资标准为 2 000 元。甲公司依法应向赵某支付的赔偿金数额为（ ）。

A. 4 000 元   B. 7 200 元
C. 1 800 元   D. 9 000 元

解析 违法约定的试用期已经履行的，由用人单位以劳动者试用期满月工资为标准，按已经履行的超过法定试用期的期间向劳动者支付赔偿金。本题中，劳动者试用期满月工资为 4 500 元，2 年期劳动合同试用期最多为 2 个月，已经履行的超过法定试用期的期间为 2 个月，因此应支付的赔偿金 = 4 500×2 = 9 000（元）。 **答案** D

2. 服务期

(1) 服务期的适用范围。

用人单位为劳动者"提供专项培训费用"，对其进行专业技术培训，可以与该劳动者订立协议，约定服务期。

(2) 服务期期间。

服务期超过合同期的，合同期顺延，双方另有约定，从其约定。

『注意』约定服务期，不影响按照正常的工资调整机制提高劳动者在服务期期间的劳动报酬。

(3) 违约责任。

①劳动者违反服务期约定的，应当按照约定向用人单位支付"违约金"。

②违约金数额不得超过用人单位提供的培训费用。

③用人单位要求劳动者支付的违约金不得超过服务期"尚未履行部分"所应分摊的培训费用。

(4)解除劳动合同后的违约金问题。

①服务期满，劳动合同期亦满，劳动者解除劳动关系无须支付违约金。

②劳动合同期满，服务期未满，劳动合同应顺延，若劳动者解除劳动关系则需支付违约金。

③为防止可能出现的规避赔偿责任，若"劳动者"因违纪等"重大过错"行为而被用人单位解除劳动关系，用人单位仍"有权要求"其支付违约金。

④用人单位与劳动者约定了服务期，由于"用人单位过错"导致劳动者解除劳动合同的，不属于违反服务期的约定，用人单位"不得要求"劳动者支付违约金。

【例题22·单选题】吴某受甲公司委派去德国参加技术培训，公司为此支付培训费用10万元。培训前双方签订协议，约定吴某自培训结束后5年内不得辞职，否则应支付违约金10万元。吴某培训完毕后，在甲公司连续工作满2年时辞职。甲公司依法要求吴某支付的违约金数额最高为( )万元。

A. 0 B. 10
C. 6 D. 4

解析 选项A，劳动者违反服务期约定的，应当按照约定向用人单位支付违约金；选项BCD，违约金数额不得超过用人单位提供的培训费用。对已履行部分服务期限的，用人单位要求劳动者支付的违约金不得超过服务期尚未履行部分所应分摊的培训费用。本题中，违约金的最高数额=(10÷5)×(5-2)=6(万元)。

答案 C

【例题23·单选题】甲公司通过签订服务期协议将尚有4年劳动合同期限的职工刘某派出参加6个月的专业技术培训，甲公司提供10万元专项培训费用。双方约定，刘某培训结束后须在甲公司工作满5年，否则应向公司支付违约金。刘某培训结束工作2年时因个人原因向公司提出解除劳动合同。下列关于刘某服务期约定及劳动合同解除的表述中，正确的是( )。

A. 双方不得在服务期协议中约定违约金

B. 5年服务期的约定因超过劳动合同剩余期限而无效

C. 刘某可以解除劳动合同，但甲公司有权要求其支付违约金

D. 服务期约定因限制了刘某的自主择业权而无效

解析 选项A，服务期和竞业限制协议中可以约定违约金；选项B，劳动合同期满，但是用人单位与劳动者约定的服务期尚未到期的，劳动合同应当续延至服务期满，双方另有约定的，从其约定；选项D，服务期约定在限制了劳动者自主择业权的同时，用人单位也付出了培训费用，因此不属于用人单位免除自己的法定责任、排除劳动者权利的劳动合同无效情形。

答案 C

【例题24·判断题】用人单位与劳动者约定服务期的，不影响按照正常的工资调整机制提高劳动者在服务期期间的劳动报酬。( )

答案 √

3. 保守商业秘密和竞业限制

(1)适用人群。

竞业限制的人员限于用人单位的高级管理人员、高级技术人员和其他负有保密义务的人员，而非所有的劳动者。

『注意』用人单位要求劳动者签订竞业限制条款，必须给予相应的经济补偿，否则该条款"无效"。

【链接】下列劳动合同无效或者部分无效：用人单位免除自己的法定责任、排除劳动者权利的。

(2)竞业限制期限。

竞业限制期限不得超过"2年"。

『注意』约定的竞业限制期限超过2年的，"超过部分无效"。

(3)违约责任。

劳动者违反竞业限制约定的，应当按照约定向用人单位支付"违约金"。

『注意』用人单位只能在"服务期"及"竞业限制"中与劳动者约定由劳动者承担"违约金"。

(4)司法解释(见表4-12)。

第四绝 "画"——劳动合同与社会保险法律制度

表 4-12 竞业限制司法解释

	用人单位	劳动者	竞业限制约定
订立时	约定补偿金		有效
	未约定补偿金		无效
	约定的竞业限制期限超过2年的		超过部分无效
履行时	订立时未约定补偿金	实际履行了竞业限制约定可要求按合同解除或终止前12个月平均工资的30%或当地最低工资标准中较高者按月支付经济补偿	有效
	向法院主张解除	可额外要求3个月补偿金	解除
	单位原因不支付补偿金时间不满3个月	可要求单位支付已履行的竞业限制期间的补偿金	有效
	单位原因导致3个月不支付补偿金	可请求法院解除；可要求单位支付已履行的竞业限制期间的补偿金	解除
	要求劳动者支付违约金、赔偿金后可要求劳动者继续履行竞业限制协议	不履行竞业限制协议在先	有效

【例题 25·多选题】关于用人单位和劳动者对竞业限制约定的下列表述中，正确的有（ ）。

A. 竞业限制约定适用于用人单位与其高级管理人员、高级技术人员和其他负有保密义务的人员之间

B. 用人单位应按照双方约定在竞业限制期限内按月给予劳动者经济补偿

C. 用人单位和劳动者约定的竞业限制期限不得超过2年

D. 劳动者违反竞业限制约定的，应按照约定向用人单位支付违约金

答案 ▶ ABCD

【例题 26·多选题】下列各项中，用人单位不能在劳动合同中和劳动者约定由劳动者承担违约金的有（ ）。

A. 竞业限制　　B. 工作时间
C. 休息休假　　D. 试用期

解析 ▶《劳动合同法》禁止用人单位对劳动合同中"服务期和竞业禁止"以外的其他事项约定劳动者承担违约金责任。 **答案** ▶ BCD

【例题 27·多选题】刘某原是甲公司的技术总监，公司与他签订竞业限制协议，约定合同解除或终止后3年内，刘某不得在本行业从事相关业务，公司每月支付其补偿金2万元。但在刘某离职后，公司只在第一年按时给予了补偿金，此后一直没有支付，刘某遂在离职1年半后到甲公司的竞争对手乙公司上班。甲公司得知后要求刘某支付违约金。则下列说法中正确的有（ ）。

A. 双方约定的竞业限制期限不符合法律规定

B. 刘某可以提出请求解除竞业限制约定，人民法院应予支持

C. 刘某可以要求甲公司支付竞业限制期间内未支付的补偿金，人民法院应予支持

D. 对甲公司要求刘某支付违约金的请求，人民法院应予支持

解析 ▶ 选项A，竞业限制期限不得超过2年；选项B，因用人单位原因导致3个月未支付经济补偿的，劳动者请求解除竞业限制，人民法院应予支持；选项C，劳动者履行了竞业限制义务后要求用人单位支付经济补偿的，人民法院应予支持；选项D，用人单位违约在先，其请求人民法院不予支持。 **答案** ▶ ABC

考验三　劳动合同的履行和变更（★）

扫我解疑难

（一）劳动合同的履行

（1）用人单位拖欠或者未足额支付劳动者报酬的，劳动者可以依法向当地"人民法院"申请支付令，人民法院应当依法发出支付令。

(2)劳动者拒绝用人单位管理人员违章指挥、强令冒险作业的,不视为违反劳动合同。

(3)劳动者对危害生命安全和身体健康的劳动条件,有权对用人单位提出批评、检举和控告。

(4)用人单位变更名称、法定代表人、主要负责人或者投资人等事项,不影响劳动合同的履行。

(5)用人单位发生合并分立等情况,原劳动合同继续有效,劳动合同由承继其权利和义务的用人单位继续履行。

(二)用人单位的规章制度

(1)单位制定的合法有效的劳动规章制度是劳动合同的组成部分,对用人单位和劳动者均具有法律约束力。

(2)单位在制定、修改或者决定有关"劳动报酬、工作时间、休息休假、劳动安全卫生、保险福利、职工培训、劳动纪律以及劳动定额管理"等直接涉及劳动者切身利益的规章制度和重大事项时,应当经职工代表大会或全体职工讨论。

(3)用人单位的规章制度未经公示或者未告知劳动者,该规章制度对劳动者不生效。

(三)劳动合同的变更

变更劳动合同应当采用书面形式,未采用书面形式,但"已经实际履行了口头变更的劳动合同超过1个月",且变更后的劳动合同内容不违反法律、行政法规、国家政策以及公序良俗,当事人以未采用书面形式为由主张劳动合同变更无效的,人民法院不予支持。

【例题1·单选题】 2020年10月,张某到甲公司工作。2021年11月,甲公司与张某口头商定将其月工资由原来的4 500元提高至5 400元。双方实际履行3个月后,甲公司法定代表人变更。新任法定代表人认为该劳动合同内容变更未采用书面形式,变更无效,决定仍按原每月4 500元的标准向张某支付工资。张某表示异议并最终提起诉讼。关于双方口头变更劳动合同效力的下列表述中,正确的是( )。

A. 双方口头变更劳动合同且实际履行已超过1个月,该劳动合同变更有效

B. 劳动合同变更在实际履行3个月期间有效,此后无效

C. 因双方未采取书面形式,该劳动合同变更无效

D. 双方口头变更劳动合同但实际履行未超过6个月,该劳动合同变更无效

解析 (1)变更劳动合同未采用书面形式,但已经实际履行了口头变更的劳动合同超过1个月,且变更后的劳动合同内容不违反法律、行政法规、国家政策以及公序良俗,当事人以未采用书面形式为由主张劳动合同变更无效的,人民法院不予支持;(2)用人单位变更名称、法定代表人等事项,不影响劳动合同的履行。 **答案** A

【例题2·多选题】 关于劳动合同的履行与变更,下列各项中说法正确的有( )。

A. 劳动者拒绝用人单位管理人员违章指挥作业的,不视为违反劳动合同

B. 用人单位变更投资人不影响劳动合同的履行

C. 用人单位发生合并原劳动合同继续有效

D. 用人单位的加班时间及加班费可以随意制定

解析 选项D,用人单位由于生产经营需要,经与工会和劳动者协商后可以延长工作时间,一般每日不得超过1小时;因特殊原因需要延长工作时间的,在保障劳动者身体健康的条件下延长工作时间,每日不得超过3小时,每月不得超过36小时。加班工资,按照法律规定的标准向劳动者支付,不得低于该标准。 **答案** ABC

【例题3·判断题】 用人单位应当将直接涉及劳动者切身利益的规章制度和重大事项决定公示,或者告知劳动者。 ( ) **答案** √

考验四 劳动合同的解除和终止(★★★)

扫我解疑难

(一)劳动合同的解除

1. 协商解除(意定解除)

(1)劳动者主动辞职:与单位协商一致可解除劳动合同,单位无须向劳动者支付经济补偿。

(2)单位提出解除劳动合同:与劳动者协商一致可解除劳动合同,单位必须依法向劳动者支付经济补偿。

2. 法定解除

(1)劳动者可以单方面解除劳动合同的情形(见表4-13)。

表 4-13　劳动者可以单方面解除劳动合同的情形

解除类型	满足条件	经济补偿金
"提前通知"解除（另谋高就）	（1）劳动者在"试用期"内"提前 3 日"通知用人单位； （2）劳动者"提前 30 日"以"书面形式"通知用人单位 『注意 1』试用期提前 3 天通知即可，不一定以书面形式，正式员工必须提前 30 天以书面形式通知。 『注意 2』程序必须合法（履行提前告知义务），否则对用人单位造成损失的，要承担赔偿责任	× 【原因】（1）试用期内；（2）劳动者主动提出解除
"随时通知"解除（你"不仁"则我"不义"）	（1）用人单位未按照劳动合同约定提供劳动保护或者劳动条件的； （2）用人单位未及时足额支付劳动报酬的； （3）用人单位未依法为劳动者缴纳社会保险费的； （4）用人单位的规章制度违反法律、法规的规定，损害劳动者权益的； （5）用人单位以欺诈、胁迫的手段或者乘人之危，使劳动者在违背真实意思的情况下订立或者变更劳动合同致使劳动合同无效的； （6）用人单位在劳动合同中免除自己的法定责任、排除劳动者权利的； （7）用人单位违反法律、行政法规强制性规定的 『老侯提示』上述 7 条的显著特征是用人单位有过错，但该过错并未危及劳动者的人身安全，则劳动者履行"通知"义务即可解除合同，而无须履行"提前"义务	√ 【原因】用人单位过错在先
"不需事先告知"即可解除（"尿遁"）	（1）用人单位以暴力、威胁或者非法限制人身自由的手段强迫劳动者劳动的； （2）用人单位违章指挥、强令冒险作业危及劳动者人身安全的 『老侯提示』当人身权与财产权同时受到侵害时，法律优先保护人身权，上述情况劳动者无须履行"告知"义务，用人单位须向劳动者支付经济补偿	√ 【原因】用人单位过错在先

（2）用人单位可以单方面解除劳动合同的情形（见表 4-14）。

表 4-14　用人单位可以单方面解除劳动合同的情形

解除类型	满足条件	经济补偿金
"提前通知"解除（无过失性辞退，也称预告解除）	（1）劳动者"患病或者非因工负伤"，在规定的医疗期满后不能从事原工作，也不能从事由用人单位另行安排的工作的； （2）劳动者不能胜任工作，"经过培训或者调整工作岗位"，仍不能胜任工作的； （3）劳动合同订立时所依据的客观情况发生重大变化，致使劳动合同无法履行，经用人单位与劳动者协商，未能就变更劳动合同内容达成协议的 『注意』用人单位"提前 30 日"以书面形式通知劳动者本人"或"额外支付劳动者"1 个月"工资后，可以解除劳动合同 『老侯提示』无过失性辞退，用人单位不得以"代通知金（解约替代通知金，即 1 个月工资）"替代"补偿金"	√ 【原因】用人单位主动提出解除
"随时通知"解除（你"不义"则我"不仁"）	（1）劳动者在"试用期间"被证明不符合录用条件的； （2）劳动者严重违反用人单位的规章制度的； （3）劳动者严重失职，营私舞弊，给用人单位造成重大损害的； （4）劳动者同时与其他用人单位"建立劳动关系"，对完成本单位的工作任务造成严重影响，或者经用人单位提出，拒不改正的； （5）劳动者以欺诈、胁迫的手段或者乘人之危，使用人单位在违背真实意思的情况下，订立或者变更劳动合同致使劳动合同无效的； （6）劳动者被依法追究"刑事责任"的 『老侯提示』在试用期间劳动者不想干了须提前 3 天通知用人单位；用人单位不想用了，可以随时通知劳动者解除劳动合同	× 【原因】（1）试用期内；（2）劳动者有过错

续表

解除类型	满足条件	经济补偿金
"经济性"裁员（弃"车"保"帅"）	（1）依照《企业破产法》规定进行重整； （2）生产经营发生严重困难； （3）企业转产、重大技术革新或者经营方式调整，经变更劳动合同后，仍需裁减人员 『注意1』优先留用：与本单位订立较长期限的固定期限劳动合同或无固定期限劳动合同的；家庭无其他就业人员，有需要扶养的老人或未成年人的； 『注意2』裁员后在6个月内重新招用人员的，应当通知被裁人员，并在同等条件下优先招用	需要裁减人员"20人"以上或者裁减不足20人但占企业职工总数"10%"以上的，用人单位提前30日向工会或者全体职工说明情况，听取工会或者职工的意见后，裁减人员方案经向劳动行政部门报告	√ 【原因】用人单位主动提出解除

『老侯提示』上述合同解除的内容，无论用人单位还是劳动者，在"依据理由"及"执行程序"上都必须合法。

【例题1·多选题】甲公司与刘某签订了2年期限劳动合同。合同履行1年时，刘某因自主创业而向甲公司提出解除劳动合同。下列关于刘某单方面解除劳动合同方式及后果的表述中，正确的有（ ）。

A. 刘某应向甲公司支付违约金

B. 刘某应提前3日以书面形式通知甲公司

C. 刘某应提前30日以书面形式通知甲公司

D. 甲公司不需向刘某支付经济补偿

解析 选项A，违约金是指劳动者违反了服务期和竞业限制的约定而向用人单位支付的违约补偿。本题既不涉及服务期，也不涉及竞业限制，不存在支付违约金的问题。选项BC，刘某应提前30日以书面形式通知甲公司；选项D，刘某提前通知解除劳动合同，甲公司不需支付经济补偿金。 答案 CD

【例题2·单选题】根据劳动合同法律制度的规定，下列情形中，劳动者可立即解除劳动合同，不需事先告知用人单位的是（ ）。

A. 用人单位未按照劳动合同约定提供劳动保护的

B. 用人单位违章指挥、强令冒险作业危及劳动者人身安全的

C. 用人单位未及时足额支付劳动报酬的

D. 用人单位在劳动合同中免除自己的法定责任、排除劳动者权利的

解析 选项ACD，用人单位有过错，但该过错并不危及劳动者的人身安全，属于劳动者可随时通知解除劳动合同的情形。 答案 B

【例题3·单选题】甲公司职工周某不能胜任工作，公司为其调整工作岗位后，仍不能胜任。甲公司拟解除与周某的劳动合同的下列表述中，不正确的是（ ）。

A. 甲公司无须通知周某即可解除劳动合同

B. 甲公司解除劳动合同应向周某支付经济补偿

C. 甲公司额外支付周某1个月工资后可解除劳动合同

D. 甲公司可提前30日以书面形式通知周某而解除劳动合同

解析 劳动者不能胜任工作，经过培训或者调整工作岗位，仍不能胜任工作的，用人单位提前30日以书面形式通知劳动者本人或额外支付劳动者1个月工资后，可以解除劳动合同，解除劳动合同的应当依法向劳动者支付经济补偿。 答案 A

【例题4·多选题】根据劳动合同法律制度的规定，下列各项中，用人单位需要支付经济补偿的有（ ）。

A. 劳动者在试用期间被证明不符合录用条件，用人单位要求解除劳动合同的

B. 劳动者不能胜任工作，经过培训仍不能胜任工作，用人单位要求解除劳动合同的

C. 劳动者提前30日以书面形式通知用人单位解除劳动合同的

D. 用人单位提出解除并与劳动者协商一致而解除劳动合同的

解析 选项A，属于因劳动者过错解除劳动合同，用人单位无需支付经济补偿；选项C，

劳动者主动提出解除劳动合同，用人单位无需支付经济补偿。
答案 BD

【例题 5·多选题】 根据劳动合同法律制度的规定，下列各项中，属于用人单位可依据法定程序进行经济性裁员的情形有( )。
A. 企业转产，经变更劳动合同后，仍需裁减人员的
B. 依照企业破产法规定进行重整的
C. 企业重大技术革新，经变更劳动合同后，仍需裁减人员的
D. 生产经营发生严重困难的
答案 ABCD

【例题 6·单选题】 根据劳动合同法律制度的规定，用人单位裁减人员达到一定人数或者一定比例，应向工会或者全体职工说明情况，听取工会或者职工的意见，并将裁减人员方案向劳动行政部门报告。甲公司现有职工 100 人，因生产经营严重困难需要裁减人员，若甲公司不执行该程序，则裁减人员的最多数量是( )人。
A. 8
B. 9
C. 10
D. 11
解析 用人单位生产经营发生严重困难需要裁减人员 20 人以上或者裁减不足 20 人但占企业职工总数 10% 以上的，应向工会或者全体职工说明情况，听取工会或者职工的意见后，裁减人员方案经向劳动行政部门报告，可以裁减人员。若不执行该程序，则甲公司裁员人数应<100×10%=10 人，则最多为 9 人。
答案 B

【例题 7·多选题】 根据劳动合同法律制度的规定，用人单位进行经济性裁员时，应优先留用具有法定情形的人员。下列各项中，属于该法定情形的有( )。
A. 与本单位订立较长期限的固定期限劳动合同的
B. 家庭无其他就业人员，有需要扶养的未成年人的
C. 家庭无其他就业人员，有需要扶养的老人的
D. 与本单位订立无固定期限劳动合同的
解析 裁减人员时，应当优先留用下列人员：(1)与本单位订立较长期限的固定期限劳动合同的；(2)与本单位订立无固定期限劳动合同的；(3)家庭无其他就业人员，有需要扶养的老人或者未成年人的。
答案 ABCD

【例题 8·判断题】 用人单位裁减人员后，在 6 个月内重新招用人员的，应当通知被裁减的人员，并在同等条件下优先招用被裁减的人员。( )
答案 √

(二)劳动合同的终止
1. 终止事项法定
劳动合同的终止主要是基于某种法定事实的出现，一般"不涉及双方意思表示"，法定情形出现，双方劳动关系消灭。

『注意』用人单位与劳动者不得约定劳动合同终止条件，即使约定也无效。

2. 导致劳动合同终止的具体情形(见表 4-15)

表 4-15 导致劳动合同终止的具体情形

记忆方向	具体内容		经济补偿金
履行完毕	劳动合同期满	用人单位"维持或者提高"劳动合同约定条件续订劳动合同，劳动者不同意续订	× 【原因】劳动者主动终止
		用人单位"降低"劳动合同约定条件续订劳动合同，劳动者不同意续订	√ 【原因】劳动者被动终止
		用人单位不再续订	
	以完成一定工作任务为期限的劳动合同任务完成		
劳动者有"长期饭票"了	劳动者开始依法享受基本养老保险待遇		× 【原因】劳动者有能力生存
	劳动者达到法定退休年龄	用人单位"正常"缴纳社会保险(默认情形)	
		用人单位"未"缴纳社会保险	√ 【原因】用人单位有过错

续表

记忆方向	具体内容	经济补偿金
一方"驾鹤西游"	劳动者死亡，或者被人民法院宣告死亡或者宣告失踪	×【原因】劳动者不需要了
	用人单位被依法宣告破产	√【原因】劳动者被动终止
	用人单位被吊销营业执照、责令关闭、撤销或者用人单位决定提前解散	

『老侯提示1』解除和终止劳动合同时用人单位向劳动者支付"经济补偿"，是用人单位的一项社会义务，其目的是保障劳动者在开始从事新的工作前能够生存。因此"以完成一定工作任务为期限的劳动合同因任务完成而终止劳动关系""固定期限劳动合同到期在用人单位'降低报酬'的前提下终止劳动关系"都是劳动者"被动"终止劳动关系，在法律上要求由企业支付补偿金，承担相应的社会义务。

『老侯提示2』解除和终止劳动合同时用人单位是否向劳动者支付"经济补偿"判定步骤(见图4-1)：

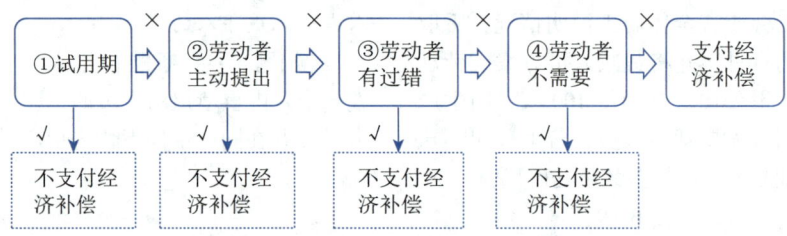

图4-1 支付"经济补偿"的判定

【例题9·多选题】根据劳动合同法律制度的规定，下列情形中，用人单位应当向劳动者支付经济补偿的有( )。

A. 固定期限劳动合同期满，用人单位维持或者提高劳动合同约定条件续订劳动合同，劳动者不同意续订的

B. 用人单位被依法宣告破产而终止劳动合同的

C. 以完成一定工作任务为期限的劳动合同因任务完成而终止的

D. 由用人单位提出并与劳动者协商一致而解除劳动合同的

解析 ▶ 选项A，用人单位维持或者提高劳动合同约定条件续订劳动合同，劳动者不同意续订，属于劳动者主动终止，这一情况下用人单位无须向劳动者支付经济补偿。 答案 ▶ BCD

【例题10·多选题】下列情形中，可导致劳动合同关系终止的有( )。

A. 劳动合同期满

B. 劳动者达到法定退休年龄

C. 用人单位被依法宣告破产

D. 女职工在哺乳期

解析 ▶ 选项D，女职工在孕期、产期、哺乳期的，用人单位不得终止劳动合同。

答案 ▶ ABC

(三)不得解除和终止劳动合同的情形

1. 从事接触职业病危害作业的劳动者未进行离岗前职业健康检查，或者疑似职业病病人在诊断或者医学观察期间的

2. 在本单位患职业病或者因工负伤并被确认丧失或者部分丧失劳动能力的

3. 患病或者非因工负伤，在规定的"医疗期内"的

4. 女职工在孕期、产期、哺乳期的

5. 在本单位连续工作满"15年"，且距法定退休年龄不足"5年"的

【链接】在本单位连续工作满10年，且距法定退休年龄不足10年的，应订立无固定期限劳动合同(针对国企和首次)。

【例题11·单选题】甲公司与刘某订立了1年期限劳动合同，刘某上班2个月后，不能胜任工作，经甲公司培训后仍不能胜任，甲公司欲解除与刘某的劳动合同，此时刘某已怀孕。下列关于甲公司解除与刘某劳动合同的表述中，

正确的是( )。

A. 甲公司提前30日以书面形式通知刘某可解除劳动合同

B. 甲公司不得解除劳动合同

C. 甲公司可随时通知刘某而解除劳动合同

D. 甲公司额外支付刘某1个月工资后可解除劳动合同

解析 女职工在孕期、产期、哺乳期的，用人单位不得解除和终止劳动合同。 **答案** B

(四)劳动合同解除和终止的经济补偿

计算公式：经济补偿金＝工作年限×月工资

1. 确定工作年限

(1)一般情况。

①按劳动者在"本单位"工作的年限，每满1年支付1个月工资的标准向劳动者支付；

②6个月以上不满1年的，按1年计算；

③不满6个月的，向劳动者支付半个月工资标准的经济补偿。

(2)对高薪职工的限制。

支付经济补偿的年限"最高不超过12年"。

老侯提示 高薪职工是指月工资"超过所在地区上年度职工月平均工资3倍的职工"。

2. 确定月工资

(1)一般情况。

劳动者在劳动合同解除或终止前12个月的平均工资。

(2)对低收入者的照顾。

平均工资低于当地最低工资标准的劳动者，按当地"最低工资标准"计算。

(3)对高薪职工的限制。

计算基数按"所在地区上年度职工月平均工资的3倍"计算。

【例题12·单选题】2016年3月1日甲公司招用周某并与其签订了劳动合同。2019年10月31日，劳动合同到期，甲公司不再与周某续订。已知，周某在劳动合同终止前12个月的平均工资为20 000元，甲公司所在地月最低工资标准为2 000元，当地上年度职工月平均工资为5 000元。计算劳动合同终止时甲公司依法应向周某支付经济补偿数额的下列算式中，正确的是( )。

A. 20 000×4＝80 000(元)

B. 5 000×3×4＝60 000(元)

C. 2 000×3×3.5＝21 000(元)

D. 20 000×3.5＝70 000(元)

解析 周某本人月工资20 000元，高于当地上年度职工月平均工资的3倍，应以当地上年度职工月平均工资的3倍计算经济补偿金。不满6个月的按半年计算，6个月以上不满1年的按1年计算，周某的工作年限为3年零8个月，因此，甲公司应支付4个月的经济补偿金。甲公司依法应向周某支付经济补偿金＝5 000×3×4＝60 000(元)。 **答案** B

【例题13·单选题】2013年4月1日，张某到甲公司工作，2019年8月1日，双方的劳动合同期满，甲公司不再与张某续签，已知劳动合同终止前12个月，张某月平均工资5 000元，甲公司所在地职工月平均工资4 500元，计算劳动合同终止后甲公司应向张某支付经济补偿的下列公式中，正确的是( )。

A. 4 500×6＝27 000(元)

B. 4 500×7＝31 500(元)

C. 5 000×5.5＝27 500(元)

D. 5 000×6.5＝32 500(元)

解析 张某在甲公司的工作年限为2013年4月1日至2019年8月1日，共计6年零4个月，应支付6.5个月的工资作为补偿，经济补偿金＝6.5×5 000＝32 500(元)。 **答案** D

【例题14·单选题】赵某在甲公司已工作15年，经甲公司与其协商同意解除劳动合同。已知赵某在劳动合同解除前12个月平均工资为1 000元，当地最低月工资标准为1 200元，上年度职工月平均工资为3 000元。甲公司应向赵某支付的经济补偿金额是( )元。

A. 12 000   B. 15 000
C. 14 400   D. 18 000

解析 赵某在劳动合同解除前12个月平均工资为1 000元，低于当地最低月工资标准1 200元，因此补偿金的计算基数为1 200元，其在甲公司已工作15年，应支付15个月的工资作为补偿，经济补偿金＝1 200×15＝18 000(元)。 **答案** D

(五)劳动合同解除和终止的法律后果

1. 双方劳动关系消灭

2. 用人单位应出具解除、终止劳动合同的证明，并在"15日内"为劳动者办理档案和社会

保险关系转移手续

3.用人单位对已经解除或终止的劳动合同文本,至少保存"2年"备查

【例题15·判断题】用人单位对已经解除或者终止的劳动合同文本,至少保存2年备查。( )

答案 √

【例题16·判断题】用人单位和劳动者解除或终止劳动合同的,用人单位应当在解除或终止劳动合同时出具解除或终止劳动合同的证明。( )

答案 √

(六)违法解除和终止劳动合同的法律责任

1.用人单位的法律责任(见图4-2)

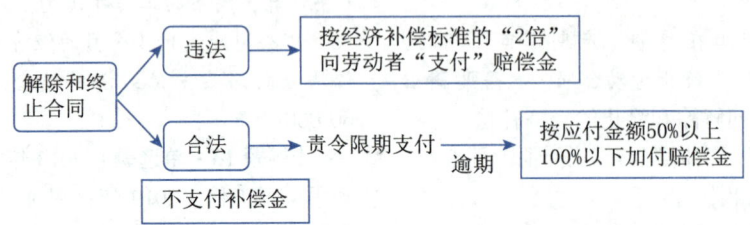

图4-2 用人单位对解除和终止合同的赔偿

『注意』违法解除或终止合同,与合法解除或终止合同但逾期不支付补偿金在处罚上的区别。

2.劳动者法律责任

劳动者违法解除劳动合同,给用人单位造成损失的,应承担赔偿责任。

『注意』用人单位招用与其他用人单位尚未解除或者终止劳动合同的劳动者,给其他用人单位造成损失的,应当承担连带赔偿责任。

【例题17·多选题】根据劳动合同法律制度的规定,下列关于劳动者法律责任承担的表述中,正确的有( )。

A.劳动合同被确认无效,给用人单位造成损失的,有过错的劳动者应承担赔偿责任

B.劳动者违法解除劳动合同,给用人单位造成损失的,应承担赔偿责任

C.劳动者违反培训协议,未满服务期解除或者终止劳动合同的,应按照劳动合同约定向用人单位支付违约金

D.劳动者违反劳动合同中约定的保密义务或者竞业限制,应按照劳动合同约定向用人单位支付违约金

答案 ABCD

【例题18·单选题】甲公司与王某签订了劳动合同,乙公司认为王某是该公司急需用的人才,于是高薪诚聘王某到该公司上班,王某也与乙公司签订了劳动合同,最后造成了甲公司直接遭受经济损失。下列表述中,正确的是( )。

A.甲公司承担责任

B.王某与乙公司应承担连带责任

C.甲公司直接找王某承担责任

D.王某与乙公司均不承担责任

解析 用人单位招用与其他用人单位尚未解除或者终止劳动合同的劳动者,给其他用人单位造成损失的,应当承担连带赔偿责任。

答案 B

【例题19·多选题】根据劳动合同法律制度的规定,下列关于用人单位违法解除劳动合同法律后果的表述中正确的有( )。

A.用人单位支付了赔偿金的,不再支付经济补偿

B.违法解除劳动合同赔偿金的计算年限自用工之日起计算

C.劳动者要求继续履行且劳动合同可以继续履行的,用人单位应当继续履行

D.劳动者不要求继续履行劳动合同的,用人单位应当按经济补偿标准的2倍向劳动者支付赔偿金

解析 用人单位违反规定解除或者终止劳动合同,劳动者要求继续履行劳动合同的,用人单位应当继续履行;劳动者不要求继续履行劳动合同或者劳动合同已经不能继续履行的,用人单位应当依照《劳动合同法》规定的经济补偿标准的2倍向劳动者支付赔偿金。用人单位支付了赔偿金的,不再支付经济补偿。赔偿金的计算年限自用工之日起计算。

答案 ABCD

考验五　特殊劳动合同(★★★)

（一）非全日制用工
1. 可以订立"口头协议"
2. 可以与"一家以上"的用人单位订立劳动合同，但后订立的不能影响先订立的
3. "不得约定"试用期
4. 劳动者在同一用人单位一般平均每日工作时间不超过4小时，每周工作时间累计不超过24小时
5. 任何一方都可以"随时通知"对方终止用工
6. 解除和终止非全日制用工劳动合同时，用人单位"无须"向劳动者支付经济补偿
7. 报酬标准不得低于用人单位所在地最低小时工资标准，结算周期最长不得超过"15日"

【例题1·单选题】甲饭店以非全日制用工形式聘用王某，双方口头约定：王某每天到饭店工作3小时，每周周一休息，按小时计酬，按月结算支付劳动报酬。甲饭店与王某的下列约定中，不符合法律规定的是( )。
A. 王某每天到饭店工作3小时
B. 王某每周周一休息
C. 按小时计酬
D. 按月结算支付劳动报酬

解析　选项D，非全日制用工劳动报酬结算支付周期最长不得超过15日。　答案　D

（二）集体合同
1. 订立主体
（1）工会与企业；
（2）在上级工会指导下的劳动者代表与企业。
2. 订立程序
（1）合同内容由双方派代表协商。
『注意』双方的代表人数应当对等，每方至少3人，并各确定1名首席代表。
（2）协商一致的合同草案应当提交职工代表大会或者全体职工讨论。
（3）讨论会议应当有"2/3以上"职工代表或者职工"出席"，且须经"全体职工代表半数以上"或者全体职工半数以上"同意"，方获通过。
（4）通过后，由"双方首席代表"签字。

3. 合同生效
集体合同订立后，应当报送劳动行政部门，劳动行政部门自"收到"集体合同文本之日起"15日内未提出异议"的，集体合同即行生效。
4. 两个不低于
（1）集体合同中劳动报酬和劳动条件等标准不得低于当地人民政府规定的最低标准；
（2）单位与劳动者订立的劳动合同中劳动报酬和劳动条件等标准不得低于集体合同规定的标准。
5. 争议的解决
因履行集体合同发生争议，经协商解决不成的，"工会"可以依法申请仲裁、提起诉讼。

【例题2·多选题】某单位工会共有9名职工代表，在订立集体合同的过程中，用人单位与工会各派出3名代表参加集体协商会议，确定了集体合同草案。职工代表大会对合同草案进行讨论时有6名代表出席，其中2名代表投反对票，则下列说法中正确的有( )。
A. 用人单位与工会各派出3名代表参加集体协商会议符合法律规定
B. 职工代表大会对合同草案进行讨论时有6名代表出席会议可以举行
C. 4名代表同意合同草案占出席会议的代表人数2/3，该草案可以通过
D. 集体合同通过后，应当由出席会议的双方全体代表签字

解析　选项A，集体合同协商会议双方代表人数应当对等，每方至少3人，并确定1名首席代表；选项B，集体合同草案应当经职工代表大会或者全体职工讨论，应当有2/3以上职工代表或者职工出席，9×2/3=6（名）；选项C，集体合同草案须经全体职工代表半数以上或者全体职工半数以上同意，方获通过；选项D，集体合同草案通过后，由集体协商双方首席代表签字。
答案　AB

【例题3·判断题】集体合同中双方约定的劳动报酬和劳动条件等标准可以低于当地人民政府规定的最低标准。　( )

解析　上述标准不得低于当地人民政府规定的最低标准。　答案　×

（三）劳务派遣（人事外包、人才租赁）
劳务派遣的三方关系如图4-3所示。

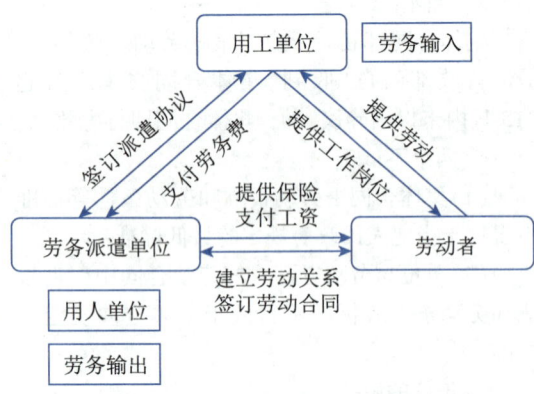

图4-3 劳务派遣的三方关系

『注意』劳务派遣用工是补充形式，只能在"临时性、辅助性或者替代性"的工作岗位上实施——三性原则。

1. 劳动合同与派遣协议（见表4-16）

表4-16 劳动合同与派遣协议

文件	包括内容
劳动合同	劳动合同的必备条款、用工单位、派遣期限、工作岗位
派遣协议	派遣岗位和人员数量、派遣期限、劳动报酬和社会保险费的数额与支付方式、违反协议的责任

2. 对劳务派遣单位（劳务输出单位、用人单位）的要求

（1）劳务派遣单位应当与被派遣劳动者订立"2年以上"的固定期限劳动合同，按月支付"劳动报酬"。

『注意1』劳务派遣单位不得以非全日制用工形式招用被派遣劳动者。

『注意2』向劳动者支付"劳动报酬"是派遣单位的义务。

（2）被派遣劳动者在"无工作期间"，劳务派遣单位应当按照所在地人民政府规定的"最低工资标准"，向其"按月"支付报酬。

（3）劳务派遣单位应当将劳务派遣协议的内容告知被派遣劳动者，不得克扣用工单位按协议支付给劳动者的劳动报酬。

『注意』用人单位不得设立劳务派遣单位向本单位或者所属单位派遣劳动者。

3. 对用工单位（劳务输入单位）的要求

（1）用工单位使用的被派遣劳动者数量不得超过其用工总量的10%，该用工总量是指用工单位订立劳动合同人数与使用的被派遣劳动者人数之和。

『注意』[派遣员工/（正式员工+派遣员工）]≤10%。

（2）用工单位应当根据工作岗位的实际需要与劳务派遣单位确定派遣期限，不得将连续用工期限分割订立数个短期劳务派遣协议。

（3）用工单位不得将被派遣劳动者再派遣到其他单位。

『注意』劳务派遣单位和用工单位均不得向被派遣劳动者收取费用。

4. 劳动者权利

（1）享有与用工单位的劳动者同工同酬的权利。

（2）有权在劳务派遣单位或者用工单位依法参加或者组织工会，维护自身的合法权益。

5. 补充内容——劳动合同解除、终止的经济补偿

劳务派遣单位与被派遣劳动者之间是劳动合同关系，"劳务派遣单位"应承担向劳动者依法支付解除或终止劳动合同后的经济补偿金或者赔偿金的义务。

【例题4·多选题】根据劳动合同法律制度的规定，下列关于不同用工形式劳动报酬结算支付周期的表述中，正确的有（　）。

A. 非全日制用工劳动者的劳动报酬结算支付周期最长不得超过15日

B. 全日制用工劳动者的劳动报酬至少每周支付一次

C. 被派遣劳动者的劳动报酬，在结束劳务派遣用工时支付

D. 对完成一次性临时劳动或某项具体工作的劳动者，用人单位应按有效协议或者合同规定其完成劳动任务后即支付劳动报酬

解析▶选项B，全日制用工工资至少每月支付一次；选项C，劳务派遣按月支付劳动报酬。
答案▶AD

【例题5·单选题】根据劳动合同法律制度的规定，被派遣劳动者在无工作期间，劳务派遣单位应当按照法定标准向其按月支付报酬，该标准为（　）。

A. 所在地上年度职工月平均工资

B. 被派遣劳动者在工作期间的月平均工资

C. 劳务派遣单位职工月平均工资
D. 所在地人民政府规定的月最低工资标准

解析 被派遣劳动者在无工作期间，劳务派遣单位应按所在地人民政府规定的最低工资标准，向其按月支付报酬。 **答案** D

【例题6·多选题】下列劳务派遣用工形式中，不符合法律规定的有( )。
A. 丙劳务派遣公司以非全日制用工形式招用被派遣劳动者
B. 乙公司将使用的被派遣劳动者又派遣到其他公司工作
C. 丁公司使用的被派遣劳动者数量达到其用工总量的5%
D. 甲公司设立劳务派遣公司向其所属分公司派遣劳动者

解析 选项A，劳务派遣单位不得以"非全日制用工"形式招用被派遣劳动者；选项B，用工单位不得将被派遣劳动者再派遣到其他用人单位；选项C，用工单位使用的被派遣劳动者数量不得超过其用工总量的10%；选项D，用人单位不得设立劳务派遣单位向本单位或者所属单位派遣劳动者。 **答案** ABD

【例题7·单选题】乙劳务派遣公司应甲公司要求，将张某派遣到甲公司工作。下列关于该劳务派遣用工的表述中，正确的是( )。
A. 乙公司可向张某收取劳务中介费
B. 甲公司可将张某再派遣到其他用人单位
C. 甲公司与张某之间存在劳动合同关系
D. 乙公司应向张某按月支付劳动报酬

解析 选项A，劳务派遣单位和用工单位不得向被派遣劳动者收取费用；选项B，用工单位不得将被派遣劳动者再派遣到其他用人单位；选项C，劳务派遣是指劳务派遣单位与被派遣劳动者订立劳动合同，劳务派遣单位与用工单位订立劳务派遣协议，由被派遣劳动者向用工单位给付劳务；选项D，由"劳务派遣单位"向被派遣劳动者支付劳动报酬。 **答案** D

【例题8·多选题】下列工作岗位中，企业可以采用劳务派遣用工形式的有( )。
A. 主营业务岗位
B. 替代性岗位
C. 临时性岗位
D. 辅助性岗位

答案 BCD

【例题9·多选题】关于劳务派遣的下列表述中，正确的有( )。
A. 劳动合同关系存在于劳务派遣单位与被派遣劳动者之间
B. 劳务派遣单位是用人单位，接受以劳务派遣形式用工的单位是用工单位
C. 被派遣劳动者的劳动报酬可低于用工单位同类岗位劳动者的劳动报酬
D. 被派遣劳动者不能参加用工单位的工会

解析 选项C，被派遣劳动者享有与用工单位的劳动者同工同酬的权利；选项D，被派遣劳动者有权在劳务派遣单位或者用工单位依法参加或者组织工会，维护自身的合法权益。 **答案** AB

考验六　劳动争议的解决(★★★)

(一)劳动争议的范围——一切与"劳动"有关的争议(具体内容略)
(二)劳动争议的解决方式(见表4-17)

表4-17　劳动争议的解决方式

方式	具体内容
协商和解	劳动者可以与单位协商，也可以请"工会或者第三方"共同与单位协商，达成和解协议
调解	当事人不愿协商、协商不成或者达成和解协议后不履行的，可以向"调解组织"申请调解 『注意』自劳动争议调解组织收到调解申请之日起"15日"内未达成调解协议的，当事人可以依法申请仲裁
劳动仲裁	不愿调解、调解不成或者达成调解协议后不履行的，可以向劳动争议仲裁委员申请仲裁 『注意』双方可不经和解、调解，直接提起劳动仲裁

续表

方式	具体内容
劳动诉讼	对"仲裁裁决不服"的，除劳动争议调解仲裁法另有规定的以外，可以向人民法院提起诉讼 『注意』区别于经济仲裁的"一裁终局"原则，劳动仲裁是向人民法院提起诉讼的"必经程序"，其遵循"先裁后审"原则

【例题1·多选题】下列劳动争议中，劳动者可以向劳动仲裁部门申请劳动仲裁的有（ ）。
A. 确认劳动关系争议
B. 工伤医疗费争议
C. 劳动保护条件争议
D. 社会保险争议

解析 ▶ 一切与劳动有关的争议，均可以通过劳动仲裁方式解决。 答案 ▶ ABCD

【例题2·判断题】用人单位与劳动者发生劳动争议，劳动者可以与用人单位协商，也可以请工会或是第三方共同与用人单位协商，达成和解协议。（ ）

答案 ▶ √

【例题3·单选题】根据劳动争议调解仲裁法律制度的规定，自劳动争议调解组织收到调解申请之日起一定期间内未达成调解协议的，当事人可依法申请仲裁，该期间为（ ）日。
A. 7   B. 10
C. 5   D. 15

答案 ▶ D

（三）劳动仲裁
1. 劳动仲裁的基本规定
（1）劳动仲裁是劳动争议当事人向人民法院提起诉讼的"必经程序"。
（2）劳动仲裁"不收费"，劳动争议仲裁委员会的经费由财政予以保障。
2. 劳动仲裁的参加人（见表4-18）

表4-18 劳动仲裁的参加人

参加人		具体对象
当事人	一般情况	发生争议的劳动者和用人单位
	劳务派遣	劳务派遣单位和用工单位为共同当事人
	个人承包经营	发包的组织和个人承包经营者为当事人
	用人单位被吊销营业执照等	出资人、开办单位或主管部门作为共同当事人
当事人代表		发生争议的劳动者一方在"10人以上"，并有共同请求的，劳动者可以推举"3至5名"代表参加仲裁活动
代理人	委托代理	当事人可以委托代理人参加仲裁活动
	法定代理	（1）丧失或部分丧失民事行为能力的劳动者，由其法定代理人代为参加仲裁活动； （2）劳动者死亡的，由其近亲属或代理人参加仲裁活动
第三人		与劳动争议双方有利害关系，可以申请参加或由劳动争议仲裁委员会通知其参加

【例题4·判断题】劳动者与用人单位发生劳动争议申请仲裁时，用人单位被吊销营业执照或者决定提前解散、歇业，不能承担相关责任的，其出资人、开办单位或者主管部门应作为共同当事人。（ ）

答案 ▶ √

3. 劳动仲裁管辖
（1）劳动争议由劳动"合同履行地"或者"用人单位所在地"的劳动争议仲裁委员会管辖。
（2）"双方当事人"分别向两地申请仲裁的，由劳动"合同履行地"的劳动争议仲裁委员会管辖。
（3）有"多个"劳动合同履行地的，由"最先受理"的仲裁委员会管辖。

『老侯提示』区别"共同管辖"的"立案在先"原则；劳动仲裁遵循"受理在先"原则。

(4)劳动合同履行地"不明确"的,由用人单位所在地的仲裁委员会管辖。

【例题5·多选题】 天津的赵某和重庆的钱某与北京的甲公司签订劳动合同,担任甲公司驻上海办事处业务代表职位,二人因工作关系渐生爱意,已发展至谈婚论嫁的程度,甲公司以二人违反公司禁止员工内部婚恋的制度,与二人解除劳动合同并拒绝支付经济补偿,二人拟申请劳动仲裁,则其可以向( )劳动争议仲裁委员会提出申请。

A. 北京市　　　　B. 天津市
C. 重庆市　　　　D. 上海市

解析 劳动争议由劳动"合同履行地"或者"用人单位所在地"的劳动争议仲裁委员会管辖。

答案 AD

【例题6·判断题】 用人单位和劳动者分别向用人单位所在地和劳动合同履行地的劳动争议仲裁委员会申请劳动仲裁的,由用人单位所在地的仲裁委员会管辖。( )

解析 劳动争议双方当事人分别向劳动合同履行地和用人单位所在地的劳动争议仲裁委员会申请仲裁的,由劳动合同履行地的劳动争议仲裁委员会管辖。

答案 ×

4. 仲裁程序
(1)申请和受理。
①仲裁时效。劳动争议申请仲裁的时效期间为"1年",从当事人"知道或者应当知道"其权利被侵害之日起计算。

劳动关系存续期间因"拖欠劳动报酬"发生争议,劳动者申请仲裁不受1年仲裁时效期间的限制;但是,劳动关系终止的,应当自"劳动关系终止之日"起"1年"内提出。

②仲裁时效的中止和中断。中止(客观原因):因不可抗力或者其他正当理由,当事人不能在仲裁时效期间申请仲裁的,仲裁时效中止。从原因消除之日起继续计算。

中断(主观原因):当事人一方向对方当事人主张权利,或者向有关部门请求权利救济,或者对方当事人同意履行义务劳动仲裁时效中断。从中断时起,仲裁时效期间重新计算。

『注意』 劳动仲裁时效的中止同样适用最后6个月的规定。

③仲裁申请。可以书面申请也可以"口头"申请。

④仲裁受理。劳动争议仲裁委员会收到仲裁申请之日起5日内决定是否受理,受理的告知申请人,不受理的,须书面通知申请人并告知理由。

对劳动争议仲裁委员会"不予受理"或者"逾期未作出决定"的,申请人可就该争议向人民法院提起"诉讼"。

(2)开庭。
①劳动争议仲裁"公开进行",但当事人协议不公开进行或者涉及商业秘密、个人隐私的,经相关当事人书面申请,仲裁委员会应当不公开审理。
②执行仲裁庭制。
③执行回避制度。
④和解与调解。仲裁庭在作出裁决前,"应当"先行调解。

『老侯提示』 区别"经济仲裁调解"("可以"调解);区别"劳动调解"("可以"向调解组织申请调解,并非申请劳动仲裁的必经程序);"劳动仲裁的调解"是作出裁决前的必经程序。

(3)裁决(见表4-19)。

表4-19 裁决

裁决类型	具体事项	对裁决不服	
		用人单位	劳动者
终局裁决	(1)追索劳动报酬、工伤医疗费、经济补偿金或者赔偿金,不超过当地月最低工资标准12个月金额的争议; (2)因执行国家的劳动标准在工作时间、休息休假、社会保险等方面发生的争议	应当自收到裁决书之日起"30日"内向仲裁委员会所在地"中级"人民法院"申请撤销"该裁决,不能直接起诉	可直接起诉
非终局裁决	除适用终局裁以外的其他争议	可直接起诉	

【注意1】如果仲裁裁决涉及"数项",对单项裁决数额不超过上述标准,应当适用终局裁决。

【注意2】裁决内容同时涉及终局裁决和非终局裁决的,应当分别制作裁决书,并告知当事人相应的救济权利。

(4) 执行。

①仲裁庭对追索劳动报酬、工伤医疗费、经济补偿金或者赔偿金的案件,根据当事人的申请,可以裁决"先予执行",移送人民法院执行,劳动者申请先予执行的,可以不提供担保。

仲裁庭裁决先予执行的,应当符合以下条件:当事人之间权利义务关系明确;不先予执行将严重影响申请人的生活。

②生效不履行可以向"人民法院"申请强制执行。

【例题7·单选题】根据劳动争议调解仲裁法律制度的规定,下列关于劳动仲裁申请的表述中,正确的是( )。

A. 申请人申请劳动仲裁,不得以口头形式提出

B. 申请仲裁的时效期间为3年

C. 申请人应预交仲裁申请费用

D. 申请人应向劳动合同履行地或者用人单位所在地的劳动仲裁机构申请仲裁

解析 选项A,劳动争议仲裁可以书面申请,也可以口头申请;选项B,劳动争议申请仲裁的时效期间为1年;选项C,劳动争议仲裁不收费,仲裁委员会的经费由财政予以保障。

答案 D

【例题8·单选题】2016年7月10日,刘某到甲公司上班,公司自9月10日起一直拖欠其劳动报酬,直至2017年1月10日双方劳动关系终止。下列关于刘某就甲公司拖欠其劳动报酬申请劳动仲裁时效期间的表述中,正确的是( )。

A. 应自2016年9月10日起3年内提出申请

B. 应自2016年7月10日起3年内提出申请

C. 应自2016年9月10日起1年内提出申请

D. 应自2017年1月10日起1年内提出申请

解析 劳动仲裁申请仲裁的时效期间为1年。劳动关系存续期间因拖欠劳动报酬发生争议的,劳动者申请仲裁不受1年仲裁时效期间的限制,但是,劳动关系终止的,应当自劳动关系终止之日起1年内提出。

答案 D

【例题9·判断题】劳动者与用人单位发生劳动争议无须经过劳动仲裁,可直接向人民法院提起诉讼。 ( )

解析 申请劳动仲裁是向人民法院提起诉讼的必经程序。

答案 ×

【例题10·多选题】根据劳动争议调解仲裁法律制定的规定,下列劳动争议中,劳动仲裁机构作出的仲裁裁决,除劳动者提起诉讼外,该裁决为终局裁决的有( )。

A. 因执行国家的劳动标准在工作时间方面发生的争议

B. 因确认劳动关系发生的争议

C. 因订立劳动合同发生的争议

D. 追索赔偿金不超过当地月最低工资标准12个月金额的争议

解析 (1)追索劳动报酬、工伤医疗费、经济补偿金或者赔偿金,不超过当地月最低工资标准12个月金额的争议;(2)因执行国家的劳动标准在工作时间、休息休假、社会保险等方面发生的争议,仲裁裁决为终局裁决。

答案 AD

【例题11·单选题】根据劳动争议调解仲裁法律制度的规定,下列关于劳动争议终局裁决效力的表述中,正确的是( )。

A. 劳动者对终局裁决不服的,不得向人民法院提起诉讼

B. 一方当事人逾期不履行终局裁决的,另一方当事人可以向劳动仲裁委员会申请强制执行

C. 用人单位对终局裁决不服的,应向基层人民法院申请撤销

D. 终局裁决被人民法院裁定撤销的,当事人可以自收到裁定书之日起15日内向人民法院提起诉讼

解析 选项A,劳动者对劳动争议的终局裁决不服的,可以自收到仲裁裁决书之日起15日内向人民法院提起诉讼;选项B,一方当事人逾期不履行终局裁决的,另一方当事人可以向法院申请强制执行;选项C,用人单位对终

局裁决不服的，可以自收到裁决书之日起30日内向仲裁委员会所在地"中级"人民法院申请撤销该裁决。

答案 ▶ D

第二部分 社会保险法律制度

【说明】根据国务院《关于全面推进生育保险和职工基本医疗保险合并实施的意见》，职工基本医疗保险和生育保险合并，参加职工基本医疗保险的职工同步参加生育保险。统一基金征缴和管理，生育保险基金并入职工基本医疗保险基金合并编制预算并建账核算，本书后续内容对生育保险不再赘述。

考验一 基本养老保险（★★★）

扫我解疑难

（一）基本养老保险的覆盖范围（见表4-20）

表4-20 基本养老保险的覆盖范围

种类	对象
职工基本养老保险	包括：所有类型的企业及其职工（包括实行"企业化管理"的事业单位及其职工）
	不包括：公务员和参照公务员管理的工作人员，其养老办法由国务院规定
	『注意』"灵活就业人员"可以参加"基本养老保险"和"基本医疗保险"，由个人缴纳保险费。灵活就业人员包括：无雇工的个体工商户、未在用人单位参加社保的非全日制从业人员等
城乡居民基本养老保险	年满16周岁的非在校学生；非公务员；非职工

『老侯提示』除"公务员"和"在校生"部分外与基本医疗保险的覆盖范围相同

【注意】在校学生无基本养老保险，但可通过学校缴纳基本医疗保险，属于城乡居民基本医疗保险的覆盖范围。

【例题1·多选题】根据社会保险法律制度的规定，下列各项中，属于职工基本养老保险费征缴范围的有（ ）。
A. 国有企业及其职工
B. 实行企业化管理的事业单位及其职工
C. 外商投资企业及其职工
D. 城镇私营企业及其职工

答案 ▶ ABCD

【例题2·多选题】参加职工基本养老保险的下列人员中，基本养老保险费全部由个人缴纳的有（ ）。
A. 城镇私营企业的职工
B. 无雇工的个体工商户
C. 未在用人单位参加基本养老保险的非全日制从业人员
D. 实行企业化管理的事业单位职工

解析 ▶ 无雇工的个体工商户、未在用人单位参加基本养老保险的非全日制从业人员以及其他灵活就业人员可以参加基本养老保险，由个人缴纳基本养老保险费。

答案 ▶ BC

（二）基本养老保险基金的组成（见表4-21）

表4-21 基本养老保险基金的组成

组成部分	具体规定
单位缴费	记入基本养老保险"统筹"基金
个人缴费	记入"个人"账户
	『注意』个人账户不得提前支取（有例外）、记账利率不得低于银行"定期"存款利率，免征利息税，死亡可继承
政府补贴	基本养老保险基金出现支付不足时

『注意』个人跨统筹地区就业的，其基本养老保险关系随本人转移，缴费年限累计计算（同医疗保险）。达到法定退休年龄时，基本养老金分段计算、统一支付。

【例题3·单选题】根据社会保险法律制度的规定，参保人员跨统筹地区就业的，职工基本养老保险关系随本人转移，其缴费年限（ ）。
A. 中止计算
B. 重新计算
C. 累计计算
D. 分段计算

答案 ▶ C

(三)缴费计算

1. 计算公式

个人养老账户月存储额 = 本人月缴费工资 × 缴费比例

2. 缴费比例

(1)单位：16%。(2)个人：8%。

3. 工资基数

(1)一般情况：职工本人"上年度"月平均工资(新职工第一年以起薪当月工资作为缴费基数)。

(2)特殊情况：

①过低。

低于当地职工月平均工资"60%"的，按当地职工月平均工资的60%作为缴费基数。

『注意』区别劳动合同解除和终止的经济补偿金计算，计算经济补偿金工资基数的底线为当地最低工资标准。

②过高。

高于当地职工月平均工资"300%"的，按当地职工月平均工资的300%作为缴费基数。

4. 灵活就业人员缴费

缴费基数：允许缴费人在当地职工月平均工资60%至300%"选择"适当的缴费基数。

比例：20%(其中的8%记入个人账户)

【例题4·单选题】甲公司职工孙某已参加职工基本养老保险，月工资15 000元。已知甲公司所在地职工月平均工资为4 000元，月最低工资标准为2 000元。计算甲公司每月应从孙某工资中扣缴基本养老保险费的下列算式中，正确的是( )。

A. 15 000×8% = 1 200(元)
B. 4 000×3×8% = 960(元)
C. 2 000×3×8% = 480(元)
D. 4 000×8% = 320(元)

解析 职工个人按照本人缴费工资的8%缴费。本人月平均工资高于当地职工月工资300%的，按当地职工月平均工资的300%作为缴费基数。在本题中，孙某应当缴纳的基本养老保险费为4 000×3×8% = 960(元)。 答案 B

【例题5·单选题】某企业职工王某的月工资为1 200元，当地社会平均工资为2 400元，最低工资为1 100元，王某每月应由个人缴纳的基本养老保险费为( )元。

A. 88 B. 96
C. 115.2 D. 192

解析 职工工资低于当地职工月平均工资"60%"的，按当地职工月平均工资的60%作为缴费基数。则王某应缴纳的基本养老保险费为2 400×60%×8% = 115.2(元)。 答案 C

【例题6·多选题】根据社会保险法律制度的规定，下列各项中，表述正确的有( )。

A. 职工按照国家规定的本人工资的比例缴纳基本养老保险费，可以全额记入个人账户
B. 灵活就业人员按照国家规定缴纳基本养老保险费全部记入个人账户
C. 职工按照国家规定的本人工资的比例缴纳基本养老保险费，记入个人账户的免征利息税
D. 职工按照国家规定的本人工资的比例缴纳基本养老保险费，不得提前支取

解析 选项B，灵活就业人员缴费比例为20%，其中8%记入个人账户。 答案 ACD

(四)职工基本养老保险享受条件

1. 年龄条件：达到法定退休年龄(见表4-22)

表4-22 职工基本养老保险享受的年龄条件

适用范围	性别	退休年龄
一般情况	男	60
	女	50
	女干部	55
从事"井下、高温、高空、特别繁重体力劳动或其他有害身体健康工作"的	男	55
	女	45
"因病或非因工致残"，由"医院证明并经劳动鉴定委员会确认完全丧失劳动能力"的	男	50
	女	45

2. 缴费年限：累计缴费满"15年"

【例题7·单选题】根据社会保险法律制度的规定，参加职工基本养老保险的个人，达到法定退休年龄且累计缴费满一定年限的方可享受，该年限为( )年。

A. 5 B. 15
C. 20 D. 10

答案 B

【例题8·单选题】男性职工法定退休年龄为( )周岁。
A. 60　　　　　B. 55
C. 50　　　　　D. 45
答案 ▶ A

【例题9·多选题】女性职工年满45周岁，缴费满15年即可享受职工基本养老保险的情况有( )。
A. 担任干部
B. 从事空乘工作
C. 从事农药灌装工作
D. 因病经确认完全丧失劳动能力

解析 ▶ 选项A，女干部的法定退休年龄为55岁；选项BCD，从事"井下、高温、高空、特别繁重体力劳动或其他有害身体健康工作"的以及"因病或非因工致残"，由"医院证明并经劳动鉴定委员会确认完全丧失劳动能力"的女性职工的法定退休年龄是45周岁。
答案 ▶ BCD

(五)职工基本养老保险待遇

1. 基本养老保险金

由统筹养老金和个人账户养老金组成，按月支付。

2. 丧葬补助金和遗属抚恤金

(1)参加基本养老保险的个人，"因病或非因工"死亡的，其遗属可以领取丧葬补助金和抚恤金。

(2)同时符合领取基本养老保险丧葬补助金、工伤保险丧葬补助金、失业保险丧葬补助金条件的，遗属只能选择领取其一。

(3)参保个人死亡后，其"个人账户"中的余额可以全部依法继承。

3. 病残津贴

参保人未达到法定退休年龄时"因病或非因工致残完全丧失劳动能力"的，可以领取病残津贴，所需资金从基本养老保险基金中支付。

【链接】"因工致残"的，在评定伤残等级后可以领取"伤残津贴"，由工伤保险基金支付。

【例题10·多选题】下列关于职工基本养老保险待遇的表述中，正确的有( )。
A. 参保职工未达到法定退休年龄时因病完全丧失劳动能力的，可以领取病残津贴
B. 参保职工死亡后，其个人账户中的余额可以全部依法继承

C. 参保职工达到法定退休年龄时累计缴费满15年，按月领取基本养老金
D. 参保职工死亡同时符合领取基本养老保险丧葬补助金、工伤保险丧葬补助金和失业保险丧葬补助金条件的，其遗属可以同时领取

解析 ▶ 选项D，个人死亡同时符合领取基本养老保险丧葬补助金、工伤保险丧葬补助金和失业保险丧葬补助金条件的，其遗属只能选择领取其中的一项。
答案 ▶ ABC

【例题11·多选题】参加基本养老保险的个人，因病或者非因工死亡，下列各项中，其遗属可以领取的有( )。
A. 一次性工亡补助金
B. 抚恤金
C. 伤残津贴
D. 丧葬补助金

解析 ▶ 选项A，参加工伤保险的职工，因工死亡，可以领取一次性工亡补助金；选项C，参加工伤保险的职工因工致残，其中1至6级伤残，可以领取伤残津贴。
答案 ▶ BD

考验二　基本医疗保险(★★★)

扫我解疑难

(一)基本医疗保险的覆盖范围(见表4-23)

表4-23　基本医疗保险的覆盖范围

种类	对象	
职工基本医疗保险	【注意】包括公务员	其他与基本养老保险的覆盖范围一致
城乡居民基本医疗保险	【注意】包括学生	

【例题1·多选题】下列人员中，属于基本医疗保险覆盖范围的有( )。
A. 大学生
B. 国有企业职工
C. 城镇私营企业职工
D. 灵活就业人员

解析 ▶ 基本医疗保险包括职工基本医疗保险和城乡居民基本医疗保险，选项BCD属于职工基本医疗保险的覆盖范围；选项A，属于城乡居民基本医疗保险的覆盖范围。
答案 ▶ ABCD

(二)保险费的缴纳
1. 单位缴费
职工工资总额的6%。
2. 个人账户资金来源
(1)个人缴费——本人工资收入的2%。
(2)单位缴费划入——单位缴费的30%。
3. 退休人员基本医疗保险费的缴纳
参加职工基本医疗保险的个人,达到法定退休年龄时累计缴费达到国家规定年限的,退休后"不再缴纳"基本医疗保险费,按照国家规定"享受"基本医疗保险待遇。
未达到国家规定缴费年限的,可以缴费至国家规定年限。
目前对最低缴费年限"没有全国统一的规定",由各统筹地区根据本地情况确定。

【例题2·单选题】甲公司职工周某的月工资为6 800元。已知当地职工基本医疗保险的单位缴费率为6%,职工个人缴费率为2%,用人单位所缴医疗保险费划入个人医疗账户的比例为30%。关于周某个人医疗保险账户每月存储额的下列计算中,正确的是( )。
A. 6 800×2% = 136(元)
B. 6 800×2%+6 800×6%×30% = 258.4(元)
C. 6 800×2%+6 800×6% = 544(元)
D. 6 800×6%×30% = 122.4(元)

解析 除个人缴费部分外,单位缴费的30%记入个人账户。本题中周某个人医疗保险账户每月存储额为:6 800×2%+6 800×6%×30% = 258.4(元)(不考虑利息)。 **答案** B

(三)职工基本医疗费用的结算
1. 享受条件——定点、定围
(1)参保人员必须到基本医疗保险的"定点"医疗机构就医购药或"定点"零售药店购买药品。
(2)参保人员在看病就医过程中所发生的医疗费必须符合基本医疗保险药品目录、诊疗项目、医疗服务设施标准的范围和给付标准。
2. 支付标准
(1)支付"区间":当地职工年平均工资10%(起付线)~年平均工资6倍(封顶线)。
(2)支付比例:90%。

『注意』自付费部分由四块组成:①起付线以下的部分;②区间内自己负担的比例部分;③封顶线以上的部分;④非"定点""定围"部分。
(四)基本医疗保险基金不支付的医疗费用
(1)应当从工伤保险基金中支付的;
(2)应当由第三人负担的;
(3)应当由公共卫生负担的;
(4)在境外就医的。
『注意』医疗费应当由第三人负担,第三人不支付或者无法确定第三人的,由基本医疗保险基金先行支付,然后向第三人追偿。

【例题3·单选题】吴某在定点医院做外科手术,共发生医疗费用18万元,其中在规定医疗目录内的费用为15万元,目录以外费用为3万元。当地职工平均工资水平为2 000元/月。应由基本医疗保险基金支付的医疗费用为( )元。
A. 150 000   B. 144 000
C. 129 600   D. 127 440

解析 基本医疗保险的起付线为当地职工年平均工资10%,即2 000×12×10% = 2 400(元)。封顶线为2 000×12×6 = 144 000(元)。吴某可以报销的费用 = (144 000 – 2 400)×90% = 127 440(元)。 **答案** D

【例题4·多选题】如发生以下情况,则该医疗费不由基本医疗保险基金支付的为( )。
A. 赵某需进行外科手术的原因是工伤
B. 钱某需进行外科手术的原因是被赵某驾驶的汽车撞伤
C. 孙某需进行外科手术的原因是非因公负伤
D. 李某需进行外科手术的原因是患病

解析 选项A,因工负伤,其医疗费用应当由工伤保险支付;选项B,因第三人原因负伤,医疗费用应当由第三人负担。 **答案** AB

(五)医疗期
1. 概念
职工因"患病或非因工负伤"停止工作,治病休息,但不得解除劳动合同的期间。
【链接】停工留薪期:因工负伤。
2. 医疗期期间——由"累计工作年限"和"本单位工作年限"同时决定(见表4-24)

表 4-24 医疗期期间的计算

累计工作年限(年)	本单位工作年限(年)	享受医疗期(月)	累计计算期(月)	
Y<10	X<5	3	6	医疗期×2
	X≥5	6	12	
Y≥10	X<5	6	12	医疗期+6
	5≤X<10	9	15	
	10≤X<15	12	18	
	15≤X<20	18	24	
	X≥20	24	30	

『注意1』 医疗期从病休第一天开始累计计算。

『注意2』 病休期间，公休、假日和法定节日包括在内。

『老侯提示』 务必看清题目问的是医疗期还是累计计算期。

3. 医疗期待遇

(1)医疗期内工资标准最低为"当地最低工资的80%"。

(2)医疗期"内"不得解除劳动合同，除非满足用人单位"随时通知"解除的相关条件。

(3)医疗期内合同期满，合同必须延续至医疗期满，职工在此期间仍然享受医疗期内待遇。

(4)对医疗期"满"尚未痊愈者，或者医疗期满后不能从事原工作，也不能从事用人单位另行安排的工作，被解除劳动合同的，用人单位需按经济补偿规定给予其经济补偿。

【例题5·判断题】医疗期是指企业职工因工负伤停止工作，治病休息的期限。（　）

解析▶ 医疗期是指企业职工因患病或非因工负伤停止工作，治病休息，但不得解除劳动合同的期限；本题表述内容为停工留薪期的定义。

答案▶ ×

【例题6·单选题】王某大专毕业后自2000年起至2018年一直在甲公司从事维修工作，后因患上心脏病需要停止工作，进行治疗。其可以享受的医疗期最长为（　）。

A. 6个月　　　　B. 12个月
C. 18个月　　　D. 24个月

解析▶ 某实际工作年限10年以上，在本单位工作15年以上20年以下，可享受的医疗期为18个月。

答案▶ C

【例题7·多选题】2013年张某初次就业到甲公司工作。2020年年初，张某患重病向公司申请病休。关于张某享受医疗期待遇的下列表述中，正确的有（　）。

A. 医疗期内，甲公司应按照张某病休前的工资待遇向其支付病假工资

B. 张某可享受不超过6个月的医疗期

C. 公休、假日和法定节日不包括在医疗期内

D. 医疗期内，甲公司不得单方面解除劳动合同

解析▶ 选项A，医疗期内工资标准最低为当地最低工资的80%；选项B，实际工作年限10年以下的，在本单位工作年限5年以上的享受的医疗期为6个月；选项C，病休期间，公休、假日和法定节日包括在内；选项D，医疗期内不得解除劳动合同，医疗期内合同期满，合同必须延续至医疗期满。

答案▶ BD

【例题8·多选题】甲公司职工汪某非因工负伤住院治疗。已知汪某月工资3 800元，当地最低月工资标准为2 000元，汪某医疗期内工资待遇的下列方案中，甲公司可以依法采用的有（　）元/月。

A. 3 040　　　　B. 1 900
C. 1 500　　　　D. 2 000

解析▶ 医疗期内工资标准最低为当地最低工资的80%，2 000×80%=1 600（元/月），只要高于此数均正确。

答案▶ ABD

考验三　工伤保险(★★★)

扫我解疑难

(一)工伤保险费的缴纳

1. 缴纳方

工伤保险费由"用人单位缴纳",职工不缴纳。

『注意』四险中只有"工伤保险"仅由用人单位缴纳。

2. 用人单位

企业、事业单位、社会团体、民办非企业单位、基金会、律师事务所、会计师事务所等组织和有雇工的个体工商户。

【例题1·多选题】根据社会保险法律制度的规定,下列人员中,属于工伤保险覆盖范围的有(　)。

A. 国有企业职工
B. 民办非企业单位职工
C. 个体工商户的雇工
D. 事业单位职工

答案 ▶ ABCD

【例题2·多选题】下列社会保险中应由用人单位和职工共同缴纳的有(　)。

A. 基本养老保险
B. 基本医疗保险
C. 工伤保险
D. 失业保险

解析 ▶ 基本养老保险、基本医疗保险、失业保险由用人单位和个人共同缴纳,工伤保险仅由用人单位缴纳。

答案 ▶ ABD

(二)工伤认定与劳动能力鉴定

1. 工伤的判定标准及内容(见表4-25)

表4-25　工伤的判定标准及内容

是否认定	判定标准	具体内容
应当认定	与工作有直接因果关系	(1)在工作时间和工作场所内,因工作原因受到事故伤害的; (2)工作时间前后在工作场所内,从事与工作有关的预备性或收尾性工作受到事故伤害的; (3)在工作时间和工作场所内,因履行工作职责受到暴力等意外伤害的; (4)患职业病的; (5)因工外出期间,由于工作原因受到伤害或者发生事故下落不明的; (6)在上下班途中,受到非本人主要责任的交通事故或者城市轨道交通、客运轮渡、火车事故伤害的
视同工伤	与工作有间接因果关系	(1)在工作时间和工作岗位,突发疾病"死亡"或者在"48小时"内经抢救无效"死亡"的; (2)在抢险救灾等维护国家利益、公共利益活动中受到伤害的; (3)原在军队服役,因战、因公负伤致残,已取得革命伤残军人证,到用人单位后旧伤复发的
不认定工伤	自找	(1)故意犯罪; (2)醉酒或者吸毒; (3)自残或者自杀

2. 劳动能力鉴定

(1)劳动功能障碍分十个伤残等级,最重为一级;

(2)生活自理障碍分为三个等级;

(3)自劳动能力鉴定结论"作出之日起1年后""工伤职工或者其近亲属、所在单位或者经办机构"认为伤残情况发生变化的,可以申请劳动能力复查鉴定。

【例题3·多选题】劳动者发生伤亡的下列情形中,应当认定为工伤的有(　)。

A. 吴某在车间工作期间因醉酒导致自身受伤
B. 保安万某在工作期间因履行工作职责被打伤
C. 陈某在上班途中,受到非本人主要责任交通事故伤害
D. 赵某在外地出差期间登山游玩时摔伤

解析 选项 A，由于醉酒导致受伤不认定为工伤；选项 D，与工作无直接联系，不能认定为工伤。 **答案** BC

【例题 4·单选题】根据社会保险法律制度的规定，职工发生伤亡的下列情形中，视同工伤的是（ ）。

A. 在工作时间和工作岗位突发先天性心脏病死亡的

B. 在上班途中受到非本人主要责任的交通事故伤害的

C. 下班后在工作场所从事与工作有关的收尾性工作受到事故伤害的

D. 患职业病的

解析 选项 BCD，与工作有直接因果关系，属于应当认定为工伤的情形。 **答案** A

（三）工伤保险待遇（见图 4-4）

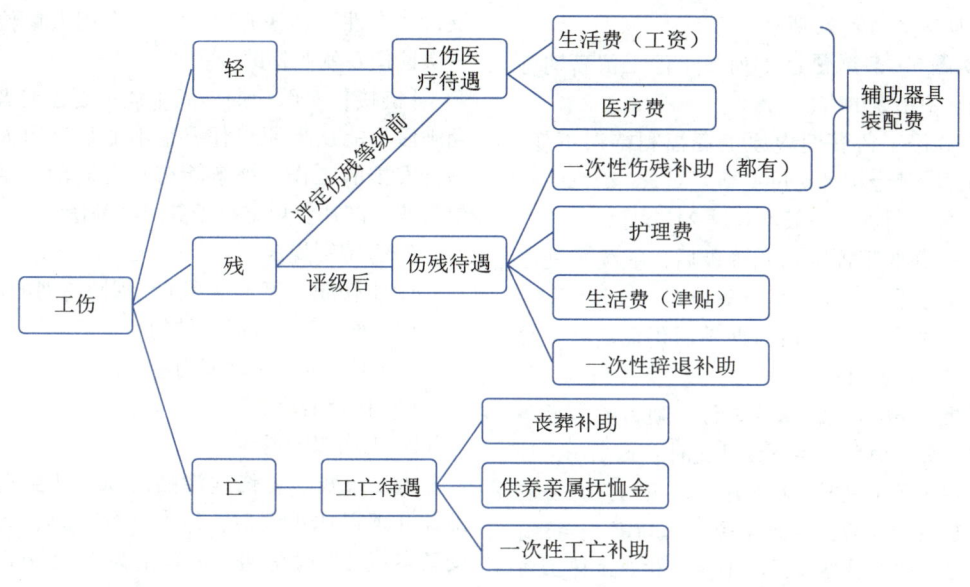

图 4-4 工伤保险待遇

1. 工伤医疗待遇

（1）停工留薪期工资福利待遇。

①工资福利待遇"不变"，由所在单位按月支付；

②生活不能自理需要护理，费用由所在单位负责；

③时间一般不超过 12 个月；特殊情况需延长，延长期不超过 12 个月；

④评定伤残等级后，停止享受停工留薪期待遇，转为享受伤残待遇；

⑤停工留薪期满后仍需治疗，继续享受工伤医疗待遇。

（2）其他工伤医疗待遇：医疗费用；住院伙食补助、交通食宿费；康复性治疗费。

『注意』工伤职工治疗"非工伤"引发的疾病，不享受工伤医疗待遇，按照基本医疗保险办法处理。

『老侯提示』赵某工作期间因机械故障导致将"手指"切断，享受停工留薪待遇期间，治疗"脚气"的费用按照基本医疗保险办法处理。

2. 辅助器具装配费

3. 伤残待遇

（1）一次性伤残补助金；

（2）生活护理费；

『注意』评定伤残等级前由用人单位支付，评定伤残等级后由工伤保险支付。

（3）伤残津贴（见表 4-26）；

表 4-26 伤残津贴等级

伤残等级	伤残津贴
1~4 级	工伤保险支付
5、6 级	用人单位支付
7~10 级	无

（4）一次性工伤医疗补助金和一次性伤残就业补助金。

4. 工亡待遇

前提条件：职工"因工"死亡和伤残职工在

停工留薪期"内"因工伤原因导致死亡。

(1)丧葬补助金：6个月工资（统筹地区上年度职工月平均工资）；

(2)供养亲属抚恤金；

(3)一次性工亡补助金。

标准为上一年度"全国城镇居民人均可支配收入"的"20倍"。

『注意』1~4级伤残，停工留薪期"满"死亡，可以享受(1)(2)两项。

【例题5·多选题】下列关于停工留薪期待遇的说法中错误的有( )。

　　A. 在停工留薪期内原工资福利待遇不变，由工伤保险基金按月支付

　　B. 停工留薪期一般不超过24个月

　　C. 工伤职工评定伤残等级后，继续享受停工留薪期待遇

　　D. 工伤职工停工留薪期满后仍需治疗，继续享受停工留薪期待遇

【解析】选项A，在停工留薪期内原工资福利待遇不变，由所在单位按月支付；选项B，停工留薪期一般不超过12个月；选项C，工伤职工评定伤残等级后，停止享受停工留薪期待遇，按规定享受伤残待遇；选项D，工伤职工停工留薪期满后仍需治疗，继续享受工伤医疗待遇。

【答案】ABCD

【例题6·单选题】根据社会保险法律制度的规定，一次性工亡补助金标准为上一年度全国城镇居民人均可支配收入的一定倍数，该倍数为( )。

　　A. 10　　　　　B. 20
　　C. 15　　　　　D. 5

【答案】B

【例题7·多选题】职工因工死亡的，其近亲属可享受遗属待遇。下列各项中属于该待遇的有( )。

　　A. 一次性工亡补助金
　　B. 供养亲属抚恤金
　　C. 遗属慰问金
　　D. 丧葬补助金

【解析】职工因工死亡和伤残、职工在停工留薪期内因工伤原因导致死亡，其近亲属可以享受丧葬补助金、供养亲属抚恤金、一次性工亡补助金待遇。

【答案】ABD

(四)劳动合同的解除

(1)1~4级伤残，保留劳动关系，退出劳动岗位。

(2)5级、6级伤残，经职工本人提出，可以与用人单位解除或者终止劳动关系。

(3)7~10级伤残，劳动合同期满终止，或者职工本人提出可以解除劳动合同。

(4)解除或终止劳动关系的由工伤保险基金支付一次性工伤医疗补助金，由用人单位支付一次性伤残就业补助金。

【链接】对医疗期满尚未痊愈者，或者医疗期满后不能从事原工作，也不能从事用人单位另行安排的工作，被解除劳动合同的，用人单位需按经济补偿规定给予其经济补偿。

(五)特别规定

1. 工伤职工停止享受工伤保险待遇的情形

(1)丧失享受待遇条件的；

(2)拒不接受劳动能力鉴定的；

(3)拒绝治疗的。

2. 工伤职工退休

因工致残享受伤残津贴的职工达到退休年龄并办理退休手续后，停发伤残津贴，改为享受基本养老保险待遇。被鉴定为1~4级伤残的职工，基本养老保险待遇低于伤残津贴的，由工伤保险基金补足差额。

3. 单位未缴纳工伤保险

职工所在用人单位未依法缴纳工伤保险费，发生工伤事故的，由用人单位支付工伤保险待遇。用人单位不支付的，从工伤保险基金中先行支付，由用人单位偿还。用人单位不偿还的，社会保险经办机构可以追偿。

4. 第三人原因

由于第三人的原因造成工伤，第三人不支付工伤医疗费用或者无法确定第三人的，由工伤保险基金先行支付。工伤保险基金先行支付后，有权向第三人追偿。

【例题8·判断题】职工发生工伤事故但所在用人单位未依法缴纳工伤保险费的，不享受工伤保险待遇。( )

【解析】上述情形，由用人单位支付工伤保险待遇。

【答案】×

考验四　失业保险(★★)

扫我解疑难

(一)保险费的缴纳
1. 单位费率：1%
2. 个人费率：不得超过单位费率

『注意』在省(区、市)行政区域内，单位及个人的费率应当统一。

(二)失业保险待遇
1. 享受条件——必须同时满足
(1)失业前用人单位和本人已经缴纳失业保险费"满1年"。
(2)"非"因本人意愿中断就业。
(3)已经进行失业"登记"，并有求职要求。
2. 单位备案及个人申请
(1)用人单位应当自终止或解除劳动关系之日起7日内将失业人员的名单报受理其失业保险业务的经办机构备案。
(2)失业保险金自办理失业登记之日起计算。
3. 领取期限(见表4-27)

表4-27　失业保险金领取期限

缴费期限(年)	领取期限(月)
1≤X<5	12
5≤X<10	18
X≥10	24

『注意』失业保险金领取期限自办理失业"登记"之日起计算。

4. 发放标准
不低于当地"最低生活保障"标准，不高于当地"最低工资"标准。

5. 失业保险待遇
(1)失业保险金。
(2)享受基本医疗保险待遇。

『注意』失业人员应当缴纳的基本医疗保险费从失业保险金中支付，个人不缴纳基本医疗保险费。

(3)死亡补助。失业人员领取失业保险金期间死亡，向遗属发放一次性丧葬补助金和抚恤金，由失业保险基金支付。
(4)职业介绍与职业培训补贴。

(三)停止领取的情形——满足其一
1. 重新就业的

2. 应征服兵役的
3. 移居境外的
4. 享受基本养老保险待遇的
5. 被判刑收监执行的
6. 无正当理由，拒不接受当地人民政府指定部门或者机构介绍的适当工作或者提供的培训的

【例题1·多选题】2018年2月，张某首次就业到甲公司工作，并与甲公司共同缴纳失业保险费。2019年8月，张某因甲公司解除其劳动合同失业，随即办理了失业登记和失业保险金领取手续。张某领取失业保险金的期限自办理失业登记之日起不得超过(　)。

A. 24个月　　　B. 6个月
C. 12个月　　　D. 18个月

解析　用人单位和本人的累计缴费年限满1年不足5年的，领取失业保险金的期限最长为12个月。
答案　C

【例题2·单选题】下列关于失业保险待遇的表述中，正确的是(　)。

A. 失业人员领取失业保险金期间不享受基本医疗保险待遇
B. 失业人员领取失业保险金期间重新就业的，停止领取失业保险金并同时停止享受其他失业保险待遇
C. 失业保险金的标准可以低于城市居民最低生活保障标准
D. 失业前用人单位和本人已经累计缴纳失业保险费满6个月的，失业人员可以申请领取失业保险金

解析　选项A，失业人员领取失业保险金期间享受基本医疗保险待遇；选项C，失业保险金的标准不得低于城市居民最低生活保障标准；选项D，失业前用人单位和本人已经累计缴纳失业保险费满1年的，失业人员可以申请领取失业保险金。
答案　B

【例题3·多选题】领取失业保险金的下列人员中，应停止领取失业保险金并同时停止享受其他失业保险待遇的有(　)。

A. 移居境外的夏某
B. 被判刑收监执行的王某
C. 享受基本养老保险待遇的郭某
D. 应征服兵役的郑某

答案　ABCD

考验五 社保制度的其他考点(★)

扫我解疑难

(一)社保登记

1. 用人单位的社会保险登记

(1)"企业"在办理登记注册时，同步办理社会保险登记(五证合一)。

(2)"**企业以外的缴费单位**"应当自成立之日起"**30日**"内，向当地社会保险经办机构申请办理社会保险登记。

2. 个人社会保险登记

职工：用人单位自用工之日起"30日"内为其职工向社保经办机构申办社保登记。

灵活就业人员：自行向社保经办机构申办。

【例题1·单选题】用人单位应当自用工之日起( )日内为其职工向社会保险经办机构申请办理社会保险登记。

A. 60　　　　　　B. 30
C. 45　　　　　　D. 90

答案 ▶ B

(二)缴费

如何缴费(见表4-28)。

表4-28 缴费主体与方法

缴费者	缴费方法
单位	自行申报、足额缴纳，非因不可抗力等法定事由，不得缓缴、减免
职工	由单位代扣代缴，并"**按月**"告知本人
灵活就业人员	自行缴纳

『注意』自2019年1月1日起，由税务部门统一征收各项社会保险费。

【例题2·多选题】根据社会保险法律制度的规定，下列关于社会保险费征缴的表述中，正确的有( )。

A. 职工应当缴纳的社会保险费由用人单位代扣代缴

B. 用人单位未按时足额缴纳社会保险费的，由社会保险费征收机构责令其限期缴纳或者补足

C. 未在用人单位参加社会保险的非全日制从业人员可以直接向社会保险征收机构缴纳社会保险费

D. 用人单位应当自用工之日起30日内为其职工向社会保险经办机构申请办理社会保险登记

答案 ▶ ABCD

【例题3·多选题】下列关于社会保险费缴纳的表述中，正确的有( )。

A. 用人单位应当自行申报、按时足额缴纳社会保险费

B. 职工应当缴纳的社会保险费由用人单位代扣代缴

C. 无雇工的个体工商户可以直接向社会保险费征收机构缴纳社会保险费

D. 用人单位应当按季度将缴纳社会保险费的明细情况告知职工本人

解析 ▶ 选项D，用人单位应当按月将缴纳社会保险费的明细情况告知本人。 **答案** ▶ ABC

(三)社保基金管理运营

(1)除"**基本医疗保险基金与生育保险基金**"合并建账及核算外，其他各项社会保险基金按险种分别建账，分别核算，执行国家统一的会计制度。

(2)专款专用，不得侵占挪用。

(3)社保基金存入财政专户，通过预算实现收支平衡。

(4)社保基金的投资与使用。

①允许：保证安全的前提下，按国务院规定投资运营。

②禁止：违规投资运营；平衡其他政府预算；兴建、改建办公场所；支付人员经费、运行费用、管理费用；挪作其他用途。

【例题4·多选题】根据社会保险法律制度的规定，关于社会保险基金管理运营的下列表述中，正确的有( )。

A. 社会保险基金专款专用

B. 除基本医疗保险基金与生育保险基金合并建账及核算外，其他各项社会保险基金按照社会保险险种分别建账、分账核算

C. 社会保险基金存入财政专户，通过预算实现收支平衡

D. 社会保险机构的人员经费、运营经费、管理费用由社会保险基金支付

解析 ▶ 选项D，社会保险基金在保证安全的前提下，按照国务院规定投资运营实现保值增值。不得用于兴建、改建办公场所和支付人员经费、运营费用、管理费用，或者违反法律、

法规规定挪作其他用途。

答案 ABC

（四）用人单位不缴纳保险费及骗保的法律责任

1. 用人单位不缴纳保险费

（1）社会保险费征收机构责令限期缴纳，并按日加收0.05%的滞纳金；

（2）逾期仍不缴纳处欠缴数额1倍以上3倍以下罚款。

2. 骗保

（1）责令退回；

（2）处骗取金额2倍以上5倍以下罚款。

【例题5·判断题】用人单位未按时足额缴纳社会保险费的，由社会保险费征收机构责令限期缴纳或者补足，并自欠缴之日起按日加收滞纳金。（　　）

答案 √

【例题6·多选题】某公司采用非法手段，为部分职工以特殊工种为由提前办理了退休手续。后被该市社保机构在进行年度资格审查时发现，经查该公司共有20名员工的材料存在伪造痕迹且已领取基本养老金共计24万元，则社会保险行政部门可以(　　)。

A. 责令限期改正

B. 责令退回已领取的24万元养老金

C. 对该单位处48万元罚金

D. 对该单位处120万元罚款

解析 骗保的法律责任包括：①责令退回；②处骗取金额2倍以上5倍以下的罚款。选项A，不包括责令限期改正；选项C，罚金为刑事责任中的附加刑。

答案 BD

心有灵犀 限时120min

扫我做试题

一、单项选择题

1. 《劳动法》规定，禁止用人单位招用未满16周岁的未成年人。但某些特殊单位如果能够遵守国家有关规定，并保障劳动者接受义务教育的权利就可以招用未满16周岁的未成年人。下列各项中不属于特殊单位的是(　　)。

A. 文艺　　　　　B. 体育

C. 特种工艺　　　D. 军队

2. 根据劳动合同法律制度的规定，用人单位在与劳动者订立劳动合同时，下列做法中，正确的是(　　)。

A. 告知劳动者工作内容、工作条件、工作地点、职业危害、安全生产状况、劳动报酬等

B. 为调查劳动者的身份，暂时扣押劳动者相关证件

C. 为提供培训和制作统一上岗服装而向劳动者索取财物

D. 要求新招聘的出纳人员提供担保

3. 2020年7月1日，李某到甲公司工作，按月领取工资3 000元。同年9月1日，甲公司与李某签订书面劳动合同。已知，当地月最低工资标准为1 800元，当地上年度职工月平均工资为3 500元。因未及时与李某签订书面劳动合同，甲公司向其补偿的工资数额为(　　)。

A. 7 000元　　　　B. 3 000元

C. 3 500元　　　　D. 1 800元

4. 根据劳动合同法律制度的规定，下列各项中，属于劳动合同必备条款的是(　　)。

A. 保密条款

B. 竞业限制条款

C. 社会保险条款

D. 服务期条款

5. 为更好地帮助考生通过夏季初级会计职称考试，赵某与某网络培训机构签订一份授课合同，双方约定由赵某负责讲授"量子力学与广义相对论在初级会计实务课程中的指导与应用"，由培训机构支付劳动报酬。赵某用三个月的时间完成了该门课程的讲授和录制工作。赵某与某培训机构签订的该合同属于(　　)。

A. 无固定期限劳动合同

B. 为期三个月的固定期限劳动合同

C. 以完成单项工作任务为期限的劳动合同

D. 因季节原因用工的劳动合同

6. 赵某是某中学体育教师，参加工作已经12年，2020年上半年享受寒假20天；下半年享受暑假35天，则赵某2020年可以享受的带

薪年休假为( )天。
A. 0　　　　　　B. 5
C. 10　　　　　　D. 15

7. 方某工作已满15年，2019年上半年在甲公司已休带薪年休假（以下简称年休假）3天；下半年调到乙公司工作，提出补休年休假的申请。乙公司对方某补休年休假申请符合法律规定的答复是( )。
A. 不可以补休年休假
B. 可补休5天年休假
C. 可补休10天年休假
D. 可补休7天年休假

8. 甲公司职工王某因工作失误给公司造成了5 000元的经济损失，甲公司按双方劳动合同约定要求王某赔偿，并每月从其工资中扣除。已知王某月工资2 400元，当地月最低工资标准2 200元。甲公司每月可从王某工资中扣除的最高限额为( )。
A. 200元　　　　B. 440元
C. 480元　　　　D. 2 400元

9. 赵某应聘到甲公司工作，与甲公司签订的劳动合同中约定，合同期限2年，试用期4个月，试用期工资3 500元，试用期满月工资4 000元。4个月后，赵某通过学习《劳动合同法》知道甲公司与自己约定的试用期期间不符合法律规定，遂要求甲公司支付试用期赔偿金。赵某可以主张的试用期赔偿金是( )元。
A. 4 000　　　　B. 8 000
C. 500　　　　　D. 1 000

10. 甲公司为员工张某支付培训费用3万元，约定服务期3年。2年后，张某以公司自他入职起从未按照合同约定提供劳动保护为由，向单位提出解除劳动合同。以下说法正确的是( )。
A. 张某违反了服务期的约定
B. 公司可以要求张某支付3万元违约金
C. 公司可以要求张某支付1万元违约金
D. 张某无须支付违约金

11. 甲公司在与赵某签订的劳动合同中约定，月工资为8 000元，赵某从甲公司辞职2年内不得在其他企业担任同类职务，但双方并未在劳动合同中约定经济补偿。1年后，赵某从甲公司辞职，离职半年后赵某通过学习劳动合同法得知自己的权利受到侵害，于是向法院主张，要求甲公司支付经济补偿。已知当地最低工资标准为2 000元，则下列说法中正确的是( )。
A. 赵某可以要求甲公司按每月8 000元支付6个月的竞业限制补偿金
B. 赵某可以要求甲公司按每月2 400元支付6个月的竞业限制补偿金
C. 赵某只能要求甲公司按每月2 000元支付6个月的竞业限制补偿金
D. 赵某无权要求甲公司支付竞业限制补偿金

12. 王某在甲公司工作2年8个月，甲公司提出并与王某协商解除了劳动合同。已知王某在合同解除前12个月的平均工资为13 000元，当地上年度职工月平均工资为4 000元，当地月最低工资标准为2 000元。劳动合同解除时，甲公司依法应向王某支付的经济补偿数额为( )元。
A. 36 000　　　　B. 6 000
C. 12 000　　　　D. 390 000

13. 赵某在甲公司已工作15年，2018年经甲公司提出并与其协商解除劳动合同。已知赵某在劳动合同解除前12个月的平均工资为2 000元，当地最低月工资标准为2 120元，2017年度当地职工月平均工资为8 467元。甲公司应向赵某支付的经济补偿金额是( )。
A. 30 000元　　　B. 25 440元
C. 31 800元　　　D. 24 000元

14. 天津的赵某与北京的A公司签订劳动合同，担任A公司驻深圳办事处联络员职位，后A公司以赵某违反公司制度利用职务之便收取位于上海的B公司回扣，采购高价商品为由与赵某解除劳动合同并拒绝支付经济补偿。赵某认为自己只是与客户进行正常业务往来，采购价格虽然略高于同类产品市场价格，但质量也是同类产品中最好的，并非恶意采购质次价高的产品，于是向深圳劳动争议仲裁委员会申请劳动仲裁，A公司则向北京劳动争议仲裁委员会申请劳动仲裁，则该争议应由( )的劳动争议仲裁委员会管辖。

A. 北京市　　　B. 天津市
C. 深圳市　　　D. 上海市

15. 根据劳动争议仲裁法律制度的规定，除另有规定外，劳动争议仲裁机构对下列劳动争议所做裁定具有终局效力的是（　）。
    A. 解除劳动关系争议
    B. 确定劳动关系争议
    C. 追索劳动报酬不超过当地最低工资标准12个月金额的争议
    D. 终止合同合同争议

16. 根据社会保险法律制度的规定，下列关于基本养老保险的表述中，正确的是（　）。
    A. 企业职工与单位缴纳的养老保险金全部划入个人账户
    B. 个人账户不得提前支取
    C. 个人账户记账利率不得低于银行活期存款利率
    D. 参加职工基本养老保险的个人死亡后，其统筹账户中的余额可以全部依法继承

17. 某企业职工赵某的月工资为1 600元，当地社会平均工资为4 000元，最低工资为1 700元，已知职工基本养老保险个人缴费的比例为工资的8%，根据《社会保险法》的有关规定，赵某每月应由个人缴纳的基本养老保险费为（　）。
    A. 128元　　　B. 136元
    C. 192元　　　D. 320元

18. 甲公司高级管理人员张某2018年度月平均工资为15 000元，公司所在地职工月平均工资为4 000元。2019年甲公司每月应扣缴张某基本养老保险费的下列计算列式中，正确的是（　）。
    A. 4 000×2×8%＝640（元）
    B. 15 000×8%＝1 200（元）
    C. 4 000×8%＝320（元）
    D. 4 000×3×8%＝960（元）

19. 下列关于基本养老保险待遇的表述中，正确的是（　）。
    A. 符合基本养老保险享受条件的人员，国家按年支付基本养老金
    B. 参加基本养老保险的个人，因工死亡的，其遗属可以领取丧葬补助金和抚恤金，所需资金从基本养老保险金中支付

C. 个人死亡同时符合领取基本养老保险丧葬补助金、工伤保险丧葬补助金和失业保险丧葬补助金条件的，其遗属只能选择领取其中的一项
    D. 参加基本养老保险的个人，未达法定退休年龄时因工致残完全丧失劳动能力的，可以领取病残津贴，所需资金从基本养老保险金中支付

20. 某企业刘某的月工资为8 000元。已知，基本医疗保险单位缴费比例为6%，个人缴费比例为2%，划入个人医疗账户的比例为30%。根据社会保险法的规定，当月应记入刘某个人医疗保险账户的储存额为（　）。
    A. 48元　　　B. 160元
    C. 190元　　　D. 304元

21. 赵某在定点医院做外科手术，共发生医疗费用12万元，其中在规定医疗目录内的费用为10万元，目录以外费用2万元。当地职工平均工资水平为2 000元/月，则应由基本医疗保险基金支付的医疗费用为（　）元。
    A. 100 000　　　B. 90 000
    C. 88 200　　　D. 87 840

22. 甲公司职工张某因心肌炎住院治疗。已知张某的实际工作年限为8年，在甲公司的工作年限为6年。根据社会保险法律制度的规定，张某可享受的医疗期最长不得超过（　）。
    A. 1个月　　　B. 2个月
    C. 3个月　　　D. 6个月

23. 根据社会保险法律制度的规定，劳动者因工致残的下列情形中，用人单位不得与劳动者解除或终止劳动关系的是（　）。
    A. 一级伤残　　　B. 五级伤残
    C. 六级伤残　　　D. 十级伤残

24. 一次性工亡补助金标准为上一年度（　）的20倍。
    A. 当地最低工资标准
    B. 城市居民最低生活保障标准
    C. 统筹地区职工平均工资
    D. 全国城镇居民人均可支配收入

二、多项选择题

1. 根据劳动合同法律制度的规定，下列各项中，属于劳动合同订立原则的有（　）。

A. 公平原则

B. 协商一致原则

C. 成本效益原则

D. 诚实信用原则

2. 下列关于劳动合同的订立，说法错误的有（　　）。

A. 年龄未满18周岁的未成年人一律不得签订劳动合同

B. 年龄未满16周岁的未成年人一律不得签订劳动合同

C. 用人单位设立的分支机构，依法取得营业执照或者登记证书的，可以作为用人单位与劳动者订立劳动合同

D. 未依法取得营业执照或者登记证书的一律不得与劳动者订立劳动合同

3. 2019年7月5日王某到甲公司上班，但甲公司未与其签订书面合同。对甲公司该行为法律后果的下列表述中，正确的有（　　）。

A. 甲公司与王某之间尚未建立劳动关系

B. 甲公司应在2019年8月5日前与王某签订书面劳动合同

C. 若甲公司在2019年10月5日与王某补订书面劳动合同，王某有权要求甲公司向其支付2个月的双倍工资

D. 若甲公司在2020年10月5日与王某补订书面劳动合同，王某有权要求甲公司向其支付11个月的双倍工资

4. 赵某因工作较忙无暇打理家务，遂与吴某口头约定，由吴某每周来赵某家两次，每次整理家务3小时，每次工资100元，试用一次，试用期工资80元，工资每月支付一次。3个月后赵某发现，吴某同时在为多个家庭打理家务，为赶时间工作比较马虎，遂通知吴某解除约定，吴某要求赵某多支付一次的工资作为经济补偿。已知，当地每小时最低工资标准为24元，根据劳动合同法律制度的有关规定，下列说法中错误的有（　　）。

A. 赵某可以与吴某订立口头劳动合同

B. 赵某可以与吴某约定试用期

C. 工资的支付标准符合规定

D. 吴某只能跟一家订立非全日制用工合同

5. 题干接上题，下列说法中错误的有（　　）。

A. 吴某可以与赵某约定每次整理家务3小时

B. 工资结算周期符合规定

C. 赵某可以随时通知吴某解除合同

D. 吴某可以要求经济补偿

6. 某公司招聘，王某凭借伪造的毕业证书及其他与岗位要求相关的资料，骗得公司的信任，与其签订了为期三年的劳动合同。半年后，公司发现王某伪造学历证书及其他资料的事实，提出劳动合同无效，王某应退还公司所发工资，并支付经济赔偿。王某申请劳动仲裁，认为公司违反《劳动合同法》规定，擅自解除劳动合同，应承担违约责任。则下列说法中错误的有（　　）。

A. 王某伪造学历及其他资料与公司签订的劳动合同无效

B. 王某应退还公司所发工资

C. 公司如能证明王某的欺诈行为给公司造成损害，可要求王某承担赔偿责任

D. 劳动合同被认定为无效的，自被认定时起不再具有法律约束力

7. 下列各项中，除劳动者提出订立固定期限劳动合同外，用人单位与劳动者应当订立无固定期限劳动合同的情形有（　　）。

A. 赵某在甲公司连续工作15年

B. 钱某与乙公司连续订立2次固定期限劳动合同，且钱某无法定不得订立无固定期限劳动合同的情形，继续续订

C. 丙国有企业改制与孙某重新订立劳动合同，孙某在丙企业连续工作12年且距法定退休年龄8年

D. 丁公司初次实行劳动合同制度，李某在丁公司连续工作10年且距法定退休年龄不足15年

8. 赵某与甲公司签订一份劳动合同，双方在合同中约定执行标准工时制，并约定甲公司根据生产经营需要可以直接安排赵某加班，但每月安排加班时间合计不得超过48小时，工资每月15日支付，遇法定休假日顺延至工作日支付。根据劳动合同法的有关规定，下列说法中正确的有（　　）。

A. 标准工时制是指每天工作8小时，每周工作5天

B. 双方有关加班的约定符合法律规定

C. 双方约定每月15日支付工资符合法律

规定

D. 双方约定工资遇法定休假日顺延至工作日支付符合法律规定

9. 赵某日工资300元，2018年5月1日至3日公司安排其加班，未支付加班费，但安排其节后休息3天，根据《劳动合同法》的有关规定，下列说法中正确的有(　　)。

A. 由于公司已经安排其调休，则可以不支付加班费

B. 虽然公司安排其调休，但仍应支付相应的加班费

C. 若公司不支付加班费，经主管部门责令限期支付，逾期仍不支付，则主管部门可以要求单位加付900元的赔偿金

D. 若公司不支付加班费，经主管部门责令限期支付，逾期仍不支付，则主管部门可以要求单位加付2 100元的赔偿金

10. 甲公司与职工对试用期期限的下列约定中，符合法律规定的有(　　)。

A. 李某的劳动合同期限2年，双方约定的试用期为2个月

B. 王某的劳动合同期限6个月，双方约定的试用期为20日

C. 赵某的劳动合同期限2年，双方约定的试用期为5个月

D. 张某的劳动合同期限4年，双方约定的试用期为4个月

11. 赵某2017年与甲公司签订了为期三年的劳动合同，甲公司与其约定了3个月的试用期。2018年赵某离职自谋发展但并不顺利。2019年甲公司因业务发展邀请赵某担任分公司经理，赵某欣然同意，与甲公司重新签订了为期三年的劳动合同，并约定试用期1个月。下列说法中正确的有(　　)。

A. 2017年甲公司的做法符合劳动合同法的有关规定

B. 2017年甲公司的做法不符合劳动合同法的有关规定

C. 2019年甲公司的做法符合劳动合同法的有关规定

D. 2019年甲公司的做法不符合劳动合同法的有关规定

12. 甲公司与赵某签订了为期3年的固定期限劳动合同，并为其支付培训费10 000元，双方约定服务期为5年。3年后，赵某以劳动合同期满为由，不肯再续签合同，甲公司认为服务期未满不同意赵某离职，于是赵某开始无故迟到早退，并经常旷工，后甲公司将赵某辞退并要求其支付违约金10 000元，赵某不服且要求甲公司支付辞退补偿金，双方申请劳动仲裁，则下列说法中错误的有(　　)。

A. 甲公司将赵某辞退的做法符合法律规定

B. 甲公司将赵某辞退的做法不符合法律规定

C. 甲公司要求赵某支付违约金10 000元劳动争议仲裁委员会应予支持

D. 赵某要求甲公司支付补偿金劳动争议仲裁委员会应予支持

13. 刘某原是甲公司的技术总监，公司与他签订竞业限制协议，约定合同解除或终止后3年内，刘某不得在本行业从事相关业务，公司每月支付其补偿金2万元。在刘某离职后，公司只在第一年按时给了补偿金，此后一直没有支付，刘某遂在离职1年零两个月后到甲公司的竞争对手乙公司上班。甲公司得知后要求刘某支付违约金。则下列说法中正确的有(　　)。

A. 双方约定的竞业限制期限不符合法律规定

B. 刘某可以提出请求解除竞业限制约定，人民法院应予支持

C. 刘某可以要求甲公司支付竞业限制期间内未支付的补偿金，人民法院应予支持

D. 对甲公司要求刘某支付违约金的请求，人民法院应予支持

14. 下列关于劳动合同违约金的约定，不符合法律规定的有(　　)。

A. 甲公司与赵某约定服务期5年，若服务期未满赵某提出离职则须向甲公司支付违约金

B. 乙公司与钱某约定劳动合同期限3年，若劳动合同期未满钱某提出离职则须向乙公司支付违约金

C. 丙公司与孙某约定竞业限制期2年，竞业限制期内若孙某违反约定则须向丙公司支付违约金

D. 丁公司与李某签订劳动合同，双方约定李某应服从丁公司的劳务派遣安排，若李某不服从派遣安排则须向丁公司支付违约金

15. 根据劳动合同法律制度的规定，下列关于劳动合同履行的表述中，正确的有( )。

    A. 用人单位拖欠劳动报酬的，劳动者可以依法向人民法院申请支付令

    B. 用人单位发生合并或者分立等情况，原劳动合同不再继续履行

    C. 劳动者拒绝用人单位管理人员违章指挥、强令冒险作业的，不视为违反劳动合同

    D. 用人单位变更名称的，不影响劳动合同的履行

16. 甲公司承接一仓库建设工程，为缩减工程成本，脚手架未设防护栏及防护网。甲公司安排其员工赵某进行施工作业，赵某以施工设施不安全为由拒绝作业，公司领导为保证工程进度要求赵某必须进行施工作业，否则将对赵某进行毒打。根据规定下列说法中正确的有( )。

    A. 赵某可以提前30天书面通知甲公司解除劳动合同

    B. 赵某可以随时通知甲公司解除劳动合同

    C. 赵某无须通知甲公司即可解除劳动合同

    D. 赵某与甲公司解除劳动合同甲公司应当支付补偿金

17. 下列各项中，甲公司可以随时通知劳动者，解除劳动合同的有( )。

    A. 赵某在试用期间被证明不符合录用条件的

    B. 钱某不能胜任工作，经过培训或者调整工作岗位，仍不能胜任工作的

    C. 孙某因酒驾受到行政拘留7天、罚款2 000元并吊销驾驶证的行政处罚

    D. 李某与乙公司建立劳动关系，经甲公司提出但拒不改正

18. 根据劳动合同法律制度的规定，下列职工中，属于用人单位经济性裁员应优先留用的有( )。

    A. 与本单位订立无固定期限劳动合同的

    B. 与本单位订立较短期限的固定期限劳动合同的

    C. 与本单位订立较长期限的固定期限劳动合同的

合同的

    D. 家庭无其他就业人员，有需要扶养的老人或者未成年人的

19. 下列情形中，用人单位不得与劳动者解除劳动合同的有( )。

    A. 员工赵某从事农药的灌装工作，其未进行离岗前职业健康检查

    B. 员工钱某在工作期间生病，医疗期满后不能从事原工作，经调岗后仍然无法胜任

    C. 员工孙某处于哺乳期

    D. 员工李某在本单位连续工作满10年，且距法定退休年龄不足10年

20. 劳动合同解除和终止的下列情形中，用人单位应当向劳动者支付经济补偿的有( )。

    A. 劳动者因用人单位未按照劳动合同约定提供劳动保护解除劳动合同的

    B. 3年期劳动合同期满，用人单位不再与劳动者续签

    C. 劳动者开始依法享受基本养老保险待遇的

    D. 劳动者在试用期间提前3日通知用人单位解除劳动合同的

21. 下列情形中，可导致劳动合同关系终止的有( )。

    A. 劳动者患病在规定的医疗期满后不能从事原工作，也不能从事由用人单位另行安排的工作

    B. 劳动者死亡

    C. 劳动合同期满

    D. 劳动者因工负伤并被确认丧失劳动能力

22. 甲公司在职工王某怀孕期间提出解除劳动合同，则下列说法中正确的有( )。

    A. 甲公司不能解除劳动合同

    B. 甲公司可以解除劳动合同

    C. 如果甲公司提出解除劳动合同，王某提出继续履行劳动合同的，应当继续履行

    D. 如果甲公司提出解除劳动合同，王某也同意不继续履行劳动合同的，解除劳动合同后，甲公司应当向王某支付经济补偿金

23. 下列关于劳务派遣合同的表述中，正确的有( )。

    A. 劳务派遣单位应当与被派遣劳动者订立3年以上的固定期限劳动合同

B. 用工单位的正式员工为100人，则其使用的被派遣劳动者不能超过10人
C. 被派遣劳动者在无工作期间，劳务派遣单位应当按照所在地人民政府规定的最低工资标准，向其按月支付报酬
D. 劳务派遣单位和用工单位均不得向被派遣劳动者收取费用

24. 2019年2月，甲公司与乙公司签订劳务派遣协议，派遣赵某到乙公司从事临时性工作。2019年6月，临时性工作结束，两公司未再给赵某安排工作，也未再向其支付任何报酬。2019年8月，赵某得知自2019年2月被派遣以来，两公司均未为其缴纳社会保险费，遂提出解除劳动合同，则下列说法中，正确的有（ ）。
A. 赵某与甲公司建立劳动关系
B. 赵某无工作期间享受报酬的标准为乙公司所在地的最低工资标准
C. 赵某得知两公司均未为其缴纳社会保险费时可随时通知乙公司解除劳动合同
D. 赵某提出解除劳动合同，甲公司应向其支付经济补偿金

25. 下列关于劳动争议解决方式的表述中，正确的有（ ）。
A. 劳动者可以与单位协商，达成和解协议
B. 用人单位不愿协商，劳动者可以向工会申请调解
C. 劳动者可以直接向劳动争议仲裁委员会申请仲裁
D. 劳动者可以直接向法院提起诉讼

26. 下列关于劳动仲裁的参加人说法中，错误的有（ ）。
A. 劳务派遣单位或者用工单位与劳动者发生争议的，劳动者与劳务派遣单位为当事人，用工单位为第三人
B. 因履行集体合同发生的劳动争议，经协商解决不成的，工会可以依法申请仲裁
C. 发生争议的劳动者一方在5人以上，并有共同请求的，可以推举3至5名代表参加仲裁活动
D. 丧失或者部分丧失民事行为能力的劳动者由其法定代理人代为参加仲裁活动

27. 赵某于2017年6月2日进入A公司工作，当年公司承接一项工程，为保证工程进度，赵某连续加班三个月，但公司一直未向其支付加班费。2020年9月14日赵某离职，并要求A公司支付当年的加班费，A公司拒绝支付，赵某申请劳动仲裁。则下列关于仲裁时效的说法中，正确的有（ ）。
A. 劳动争议申请仲裁的时效期间为1年，从当事人知道或者应当知道其权利被侵害之日起计算
B. 赵某针对本案中的争议事项若于劳动关系存续期间申请仲裁不受1年仲裁时效期间的限制
C. 赵某应在2021年9月14日前向仲裁委员会申请仲裁
D. 因不可抗力赵某不能在仲裁时效期间申请仲裁的，仲裁时效中断

28. 根据劳动争议调解仲裁法律制度的有关规定，下列关于劳动仲裁的说法中正确的有（ ）。
A. 劳动仲裁是劳动争议当事人向人民法院提起诉讼的必经程序
B. 劳动仲裁可以口头申请
C. 劳动争议仲裁公开进行
D. 用人单位对终局裁决不服可以自收到裁决书之日起15日内向仲裁委员会所在地中级人民法院申请撤销该裁决

29. 下列各项中，属于基本养老保险覆盖范围的有（ ）。
A. 大学生
B. 国有企业职工
C. 国家机关工作人员
D. 私营企业职工

30. 下列各项中，属于基本医疗保险覆盖范围的有（ ）。
A. 大学生
B. 国有企业职工
C. 国家机关工作人员
D. 领取失业保险的失业人员

31. 根据社会保险法律制度的规定，下列关于基本养老保险制度的表述中，正确的有（ ）。
A. 职工基本养老保险实行社会统筹和个人账户相结合
B. 灵活就业人员的缴费基数为本人上年度

月平均收入

C. 职工基本养老保险基金由用人单位和个人缴费以及政府补贴等组成

D. 个人跨统筹地区就业的, 其基本养老保险关系随本人转移, 缴费年限累计计算

32. 无雇工的个体工商户可自行购买的保险包括( )。

A. 生育保险

B. 基本养老保险

C. 基本医疗保险

D. 工伤保险

33. 下列关于基本养老保险金缴费计算的表述中, 错误的有( )。

A. 缴费工资基数一般为职工本人上一年度月平均工资

B. 本人月平均工资低于当地职工月平均工资的, 按当地职工月平均工资作为缴费基数

C. 本人月平均工资低于当地最低工资标准的, 按当地最低工资标准作为缴费基数

D. 灵活就业人员的缴费比例为20%, 其中8%记入个人账户

34. 下列关于职工退休年龄的说法中, 正确的有( )。

A. 赵某, 男, 系某煤矿从事井下作业的工人, 其法定退休年龄为55周岁

B. 钱某, 女, 系某航空公司空乘人员, 其法定退休年龄为50周岁

C. 孙某, 男, 因生病经有关部门鉴定完全丧失劳动能力, 其法定退休年龄为50周岁

D. 李某, 女, 因外出旅游发生交通事故经有关部门鉴定完全丧失劳动能力, 其法定退休年龄为45周岁

35. 下列关于基本医疗保险的缴纳说法中, 正确的有( )。

A. 参加职工基本医疗保险的个人, 达到法定退休年龄时累计缴费达到国家规定年限的, 退休后不再缴纳基本医疗保险费

B. 参加职工基本医疗保险的个人, 达到法定退休年龄时累计缴费未达到国家规定缴费年限的, 可以缴费至国家规定年限

C. 医疗保险的最低缴费年限为15年

D. 个人跨统筹地区就业的, 其基本医疗保险关系随本人转移, 缴费年限累计计算

36. 下列关于医疗期待遇的说法中, 正确的有( )。

A. 医疗期内工资标准最低为个人上年度平均工资的80%

B. 病休期间, 公休、假日和法定节日包括在内

C. 医疗期内不得解除劳动合同

D. 医疗期满解除或终止劳动关系的由用人单位向劳动者支付一次性伤残就业补助金

37. 下列人员中, 应当认定为工伤的有( )。

A. 赵某在上班途中, 被违章驾驶的机动车撞伤

B. 因离职补偿发生争议, 钱某在办公室被离职人员赵某打伤

C. 孙某在工作期间突发疾病

D. 李某于外地出差期间因嫖娼被流氓打伤

38. 下列关于停工留薪期待遇的说法中, 错误的有( )。

A. 在停工留薪期内原工资福利待遇不变, 由工伤保险基金按月支付

B. 停工留薪期一般不超过24个月

C. 工伤职工评定伤残等级后, 继续享受停工留薪期待遇

D. 工伤职工停工留薪期满后仍需治疗, 继续享受停工留薪期待遇

39. 赵某不幸因工去世, 根据社会保险法律制度的规定, 其近亲属可以获得( )。

A. 一次性伤残补助金

B. 遗属抚恤金

C. 丧葬补助金

D. 一次性工亡补助金

40. 根据社会保险法律制度的规定, 工伤期间应由用人单位支付的费用有( )。

A. 治疗工伤期间的工资、福利

B. 一至四级伤残职工按月领取的伤残津贴

C. 终止或者解除劳动合同时, 应当享受的一次性伤残就业补助金

D. 终止或者解除劳动合同时, 应当享受的一次性工伤医疗补助金

41. 甲公司职工曾某因公司解散而失业。已知曾某系首次就业, 失业前甲公司与其已累计缴纳失业保险费5年, 则下列关于曾某享受失业保险待遇的表述中, 正确的有( )。

A. 曾某在领取失业保险金期间，参加职工基本医疗保险，享受基本医疗保险待遇

B. 曾某领取失业保险金的期限最长为12个月

C. 曾某领取失业保险金的标准可以低于城市居民最低生活保障标准

D. 曾某领取失业保险金期限自办理失业登记之日起计算

42. 下列各项中，属于享受失业保险必须满足的条件有（　）。

A. 失业前用人单位和本人已经缴纳失业保险费满1年

B. 因本人意愿中断就业

C. 已经进行失业登记

D. 有求职要求

43. 根据社会保险法律制度的规定，失业人员在领取失业保险金期间发生特定情形时，停止领取失业保险金，并同时停止享受其他失业保险待遇。下列各项中，属于该特定情形的有（　）。

A. 重新就业的

B. 享受基本养老保险待遇的

C. 被判刑收监执行的

D. 应征服兵役的

44. 下列关于社会保险费缴纳的说法中，正确的有（　）。

A. 用人单位应当自行申报、按时足额缴纳社会保险费

B. 职工应当自行申报、按时足额缴纳社会保险费

C. 无雇工的个体工商户可以直接向社会保险费征收机构缴纳社会保险费

D. 用人单位应当在年度终了后1个月内将缴纳社会保险费的明细情况告知职工本人

45. 根据社会保险法律制度的规定，社会保险基金的用途不包括（　）。

A. 平衡其他政府预算

B. 兴建、改建社保机构办公场所

C. 支付社保机构人员经费

D. 支付社保机构运行经费

三、判断题

1. 妇女享有与男子平等的就业权利，除国家规定的不适合妇女的工种或岗位外，不得以性别为由拒绝或提高对妇女的录用标准。（　）

2. 劳动合同法律制度规定，劳动者在该用人单位连续工作满10年的，劳动者提出续订无固定期限劳动合同，用人单位应当与劳动者订立无固定期限劳动合同。其中劳动者因本人原因从原用人单位被安排到新用人单位工作，原用人单位的工作年限应当合并计算为新用人单位的工作年限。（　）

3. 用人单位违反规定不与劳动者订立无固定期限劳动合同的，自应当订立无固定期限劳动合同之日起向劳动者每月支付2倍的工资，但最多不超过11个月。（　）

4. 带薪年休假在1个年度内可以集中安排，也可以分段安排，一般不跨年度安排，但因生产、工作特点等可跨2个年度安排。（　）

5. 甲公司在与赵某签订的劳动合同中约定，合同期限3年，试用期3个月，试用期工资3 000元，转正后工资4 000元，上述约定符合法律规定。（　）

6. 劳动合同仅约定试用期没有约定劳动合同期限的，劳动合同无效。（　）

7. 单位在制定、修改或者决定有关劳动报酬、工作时间、休息休假、劳动安全卫生、保险福利、职工培训、劳动纪律以及劳动定额管理等直接涉及劳动者切身利益的规章制度和重大事项时，应当经职工代表大会或全体职工讨论。（　）

8. 变更劳动合同应当采用书面形式，未采用书面形式，但已经实际履行了口头变更的劳动合同超过3个月，且变更后的劳动合同内容不违反法律、行政法规、国家政策以及公序良俗，当事人以未采用书面形式为由主张劳动合同变更无效的，人民法院不予支持。（　）

9. 由劳动者主动辞职而与用人单位协商一致解除劳动合同的，用人单位无须向劳动者支付经济补偿。（　）

10. 甲公司生产经营发生严重困难需要裁减人员20人，裁减人员方案已向劳动行政部门报告，并提前30日向工会说明情况，但未经工会同意，则甲公司不可以裁减人员。（　）

11. 集体合同订立后，应当报送劳动行政部门，劳动行政部门自收到集体合同文本之日起15日内审查同意，集体合同生效。（　）

12. 用人单位与劳动者订立的劳动合同中劳动条件和劳动报酬等标准不得低于集体劳动合同规定的标准。（　）

13. 用人单位以担保或者其他名义向劳动者收取财物的，由劳动行政部门责令限期退还劳动者本人，并对用人单位处以 500 元以上 2 000 元以下的罚款，给劳动者造成损害的，应当承担赔偿责任。（　）

14. 当事人申请劳动仲裁，仲裁庭受理后在作出裁决前，可以先行调解。（　）

15. 男性职工年满 60 周岁，达到法定的企业职工退休年龄即可领取职工基本养老保险。（　）

16. 失业保险仅由用人单位缴纳，职工无需缴纳。（　）

17. 根据社会保险法律制度的规定，工伤职工治疗非工伤引发的疾病，应当享受工伤医疗待遇。（　）

18. 用人单位应当自用工之日起 15 日内为其职工向社会保险经办机构申请办理社会保险登记。（　）

19. 社会保险基金专款专用，任何组织和个人不得侵占或者挪用。（　）

20. 某公司采用非法手段，为部分职工以特殊工种为由提前办理了退休手续。后被该市社保机构在进行年度资格审查时发现，经查该公司共有 20 名员工的材料存在伪造痕迹且已领取基本养老金共计 24 万元，则社会保险行政部门可以责令退回已领取的 24 万元养老金，并对该单位处 48 万元罚金。（　）

四、不定项选择题

【资料一】2017 年 7 月 31 日，甲公司录用周某担任出纳，双方口头约定了 2 年期劳动合同，约定周某试用期 2 个月，月工资 3 500 元，公司在试用期间可随时解除合同；试用期满考核合格，月工资提高至 4 000 元，如考核不合格，再延长试用期 1 个月。2017 年 9 月 15 日，双方签订了书面劳动合同。2017 年 9 月 30 日，因未通过公司考核，周某试用期延长 1 个月。

因甲公司连续 2 个月无故拖欠劳动报酬，2018 年 6 月 1 日，周某单方面解除了劳动合同并向当地劳动争议仲裁机构申请仲裁，该机构作出终局裁决。

已知：甲公司实行标准工时制，当地月最低工资标准为 2 000 元。

要求：根据上述资料，不考虑其他因素，分析回答下列小题。

1. 甲公司与周某对试用期的下列约定中，符合法律规定的是（　）。
   A. 试用期满周某考核不合格，再延长 1 个月试用期
   B. 试用期 2 个月
   C. 试用期内甲公司可随时解除劳动合同
   D. 试用期月工资 3 500 元

2. 因甲公司无故拖欠劳动报酬，周某单方面解除劳动合同采取的方式正确的是（　）。
   A. 应提前 30 日书面通知甲公司而解除
   B. 可随时通知甲公司而解除
   C. 不需通知甲公司即可解除
   D. 应提前 3 日通知甲公司而解除

3. 周某申请劳动仲裁要求甲公司支付的下列各项中，符合法律规定的是（　）。
   A. 拖欠的劳动报酬
   B. 解除劳动合同的经济补偿金
   C. 试用期赔偿金
   D. 未及时签订书面劳动合同的 2 倍工资

4. 对劳动争议终局裁决的下列表述中，正确的是（　）。
   A. 对该终局裁决不服，周某有权提起诉讼
   B. 对该终局裁决不服，甲公司和周某均不得提起诉讼
   C. 对该终局裁决自作出之日起生效
   D. 对该终局裁决不服，甲公司有权提起诉讼

【资料二】2017 年 3 月 1 日，甲公司聘请魏某为公司技术部门经理，双方在劳动合同中约定，劳动合同期限 2 年，月工资 9 000 元，魏某在职期间及离职后 3 年内不得从事与甲公司相竞争的业务，公司在其离职后按月向其支付经济补偿 3 500 元，若魏某违反该约定，则一次性向公司支付违约金 10 万元。

2019 年 1 月，魏某在上班途中遭遇非本人主要责任交通事故受伤住院治疗，2019 年 2 月 28 日，甲公司以劳动合同期满为由向仍在住院治疗的魏某提出终止劳动合同，魏某拒绝，双方发生争议。

已知：魏某实际工作年限 8 年，甲公司所在地月最低工资标准 2 120 元。

要求：根据上述资料。不考虑其他因素，分析回答下列问题。

1. 甲公司与魏某约定的下列条款中，符合法律规定的是（　　）。
   A. 魏某离职后3年内不得从事与甲公司相竞争的业务
   B. 魏某离职后甲公司按月向其支付经济补偿3 500元
   C. 魏某在职期间不得从事与甲公司相竞争的业务
   D. 若魏某违反约定，则一次性向甲公司支付违约金10万元

2. 魏某所受伤害及享受待遇的下列表述中，正确的是（　　）。
   A. 魏某治疗期间，甲公司每月应按9 000元的标准向其支付工资
   B. 魏某伤情应当认定为工伤，享受工伤保险待遇
   C. 魏某属于非因工负伤，应享受医疗期待遇
   D. 魏某治疗期间，甲公司每月向其支付的工资福利待遇最低不得低于1 696元

3. 甲公司能否终止劳动合同的下列表述中，正确的是（　　）。
   A. 因魏某尚处停工留薪期，甲公司无权终止劳动合同
   B. 因劳动合同期满，甲公司有权终止劳动合同
   C. 魏某住院治疗不能从事原工作，甲公司可以终止劳动合同
   D. 因医疗期尚未届满，甲公司应将劳动合同期限续延至魏某医疗期满

4. 魏某解决与甲公司之间劳动争议时，可采取的方式是（　　）。
   A. 申请劳动争议仲裁
   B. 直接向人民法院提起民事诉讼
   C. 向劳动争议调解组织申请调解
   D. 与甲公司协商解决

【资料三】2017年3月1日，郑某到甲公司工作，6月1日甲公司与郑某签订了2年期限的劳动合同。

2018年10月因工作需要，甲公司安排郑某分别于10月1日（国庆节）加班1天，于10月13日（周六）、10月14日（周日）各加班1天，之后未安排其补休。

2019年1月郑某向公司递交医院证明告知其已怀孕的事实。5月31日因劳动合同期限届满，甲公司不再与郑某续签并通知其劳动合同终止，仍处于孕期的郑某对此存有异议。

已知：甲公司实行标准工时制，郑某日工资为240元。甲公司已为郑某办理了社会保险登记并按月从其工资中扣缴相关社会保险费用。

要求：根据上述资料，不考虑其他因素，分析回答下列小题。

1. 甲公司与郑某劳动关系建立及未及时订立书面劳动合同的下列表述中，正确的是（　　）。
   A. 郑某有权要求甲公司支付自2017年4月1日至5月31日期间2倍工资
   B. 劳动关系自2017年6月1日建立
   C. 劳动关系自2017年3月1日建立
   D. 甲公司不需向郑某支付未及时签订书面劳动合同的2倍工资

2. 下列社会保险项目中，甲公司应从郑某工资中代扣代缴保险费的是（　　）。
   A. 工伤保险
   B. 失业保险
   C. 职工基本养老保险
   D. 职工基本医疗保险

3. 计算甲公司依法应向郑某支付的2018年10月最低加班工资的下列算式中，正确的是（　　）。
   A. 240×300%+240×300%×2＝2 160（元）
   B. 240×200%+240×200%×2＝1 440（元）
   C. 240×300%+240×200%×2＝1 680（元）
   D. 240×200%+240×150%×2＝1 200（元）

4. 甲公司终止劳动合同及其法律后果的下列表述中，正确的是（　　）。
   A. 因郑某在孕期，甲公司不得终止合同，劳动合同应续延
   B. 甲公司终止该劳动合同后，郑某不要求继续履行，甲公司应当向其支付赔偿金
   C. 甲公司终止该劳动合同后，郑某要求继续履行，甲公司应当继续履行
   D. 甲公司可以终止合同，无需支付赔偿金

【资料四】2020年3月，甲劳务派遣公司与乙公司签订劳务派遣协议，将张某派遣到乙公司工作。

2020年7月，张某在乙公司的工作结束。此后甲、乙未给张某安排工作，也未向其支付任何报酬。

2020年9月，张某得知自2020年3月被派遣以来，甲乙均未为其缴纳社会保险费，遂提出解除劳务合同。

要求：根据上述资料，不考虑其他因素，分析回答下列小题。

1. 下列各项中，属于甲劳务派遣公司和乙公司签订劳务派遣协议中应当约定的是( )。
   A. 派遣岗位
   B. 派遣期限
   C. 派遣人员数量
   D. 劳动报酬

2. 关于张某无工作期间报酬支付及标准的表述中正确的是( )。
   A. 张某无权要求支付报酬
   B. 乙公司应向其按月支付报酬
   C. 张某报酬标准为支付单位所在地的最低工资标准
   D. 甲公司应向其按月支付报酬

3. 关于张某解除劳动合同的方式中，正确的是( )。
   A. 不需事先告知公司即可解除劳动合同
   B. 可随时通知公司解除劳动合同
   C. 应提前30日以书面形式提出方能解除劳动合同
   D. 应提前3日通知公司方能解除劳动合同

4. 关于张某解除劳动合同的法律后果的表述中，正确的是( )。
   A. 张某无权要求经济补偿
   B. 甲公司应向张某支付经济补偿
   C. 甲公司可要求张某支付违约金
   D. 乙公司应向张某支付违约金

心有灵犀答案及解析

一、单项选择题

1. D

2. A 【解析】选项BCD，用人单位招用劳动者，不得扣押劳动者的居民身份证和其他证件，不得要求劳动者提供担保或者以其他名义向劳动者收取财物。

3. B 【解析】甲公司自用工之日起超过1个月不满1年未与李某订立书面劳动合同，应当自满1个月的次日起至补订书面劳动合同的前1日，向李某支付双倍工资，由于李某已经按月领取工资3 000元，因此只需再支付1个月工资补偿。

4. C 【解析】选项ABD，属于劳动合同可备条款。

5. C 【解析】以完成一定工作任务为期限的劳动合同，指用人单位与劳动者约定以某项工作的完成为合同期限的劳动合同。

6. A 【解析】(1)职工累计工作已满10年不满20年的，年休假10天；(2)职工依法享受"寒暑假"，其假期天数多于年休假天数的不享受带薪年休假。

7. B 【解析】职工累计工作已满10年不满20年的，年休假10天。方某工作已满15年，可享受年休假10天，下半年调到乙公司，还可在新单位享受的年休假=(当年度在本单位剩余日历天数/365天)×职工本人全年应当享受的年休假天数=(184÷365)×10=5(天)。

8. A 【解析】月工资2 400元的20%=2 400×20%=480(元)，扣除后剩余部分=2 400-480=1 920(元)＜当地月最低工资标准2 200元，则每月准予扣除的最高限额=2 400-2 200=200(元)。

9. B 【解析】违法约定的试用期已经履行的，由用人单位以劳动者试用期满月工资为标准，按已经履行的超过法定试用期的期间向劳动者支付赔偿金。本题中，劳动者试用期满月工资为4 000元，已经履行的超过法定试用期的期间为2个月，因此应当支付8 000元的试用期赔偿金。

10. D 【解析】用人单位与劳动者约定了服务期，由于用人单位过错(如未按照合同约定提供劳动保护等)导致劳动者解除劳动合同的，不属于违反服务期的约定，用人单位不得要求劳动者支付违约金。

11. B 【解析】当事人在劳动合同或者保密协议中约定了竞业限制，但"未约定经济补偿"，劳动者"履行了"竞业限制义务，要求用人单位按照劳动者在劳动合同解除或者终止"前12个月平均工资的30%"按月支付经济补偿的，人民法院应予支持。月平均工资的30%低于劳动合同履行地最低工资标准的，按照劳动合同履行地"最低工资标准"支付。

12. A 【解析】王某月工资13 000元，甲公司所在地上年度职工月平均工资为4 000元，王某工资超过所在地上年职工平均工资的3倍（4 000×3=12 000元），属于高薪职工，其补偿金额的计算基数为所在地上年职工平均工资的3倍（12 000元），工作年限为2年8个月，每满1年支付1个月工资；满6个月不满1年的按1年计算，工作年限计算基数为3，经济补偿金=12 000×3=36 000（元）。

13. C 【解析】赵某在劳动合同解除前12个月平均工资为2 000元，低于当地最低月工资标准2 120元，因此补偿金的计算基数为2 120元，其在甲公司已工作15年，应支付15个月的工资作为补偿，经济补偿金=2 120×15=31 800（元）。

14. C 【解析】双方当事人分别向劳动合同履行地和用人单位所在地的劳动争议仲裁委员会申请仲裁的，由劳动合同履行地的劳动争议仲裁委员会管辖。本题中，劳动合同履行地为深圳。

15. C 【解析】（1）追索劳动报酬、工伤医疗费、经济补偿金或者赔偿金，不超过当地月最低工资标准12个月金额的争议；（2）因执行国家的劳动标准在工作时间、休息休假、社会保险等方面发生的争议，仲裁裁决为终局裁决。

16. B 【解析】选项A，基本养老保险单位缴费部分记入统筹账户，个人缴费部分记入个人账户；选项C，个人账户记账利率不得低于银行定期存款利率；选项D，参加职工基本养老保险的个人死亡后，其个人账户中的余额可以全部依法继承。

17. C 【解析】职工工资低于当地职工月平均工资"60%"的，按当地职工月平均工资的60%作为缴费基数。则赵某应缴纳的基本养老保险费=4 000×60%×8%=192（元）。

18. D 【解析】职工个人按照本人缴费工资的8%缴费，记入个人账户；职工本人月平均工资高于当地职工月工资300%的，按当地职工月平均工资的300%作为缴费基数；张某每月应缴纳的基本养老保险费=4 000×3×8%=960（元）。

19. C 【解析】选项A，基本养老金按月支付；选项B，参加基本养老保险的个人，因"工"死亡的，其遗属可以领取丧葬补助金和抚恤金，由工伤保险支付；选项D，因工致残，由工伤保险负责。

20. D 【解析】除个人缴费部分外，单位缴费的30%记入个人账户。刘某个人医疗保险账户的储存额=8 000×2%+8 000×6%×30%=304（元）。

21. D 【解析】基本医疗保险的起付线为当地职工年平均工资10%，即2 000×12×10%=2 400（元）。封顶线为当地职工年平均工资的6倍，即2 000×12×6=144 000（元）。赵某可以报销的费用=（100 000－2 400）×90%=87 840（元）。

22. D 【解析】实际工作年限10年以下，在本单位工作年限5年以上的医疗期为6个月。

23. A 【解析】职工因工致残被鉴定为一级至四级伤残的，保留劳动关系，退出劳动岗位。

24. D

二、多项选择题

1. ABD 【解析】劳动合同订立原则除选项ABD以外，还包括"合法原则""平等自愿原则"。

2. ABD 【解析】选项AB，禁止用人单位招用未满16周岁的未成年人。文艺、体育和特种工艺单位招用未满16周岁的未成年人，必须依照国家有关规定，履行审批手续，并保障其接受义务教育的权利；选项D，未依法取得营业执照或者登记证书的，受用人单位委托可以与劳动者订立劳动合同。

3. BCD 【解析】选项A，用人单位自"用工之日"起即与劳动者建立劳动关系。2019年7月5日王某到甲公司上班即为用工之日。选项B，用人单位应当自用工之日起"1个月"内与劳动者订立书面劳动合同。选项C，用人单位自用工之日起超过1个月不满1年未与劳动者订立书面劳动合同的,应当向劳动者每月支付2倍的工资,起算时间为用工之日起满1个月的次日,截止时间为补订书面劳动合同的前1日。王某双倍工资应该自2019年8月5日开始计算,到2019年10月5日,共计2个月。选项D,用工之日起"超过1年"仍未与劳动者"补订"书面劳动合同,无论双方何时补订书面劳动合同,劳动者均只能获得11个月的工资补偿。

4. BD 【解析】关于非全日制用工:选项A,双方当事人可以订立口头协议;选项B,不得约定试用期;选项C,小时计酬标准不得低于用人单位所在地人民政府规定的最低小时工资标准;选项D,劳动者可以与一家以上单位订立劳动合同,但后订立的不能影响先订立的劳动合同的履行。

5. BD 【解析】关于非全日制用工:选项A,劳动者在同一用人单位一般平均每日工作时间不超过4小时,每周工作时间累计不超过24小时;选项B,结算周期最长不得超过15日;选项C,双方当事人任何一方都可以随时通知对方终止用工;选项D,双方均可随时通知解除合同,劳动者不得要求经济补偿。

6. BD 【解析】选项A,以欺诈的手段使对方在违背真实意思的情况下订立的劳动合同无效;选项B,劳动合同被确认无效,劳动者已付出劳动的,用人单位应当向劳动者支付劳动报酬;选项C,劳动合同被确认无效,给对方造成损害的,有过错一方应当承担赔偿责任;选项D,无效劳动合同,从订立时起就没有法律约束力。

7. ABC 【解析】选项D,用人单位初次实行劳动合同制度或者国有企业改制重新订立劳动合同时,劳动者在该用人单位连续工作满10年且距法定退休年龄不足10年的,用人单位与劳动者应当订立无固定期限劳动合同。

8. AC 【解析】选项B,用人单位由于生产经营需要,经与工会和劳动者协商后可以延长工作时间,每日不得超过3小时,每月不得超过36小时;选项D,工资必须在用人单位与劳动者约定的日期支付,如遇节假日或休息日,则应提前在最近的工作日支付。

9. BC 【解析】选项A,5月1日为法定节假日,加班费是3倍工资900元,5月2日与5月3日占用周末休息2天,但安排了补休,就不再支付加班费;选项D,单位应当支付的加班费为900元,公司不支付加班费,经主管部门责令限期支付,逾期仍不支付,则主管部门可以要求单位加付应付金额50%以上100%以下的赔偿金,即450元以上900元以下。

10. ABD 【解析】选项A,劳动合同期限1年以上不满3年的,试用期不得超过2个月;选项B,劳动合同期限3个月以上不满1年的,试用期不得超过1个月;选项C,劳动合同期限不满3个月的,不得约定试用期;选项D,3年以上固定期限的劳动合同,试用期不得超过6个月。

11. AD 【解析】选项B,用人单位与劳动者订立劳动合同期限在3年以上(包括3年),试用期不得超过6个月;选项C,同一用人单位与同一劳动者只能约定一次试用期。

12. BCD 【解析】选项BD,赵某过错在先,用人单位解除劳动合同符合法律规定,而无须支付经济补偿;选项C,用人单位要求劳动者支付的违约金不得超过服务期尚未履行部分所应分摊的培训费用,培训期培训费10 000元,双方约定服务期为5年,赵某履行3年,所以违约金=10 000÷5×2=4 000(元)。

13. ACD 【解析】选项A,竞业限制期限不得超过2年;选项BC,因用人单位原因不支付补偿金时间不满3个月,劳动者只能要求单位支付已履行的竞业限制期间的补偿金,不能主张解除竞业限制约定;选项D,由于尚处于竞业限制之内,刘某离职到竞争对手公司上班,则应支付违约金。

14. BD 【解析】用人单位只能在服务期和竞业限制两项内容上与劳动者约定违约金。

15. ACD 【解析】选项B,用人单位发生合并或者分立等情况,原劳动合同继续有效,劳动合同由承继其权利和义务的用人单位继续履行。

16. CD 【解析】用人单位以暴力、威胁或者非法限制人身自由的手段强迫劳动者劳动的，劳动者不需事先告知即可解除劳动合同，用人单位应当向劳动者支付经济补偿。

17. AD 【解析】选项B，属于用人单位应当提前30天或额外支付劳动者1个月工资可以解除劳动合同的情形；选项C，劳动者被依法追究"刑事责任"的，用人单位可以随时通知劳动者解除劳动合同，本题中，孙某受到的是行政处罚。

18. ACD 【解析】裁减人员时，应当优先留用下列人员：与本单位订立较长期限的固定期限劳动合同的；与本单位订立无固定期限劳动合同的；家庭无其他就业人员，有需要扶养的老人或者未成年人的。

19. AC 【解析】选项B，医疗期满后，经调岗后仍然无法胜任可以解除劳动合同；选项D，在本单位连续工作满15年，且距法定退休年龄不足5年的不得解除劳动合同。

20. AB 【解析】选项A，用人单位过错在先，应当向劳动者支付经济补偿；选项B，劳动者被动终止劳动合同，用人单位应当支付经济补偿；选项C，劳动者开始依法享受基本养老保险待遇的，劳动合同解除，这种情况下用人单位无须向劳动者支付经济补偿；选项D，试用期间辞退，用人单位无须支付经济补偿。

21. BC 【解析】选项A，属于用人单位可以单方面解除劳动合同的情形；选项D，用人单位不得解除劳动合同。

22. AC 【解析】选项ABC，女职工在孕期、产期、哺乳期，用人单位不得解除和终止劳动合同；选项D，用人单位违法解除或终止合同，应按照经济补偿金标准的2倍向劳动者支付赔偿金，支付了赔偿金的不再支付经济补偿金。

23. CD 【解析】选项A，劳务派遣单位应当与被派遣劳动者订立2年以上的固定期限劳动合同，按月支付劳动报酬；选项B，用工单位应当严格控制劳务派遣用工数量，使用的被派遣劳动者数量不得超过其用工总量的10%。用工单位正式员工为100人，则使用劳务派遣人数不得超过 100/（1－10%）×10% = 11（人）。

24. AD 【解析】甲公司为劳务派遣单位，与劳动者建立劳动关系，劳动者无工作期间应由甲公司按所在地最低工资标准按月向其支付报酬，并为劳动者缴纳社会保险。劳动者解除劳动合同应通知甲公司，因甲公司过错在先，则解除合同时应由甲公司向劳动者支付经济补偿金。

25. AC 【解析】选项B，当事人不愿协商、协商不成或者达成和解协议后不履行的，可以向"调解组织"申请调解；选项D，申请劳动仲裁是提起诉讼的必经程序，劳动者不能直接向法院起诉。

26. AC 【解析】选项A，劳务派遣单位或者用工单位与劳动者发生争议的，劳务派遣单位和用人单位为共同当事人；选项C，发生争议的劳动者一方在10人以上，并有共同请求的，可以推举3至5名代表参加仲裁活动。

27. ABC 【解析】选项BC，劳动关系存续期间因拖欠劳动报酬发生争议的，劳动者申请仲裁不受1年仲裁时效期间的限制，但是，劳动关系终止的，应当自劳动关系终止之日起一年内提出；选项D，客观原因（不可抗力），引起仲裁时效期间的中止。

28. ABC 【解析】选项D，用人单位对终局裁决不服可以自收到裁决书之日起"30日"内向仲裁委员会所在地中级人民法院申请撤销该裁决。

29. BD 【解析】选项A，年满16周岁的在校学生不参加基本养老保险；选项C，国家机关工作人员依据公务员法执行。

30. ABCD 【解析】选项BCD，为职工基本医疗保险的覆盖范围，选项A为城乡居民基本养老保险的覆盖范围。

31. ACD 【解析】选项B，城镇个体工商户和灵活就业人员的缴费基数为当地上年度在岗职工月平均工资。

32. BC 【解析】无雇工的个体工商户可以参加基本养老保险、职工基本医疗保险，所需费用由个人缴纳。

33. BC 【解析】选项BC，本人月工资低于当地职工月平均工资60%的，按当地职工月平均工资的60%作为缴费基数。

34. ACD 【解析】选项B，从事井下、高温、高空、特别繁重体力劳动或者其他有害身体健康工作的，退休年龄男年满55周岁，女年满45周岁。

35. ABD 【解析】选项C，基本医疗保险目前对最低缴费年限没有全国统一的规定，由各统筹地区根据本地情况确定。

36. BC 【解析】选项A，医疗期待遇可以低于当地最低工资标准，但最低不得低于最低工资标准的80%；选项D，应由单位支付经济补偿。

37. AB 【解析】选项C，在工作期间和工作岗位，突发疾病死亡的视同工伤，孙某只是突发疾病，不视同工伤；选项D，因工外出期间，由于工作原因受到伤害或者发生事故下落不明的应当认定为工伤，李某出差期间受伤不是因工作原因，不能认定为工伤。

38. ABCD 【解析】选项A，在停工留薪期内原工资福利待遇不变，由所在单位按月支付；选项B，停工留薪期一般不超过12个月；选项C，工伤职工评定伤残等级后，停止享受停工留薪期待遇，转为享受伤残待遇；选项D，工伤职工停工留薪期满后仍需治疗，继续享受工伤医疗待遇。

39. BCD 【解析】选项A，劳动者因工受伤，评定伤残等级后，享受一次性伤残补助金。

40. AC 【解析】选项BD由工伤保险基金支付。

41. AD 【解析】选项B，失业人员失业前用人单位和本人累计缴费满5年不足10年的，领取失业保险金的期限最长为18个月；选项C，失业保险金的标准，不得低于城市居民最低生活保障标准。

42. ACD 【解析】选项B，享受失业保险必须满足的条件之一是"非因本人意愿"中断就业。

43. ABCD

44. AC 【解析】选项B，职工应当缴纳的社会保险费由用人单位代扣代缴；选项D，用人单位应当按月将缴纳社会保险费的明细情况告知本人。

45. ABCD

三、判断题

1. √

2. × 【解析】合并计算工作年限的前提是劳动者"非"因本人原因从原用人单位被安排到新用人单位工作。

3. × 【解析】用人单位未在法定期限内与劳动者订立书面劳动合同，其支付双倍工资的惩罚，受到11个月的限制，而违规不订立无固定期限劳动合同，支付双倍工资的惩罚，不受11个月的限制。

4. × 【解析】因特殊原因可跨1个年度安排。

5. × 【解析】①双方约定的试用期期间符合法律规定，劳动合同期限3年以上固定期限可以约定的试用期，最长不得超过6个月；②双方约定的试用期工资不符合法律规定，试用期3 000元<约定工资的80%＝4 000×80%＝3 200(元)。

6. × 【解析】劳动合同"仅约定"试用期的，试用期不成立，该期限为劳动合同期限。

7. √

8. × 【解析】人民法院不予支持的前提是口头变更的劳动合同已经实际履行超过"1个月"。

9. √

10. × 【解析】本题所述情形只需听取工会的意见，无须经过工会同意。

11. × 【解析】只要在15日内"未提出异议"即可，无须经其审查同意。

12. √

13. × 【解析】应对用人单位处以"每人"500元以上2 000元以下的罚款。

14. × 【解析】仲裁庭在作出裁决前，"应当"先行调解。

15. × 【解析】除本题所述条件外还需累计缴费满15年。

16. × 【解析】工伤保险仅由用人单位缴纳，职工无须缴纳。

17. × 【解析】工伤职工治疗"非工伤"引发的疾病，不享受工伤医疗待遇，按照基本医疗保险办法处理。

18. × 【解析】办理社保登记的时间为用工之日起"30日"内。

19. √

20. × 【解析】以欺诈、伪造证明材料或者其他手段骗取社会保险待遇的，由社会保险行政部门责令退回骗取的社会保险金，处骗取金额2倍以上5倍以下的"罚款"，而罚金是刑事责任中的附加刑。

四、不定项选择题

【资料一】

1. BD 【解析】选项AB，劳动合同期限在1年以上3年以下的，试用期不得超过2个月；选项C，劳动者在试用期间被证明不符合录用条件的，试用期内用人单位可随时提出解除劳动合同，且无需向劳动者支付经济补偿；选项D，劳动者在试用期的工资不得低于劳动合同约定工资的80%。

2. B 【解析】用人单位未及时足额支付劳动报酬的，劳动者可随时通知用人单位解除劳动合同，用人单位需向劳动者支付经济补偿。

3. ABCD 【解析】选项C，违法约定的试用期已经履行的，由用人单位以劳动者试用期满月工资为标准，按已经履行的超过法定试用期的期间向劳动者支付赔偿金；选项D，用人单位自用工之日起超过1个月不满1年未与劳动者订立书面劳动合同的，应当向劳动者每月支付2倍的工资。

4. AC 【解析】选项ABD，"劳动者"对终局裁决不服的，可以自收到仲裁裁决书之日起十五日内向人民法院提起诉讼；选项C，仲裁裁决为终局裁决，裁决书自作出之日起发生法律效力。

【资料二】

1. BCD 【解析】选项A，竞业限制期限，不得超过2年；选项C，约定在职期间劳动者不得从事与甲公司相竞争的业务，不属于限制劳动者择业权的情形，符合法律规定。

2. AB 【解析】选项AC，在上下班途中，受到非本人主要责任的交通事故或者城市轨道交通、客运轮渡、火车事故伤害的应当认定为工伤，享受停工留薪期待遇。在停工留薪期期间，原工资福利待遇不变；选项B，经工伤认定的，享受工伤保险待遇。

3. A 【解析】职工因工作遭受事故伤害或者患职业病进行治疗享受停工留薪期工资福利待遇，停工留薪治疗期间用人单位不得以劳动合同到期为由解除劳动合同。

4. ACD 【解析】劳动争议解决的方法有协商、调解、仲裁和诉讼。选项B，对仲裁裁决不服的，除《调解仲裁法》另有规定的以外，可以向人民法院提起诉讼。

【资料三】

1. AC 【解析】选项AD，用人单位自用工之日起超过1个月不满1年未与劳动者订立书面劳动合同的，自用工之日起满1个月的次日至补订书面劳动合同的前1日应当向劳动者每月支付2倍的工资，并与劳动者补订书面劳动合同；选项BC，用人单位自用工之日起即与劳动者建立劳动关系，劳动关系自2017年3月1日建立。

2. BCD 【解析】选项A，工伤保险由用人单位缴纳，个人无需缴纳。

3. C 【解析】用人单位依法安排劳动者在休息日工作，而又不能安排补休的，按照不低于劳动合同规定的劳动者本人日或小时工资标准的200%支付劳动者工资；用人单位依法安排劳动者在法定休假节日工作的，按照不低于劳动合同规定的劳动者本人日或小时工资标准的300%支付劳动者工资。

4. ABC 【解析】女职工在孕期、产期、哺乳期的，不得终止劳动合同，劳动合同应当续延至相应的情形消失时终止。用人单位违反规定解除或者终止劳动合同，劳动者要求继续履行劳动合同的，用人单位应当继续履行；劳动者不要求继续履行劳动合同或者劳动合同已经不能继续履行的，用人单位应当依照经济补偿标准的2倍向劳动者支付赔偿金。

【资料四】

1. ABCD 【解析】劳务派遣协议应当约定派遣岗位和人员数量、派遣期限、劳动报酬和社会保险费的数额与支付方式以及违反协议的责任。

2. CD 【解析】被派遣劳动者在无工作期间，劳务派遣单位应当按照所在地人民政府规定的最低工资标准，向其按月支付报酬。

3. B 【解析】用人单位未依法为劳动者缴纳社会保险费的，劳动者可"随时通知"用人单位解除劳动合同。

4. B 【解析】劳务派遣单位与被派遣劳动者之间是劳动合同关系，"劳务派遣单位"应承担向劳动者依法支付解除或终止劳动合同后的经济补偿金或者赔偿金的义务。

第五绝 "诗"——增值税、消费税法律制度

深闻诗语

佳人"八绝"以"诗"为冠。正所谓"春花秋雨尽成韵，晓月寒霜皆入联"。一如本章，作为税法开篇章节，一方面介绍税法基本原理，以便为后续各章学习打下基础，另一方面介绍了"十八税"中最重要的两大流转税。可谓处处是重点，在考试中所占分值20%。

2021年考试变化

1. 调整小规模纳税人自行开具增值税专用发票的规定
2. 新增"抗疫期间"对小规模纳税人的税收优惠政策
3. 删除"增值税专用发票认证抵扣期限"

【说明】考试大纲并未收录"销售二手车减按0.5%征收率征收、增值税进项税额加计抵扣、留抵退税"等新政策，本书亦不再赘述。

人生初见

第一部分 税法基础

考验一 税收与税法（★）

扫我解疑难

（一）税收三性——税收的特征
1. 强制性
税收是国家为实现其职能，凭借政治权力征收。
2. 无偿性
税收是国家无偿取得财政收入的一种特定分配形式。
3. 固定性
税收是国家按照法定标准征收的。

（二）税收法律关系
1. 主体
征税主体：国家各级<u>税务机关、海关</u>。
纳税主体：纳税人、扣缴义务人、纳税担保人。

『注意』税务师事务所等"<u>税务代理机构</u>"可以代为办理涉税业务，但不属于税收法律关系主体。

2. 内容
税收法律关系主体所享有的权利和应承担的义务。

3. 客体
税收法律关系主体的权利和义务共同指向的对象。

【例题1·多选题】下列各项中，属于税收特征的有（　　）。
A. 强制性   B. 灵活性
C. 无偿性   D. 固定性

答案 ▶ ACD

【例题2·多选题】2020年9月主管税务机关对甲公司2020年度<u>企业所得税</u>纳税情况进行检查，要求甲公司补缴企业所得税税款56万元，并在规定时限内申报缴纳。甲公司以2020年企业所得税税款是聘请乙税务师事务所计算申报为由，请求主管税务机关向乙税务师事务所追缴税款。主管税务机关未接受甲公司的请求，

并依照法律规定责令甲公司提供纳税担保。甲公司请丙公司提供纳税担保并得到税务机关的确认。上述事件中涉及的机关和企业中，属于税收法律关系主体的有（　　）。

  A. 乙税务师事务所　　B. 主管税务机关
  C. 甲公司　　　　　　D. 丙公司

解析 ▶ 税收法律关系主体分为征税主体和纳税主体，征税主体包括国家各级税务机关和海关，纳税主体包括纳税人、扣缴义务人和纳税担保人。本题中，选项B属于征税主体，选项C、D属于纳税主体。　　**答案** ▶ BCD

【例题3·判断题】（2015年）税收法律关系的内容是指税收法律关系主体双方的权利和义务所共同指向的对象。（　　）

解析 ▶ 税收法律关系的内容是指税收法律关系主体所享受的权利和应承担的义务；题目表述为税收法律关系的客体。　　**答案** ▶ ×

考验二　税收实体法的构成要素（★★）

扫我解疑难

纳税人、征税对象、税目、税率、计税依据、纳税环节、纳税期限、纳税地点、税收优惠和法律责任。

（一）纳税人——"纳税"主体

1. 概念

纳税人是指依法"**直接**"负有纳税义务的自然人、法人和其他组织。

2. 纳税人 VS 负税人 VS 扣缴义务人

（1）负税人——税收的实际负担者；

（2）扣缴义务人——负有代扣税款并向国库缴纳义务的单位和个人。

（二）征税对象（课税对象）——区别不同税种的重要标志

（三）税目——征税对象的具体化

（四）税率——计算税额的尺度，是税收法律制度中的"**核心要素**"

我国现行的税率主要有：比例税率、定额税率、累进税率。

1. 比例税率

不论征税对象数量或金额的多少，统一按同一百分比征收的税率。

2. 定额税率（固定税额）

按征税对象的数量单位，直接规定的征税数额。

3. 累进税率

根据征税对象数量或金额的多少，分等规定递增的多级**税率**。应税数量越多或金额越大，适用**税率**也越高。

『注意』我国现行税法体系采用的累进税率形式包括：超额累进税率、超率累进税率。

（1）超额累进税率：把征税对象按数额大小划分为若干个等级，每一等级规定一个税率，税率依次提高，每一纳税人的征税对象依所属等级同时适用几个税率分别计算，将计算结果相加后得出应纳税款。

代表税种：个人所得税中的"综合所得"（包括**工资薪金所得、劳务报酬所得、稿酬所得、特许权使用费所得**）。

【举例】某纳税人本月取得劳务报酬所得应纳税所得额为28 000元，其适用下表中所列的超额累进预扣率，则该纳税人本月应预缴的个人所得税是多少元？

劳务报酬所得三级超额累进预扣率表

级数	全"月"（或次）应纳税所得额	预扣率
1	不超过20 000元的	20%
2	超过20 000元至50 000元的部分	30%
3	超过50 000元的部分	40%

答案 ▶ 该纳税人本月应预缴税额 = 20 000×20% + 8 000×30% = 6 400（元）

（2）超率累进税率：以征税对象数额的相对率划分若干级距，分别规定相应的差别税率，相对率每超过一个级距的，对超过的部分就按高一级的税率计算征税。

代表税种：土地增值税。

（五）计税依据

1. 从价计征

应纳税额 = 计税金额×适用税率

2. 从量计征

应纳税额＝计税数量×单位适用税额

『注意』我国执行的计税依据中，还包括"复合计征"。

（六）纳税环节——征税对象流转过程中应当缴纳税款的环节

（七）纳税期限——依法缴纳税款的期限

（八）纳税地点——具体申报缴纳税款的地点

（九）税收优惠——国家对某些纳税人和征税对象给予"鼓励"和"照顾"的特殊规定

1. 减税与免税

（1）减税是对应纳税款少征一部分税款；

（2）免税是对应纳税额全部免征；

（3）类型：长期减免税项目、一定期限内的减免税措施。

2. 起征点与免征额

（1）起征点。

税法规定对征税对象开始征税的起点数额。征税对象的数额"达到或超过"起征点的就"全部数额"征税，"未达到"起征点的"不征税"。

（2）免征额。

征税对象全部数额中免予征税的部分，只就"超过"免征额的部分计征税款。

【举例】假设某税种，税率为10%，A、B、C三位纳税人的征税对象数额分别为：999元、1 000元、1 001元。

①假设：该税种起征点为1 000元，达到即征税。

A 应纳税额＝0（元）

B 应纳税额＝1 000×10%＝100（元）

C 应纳税额＝1 001×10%＝100.1（元）

②假设上例中1 000元为免征额，则：

A 应纳税额＝0（元）

B 应纳税额＝0（元）

C 应纳税额＝（1 001－1 000）×10%＝0.1（元）

（十）法律责任

违反税法规定的行为人（比如：纳税人和税务人员）对违法行为所应承担的具有强制性的法律后果。

【例题1·单选题】下列税法要素中，可以作为区别不同税种的重要标志的是（　）。

A. 纳税环节　　　B. 税目

C. 税率　　　　　D. 征税对象

答案 ▶ D

【例题2·多选题】下列各项中，属于税法要素的有（　）。

A. 纳税环节　　　B. 税收优惠

C. 纳税人　　　　D. 税率

答案 ▶ ABCD

【例题3·多选题】我国现行的税率主要有（　）。

A. 比例税率　　　B. 比率税率

C. 定额税率　　　D. 累进税率

答案 ▶ ACD

【例题4·单选题】我国个人所得税中的综合所得采取的税率形式属于（　）。

A. 比例税率　　　B. 超额累进税率

C. 超率累进税率　D. 全额累进税率

解析 ▶ 个人所得税中的综合所得是按照超额累进税率计算的。 答案 ▶ B

【例题5·单选题】下列税种中，采用超率累进税率的是（　）。

A. 土地增值税　　B. 印花税

C. 城镇土地使用税　D. 个人所得税

解析 ▶ 选项A，采用超率累进税率。选项B，采用比例税率和定额税率两种形式；选项C，采用定额税率；选项D，采用超额累进税率与比例税率两种形式。 答案 ▶ A

【例题6·判断题】如果税法规定某一税种的起征点是800元，那么超过起征点的，只对超过800元的部分征税。（　）

解析 ▶ 超过起征点则全额征税。 答案 ▶ ×

考验三　现行税种与征收机关（★★★）

扫我解疑难

（一）由税务机关负责征收的税种（略）

『注意』除绝大多数税收收入外，由税务机关负责征收的还包括"非税收入"和"社会保险费"。

（二）由海关负责征收的税种

1. 征收

关税、船舶吨税。

2. 委托代征

"进口环节"增值税和消费税。

【例题·单选题】下列税种中，由海关负责

征收和管理的是( )。
A. 关税
B. 车辆购置税
C. 环境保护税
D. 资源税

解析 ▶ 选项 BCD，由税务机关负责征收和管理。

答案 ▶ A

第二部分 增值税

考验一 增值税的纳税人与扣缴义务人(★)

扫我解疑难

(一)纳税人

1. 概念

增值税的纳税人是指在我国境内从事增值税应税行为的单位和个人。

增值税应税行为：

(1)销售和进口货物。
(2)提供加工、修理修配劳务。
(3)销售服务、无形资产、不动产。

2. 特殊情况下纳税人的确定

(1)单位以承包、承租、挂靠方式经营的。
①一般情况：以承包人为纳税人。
②承包人**以发包人名义对外经营并由发包人承担相关法律责任**：以该发包人为纳税人。
(2)资管产品运营过程中发生的增值税应税行为，以"**资管产品管理人**"为增值税纳税人。

3. 一般纳税人与小规模纳税人

(1)分类标准。

区分纳税人的标准包括："经营规模"和"会计核算的健全程度"。

『**老侯提示**』"经营规模"是判定的主要考虑因素，而"会计核算的健全程度"为特殊情况下的考虑因素。

(2)具体分类(见表5-1)。

表5-1 一般纳税人与小规模纳税人的具体分类

	小规模纳税人	一般纳税人
标准	年应税销售额"500万元以下"	超过小规模纳税人标准
特殊情况	(1)其他个人(非个体户)； (2)非企业性单位； (3)不经常发生应税行为的企业 『注意』(1)"必须"按小规模纳税人纳税，(2)、(3)"可选择"按小规模纳税人纳税	小规模纳税人"会计核算健全"，可以申请登记为一般纳税人
计税规定	简易征税；使用增值税普通发票 『注意』小规模纳税人(其他个人除外)发生应税行为需要开具增值税专用发票，可以自愿使用增值税发票管理系统自行开具	执行税款抵扣制；可以使用增值税专用发票

【**举例**】甲公司为从事代理记账服务的企业，自2019年1月以来连续12个月的营业收入未超过500万元，2020年5月该公司将2019年购入的办公楼对外出售，取得收入650万元。甲公司处置其办公楼的收入即属于偶然发生的应税行为，因此该笔收入不计入年应税销售额，甲公司可选择继续按照小规模纳税人纳税；当然因其会计核算健全，甲公司也可以选择登记为一般纳税人。

4. 纳税人登记的不可逆性

除国家税务总局另有规定外，纳税人一经登记为一般纳税人后，不得转为小规模纳税人。

(二)扣缴义务人

境外单位或个人在境内销售劳务，在境内未设有经营机构的，以其境内代理人为扣缴义务人；在境内没有代理人的，以购买方为扣缴义务人。

【**例题1·单选题**】根据增值税法律制度的规定，关于增值税纳税人的下列表述中，正确的是( )。

A. 转让无形资产，以无形资产受让方为纳税人

B. 提供建筑安装服务，以建筑安装服务接收方为纳税人

C. 资管产品运营过程中发生的增值税应税行为，以资管产品管理人为纳税人

D. 单位以承包、承租、挂靠方式经营的，一律以承包人为纳税人

解析 ▶ 选项A，转让方为纳税人；选项B，提供建筑安装服务方为纳税人；选项D，单位以承包、承租、挂靠方式经营的，承包人以发包人名义对外经营并由发包人承担相关法律责任的，以该发包人为纳税人，否则，以承包人为纳税人。 **答案** ▶ C

【例题2·单选题】 根据增值税法律制度的规定，年应税销售额在一定标准以下的纳税人为小规模纳税人。该标准是( )万元。

A. 50　　　　　　B. 80
C. 500　　　　　　D. 1 000

答案 ▶ C

【例题3·判断题】 甲酒店为增值税小规模纳税人，其提供住宿服务需要开具增值税专用发票，可以自愿使用增值税发票管理系统自行开具。( )

解析 ▶ 小规模纳税人（其他个人除外）发生应税行为需要开具增值税专用发票，可以自愿使用增值税发票管理系统自行开具。 **答案** ▶ √

【例题4·判断题】 中国境外单位或者个人在境内发生应税行为，在境内未设有经营机构的，以境内代理人为增值税扣缴义务人。( )

答案 ▶ √

考验二　增值税的征税范围(★★★)

扫我解疑难

(一)征税范围的一般规定

增值税的征税范围包括在我国境内"销售或者进口货物，提供加工、修理修配劳务"及"销售应税服务、无形资产或者不动产"。

1. 销售或者进口货物

(1)货物：指**有形动产**，包括电力、热力、气体。

(2)有偿：指从购买方取得货币、货物或者"其他经济利益"。

(3)进口：指申报进入中国海关境内的货物。

『注意』只要是报关进口的应税货物(不看原产地)，均属于增值税的征税范围，除享受免税政策外，在进口环节缴纳增值税。

2. 提供加工、修理修配劳务

『注意』加工、修理的对象为**有形动产**。

3. 销售服务、无形资产或者不动产

(1)交通运输服务。

包括：陆路运输、水路运输、航空运输、管道运输。

『注意1』出租车公司向使用本公司自有出租车的出租车司机收取的管理费用，属于"陆路运输服务"。

『注意2』水路运输的"程租""期租"业务属于"水路运输服务"；航空运输的"湿租"业务属于"航空运输服务"。

『注意3』水路运输的"光租"业务、航空运输的"干租"业务属于"现代服务—租赁服务"。

『老侯提示』实质重于形式：程租、期租、湿租是连人带交通工具一起租，实质是提供运输服务；干租、光租是只租交通工具不带人，实质是租赁。

【举例】某运输公司发生两项业务：①承接了某公司年会租车业务，提供车辆及司机；②提供五一黄金周自驾游车辆出租业务。

业务①按"交通运输服务"征收增值税；

业务②按"现代服务—租赁服务(有形动产租赁服务)"征收增值税。

『注意4』"航天运输"属于"航空运输服务"，但适用"零税率"。

(2)邮政服务(见表5-2)。

表5-2　邮政服务

子目	具体项目
邮政普遍服务	函件、包裹等邮件寄递，以及邮票发行、报刊发行和**邮政汇兑**
邮政特殊服务	义务兵平常信函、机要通信、盲人读物和革命烈士遗物的寄递
其他邮政服务	邮册等邮品销售、邮政代理

『注意』"邮政储蓄业务"按"金融服务"缴纳增值税。

(3)电信服务。

①"基础"电信服务：通话、出租带宽等；

②"增值"电信服务：短(彩)信、互联网接入、卫星电视信号落地转接等。

(4)建筑服务(见表5-3)。

表5-3 建筑服务

子目	具体项目
工程服务	新建、改建各种建筑物、构筑物的工程作业
安装服务	生产设备、动力设备、起重设备、运输设备、传动设备、医疗实验设备以及其他各种设备、设施的装配、安置工程作业 『注意』"固定电话、有线电视、宽带、水、电、燃气、暖气"等经营者向用户收取的"安装费、初装费、开户费、扩容费"以及类似收费，按照"建筑服务—安装服务"缴纳增值税
修缮服务	对建筑物、构筑物进行修补、加固、养护、改善，使之恢复原来的使用价值或者延长其使用期限的工程作业 『注意』区别有形动产的"加工、修理修配劳务"
装饰服务	对建筑物、构筑物进行修饰装修，使之美观或者具有特定用途的工程作业
其他建筑服务	钻井(打井)、拆除建筑物或者构筑物、平整土地、园林绿化、疏浚、建筑物平移、搭脚手架、爆破、矿山穿孔、表面附着物(包括岩层、土层、沙层等)剥离和清理等 『注意1』"疏浚"属于"建筑服务—其他建筑服务"，但"航道疏浚"属于"现代服务—物流辅助服务"； 『注意2』"建筑物平移"属于"建筑服务—其他建筑服务"

(5)金融服务(见表5-4)。

表5-4 金融服务

子目	具体项目
贷款服务	金融商品持有期间(含到期)利息(保本收益、报酬、资金占用费、补偿金等)收入、信用卡透支利息收入、买入返售金融商品利息收入、融资融券收取的利息收入，以及融资性售后回租、押汇、罚息、票据贴现、转贷等业务取得的利息及利息性质的收入 『注意1』区别"贷款服务"与其他金融服务，贷款服务的收入为各种占用、拆借资金而取得的"利息"； 『注意2』以"货币投资"收取"固定利润或保底利润"按照"金融服务—贷款服务"缴纳增值税； 『注意3』"融资性售后回租"属于"金融服务—贷款服务"；"融资租赁"属于"现代服务—租赁服务"
直接收费金融服务	提供货币兑换、账户管理、电子银行、信用卡、信用证、财务担保、资产管理、信托管理、基金管理、金融交易场所(平台)管理、资金结算、资金清算、金融支付等服务，而直接取得的收入 【举例】银行卡收单业务手续费、发卡行服务费、网络服务费
保险服务	人身保险服务和财产保险服务
金融商品转让	转让外汇、有价证券、非货物期货和其他金融商品(基金、信托、理财产品等各类资产管理产品和各种金融衍生品)的"所有权"取得的收入

(6)现代服务(见表5-5)。

表5-5 现代服务

子目	具体项目
研发和技术服务	研发服务、合同能源管理服务、工程勘察勘探服务、专业技术服务
信息技术服务	软件服务、电路设计及测试服务、信息系统服务、业务流程管理服务和信息系统增值服务

续表

子目	具体项目
文化创意服务	设计服务、知识产权服务、广告服务和会议展览服务
物流辅助服务	航空服务、港口码头服务、货运客运场站服务、打捞救助服务、仓储服务、装卸搬运服务和收派服务 『注意』与"交通运输服务"作准确区别
租赁服务	融资租赁服务：有形动产融资租赁、不动产融资租赁 经营租赁服务：有形动产经营租赁、不动产经营租赁 『注意1』"租赁服务"分为"动产租赁"和"不动产租赁"分别适用不同税率； 『注意2』"车辆停放服务""道路通行服务(过路、过桥、过闸费)"属于"不动产经营租赁服务"； 『注意3』将动产、不动产上的广告位出租，属于"经营租赁服务"； 『注意4』"融资性售后回租"属于"金融服务—贷款服务"
鉴证咨询服务	认证服务、鉴证服务和咨询服务 『注意』"翻译服务、市场调查服务"属于"咨询服务"
广播影视服务	广播影视节目的制作服务、发行服务和播映服务 『注意』"广告的制作、发布"均属于"文化创意服务—广告服务"
商务辅助服务	企业管理服务、经纪代理服务、人力资源服务、安全保护服务 『注意1』"货物运输代理"属于"经纪代理服务"，而"无运输工具承运"属于"交通运输服务"； 『注意2』"物业管理"属于"企业管理服务"
其他现代服务	除上述8项以外的现代服务

(7)生活服务。

文化体育服务、教育医疗服务、旅游娱乐服务、餐饮住宿服务、居民日常服务、其他生活服务。

『注意』居民日常服务包括：市容市政管理、家政、婚庆、养老、殡葬、照料和护理、救助救济、美容美发、按摩、桑拿、氧吧、足疗、沐浴、洗染、摄影扩印等。

(8)销售无形资产(见表5-6)。

表5-6 销售无形资产

子目	具体项目
技术	专利技术、非专利技术
商标	—
著作权	—
商誉	—
自然资源使用权	土地使用权、海域使用权、探矿权、采矿权、取水权和其他自然资源使用权
其他权益性无形资产	基础设施资产经营权、公共事业特许权、配额、经营权(包括特许经营权、连锁经营权、其他经营权)、经销权、分销权、代理权、会员权、席位权、网络游戏虚拟道具、域名、名称权、肖像权、冠名权、转会费等

(9)销售不动产。

『注意』单独转让"土地使用权"，按照"销售无形资产"缴纳增值税；转让不动产时"一并"转让其所占土地的使用权的，按照"销售不动产"缴纳增值税。

【例题1·多选题】下列各项中，按照"销售货物"征收增值税的有( )。

A. 销售电力　　　　B. 销售热力
C. 销售天然气　　　D. 销售商品房

解析　选项ABC，货物指"有形动产"，包括电力、热力、气体；选项D，按照"销售不动产"征收增值税。

答案　ABC

【例题2·多选题】下列各项中,应按照"交通运输服务"计缴增值税的有( )。
A. 程租　　　　B. 期租
C. 湿租　　　　D. 道路通行服务
解析▶选项D,按照不动产经营租赁服务缴纳增值税。　　　　答案▶ABC

【例题3·判断题】出租车公司向使用本公司自有出租车的出租车司机收取的管理费用,按照"现代服务"缴纳增值税。( )
解析▶出租车公司向使用本公司自有出租车的出租车司机收取的管理费用,属于陆路运输服务。　　　　答案▶×

【例题4·单选题】下列各项中,应按照"销售服务—建筑服务"税目计缴增值税的是( )。
A. 平整土地
B. 出售住宅
C. 出租办公楼
D. 转让土地使用权
解析▶选项B,按照"销售不动产"税目计缴增值税;选项C,按照"销售服务—现代服务(租赁服务)"税目计缴增值税;选项D,按照"销售无形资产"税目计缴增值税。　　　　答案▶A

【例题5·单选题】下列各项中,应按照"金融服务—贷款服务"税目计缴增值税的是( )。
A. 融资性售后回租
B. 账户管理服务
C. 金融支付服务
D. 资金结算服务
解析▶选项BCD,按照"金融服务—直接收费金融服务"缴纳增值税。　　答案▶A

【例题6·单选题】下列各项中,应按照"现代服务"税目计缴增值税的是( )。
A. 经营租赁服务
B. 融资性售后回租
C. 保险服务
D. 文化体育服务
解析▶选项B,按照"金融服务—贷款服务"缴纳增值税;选项C,按照"金融服务"缴纳增值税;选项D,按照"生活服务"缴纳增值税。
答案▶A

【例题7·单选题】下列各项中,应按照"销售服务—生活服务"税目计缴增值税的是( )。
A. 文化创意服务

B. 车辆停放服务
C. 广播影视服务
D. 旅游娱乐服务
解析▶选项A,按照"销售服务—现代服务(文化创意服务)"税目计缴增值税;选项B,按照"销售服务—现代服务(租赁服务)"税目计缴增值税;选项C,按照"销售服务—现代服务(广播影视服务)"税目计缴增值税。　答案▶D

【例题8·单选题】下列行为中,不属于销售无形资产的是( )。
A. 转让专利权
B. 转让建筑永久使用权
C. 转让网络游戏虚拟道具
D. 转让采矿权
解析▶选项A,属于"技术";选项B,属于"销售不动产";选项C,属于"其他权益性无形资产";选项D,属于"自然资源使用权"。
答案▶B

【例题9·单选题】下列行为中,应按照"销售不动产"税目计缴增值税的是( )。
A. 将建筑物广告位出租给其他单位用于发布广告
B. 销售底商
C. 转让高速公路经营权
D. 转让国有土地使用权
解析▶选项A,按"现代服务—租赁服务"计缴增值税;选项CD,按照"销售无形资产"计缴增值税,其中选项C属于其他权益性无形资产中的基础设施资产经营权,选项D属于无形资产中的自然资源使用权。　答案▶B

【例题10·判断题】外购报关进口的原属于中国境内的货物,不征收进口环节增值税。( )
解析▶只要是报关进口的应税货物(不看原产地),均属于增值税的征税范围,除享受免税政策外,在进口环节缴纳增值税。　答案▶×

(二)视同销售
1. 视同销售货物
(1)委托代销行为。
①将货物交付其他单位或者个人代销;
②销售代销货物。

『老侯提示』委托代销双方均属于视同销售,委托方的销项税额即为受托方的进项税额,不会出现重复征税的现象。

(2)货物异地移送。

设有两个以上机构并实行统一核算的纳税人,将货物从一个机构移送至其他机构用于销售,但相关机构设在同一县(市)的除外。

『老侯提示』增值税是中央地方共享税,营改增后双方各占50%,异地移送会导致地方利益受到影响。

(3)自产、委托加工、购进的货物用于"非生产性"支出。

①将自产、委托加工的货物用于集体福利或者个人消费;

②将自产或者委托加工的货物用于非增值税应税项目;

③将自产、委托加工或者"购进"的货物作为投资,提供给其他单位或者个体工商户;

④将自产、委托加工或者"购进"的货物分配给股东或者投资者;

⑤将自产、委托加工或者"购进"的货物无偿赠送其他单位或者个人。

『老侯提示』自产和委托加工货物的视同销售体现了税收公平原则;外购货物的视同销售是为了保证纳税链条的完整;考核点为外购货物的"内外有别"。

『注意』该知识点通常结合"不得抵扣的进项税额"进行考核。

2. 视同销售服务、无形资产或不动产

(1)单位或者个体工商户向其他单位或者个人"无偿"提供服务;

(2)单位或者个人向其他单位或者个人"无偿"转让无形资产或者不动产。

『注意』用于"公益事业"或者以"社会公众"为对象的除外。

【例题11·单选题】根据增值税法律制度的规定,企业发生的下列行为中,不属于视同销售货物行为的是( )。

A. 将购进的货物作为投资提供给其他单位

B. 将购进的货物用于集体福利

C. 将委托加工的货物分配给股东

D. 将自产的货物用于个人消费

解析 选项A,外购货物"对外"(用于投资),视同销售;选项B,外购货物"对内"(用于集体福利),进项税额不得抵扣;选项CD,自产和委托加工的货物,无论"对内、对外"均视同销售。 **答案** B

(三)混合销售与兼营(见表5-7)

表5-7 混合销售与兼营

	行为特征	判定标准	税务处理	典型案例
混合销售	"一项"销售行为	"经营主体"从事货物生产、批发或零售	按销售货物缴纳增值税	超市销售货物同时提供送货上门服务
		"经营主体"从事其他行业	按销售服务缴纳增值税	娱乐场所提供娱乐服务同时销售烟、酒、饮料
兼营	"多元化"经营	增值税不同税目混业经营,不发生在同一项销售行为中	分别核算分别缴纳;未分别核算"从高"适用税率	商场销售商品,并经营美食城

『注意』纳税人销售活动板房、机器设备、钢结构件等自产货物的同时提供建筑、安装服务,不属于混合销售,应"分别核算"货物和建筑服务的销售额,"分别适用"不同的税率或者征收率。

『老侯提示』在"经济法基础"考试中,判断混合销售的关键是"同时";判断兼营的关键是"并"。

【例题12·多选题】根据增值税法律制度的规定,下列各项中,不属于混合销售行为的有( )。

A. 美容店提供美容服务的同时销售美容产品

B. 餐饮业提供餐饮服务的同时销售酒水

C. 销售自产的机器设备的同时提供安装服务

D. 销售自产的钢结构件的同时提供安装服务

解析 选项AB,提供美容(餐饮)服务属于"生活服务",销售美容产品(酒水)属于"销售货物"，但提供美容(餐饮)服务和销售美容产品(酒水)为一项业务，同时发生，有从属关系，属于混合销售，经营主体美容店(餐饮公司)以提供美容(餐饮)服务为主，应当按照"生活服务"缴纳增值税；选项CD，纳税人销售活动板房、机器设备、钢结构件等自产货物的同时提供建筑、安装服务，不属于混合销售，应"分别核算"货物和建筑服务的销售额，"分别适用"不同的税率或者征收率。

答案 ▶ CD

（四）不征收增值税的特殊规定

1. 资产重组

纳税人在资产重组过程中，通过合并、分立、出售、置换等方式，将全部或者部分实物资产以及与其相关联的债权、负债和劳动力一并转让给其他单位和个人，不属于增值税的征税范围，其中涉及的"货物、不动产、土地使用权"转让，不征收增值税。

2. 非营业活动

（1）行政单位收取的"满足条件"的政府性基金或者行政事业性收费。

①够级别：由国务院或者财政部批准设立的政府性基金，由国务院或者省级人民政府及其财政、价格主管部门批准设立的行政事业性收费。

②有证据：收取时开具省级以上财政部门印制的财政票据。

③全上缴：所收款项全额上缴财政。

（2）单位或者个体工商户聘用的"**员工**"为本单位或者雇主提供取得工资的服务。

（3）单位或者个体工商户为聘用的员工提供"**服务**"。

3. 非在境内提供应税服务

（1）境外单位或者个人向境内单位或者个人销售"完全在境外"发生的服务；

（2）境外单位或者个人向境内单位或者个人销售"完全在境外"使用的无形资产；

（3）境外单位或者个人向境内单位或者个人出租"完全在境外"使用的有形动产。

『注意』必须同时满足"提供方在境外"并"完全在境外发生或使用"两个条件。

4. 其他不征收增值税的项目

（1）根据国家指令无偿提供的铁路运输服务、航空运输服务，属于《营业税改征增值税试点实施办法》规定的用于公益事业的服务。

（2）存款利息。

『注意』区别"贷款利息"。

（3）被保险人获得的保险赔付。

（4）房地产主管部门或者其指定机构、公积金管理中心、开发企业以及物业管理单位代收的住宅专项维修资金。

【例题13·单选题】根据增值税法律制度的规定，下列各项中，应按照"提供应税劳务"税目计缴增值税的是（　）。

A. 制衣厂员工为本厂提供的加工服装服务
B. 有偿提供安装空调服务
C. 有偿修理机器设备服务
D. 有偿提供出租车服务

解析 ▶ 选项A，单位或者个体工商户聘用的员工为本单位或者雇主提供加工、修理修配劳务，不征收增值税。选项B，按照"建筑服务—安装服务"缴纳增值税；选项D，按照"现代服务—租赁服务"缴纳增值税。

答案 ▶ C

【例题14·单选题】根据增值税法律制度的规定，下列各项中，应征收增值税的是（　）。

A. 物业管理单位代收的住宅专项维修资金
B. 商业银行提供直接收费金融服务收取的手续费
C. 存款人取得的存款利息
D. 被保险人获得的保险赔付

解析 ▶ 选项B，按照"金融服务—直接收费金融服务"缴纳增值税。

答案 ▶ B

【例题15·判断题】根据国家指令无偿提供用于公益事业的铁路运输服务应征收增值税。（　）

解析 ▶ 根据国家指令无偿提供的铁路运输服务、航空运输服务，属于《营业税改征增值税试点实施办法》规定的用于公益事业的服务，不征收增值税。

答案 ▶ ×

【例题16·多选题】根据增值税法律制度的规定，下列情形中，属于在境内销售服务的有（　）。

A. 境外会计师事务所向境内单位销售完全在境内发生的会计咨询服务
B. 境内语言培训机构向境外单位销售完全在境外发生的培训服务
C. 境内广告公司向境外单位销售完全在境内发生的广告服务

D. 境外律师事务所向境内单位销售完全在境外发生的法律咨询服务

解析 选项A，虽然提供方在境外，但不满足"完全在境外使用"这一条件，因此属于在我国境内提供增值税应税服务；选项BC，虽然完全发生在境外或在境外使用，但不满足"提供方在境外"这一条件，因此属于在我国境内提供增值税应税服务；选项D，为境外单位向境内单位或个人销售"完全在境外"发生的服务，不属于在我国境内提供增值税应税服务。

答案 ABC

考验三 增值税的税率与征收率(★★)

扫我解疑难

『老侯提示』 为了降低考试难度，"经济法基础"历年考题中除极个别对税率进行直接考核的题目外，计算中要用到的税率及比例均会直接给出。

(一)税率

1."13%"

(1)销售和进口除执行9%低税率的货物以外的货物；

(2)提供加工、修理修配劳务；

(3)有形动产租赁服务。

2."9%"

(1)货物。

『老侯提示』销售货物设置低税率的根本目的是鼓励并保证消费者对基本生活必需品的消费。

①粮食等农产品、食用植物油、食用盐；

②自来水、暖气、冷气、热水、煤气、石油液化气、天然气、二甲醚、沼气、居民用煤炭制品；

③图书、报纸、杂志、音像制品、电子出版物；

④饲料、化肥、农药、农机、农膜。

『注意1』关于"农产品"：必须是销售"非自产"农产品，且必须是"初级农产品"。

『注意2』"食用盐、食用植物油、居民用煤炭制品"必须表述清楚，如表述为"盐、植物油、煤炭制品"均不属于。

(2)销售服务、无形资产和不动产。

交通运输、邮政、基础电信、建筑、不动产租赁服务、销售不动产、转让土地使用权。

3."6%"

增值电信、金融、现代服务(租赁除外)、生活服务、销售无形资产(转让土地使用权除外)。

4."0"

(1)纳税人"出口"货物，税率为零；但是，国务院另有规定的除外。

(2)境内单位和个人"跨境销售"国务院规定范围内的"服务、无形资产"，税率为零。

"跨境"行为"零税率"项目(见表5-8)。

表5-8 "跨境"行为"零税率"项目

服务项目		具体内容
国际运输服务		—
航天运输服务		—
向境外单位提供的完全在境外消费的部分服务	研发和技术服务	研发服务；合同能源管理服务
	信息技术服务	软件服务；电路设计及测试服务；信息系统服务；业务流程管理服务；离岸服务外包业务
	文化创意服务	设计服务
	广播影视服务	广播影视节目(作品)的**制作**和**发行**服务
	销售无形资产	转让技术

『提示』 现代服务和销售无形资产中"**技术含量较高**"的部分服务、无形资产

【例题1·单选题】下列各项增值税服务中，增值税税率为13%的是( )。

A. 邮政服务

B. 交通运输服务

C. 有形动产租赁服务

D. 增值电信服务

解析 选项 AB，适用 9% 的税率；选项 D，适用 6% 的税率。
答案 C

【例题 2·多选题】根据增值税法律制度的规定，一般纳税人销售的下列货物中，适用 9% 税率的有( )。
A. 洗衣液 B. 文具盒
C. 农产品 D. 图书

解析 选项 AB，非增值税暂行条例中列举的执行低税率的货物，适用 13% 的税率；选项 CD，适用 9% 的低税率。
答案 CD

【例题 3·单选题】下列项目中，适用增值税零税率的是( )。
A. 国际运输服务
B. 在境外提供的广播影视节目的播映服务
C. 工程项目在境外的建筑服务
D. 存储地点在境外的仓储服务

解析 选项 BCD，适用免税规定。
答案 A

(二)征收率(2021 年调整)
1. "3%"
(1)小规模纳税人。
①除特殊情况下适用"3%的征收率并减按2%征收、5%征收率"和"进口货物"外的一般应税行为。
②"抗疫期间"的税收优惠(2021年新增)。
2020 年 3 月 1 日至 12 月 31 日小规模纳税人适用 3%征收率的应税收入"湖北省"免征增值税，"其他地区"减按 1%的征收率征收增值税。
(2)一般纳税人(见表 5-9)。

表 5-9　一般纳税人的适用情形

适用情形	具体内容	
只能适用 3%征收率	寄售商店代销寄售物品、典当业销售死当物品	
销售自产货物"可选择"按照 3%征收率纳税的货物	(1)自来水； (2)县级及以下小型水力发电单位生产的电力； (3)用微生物、血液或组织等制成的生物制品； (4)建筑用和生产建筑材料所用的砂、土、石料； (5)以自己采掘的砂、土、石料或其他矿物连续生产的砖、瓦、石灰； (6)商品混凝土	
"可选择"按照 3%征收率纳税的服务	(1)公共交通运输服务； (2)动漫产品的设计、制作服务，以及在境内转让动漫版权； (3)电影放映服务； (4)仓储服务； (5)装卸搬运服务； (6)收派服务； (7)文化体育服务； (8)以营改增试点前取得的有形动产，提供的"有形动产经营租赁服务"； (9)营改增试点前签订的，尚未执行完毕的"有形动产租赁"合同	选择简易办法后，"36 个月"内不得变更

『老侯提示』可选择适用 3%的征收率的(如自来水)，纳税人可以选择执行 9%的税率，也可以执行 3%的征收率。执行 9%的税率可以抵扣进项税额，执行 3%的征收率则按简易办法征税。

2. 依照 3%征收率"减按 2%"征收(见表 5-10)

表 5-10　依照 3%征收率"减按 2%"征收的项目

应税项目		计算方法
销售旧货(二手车除外)		含税售价÷(1+3%)×2%
销售自己使用过的购入时不得抵扣且"未抵扣"过进项税的固定资产	(1)小规模纳税人； (2)2009 年 1 月 1 日以前购入的固定资产； (3)2013 年 8 月 1 日以前购入的小汽车、摩托车和游艇	

【注意1】旧货,是指进入二次流通的具有部分使用价值的货物,但不包括自己使用过的物品。

【注意2】一般纳税人销售自己使用过的"抵扣过"进项税的固定资产,按照13%的税率征收;小规模纳税人(除其他个人外)销售自己使用过的除固定资产以外的物品,按照3%的征收率征收。

【老侯提示】经济法基础考试中,一般纳税人购入的固定资产是否抵扣过进项通常会有明确提示。

3."5%"(见表5-11)

表5-11 "5%"征收率适用情况

身份		项目	
小规模纳税人	非房地产开发企业	转让、出租其"取得"的不动产(不含个人出租住房)	
	房地产开发企业	销售"自行开发"的房地产项目	
一般纳税人	非房地产开发企业	转让、出租其2016年4月30日前"取得"的不动产且选择简易方法计税的	
	房地产开发企业	销售"自行开发"的房地产老项目且选择简易方法计税的	
个人出售住房		购买年限<2年	全额
		购买年限≥2年 北、上、广、深非普通住房	差额
		其他	免征

『注意』纳税人提供"劳务派遣服务",选择差额纳税的,按照5%的征收率征收增值税。

【例题4·多选题】根据增值税法律制度的规定,一般纳税人提供的下列服务中,可以选择适用简易计税方法计税的有( )。

A. 装卸搬运服务
B. 公交客运服务
C. 餐饮服务
D. 文化体育服务

解析 ▶ 选项C,适用6%的税率,不能选择简易计税方法。

答案 ▶ ABD

【例题5·多选题】根据增值税法律制度的规定,一般纳税人销售的下列货物中,可以选择简易计税方法计缴增值税的有( )。

A. 食品厂销售的食用植物油
B. 县级以下小型水力发电单位生产的自产电力
C. 自来水公司销售自产的自来水
D. 煤气公司销售的煤气

解析 ▶ 选项AD,适用9%的增值税税率。

答案 ▶ BC

【例题6·单选题】一般纳税人销售自产的特殊货物,可选择按照简易办法计税,选择简易办法计算缴纳增值税后一定期限内不得变更,该期限是( )个月。

A. 24   B. 12
C. 36   D. 18

答案 ▶ C

【例题7·单选题】甲企业为增值税小规模纳税人。2019年7月,甲企业销售自己使用过3年的机器设备,取得含税销售额41 200元;销售自己使用过的包装物,取得含税销售额82 400元。已知小规模纳税人适用的征收率为3%,销售自己使用过的固定资产适用3%的征收率并减按2%征收。甲企业当月应缴纳的增值税税额的下列计算列式正确的是( )。

A. 41 200÷(1+3%)×3%+82 400÷(1+3%)×2%=2 800(元)
B. (41 200+82 400)÷(1+3%)×3%=3 600(元)
C. 41 200÷(1+3%)×2%+82 400÷(1+3%)×3%=3 200(元)
D. (41 200+82 400)÷(1+3%)×2%=2 400(元)

解析 ▶ (1)小规模纳税人销售自己使用过的固定资产(未抵扣过进项税额),依照3%征收率减按2%征收增值税:41 200÷(1+3%)×2%=800(元);(2)小规模纳税人销售自己使用过非固定资产,按3%的征收率征收:82 400÷(1+3%)×3%=2 400(元),应纳税额=800+2 400=

3 200(元)。

【例题8·判断题】 小规模纳税人，转让其取得的不动产，按照3%的征收率征收增值税。( )

解析 上述情形按5%的征收率征收增值税。

答案 ×

考验四　一般纳税人应纳税额计算(★★★)

扫我解疑难

应纳税额＝销项税额－进项税额

（一）销项税额

销项税额＝不含税销售额×税率

1. 销售额

（1）销售额＝全部价款＋**价外费用**

（2）价外费用：

包括：价外向购买方收取的手续费、补贴、基金、集资费、返还利润、奖励费、违约金、滞纳金、延期付款利息、赔偿金、代收款项、代垫款项、包装费、包装物租金、储备费、优质费、运输装卸费以及其他各种性质的价外收费。

不包括：

①向购买方收取的"**销项税额**"。

②受托加工应征消费税的消费品所"**代收代缴**"的消费税。

③同时符合以下条件的"**代垫**"运费：

a. 承运者的运费发票开给购货方；

b. 纳税人将该项发票转交给购货方。

④同时符合一定条件"**代为收取**"的政府性基金或者行政事业性收费。

⑤销售货物的同时"**代办**"保险等而向购买方收取的保险费，以及向购买方缴纳的车辆购置税、车辆牌照费。

⑥以委托方名义开具发票"**代**"委托方收取的款项。

『注意』价外费用全部为价税合计金额，需进行价税分离。

2. 含税销售额的换算

不含税销售额＝含税销售额÷(1＋适用税率)

『注意』题目出现以下说法给出的金额为含税销售额：（1）明确告知"含税销售额"；（2）零售价格；（3）价外费用；（4）普通发票上

注明的金额（仅适用于考试）。

【例题1·单选题】 根据增值税法律制度的规定，一般纳税人销售货物向购买方收取的下列款项中，不计入销售额计算销项税额的是( )。

A. 代办保险收取的保险费

B. 包装费

C. 违约金

D. 手续费

解析 销售货物的同时代办保险等而向购买方收取的保险费，以及向购买方收取的代购买方缴纳的车辆购置税、车辆牌照费不包括在销售额内。

答案 A

【例题2·单选题】 甲公司为增值税一般纳税人，2019年5月提供设计服务取得含增值税价款636万元，另收取奖励费10.6万元。已知，增值税税率为6%，计算甲公司当月该笔业务增值税销项税额的下列算式中，正确的是( )。

A. $[636+10.6\div(1+6\%)]\times 6\%=38.76$(万元)

B. $636\div(1+6\%)\times 6\%=36$(万元)

C. $636\times 6\%=38.16$(万元)

D. $(636+10.6)\div(1+6\%)\times 6\%=36.6$(万元)

解析 提供设计服务收取的奖励费属于价外费用，需要并入销售额计征增值税，价款和价外费用均为含税价，需要价税分离，换算为不含税价格。

答案 D

3. 视同销售货物行为销售额的确定

纳税人销售价格明显"**偏低**"且无正当理由或者"**偏高**"且不具有合理商业目的的，或"**视同销售**"货物而无销售额的，按下列"顺序"确定销售额：

『老侯提示』偏低调整是防止少纳增值税；偏高调整是防止出口虚报价格，骗取退税款。

（1）按纳税人最近时期同类货物的"**平均**"销售价格确定；

（2）按其他纳税人最近时期同类货物的平均销售价格确定(市场价格)；

（3）按"**组成计税价格**"确定：

应纳税额＝组成计税价格×增值税税率

『注意』考题中，必须按上述"**顺序**"判定销售额，不能直接组价。

4. 组成计税价格

(1)非应税消费品的组价公式：

组成计税价格=成本×(1+成本利润率)

(2)从价计征应税消费品的组价公式：

组成计税价格=成本×(1+成本利润率)÷(1-消费税税率)

『老侯提示』消费税为"价内税"，要包含在产品价格之内。

【例题3·单选题】甲服装厂为增值税一般纳税人，2019年10月将100件自产服装发给职工作为福利。该批服装成本904元/件，甲服装厂同类服装含增值税单价1 356元/件。已知，增值税税率为13%，计算甲服装厂当月该笔业务增值税销项税额的下列算式中，正确的是( )。

A. 100×1 356×13%=17 628(元)

B. 100×1 356÷(1+13%)×13%=15 600(元)

C. 100×904×13%=11 752(元)

D. 100×904÷(1+13%)×13%=10 400(元)

解析 将自产货物用于集体福利或个人消费视同销售，纳税人视同销售货物而无销售额的，应首先按纳税人最近时期同类货物的"平均"销售价格确定，其次按市场价格确定，再次按组成计税价格确定，本题中，纳税人最近时期同类货物的含税售价为1 356元/件是明确的，应当使用同类货物价格计税，不需要组成计税价格；同类服装的单价为含税金额需要换算为不含税金额。

答案 B

【例题4·单选题】甲公司为增值税一般纳税人，2019年12月将新研制的产品1 000件赠送给顾客试用，生产成本为113元/件，无同类产品销售价格。已知，增值税税率为13%，成本利润率为10%。计算甲公司当月该笔业务增值税销项税额的下列算式中，正确的是( )。

A. 1 000×113×(1+10%)×13%=16 159(元)

B. 1 000×113×13%=14 690(元)

C. 1 000×113×(1+10%)÷(1+13%)×13%=14 300(元)

D. 1 000×113÷(1+13%)×13%=13 000(元)

解析 将自产货物对外无偿赠送，视同销售货物，应当于移送时确认销项税额；无同类货物销售价格的，按组成计税价格计算，应纳税额=成本×(1+成本利润率)×适用税率。

答案 A

【例题5·单选题】甲公司为增值税一般纳税人，本月将一批新研制的高档美白化妆品赠送给老顾客使用，甲公司并无同类产品销售价格，其他公司也无同类货物，已知该批产品的生产成本为10万元，甲公司的成本利润率为10%，高档化妆品的消费税税率为15%，增值税税率为13%，则甲公司当月该笔业务增值税销项税额的下列计算中，正确的是( )。

A. 100 000×13%=13 000(元)

B. [100 000×(1+10%)÷(1-15%)]×13%=16 823.53(元)

C. 100 000×(1+10%)×13%=14 300(元)

D. [100 000×(1+10%)÷(1+15%)]×13%=12 434.78(元)

解析 化妆品为应缴纳消费税的货物，本题中，无纳税人最近时期同类货物的"平均"售价，也无市场价格，只能组价，应税消费品的组成计税价格=成本×(1+成本利润率)÷(1-消费税税率)，增值税销项税额=组成计税价格×13%。

答案 B

5. 特殊销售方式下销售额的确定

(1)包装物押金(见表5-12)。

表5-12 包装物押金计税规则

产品	取得时	逾期时
除酒类产品以外的其他货物	×	√
白酒、其他酒	√	×
啤酒、黄酒	×	√

『注意1』"逾期"是指超过合同约定的期限或者虽未超过合同约定期限，但已经超过1年的。

『注意2』与"包装费、包装物租金"进行区分，"包装费、包装物租金"属于价外费用，包装物押金不一定属于价外费用。

(2)折扣销售、销售折让与销售退回(见表5-13)。

表 5-13 折扣、折让与退回的税务处理

考点	具体规定	
折扣销售	销售额和折扣额在"同一张发票"上分别注明	均记录在金额栏	按折扣后的销售额征收增值税
		销售额记录在"金额"栏，折扣额记录在"备注"栏	不得从销售额中减除折扣额
	销售额和折扣额分别开具发票		不得从销售额中减除折扣额
销售折让与退回	按规定开具红字增值税专用发票		从发生退回或折让**当期**的销项税额中扣减
	未按规定开具红字增值税专用发票的		不得扣减销项税额或者销售额

(3) 以旧换新。

①非金银首饰。

按"**新货物**"的同期销售价格确定销售额，不得扣减旧货物的收购价格。

新货物的销售价格 = 实际收取的价款 + 旧货物的收购价格

②金银首饰。

按销售方"**实际收取**"的不含增值税的全部价款确定销售额。

实际收取的价款 = 新货物的销售价格 - 旧货物的收购价格

『老侯提示』考试中，注意看清三者已知的是哪两个。

(4) 以物易物。

以物易物"**双方都应作购销处理**"，以各自发出的货物核算销售额并计算销项税额，以各自收到的货物按规定核算购货额并计算进项税额。

(5) 还本销售。

销售额 = 货物销售价格（不得在销售额中减除还本支出）

『老侯提示』还本销售税法上按正常销售处理。

(6) 余额计税——在无法凭票抵扣的情况下为了避免重复征税（见表5-14）。

表 5-14 增值税的余额计税

项目	计算公式	适用范围
金融商品转让	销售额=卖出价-买入价 『注意』如上期交易额为"负差"，则还应当减除上期"负差"，如年末时仍出负差，不得结转下一会计年度	适用一般纳税人，但不得开具增值税专用发票
旅游服务	销售额=全部价款+价外费用-住宿费、餐饮费、交通费、签证费、门票费、地接费	
销售不动产	销售额=全部价款+价外费用-土地出让金	适用房地产开发企业中的一般纳税人（选择简易计税方法的房地产老项目除外）
建筑服务	销售额=全部价款+价外费用-分包费	适用执行"简易征收"办法的纳税人

『注意』除上述内容外"经纪代理服务"扣除行政事业性收费和政府基金；"航空运输企业"扣除代收的机场建设费等；"客运场站服务"扣除支付给承运方的运费，均属于合理的代收款项，不作为价外费用处理，此处不再赘述

【例题6·单选题】甲公司为增值税一般纳税人，2019年9月销售啤酒取得含税价款226万元，另收取包装物租金1.13万元，包装物押金3.39万元，已知增值税适用税率为13%，计算甲公司当月上述业务增值税销项税额的下列算式中，正确的是（ ）。

A. （226+1.13）÷（1+13%）×13% = 26.13（万元）
B. 226÷（1+13%）×13% = 26（万元）
C. 226×13% = 29.38（万元）
D. （226+1.13+3.39）÷（1+13%）×13% =

26.52(万元)

解析 包装物租金属于价外费用，需要计入销售额计算增值税；啤酒、黄酒的包装物押金在收取时不征收增值税，逾期时计算缴纳增值税。销售啤酒取得的价款为含税价款，价外费用为含税价款，均需换算为不含税价款。

答案 A

【例题7·单选题】 甲公司为增值税一般纳税人，2019年10月采取折扣方式销售货物一批，该批货物不含税销售额166 000元，因购买数量大，给予购买方10%的价格优惠，销售额和折扣额在同一张发票上分别注明。已知增值税税率为13%。计算甲公司当月该笔业务增值税销项税额的下列算式中，正确的是( )。

A. 166 000×(1-10%)÷(1-13%)×13%=22 324.14(元)
B. 166 000×(1-10%)×13%=19 422(元)
C. 166 000×13%=21 580(元)
D. 166 000÷(1-13%)×13%=24 804.6(元)

解析 纳税人采取折扣方式销售货物，如果销售额和折扣额在同一张发票上分别注明，可以按折扣后的销售额征收增值税。

答案 B

【例题8·单选题】 甲公司为一般纳税人，2019年6月销售新型冰箱50台，每台含税价格5 650元；采取以旧换新方式销售同型号冰箱20台，收回的旧冰箱每台作价226元，实际每台收取款项5 424元。计算甲公司当月增值税销项税额的下列算式中，正确的是( )。

A. [50×5 650+20×(5 424-226)]×13%=50 239.8(元)
B. (50×5 650+20×5 424)÷(1+13%)×13%=44 980(元)
C. (50+20)×5 650÷(1+13%)×13%=45 500(元)
D. (50×5 650+20×5 424)×13%=50 827.4(元)

解析 纳税人采取以旧换新方式销售货物的(金银首饰除外)，应按新货物的同期销售价格确定销售额，不得扣减旧货物的收购价格。

答案 C

【例题9·单选题】 甲首饰店是增值税一般纳税人。2019年11月采取"以旧换新"方式销售一批金项链。该批金项链含增值税售价为135 600元，换回的旧项链作价124 300元，甲首饰店实际收取差价款11 300元。已知增值税税率为13%。甲首饰店当月该笔业务增值税销项税额的下列计算中，正确的是( )。

A. 135 600÷(1+13%)×13%=15 600(元)
B. 124 300÷(1+13%)×13%=14 300(元)
C. 135 600×13%=17 628(元)
D. 11 300÷(1+13%)×13%=1 300(元)

解析 纳税人采取以旧换新方式销售金银首饰，按销售方"实际收取"的不含增值税的全部价款确定销售额。

答案 D

【例题10·单选题】 甲公司为增值税一般纳税人，2019年10月转让金融商品卖出价为106万元，所转让金融商品买入价为90.1万元，上一纳税期转让金融商品出现负差6.36万元。已知，增值税税率为6%。计算甲公司当月金融商品转让增值税销项税额的下列算式中，正确的是( )。

A. 106÷(1+6%)×6%=6(万元)
B. (106-90.1-6.36)÷(1+6%)×6%=0.54(万元)
C. (106-90.1)×6%=0.954(万元)
D. 106×6%=6.36(万元)

解析 金融商品转让按照卖出价扣除买入价后的余额为销售额；转让金融商品的负差可以结转下一纳税期，但不得转入下一会计年度；本题中，10月份的上一纳税期属于年内纳税期，负差可以结转至10月份，与10月份的销售额相抵。采用余额计税方式，因无增值税专用发票，则卖出价和买入价均为含税销售额，应当换算为不含税销售额。

答案 B

【例题11·判断题】 航空运输企业的增值税销售额包括代收的机场建设费(民航发展基金)和代售其他航空运输企业客票而代收转付的价款。( )

解析 航空运输企业的销售额，不包括代收的机场建设费和代售其他航空运输企业客票而代收转付的价款。

答案 ×

(二)进项税额

1. 准予抵扣的进项税额

(1)凭票抵扣。

①从销售方取得的"**增值税专用发票**"(含税控机动车销售统一发票)上注明的增值税额。

②从海关取得的"海关进口增值税专用缴款书"上注明的增值税额。

③纳税人购进服务、无形资产或不动产，取得的增值税专用发票上注明的增值税额为进项税额，准予从销项税额中抵扣。

④纳税人从境外单位或者个人购进劳务、服务、无形资产或者境内的不动产，从税务机关或者扣缴义务人取得的代扣代缴税款的完税凭证上注明的增值税额。

（2）"农产品"的抵扣政策。

①购进农产品取得增值税专用发票或海关进口增值税专用缴款书的，"凭票抵扣"进项税额；

②从适用"3%征收率"的小规模纳税人处购入农产品，取得(3%税率的)"增值税专用发票"以及购进免税农产品，取得或开具"农产品收购（销售）发票"根据用途分别适用规定的扣除率计算抵扣进项税额。

后续用于生产或委托加工13%税率的货物：适用10%的扣除率。

后续用于生产或委托加工9%税率的货物或6%税率的服务：适用9%的扣除率。

进项税额计算公式为：进项税额＝买价（金额）×扣除率(9%或10%)。

【举例】甲公司从乙公司购入一批橙子（单位：万元）

乙公司性质	取得凭证	金额	准予抵扣税额	
			清洗包装后直接出售	加工成橙汁出售
一般纳税人	增值税专用发票	价款10 税款0.9	凭票抵扣0.9	10×10%＝1
境外机构	进口增值税专用缴款书			
小规模纳税人	增值税专用发票	价款10 税款0.3	10×9%＝0.9	10×10%＝1
农业生产者	农产品收购（销售）发票	买价10		

『老侯提示』对从一般纳税人处购入农产品（橙子）取得增值税专用发票和进口农产品取得海关进口增值税专用缴款书的企业，后续将农产品用于深加工业务（橙汁），在"生产领用时"可以"加计抵扣1%"。

（3）购进国内旅客运输服务"未取得增值税专用发票"的抵扣政策（见表5-15）。

表5-15 购进国内旅客运输服务"未取得增值税专用发票"的抵扣政策

取得的抵扣凭证	抵扣政策
增值税电子普通发票	发票上注明的税额（凭票抵扣）
注明旅客身份信息的航空运输电子客票行程单	(票价+燃油附加费)÷(1+9%)×9% 【注意】不包括代收的"机场建设费"
注明旅客身份信息的铁路车票	票面金额÷(1+9%)×9%
注明旅客身份信息的公路、水路等其他客票	票面金额÷(1+3%)×3%

『老侯提示』可以用于抵扣的凭证包括：增值税专用发票、机动车销售统一发票、海关进口增值税专用缴款书、农产品收购发票、农产品销售发票、完税凭证、符合规定的国内旅客运输发票（注明旅客身份信息的航空运输电子客票行程单、铁路车票、公路水路等其他客票、国内旅客运输服务的增值税电子普通发票）。

【例题12·单选题】甲厂为增值税一般纳税人，2019年10月购进一批农产品，农产品收购发票注明买价991 900元，当月全部用于生产小麦面粉。已知，农产品扣除率为9%。计算甲厂当月该笔业务准予抵扣进项税额的下列算式中，正确的是( )。

A. 991 900÷(1－9%)×9%＝98 100(元)
B. 991 900×9%＝89 271(元)
C. 991 900×(1－9%)×9%＝81 236.61(元)
D. 991 900÷(1+9%)×9%＝81 900(元)

解析 农产品计算抵扣进项税额公式：进

项税额＝买价×扣除率。

答案 ▶ B

[例题13·单选题] 2019年8月，甲公司员工赵某出差乘坐飞机取得航空运输电子客票行程单上注明票价3 002元，燃油附加费50元；乘坐高铁取得铁路车票上注明的票价为1 308元，乘坐轮渡取得船票（已注明身份信息）注明的价格为360.5元，乘坐网约车，取得国内旅客运输服务的增值税电子普通发票注明的金额为200元，税额为6元，已知：航空运输电子客票行程单、铁路车票适用的增值税税率为9%，公路、水路等其他客票适用的征收率为3%。则甲公司本月准予抵扣的进项税额的下列计算中，正确的是（　　）。

A．（3 002＋50＋1 308）÷（1＋9%）×9%＋360.5÷（1＋3%）×3%＋6＝376.5（元）

B．（3 002＋50＋1 308＋360.5）÷（1＋9%）×9%＋6＝395.77（元）

C．（3 002＋50＋1 308＋360.5）÷（1＋3%）×3%＋6＝143.49（元）

D．（3 002＋50＋1 308＋360.5）×3%＋6＝147.62（元）

解析 ▶（1）取得航空运输电子客票行程单可抵扣的进项税额＝（3 002＋50）÷（1＋9%）×9%＝252（元）；（2）取得铁路车票可抵扣的进项税额＝1 308÷（1＋9%）×9%＝108（元）；（3）取得船票可抵扣的进项税额＝360.5÷（1＋3%）×3%＝10.5（元）；（4）取得国内旅客运输服务的增值税电子普通发票凭票抵扣6元；（5）合计抵扣金额＝252＋108＋10.5＋6＝376.5（元）。　**答案** ▶ A

[例题14·多选题] 甲公司为增值税一般纳税人，2020年5月进口产品20万元，取得进口增值税专用缴款书上注明的增值税额为2.6万元；发生运输费用，取得增值税普通发票上注明的价税合计金额为2 200元；向农业生产者购入免税农产品3万元，经简单加工后用于直接销售；购入原材料30万元，增值税专用发票上注明的增值税额为3.9万元。已知该企业取得发票、缴款书等均符合规定，并已认证、比对。则下列关于准予抵扣的进项税额中，说法正确的有（　　）。

A．进口产品准予抵扣的进项税额为2.6万元

B．运输费用准予抵扣的进项税额为200元

C．购入免税农产品准予抵扣的进项税额为2 700元

D．购入原材料准予抵扣的进项税额为3.9万元

解析 ▶ 选项AD，取得进口增值税专用缴款书、增值税专用发票上注明的税额可以凭票抵扣；选项B，取得增值税普通发票不得抵扣；选项C，购入免税农产品的进项税额＝30 000×9%＝2 700（元）。　**答案** ▶ ACD

[例题15·多选题] 根据增值税法律制度的规定，一般纳税人购进货物、服务取得的下列合法凭证中，属于增值税扣税凭证的有（　　）。

A．农产品销售发票

B．增值税专用发票

C．注明旅客身份信息的国内航空运输电子客票行程单

D．海关进口增值税专用缴款书

解析 ▶ 可以用于抵扣的凭证包括：增值税专用发票、机动车销售统一发票、海关进口增值税专用缴款书、农产品收购发票、农产品销售发票、完税凭证、收费公路通行费增值税电子普通发票、国内旅客运输服务的增值税电子普通发票。　**答案** ▶ ABCD

2．不得抵扣的进项税额

（1）不再产生后续销项税额（纳税链条终止）。

用于简易计税方法计税项目、免征增值税项目、集体福利或者个人消费的购进货物、劳务、服务、无形资产和不动产。

①固定资产、无形资产、不动产。

不得抵扣的固定资产、无形资产、不动产，仅指"专用"于上述项目的固定资产、无形资产（不包括其他权益性无形资产）、不动产。

『注意』 无论"购入"或"租入"固定资产、不动产，"既"用于一般计税方法计税项目，"又"用于简易计税方法计税项目、免征增值税项目、集体福利或者个人消费的，其进项税额"准予全额抵扣"。

【举例】 某企业购入（或租入）一栋楼房，既用于生产经营，又用于职工宿舍，进项税额准予抵扣；某企业购入（或租入）一栋楼房，专门用于职工宿舍，进项税额不得抵扣。

②货物。

一般纳税人"兼营"简易计税方法计税项目、免税项目而无法划分不得抵扣的进项税额的，按照下列公式计算不得抵扣的进项税额：

不得抵扣的进项税额＝当期无法划分的全部进项税额×(当期简易计税方法计税项目销售额＋免征增值税额项目销售额)÷当期全部销售额

(2)非正常损失。

①"非正常损失"的购进货物，以及相关的加工修理修配劳务和交通运输服务。

②"非正常损失"的在产品、产成品所耗用的购进货物(不包括固定资产)、加工修理修配劳务和交通运输服务。

③非正常损失的不动产，以及该不动产所耗用的购进货物、设计服务和建筑服务。

④非正常损失的不动产在建工程(纳税人新建、改建、扩建、修缮、装饰不动产)所耗用的购进货物、设计服务和建筑服务。

『注意1』非正常损失，是指因"管理不善"造成被盗、丢失、霉烂变质的损失及被执法部门"依法没收、销毁、拆除"的货物或不动产。

『注意2』因地震等"自然灾害"造成的非正常损失，进项税额准予抵扣；生产经营过程中的"合理损耗"进项税额准予抵扣。

(3)营改增特殊项目。

①购进的"贷款服务、餐饮服务、居民日常服务和娱乐服务"。

②纳税人接受贷款服务向贷款方支付的与该笔贷款直接相关的投融资顾问费、手续费、咨询费等，其进项税额不得从销项税额中抵扣。

『注意』购进的"住宿服务"进项税额准予抵扣。

(4)会计核算不健全。

一般纳税人"会计核算不健全"，不能够准确提供税务资料，或应当办理一般纳税人资格登记而未办理，按照13%税率征收增值税，不得抵扣进项税额，不得使用增值税专用发票。

【例题16·多选题】根据增值税法律制度的规定，企业下列项目的进项税额不得从销项税额中抵扣的有(   )。

A. 外购货物用于个人消费
B. 生产应税产品购入的原材料
C. 因管理不善变质的购进商品
D. 因管理不善被盗的产成品所耗用的购进原材料

解析 选项A，外购的货物用于个人消费不属于视同销售，进项税额不得抵扣；选项CD，非正常损失的购进货物，非正常损失的在产品、产成品所耗用的购进货物进项税额不得抵扣。

答案 ACD

【例题17·多选题】根据增值税法律制度的规定，增值税一般纳税人购进的下列服务，不得抵扣进项税额的有(   )。

A. 贷款服务　　　B. 餐饮服务
C. 娱乐服务　　　D. 美容服务

解析 购进的贷款服务、餐饮服务、居民日常服务和娱乐服务，不得抵扣进项税额。选项D，美容美发服务属于居民日常服务，不得抵扣进项税额。

答案 ABCD

【例题18·单选题】某制药厂为增值税一般纳税人，2019年8月份销售抗生素药品不含增值税的销售额为100万元，销售免税药品销售额为50万元，当月购入生产用原材料一批，取得增值税专用发票上注明税款6.8万元，已知抗生素药品与免税药品无法划分耗料情况，抗生素药品适用税率为13%，则该制药厂当月应纳增值税的下列计算列式中，正确的是(   )。

A. 100×13%－6.8＝6.2(万元)
B. 100×13%－6.8×100÷(100＋50)＝8.47(万元)
C. (100＋50)×13%－6.8＝12.7(万元)
D. (100＋50)×13%－6.8×100÷(100＋50)＝14.97(万元)

解析 纳税人兼营免税项目或免征增值税项目无法准确划分不得抵扣的进项税额部分，按公式计算不得抵扣的进项税额＝当月无法划分的全部进项税额×(当期简易计税方法计税项目销售额＋免征增值税项目销售额)÷当月全部销售额，不得抵扣的进项税额＝6.8×50÷(100＋50)＝2.27(万元)，应纳税额＝100×13%－(6.8－2.27)＝8.47(万元)。

答案 B

3. 扣减进项税的规定—进项税额转出计算

(1)直接转出—知道税额的情况。

进项税额转出＝已抵扣税款

【举例】某企业上月已认证抵扣原材料的进项税额100万元。本月该材料的10%部分发生非正常损失，则转出的进项税额＝100×10%＝10(万元)。

(2)计算转出—不知道税额的情况下,先算出税额还原成"(1)"。

①存货:进项税额转出=不含税价款×税率

【举例1】某建材批发企业上月外购一批水泥,取得增值税专用发票注明价款100万元,已认证抵扣,本月将该批水泥用于建设职工食堂。

则转出的进项税额=100×13%=13(万元)。

②服务:进项税额转出=支付的不含增值税的服务费×适用税率

【举例2】某制造业企业因管理不善导致库存原材料毁损,材料总成本105万元,其中含运费成本5万元。

则转出的进项税额=(105-5)×13%+5×9%=13.45(万元)。

③购入"免税"农产品:

a. 用于生产或委托加工13%税率的货物

进项税额转出=成本÷(1-10%)×10%

b. 用于生产或委托加工9%税率的货物或6%税率的服务

进项税额转出=成本÷(1-9%)×9%

【举例3】某果蔬零售企业库存中从农业生产者手中购入的用于简单加工后销售的免税农产品成本100万元,因管理不善,腐烂变质。

则转出的进项税额=100÷(1-9%)×9%=9.89(万元)。

『老侯提示』毁损农产品的"成本"并非购入免税农产品进项税额的计税基础,因此应当先还原"买价"。

④(固定资产)无形资产、不动产:

进项税额转出=(固定资产)无形资产、不动产净值×适用税率

或者进项税额转出=已抵扣进项税额×净值率

净值率=(净值÷原值)×100%

『注意』(固定资产)无形资产、不动产净值是指纳税人根据财务会计制度计提折旧或摊销后的余额。

【举例4】某制造业企业于2019年12月购入一台生产设备,增值税专用发票上注明的买价为100万元,增值税为13万元,2020年12月因管理不善烧毁,烧毁时已计提折旧20万元,则转出的进项税额=(100-20)×13%=10.4(万元)。

4. 转增进项税额的规定—进项税额转入

不得抵扣且未抵扣进项税额的固定资产、无形资产、不动产,发生用途改变,用于允许抵扣进项税额的应税项目,可在改变用途的次月,依据"合法有效的增值税扣税凭证",计算可抵扣的进项税额。

可抵扣的进项税额=固定资产、无形资产、不动产净值÷(1+适用税率)×适用税率

或者可抵扣的进项税额=增值税扣税凭证注明或计算的进项税额×净值率

净值率=(净值÷原值)×100%

【举例】某制造业企业将用于职工活动中心的计算机改用于生产车间,该批计算机购入时取得的增值税专用发票上注明的价款为10万元,增值税为1.3万元。截至变更用途时,该批计算机已计提折旧6.78万元,则该批计算机应转增进项税额=(10+1.3-6.78)÷(1+13%)×13%=0.52(万元)。

考验五 小规模纳税人应纳税额计算(★★)

扫我解疑难

(一)一般业务

1. 征收率

小规模纳税人执行简易征收办法,征收率为3%。

『注意』"抗疫期间"有相关优惠政策。

2. 计算公式

应纳税额=不含税销售额×征收率

不含税销售额=含税销售额÷(1+征收率)

(二)折让、退回

纳税人适用简易计税方法计税的,因销售折让、中止或者退回而退还给购买方的销售额,应当从当期销售额中扣减。扣减当期销售额后仍有余额造成多缴的税款,可以从以后的应纳税额中扣减。

『注意』小规模纳税人发生销售折让、中止或者退回,同样应当开具"红字增值税发票"。

【例题1·单选题】甲便利店为增值税小规模纳税人,2016年第四季度零售商品取得收入103 000元,将一批外购商品无偿赠送给物业公司用于社区活动,该批商品的含税价格为721元。已知增值税征收率为3%。计算甲便利

店第四季度应缴纳增值税税额的下列算式中,正确的是( )。

A. [103 000+721÷(1+3%)]×3%=3 111(元)

B. (103 000+721)×3%=3 111.63(元)

C. [103 000÷(1+3%)+721]×3%=3 021.63(元)

D. [(103 000+721)÷(1+3%)]×3%=3 021(元)

解析 ▶ 小规模纳税人适用简易征收办法,零售商品销售额为含税销售额,外购货物"对外"(用于投资、赠送、分配股利)视同销售,甲便利店第四季度应缴纳增值税税额=[(103 000+721)÷(1+3%)]×3%=3 021(元)。 答案 ▶ D

【例题2·单选题】 甲设计公司为增值税小规模纳税人,2020年6月提供设计服务取得含增值税价款202 000元;因服务中止,退还给客户含增值税价款10 100元。已知小规模纳税人增值税征收率为1%,甲设计公司当月应缴纳增值税税额的下列计算中,正确的是( )。

A. [202 000÷(1+1%)]×1%=2 000(元)

B. 202 000×1%=2 020(元)

C. [(202 000-10 100)÷(1+1%)]×1%=1 700(元)

D. (202 000-10 100)×1%=1 919(元)

解析 ▶ 纳税人适用简易计税方法计税的,因服务中止而退还给购买方的销售额,应当从当期销售额中扣减。 答案 ▶ C

考验六 进口货物应纳税额计算(★★★)

扫我解疑难

(一)"不区分"一般纳税人和小规模纳税人

(二)采用组成计税价格,无任何抵扣

应纳税额=组成计税价格×增值税税率

(三)组成计税价格

1. 一般货物组成计税价格

组成计税价格=关税完税价格+关税

2. "从价计征应税消费品"组成计税价格

组成计税价格=关税完税价格+关税+消费税=(关税完税价格+关税)÷(1-消费税比例税率)

『注意』进口环节缴纳的增值税作为国内销售环节的进项税额抵扣。

『老侯提示』进口环节可以结合进出口关税完税价格的计算、关税的计算、消费税的计算等命题。

【例题1·单选题】 甲公司为增值税一般纳税人,2019年9月进口货物一批,海关审定的关税完税价格为116万元。已知增值税税率为13%;关税税率为10%。计算甲公司当月该笔业务应缴纳增值税税额的下列算式中,正确的是( )。

A. 116×(1+10%)÷(1+13%)×13%=14.68(万元)

B. 116÷(1+13%)×13%=13.35(万元)

C. 116×(1+10%)×13%=16.59(万元)

D. 116×13%=15.08(万元)

解析 ▶ 进口一般货物应纳税额=关税完税价格×(1+关税税率)×增值税税率。 答案 ▶ C

【例题2·单选题】 甲外贸公司为增值税一般纳税人,2019年9月进口一批高档手表,海关审定关税完税价格100万元,已缴纳关税10万元。已知,增值税税率为13%,消费税税率为20%。计算甲外贸公司当月该笔业务应缴纳增值税税额的下列算式中,正确的是( )。

A. (100+10)÷(1-20%)×13%=17.875(万元)

B. 100÷(1-20%)×13%=16.25(万元)

C. 100×13%=13(万元)

D. (100+10)×13%=14.3(万元)

解析 ▶ 进口应税消费品增值税应纳税额=组成计税价格×税率=(关税完税价格+关税)÷(1-消费税税率)×增值税税率。 答案 ▶ A

考验七 增值税的税收优惠(★★★)

扫我解疑难

【思考】国家为什么要制定减免税规定?

①鼓励;②照顾;③用于非经营项目;④成本效益原则。

『注意』应对各个税种的优惠政策时,请同学们尽量从上述四个角度进行思考,以避免死记硬背。

(一)法定免税项目

(1)农业生产者销售的自产农产品;

(2) 避孕药品和用具；

(3) "古旧"图书；

(4) 直接用于"科学研究、科学试验和教学"的进口仪器、设备；

(5) "外国政府、国际组织"（不包括外国企业）无偿援助的进口物资和设备；

(6) 由"残疾人的组织"直接进口供残疾人专用的物品；

(7) 对"残疾人个人"提供的加工、修理修配劳务免征增值税；

(8) 销售的自己（指"其他个人"）使用过的物品。

『注意1』纳税人兼营免税、减税项目的，应当分别核算免税、减税项目的销售额；未分别核算销售额的，不得免税、减税。

『注意2』纳税人销售货物或者应税劳务适用免税规定的，可以放弃免税，依照《增值税暂行条例》的规定缴纳增值税。放弃免税后，"36个月"内不得再申请免税。

【例题1·单选题】根据增值税法律制度的规定，下列各项中，免征增值税的是( )。

A. 李某销售1年内购进的住房
B. 王某销售自己使用过的手机
C. 医疗设备公司进口供残疾人使用的轮椅
D. 超市销售购进的大米

解析 ▶ 选项A，个人将购买不足2年的住房对外销售的，按照5%的征收率全额缴纳增值税；选项B，销售的自己（指"其他个人"）使用过的物品免征增值税；选项C，由"残疾人的组织"直接进口供残疾人专用的物品免征增值税，营利性企业进口不免征；选项D，农业生产者销售的"自产"农产品免征增值税，一般纳税人销售非自产农产品适用9%的税率征税。答案 ▶ B

【例题2·单选题】一般纳税人购进并销售下列货物或者应税劳务适用免税规定的是( )。

A. 农产品
B. 避孕药品
C. 图书
D. 自己使用过的设备

解析 ▶ 选项AC适用9%的低税率；选项D，可能适用一般纳税人的简易征收办法减按2%的征收率征收，也可能按适用税率征收，关键要看该设备购入时是否抵扣过进项税额，但无论何种方法征收也不适用免税规定。答案 ▶ B

【例题3·单选题】根据增值税法律制度的规定，纳税人销售货物适用免税规定的，可以放弃免税。放弃免税后，在一定期限内不得再申请免税。该期限为( )。

A. 36个月 B. 48个月
C. 42个月 D. 54个月

答案 ▶ A

(二) 营改增"境内"服务免税项目

1. 托儿所、幼儿园提供的保育和教育服务
2. 养老机构提供的养老服务
3. 殡葬服务
4. 婚姻介绍服务
5. 家政服务企业由员工制家政服务员提供家政服务取得的收入
6. 提供社区养老、托育、家政等服务的机构提供以上服务取得的收入
7. 从事学历教育的学校提供的教育服务
8. 学生勤工俭学提供的服务
9. 纪念馆、博物馆、文化馆、文物保护单位管理机构、美术馆、展览馆、书画院、图书馆在自己的场所提供文化体育服务取得的第一道门票收入
10. 医疗机构提供的医疗服务
11. "四技"合同（技术转让、技术开发、技术咨询、技术服务）
12. "个人"转让著作权
13. "个人"销售"自建自用住房"
14. 福利彩票、体育彩票的发行收入
15. 残疾人员本人为社会提供的服务
16. 残疾人福利机构提供的育养服务
17. 农业机耕、排灌、病虫害防治、植物保护、农牧保险以及相关技术培训业务，家禽、牲畜、水生动物的配种和疾病防治

【例题4·单选题】根据增值税法律制度的规定，下列各项中，不属于增值税免税项目的是( )。

A. 学生勤工俭学提供的服务
B. 养老机构提供的养老服务
C. 企业进口玩具
D. 个人转让著作权

解析 ▶ 选项ABD，免征增值税；选项C，

按照进口货物适用13%的税率计征增值税。

答案 C

【例题5·单选题】根据增值税法律制度的规定，下列各项中，免征增值税的是( )。

A. 职业培训机构提供英语培训
B. 金融同业往来利息
C. 超市销售植物油
D. 烟草批发企业批发卷烟

解析 选项A，从事学历教育的学校提供的教育服务，免征增值税，不包括职业培训机构提供的教育，职业培训机构提供的英语培训计征增值税。

答案 B

(三)增值税即征即退

一般纳税人提供"管道运输"服务、"有形动产融资租赁"服务与"有形动产融资性售后回租"服务，"实际税负超过3%的部分"实行增值税即征即退政策。

(四)增值税的起征点

1. 适用对象

增值税的起征点适用范围限于个人，且不适用于登记为一般纳税人的个体工商户。

2. 起征点

(1)按期纳税：月销售额 5 000 元至 20 000元(含本数)。

(2)按次纳税：每次(日)销售额 300 元至 500 元(含本数)。

【例题6·判断题】增值税起征点的适用范围限于个人，且不适用于登记为一般纳税人的个体工商户。( )

答案 √

(五)小微企业免税规定

1. 增值税小规模纳税人，月销售额不超过"10万元"(按季纳税，季销售额不超过30万元)免征

2. 上述纳税人申请代开专用发票，已经缴纳过税款的，在专用发票"全部联次追回"或者按规定"开具红字增值税专用发票"后，可申请退还

3. 其他个人出租不动产，月租金收入不超过10万元的，可享受小微企业免征增值税的优惠政策

【例题7·判断题】增值税小规模纳税人月销售额不超过10万元(含10万元)的，免征增值税。( )

答案 √

考验八 增值税的征收管理(★★)

扫我解疑难

(一)增值税纳税义务发生时间(见表5-16)

表5-16 增值税纳税义务发生时间总结

销售方式		纳税义务发生时间
直接收款		收到销售款或取得索取销售款凭据的当天
托收承付、委托收款		发出货物*并*办妥托收手续的当天
赊销、分期收款		书面合同约定的收款日期的当天 『注意』无合同或有合同无约定，为货物发出的当天
预收货款	货物	货物发出的当天 『注意』生产工期超过12个月的，为收到预收款或书面合同约定的收款日期的当天
	租赁服务	收到预收款的当天
委托代销		收到代销清单或全部、部分货款的当天 『注意』未收到代销清单及货款，为发出货物满180天的当天
金融商品转让		所有权转移的当天
视同销售		货物移送、转让完成或权属变更的当天
进口		报关进口的当天
扣缴义务		纳税义务发生的当天
先开发票		开具发票的当天

【注意】"经济法基础"试题中只表述一般情况而不对特殊情况进行说明的，视为正确选项。

【例题1·单选题】根据增值税法律制度的规定，下列关于增值税纳税义务发生时间的表述中，正确的是（　　）。

A. 委托他人代销货物的，为货物发出的当天

B. 从事金融商品转让的，为金融商品所有权转移的当天

C. 采用预收货款方式销售货物，货物生产工期不超过12个月的，为收到预收款的当天

D. 采取直接收款方式销售货物的，为货物发出的当天

解析 ▶ 选项A，委托其他纳税人代销货物，为收到代销单位的代销清单或者收到全部或部分货款的当天；选项C，采取预收货款方式销售货物，为货物发出的当天，但生产销售生产工期超过12个月的大型机械设备、船舶、飞机等货物，为收到预收款或者书面合同约定的收款日期的当天；选项D，纳税人生产经营活动中采取直接收款方式销售货物，已将货物移送对方并暂估销售收入入账，但既未取得销售款或取得索取销售款凭据也未开具销售发票的，其纳税义务发生时间为取得销售款或取得索取销售款凭据的当天。

答案 ▶ B

【例题2·单选题】2019年8月甲公司采用直接收款方式销售货物给乙公司，9日签订合同，13日开具发票，20日发出货物，28日收到货款。甲公司该笔业务的增值税纳税义务发生时间为（　　）。

A. 8月13日　　B. 8月20日
C. 8月9日　　D. 8月28日

解析 ▶ 采取直接收款方式销售货物，不论货物是否发出，均为收到销售款或取得索取销售款凭据的当天。先开具发票的，为发票开具的当天。在本题中，甲公司于8月13日先开具发票，其增值税纳税义务发生时间应为2019年8月13日。

答案 ▶ A

【例题3·判断题】增值税扣缴义务发生时间为纳税人增值税纳税义务发生的当天。（　　）

答案 ▶ √

（二）纳税地点（见表5-17）

表5-17 增值税纳税地点

业户			申报纳税地点
固定户	一般情况		机构所在地
	总分机构不在同一县（市）		分别申报
			经批准，可以由总机构汇总向总机构所在地的税务机关申报
	外出经营	报告外出经营事项	机构所在地
		未报告	销售地或劳务发生地；没申报的，由其"机构所在地"税务机关补征税款
非固定户			销售地或劳务发生地
其他个人提供建筑服务，销售或者租赁不动产，转让自然资源使用权			建筑服务发生地、不动产所在地、自然资源所在地
进口			报关地海关

【例题4·单选题】李某户籍所在地在Q市，居住地在L市，工作单位在M市。2018年9月李某将位于N市的住房出售，则出售该住房增值税的纳税地点是（　　）。

A. Q市税务机关
B. L市税务机关
C. M市税务机关
D. N市税务机关

解析 ▶ 其他个人销售不动产，应向不动产所在地税务机关申报纳税。

答案 ▶ D

【例题5·单选题】根据增值税法律制度的规定，下列关于增值税纳税地点的表述中，不正确的是（　　）。

A. 固定业户应当向其机构所在地的税务机

关申报纳税

B. 非固定业户销售货物或者应税劳务应当向其机构所在地或者居住地的税务机关申报纳税

C. 进口货物应当向报关地海关申报纳税

D. 扣缴义务人应当向其机构所在地或者居住地的税务机关申报缴纳其扣缴的税款

解析 选项B,非固定业户销售货物或者劳务,应当向销售地或者劳务发生地的税务机关申报纳税。

答案 B

（三）纳税期限

1. 纳税期限

增值税的纳税期限分别为1日、3日、5日、10日、15日、1个月或1个季度。

『注意1』不能按期纳税的,可以按次纳税。

『注意2』以1个季度为纳税期限：小规模纳税人、银行、财务公司、信托投资公司、信用社。

2. 纳税申报

（1）以1个月或1个季度为纳税期。期满之日起"15日内"申报纳税。

（2）以1日、3日、5日、10日、15日为纳税期。

期满之日起5日内预缴税款,于次月1日起"15日内"申报纳税并结清上月税款。

（3）纳税人进口货物。

自海关填发海关进口增值税专用缴款书之日起"15日内"缴纳税款。

【例题6·判断题】银行增值税的纳税期限为1个月。（　　）

解析 以1个季度为纳税期限的规定适用于小规模纳税人、银行、财务公司、信托投资公司、信用社,以及财政部和国家税务总局规定的其他纳税人。

答案 ×

考验九　增值税专用发票的使用规定（★★）

扫我解疑难

（一）联次及用途（见表5-18）

表5-18　增值税专用发票联次及用途

基本联次	持有方	用途
发票联	购买方	核算采购成本和增值税进项税额的记账凭证
抵扣联		报送税务机关认证和留存备查的扣税凭证
记账联	销售方	核算销售收入和增值税销项税额的记账凭证

（二）最高开票限额管理

1. 最高开票限额由"区县"税务机关依法审批。

2. 一般纳税人申请增值税专用发票最高开票限额"≤10万元"的,主管税务机关"不需要"事前进行实地查验。

（三）一般纳税人不得领购开具增值税专用发票的情形

1. 会计核算不健全,不能向税务机关准确提供增值税销项税额、进项税额、应纳税额数据及其他有关增值税税务资料的

2. 有《税收征收管理法》规定的税收违法行为,拒不接受税务机关处理的

3. 有涉及发票的税收违法行为,经税务机关责令限期改正而仍未改正的

（四）一般纳税人不得开具增值税专用发票的情形

1. 向消费者个人销售货物或者应税劳务

2. 销售货物或者应税劳务适用免税规定

『注意』一般纳税人向小规模纳税人销售货物可以开具增值税专用发票。

『老侯提示』原则上自己不能用,则"不能领购"；对方不能抵扣则"不得开具"。

【例题1·单选题】根据增值税法律制度的规定,下列关于增值税专用发票记账联用途的表述中正确的是（　　）。

A. 作为购买方报送税务机关认证和留存备查的扣税凭证

B. 作为销售方核算销售收入和增值税销项税额的记账凭证

C. 作为购买方核算采购成本的记账凭证

D. 作为购买方核算增值税进项税额的记账凭证

解析 选项A,是"抵扣联"的用途；选项CD,是"发票联"的用途。

答案 B

【例题2·多选题】根据增值税法律制度的

规定,一般纳税人发生的下列业务中,不得开具增值税专用发票的有( )。
A. 律师事务所向消费者个人提供咨询服务
B. 酒店向消费者个人提供餐饮服务
C. 百货公司向消费者个人销售家用电器
D. 装修公司向一般纳税人提供装修服务

解析 ▶ 向消费者个人销售货物或者应税劳务的,不得开具增值税专用发票。 **答案** ▶ ABC

第三部分 消费税

【消费税的纳税人】
在我国境内"生产、委托加工和进口"《消费税暂行条例》规定的"消费品"的单位和个人,以及国务院确定的"销售"《消费税暂行条例》规定的"消费品"的其他单位和个人,为消费税的纳税人。

【增值税 VS 消费税】(见表5-19)

表5-19 增值税与消费税的区别

税种	目的	对象	计税基础	纳税环节
增值税	避免重复征税	所有货物	价外税	多环节
消费税	限制	特定货物	价内税	单一环节

考验一 消费税税目(★★★)

扫我解疑难

(一)消费税税目概览

烟、酒、高档化妆品、贵重首饰及珠宝玉石、鞭炮和焰火、成品油、小汽车、摩托车、高尔夫球及球具、高档手表、游艇、木制一次性筷子、实木地板、涂料、电池。

(二)消费税税目的主要考点(见表5-20)

表5-20 消费税税目的主要考点

税目		考点
烟	包括	卷烟、雪茄烟、烟丝
	不包括	烟叶
酒	包括	白酒、黄酒、啤酒和其他酒
	不包括	"调味料酒"
高档化妆品	包括	高档美容、修饰类化妆品、高档护肤类化妆品和成套化妆品
	不包括	演员用的"油彩、上妆油、卸妆油"
贵重首饰及珠宝玉石	包括	(1)金银首饰、铂金首饰和钻石及钻石饰品; (2)其他贵重首饰和珠宝玉石; (3)宝石坯
鞭炮和焰火	不包括	"体育上用的发令纸""鞭炮药引线"
成品油	包括	(1)汽油、柴油、石脑油、溶剂油、航空煤油、润滑油、燃料油; (2)甲醇汽油、乙醇汽油、生物柴油、矿物性润滑油、植物性润滑油、动物性润滑油、化工原料合成润滑油、催料料、焦化料

续表

税目		考点
小汽车	包括	乘用车、中轻型商用客车、超豪华小汽车、乘用车和中轻型商用客车的改装车
	不包括	(1)大客车、大货车、厢式货车； (2)"电动汽车"； (3)沙滩车、雪地车、卡丁车、高尔夫车； (4)企业购进货车或厢式货车改装生产的商务车、卫星通讯车等"专用汽车"
电池	免征	无汞原电池、金属氢化物镍蓄电池、锂原电池、锂离子蓄电池、太阳能电池、燃料电池和全钒液流电池
涂料	免征	施工状态下挥发性有机物含量低于420克/升(含)的涂料

『注意1』"木制一次性筷子"在考题中出现时，注意其表述的完整性；
『注意2』现行消费税税目不包括"汽车轮胎""酒精""气缸容量不满250毫升的小排量摩托车"

【例题1·多选题】根据消费税法律制度的规定，下列各项中属于消费税征税范围的有(　　)。
A. 黄酒　　　　B. 调味料酒
C. 白酒　　　　D. 啤酒
解析 ▶ 消费税税目中的"酒"，包括白酒、啤酒、黄酒、其他酒，不包括"调味料酒"。
答案 ▶ ACD

【例题2·单选题】根据消费税法律制度的规定，下列车辆属于应税小汽车征税范围的是(　　)。
A. 电动汽车
B. 高尔夫车
C. 用中轻型商用客车底盘改装的中轻型商用客车
D. 雪地车

解析 ▶ 选项A，电动汽车不属于小汽车的征收范围。选项BD，沙滩车、雪地车、卡丁车、高尔夫车不属于消费税征收范围，不征收消费税。
答案 ▶ C

【例题3·单选题】根据消费税法律制度的规定，下列各项中，不属于消费税征税范围的是(　　)。
A. 成品油　　　B. 酒精
C. 烟丝　　　　D. 实木地板
解析 ▶ 现行消费税税目不包括"酒精"。
答案 ▶ B

考验二　消费税的征税范围（纳税环节）（★★★）

扫我解疑难

(一)消费税征税范围概览(见表5-21)

表5-21　消费税征税范围概览

纳税环节			适用应税消费品	是否单一环节纳税
一般情况	生产		除"金银首饰、铂金首饰、钻石及钻石饰品"以外的其他应税消费品	√
	委托加工			
	进口			
特殊规定	销售	零售	金银首饰、铂金首饰、钻石及钻石饰品	√
			超豪华小汽车	×(加征)
		批发	卷烟	×(加征)

(二)消费税征税范围的具体规定
1. 生产应税消费品
(1)直接对外销售，于"销售时"纳税。
(2)移送使用：

①用于连续生产"应税消费品"，移送使用时不纳税，待生产的最终应税消费品"销售时"纳税。
②用于连续生产"非应税消费品""移送使用

时"纳税,生产的最终非应税消费品销售时不再纳税。

③用于其他方面(在建工程、管理部门、非生产机构、提供劳务、馈赠、赞助、集资、广告、样品、职工福利、奖励),视同销售,于"**移送使用时**"纳税。

2. 委托加工应税消费品

(1)委托加工行为判定(见表5-22)。

表5-22　委托加工行为判定

应税行为	判定依据
委托加工	委托方提供原料和主要材料,受托方只收取加工费和代垫部分辅助材料
"受托方"销售自产应税消费品	①由受托方提供原材料生产的应税消费品; ②受托方先将原材料卖给委托方,然后再接受加工的应税消费品; ③由受托方以委托方名义购进原材料生产的应税消费品

(2)委托加工业务的税务处理(见表5-23)。

表5-23　委托加工业务的税务处理

受托方身份	税务处理
单位	由"**受托方**"在向委托方交货时代收代缴消费税
个人	由"**委托方**"收回后自行缴纳消费税

(3)委托方收回后的税务处理(见表5-24)。

表5-24　委托方收回后的税务处理

用途	税务处理
用于连续生产应税消费品	所缴纳的消费税税款准予"按规定"抵扣
直接出售	不再缴纳消费税 『注意』以"**不高于**"受托方的计税价格出售的,为直接出售
以高于受托方的计税价格出售	按规定申报缴纳消费税,在计税时准予扣除受托方已代收代缴的消费税

3. 进口应税消费品

单位和个人进口应税消费品,于报关进口时缴纳消费税。

4. 销售应税消费品

(1)零售环节征收消费税—金银首饰、铂金首饰、钻石及钻石饰品。

①金银首饰仅限于金、银以及金基、银基合金首饰和金基、银基合金的镶嵌首饰,不包括镀金首饰和包金首饰。

②金银首饰在零售环节缴纳消费税,生产环节不再缴纳。

③对既销售金银首饰,又销售非金银首饰的生产、经营单位,应将两类商品划分清楚,分别核算销售额。凡划分不清楚或不能分别核算的,在生产环节销售的,一律从高适用税率征收消费税;在零售环节销售的,一律按金银首饰征收消费税。

【举例1】某首饰加工厂,既生产销售"金银首饰"又生产销售"珠宝玉石首饰",未分别核算,则全部销售额按生产销售"珠宝玉石首饰"计征消费税。

【举例2】某商场既销售"金银首饰"又销售"珠宝玉石首饰",未分别核算,则全部销售额按销售"金银首饰"计征消费税。

④金银首饰连同"包装物"一起销售的,"无论包装物是否单独计价",也无论会计上如何核算,均应并入金银首饰的销售额,计征消费税。

⑤带料加工的金银首饰,应按"**受托方**"销售同类金银首饰的销售价格确定计税依据征收消费税,没有同类金银首饰销售价格的,按照

组成计税价格计算纳税。

『老侯提示』带料加工金银首饰,是由一方提供原料,由另一方收取加工费,本质为委托加工。

(2)零售环节**加征**消费税—超豪华小汽车(单一环节纳税的例外)。

①界定:单价在130万元(不含增值税)及以上;

②纳税人:将超豪华小汽车销售给消费者的单位和个人;

③税务处理:对超豪华小汽车,在生产(进口)环节按现行税率征收消费税的基础上,在零售环节加征消费税,税率为10%。

(3)批发环节**加征**消费税—卷烟(单一环节纳税的例外)。

①烟草批发企业将卷烟销售给"**零售单位**"的,要再征一道消费税。

『注意1』烟草批发企业将卷烟销售给其他烟草批发企业的,不缴纳消费税。

『注意2』纳税人兼营卷烟批发和零售业务的应当分别核算,未分别核算的按照全部销售额、销售数量计征批发环节消费税。

②加征税率—复合计征。

比例税率:11%;

定额税率:0.005元/支。

【例题1·单选题】根据消费税法律制度的规定,下列各项中,应征收消费税的是( )。

A. 超市零售白酒

B. 汽车厂销售自产电动汽车

C. 地板厂销售自产实木地板

D. 百货公司零售高档化妆品

解析 选项AD,在生产、委托加工、进口环节征收消费税,零售环节不征;选项B,不属于消费税的征税范围。 答案 C

【例题2·多选题】根据消费税法律制度的规定,下列情形中,应缴纳消费税的有( )。

A. 卷烟厂将自产的卷烟用于个人消费

B. 化妆品厂将自产的高档化妆品赠送给客户

C. 酒厂将自产的啤酒赞助啤酒节

D. 地板厂将自产的实木地板用于办公室装修

解析 纳税人将自产自用的应税消费品,用于生产非应税消费品、在建工程、管理部门、非生产机构、提供劳务、馈赠、赞助、集资、广告、样品、职工福利、奖励等方面,于移送使用时缴纳消费税。 答案 ABCD

【例题3·多选题】根据消费税法律制度的规定,下列各项中,应缴纳消费税的有( )。

A. 批发外购的涂料

B. 进口实木地板

C. 零售外购的珍珠饰品

D. 销售自产鞭炮

解析 选项ABCD,均在生产、委托加工和进口环节征收消费税,因此选项A的批发环节和选项C的零售环节均不征消费税。 答案 BD

【例题4·单选题】根据消费税法律制度的规定,下列各项中,在零售环节加征消费税的是( )。

A. 电池

B. 高档手表

C. 游艇

D. 超豪华小汽车

答案 D

【例题5·单选题】2019年10月,甲烟草批发企业向乙卷烟零售店销售卷烟200标准条,取得不含增值税销售额20 000元;向丙烟草批发企业销售卷烟300标准条,取得不含增值税销售额为30 000元。已知卷烟批发环节消费税比例税率为11%,定额税率为0.005元/支;每标准条200支卷烟。甲烟草批发企业上述业务应缴纳消费税税额的下列计算列式中,正确的是( )。

A. 20 000×11%+200×200×0.005=2 400(元)

B. 20 000×11%+200×200×0.005+30 000×11%+300×200×0.005=6 000(元)

C. 20 000×11%+30 000×11%=5 500(元)

D. 30 000×11%+300×200×0.005=3 600(元)

解析 甲烟草批发企业向乙卷烟零售店销售卷烟,属于烟草批发企业将卷烟销售给"零售单位",要加征一道消费税;甲烟草批发企业向丙烟草批发企业销售卷烟,属于烟草批发企业将卷烟销售给其他烟草批发企业,不缴纳消费税。 答案 A

【例题6·判断题】委托加工的应税消费品,

除受托方为个人之外,应由受托方在向委托方交货时代收代缴消费税。（　　）

答案 √

考验三　消费税的税率(★★★)

扫我解疑难

(一)基本规定

税率形式——"比例税率"和"定额税率"

1. 比例税率

绝大多数应税消费品。

2. 定额税率

黄酒、啤酒、成品油。

3. 执行"复合计征"的特殊应税消费品

卷烟(包括"批发"环节)、白酒。

(二)会计核算水平要求

纳税人兼营不同税率的应税消费品,应当分别核算不同税率应税消费品的销售额、销售数量。"未分别核算"销售额、销售数量,"从高"适用税率。

(三)"套装"与"礼盒"

纳税人将不同税率的应税消费品"组成成套消费品销售"的,"从高"适用税率。

『注意』纳税人将"非应税消费品"与应税消费品"组成成套消费品销售"的,依销售额全额计算消费税。

『老侯提示』"套装"与"礼盒"无单独核算要求,均从高适用税率。

【例题1·多选题】根据消费税制度的规定,下列应税消费品中,采取比例税率和定额税率复合征收形式的有(　　)。

A. 白酒　　　　　　B. 雪茄烟
C. 卷烟　　　　　　D. 黄酒

解析 选项B,执行比例税率;选项D,执行定额税率。　　**答案** AC

【例题2·多选题】根据消费税法律制度的规定,下列应税消费品中,采用从量计征办法计缴消费税的有(　　)。

A. 黄酒　　　　　　B. 葡萄酒
C. 啤酒　　　　　　D. 药酒

解析 选项BD,属于其他酒,采用从价定率办法计征消费税。　　**答案** AC

【例题3·多选题】下列各项中,采取从价计征消费税的有(　　)。

A. 高档手表　　　　B. 高尔夫球
C. 烟丝　　　　　　D. 黄酒

解析 选项C,注意区别烟丝与卷烟,烟丝从价计征消费税,卷烟复合计征消费税;选项D,从量定额征收消费税。　　**答案** ABC

【例题4·单选题】甲公司是一家化妆品生产企业,属于增值税一般纳税人,2019年8月,该厂销售高档化妆品取得不含增值税销售收入100万元,销售普通化妆品取得不含增值税销售收入80万元,将高档化妆品与普通化妆品组成礼盒成套销售,取得不含增值税销售额50万元,已知高档化妆品的消费税税率为15%,增值税税率为13%。则该企业当月应纳消费税的下列计算中正确的是(　　)。

A. 100×15% = 15(万元)
B. 100×13% = 13(万元)
C. (100+50)×15% = 22.5(万元)
D. (100+50)×13% = 19.5(万元)

解析 将高档化妆品与普通化妆品组成礼盒成套销售的,依销售额全额计算消费税。

答案 C

考验四　消费税应纳税额的计算(★★★)

扫我解疑难

(一)基本计算

1. 从价定率

(1)计算公式。

应纳税额=销售额×税率

(2)销售额的确定。

销售额是纳税人销售应税消费品向购买方收取的全部价款和价外费用。

『注意』不包括向购买方收取的增值税税款。

『老侯提示』增值税是价外税,不包括在计税基础当中;消费税是价内税,包括在计税基础当中。

【例题1·单选题】2019年5月甲药酒厂生产240吨药酒,对外销售140吨,取得不含增值税销售额1 000万元,增值税税额130万元。甲药酒厂当月销售药酒计算消费税的计税依据为(　　)。

A. 1 000万元　　　B. 1 130万元

C. 240 吨　　　　D. 140 吨

解析 药酒属于其他酒，采用从价计征，计税依据为不含增值税销售额。　**答案** A

【例题2·单选题】2019年12月，甲公司销售自产的高尔夫球杆3 000支，不含增值税单价1 500元/支；销售自产的高尔夫球包500个，不含增值税单价1 000元/个；销售自产的高尔夫球帽100顶，不含增值税单价150元/顶。已知，高尔夫球及球具消费税税率为10%，计算甲公司当月上述业务应缴纳消费税税额的下列算式中，正确的是( )。

A. (3 000×1 500+100×150)×10%＝451 500(元)
B. (3 000×1 500+500×1 000)×10%＝500 000(元)
C. (3 000×1 500+500×1 000+100×150)×10%＝501 500(元)
D. 3 000×1 500×10%＝450 000(元)

解析 高尔夫球及球具的消费税征税范围包括高尔夫球、高尔夫球杆及高尔夫球包(袋)、高尔夫球杆的杆头、杆身和握把，不包括高尔夫球帽。　**答案** B

2. 从量定额
(1)计算公式。
应纳税额＝应税消费品的销售数量×单位税额
(2)销售数量的确定。
①"销售"应税消费品的，为应税消费品的"销售"数量；
②"自产自用"应税消费品的，为应税消费品的"移送使用"数量；
③"委托加工"应税消费品的，为纳税人"收回"的应税消费品数量；
④"进口"应税消费品的，为海关核定的应税消费品"进口"征税数量。

【例题3·单选题】2019年12月甲啤酒厂生产150吨啤酒，销售100吨，取得不含增值税销售额30万元、增值税税额3.9万元。甲啤酒厂当月销售啤酒消费税计税依据为( )。

A. 33.9万元　　　　B. 30万元
C. 150吨　　　　D. 100吨

解析 啤酒执行定额税率，从量计征消费税，应税消费品的销售数量为计税依据。　**答案** D

【例题4·单选题】2019年5月甲石化公司销售自产汽油800吨，办公用小汽车领用自产汽油1吨，向子公司无偿赠送自产汽油0.5吨。已知汽油的消费税税率为1.52元/升，1吨＝1 388升。计算甲石化公司当月上述业务应缴纳消费税税额的下列算式中，正确的是( )。

A. (800+0.5)×1 388×1.52＝1 688 862.88(元)
B. 800×1 388×1.52＝1 687 808(元)
C. (800+1+0.5)×1 388×1.52＝1 690 972.64(元)
D. (800+1)×1 388×1.52＝1 689 917.76(元)

解析 自产应税消费品除用于连续生产应税消费品外，其他情况下使用均应视同销售，计算缴纳消费税。本题中，办公用小汽车领用的汽油和向子公司无偿赠送的汽油都应缴纳消费税。　**答案** C

3. 复合计征
应纳税额＝销售额×比例税率+销售数量×定额税率

【例题5·单选题】2019年9月甲酒厂销售自产M型白酒20吨，取得含增值税销售额2 260 000元。已知，增值税税率为13%，消费税比例税率为20%，定额税率为0.5元/500克。计算甲酒厂当月销售自产M型白酒应缴纳消费税税额的下列算式中，正确的是( )。

A. 2 260 000×20%+20×2 000×0.5＝472 000(元)
B. 2 260 000÷(1+13%)×20%＝400 000(元)
C. 2 260 000×20%＝452 000(元)
D. 2 260 000÷(1+13%)×20%+20×2 000×0.5＝420 000(元)

解析 白酒复合计征消费税，应纳税额＝销售额×比例税率+销售数量×定额税率；题目中的销售额为含增值税金额，应当换算为不含税金额计算从价税额。　**答案** D

(二)特殊情况下销售额的确定
(1)纳税人通过自设"非独立核算"门市部销售的自产应税消费品，应当按照"门市部"对外销售额或者销售数量征收消费税。
(2)纳税人用于"换取生产资料和消费资料、投资入股和抵偿债务"等方面的应税消费品，应当以纳税人同类应税消费品的"最高销售价格"作为计税依据计算消费税。

『老侯提示』 上述业务同时属于增值税视同销售行为,在计算增值税时须按"平均销售价格"。

(3)包装物押金的税务处理(见表5-25)。

表5-25 包装物押金的税务处理

包装物押金	增值税		消费税	
	取得时	逾期时	取得时	逾期时
一般货物	×	√	×	√
白酒、其他酒	√	×	√	×
啤酒、黄酒	×	√	×	×

(4)品牌使用费。

白酒生产企业向商业销售单位收取的"品牌使用费"应并入白酒的销售额中缴纳消费税。

(5)以旧换新。

①非金银首饰。

以"新货物的销售额"作为消费税的计税基础,不扣减旧货物的回收价格。

②金银首饰。

按"实际收取"的不含增值税的全部价款征收消费税。

【例题6·单选题】某摩托车生产企业为增值税一般纳税人,2019年6月份将生产的某型号摩托车30辆,以每辆出厂价12 000元(不含增值税)给自设非独立核算的门市部;门市部又以每辆15 820元(含增值税)全部销售给消费者。已知:摩托车适用消费税税率10%,则该摩托车生产企业6月份应缴纳消费税的下列计算中正确的是( )。

A. 12 000×30×10% = 36 000(元)
B. 15 820÷(1+13%)×30×10% = 42 000(元)
C. 15 820×(1+13%)×30×10% = 53 629.8(元)
D. 15 820×30×10% = 47 460(元)

解析 纳税人通过自设非独立核算门市部销售的自产应税消费品,应当按照门市部对外销售额或者销售数量征收消费税,消费税的计税销售额为不含增值税的销售额。 答案 B

【例题7·多选题】根据消费税法律制度的规定,纳税人销售下列酒类产品同时收取的包装物押金,无论是否返还均应并入当期销售额计征消费税的有( )。

A. 葡萄酒 B. 黄酒

C. 啤酒 D. 白酒

解析 选项BC,属于从量计征消费税,包装物押金不影响啤酒、黄酒的销售量,因此也不会影响消费税税额。 答案 AD

【例题8·多选题】根据消费税法律制度的规定,下列各项中,应当以纳税人同类应税消费品的最高销售价格作为计税依据计缴消费税的有( )。

A. 乙化妆品厂将自产的高档化妆品赠送客户
B. 丙首饰店将购进的金项链奖励优秀员工
C. 丁汽车厂将自产的小汽车用于投资入股
D. 甲酒厂将自产的白酒用于抵偿债务

解析 "换、抵、投"按最高销售价格计征消费税。 答案 CD

【例题9·单选题】甲公司为增值税一般纳税人,2019年10月将1辆生产成本5万元的自产小汽车用于抵偿债务,同型号小汽车含增值税平均售价11.3万元/辆,含增值税最高售价13.56万元/辆。已知增值税税率为13%;消费税税率为5%。计算甲公司当月该笔业务应缴纳消费税税额的下列算式中,正确的是( )。

A. 5×5% = 0.25(万元)
B. 11.3÷(1+13%)×5% = 0.5(万元)
C. 5×(1+5%)×5% = 0.26(万元)
D. 13.56÷(1+13%)×5% = 0.6(万元)

解析 "换、抵、投"按最高销售价格计征消费税;商品销售额含增值税,应当换算为不含税销售额。 答案 D

【例题10·单选题】甲筷子厂为增值税一般纳税人,2019年12月销售自产竹制筷子取得不含增值税价款15万元。销售自产木制一次性筷子取得不含增值税价款 12 万元。逾期不予退还的木制一次性筷子包装物押金 0.226 万元。已知增值税税率为 13%；消费税税率为 5%。计算甲筷子厂当月上述业务应缴纳消费税税额的下列算式中，正确的是( )。

A. [15+12+0.226÷(1+13%)]×5%=1.36(万元)

B. [12+0.226÷(1+13%)]×5%=0.61(万元)

C. 12×5%=0.6(万元)

D. [15+0.226÷(1+13%)]×5%=0.76(万元)

解析 竹制筷子不属于应税消费品，不缴纳消费税；木制一次性筷子的包装物押金在逾期未退时并入销售额计征消费税，包装物押金为含税金额需要换算为不含税金额计税。

答案 B

【例题 11·多选题】甲酒厂主要从事白酒生产销售业务，该酒厂销售白酒取得的下列款项中，应并入销售额缴纳消费税的有( )。

A. 向 W 公司收取的产品优质费
B. 向 X 公司收取的包装物租金
C. 向 Y 公司收取的品牌使用费
D. 向 Z 公司收取的储备费

解析 上述选项均属于价外费用，应并入销售额计征消费税。

答案 ABCD

【例题 12·判断题】纳税人采用以旧换新方式销售的金银首饰，应按实际收取的不含增值税的全部价款征收消费税。( )

答案 √

(三)组成计税价格

1. 自产自用

(1)按照纳税人生产的"同类"消费品的销售价格计算纳税；

『注意』"一般"情况按"平均"销售价格；"换、抵、投"按"最高"销售价格。

(2)没有同类消费品销售价格的，按照组成计税价格计算纳税。

①从价计征应税消费品的组成计税价格公式：

组成计税价格=成本×(1+成本利润率)÷(1-消费税比例税率)

应纳消费税=组成计税价格×消费税比例税率

②复合计征应税消费品组成计税价格公式：

组成计税价格=[成本×(1+成本利润率)+自产自用数量×消费税定额税率]÷(1-消费税比例税率)

应纳消费税=组成计税价格×消费税比例税率+自产自用数量×消费税定额税率

『注意』自产自用应税消费品同时涉及缴纳增值税，组成计税价格与消费税相同。

2. 委托加工

(1)按照"受托方"的同类消费品的销售价格计算纳税；

(2)没有同类消费品销售价格的，按照组成计税价格计算纳税。

①一般应税消费品组成计税价格公式：

组成计税价格=(材料成本+加工费)÷(1-消费税比例税率)

应纳消费税=组成计税价格×消费税比例税率

②复合计征应税消费品组成计税价格公式：

组成计税价格=(材料成本+加工费+委托加工数量×消费税定额税率)÷(1-消费税比例税率)

应纳消费税=组成计税价格×消费税比例税率+委托加工数量×消费税定额税率

『注意』委托加工应税消费品，委托方不涉及缴纳增值税的问题。

3. 进口

按照组成计税价格计算纳税。

(1)一般应税消费品组成计税价格公式：

组成计税价格=(关税完税价格+关税)÷(1-消费税比例税率)

应纳消费税=组成计税价格×消费税比例税率

(2)复合计征应税消费品组成计税价格公式：

组成计税价格=(关税完税价格+关税+进口数量×消费税定额税率)÷(1-消费税比例税率)

应纳消费税=组成计税价格×消费税比例税率+进口数量×消费税定额税率

『注意』进口应税消费品同时涉及缴纳进口环节增值税，组成计税价格与消费税相同。

【例题 13·单选题】(2018 年改)甲化妆品公司为增值税一般纳税人，2019 年 12 月销售高档化妆品元旦套装 400 套，每套含增值税售价

678元，将同款元旦套装30套用于对外赞助，已知增值税税率为13%，消费税税率为15%，计算甲化妆品公司当月元旦套装应缴纳消费税税额的下列算式中，正确的是（ ）。

A. 400×678÷（1+13%）×15%＝36 000（元）

B. 400×678×15%＝40 680（元）

C. （400+30）×678÷（1+13%）×15%＝38 700（元）

D. （400+30）×678×15%＝43 731（元）

解析 将自产应税消费品用于赞助等行为属于移送使用时缴纳消费税，本题中，用于对外赞助的30套高档化妆品应当视同销售缴纳消费税；纳税人视同销售应税消费品，应当按照纳税人生产的同类消费品的销售价格计算纳税；消费税从价计征的计税基础为不含税销售额，本题中每套含增值税售价678元，应当进行价税分离。应缴纳的消费税=（400+30）×678÷（1+13%）×15%＝38 700（元）。

答案 C

【例题14·单选题】（2018年）2017年5月甲化妆品厂将一批自产高档化妆品用于馈赠客户，该批高档化妆品生产成本为17 000元，无同类高档化妆品销售价格，已知消费税税率为15%；成本利润率为5%。计算甲化妆品厂当月该笔业务应缴纳消费税税额的下列算式中，正确的是（ ）。

A. 17 000×（1+5%）×15%＝2 677.5（元）

B. 17 000×（1+5%）÷（1-15%）×15%＝3 150（元）

C. 17 000÷（1-15%）×15%＝3 000（元）

D. 17 000×15%＝2 550（元）

解析 自产自用的应税消费品，用于赠送等于移送使用时缴纳消费税；纳税人视同销售应税消费品，应当按照纳税人生产的同类消费品的销售价格计算纳税，没有同类消费品销售价格的，按照组成计税价格计算纳税。高档化妆品为从价计征消费税的产品，组成计税价格=成本×（1+成本利润率）÷（1-消费税比例税率）；应纳消费税=组成计税价格×消费税比例税率。

答案 B

【例题15·单选题】 2019年12月甲酒厂将新研制的白酒2吨发给员工作为福利，该批白酒生产成本30 000元，无同类白酒销售价格。已知，消费税比例税率为20%，定额税率为

0.5元/500克，成本利润率为5%。计算甲酒厂当月该笔业务消费税组成计税价格的下列算式中，正确的是（ ）。

A. [30 000×（1+5%）+2×2 000×0.5]÷（1-20%）＝41 875（元）

B. 30 000×（1+5%）+2×2 000×0.5＝33 500（元）

C. [30 000×（1+5%）+2×2 000×0.5]×（1-20%）＝26 800（元）

D. （30 000+2×2 000×0.5）×（1+5%）÷（1-20%）＝42 000（元）

解析 将自产的白酒用于职工福利，应视同销售计缴消费税；由于甲酒厂无同类白酒销售价格，应组成计税价格计算；白酒采用复合计征方式计缴消费税，组成计税价格=（成本+利润+数量×定额税率）÷（1-比例税率）。应纳税额=组成计税价格×比例税率+数量×定额税率。

答案 A

【例题16·单选题】 2019年10月甲厂受托为乙卷烟厂加工烟丝，收取加工费开具增值税专用发票注明金额21 000元、税额2 730元，乙卷烟厂提供材料成本140 000元；甲厂无同类烟丝销售价格，已知，烟丝消费税税率为30%，计算甲厂当月该笔业务应代收代缴消费税税额的下列算式中，正确的是（ ）。

A. （140 000+21 000）÷（1-30%）×30%＝69 000（元）

B. （140 000+21 000+2 730）×30%＝49 119（元）

C. （140 000+21 000）×30%＝48 300（元）

D. （140 000+21 000+2 730）÷（1-30%）×30%＝70 170（元）

解析 委托加工的应税消费品，按照"受托方"的同类消费品的销售价格计算纳税，没有同类消费品销售价格的，按照组成计税价格计算纳税，故本题按照组成计税价格计算；组成计税价格=（材料成本+加工费）÷（1-消费税比例税率）；加工费为不含增值税的加工费。

答案 A

【例题17·单选题】 2019年12月甲公司进口一批红酒，海关审定关税完税价格540 000元。已知消费税税率为10%，关税税率为5%。计算甲公司当月该笔业务应缴纳消费税税额的

下列算式中,正确的是( )。

A. 540 000×(1+5%)÷(1-10%)×10% = 63 000(元)

B. 540 000×(1-5%)÷(1-10%)×10% = 57 000(元)

C. 540 000×(1-5%)×(1+10%)×10% = 56 430(元)

D. 540 000×(1+5%)×(1+10%)×10% = 62 370(元)

解析 进口从价计征消费税的应税消费品,进口环节应缴纳的消费税=组成计税价格×消费税比例税率=(关税完税价格+关税)÷(1-消费税比例税率)×消费税比例税率。 **答案** A

(四)已纳消费税的扣除

用"**外购**"和"**委托加工收回**"应税消费品,"**连续生产应税消费品**",在计征消费税时,可以按"**当期生产领用数量**"计算准予扣除外购和委托加工的应税消费品已纳消费税税款。

『注意』 区别用"自产"的应税消费品,连续生产应税消费品。

1. 扣除范围—9项

『老侯提示』 掌握下列不得扣除的项目,采用排除法应对此知识点更加容易(见表5-26)。

表5-26 已纳消费税的扣税总结

"不得扣除"的原因	具体内容
"**特殊**"应税消费品	酒类产品(不包括葡萄酒)、高档手表、烧油的(小汽车、摩托车、游艇)、电池、涂料
纳税环节**不同**	如用已税"珠宝玉石"加工"金银镶嵌首饰"
用于生产**非应税消费品**	如用已税"高档化妆品"连续生产"普通化妆品"

2. 计算公式

当期准予扣除的应税消费品已纳税款=当期生产领用数量×单价×应税消费品的适用税率

【例题18·单选题】 根据消费税法律制度的规定,企业发生的下列经营行为中,外购应税消费品已纳消费税税额准予从应纳消费税税额中扣除的是( )。

A. 外购已税蒸馏酒生产配制酒

B. 外购已税溶剂油为原料生产成品油

C. 外购已税烟丝生产卷烟

D. 外购已税电池生产应税摩托车

解析 选项AD,允许进行已纳消费税扣除的税目不包括酒、摩托车、小汽车、高档手表、游艇、电池、涂料;选项B,外购已税"石脑油、润滑油、燃料油"为原料生产的成品油,允许扣除外购时已缴纳的消费税。 **答案** C

【例题19·单选题】 甲卷烟厂2019年10月初库存外购烟丝买价37万元,本月外购烟丝买价126万元,月末库存外购烟丝买价30万元,库存减少的外购烟丝全部领用用于生产卷烟。已知烟丝消费税税率为30%。计算甲卷烟厂当月准予扣除外购烟丝已纳消费税税款的下列算式中,正确的是( )。

A. 126×30% = 37.8(万元)

B. 126÷(1-30%)×30% = 54(万元)

C. (37+126-30)×30% = 39.9(万元)

D. (37+126-30)÷(1-30%)×30% = 57(万元)

解析 用外购应税消费品,连续生产应税消费品,在计征消费税时,可以按"当期生产领用数量"计算准予扣除外购应税消费品已纳消费税税款。本题中,10月初库存烟丝为37万元,本月购进126万元,10月底库存为30万元,则生产领用的烟丝价值133万元。 **答案** C

考验五 消费税的征收管理(★)

扫我解疑难

(一)纳税义务发生时间

1. 纳税人销售应税消费品的,其纳税义务发生时间"**同增值税销售货物**"

2. 纳税人自产自用应税消费品的,为"**移送使用**"的当天

3. 纳税人委托加工应税消费品的,为纳税人"**提货**"的当天

4. 纳税人进口应税消费品的,为"**报关进口**"的当天

【例题1·单选题】 根据消费税法律制度的规定,下列关于消费税纳税义务发生时间的表述中,不正确的是( )。

A. 委托加工应税消费品的,为纳税人提货

的当天

B. 采取托收承付方式销售应税消费品的,为收到货款的当天

C. 进口应税消费品的,为报关进口的当天

D. 自产自用应税消费品的,为移送使用的当天

解析 采取托收承付和委托银行收款方式的,为发出应税消费品并办妥托收手续的当天。

答案 B

(二)纳税地点

1. 委托加工的应税消费品

(1)受托方为"**单位**":"**受托方**"向机构所在地或居住地的税务机关解缴。

(2)受托方为"**个人**":"**委托方**"向机构所在地的税务机关解缴。

2. 纳税人到外县(市)销售或者委托外县(市)代销自产应税消费品的,于应税消费品销售后,向"**机构所在地或者居住地**"税务机关申报纳税

【注意】消费税的纳税地点一般情况下与增值税相同,同学们只需注意上述两点与增值税不同的规定即可。

【例题2·多选题】甲公司为增值税一般纳税人,机构所在地在 S 市。2017 年 2 月,在 S 市销售货物一批;在 W 市海关报关进口货物一批;接受 Y 市客户委托加工应缴纳消费税的货物一批。下列关于甲公司上述业务纳税地点的表述中,正确的有( )。

A. 委托加工货物应向 Y 市税务机关申报缴纳增值税

B. 委托加工货物应向 S 市税务机关解缴代收的消费税

C. 进口货物应向 W 市海关申报缴纳增值税

D. 销售货物应向 S 市税务机关申报缴纳增值税

解析 选项 AB,委托加工应税消费品除受托方是个人外,由受托方(甲公司)向机构所在地(S 市)税务机关解缴税款;选项 C,进口货物应向报关地海关(W 市)申报纳税;选项 D,固定业户(甲公司)应当向其机构所在地(S 市)或者居住地税务机关申报纳税。 **答案** BCD

【例题3·单选题】下列关于消费税纳税地点的表述中,正确的是( )。

A. 纳税人销售的应税消费品,除另有规定外,应当向纳税人机构所在地或者居住地的税务机关申报纳税

B. 纳税人的总机构与分支机构不在同一省的,由总机构汇总向总机构所在地的税务机关申报缴纳消费税

C. 进口的应税消费品,由进口人或者其代理人向机构所在地的税务机关申报纳税

D. 委托加工的应税消费品,受托方为个人的,由受托方向居住地的税务机关申报纳税

解析 选项 B,应当分别向各自机构所在地的主管税务机关申报纳税;选项 C,向报关地海关申报纳税;选项 D,由委托方向机构所在地的主管税务机关申报纳税。 **答案** A

扫我做试题

一、单项选择题

1. 下列各项中,不属于税收的特征的是( )。
   A. 自愿性   B. 固定性
   C. 无偿性   D. 强制性

2. 根据税收征收管理法律制度的规定,下列税款中,由海关代征的是( )。
   A. 在境内未设立机构、场所的非居民企业来源于境内的股息所得应缴纳的企业所得税
   B. 提供研发服务,但在境内未设有经营机构的企业应缴纳的增值税
   C. 进口货物的企业在进口环节应缴纳的增值税
   D. 从境外取得所得的居民应缴纳的个人所得税

3. 下列各项中,属于税法核心要素的是( )。
   A. 计税依据   B. 征税对象
   C. 税目   D. 税率

4. 下列税法要素中,可以作为区别不同税种的

重要标志的是( )。
A. 税收优惠　　B. 纳税期限
C. 征税对象　　D. 税率

5. 下列关于增值税纳税人的说法中,错误的是( )。
A. 年应税销售额在 500 万元(含)以下的企业,为小规模纳税人
B. 小规模纳税人会计核算健全,能提供准确税务资料,可申请不作为小规模纳税人
C. 除国家税务总局另有规定外,已登记为小规模纳税人的企业不得再转为一般纳税人
D. 个体工商户以外的其他个人不得申请登记为一般纳税人

6. 根据增值税法律制度的规定,关于增值税纳税人的下列表述中,错误的是( )。
A. 销售货物,以销售方为纳税人
B. 提供运输服务,以运输服务提供方为纳税人
C. 资管产品运营过程中发生的增值税应税行为,以资管产品委托人为纳税人
D. 单位以承包、承租、挂靠方式经营的,承包人以发包人名义对外经营并由发包人承担相关法律责任的,以该发包人为纳税人

7. 根据增值税法律制度的规定,下列服务中,应按照"金融服务—贷款服务"税目计缴增值税的是( )。
A. 资金结算
B. 金融商品转让
C. 信用卡透支利息收入
D. 货币兑换

8. 纳税人以货币投资收取固定利润或保底利润按照( )征收增值税。
A. 贷款服务
B. 直接收费金融服务
C. 保险服务
D. 金融商品转让

9. 下列行为中,应当一并按销售货物征收增值税的是( )。
A. 银行从事存、贷业务并销售金、银
B. 百货商店销售商品同时负责运输
C. 建筑公司提供建筑业劳务的同时销售自产水泥预制构件等建筑材料
D. 餐饮公司提供餐饮服务的同时销售酒水

10. 下列各项中,应征收增值税的是( )。
A. 被保险人获得的保险赔付
B. 航空公司根据国家指令无偿提供用于公益事业的航空运输服务
C. 存款人取得的存款利息
D. 母公司向子公司出售不动产

11. 一般纳税人销售下列货物,增值税税率为13%的是( )。
A. 农产品　　B. 图书
C. 暖气　　　D. 电力

12. 下列各项中,增值税税率为13%的是( )。
A. 不动产租赁服务
B. 建筑安装工程作业
C. 有形动产租赁服务
D. 基础电信服务

13. 甲企业为增值税一般纳税人,2019年8月销售空调取得含增值税价款610.2万元,另收取包装物押金5.8万元,约定3个月内返还;当月确认逾期不予退还的包装物押金为11.3万元。已知增值税税率为13%。计算甲企业当月上述业务增值税销项税额的下列算式中,正确的是( )。
A. (610.2+5.8+11.3)×13%=81.55(万元)
B. (610.2+11.3)÷(1+13%)×13%=71.5(万元)
C. (610.2+5.8+11.3)÷(1+13%)×13%=72.17(万元)
D. (610.2+11.3)×13%=80.80(万元)

14. 甲公司为增值税一般纳税人,2019年10月采取折扣方式销售货物一批,该批货物不含税销售额90 000元,折扣额9 000元,销售额和折扣额在同一张发票上分别注明。已知增值税税率13%。甲公司当月该笔业务增值税销项税额的下列计算列式中,正确的是( )。
A. (90 000-9 000)÷(1+13%)×13%=9 318.58(元)
B. 90 000×13%=11 700(元)
C. 90 000÷(1+13%)×13%=10 353.98(元)
D. (90 000-9 000)×13%=10 530(元)

15. 某橡胶制品厂为增值税一般纳税人,2019年8月份销售生活用橡胶制品不含增值税的销售额为200万元,销售避孕用具销售

额为100万元,当月购入生产用原材料一批,取得增值税专用发票上注明税款13.6万元,生活用橡胶制品与避孕用品无法划分耗料情况,生活用橡胶制品适用税率为13%,则该橡胶制品厂当月应纳增值税的下列计算列式中,正确的是( )。

A. 200×13%-13.6=12.4(万元)
B. 200×13%-13.6×200÷(200+100)=16.93(万元)
C. (200+100)×13%-13.6=25.4(万元)
D. (200+100)×13%-13.6×200÷(200+100)=29.33(万元)

16. 甲手机专卖店为增值税一般纳税人,2019年10月采用以旧换新方式销售某型号手机100部,该型号新手机的含税销售单价为3 164元,回收的旧手机每台折价226元,已知增值税税率为13%,则甲手机专卖店当月该笔业务增值税销项税额的下列计算列式中,正确的是( )。

A. [3 164×100÷(1+13%)]×13%=36 400(元)
B. 3 164×100×13%=41 132(元)
C. (3 164-226)×100÷(1+13%)×13%=33 800(元)
D. (3 164-226)×100×13%=38 194(元)

17. 某金店为增值税一般纳税人,为吸引更多的顾客光临,特推出"以旧换新"的方式向消费者销售金项链。2019年12月份销售金项链实际收取不含增值税差价款220 000元,换回的旧项链作价80 000元(不含增值税),另收取回炉费共11 300元。已知增值税税率为13%,该金店当月该笔业务增值税销项税额的下列计算中,正确的是( )。

A. (220 000-80 000)×13%=18 200(元)
B. (220 000-80 000)×13%+11 300÷(1+13%)×13%=19 500(元)
C. 220 000×13%=28 600(元)
D. 220 000×13%+11 300÷(1+13%)×13%=29 900(元)

18. 甲公司为增值税一般纳税人,2019年7月将自产的100件新产品赠送给乙公司,生产成本为50元/件,无同类产品销售价格,已知增值税税率为13%,成本利润率为10%。计

算甲公司当月该笔业务增值税销项税额的下列算式中,正确的是( )。

A. 100×50×13%=650(元)
B. 100×50×(1-10%)×13%=585(元)
C. 100×50×10%×(1+13%)=565(元)
D. 100×50×(1+10%)×13%=715(元)

19. 2019年8月甲公司进口一批设备,关税完税价格为150万元,已知关税税率为5%;增值税税率为13%;计算甲公司当月该笔业务应缴纳增值税的下列算式中正确的是( )。

A. (150+150×5%)×13%=20.48(万元)
B. 150×13%-150×5%×13%=18.53(万元)
C. 150×13%+15×5%=20.25(万元)
D. 150×13%=19.5(万元)

20. 某公司为增值税一般纳税人,2019年5月从国外进口一批高档化妆品,海关核定的关税完税价格为70万元,进口环节缴纳的关税为7万元,消费税为13.59万元。已知增值税税率为13%。则该公司进口环节缴纳增值税的下列计算中正确的是( )。

A. (70+7)×13%=10.01(万元)
B. 70×13%=9.1(万元)
C. (70+13.59)×13%=10.87(万元)
D. (70+7+13.59)×13%=11.78(万元)

21. 甲商业银行M分行为增值税一般纳税人,2019年10月销售一批股票,卖出价1 272万元,该批股票买入价636万元,除此之外无其他金融商品买卖业务,上一纳税期金融商品买卖销售额为正差且已纳税。已知金融商品转让适用的增值税税率为6%,M分行该笔业务增值税的销项税额的下列计算列式,正确的是( )。

A. 1 272×6%=76.32(万元)
B. (1 272-636)×(1+6%)×6%=40.45(万元)
C. (1 272-636)×6%=38.16(万元)
D. (1 272-636)÷(1+6%)×6%=36(万元)

22. 北京市某酒店为增值税小规模纳税人,2020年第三季度提供住宿餐饮服务取得含税销售额101万元,购进货物取得增值税普通发票注明税额0.7万元。已知增值税征收率为1%。计算该酒店第三季度应缴纳增值税税额的下列算式中,正确的是( )。

A. 101÷(1+1%)×1%-0.7=0.3(万元)
B. 101÷(1+1%)×1%=1(万元)
C. 101×1%-0.7=0.31(万元)
D. 101×1%=1.01(万元)

23. 某企业为增值税小规模纳税人，主营旧货交易，2020年5月取得含税销售额41.2万元；除上述收入外，该企业当月又将本企业于2007年6月购入自用的旧货翻新设备和2010年10月购入自用的一台旧货翻新设备分别以10.3万元和35.1万元的价格出售，已知小规模纳税人销售旧货和自己使用过的固定资产适应3%的征收率并减按2%征收，则该企业当月应纳增值税的下列计算中，正确的是( )。
    A. (41.2+10.3+35.1)÷(1+3%)×3%=2.52(万元)
    B. (41.2+10.3+35.1)÷(1+3%)×2%=1.68(万元)
    C. 41.2÷(1+3%)×2%+10.3÷(1+3%)×2%+35.1÷(1+3%)×3%=2.02(万元)
    D. 41.2÷(1+3%)×2%+(10.3+35.1)÷(1+3%)×3%=2.12(万元)

24. 甲超市为增值税一般纳税人，2020年3月从农业生产者处购入一批有机蔬菜开具的农产品收购发票上注明的买价为16万元，该批蔬菜经简单包装后全部直接销售，取得含增值税的销售额32.7万元。已知：农产品的计算扣除率为9%，销售农产品适用的增值税税率为9%。则甲超市本月上述业务增值税应纳税额的下列计算，正确的是( )。
    A. 32.7×9%-16×9%=1.5(万元)
    B. 32.7÷(1+9%)×9%-16×9%=1.26(万元)
    C. 32.7×9%-16÷(1+9%)×9%=1.62(万元)
    D. 32.7(1+9%)×9%-16÷(1+9%)×9%=1.38(万元)

25. 根据增值税法律制度的规定，下列各项中，进项税额可以抵扣的是( )。
    A. 甲公司因管理不善导致的原材料被盗损失
    B. 乙公司销售二手车并委托M公司提供运输，取得的增值税专用发票

C. 丙公司接受A银行的贷款服务
D. 丁公司将外购的房屋一部分用于生产经营，一部分作为集体宿舍，以福利方式供员工居住

26. 北京市甲工程机器租赁公司为增值税一般纳税人，2019年11月，向本市某建筑公司出租工程用设备1台(经营性租赁)，取得不含税租金收入100万元，并按规定开具增值税专用发票，当月购入出租用工程车一辆，取得增值税专用发票1份注明不含税价款80万元，经过税务机关认证，甲公司当月应缴纳增值税的下列计算中，正确的是( )。
    A. 100×13%=13(万元)
    B. 100×13%-80×13%=2.6(万元)
    C. 0
    D. 100×6%=6(万元)

27. 某企业因管理不善导致一批库存用于简单加工后直接出售的外购农产品腐烂变质，毁损的农产品总成本105万元，其中含运费成本5万元，则该企业应转出进项税额的下列计算中，正确的是( )。
    A. 105×9%=9.45(万元)
    B. 5×9%+(105-5)×(1-9%)×9%=8.64(万元)
    C. 105÷(1-9%)×9%=10.38(万元)
    D. 5×9%+(105-5)÷(1-9%)×9%=10.34(万元)

28. 某企业将用于职工活动中心的计算机改用于生产车间，该批计算机购入时取得的增值税专用发票上注明的价款为100万元，增值税为13万元。截至2020年6月，该批计算机已计提折旧67.8万元，则该批计算机应计入进项税额的下列计算中正确的是( )。
    A. 13万元
    B. (100-67.8)×13%=4.19(万元)
    C. (100+13-67.8)÷(1+13%)×13%=5.2(万元)
    D. 0

29. 2019年10月，甲公司员工赵某出差乘坐飞机取得航空运输电子客票行程单上注明票价6 004元，燃油附加费100元。已知航空运输电子客票行程单适用的增值税税率为9%。则甲公司本月准予抵扣的进项税额的下列计

算中,正确的是( )。

A. (6 004+100)÷(1+9%)×9% = 504(元)

B. (6 004+100)×9% = 549.36(元)

C. 6 004÷(1+9%)×9% + 100×9% = 504.74(元)

D. 6 004×9% + 100÷(1+9%)×9% = 548.62(元)

30. 根据增值税法律制度的规定,下列各项中,不属于免税项目的是( )。

A. 家政服务企业由员工制家政服务员提供家政服务取得的收入

B. 学生勤工俭学提供的服务

C. 个人转让著作权

D. 非学历教育收取的学费

31. 甲公司为增值税一般纳税人,于2019年7月10日与乙公司签订货物买卖合同,2019年7月15日甲公司收到乙公司预付的货款,2019年7月20日甲公司给乙公司开具发票,2019年8月10日甲公司向乙公司发出货物,则甲公司对该批货物的增值税纳税义务发生时间为( )。

A. 2019年7月10日

B. 2019年7月15日

C. 2019年7月20日

D. 2019年8月10日

32. 根据消费税法律制度的规定,下列商品中,不属于消费税征税范围的是( )。

A. 金银首饰　　B. 调味料酒

C. 汽油　　　　D. 烟丝

33. 根据消费税法律制度的规定,下列应税消费品中,在零售环节加征消费税的是( )。

A. 金银首饰

B. 超豪华小汽车

C. 卷烟

D. 白酒

34. 对超豪华小汽车,在生产(进口)环节按现行税率征收消费税的基础上,在零售环节加征消费税,税率为( )。

A. 5%　　　　B. 10%

C. 11%　　　 D. 15%

35. 甲酒厂为增值税一般纳税人,2019年5月销售果木酒,取得不含增值税销售额10万元,同时收取包装物租金0.565万元、优质费2.26万元。已知果木酒增值税税率为13%,消费税税率为10%,则甲酒厂当月销售果木酒应缴纳消费税税额的下列计算中,正确的是( )。

A. (10+0.565+2.26)×10% = 1.28(万元)

B. (10+0.565)×10% = 1.06(万元)

C. [10+(0.565+2.26)÷(1+13%)]×10% = 1.25(万元)

D. [10+0.565÷(1+13%)]×10% = 1.05(万元)

36. 某啤酒厂为增值税一般纳税人,2019年8月份销售乙类啤酒400吨,销售价格为不含增值税2 800元/吨,本月啤酒包装物押金逾期收入6 000元。已知乙类啤酒适用的增值税税率为13%,消费税税额为220元/吨,则8月该啤酒厂应纳的增值税及消费税税额合计的下列计算中正确的是( )。

A. 400×220 = 88 000(元)

B. 400×2 800×13% = 145 600(元)

C. 400×220 + [400×2 800 + 6 000÷(1+13%)]×13% = 234 290.27(元)

D. 400×220 + (400×2 800 + 6 000)×13% = 234 380(元)

37. 某卷烟生产企业为增值税一般纳税人,本月销售乙类卷烟1 500标准条,取得含增值税销售额87 000元。已知乙类卷烟适用的消费税比例税率为36%,定额税率为0.003元/支,1标准条有200支;增值税税率为13%。则该企业本月应纳消费税额的下列计算中,正确的是( )。

A. [87 000÷(1+13%)]×36% = 27 716.81(元)

B. 1 500×200×0.003 = 900(元)

C. 87 000×36% + 1 500×200×0.003 = 32 220(元)

D. [87 000÷(1+13%)]×36% + 1 500×200×0.003 = 28 616.81(元)

38. 2020年9月甲酒厂将自产的1吨药酒用于抵偿债务,该批药酒生产成本35 000元/吨,甲酒厂同类药酒不含增值税最高销售价格62 000元/吨,不含增值税平均销售价格60 000元/吨,不含增值税最低销售价格59 000元/吨,已知消费税税率10%,计算甲酒厂当月该笔业务应缴纳消费税税额的下列算式中，正确的是( )。
A. 59 000×10% = 5 900(元)
B. 60 000×10% = 6 000(元)
C. 62 000×10% = 6 200(元)
D. 35 000×10% = 3 500(元)

39. 甲公司受托加工高档化妆品，收取不含增值税加工费14万元，委托方提供主要材料成本56万元。甲公司无同类化妆品销售价格。已知高档化妆品消费税税率为15%。甲公司受托加工业务应代收代缴消费税税额的下列计算中，正确的是( )。
A. (56+14)÷(1-15%)×15% = 12.35(万元)
B. 56÷(1-15%)×15% = 9.88(万元)
C. (56+14)×15% = 10.5(万元)
D. 56×15% = 8.4(万元)

40. 某公司为增值税一般纳税人，外购高档护肤类化妆品，生产高档修饰类化妆品，2016年10月份生产销售高档修饰类化妆品取得不含税销售收入100万元。该公司10月初库存的高档护肤类化妆品0万元，10月购进高档护肤类化妆品100万元，10月底库存高档护肤类化妆品10万元，已知高档化妆品适用的消费税税率为15%。则该公司当月应缴纳消费税的下列计算中，正确的是( )。
A. 100×15% - 100×15% = 0
B. 100×15% - (100-10)×15% = 1.5(万元)
C. 100×15% - 10×15% = 13.5(万元)
D. 100×15% = 15(万元)

41. 下列关于消费税纳税义务发生时间的表述中，不正确的是( )。
A. 纳税人自产自用应税消费品的，为移送使用的当天
B. 纳税人进口应税消费品的，为报关进口的当天
C. 纳税人委托加工应税消费品的，为支付加工费的当天
D. 纳税人采取预收货款结算方式销售应税消费品的，为发出应税消费品的当天

42. 根据消费税法律制度的规定，下列各项中，可以按当期生产领用数量计算准予扣除外购的应税消费品已纳消费税税款的是( )。
A. 外购已税白酒生产的药酒
B. 外购已税烟丝生产的卷烟
C. 外购已税翡翠生产加工的金银翡翠首饰
D. 外购已税钻石生产的高档手表

二、多项选择题

1. 下列税种中，由税务机关负责征收和管理的有( )。
A. 关税
B. 企业所得税
C. 资源税
D. 土地增值税

2. 下列各项中，属于我国税收法律关系主体的有( )。
A. 税务机关   B. 海关
C. 纳税人   D. 扣缴义务人

3. 下列各项中，属于我国税率形式的有( )。
A. 比例税率
B. 定额税率
C. 全额累进税率
D. 全率累进税率

4. 根据增值税法律制度的规定，下列各项中，应按照"金融服务"税目计算缴纳增值税的有( )。
A. 转让外汇
B. 融资性售后回租
C. 货币兑换服务
D. 财产保险服务

5. 下列各项中按照"交通运输服务"缴纳增值税的有( )。
A. 管道运输服务
B. 水路运输的程租、期租
C. 航空服务
D. 货物运输代理服务

6. 下列关于增值税征税范围的说法中正确的有( )。
A. 邮政储蓄服务按"邮政服务"征收增值税
B. 基础电信服务按"电信服务"征收增值税
C. 增值电信服务按"电信服务"征收增值税
D. 鉴证咨询服务按"现代服务"征收增值税

7. 下列关于增值税征税范围的说法中错误的有( )。
A. 语音通话服务和出租带宽业务属于基础电信服务
B. 短信和彩信服务属于基础电信服务

C. 互联网接入服务属于基础电信服务
D. 卫星电视信号落地转接服务属于增值电信服务

8. 下列关于增值税征税范围的说法中错误的有（　　）。
   A. 出租车公司向使用本公司自有出租车的出租车司机收取的管理费用，属于交通运输服务
   B. 固定电话安装费属于电信服务
   C. 融资性售后回租属于现代服务—租赁服务
   D. 以货币投资收取固定利润或保底利润属于金融服务—贷款服务

9. 下列关于增值税征税范围的说法中错误的有（　　）。
   A. 融资租赁属于金融服务
   B. 专利技术转让属于现代服务—研发和技术服务
   C. 商标和著作权转让服务属于现代服务—文化创意服务
   D. 货物运输代理服务、代理报关服务属于现代服务—物流辅助服务

10. 下列关于增值税征税范围的说法中错误的有（　　）。
    A. 技术咨询服务属于现代服务—鉴证咨询服务
    B. 广告的发布属于现代服务—广播影视服务
    C. 代理记账服务属于现代服务—商务辅助服务
    D. 无运输工具承运属于现代服务—商务辅助服务

11. 下列关于增值税征税范围的说法中错误的有（　　）。
    A. 航道疏浚服务属于建筑服务
    B. 工程勘察勘探服务属于建筑服务
    C. 车辆停放服务属于物流辅助服务
    D. 道路通行服务属于交通运输服务

12. 下列各项中，按照"金融服务—直接收费金融服务"缴纳增值税的有（　　）。
    A. 融资性售后回租
    B. 银行卡收单业务手续费
    C. 转让外汇
    D. 承兑银行承兑汇票，收取的手续费

13. 下列各项中，按照"生活服务"缴纳增值税的有（　　）。
    A. 市容市政管理服务
    B. 物业管理服务
    C. 文化创意服务
    D. 家政服务

14. 增值税一般纳税人的下列行为中，应视同销售货物，征收增值税的有（　　）。
    A. 食品厂将自产的月饼发给职工作为中秋节的福利
    B. 商场将购进的服装发给职工用于运动会入场式
    C. 计算机生产企业将自产的计算机分配给投资者
    D. 纺织厂将自产的窗帘用于职工活动中心

15. 根据增值税法律制度的规定，下列关于混合销售与兼营的说法中正确的有（　　）。
    A. 混合销售是指一项销售行为既涉及货物又涉及服务
    B. 兼营是指纳税人的经营范围既包括销售货物和应税劳务，又包括销售服务、无形资产或者不动产
    C. 花店销售鲜花并承接婚庆服务业务，该行为属于货物混合销售应当一并按照销售货物缴纳增值税
    D. 纳税人兼营不同税目应税项目应当分别核算应纳税额

16. 下列各项中，属于在我国境内销售服务的有（　　）。
    A. 法国航空公司将中国公民赵某从法国运送至美国
    B. 日本某公司为中国境内某企业设计时装
    C. 法国某公司出租设备给中国境内某企业使用
    D. 美国某公司出租一栋别墅给中国境内某企业，用于其美国分公司办公使用

17. 下列各项服务中，执行9%税率的有（　　）。
    A. 邮政服务
    B. 有形动产融资租赁服务
    C. 增值电信服务
    D. 建筑服务

18. 纳税人提供的下列应税服务，适用增值税零税率的有（　　）。

A. 国际运输服务
B. 国际货物运输代理服务
C. 在境外提供的研发服务
D. 在境外提供的广播影视节目的播映服务

19. 增值税一般纳税人提供下列应税服务，可以选择使用简易计税方法计税的有( )。
A. 交通运输服务
B. 电影发行服务
C. 装卸搬运服务
D. 收派服务

20. 根据增值税法律制度的规定，下列各项中适用5%征收率征收增值税的有( )。
A. 从事房地产开发的甲公司为小规模纳税人，其销售自建的房地产项目
B. 从事化妆品销售的乙公司为小规模纳税人，其出租闲置仓库
C. 从事房地产开发的丙公司为一般纳税人，其销售自行开发的房地产老项目，不选择简易方法计税
D. 从事劳务派遣业务的丁公司，选择差额纳税

21. 根据增值税法律制度的规定，纳税人销售货物向购买方收取的下列款项中，属于价外费用的有( )。
A. 包装物租金
B. 手续费
C. 违约金
D. 受托加工应征税消费品所代收代缴的消费税

22. 根据增值税法律制度的规定，下列纳税人以特殊方式销售货物的税务处理，错误的有( )。
A. 纳税人用以物易物方式销售货物，双方都作购销处理
B. 纳税人用以旧换新方式销售金银首饰，按新货物的同期销售价格确定销售额
C. 纳税人以折扣方式销售货物，若将折扣额另开增值税专用发票，可从销售额中减除折扣额
D. 还本销售本质为筹资，税法规定，该行为不缴纳增值税

23. 下列关于增值税计税销售额的表述中，正确的有( )。
A. 航空运输企业的销售额，不包括代收的机场建设费
B. 旅游服务，以取得的全部价款和价外费用，扣除向旅游服务购买方收取并支付给其他单位的住宿费、餐饮费、交通费、签证费、门票费和支付给其他接团旅游企业的旅游费用后的余额为销售额
C. 建筑企业提供建筑服务适用一般计税方法的，以取得的全部价款和价外费用扣除支付的分包款后的余额为销售额
D. 房地产开发企业销售其开发的房地产项目，适用一般计税方法的，以取得的全部价款和价外费用，扣除受让土地时向政府部门支付的土地价款后的余额为销售额

24. 根据增值税法律制度的规定，下列各项中可以作为增值税扣税凭证的有( )。
A. 增值税专用发票
B. 农产品收购发票
C. 二手车销售统一发票
D. 海关进口增值税专用缴款书

25. 根据增值税法律制度的规定，增值税一般纳税人购进的下列服务，不得抵扣进项税额的有( )。
A. 娱乐服务
B. 居民日常服务
C. 餐饮服务
D. 贷款服务

26. 根据增值税法律制度的规定，下列各项中，免征增值税的有( )。
A. 农业生产者销售的自产农产品
B. 企业销售自己使用过的固定资产
C. 由残疾人的组织直接进口供残疾人专用的物品
D. 外国政府无偿援助的进口物资

27. 下列各项中，属于增值税免税项目的有( )。
A. 小规模纳税人销售旧货
B. 个人转让著作权
C. 残疾人提供修理自行车劳务
D. 养老机构提供的养老服务

28. 一般纳税人提供( )服务，实际税负超过3%的部分实行增值税即征即退政策。
A. 管道运输服务
B. 有形动产融资租赁服务
C. 不动产融资租赁服务

D. 有形动产融资性售后回租

29. 下列关于增值税免税政策的说法中正确的有( )。
    A. 纳税人兼营免税、减税项目的,应当分别核算免税、减税项目的销售额
    B. 纳税人适用免税规定的,可以选择某一免税项目放弃免税权
    C. 纳税人适用免税规定的,可以根据不同的销售对象选择部分货物或劳务放弃免税权
    D. 纳税人适用免税规定的,可以放弃免税,放弃后36个月内不得再申请免税

30. 下列关于增值税纳税义务发生时间的表述中,正确的有( )。
    A. 采取托收承付方式销售货物,为办妥托收手续的当天
    B. 采取分期收款方式销售货物,为书面合同约定的收款日期的当天
    C. 纳税人从事金融商品转让的,为金融商品所有权转移的当天
    D. 委托他人代销货物,为收到代销清单或者收到全部或部分货款的当天

31. 增值税纳税人( )采用预收款方式的,其纳税义务发生时间为收到预收款的当天。
    A. 销售货物
    B. 提供融资租赁服务
    C. 提供经营租赁服务
    D. 提供生活服务

32. 下列各项中,属于增值税专用发票"发票联"用途的有( )。
    A. 购买方核算采购成本的记账凭证
    B. 购买方报送税务机关认证和留存备查的扣税凭证
    C. 购买方核算增值税进项税额的记账凭证
    D. 销售方核算销售收入和增值税销项税额的记账凭证

33. 一般纳税人发生的下列业务中,不得开具增值税专用发票的有( )。
    A. 房地产开发企业向消费者个人销售房屋
    B. 4S店向某公司销售汽车
    C. 商业企业批发避孕药品和用具
    D. 某旧货市场销售二手设备

34. 根据消费税法律制度的规定,下列应税消费品在零售环节征收消费税的有( )。
    A. 金银首饰
    B. 珍珠
    C. 铂金首饰
    D. 钻石饰品

35. 下列关于金银首饰零售环节缴纳消费税的说法中正确的有( )。
    A. 金银首饰仅限于金、银以及金基、银基合金首饰和金基、银基合金的镶嵌首饰
    B. 对既销售金银首饰,又销售非金银首饰的生产、经营单位,应将两类商品划分清楚,分别核算销售额,凡划分不清楚或不能分别核算的一律按金银首饰征收消费税
    C. 金银首饰连同包装物一起销售的,无论包装物是否单独计价,均应并入金银首饰的销售额,计征消费税
    D. 带料加工的金银首饰,应按委托方销售同类金银首饰的销售价格确定计税依据征收消费税,没有同类金银首饰销售价格的,按照组成计税价格计算纳税

36. 下列各项中,不属于消费税征税范围的有( )。
    A. 高档护肤类化妆品与普通修饰类化妆品组成的礼品套装
    B. 电动汽车
    C. 体育上用的发令纸
    D. 植物性润滑油

37. 下列各项中,不属于消费税征税范围的有( )。
    A. 施工状态下挥发性有机物含量低于420克/升的涂料
    B. 太阳能电池
    C. 汽车轮胎
    D. 酒精

38. 根据消费税法律制度的规定,下列情形中,应缴纳消费税的有( )。
    A. 金银饰品店将购进的黄金首饰用于奖励员工
    B. 摩托车厂将自产的摩托车用于广告样品
    C. 筷子厂将自产的木制一次性筷子用于本厂食堂
    D. 化妆品公司将自产的高档化妆品用于赠送客户

39. 下列各项中,纳税人应缴纳消费税的有( )。
    A. 将自产的网球及球拍作为福利发放给本

企业职工

  B. 销售白酒同时收取的包装物押金，合同约定 3 个月后到期

  C. 将自产的实木地板用于本企业职工宿舍装修

  D. 使用自产高档香水生产高档化妆品

40. 根据消费税法律制度的规定，下列行为中，应当以纳税人同类应税消费品的最高销售价格作为计税依据的有（　　）。
  A. 将自产应税消费品用于对外捐赠
  B. 将自产应税消费品用于投资入股
  C. 将自产应税消费品用于换取生产资料
  D. 将自产应税消费品用于抵偿债务

41. 下列应税消费品中，实行从量定额计征消费税的有（　　）。
  A. 涂料　　　　B. 柴油
  C. 电池　　　　D. 黄酒

42. 下列消费品中，实行从量定额与从价定率相结合的复合计征办法征收消费税的有（　　）。
  A. 白酒　　　　B. 卷烟
  C. 啤酒　　　　D. 烟丝

三、判断题

1. 征税对象的数额未达到起征点的不征税，达到或超过起征点的就其全部数额征税。（　　）
2. 根据增值税法律制度的规定，境外单位或个人在境内提供应税劳务，在境内未设有经营机构的，以其境内代理人为扣缴义务人；在境内没有代理人的，由境外单位自行缴纳。（　　）
3. 进口原产于我国的货物，无须缴纳进口环节增值税。（　　）
4. 甲公司向乙公司购买一批实木地板，不含增值税的价款为 60 万元，为结算货款，向乙公司签发了一张 3 个月后到期的银行承兑汇票，15 日后，乙公司因急需采购一批原木，持该票据向 Q 银行办理贴现，根据增值税法律制度的规定，Q 银行的贴现业务，应当按照"金融服务—金融商品转让"征收增值税。（　　）
5. 纳税人转让不动产时一并转让其所占土地的使用权的，按照"销售不动产"缴纳增值税。（　　）
6. 甲航空公司为地震灾区无偿提供救灾物资运输，其行为应视同销售征收增值税。（　　）
7. 物业管理单位代收的住宅专项维修资金应征收增值税。（　　）

8. 单位或个体工商户聘用的员工为本单位或雇主提供加工、修理修配劳务，不征收增值税。（　　）
9. 个人将购买 2 年以上的非普通住房对外销售，除北京、上海、广州、深圳外，免征增值税。（　　）
10. 根据增值税法律制度的规定，固定业户应当向其机构所在地的税务机关申报纳税，如总机构和分支机构不在同一县（市），则应由总机构汇总向总机构所在地的税务机关申报纳税。（　　）
11. 其他个人提供建筑服务、销售或者租赁不动产、转让自然资源使用权，应当向其居住地税务机关申报缴纳增值税。（　　）
12. 纳税人进口货物，应当自海关填发进口增值税专用缴款书之日起 10 日内缴纳税款。（　　）
13. 增值税发票的发票联为销售方核算销售收入和增值税销项税额的记账凭证。（　　）
14. 根据增值税法律制度的规定，保险公司以一个季度为纳税期限。（　　）
15. 企业购进货车或厢式货车改装生产的商务车，应按规定征收消费税。（　　）
16. 某卷烟厂通过自设独立核算门市部销售自产卷烟，应当按照门市部对外销售额或销售数量计算征收消费税。（　　）
17. 白酒生产企业向商业销售单位收取的"品牌使用费"，应并入白酒的销售额缴纳消费税。（　　）
18. 用自产的应税消费品，连续生产应税消费品，在计征消费税时，可以按当期生产领用数量计算准予扣除的应税消费品已纳消费税税款。（　　）
19. A 市甲企业委托 B 市乙企业加工一批应税消费品，该批消费品应缴纳的消费税税款应由乙企业向 B 市税务机关解缴。（　　）
20. 甲企业 3 月受托加工一批烟丝，已收到由委托方提供的材料及加工费，该烟丝计划于 4 月 10 日加工完成并交付。则甲企业应于 4 月 15 日前向税务机关缴纳代收代缴的委托加工环节消费税。（　　）

四、不定项选择题

【资料一】甲公司为增值税一般纳税人，主要从事洗衣机的生产和销售业务。2019 年 9 月有关

经营情况如下：

(1)购进一批生产用零部件，取得增值税专用发票注明税额260 000元。

(2)购进一批生产工具，取得增值税专用发票注明税额1 040元；因管理不善，该批工具当月全部被盗。

(3)向银行支付贷款利息，取得增值税普通发票注明税额1 200元。

(4)购进与生产经营有关的住宿服务，取得增值税专用发票注明税额300元。

(5)购进国内旅客运输服务，取得注明员工身份信息的铁路车票，票价共计21 800元；取得公路客票，票面金额共计3 090元，其中有309元的客票没有注明员工身份信息。

(6)采取折扣方式销售M型洗衣机300台，含增值税单价5 650元/台，折扣额565元/台，销售额与折扣额在同一张发票上分别注明；另收取洗衣机的包装物押金67 800元。

(7)采取以旧换新方式销售N型洗衣机400台，含增值税单价4 520元/台，旧洗衣机折价339元/台。

已知：增值税税率为13%；航空旅客运输服务按9%计算进项税额；公路旅客运输服务按3%计算进项税额。取得的扣税凭证均符合抵扣规定。

要求：根据上述材料，不考虑其他因素，分析回答下列小题。

1. 甲公司的下列进项税额中，准予从销项税额中抵扣的是( )。
   A. 贷款利息的进项税额1 200元
   B. 生产用零部件的进项税额260 000元
   C. 住宿服务的进项税额300元
   D. 生产工具的进项税额1 040元

2. 计算甲公司当月购进国内旅客运输服务准予抵扣进项税额的下列算式中，正确的是( )。
   A. 21 800÷(1+9%)×9%+(3 090-309)÷(1+3%)×3%=1 881(元)
   B. 21 800÷(1+9%)×9%+3 090÷(1+3%)×3%=1 890(元)
   C. 21 800×9%+3 090×3%=2 054.7(元)
   D. 21 800×9%+(3 090-309)×3%=2 045.43(元)

3. 计算甲公司当月销售M型洗衣机增值税销项税额的下列算式中，正确的是( )。
   A. 300×5 650÷(1+13%)×13%=195 000(元)
   B. [300×(5 650-565)+67 800]÷(1+13%)×13%=183 300(元)
   C. 300×(5 650-565)÷(1+13%)×13%=175 500(元)
   D. (300×5 650+67 800)÷(1+13%)×13%=202 800(元)

4. 计算甲公司当月销售N型洗衣机增值税销项税额的下列算式中，正确的是( )。
   A. 400×(4 520-339)÷(1+13%)×13%=192 400(元)
   B. 400×4 520×13%=235 040(元)
   C. 400×(4 520-339)×13%=217 412(元)
   D. 400×4 520÷(1+13%)×13%=208 000(元)

【资料二】甲建筑公司为增值税一般纳税人，主要从事建筑工程施工及活动板房的生产和安装业务。2019年10月有关经营情况如下：

(1)承建的P酒店项目当月竣工结算，取得含增值税工程款2 180万元，另取得奖励款21.8万元。P酒店项目适用一般计税方法计税。

(2)承建的Q住宅项目当月竣工结算，取得含增值税工程款5 150万元；支付含增值税分包款1 030万元，取得增值税普通发票注明税额30万元。Q住宅项目选择简易计税方法计税。

(3)购进P酒店项目用工程材料，取得增值税专用发票注明税额130万元。

(4)支付Q住宅项目的劳务派遣服务费，取得增值税专用发票注明税额0.36万元。

(5)进口专用设备共用于P酒店项目和Q住宅项目，取得海关进口增值税专用缴款书注明税额52万元。

(6)销售自产活动板房同时提供安装服务，取得活动板房含增值税价款147.804万元、安装服务含增值税价款43.1 095万元。

已知：销售货物增值税税率为13%，销售建筑服务增值税税率为9%，增值税征收率为3%。取得的扣税凭证均符合抵扣规定。

要求：根据上述资料，不考虑其他因素，分析回答下列小题。

1. 甲建筑公司当月销售自产活动板房同时提供安装服务的增值税销项税额的下列计算中，正确的是( )。

A. 147.804÷(1+13%)×13%+43.1095÷(1+9%)×9%=20.5635(万元)

B. 147.804÷(1+13%)×13%=17.004(万元)

C. (147.804+43.1095)÷(1+13%)×13%=21.9635(万元)

D. (147.804+43.1095)÷(1+9%)×9%=15.7635(万元)

2. 甲建筑公司的下列进项税额中，准予从销项税额中抵扣的是( )。

A. 支付Q住宅项目劳务派遣服务费的进项税额0.36万元

B. 支付分包款的进项税额30万元

C. 购进P酒店项目用工程材料的进项税额130万元

D. 进口专用设备的进项税额52万元

3. 甲公司承建P酒店项目的增值税销项税额的下列计算中，正确的是( )。

A. (2180+21.8)÷(1+9%)×9%=181.8(万元)

B. 2180÷(1+9%)×9%=180(万元)

C. 2180÷(1+9%)×9%+21.8×9%=181.962(万元)

D. 2180×9%+21.8÷(1+9%)×9%=198(万元)

4. 甲公司承建Q住宅项目应缴纳的增值税税额的下列计算中，正确的是( )。

A. (5150-1030)×3%=123.6(万元)

B. 5150÷(1+3%)×3%=150(万元)

C. 5150÷(1+3%)×3%-30=120(万元)

D. (5150-1030)÷(1+3%)×3%=120(万元)

【资料三】 某商业银行为增值税一般纳税人，2019年第二季度经营情况如下：

(1)提供贷款服务取得含增值税利息收入6360万元，支付存款利息2862万元，提供直接收费金融服务取得含增值税销售额1272万元。

(2)发生金融商品转让业务，金融商品卖出价2289.6万元，相关金融商品买入价2120万元。第一季度金融商品转让出现负差58.3万元。

(3)购进各支行经营用设备一批，取得增值税专用发票注明税额80万元，购进办公用品，取得增值税专用发票注明税额16万元；购进办公用小汽车一辆，取得增值税专用发票注明税额3.52万元，购进用于职工福利的货物一批取得增值税专用发票注明税额0.32万元。

(4)销售自己使用过的一批办公设备，取得含增值税销售额10.506万元，该批办公设备2013年购入时取得增值税普通发票，按固定资产核算。

已知：金融服务增值税税率为6%；销售自己使用过的固定资产，按照简易办法依照3%征收率减按2%征收增值税；取得的扣税凭证已通过税务机关认证。

要求：根据上述资料，不考虑其他因素，分析回答下列小题。

1. 计算甲商业银行第二季度贷款服务和直接收费金融服务增值税销项税额的下列算式中，正确的是( )。

A. (6360-2862)÷(1+6%)×6%+1272×6%=274.32(万元)

B. (6360-2862+1272)÷(1+6%)×6%=270(万元)

C. (6360+1272)×6%=457.92(万元)

D. (6360+1272)÷(1+6%)×6%=432(万元)

2. 计算甲商业银行第二季度金融商品转让增值税销项税额的下列算式中，正确的是( )。

A. 2289.6÷(1+6%)×6%=129.6(万元)

B. (2289.6-2120-58.3)÷(1+6%)×6%=6.3(万元)

C. (2289.6-58.3)÷(1+6%)×6%=126.3(万元)

D. (2289.6-2120)×6%=10.18(万元)

3. 甲商业银行的下列进项税额中，准予从销项税额中扣除的是( )。

A. 购进办公用品的进项税额16万元

B. 购进各分支经营用设备的进项税额80万元

C. 购进办公用小汽车的进项税额3.52万元

D. 购进用于职工福利的货物进项税额0.32万元

4. 计算甲商业银行销售自己使用过的办公设备应缴纳增值税税额的下列算式中，正确的是( )。

A. 10.506÷(1+13%)×13%=1.209(万元)

B. 10.506÷(1+3%)×2%=0.204(万元)

C. 10.506÷(1+3%)×3%=0.306(万元)

D. 10.506÷(1+2%)×2%=0.206(万元)

【资料四】 甲公司为增值税一般纳税人。主要从

事化妆品生产和销售业务,2019年6月有关经营情况如下:

(1)销售自产高档美容类化妆品,取得不含增值税销售额3 000 000元。

(2)将100套自产高档美容类化妆品无偿赠送给客户,当月同类化妆品不含增值税单价1 000元/套。

(3)将40套自产高档护肤类化妆品奖励给公司优秀员工,当月同类化妆品不含增值税单价500元/套。

(4)以银行存款5 000 000元投资乙商场。

(5)受托为丙公司加工一批高档修饰类化妆品,收取加工费开具增值税专用发票,注明金额250 000元,税额32 500元,丙公司提供材料成本600 000元;甲公司无同类化妆品销售价格。

(6)进口一批成套化妆品,海关审定关税完税价格935 000元,取得海关进口增值税专用缴款书。

已知:销售高档化妆品增值税税率为13%,消费税税率为15%,关税税率为5%。取得的扣税凭证均符合抵扣规定。

要求:根据上述资料,不考虑其他因素,分析回答下列小题。

1. 甲公司当月下列业务中,应缴纳消费税的是( )。
   A. 将自产高档护肤类化妆品奖励给公司优秀员工
   B. 销售自产高档美容类化妆品
   C. 将自产高档美容类化妆品无偿赠送给客户
   D. 以银行存款投资乙商场

2. 计算甲公司当月受托加工高档修饰类化妆品应代收代缴消费税税额的下列算式中,正确的是( )。
   A. (600 000+250 000)×15%=127 500(元)
   B. (600 000+250 000)÷(1-15%)×15%=150 000(元)
   C. 600 000×15%=90 000(元)
   D. (600 000+250 000+32 500)×15%=132 375(元)

3. 计算甲公司当月进口成套化妆品应缴纳消费税税额的下列算式中,正确的是( )。
   A. 935 000×15%=140 250(元)
   B. 935 000÷(1-15%)×15%=165 000(元)

   C. (935 000+935 000×5%)÷(1-15%)×15%=173 250(元)
   D. (935 000+935 000×5%)×15%=147 262.5(元)

4. 计算甲公司当月应向税务机关缴纳增值税税额的下列算式中,正确的是( )。
   A. 3 000 000×13%+32 500=422 500(元)
   B. 3 000 000×13%+32 500-(935 000+935 000×5%)×13%=294 872.5(元)
   C. (3 000 000+100×1 000)×13%-(935 000+935 000×5%)×13%=275 372.5(元)
   D. (3 000 000+100×1 000+500×40)×13%+32 500-(935 000+935 000×5%)÷(1-15%)×13%=287 950(元)

【资料五】甲公司为增值税一般纳税人,主要从事高档化妆品的生产和销售业务。2019年9月有关经营情况如下:

(1)采取直接收款方式销售自产M型高档香水,取得含增值税销售额3 390 000元。

(2)采取分期收款方式销售自产M型高档香水,合同约定当月应收含增值税销售额2 260 000元,当月实际收取含增值税销售额1 695 000元。

(3)采取预收货款方式销售自产M型高档香水,取得含增值税销售额1 808 000元,该高档香水本月尚未发出。

(4)将自产400瓶M型高档香水移送专柜样品展示区给客户试用,含增值税单价565元/瓶。

(5)将自产1 500支N型高档口红移送给本市自设非独立核算门市部,成本价92元/支;门市部对外销售700支,含增值税单价226元/支。

(6)因仓库保管不善丢失一批上月购进的高档香粉,账面成本203 400元,其中含运费成本3 600元,购进高档香粉和支付运费的进项税额均已于上月抵扣。

已知:销售货物增值税税率为13%;销售交通运输服务增值税税率为9%;高档化妆品消费税税率为15%。取得的扣税凭证均符合抵扣规定。

要求:根据上述资料,不考虑其他因素,分析回答下列小题。

1. 计算甲公司当月自产M型高档香水增值税销项税额的下列算式中,正确的是( )。
   A. (1 695 000+1 808 000)÷(1+13%)×13%=403 000(元)

B. (3 390 000 + 1 695 000 + 400×565)÷(1 + 13%)×13% = 611 000(元)

C. (3 390 000 + 1 808 000)×13% = 675 740(元)

D. (3 390 000 + 2 260 000 + 400×565)÷(1 + 13%)×13% = 676 000(元)

2. 计算甲公司当月自产M型高档香水应缴纳消费税税额的下列算式中，正确的是（　　）。

A. 采用直接收款方式销售自产M型高档香水应缴纳消费税税额 = 3 390 000÷(1 + 13%)×15% = 450 000(元)

B. 移送专柜用于客户试用的自产M型高档香水应缴纳消费税税额 = 400×565÷(1 + 13%)×15% = 30 000(元)

C. 采用分期收款方式销售自产M型高档香水应缴纳消费税税额 = 1 695 000×15% = 254 250(元)

D. 采用预收货款方式销售自产M型高档香水应缴纳消费税税额 = 1 808 000÷(1 + 13%)×15% = 240 000(元)

3. 计算甲公司当月自产N型高档口红应缴纳消费税税额的下列算式中，正确的是（　　）。

A. 700×226÷(1 + 13%)×15% = 21 000(元)

B. 1 500×226÷(1 + 13%)×15% = 45 000(元)

C. 700×92÷(1 + 15%)×15% = 8 400(元)

D. 1 500×92×15% = 20 700(元)

4. 计算甲公司当月丢失高档香粉增值税进项税额转出的下列算式中，正确的是（　　）。

A. (203 400 − 3 600)×13% = 25 974(元)

B. (203 400 − 3 600)×13% + 3 600×9% = 26 298(元)

C. 203 400÷(1 + 13%)×13% + 3 600×9% = 23 724(元)

D. 203 400÷(1 + 13%)×13% = 23 400(元)

【资料六】W县甲葡萄酒公司为增值税一般纳税人，主要从事葡萄酒的生产和销售业务。2019年10月有关经营情况如下：

(1)以自产100箱M品牌葡萄酒换入酿酒设备，该M品牌葡萄酒生产成本1 130元/箱，含增值税平均单价2 034元/箱，含增值税最高单价2 486元/箱。

(2)向W县自设非独立核算门市部移送500箱自产N品牌葡萄酒，该N品牌葡萄酒含增值税出厂价1 695元/箱；该门市部对外销售400箱，含增值税单价3 390元/箱。

(3)受托为乙公司加工Z品牌葡萄酒，收取含增值税加工费40 680元；乙公司提供原材料成本720 000元，甲葡萄酒公司无同类葡萄酒销售价格。

已知：销售葡萄酒增值税税率为13%，消费税税率为10%；销售劳务增值税税率为13%。

要求：根据上述资料，不考虑其他因素，分析回答下列小题。

1. 计算甲葡萄酒公司当月以自产M品牌葡萄酒换入酿酒设备应缴纳消费税税额的下列算式中，正确的是（　　）。

A. 100×1 130×10% = 11 300(元)

B. 100×1 130×(1 + 10%)×10% = 12 430(元)

C. 100×2 034÷(1 + 13%)×10% = 18 000(元)

D. 100×2 486÷(1 + 13%)×10% = 22 000(元)

2. 计算甲葡萄酒公司当月N品牌葡萄酒应缴纳消费税税额的下列算式中，正确的是（　　）。

A. 500×3 390÷(1 + 13%)×10% = 150 000(元)

B. 400×3 390÷(1 + 13%)×10% = 120 000(元)

C. (500×1 695 + 400×3 390)×10% = 220 350(元)

D. 500×1 695×10% = 84 750(元)

3. 计算甲葡萄酒公司当月受托加工Z品牌葡萄酒应代收代缴消费税税额的下列算式中，正确的是（　　）。

A. (720 000 + 40 680)÷(1 − 10%)×10% = 84 520(元)

B. [720 000×(1 + 10%) + 40 680÷(1 + 13%)]×10% = 82 800(元)

C. [720 000 + 40 680÷(1 + 13%)]÷(1 − 10%)×10% = 84 000(元)

D. [720 000 + 40 680÷(1 + 13%)]×10% = 75 600(元)

4. 甲葡萄酒公司当月发生的下列业务中，应缴纳增值税的是（　　）。

A. 受托加工Z品牌葡萄酒

B. 以自产M品牌葡萄酒换入酿酒设备

C. 门市部对外销售N品牌葡萄酒

D. 向W县自设非独立核算门市部移送自产N品牌葡萄酒

心有灵犀答案及解析

一、单项选择题

1. A 【解析】税收是国家为实现其职能,凭借政治权力"强制"征收的,其特征为强制性而非自愿性。

2. C 【解析】选项AB,执行源泉扣缴,由境内代理人或购买方为扣缴义务人;选项C,进口环节缴纳的增值税和消费税由海关代征;选项D,由境内居民自行申报。

3. D

4. C

5. C 【解析】除国家税务总局另有规定外,纳税人一经登记为一般纳税人后,不得转为小规模纳税人。

6. C 【解析】选项C,资管产品运营过程中发生的增值税应税行为,以资管产品管理人为纳税人。

7. C 【解析】选项AD,按照"金融服务—直接收费金融服务"缴纳增值税;选项B,按照"金融服务—金融商品转让"缴纳增值税。

8. A

9. B 【解析】选项A,银行主要从事"金融服务",销售金银属于"销售货物",银行提供"金融服务"和销售金银属于"多元化"经营,两者并非一项业务,既不同时发生,也无从属关系,属于兼营行为,应当分别核算,分别纳税;选项B,销售商品属于"销售货物",运输商品属于"交通运输服务",但销售商品和提供运输属于一项业务,同时发生,有从属关系,经营主体百货商店以从事货物批发或零售为主,应当按"销售货物"缴纳增值税;选项C,纳税人销售活动板房、机器设备、钢结构件等自产货物的同时提供建筑、安装服务,不属于混合销售,应分别核算货物和建筑服务的销售额,分别适用不同的税率或者征收率;选项D,提供餐饮服务属于"生活服务",销售酒水属于"销售货物",但提供餐饮服务和销售酒水属于一项业务,同时发生,有从属关系,经营主体餐饮公司以提供餐饮服务为主,应当按"生活服务"缴纳增值税。

10. D 【解析】选项A,被保险人获得的保险赔付,不征收增值税;选项B,根据国家指令无偿提供的铁路运输服务、航空运输服务,属于《营业税改征增值税试点实施办法》规定的用于公益事业的服务,不征收增值税;选项C,存款利息,不征收增值税;选项D,照章缴纳增值税。

11. D 【解析】选项ABC,适用9%的税率。

12. C 【解析】选项ABD,适用9%的税率。

13. B 【解析】非酒类产品的包装物押金5.8万元,收取时不作为价外费用;当月确认逾期不予退还的包装物押金为11.3万元,应作为价外费用并入销售额计算缴纳增值税;价外费用为含税销售额须进行价税分离,甲公司当月上述业务增值税销项税额=(610.2+11.3)÷(1+13%)×13%=71.5(万元)。

14. D 【解析】纳税人采取折扣方式销售货物,如果销售额和折扣额在同一张发票上分别注明,可以按折扣后的销售额征收增值税。

15. B 【解析】纳税人兼营免税项目或免征增值税项目无法准确划分不得抵扣的进项税额部分,按公式计算不得抵扣的进项税额=当月无法划分的全部进项税额×(当期简易计税方法计税项目销售额+免征增值税项目销售额)÷当月全部销售额,不得抵扣的进项税额=13.6×100÷(200+100)=4.53(万元),应纳税额=200×13%-(13.6-4.53)=16.93(万元)。

16. A 【解析】纳税人采取以旧换新方式销售货物的,应当按新货物的同期销售价格确定销售额,不得扣减旧货物的收购价格。

17. D 【解析】金银首饰的以旧换新业务,按照销售方实际收取的不含增值税的全部价款征收增值税。注意回炉费为含税价格,需换算为不含税价格。

18. D 【解析】将自产货物无偿赠送给其他单位或个人视同销售。纳税人视同销售货物而无销售额的,应首先按纳税人最近时期同类货物的"平均"销售价格确定,其次按市场价格确定,再次按组成计税价格确定。本题中,无纳税人最近时期同类货物的"平均"售价,也无市场价格,只能按组成计税价格计算,非应税消费品的组成计税价格=成本×(1+成本利润率),增值税销项税额=组成计税价格×13%。

19. A 【解析】进口一般货物应纳税额=(关税完税价格+关税)×增值税税率。

20. D 【解析】进口"从价计征应税消费品"的组成计税价格=关税完税价格+关税+消费税,应纳税额=组成计税价格×13%。

21. D 【解析】金融商品转让无法取得增值税专用发票,为避免重复征税,采用差额计税方式,因无增值税专用发票,则卖出价和买入价均为含税销售额,应当换算为不含税销售额。

22. B 【解析】小规模纳税人执行简易征收办法不得抵扣进项税额,取得的销售额为含税销售额应当换算为不含税销售额,因"抗疫期间"的优惠政策适用1%的征收率,应纳税额=101÷(1+1%)×1%=1(万元)。

23. B 【解析】小规模纳税人销售除二手车以外的旧货依照3%征收率减按2%征收增值税:41.2÷(1+3%)×2%=0.8(万元);小规模纳税人销售自己使用过的固定资产,依照3%征收率减按2%征收增值税:(10.3+35.1)÷(1+3%)×2%=0.88(万元);应纳税额=0.8+0.88=1.68(万元)。

24. B 【解析】从农业生产者手中购入免税农产品,计算抵扣的进项税额为买价×规定的扣除率,销售额为含税销售额的应当换算为不含税销售额。该超市本月应纳增值税=含税销售额÷(1+税率)×税率-买价×扣除率。

25. D 【解析】选项A,生产经营过程中,因管理不善造成的非正常损失进项税额不得抵扣;选项B,用于简易计税方法计税项目的购进服务,进项税额不得抵扣;选项C,购入的贷款服务进项税额不得抵扣;选项D,用于集体福利的购进不动产,进项税额不得抵扣,但不得抵扣的不动产,仅指"专用"于上述项目的不动产。

26. B 【解析】有形动产租赁适用税率13%,购入工程车取得专用发票增值税进项税额可以抵扣。

27. D 【解析】(1)毁损总成本105万元,其中农产品成本100万元,运费成本5万元;(2)计算运费的进项税额转出=5×9%=0.45(万元);计算农产品的进项税额转出=100÷(1-9%)×9%=9.89(万元);(3)合计转出金额=0.45+9.89=10.34(万元)。

28. C 【解析】不得抵扣且未抵扣进项税额的固定资产,发生用途改变,用于允许抵扣进项税额的应税项目,可在改变用途的次月计算可抵扣的进项税额;可抵扣的进项税额=(100+13-67.8)÷(1+13%)×13%=5.2(万元)。

29. A 【解析】取得航空运输电子客票行程单可抵扣的进项税额=(6 004+100)÷(1+9%)×9%=504(元)。

30. D 【解析】选项D,学历教育收取的学费,免征增值税;非学历教育收取的学费,需要征收增值税。

31. C 【解析】采用预收货款方式销售货物的,增值税纳税义务发生时间为发出货物的当天;先开发票的为开具发票的当天。

32. B 【解析】消费税税目中的"酒",包括白酒、啤酒、黄酒、其他酒,不包括"调味料酒"。

33. B 【解析】选项A,在零售环节征收消费税(非加征);选项C,在批发环节加征消费税;选项D,在生产环节征收消费税。

34. B

35. C 【解析】果木酒从价计征消费税,计税基础包括向购买方收取的全部价款和价外费用,但不包括向购货方收取的增值税税款。本题中,包装物租金、优质费属于价外费用,在计入销售额的时候需要换算为不含增值税的价款。

36. C 【解析】啤酒从量定额计征消费税,计税数量为啤酒的"销售"数量,则消费税=400×220=88 000(元);啤酒的包装物押金在逾期时应作为价外费用并入销售额计征增值税,价外费用为含税销售额应换算为不含税销售额。则增值税=[400×2 800+6 000÷(1+13%)]×13%=146 290.27(元);增值税及消费税税额合计=146 290.27+88 000=234 290.27(元)。

37. D 【解析】卷烟的消费税执行复合计征，从价计征部分适用的销售额为不含增值税的销售额，该企业本月应纳消费税税额＝[87 000÷(1＋13%)]×36%＋1 500×200×0.003＝28 616.81(元)。

38. C 【解析】"换、抵、投"按最高销售价格计征消费税。

39. A 【解析】委托加工的应税消费品，按照"受托方"的同类消费品的销售价格计算纳税，没有同类消费品销售价格的，按照组成计税价格计算纳税；甲公司该笔业务应代收代缴消费税＝组成计税价格×消费税税率＝(材料成本＋加工费)÷(1－消费税比例税率)×消费税比例税率。

40. B 【解析】用外购应税消费品，连续生产应税消费品，在计征消费税时，可以按"当期生产领用数量"计算准予扣除外购应税消费品已纳消费税税款。本题中，10月初库存高档护肤类化妆品为0，本月购进数量为100万元，10月底库存数量为10万元，则生产领用的数量为90万元。

41. C 【解析】纳税人委托加工应税消费品的，消费税纳税义务发生时间为纳税人提货的当天。

42. B 【解析】选项A，用白酒连续生产白酒不得抵扣已纳消费税；选项C，金银镶嵌首饰在零售环节纳税，不能抵扣翡翠已纳消费税款；选项D，高档手表属于特殊应税消费品，不得扣除已纳消费税。

二、多项选择题

1. BCD 【解析】选项A，由海关负责征收。

2. ABCD 【解析】税收法律关系主体包括征税主体和纳税主体，其中选项AB，属于征税主体；选项CD，属于纳税主体。

3. AB 【解析】我国的税率形式包括"超额累进税率、超率累进税率"。

4. ABCD 【解析】选项A，转让外汇属于金融服务—金融商品转让服务；选项B，融资性售后回租属于金融服务—贷款服务；选项C，货币兑换服务属于金融服务—直接收费金融服务；选项D，财产保险服务属于金融服务—保险服务。

5. AB 【解析】选项A，属于"交通运输—管道运输服务"；选项B，属于"交通运输—水路运输服务"选项C，属于"现代服务—物流辅助服务"；选项D，属于"现代服务—商务辅助服务(经纪代理服务)"。

6. BCD 【解析】选项A，属于"金融服务"。

7. BC 【解析】选项BC，属于增值电信服务。

8. BC 【解析】选项B，属于"建筑服务—安装服务"；选项C，属于"金融服务—贷款服务"。

9. ABCD 【解析】选项A，属于"现代服务—租赁服务"；选项BC，属于"销售无形资产"；选项D，属于"现代服务—商务辅助服务(经纪代理服务)"。

10. BD 【解析】选项B，属于"现代服务—文化创意服务(广告服务)"；选项D，属于"交通运输服务"。

11. ABCD 【解析】选项A，属于"现代服务—物流辅助服务"；选项B，属于"现代服务—研发和技术服务"；选项CD，属于"现代服务—租赁服务(不动产经营租赁服务)"。

12. BD 【解析】选项A，属于"金融服务—贷款服务"；选项C，属于"金融服务—金融商品转让"；选项BD，银行提供信用卡、资金结算、资金清算、金融支付等服务，而直接取得的收入属于"金融服务—直接收费的金融服务"。

13. AD 【解析】选项AD，属于"生活服务—居民日常服务"；选项B，属于"现代服务—商务辅助服务(企业管理服务)"；选项C，属于"现代服务—文化创意服务"。

14. ACD 【解析】选项ACD，自产和委托加工的货物，无论"对内""对外"均视同销售；选项B，外购货物"对内"(用于集体福利)，进项税额不得抵扣。

15. ABD 【解析】选项C，属于兼营，应分别核算增值税额。

16. BC 【解析】选项AD，为境外单位向境内单位或者个人销售"完全在境外"发生的服务，不属于在我国境内提供增值税应税服务；选项BC，虽然提供方在境外，但不满足"完全在境外使用"这一条件，因此属于在我国境内提供增值税应税服务。

17. AD 【解析】选项B，执行13%的税率；选项 C，执行 6% 的税率。

18. AC 【解析】选项 A，适用"零税率"；选项 C，属于适用"零税率"的跨境行为；选项 BD，属于适用"免税"规定的跨境行为。

19. CD 【解析】选项 AB，公共交通运输服务、电影放映服务可以选择使用简易计税方法计税。

20. ABD 【解析】选项 C，适用 9% 的增值税税率。

21. ABC 【解析】选项 ABC，销售货物时，价外向买方收取的手续费、违约金、包装物租金等均属于价外费用，无论会计上如何核算，均应计入销售额；选项 D，受托加工应征消费税的消费品所代收代缴的消费税不属于价外费用，不计入增值税的应税销售额。

22. BCD 【解析】选项 B，采取以旧换新方式销售货物的，应按新货物的同期销售价格确定销售额，不得扣减旧货物的收购价格（金银首饰除外）；选项 C，将折扣额另开发票，不论其在财务上如何处理，均不得从销售额中减除折扣额；选项 D，税法上按正常销售处理。

23. ABD 【解析】选项 C，建筑企业提供建筑服务执行"简易征收"办法的，以取得的全部价款和价外费用扣除支付的分包款后的余额为销售额。

24. ABD 【解析】选项 C，机动车销售统一发票视同增值税专用发票管理；二手车销售统一发票属于普通发票不得作为增值税扣税凭证。

25. ABCD 【解析】一般纳税人购进的贷款服务、餐饮服务、居民日常服务和娱乐服务不得抵扣进项税额。

26. ACD 【解析】其他个人自己使用过的物品，免征增值税；企业销售自己使用过的固定资产，按照适用税率征收增值税。

27. BCD 【解析】选项 A，减按 2% 的征收率缴纳增值税。

28. ABD

29. AD 【解析】选项 BC，纳税人一经放弃免税权，其生产销售的全部增值税应税货物或劳务均应按照适用税率征税，不得选择某一免税项目放弃免税权，也不得根据不同的销售对象选择部分货物或劳务放弃免税权。

30. BCD 【解析】选项 A，为发出货物并办妥托收手续的当天。

31. BC 【解析】选项 A，纳税义务发生时间为货物发出的当天；选项 D，纳税义务发生时间为提供服务的当天。

32. AC 【解析】选项 B，是抵扣联的用途；选项 D，是记账联的用途。

33. ACD 【解析】选项 A，向消费者个人销售货物不得开具增值税专用发票；选项 C，销售适用免税规定的货物不得开具增值税专用发票；选项 D，纳税人销售旧货按照简易办法依照 3% 征收率减按 2% 征收，不得开具增值税专用发票。

34. ACD 【解析】选项 B，在生产销售、委托加工和进口环节征收消费税。

35. AC 【解析】选项 B，凡划分不清楚或不能分别核算的，在生产环节销售的，一律从高适用税率征收消费税；在零售环节销售的，一律按金银首饰征收消费税；选项 D，应按"受托方"销售同类金银首饰的销售价格确定计税依据征收消费税，没有同类金银首饰销售价格的，按照组成计税价格计算纳税。

36. BC 【解析】选项 A，将高档化妆品与普通化妆品组成礼盒成套销售的，依销售额全额计算消费税；选项 B，电动汽车不属于"小汽车"类，不征消费税；选项 C，体育上用的发令纸、鞭炮药引线，不属于"鞭炮、焰火"类，不征消费税；选项 D，属于"成品油—润滑油"类，征收消费税。

37. CD 【解析】选项 AB，免征消费税；选项 CD，不属于消费税征税范围。

38. ABCD 【解析】金银首饰在零售环节纳税；纳税人自产自用的应税消费品，用于奖励、馈赠、广告、管理部门、非生产机构、职工福利等，于移送使用时，缴纳消费税。

39. BC 【解析】选项 A，不属于消费税征税范围；选项 B，对酒类（啤酒、黄酒除外）收取的包装物押金，无论押金是否返还，均应并入酒类产品销售额，征收消费税；选项 C，视同销售缴纳消费税；选项 D，将自产应税消费品连续生产应税消费品，不纳消费税。

40. BCD 【解析】"换、抵、投"按最高销售价格计征消费税。

41. BD 【解析】选项AC，从价定率征收消费税。

42. AB 【解析】选项AC，酒类应税消费品中，白酒执行复合计征，啤酒、黄酒从量定额计征，其他酒从价计征；选项BD，烟类产品中，卷烟执行复合计征，雪茄烟和烟丝从价计征。

三、判断题

1. √
2. × 【解析】在境内没有代理人的，以购买方为扣缴义务人。
3. × 【解析】只要是报关进口的应税货物，均属于增值税的征税范围，除享受免税政策外，在进口环节缴纳增值税。
4. × 【解析】贴现业务，应当按照"金融服务—贷款服务"征收增值税。
5. √
6. × 【解析】单位或者个体工商户向其他单位或个人无偿提供服务，应当视同销售缴纳增值税，但用于"公益事业"或者以"社会公众"为对象的除外。
7. × 【解析】房地产主管部门或者其指定机构、公积金管理中心、开发企业以及物业管理单位代收的住宅专项维修资金，不征收增值税。
8. √
9. √
10. × 【解析】固定业户应当向其机构所在地的税务机关申报纳税，总机构和分支机构不在同一县(市)，应当分别向各自所在地的税务机关申报纳税；经国务院财政、税务部门或者其授权的财政、税务机关批准，可以由总机构汇总向总机构所在地的税务机关申报纳税。
11. × 【解析】上述情形，应当向建筑服务发生地、不动产所在地、自然资源所在地主管税务机关申报缴纳增值税。
12. × 【解析】纳税人进口货物，应当自海关填发进口增值税专用缴款书之日起15日内缴纳税款。
13. × 【解析】增值税发票的发票联为"购买方"核算采购成本和增值税进项税额的记账凭证；题目表述为"记账联"的作用。
14. × 【解析】保险公司以1个月为纳税期限。
15. × 【解析】企业购进货车或厢式货车改装生产的商务车，不征收消费税。
16. × 【解析】纳税人通过自设"非独立核算"门市部销售自产应税消费品，应当按照门市部对外销售额或销售数量计算征收消费税。
17. √
18. × 【解析】用"外购"和"委托加工收回"应税消费品，"连续生产应税消费品"，在计征消费税时，可以按"当期生产领用数量"计算准予扣除外购和委托加工的应税消费品已纳消费税税款；自产的用自产的应税消费品，连续生产应税消费品，不征收消费税，仅在销售生产的最终消费品时缴纳消费税，不涉及已纳税款的问题。
19. √ 【解析】委托加工的应税消费品，受托方为单位的，由受托方向机构所在地或居住地的主管税务机关解缴。
20. × 【解析】纳税人委托加工应税消费品的，其纳税义务发生时间为纳税人"提货"的当天。

四、不定项选择题

【资料一】

1. BC 【解析】选项A，购进的贷款服务进项税额不得抵扣（且取得的为普通发票）；选项B，购入生产用材料，取得增值税专用发票，进项税额准予抵扣；选项C，购进的餐饮服务（不包括住宿服务）进项税额不得抵扣；选项D，因管理不善造成非正常损失的购进货物，进项税额不得抵扣。

2. A 【解析】取得注明旅客身份信息的铁路车票、公路、水路等其他客票的，计算抵扣进项税额，铁路旅客运输进项税额=票面金额÷(1+9%)×9%；取得注明旅客身份信息的公路、水路等其他旅客运输进项税额=票面金额÷(1+3%)×3%。未注明旅客身份信息的，不得计算抵扣。

3. C 【解析】(1)纳税人采取折扣方式销售货物，销售额和折扣额在同一张发票上分别注明，按折扣后的销售额征收增值税，本题中为含税销售额应当换算为不含税销售额；(2)洗衣机包装物押金在取得时不作为价外费用,本题中押金不属于价外费用,无需进行税务处理。

4. D 【解析】(1)洗衣机属于一般商品(非金银首饰),"以旧换新"应按新货物的同期销售价格确定销售额,不得扣减旧货物的收购价格;(2)本题新货物的销售价格为含税金额需要换算为不含税金额。

【资料二】

1. A 【解析】纳税人销售活动板房、机器设备、钢结构件等自产货物的同时提供建筑、安装服务,不属于混合销售,应分别核算货物和建筑服务的销售额,分别适用不同的税率或者征收率。提供安装服务按照销售建筑服务适用9%的税率计征增值税,销售自产活动板房适用13%的税率。

2. CD 【解析】选项AB,用于简易计税方法计税项目的购进服务不得从销项税额中抵扣进项税额;选项D,既用于简易计税方法计税项目又用于抵扣项目的固定资产,该进项税额准予全部抵扣。

3. A 【解析】取得的奖励款属于价外费用,需要并入销售额计征增值税。价外费用和工程款均为含税金额需要换算为不含税金额。

4. D 【解析】纳税人提供建筑服务适用简易计税方法的,以取得的全部价款和价外费用扣除支付的分包款后的余额为销售额。工程款和分包款为含税金额,计算出的余额为含销售额需要价税分离。

【资料三】

1. D 【解析】(1)贷款服务,以提供贷款服务取得的全部利息及利息性质的收入为销售额(不得扣减存款利息支出);(2)取得的含增值税销售额应当换算为不含增值税的销售额。

2. B 【解析】金融商品转让,按照卖出价扣除买入价后的余额为销售额。转让金融商品出现的正负差,按盈亏相抵后的余额为销售额。

3. ABC 【解析】选项ABC,外购货物用于生产经营且取得增值税专用发票,进项税额准予抵扣;选项D,外购货物"对内"(用于集体福利),进项税额不得抵扣。

4. A 【解析】一般纳税人销售2009年1月1日以后购入的除了不得抵扣且未抵扣进项税额的固定资产外的固定资产,按照适用税率征收增值税。

【资料四】

1. ABC 【解析】选项AC,纳税人将自产应税消费品,用于生产非应税消费品、在建工程、管理部门、非生产机构、提供劳务、馈赠、赞助、集资、广告、样品、职工福利、奖励等方面的,于移送使用时缴纳消费税。选项B,纳税人生产的应税消费品,于纳税人销售时缴纳消费税。

2. B 【解析】委托加工的应税消费品,按照受托方的同类消费品的销售价格计算纳税,没有同类消费品销售价格的,按照组成计税价格计算纳税。组成计税价格=(材料成本+加工费)÷(1−比例税率)。应纳税额=组成计税价格×比例税率。

3. C 【解析】纳税人进口应税消费品,按照组成计税价格和规定的税率计算应纳税额。组成计税价格=(关税完税价格+关税)÷(1−消费税比例税率)。应纳税额=组成计税价格×比例税率。

4. D 【解析】将自产货物用于职工福利、无偿赠送需要视同销售计征增值税;进口化妆品允许抵扣的增值税进项税额=(关税完税价格+关税)÷(1−消费税比例税率)×增值税税率=(935 000+935 000×5%)÷(1−15%)×13%=150 150(元);甲公司当月应纳增值税税额=(3 000 000+100×1 000+500×40)×13%+32 500−(935 000+935 000×5%)÷(1−15%)×13%=287 950(元)。

【资料五】

1. D 【解析】业务(2)采用分期收款方式销售货物的,其增值税的纳税义务发生时间为书面合同约定的收款日期,按照合同约定的含税销售额2 260 000元确认增值税销项税额。业务(3)采取预收货款方式销售货物的,增值税纳税义务发生时间是发货的当天,本月未发货,不确认增值税。业务(4)视同销售。当月自产M型高档香水增值税销项税额=(3 390 000+2 260 000+400×565)÷(1+13%)×13%=676 000(元)。

2. AB 【解析】选项C,采取分期收款方式销售货物的,消费税纳税义务发生时间为书面合同约定的收款日期的当天,当月按照合同约定的含增值税销售额确认消费税,应缴纳消费税税额=2 260 000÷(1+13%)×15%=300 000(元);选项D,采取预收货款方式销售货物的,消费税的纳税义务发生时间为发货的当天,当月货物未发出,当月不确认消费税。

3. A 【解析】纳税人通过自设"非独立核算"门市部销售的自产应税消费品,应当按照"门市部"对外销售额或者销售数量征收消费税。应缴纳消费税税额=700×226÷(1+13%)×15%=21 000(元)。

4. B 【解析】香粉按照13%的税率转出进项税额,运费按照9%的税率转出进项税额;转出的增值税=(203 400-3 600)×13%+3 600×9%=26 298(元)。

【资料六】

1. D 【解析】纳税人用于换取生产资料和消费资料、投资入股和抵偿债务等方面的应税消费品,应当以纳税人同类应税消费品的"最高"销售价格作为计税依据,计征消费税。

2. B 【解析】纳税人通过自设非独立核算门市部销售的自产应税消费品,应当按照门市部对外不含税销售价格作为计税依据,计征消费税。销售单价为含税金额,需要价税分离。

3. C 【解析】由于甲葡萄酒公司无同类葡萄酒销售价格,按照组成计税价格计算纳税,组成计税价格=(材料成本+加工费)÷(1-消费税税率);应纳税额=组成计税价格×消费税税率。组成计算价格中的加工费为不含税金额,需要将题目中的含税加工费换算为不含税金额。

4. ABC 【解析】选项A,就其加工劳务按照销售加工、修理修配劳务纳税;选项B,属于以物易物,换出的葡萄酒应依法确认销项税额,换入的设备符合条件的,可以抵扣进项税额;选项C,门市部对外销售N品牌葡萄酒,计征增值税;选项D,同一县市的移送,不视同销售货物。

第六绝 "酒"——企业所得税、个人所得税法律制度

深闻酒醇

佳人"八绝"以"酒"醉人。正所谓"淡淡馨香微透光,杏花村外送芬芳"。一如本章,初学时感觉轻松愉悦,细品时发现后劲十足。只因企业所得税本就为"十八税"中底蕴最深的税种。个人所得税在进行综合所得税制改革后难度亦是有所提升,各类所得均有不同的计税规则。本书中,我们将按"个人所得项目"归类后,分别加以介绍。

学习本章务求"二税并重",把握住基本概念和基本计算,是应对本章、保持"清醒"的关键,切勿"酒不醉人人自醉"。

本章在考试中所占分值为 18%。

2021年考试变化

企业所得税部分无重大调整;个人所得税部分新增累计预扣预缴制下一个纳税年度内首次取得工资、薪金所得的居民个人生计费的扣除规定。

人生初见

第一部分 企业所得税

考验一 纳税人(★★)
扫我解疑难

(一)纳税人

我国境内的"企业"和其他取得收入的"组织"。

『注意』"个体工商户、个人独资企业、合伙企业"不属于企业所得税纳税人。

(二)分类——属人+属地(见表6-1)

表6-1 企业所得税纳税人分类

类型	判定标准
居民企业	在中国境内成立
	依照外国(地区)法律成立但实际管理机构在中国境内
非居民企业	依据外国(地区)法律成立且实际管理机构不在中国境内,但在中国境内设立机构、场所
	在中国境内未设立机构、场所,但有来源于中国境内所得

【注意】非居民企业委托营业代理人在中国境内从事生产经营活动的,包括委托单位或者个人经常代其签订合同,或者储存、交付货物等,该营业代理人视为非居民企业在中国境内设立的机构、场所。

(三)纳税义务(见表6-2)

表6-2 企业所得税纳税人的纳税义务

企业类型		纳税义务
居民企业		来源于中国境内、境外的所得
非居民企业	设立机构、场所	(1)所设机构、场所取得的来源于中国境内的所得; (2)发生在中国"境外"但与其所设机构、场所有实际联系的所得
	设立机构、场所,但取得的所得与所设机构、场所没有实际联系	来源于中国境内的所得
	未设立机构、场所	

(四)所得"来源"地(见表6-3)

表6-3 所得"来源"地

所得		来源
销售货物		交易活动或劳务发生地
提供劳务		
转让财产	不动产转让所得	"不动产"所在地
	动产转让所得	"转让"动产的企业或机构、场所所在地
	权益性投资资产转让所得	"被投资企业"所在地
股息、红利等权益性投资		"分配"所得的企业所在地
利息、租金、特许权使用费		"负担、支付所得"的企业或者个人的机构、场所所在地、住所地

【例题1·多选题】根据企业所得税法律制度的规定,下列各项中,属于企业所得税纳税人的有( )。
A. 在中国境内注册的个人独资企业
B. 在中国境内注册的一人有限责任公司
C. 在中国境内注册的社会团体
D. 外国公司在中国境内的分公司

解析 选项A,个人独资企业是由投资人承担"无限责任"的非法人企业,属于个人所得税的纳税人;选项B,我国《公司法》规定,有限责任公司的股东人数为50人以下(可以为1人),一人有限责任公司,股东承担"有限责任",是有限责任公司的特殊类型,属于企业所得税的纳税人;选项C,为其他取得收入的"组织",属于企业所得税的纳税人;选项D,为非居民企业,属于企业所得税纳税人。

答案 BCD

【例题2·单选题】根据企业所得税法律制度的规定,以下属于非居民企业的是( )。
A. 根据中国法律成立,实际管理机构在境内的丙公司
B. 根据外国法律成立,实际管理机构在境内的甲公司
C. 根据外国法律成立且实际管理机构在国外,在境内设立机构场所的丁公司
D. 根据中国法律成立,在国外设立机构场所的乙公司

解析 选项AD,满足"依法在中国境内成立"标准,属于居民企业;选项B,满足"实际管理机构在中国境内"标准,属于居民企业;选项C,不满足"依法在中国境内成立"标准,也不满足"实际管理机构在中国境内"标准,但在中国境内设立了机构场所,属于非居民企业。

答案 C

【例题3·判断题】企业所得税非居民企业委托营业代理人在中国境内从事生产经营活动,该营业代理人视为非居民企业在中国境内设立的机构、场所。( )

答案 ✓

【例题4·多选题】根据企业所得税法律制度的规定，下列所得中，属于企业所得税征税对象的有(　　)。

A. 在中国境内设立机构、场所的非居民企业，其机构、场所来源于中国境内的所得

B. 居民企业来源于中国境外的所得

C. 在中国境内未设立机构、场所的非居民企业来源于中国境外的所得

D. 居民企业来源于中国境内的所得

解析 ▶ 选项C，非居民企业来源于境外的所得不属于我国境内所得，不是企业所得税征税范围。

答案 ▶ ABD

【例题5·判断题】居民企业就其来源于中国境内、境外的全部所得缴纳企业所得税，非居民企业仅就来源于中国境内的所得缴纳企业所得税。(　　)

解析 ▶ 非居民企业包括两类，一类为在中国境内设立了机构场所的非居民企业，另一类为未设立机构场所，但有来源于中国境内所得的企业。未设立机构场所的非居民企业仅就来源于中国境内的所得缴纳企业所得税；设立了机构场所的非居民企业除就其所设机构、场所取得的来源于中国境内的所得缴纳企业所得税外，还应当就其发生在中国"境外"但与其所设机构、场所有实际联系的所得，缴纳企业所得税。

答案 ▶ ×

【例题6·单选题】根据企业所得税法律制度的规定，下列关于来源于中国境内、境外所得确定来源地的表述中，不正确的是(　　)。

A. 提供劳务所得，按照劳务发生地确定

B. 股息、红利等权益性投资收益所得，按照分配所得的企业所在地确定

C. 动产转让所得，按照转让动产活动发生地确定

D. 销售货物所得，按照交易活动发生地确定

解析 ▶ 选项C，动产转让所得按照转让动产的企业或者机构、场所所在地确定。

答案 ▶ C

考验二　税率(★)
（2021年调整）

扫我解疑难

企业所得税税率(见表6-4)。

表6-4　企业所得税税率

税率		适用对象
25%		居民企业
		在中国境内设立机构场所且取得所得与所设机构场所有实际联系的非居民企业
20%		在中国境内未设立机构、场所的非居民企业
		虽设立机构、场所，但取得的所得与其所设机构、场所没有实际联系的非居民企业
优惠税率	10%	执行20%税率的非居民企业
	15%	高新技术企业、技术先进型服务企业
		设在西部地区，以《鼓励类产业目录》项目为主营业务，主营业务收入占总收入达到规定比例的企业
	20%	小型微利企业
		『注意』自2019年1月1日至2021年12月31日，年应纳税所得额不超过100万元的部分，减按25%计入应纳税所得额；超过100万元但不超过300万元的部分，减按50%计入应纳税所得额

【例题1·判断题】在中国境内设立机构、场所且取得的所得与其所设机构、场所有实际联系的非居民企业，适用的企业所得税税率为20%。(　　)

解析 ▶ 在中国境内设立机构、场所且取得的所得与其所设机构、场所有实际联系的非居民企业，适用的企业所得税税率为25%。

答案 ▶ ×

【例题2·单选题】根据企业所得税法律制度的规定,对设在西部地区以《西部地区鼓励类产业目录》中新增鼓励类产业项目为主营业务,且其当年度主营业务收入达到规定比例的企业,优惠税率为( )。

A. 10%　　　　B. 15%
C. 20%　　　　D. 25%

答案 ▶ B

【例题3·单选题】甲公司2019年度为符合条件的小型微利企业,当年企业所得税应纳税所得额160万元。已知小型微利企业减按20%的税率征收企业所得税。计算甲公司2019年度应缴纳企业所得税税额的下列算式中,正确的是( )。

A. 160×20% = 32（万元）
B. 160×25%×20% = 8（万元）
C. 160×50%×20% = 16（万元）
D. 100×25%×20% +（160 - 100）×50%×20% = 11（万元）

解析 ▶ 对小型微利企业年应纳税所得额不超过100万元的部分,减按25%计入应纳税所得额,按20%的税率缴纳企业所得税;对年应纳税所得额超过100万元但不超过300万元的部分(160-100),减按50%计入应纳税所得额,按20%的税率缴纳企业所得税。

答案 ▶ D

考验三　应纳税所得额(★★★)

扫我解疑难

【说明】"企业所得税应纳税额 = 应纳税所得额×税率 - 减免税额 - 抵免税额",其中计算"应纳税所得额"是计算"应纳税额"的**核心**,也是企业所得税部分的考核重心所在,其计算分为"直接法"和"间接法"两种方式,本部分内容按"直接法"展开,其计算公式如下:

应纳税所得额 = 收入总额 - 不征税收入 - 免税收入 - 各项扣除 - 准予弥补的以前年度亏损

应纳税所得额的计算(见图6-1)。

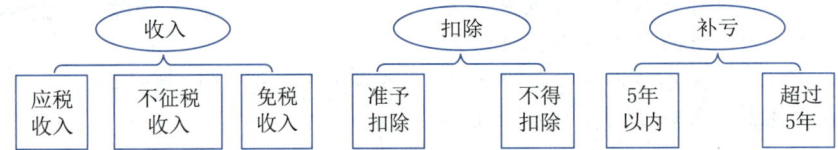

图6-1　应纳税所得额的计算

『老侯提示』考题中,在按照直接法计算"收入总额"时,应税收入、不征税收入和免税收入均应当计入其中。

(一)收入总额

1. 收入的形式(见表6-5)

表6-5　收入的形式

形式	具体内容
货币形式	现金、存款、应收账款、应收票据、**"准备持有至到期的债券投资"** 以及债务的豁免等
非货币形式	固定资产、生物资产、无形资产、股权投资、存货、**"不准备持有至到期的债券投资"**、劳务以及有关权益 『注意』非货币形式收入应当按照**"公允价值"** 确定收入额

『老侯提示』货币性资产,是指持有的"现金"及将以"固定或可确定"金额的货币收取的资产。

(1)"准备持有至到期的债券投资",持有期间不会出售,持有至到期兑现时取得"可确定"的货币资金,视为货币形式收入;

(2)"不准备持有至到期的债券投资",持有期间会根据市场情况选择出售或继续持有,无"固定或可确定金额",不满足货币性资产的判定标准,属于投资资产,视为非货币形式收入。

2. 收入的类别(见表6-6)

表 6-6　收入的类别

类别	具体内容
销售货物	销售商品、产品、原材料、包装物、低值易耗品以及其他存货
提供劳务	从事建筑安装、修理修配、交通运输、仓储租赁、金融保险、邮电通信、咨询经纪、文化体育、科学研究、技术服务、教育培训、餐饮住宿、中介代理、卫生保健、社区服务、旅游、娱乐、加工以及其他劳务服务活动
转让财产	转让固定资产、生物资产、无形资产、股权、债权等的**"所有权"**
股息、红利等权益性投资	因"权益性投资"从被投资方取得的收入
利息	存款利息、贷款利息、债券利息、欠款利息等
租金	提供固定资产、包装物或者其他有形资产的**"使用权"**
特许权使用费	提供专利权、非专利技术、商标权、著作权以及其他特许权的**"使用权"**
接受捐赠	接受的来自其他企业、组织或者个人无偿给予的货币性资产、非货币性资产
其他收入	企业资产溢余收入、逾期未退包装物押金收入、确实无法偿付的应付款项、已作坏账损失处理后又收回的应收款项、债务重组收入、补贴收入、违约金收入、汇兑收益等

3. 收入确认的时间（见表6-7）

表 6-7　收入确认的时间

收入类别			确认时间
销售货物	采用托收承付方式		**"办妥托收手续"**时
	采用预收款方式		发出商品时
	需要安装和检验	一般	购买方接受商品以及安装和检验完毕时
		安装程序简单	发出商品时
	采用支付手续费方式委托代销		收到代销清单时
	采用分期收款方式		合同约定的收款日期
	采取产品分成方式		分得产品的日期
提供劳务			在各个纳税期末（采用完工百分比法）
股息、红利等权益性投资			被投资方作出利润分配决定日期
利息、租金、特许权使用费			合同约定的债务人应付利息、承租人应付租金或特许权使用人应付特许权使用费的日期
接受捐赠			实际收到捐赠资产的日期

『老侯提示』区别采用托收承付方式销售货物，"**企业所得税收入确认时间**"与"**增值税纳税义务发生时间**"：严格来说，办妥托收手续的前提是发出货物并有发货单作为凭证，但考题会依据不同税种的法律条文直接命题，因此在回答增值税纳税义务发生时间的题目，选项中如没有"发出货物"而只说"办妥托收手续"应判断为错误；回答所得税收入确认时间的题目，选项中只说"办妥托收手续"应判断为正确。

4. 特殊销售方式下收入金额的确认
(1)销售货物。
①售后回购。
销售的商品按"**售价**"确认收入，回购的商品作为购进商品处理。
『注意』有证据表明不符合销售收入确认条件的，如以销售商品方式进行融资，收到的款项应确认为负债，回购价格大于原售价的，差额应在回购期间确认为利息费用。

②以旧换新。

销售的商品应当按照销售商品收入确认条件确认收入，回收的商品作为购进商品处理。

③商业折扣。

按照扣除商业折扣"后"的金额确定销售商品收入金额。

④现金折扣。

按扣除现金折扣"前"的金额确定销售商品收入金额，现金折扣在实际发生时作为财务费用扣除。

⑤销售折让、销售退回。

在"发生当期"冲减当期销售商品收入。

⑥买一赠一。

赠品不属于捐赠，应将总的销售金额按各项商品"公允价值"的比例来"分摊"确认各项销售收入。

【注意】买赠行为增值税的处理与所得税的处理不同。

【举例】某企业以"买一赠一"的方式销售货物，2019年6月销售甲商品40件，取得不含增值税销售额28万元，同时赠送乙商品40件，乙商品不含增值税的市场价格为7.2万元。

税种	计税基础（万元）	
增值税	销售甲产品收入=28	合计=28+7.2=35.2
	视同销售乙产品收入=7.2	
所得税	销售甲产品收入=28×28/(28+7.2)	合计=28
	销售乙产品收入=28×7.2/(28+7.2)	

⑦产品分成。

采取产品分成方式取得收入的，其收入额按照产品的公允价值确定。

（2）提供劳务。

企业在各个纳税期末，提供劳务交易的结果能够可靠估计的，应采用完工进度（百分比）法确认提供劳务收入。

（3）租金。

交易合同或协议中规定租赁期限"跨年度"，且租金"提前一次性支付"的，出租人可对上述已确认的收入，在租赁期内"分期"均匀计入相关年度收入。

【老侯提示】权责发生制。

5. 视同销售

企业发生"非货币性资产交换"，以及将货物、财产、劳务用于捐赠、偿债、赞助、集资、广告、样品、职工福利或者利润分配等用途的，应当视同销售货物、转让财产或者提供劳务，但国务院财政、税务主管部门另有规定的除外。

【例题1·多选题】根据企业所得税法律制度的规定，企业取得的下列收入中属于货币形式的有（   ）。

A. 债务的豁免　　B. 现金
C. 应收账款　　　D. 存货

解析▶ 除"现金"外，判定是否属于货币形式的收入应看其是否属于将以"固定或可确定"金额的货币收取的资产。选项ABC，显然满足货币形式收入的判定条件；选项D，存货属于非货币形式。

答案▶ ABC

【例题2·多选题】根据企业所得税法律制度的规定，下列各项中，在计算企业所得税应纳税所得额时，应计入收入总额的有（   ）。

A. 企业资产溢余收入
B. 逾期未退包装物押金收入
C. 确实无法偿付的应付款项
D. 汇兑收益

解析▶ 上述选项均属于"其他收入"，应计入企业所得税的收入总额。

答案▶ ABCD

【例题3·单选题】根据企业所得税法律制度规定，下列各项中，属于特许权使用费收入的是（   ）。

A. 提供生产设备使用权取得的收入
B. 提供运输工具使用权取得的收入
C. 提供房屋使用权取得的收入
D. 提供商标权的使用权取得的收入

解析▶ 选项ABC，提供"有形资产"使用权取得的收入属于"租金收入"；选项D，提供"无形资产"使用权的收入，属于"特许权使用费收入"。

答案▶ D

【例题4·单选题】2017年9月1日，甲公司与乙公司签订合同，采用预收款方式销售商品一批，并于9月10日收到全部价款。甲公司9月20日发出商品，乙公司9月21日收到该批商品。下列关于甲公司确认该业务企业所得税销售收入实现时间的表述中，正确的是( )。

　　A. 9月10日确认销售收入
　　B. 9月20日确认销售收入
　　C. 9月21日确认销售收入
　　D. 9月1日确认销售收入

　　解析 ▶ 销售商品采用预收款方式的，在发出商品时确认收入。
　　答案 ▶ B

【例题5·单选题】根据企业所得税法律制度的规定，关于确认收入实现时间的下列表述中，正确的是( )。

　　A. 接受捐赠收入，按照合同约定的捐赠日期确认收入的实现
　　B. 利息收入，按照合同约定的债务人应付利息的日期确认收入的实现
　　C. 租金收入，按照出租人实际收到租金的日期确认收入的实现
　　D. 权益性投资收益，按照投资方实际收到利润的日期确认收入的实现

　　解析 ▶ 选项A，按照"实际收到"捐赠资产的日期确认收入的实现；选项C，按照"合同约定"的承租人应付租金的日期确认收入的实现；选项D，除国务院财政、税务主管部门另有规定外，按照被投资方作出利润分配决定的日期确认收入的实现。
　　答案 ▶ B

【例题6·多选题】根据企业所得税法律制度的规定，下列关于收入确认的表述中，正确的有( )。

　　A. 销售商品采用预收款方式的，在收到预收款时确认收入
　　B. 销售商品采用托收承付方式的，在办妥托收手续时确认收入
　　C. 销售商品采用支付手续费方式委托代销的，在收到代销清单时确认收入
　　D. 销售商品需要安装和检验的，在收到款项时确认收入

　　解析 ▶ 选项A，在发出商品时确认收入；选项D，在购买方接受商品以及安装和检验完毕时确认收入，如果安装程序比较简单，可在发出商品时确认收入。
　　答案 ▶ BC

【例题7·单选题】根据企业所得税法律制度的规定，下列关于企业销售货物收入确认的表述中，正确的是( )。

　　A. 企业已经确认销售收入的售出商品发生销售折让，不得冲减当期销售商品收入
　　B. 销售商品以旧换新的，应当以扣除回收商品价值后的余额确定销售商品收入金额
　　C. 销售商品涉及现金折扣的，应当以扣除现金折扣后的金额确定销售商品收入金额
　　D. 销售商品采用支付手续费方式委托代销的，在收到代销清单时确认收入

　　解析 ▶ 选项A，企业已经确认销售收入的售出商品发生销售折让和销售退回，应当在发生当期冲减当期销售商品收入；选项B，销售商品以旧换新的，销售商品应当按照销售商品收入确认条件确认收入，回收的商品作为购进商品处理；选项C，销售商品涉及现金折扣的，应当按扣除现金折扣前的金额确定销售商品收入金额，现金折扣在实际发生时作为财务费用扣除。
　　答案 ▶ D

【例题8·单选题】甲电子公司2019年9月销售一批产品，含增值税价格为45.2万元。由于购买数量多，甲电子公司给予9折优惠，购买发票上在金额栏分别注明。已知增值税税率为13%。甲电子公司在计算企业所得税应纳税所得额时，应确认的产品销售收入是( )。

　　A. 36万元　　B. 40万元
　　C. 40.68万元　D. 45.20万元

　　解析 ▶ 商业折扣，按照扣除商业折扣后的金额确定销售商品收入金额；销售价格含增值税，应当进行价税分离。应确认的产品销售收入 = 45.20÷(1+13%)×90% = 36(万元)。
　　答案 ▶ A

【例题9·多选题】根据企业所得税法律制度的规定，纳税人发生的下列行为中，应视同销售确认收入的有( )。

　　A. 将货物用于偿还债务
　　B. 将货物用于赞助
　　C. 将货物用于捐赠
　　D. 将货物用于换入设备

　　解析 ▶ 企业发生非货币性资产交换(选项D)，以及将货物、财产、劳务用于捐赠(选项C)、偿债(选项A)、赞助(选项B)、集资、广告、样品、职工福利或者利润分配等用途的，

应当视同销售货物、转让财产或者提供劳务，但国务院财政、税务主管部门另有规定的除外。

答案 ABCD

(二)不征税收入

1. 财政拨款

【注意】县级以上人民政府将国有资产无偿划入企业，凡"指定专门用途"并"按规定进行管理"的，企业可作为不征税收入进行企业所得税处理。

2. 依法收取并纳入财政管理的行政事业性收费、政府性基金

【注意】企业的不征税收入用于支出所形成的费用或者财产，不得扣除或者计算对应的折旧、摊销扣除。

(三)免税收入

1. 国债"利息"收入

【注意】国债"转让"收入不免税。

2. 符合条件的居民企业之间的股息、红利等权益性投资收益

3. 在中国境内设立机构、场所的非居民企业从居民企业取得与该机构、场所有实际联系的股息、红利等权益性投资收益

【注意】"2和3"所指的权益性投资收益，投资方须"连续持有12个月以上"。

4. 符合条件的非营利组织的收入

【注意】不包括非营利组织从事"营利性活动"取得的收入。

【老侯提示】区别"不征税收入"与"免税收入"的关键在于判定是否为"经营行为"带来的收益。①不是企业经营行为带来的收益，不列入征税范围，为"不征税收入"，不征税收入往往用于特定用途，因此其支出所形成的费用或者财产，不得扣除或者计算对应的折旧、摊销扣除。②是企业经营行为带来的收益，列入征税范围，但分别两种情形：其一，符合国家鼓励、照顾的政策或方向，予以减免，属于"免税收入"，免税收入属于税收优惠政策，随着国家税收政策的调整可能恢复征税；其二，不满足享受税收优惠的条件，为应税收入，依法缴纳企业所得税。

【例题10·多选题】根据企业所得税法律制度的规定，下列各项中，属于不征税收入的有( )。

A. 国债利息收入

B. 居民企业直接投资于其他居民企业取得的投资收益

C. 财政拨款

D. 依法收取并纳入财政管理的行政事业性收费

解析 选项AB，是企业经营行为所得收益，但满足税收优惠条件，属于免税收入，选项CD，不是企业经营行为所得收益，属于不征税收入。 **答案** CD

【例题11·单选题】根据企业所得税法律制度的规定，下列各项中，属于免税收入的是( )。

A. 财政拨款收入

B. 转让企业债券取得的收入

C. 企业购买国债取得的利息收入

D. 县级以上人民政府将国有资产无偿划入企业并指定专门用途并按规定进行管理的

解析 选项AD，不是企业经营行为所得收益，属于不征税收入；选项B，是企业经营行为所得收益，且不满足税收优惠条件，属于应税收入；选项C，是企业经营行为所得收益，但满足税收优惠条件，属于免税收入。 **答案** C

(四)税前扣除项目概述

1. 成本

2. 费用(见下文"各类费用的具体扣除规定")

3. 税金

(1)不得扣除的税金：

"准予抵扣的"增值税、"预缴"的企业所得税。

(2)准予扣除的税金：

其他税金，包括"不得抵扣"计入产品成本的增值税。

【说明】准予扣除的税金又进一步分为计入税金及附加科目"直接扣除的税金"和计入相关资产成本，通过折旧或摊销方式扣除的税金，如不得抵扣的增值税即属于此类，但《经济法基础》考试未做要求，此处不再赘述。

4. 损失

(1)准予扣除的损失。

正常生产经营过程中的合理损失；管理不善、自然灾害等不可抗力造成的损失。

(2)不得扣除的损失。

违法、犯罪行为造成的损失,包括:各种行政性罚款、没收违法所得;刑事责任附加刑中的罚金、没收财产等。

(3)损失资产收回的税务处理。

企业已经作为损失处理的资产,在以后纳税年度又全部收回或部分收回时,应当计入当期收入。

坏账损失的会计处理(见图6-2)。

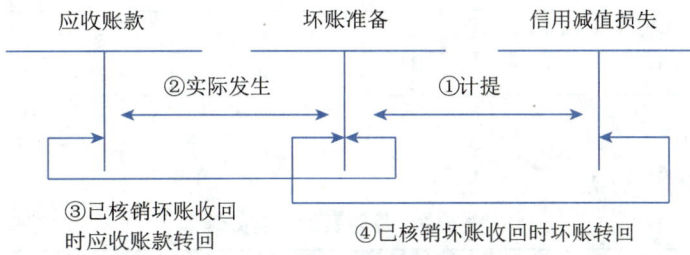

图6-2 坏账损失的会计处理

(4)损失的申报。

企业发生资产损失,应在按税法规定实际确认或者实际发生的"当年"申报扣除。

(5)以前年度资产损失的追补。

①企业以前年度发生的资产损失未能在当年税前扣除的,可以按照规定,向税务机关说明并进行"专项申报"扣除。

②确属实际资产损失,准予追补至该项损失"发生年度"扣除,其追补确认期限一般不得超过"五年"。

③企业因以前年度实际资产损失未在税前扣除而多缴的企业所得税税款,可在"追补确认年度"企业所得税应纳税款中予以抵扣,不足抵扣的,向以后年度递延抵扣。

【例题12·多选题】根据企业所得税法律制度的规定,企业缴纳的下列税金中,准予在企业所得税税前扣除的有( )。

A. 允许抵扣的增值税
B. 消费税
C. 土地增值税
D. 印花税

解析 ▶ 选项A,属于价外税,不计入收入总额,在计算应纳税所得额时不得扣除;选项BCD,计入"税金及附加"科目,在计算应纳税所得额时允许扣除。
答案 ▶ BCD

【例题13·判断题】企业已作为损失处理的资产,在以后纳税年度又全部或部分收回时,应当计入当期收入。 ( )
答案 ▶ √

(五)各类费用的具体扣除规定

1. 三项经费(见表6-8)

表6-8 三项经费的税务处理

经费名称	计算基数	扣除比例	特殊规定
职工福利费	实发工资薪金总额	14%	—
工会经费		2%	—
职工教育经费		8%	超过部分,准予在以后纳税年度"结转"扣除

『老侯提示』莫偷懒,三项经费要分别计算扣除限额,不能合并。

【例题14·单选题】某化妆品生产企业,2019年计入成本、费用中的合理的实发工资540万元,当年发生的工会经费15万元、职工福利费80万元、职工教育经费40万元。已知,在计算企业所得税应纳税所得额时,工会经费、职工福利费、职工教育经费的扣除比例分别为2%、14%、8%,则该企业在计算2019年应税所得时准予扣除的职工工会经费、职工福利费、职工教育经费合计金额的下列计算中,正确的是( )。

A. 15+80+40=135(万元)
B. 540×2%+540×14%+40=126.4(万元)
C. 540×2%+540×14%+540×8%=129.6(万元)
D. 15+80+540×8%=138.20(万元)

解析

项目	限额(万元)	实际发生额	可扣除额	超支额
工会经费	540×2%=10.8	15	10.8	4.2
职工福利费	540×14%=75.6	80	75.6	4.4
职工教育经费	540×8%=43.2	40	40	0
合计		135	126.4	8.6

答案 B

2. 保险费(见表6-9)

表6-9 保险费的税务处理

保险名称	扣除规定
"五险一金"	准予扣除
补充养老保险 补充医疗保险	"分别"不超过工资薪金总额"5%"的部分准予扣除
企业财产保险	准予扣除
雇主责任险、公众责任险	准予扣除
特殊工种人身安全保险	准予扣除
职工因公出差乘坐交通工具发生的人身意外保险费	准予扣除
其他商业保险	不得扣除

【例题15·多选题】根据企业所得税法律制度的规定,企业依照国务院有关主管部门或省级人民政府规定的范围和标准为职工缴纳的下列社会保险费中,在计算企业所得税应纳税所得额时准予扣除的有( )。

A. 基本养老保险费
B. 工伤保险费
C. 失业保险费
D. 基本医疗保险费

解析 企业为职工缴纳的"五险一金",准予在企业所得税前扣除。 **答案** ABCD

【例题16·判断题】企业职工因公出差乘坐交通工具的人身意外保险费支出,不得在计算企业所得税的应纳税所得额时扣除。( )

解析 企业职工因公出差乘坐交通工具发生的人身意外保险费支出,准予企业在计算应纳税所得额时扣除。 **答案** ×

【例题17·单选题】某公司2019年度支出合理的工资薪金总额1 000万元,按规定标准为职工缴纳基本社会保险费150万元,为受雇的全体员工支付补充养老保险费80万元,为公司高管缴纳商业保险费30万元。根据企业所得税法律制度的规定,该公司2019年度发生的上述保险费在计算应纳税所得额时准予扣除数额的下列计算中,正确的是( )。

A. 150+80+30=260(万元)
B. 150+1 000×5%+30=230(万元)
C. 150+1 000×5%=200(万元)
D. 150(万元)

解析 (1)基本社会保险费:全额扣除;(2)补充养老保险费:税法规定的扣除限额=1 000×5%=50(万元)<实际发生额80(万元),故补充养老保险费税前可以扣除50万元;(3)为高管缴纳的商业保险费:不得扣除;(4)准予扣除的数额合计=150+50=200(万元)。 **答案** C

3. 利息费用

(1)非关联方借款(见表6-10)。

表6-10 非关联方借款的税务处理

借款方	出借方	扣除标准
非金融企业	金融企业	准予扣除
非金融企业	非金融企业	不超过金融企业"同期同类"贷款利率部分准予扣除

『注意』上述利息费用是指费用化的利息支出,如借款利息为资本化支出则应计入相应资

产成本,以折旧或摊销方式扣除。

(2)股东未尽出资义务时借款利息的税务处理。

投资者在规定期限内未缴足其应缴资本的,该企业对外借款利息,相当于投资者实缴资本额与在规定期限内应缴资本额的差额应计付的利息,不属于企业合理支出,应由投资者负担,不得在计算应纳税所得额时扣除。

【例题18·单选题】甲公司股东赵某认缴的出资额为100万元,应于2019年7月1日前缴足,7月1日赵某实缴资本为20万元,剩余部分至2019年12月31日仍未缴纳,甲公司因经营需要于2019年1月1日向银行借款100万元,年利率10%,发生借款利息10万元,则2019年甲公司在计算应纳税所得额时可以扣除借款利息的下列计算中,正确的是( )。

A. 10(万元)
B. 10-(100-20)×10%×50%=6(万元)
C. 10-100×10%×50%=5(万元)
D. 0

解析▶ 赵某应于7月1日前缴纳80万元出资而未交,自7月1日起占用公司资金,则2018年7月1日至12月31日,80万元借款的利息不得在计算应纳税所得额时扣除,80万元借款半年的利息=(100-20)×10%×50%=4(万元),准予扣除的利息=10-4=6(万元)。

答案▶ B

【例题19·单选题】2019年8月,甲公司向金融企业借入流动资金借款900万元,期限3个月,年利率为6%;向非关联企业乙公司借入同类借款1 800万元,期限3个月,年利率为12%。计算甲公司2019年度企业所得税应纳税所得额时准予扣除的利息费用的下列算式中,正确的是( )。

A. 1 800×12%÷12×3=54(万元)
B. 900×6%÷12×3+1 800×12%÷12×3=67.5(万元)
C. 900×6%÷12×3=13.5(万元)
D. 900×6%÷12×3+1 800×6%÷12×3=40.5(万元)

解析▶ 向金融企业借款的利息支出,准予据实扣除,可扣除金额=900×6%÷12×3=13.5(万元);向非金融企业(非关联方)借款的利息支出,不超过同期同类贷款利率计算的数额的部分,准予在税前扣除,可扣除金额=1 800×6%÷12×3=27(万元)。

答案▶ D

4. 公益性捐赠

(1)判定。

企业通过"公益性社会组织或者县级以上人民政府及其部门",用于"慈善活动、公益事业"的捐赠。

(2)税务处理。

①限额扣除。

公益性捐赠支出,不超过"年度利润总额"12%的部分,准予扣除;超过部分,准予结转以后"3年"内扣除。

『老侯提示』公益性捐赠的计算基数为年度利润总额而非销售(营业)收入,"非公益性捐赠"一律不得扣除。

②全额扣除。

企业用于"目标脱贫地区的扶贫"公益性捐赠支出,准予在计算企业所得税应纳税所得额时"据实扣除"。

【例题20·单选题】甲公司2019年度的利润总额为1 000万元,通过民政部门向目标脱贫地区捐赠60万元,另通过公益性社会组织向卫生事业捐赠75万元,已知公益性捐赠支出不超过利润总额12%的部分准予扣除。则甲公司当年度可以在企业所得税税前抵扣的捐赠金额是( )。

A. 135万元
B. 75万元
C. 120万元
D. 60万元

解析▶ 自2019年1月1日至2022年12月31日,企业通过公益性社会组织或者县级(含县级)以上人民政府及其组成部门,用于目标脱贫地区的扶贫捐赠支出,准予在计算企业所得税应纳税所得额时据实扣除。企业同时发生扶贫捐赠支出和其他公益性捐赠支出,在计算公益性捐赠支出年度扣除限额时,符合条件的扶贫捐赠支出不计算在内,企业发生的公益性捐赠75万元<限额1 000×12%,准予全额扣除,因此准予扣除的捐赠支出=75+60=135(万元)。

答案▶ A

5. 业务招待费

企业发生的与经营活动有关的业务招待费支出,按照"实际发生额的60%"扣除,但最高不得超过当年"销售(营业)收入的5‰"。

『注意1』"销售（营业）收入"的判定

一般企业：主营业务收入+其他业务收入+视同销售收入

创投企业：主营业务收入+其他业务收入+视同销售收入+"投资收益"

『注意2』企业在筹建期间，发生的与筹办活动有关的业务招待费支出，可按实际发生额的60%计入企业筹办费，并按有关规定在税前扣除。

『老侯提示』筹建期间无销售（营业）收入。

【例题21·单选题】甲公司2019年度取得销售收入6 000万元，发生与生产经营活动有关的业务招待费支出35万元。已知业务招待费支出按照发生额的60%扣除，但最高不得超过当年销售（营业）收入的5‰。计算甲公司2019年度企业所得税应纳税所得额时，准予扣除的业务招待费支出是（　）。

A. 21万元　　　　　　B. 18万元
C. 30万元　　　　　　D. 35万元

解析 ▶ 业务招待费发生额的60%＝35×60%＝21（万元）＜销售（营业）收入的5‰＝6 000×5‰＝30（万元），准予扣除的业务招待费为21万元。
答案 ▶ A

6. 广告费和业务宣传费（见表6-11）

表6-11　广告费和业务宣传费的税务处理

行业	扣除标准
一般企业	不超过当年"销售（营业）收入15%"的部分准予扣除；超过部分，准予在以后纳税年度"结转"扣除
化妆品制造或销售	
医药制造	不超过当年"销售（营业）收入30%"的部分准予扣除；超过部分，准予在以后纳税年度"结转"扣除
饮料制造（不含酒类制造）	
烟草企业	不得扣除

【链接】"职工教育经费""公益性捐赠"准予结转以后年度扣除。

『注意』企业在筹建期间，发生的广告费和业务宣传费，可按实际发生额计入企业筹办费用，并按有关规定在税前扣除。

『老侯提示』考试中"广告费""业务宣传费"金额分别给出的，必须合并计算扣除限额。

【例题22·多选题】根据企业所得税法律制度的规定，下列各项费用，超过税法规定的扣除标准后，准予在以后纳税年度结转扣除的有（　）。

A. 工会经费
B. 职工教育经费
C. 广告费和业务宣传费
D. 职工福利费

解析 ▶ 选项ABD，三项经费中，只有职工教育经费准予结转以后纳税年度扣除；选项C，广告费和业务宣传费准予结转以后纳税年度扣除。
答案 ▶ BC

【例题23·单选题】根据企业所得税法律制度的规定，下列企业发生的广告费和业务宣传费一律不得扣除的是（　）。

A. 化妆品制造企业的化妆品广告费
B. 医药制造企业的药品广告费
C. 饮料制造企业的饮料广告费
D. 烟草企业的烟草广告费

解析 ▶ 选项ABC，不超过当年销售（营业）收入30%的部分，准予扣除；超过部分，准予在以后纳税年度结转扣除。选项D，不得在计算应纳税所得额时扣除。
答案 ▶ D

【例题24·单选题】2019年度，甲企业实现销售收入3 000万元，当年发生广告费400万元，上年度结转未扣除广告费60万元。已知企业发生的符合条件的广告费不超过当年销售收入15%的部分，准予扣除，超过部分，准予在以后纳税年度结转扣除。甲企业在计算2019年度企业所得税纳税所得额时，准予扣除广告费的下列计算中，正确的是（　）。

A. 400－60＝340（万元）
B. 3 000×15%＋60＝510（万元）
C. 3 000×15%＝450（万元）
D. 400＋60＝460（万元）

解析 ▶ 上年结转的广告费60万元，准予在本年扣除，本年广告费的实际发生额为400万元，合计为400+60=460(万元)>销售营业收入的15%=3 000×15%=450(万元)，准予扣除的广告费为450万元，剩余10万元，准予结转下年扣除。

答案 ▶ C

7. 租赁费用

(1)经营租赁：按照租赁期限"**均匀**"扣除；

(2)融资租赁：计提折旧扣除。

【例题25·多选题】甲企业2020年利润总额为2 000万元，工资薪金支出为1 500万元，已知在计算企业所得税应纳税所得额时，公益性捐赠支出、职工福利费支出、职工教育经费支出的扣除比例分别不超过12%、14%和8%，下列支出中，允许在计算2020年企业所得税应纳税所得额时全额扣除的有( )。

A. 公益性捐赠支出200万元

B. 职工福利支出160万元

C. 职工教育经费支出125万元

D. 2020年7月至2021年6月的厂房租金支出50万元

解析 ▶ 选项A，公益性捐赠支出扣除限额=2 000×12%=240(万元)>实际捐赠额200万元，可以全额税前扣除；选项B，职工福利费扣除限额=1 500×14%=210(万元)>实际支出160万元，可以全额税前扣除；选项C，职工教育经费扣除限额=1 500×8%=120(万元)<实际支出125万元，不得全额扣除，可扣除金额为120万元，剩余的5万元可以结转以后年度扣除；选项D，厂房租金支出，因其租赁期限跨年度，不能全额扣除，2020年可扣除的租赁费用=50÷12×6=25(万元)。

答案 ▶ AB

8. 手续费及佣金(见表6-12)

表6-12 手续费及佣金的税务处理

保险企业	按当年全部保费收入扣除退保金等后余额的"**18%**"计算限额扣除 『**注意**』超过部分准予结转以后年度扣除
从事代理服务，主营业务收入为手续费、佣金的企业(证券、期货、保险代理)	据实扣除
其他企业	按与具有合法经营资格"**中介服务机构和个人**"所签订合同确认收入金额的"**5%**"计算限额

【例题26·单选题】2020年5月，甲生产企业因业务需要，经某具有合法经营资格的中介机构介绍与乙企业签订了一份买卖合同，合同金额为20万元。甲生产企业向该中介机构支付佣金2万元。甲生产企业在计算当年企业所得税应纳税所得额时，该笔佣金准予扣除的数额是( )。

A. 0.5万元　　B. 1.5万元
C. 1万元　　　D. 2万元

解析 ▶ 生产企业按与具有合法经营资格中介服务机构所签订合同确认收入金额的5%计算佣金限额，准予在企业所得税前扣除的佣金=20×5%=1(万元)。

答案 ▶ C

9. 党组织工作经费

不超过职工年度工资薪金总额1%的部分可以扣除。

10. 其他准予扣除项目

(1)环境保护专项资金。

按规定提取时准予扣除，但提取后改变用途的不得扣除。

(2)劳动保护费。

准予据实扣除。

(3)汇兑损失。

除已经计入有关资产成本以及与向所有者进行利润分配相关的部分外，准予扣除。

(4)总机构分摊的费用。

能够提供总机构出具的证明文件，并合理分摊的，准予扣除。

【例题27·单选题】下列关于企业所得税税前扣除的表述中，不正确的是( )。

A. 企业发生的合理的工资薪金的支出，准予扣除

B. 企业发生的职工福利费支出超过工资薪金总额的14%的部分，准予在以后纳税年度结转扣除

C. 企业发生的合理的劳动保护支出，准予扣除

D. 企业参加财产保险，按照规定缴纳的保险费，准予扣除

解析 ▶ 选项B，准予结转以后年度扣除的，包括职工教育经费、广告费和业务宣传费、公益性捐赠支出(3年内)、保险企业的手续费及佣金支出，不包括职工福利费。

答案 ▶ B

(六)不得扣除项目

1. 向投资者支付的股息、红利等权益性投资收益款项

2. 企业所得税税款

3. 税收滞纳金

4. 罚金、罚款和被没收财物的损失

(1)刑事责任以及行政处罚中的财产罚，包括"罚金、罚款、没收违法所得、没收财产"等不得在税前扣除，如纳税人签发空头支票，银行按规定处以"**罚款**"。

(2)民事责任中的"赔偿损失、支付违约金"以及法院判决由企业承担的"诉讼费用"等准予在税前扣除，如纳税人逾期归还银行贷款，银行按规定加收的"**罚息**"。

5. 超过规定标准的公益性捐赠支出及所有非公益性捐赠支出

6. 赞助支出

7. "**未经核定**"的准备金支出

8. 企业之间支付的管理费、企业内营业机构之间支付的租金和特许权使用费，以及非银行企业内营业机构之间支付的利息

9. 与取得收入"**无关**"的其他支出

【例题28·多选题】根据企业所得税法律制度的规定，下列各项中，在计算企业所得税应纳税所得额时准予扣除的有( )。

A. 违约金
B. 企业之间支付的管理费
C. 诉讼费用
D. 差旅费

解析 ▶ 选项AC，民事责任中的"赔偿损失、支付违约金"以及法院判决由企业承担的"诉讼费用"等准予在税前扣除；选项D，是企业生产经营过程中发生的正常费用，允许在税前扣除；选项B，企业之间属于平等主体，支付的管理费属于不合理支出，不得在税前扣除。

答案 ▶ ACD

(七)资产类不得扣除项目

1. 固定资产和生产性生物资产——以折旧方式扣除

(1)不得在税前计算折旧扣除的固定资产：
① "**房屋、建筑物以外**"未投入使用的固定资产；
② 以"**经营租赁**"方式"**租入**"的固定资产；
③ 以"**融资租赁**"方式"**租出**"的固定资产；
④ 已足额提取折旧仍继续使用的固定资产；
⑤ 与经营活动无关的固定资产；
⑥ 单独估价作为固定资产入账的土地。

【**注意**】"①⑤"是企业所得税的特别规定，不适用"初级会计实务"考试。

(2)固定资产的计税基础(见表6-13)。

表6-13　固定资产的计税基础

取得方式		计税基础
外购		购买价款+支付的相关税费+直接归属于使用该资产达到预定用途发生的其他支出
自行建造		竣工结算前发生的支出
融资租入	租赁合同约定付款总额	合同约定的付款总额+签订合同中发生的相关费用
	租赁合同未约定付款总额	该资产的公允价值+签订合同中发生的相关费用
盘盈		同类固定资产的"重置完全价值"
捐赠、投资、非货币性资产交换、债务重组		公允价值+支付的相关税费
改建		以改建支出增加计税基础

(3)折旧计提方式——直线法。
当月增加当月不提折旧，当月减少当月照提折旧。

(4)区分生产性生物资产和消耗性生物资产。
生产性生物资产指为生产农产品、提供劳

务或者出租等目的持有的生物资产,包括"**经济林、薪炭林、产畜和役畜**"等。

【举例】下蛋的鸡——生产性生物资产;吃肉的鸡——消耗性生物资产。

(5)生产性生物资产的计税基础。

①外购:购买价款+支付的相关税费;
②捐赠、投资、非货币性资产交换、债务重组:公允价值+支付的相关税费。

(6)固定资产和生产性生物资产的折旧年限(见表6-14)。

表6-14 固定资产和生产性生物资产的折旧年限

固定资产类型	最低折旧年限
房屋、建筑物	20
飞机、火车、轮船、机器、机械和其他生产设备	10
林木类生产性生物资产	10
器具、工具、家具	5
飞机、火车、轮船以外的运输工具	4
电子设备	3
畜类生产性生物资产	3

【例题29·单选题】根据企业所得税法律制度的规定,下列固定资产计提的折旧允许在税前扣除的是( )。
A. 闲置生产设备计提的折旧
B. 经营租入设备计提的折旧
C. 融资租入资产计提的折旧
D. 已提足折旧但继续使用的生产设备

解析 选项A,"房屋、建筑物以外"未投入使用的固定资产不得计算折旧扣除;选项BC,请仔细辨别"租赁方式"及"租赁双方",经营租入和融资租出均不得计提折旧费用在税前扣除,经营租出和融资租入均可以计提折旧费用在税前扣除。
答案 C

【例题30·单选题】根据企业所得税法律制度的规定,下列各项中,应以同类固定资产的重置完全价值为计税基础的是( )。
A. 盘盈的固定资产
B. 自行建造的固定资产
C. 外购的固定资产
D. 通过捐赠取得的固定资产

解析 选项B,以竣工结算前发生的支出为计税基础;选项C,以购买价款和支付的相关税费以及直接归属于使该资产达到预定用途发生的其他支出为计税基础;选项D,以该资产的公允价值和支付的相关税费为计税基础。
答案 A

【例题31·单选题】甲企业为增值税小规模纳税人,2018年11月购入一台生产用机器设备,取得普通发票上注明的价款为60万元,税额为9.6万元;支付安装费,取得普通发票上注明的价款为2万元,税额为0.2万元,计算甲企业当年度企业所得税计税基础的下列算式中,正确的是( )。
A. 60+2=62(万元)
B. 60+9.6=69.6(万元)
C. 60+9.6+2+0.2=71.8(万元)
D. 60+9.6+2=71.6(万元)

解析 外购的固定资产,以"购买价款"和"支付的相关税费"以及直接归属于使该资产达到预定用途发生的"其他支出"为计税基础,本题中企业性质为"小规模纳税人",购买设备和支付安装费取得的均为"普通发票",进项税额不得抵扣应计入资产成本作为所得税的计税基础。
答案 C

【例题32·多选题】生产性生物资产指为生产农产品、提供劳务或者出租等目的持有的生物资产。下列各项中,属于生产性生物资产的有( )。
A. 经济林 B. 薪炭林
C. 产畜   D. 役畜
答案 ABCD

【例题33·单选题】根据企业所得税法律制度的规定,运输货物的大卡车,税法规定的最低折旧年限是( )年。

A. 10 B. 5
C. 4 D. 3

解析 ▶ 飞机、火车、轮船以外的运输工具税法规定的折旧年限为4年。 **答案** ▶ C

2. 无形资产——以摊销方式扣除

(1) 不得计算摊销扣除的无形资产。

① 自行开发的支出已在计算应纳税所得额时扣除的无形资产；

② 自创商誉；

③ 与经营活动无关的无形资产。

『注意』外购商誉的支出，在企业"**整体转让或者清算**"时，准予扣除。

(2) 无形资产的计税基础(见表6-15)。

表6-15 无形资产的计税基础

取得方式	计税基础
外购	购买价款+支付的相关税费+直接归属于使该资产达到预定用途发生的其他支出
自行开发	符合资本化条件后至达到预定用途前发生的支出
捐赠、投资、非货币性资产交换、债务重组	公允价值+支付的相关税费

(3) 摊销方法——直线法。

当月增加当月摊销，当月减少当月不摊销。

(4) 摊销年限——不得低于"**10年**"。

【例题34·多选题】根据企业所得税法律制度的规定，下列无形资产中，应当以该资产的公允价值和支付的相关税费为计税基础的有( )。

A. 通过债务重组取得的无形资产
B. 自行开发的无形资产
C. 接受投资取得的无形资产
D. 接受捐赠取得的无形资产

解析 ▶ 选项B，自行开发的无形资产，以开发过程中该资产符合资本化条件后至达到预定用途前发生的支出为计税基础。 **答案** ▶ ACD

3. 长期待摊费用

(1) 允许作为长期待摊费用，按照规定摊销扣除的支出：

① 已足额提取折旧的固定资产的改建支出，按照固定资产预计尚可使用年限分期摊销；

② (经营)租入固定资产的改建支出，按照合同约定的剩余租赁期限分期摊销。

③ 固定资产大修理支出，按照固定资产尚可使用年限分期摊销。

『注意』大修理支出的判定：修理支出达到取得固定资产时的计税基础"**50%**"以上；修理后固定资产的使用年限延长"**2年**"以上。

『老侯提示』由于《企业会计准则》几经修订，但《企业所得税法》一直未作调整，因此此处税法的规定与《企业会计准则》的现行规定略有差异，大侠们无须深究。

(2) 摊销年限不得低于"**3年**"。

【例题35·多选题】根据企业所得税法律制度的规定，下列各项中，属于长期待摊费用的有( )。

A. 固定资产的大修理支出
B. 融资租入固定资产的租赁费支出
C. 已足额提取折旧固定资产的改建支出
D. 经营租入固定资产的改建支出

解析 ▶ 选项A，按照固定资产尚可使用年限分期摊销；选项B，以融资租赁方式租入固定资产发生的租赁费支出，按照规定构成融资租入固定资产价值的部分应当提取折旧费用，分期扣除；选项C，按照固定资产预计尚可使用年限分期摊销；选项D，按照合同约定的剩余租赁期限分期摊销。 **答案** ▶ ACD

4. 投资资产——成本法

(1) 企业对外投资期间，投资资产的成本在计算应纳税所得额时不得扣除；

(2) 企业在转让或者处置投资资产时，投资资产的成本，准予扣除。

【例题36·判断题】企业投资期间，投资资产的成本在计算企业所得税应纳税所得额时不得扣除。 ( )

答案 ▶ √

5. 存货计价

企业使用或者销售的存货的成本计算方法，可以在"**先进先出法、加权平均法、个别计价法**"中选用一种。计价方法一经选用，不得随意变更。

『注意』不能选择"后进先出法"。

(八) 亏损的弥补(见表6-16)

表 6-16　亏损弥补的税务处理

企业类型	亏损弥补年限
一般企业	某一纳税年度发生的亏损，可以用下一年度的所得弥补，下一年度的所得不足弥补的，可以逐年延续弥补，但是最长不得超过"5年"
高新技术企业 科技型中小企业	自 2018 年 1 月 1 日起，当年具备资格的企业，其具备资格年度之前 5 个年度发生的尚未弥补完的亏损，准予结转以后年度弥补，最长结转年限由 5 年延长至"10年"

『注意1』弥补期内不论是盈利或亏损，都作为实际弥补期限计算。

『注意2』境外机构的亏损，不得抵减境内机构的盈利。

【例题37·单选题】甲居民企业 2013 年设立，2013~2017 年年末弥补亏损前的所得情况如下：

年份	2013	2014	2015	2016	2017
未弥补亏损前的所得（单位：万元）	-20	100	-220	180	200

假设无其他纳税调整项目，甲居民企业 2017 年度企业所得税应纳税所得额为（　）万元。

A. 200　　　　　B. 160
C. 210　　　　　D. 260

解析▶（1）2013 年亏损的 20 万元，可以以 2014 年的利润进行弥补；（2）2015 年亏损的 220 万元，以 2016 年的利润 180 万元进行弥补，弥补后尚有 40 万元亏损；（3）2015 年尚未弥补的 40 万元亏损，可以用 2017 年的利润 200 万元进行弥补；（4）弥补以前年度亏损后 2017 年应纳税所得额＝200-40＝160（万元）。　答案▶B

【例题38·判断题】居民企业在汇总计算缴纳企业所得税时，其境外营业机构的亏损可以抵减境内营业机构的盈利。（　）

解析▶企业在汇总计算缴纳企业所得税时，其境外营业机构的亏损不得抵减境内营业机构的盈利。　答案▶×

考验四　税收优惠（★★★）

扫我解疑难

（一）税收优惠的形式

免税收入、可以减免税的所得（免征、减半征收、二免三减半、三免三减半、五免）、优惠税率、民族自治地方的减免税、加计扣除、抵扣应纳税所得额、加速折旧、减计收入、抵免应纳税额和其他专项优惠政策。

（二）可以"计算"形式在不定项选择题中考核的税收优惠（见表 6-17）

表 6-17　企业所得税的税收优惠（1）

优惠政策		项目
加计扣除	研发费用	未形成无形资产加计扣除"75%"；形成无形资产按 175%摊销
		不适用行业：烟草制造业、住宿和餐饮业、批发和零售业、房地产业、租赁和商务服务业、娱乐业
	残疾人工资	加计扣除 100%
抵扣应纳税所得额		创投企业投资未上市的中小高新技术企业两年以上的，按照其投资额的"70%"在股权持有满"两年"的当年抵扣该创业投资企业的应纳税所得额；当年不足抵扣的，可以在以后纳税年度结转抵扣
应纳税额抵免		购置并实际使用规定的"环境保护、节能节水、安全生产"等"专用设备"，投资额的"10%"可以在应纳税额中抵免；当年不足抵免的，可以在以后 5 个纳税年度结转抵免

（三）"直接"考核的税收优惠（见表 6-18）

表 6-18　企业所得税的税收优惠(2)

优惠政策	项目	
税率优惠	见"税率"(表 6-4)	
免税收入	见"应纳税所得额"(三)不征税收入和免税收入	
免征	农、林、牧、渔;居民企业"500 万元"以内的"技术转让"所得;企业取得的地方政府债券利息收入;合格境外机构投资者境内转让股票等权益性投资资产所得;境外机构投资境内债券市场取得的债券利息收入 『注意』"农"不包括部分"经济作物";"渔"不包括"养殖"	
减半征收	花卉、茶以及其他饮料作物和香料作物的种植;海水养殖、内陆养殖;居民企业超过 500 万元的技术转让所得的"超过部分";企业投资持有"铁路债券"取得的利息收入	
二免三减半	依法成立且符合条件的"集成电路设计企业"和"软件企业",在 2019 年 12 月 31 日前自获利年度起计算优惠期,第 1 年至第 2 年免征企业所得税,第 3 年至第 5 年按照 25% 的法定税率减半征收企业所得税	
三免三减半	(1)企业"从事"国家重点扶持的"公共基础设施项目的投资经营"的所得,自项目"取得第 1 笔生产经营收入"所属纳税年度起,第 1 年至第 3 年免征,第 4 年至第 6 年减半征收 『注意』企业"承包经营、承包建设"和"内部自建自用"上述项目"不免税" (2)企业"从事"符合条件的"环境保护、节能节水"项目的所得,自项目"取得第 1 笔生产经营收入"所属纳税年度起,第 1 年至第 3 年免征,第 4 年至第 6 年减半征收	
五免	经营性文化事业单位(从事新闻出版、广播影视和文化艺术的事业单位)转制为企业,自转制注册之日起 5 年内免征企业所得税	
加速折旧	(1)技术进步,产品更新换代较快; (2)常年处于强震动、高腐蚀状态; (3)制造业企业购入(包括自行建造)固定资产	缩短折旧年限(≥60%);采用加速折旧计算方法
	所有企业购进的"设备、器具",单价不超过"500 万元" 『提示』设备、器具,是指除"房屋、建筑物"以外的固定资产	允许一次性扣除
减计收入	(1)综合利用资源,生产的产品取得的收入; (2)社区提供养老、托育、家政等服务的机构,提供社区养老、托育、家政服务取得的收入	减按 90% 计入收入总额

【例题 1·多选题】下列各项中,属于企业所得税税收优惠形式的有(　)。
A. 加速折旧　　　B. 减计收入
C. 税额抵免　　　D. 加计扣除
答案▶ ABCD

【例题 2·单选题】企业从事下列项目取得的所得中,减半征收企业所得税的是(　)。
A. 饲养家禽
B. 远洋捕捞
C. 海水养殖
D. 种植中药材
解析▶ 选项 C,海水养殖、内陆养殖减半征收企业所得税;选项 ABD 的所得,免征企业所得税。
答案▶ C

【例题 3·判断题】企业持有的中国铁路建设债券取得的利息收入免征企业所得税。(　)
解析▶ 企业投资者持有 2019~2023 年发行的铁路债券取得利息收入,减半征收企业所得税。
答案▶ ×

【例题 4·单选题】甲公司为居民企业,2019 年取得符合条件的技术转让所得 600 万元,在计算甲公司 2019 年度企业所得税应纳税所得额时,技术转让所得应纳税调减的金额是(　)。
A. 550 万元　　　B. 100 万元
C. 350 万元　　　D. 300 万元
解析▶ (1)符合条件的技术转让所得不超过 500 万元的部分,免征企业所得税;超过 500 万元的部分,减半征收企业所得税;(2)技术转让所得应纳税调减的金额=500+(600-500)×50%=550(万元)。

答案 A

【例题5·多选题】根据企业所得税法律制度的规定，企业的下列支出中，准予在计算企业所得税应纳税所得额时加计扣除的有( )。

A. 开发新产品发生的计入当期损益的研究开发费用
B. 推广新产品发生的计入当期损益的广告费
C. 奖励销售人员支付的奖金
D. 安置残疾人员支付的工资

解析 选项A，加计扣除75%；选项B，不超过税法规定的限额可以扣除，超过部分可以结转以后年度扣除；选项C，可以据实扣除；选项D，加计扣除100%。

答案 AD

【例题6·多选题】根据企业所得税法律制度的规定，下列行业中，不适用研究开发费用税前加计扣除政策的有( )。

A. 烟草制造业
B. 批发和零售业
C. 住宿和餐饮业
D. 租赁和商务服务业

解析 下列行业不适用税前加计扣除政策：烟草制造业、住宿和餐饮业、批发和零售业、房地产业、租赁和商务服务业、娱乐业、财政部和国家税务总局规定的其他行业。

答案 ABCD

【例题7·单选题】甲机械厂2019年度利润总额500万元，实际发生未形成无形资产计入当期损益的研究开发费用100万元，无其他纳税调整项目。计算甲机械厂2019年度企业所得税应纳税所得额的下列算式中，正确的是( )。

A. 500-100×75%=425（万元）
B. 500-100=400(万元)
C. 500-100×50%=450(万元)
D. 500+100=600(万元)

解析 未形成无形资产计入当期损益的符合规定的研究开发费用，在按照规定据实扣除的基础上，可以再按照实际发生额的75%在税前加计扣除，因此需要纳税调减100×75%=75(万元)。

答案 A

【例题8·单选题】根据企业所得税法律制度的规定，企业中符合条件的固定资产可以缩短计提折旧年限，但不得低于税法规定折旧年限的一定比例，该比例最高为( )。

A. 30% B. 40%
C. 50% D. 60%

解析 采取缩短折旧年限方法的，最低折旧年限不得低于税法规定折旧年限的60%。

答案 D

【例题9·单选题】甲企业为创业投资企业，2018年2月采取股权投资方式向乙公司(未上市的中小高新技术企业)投资300万元，至2020年12月31日仍持有该股权。甲企业2020年在未享受股权投资应纳税所得额抵扣的税收优惠政策前的企业所得税应纳税所得额为2000万元。已知企业所得税税率为25%，甲企业享受股权投资应纳税所得额抵扣的税收优惠政策。计算甲企业2020年度应缴纳企业所得税税额的下列算式中，正确的是( )。

A. (2000-300)×25%=425(万元)
B. (2000-300×70%)×25%=447.5(万元)
C. 2000×70%×25%=350(万元)
D. (2000×70%-300)×25%=275(万元)

解析 创业投资企业采取股权投资方式投资于未上市的中小高新技术企业2年以上的，可以按照其投资额的70%在股权持有满2年的当年抵扣该创业投资企业的应纳税所得额；当年不足抵扣的，可以在以后纳税年度结转抵扣。

答案 B

【例题10·单选题】甲公司2019年度企业所得税应纳税所得额2000万元，当年购置并实际使用一台符合《环境保护专用设备企业所得税优惠目录》规定的环境保护专用设备，该专用设备投资额600万元。已知企业所得税税率为25%。计算甲公司2019年度应缴纳企业所得税税额的下列算式中，正确的是( )。

A. (2000-600×10%)×25%=485（万元）
B. 2000×25%-600×10%=440(万元)
C. (2000-600)×25%=350(万元)
D. 2000×25%=500(万元)

解析 企业购置并实际使用环境保护专用设备投资额的10%可以从企业当年的应纳税额中抵免。

答案 B

【例题11·判断题】企业以《资源综合利用企业所得税优惠目录》规定的资源作为主要原材料，

生产国家非限制和禁止并符合国家和行业相关标准的产品取得的收入,免征企业所得税。（ ）

解析 ▶ 上述收入,减按 90% 计入收入总额。 **答案** ▶ ×

考验五　境外所得抵免税额的计算(★)

扫我解疑难

企业取得的所得已在境外缴纳的所得税税额,可以从其当期应纳税额中抵免,抵免限额为该项所得依照规定计算的应纳税额。

(一)抵免限额

抵免限额=境外税前所得额×25%

【举例】A 企业 2020 年在国外取得税前利润 100 万元,假设该地区所得税税率分别为 20% 及 30%,已经缴纳过所得税,已知该企业适用的国内所得税税率为 25%,计算抵免限额及抵免额。

	计算公式	①20%	②30%
抵免限额	境外所得×国内税率	25 万元	25 万元
境外已纳税款	境外所得×境外税率	20 万元	30 万元
抵免额	抵免限额与已纳税款孰低原则	20 万元	25 万元
境内应纳税款	境外所得×国内税率	25 万元	25 万元
是否补税	境内应纳税款-抵免额	5 万元	0

(二)境外税前所得额的确定

1. 题目直接给出税前所得——直接使用

2. 题目给出分回的利润和国外已纳的税款
境外税前所得额=分回利润+境外已纳税款

3. 题目给出分回的利润和国外所得税税率
境外税前所得额=分回利润÷(1-国外所得税税率)

(三)计算方式

可以选择"分国不分项"或"不分国不分项"计算,但一经选择 5 年内不得变更。

(四)补税原则

多不退少要补。

【例题·单选题】甲公司为居民企业,2019 年度取得境内所得 800 万元、境外所得 100 万元,已在境外缴纳企业所得税税款 20 万元。已知,企业所得税税率为 25%。计算甲公司 2019 年度应缴纳企业所得税税额的下列算式中,正确的是(　)。

A. 800×25% = 200（万元）

B. 800×25%-100×25% = 175（万元）

C. （800+100）×25% = 225（万元）

D. （800+100）×25%-20 = 205（万元）

解析 ▶ (1) 甲公司境外所得:境外所得在我国应缴税额=100×25%=25（万元）,在境外已缴税额 20 万元,须补缴税额=25-20=5（万元）;(2) 甲公司境内所得:应纳税额=800×25%=200（万元）;(3) 应纳税额合计=200+5=205（万元）。 **答案** ▶ D

考验六　应纳税额的计算(★★★)

扫我解疑难

(一)计算应纳税所得额

1. 直接法

应纳税所得额=收入总额-不征税收入-免税收入-各项扣除-以前年度亏损

2. 间接法

(1)应纳税所得额=年度利润总额+纳税调整增加额-纳税调整减少额

(2)应纳税所得额的调增与调减(见表 6-19)。

表 6-19　应纳税所得额的调增与调减

项目	会计准则	税法	纳税调整	举例
收入、利得	√	×	↓	国债利息收入
	×	√	↑	非货币性资产投资

续表

项目	会计准则	税法	纳税调整	举例
费用、损失	√	×	↑	税收滞纳金
	×	√	↓	无形资产研发

(二)计算应纳税额

应纳税额=应纳税所得额×适用税率-减免税额-抵免税额

『老侯提示』此公式是把国内和国外所得混在一起计算,考试中建议分开计算。

应纳税额=国内应纳税所得额×适用税率-减免税额+国外所得补缴税额

【例题1·单选题】甲公司2020年应纳税所得额为1 000万元,减免税额为10万元,抵免税额为20万元。已知甲公司适用的所得税税率为25%,则下列甲公司2020年度企业所得税应纳税额的计算中,正确的是( )。

A. 1 000×25%-20=230(万元)
B. 1 000×25%-10-20=220(万元)
C. 1 000×25%-10=240(万元)
D. 1 000×25%=250(万元)

解析 应纳税额=应纳税所得额×税率-减免税额-抵免税额。

答案 B

【例题2·单选题】甲公司2020年实现会计利润总额600万元,预缴企业所得税税额120万元,在"营业外支出"账目中列支了通过公益性社会团体向灾区的捐款76万元。已知企业所得税税率为25%,公益性捐赠支出不超过年度利润总额12%的部分,准予在计算企业所得税应纳税所得额时扣除,计算甲公司当年应补缴企业所得税税额的下列算式中,正确的是( )。

A. (600+76)×25%-120=49(万元)
B. 600×25%-120=30(万元)
C. (600+600×12%)×25%-120=48(万元)
D. [600+(76-600×12%)]×25%-120=31(万元)

解析 (1)公益性捐赠税前扣除限额=600×12%=72(万元)<实际发生额76万元,故税前可以扣除72万元,需要纳税调增4万元;(2)应纳企业所得税税额=[600+(76-600×12%)]×25%-120=31(万元)。

答案 D

考验七 源泉扣缴(★★)

扫我解疑难

(一)适用范围

"非居民企业"在中国境内"没有设立"机构场所或者虽然设立机构场所但取得的所得与所设立的机构场所"无关"。

(二)非居民企业应纳税所得额

1. 全额计税

利息、股息、红利、租金、特许权使用费。

2. 余额计税

财产转让。

(三)税率

适用"10%"的优惠税率。

【例题1·单选题】根据企业所得税法律制度的规定,关于在中国境内未设立机构、场所的非居民企业取得的来源于中国境内的所得,其应纳税所得额确定的下列表述中,不正确的是( )。

A. 租金所得以收入全额为应纳税所得额
B. 股息所得以收入全额为应纳税所得额
C. 特许权使用费所得以收入全额为应纳税所得额
D. 转让财产所得以收入全额为应纳税所得额

解析 选项ABC,以收入全额为应纳税所得额;选项D,以收入全额减除财产净值后的余额为应纳税所得额。

答案 D

【例题2·单选题】2020年6月甲公司向境外乙公司分配股息折合人民币1 000万元。已知预提所得税税率为10%,计算甲公司应代扣代缴企业所得税税款的下列算式中,正确的是( )。

A. 1 000×10%×50%=50(万元)
B. 1 000×10%=100(万元)
C. 1 000×(1-25%)×10%=75(万元)
D. 1 000×(1-25%)×10%×50%=37.5

(万元)

解析 在中国境内未设立机构、场所的非居民企业取得的股息、红利等权益性投资收益和利息、租金、特许权使用费所得,以"收入全额"为应纳税所得额。

答案 B

考验八 征收管理(★)

扫我解疑难

(一)纳税地点(见表6-20)

表6-20 企业所得税的纳税地点

企业类型	纳税地点
居民企业	登记注册地
	登记注册地在境外的,以实际管理机构所在地为纳税地点
	『注意』居民企业在中国境内设立<u>不具有法人资格</u>的营业机构的,应当汇总计算并缴纳企业所得税
非居民企业	有场所,有联系——机构场所所在地
	有两个以上场所——<u>经批准选择其主要场所</u>汇总缴纳
	没场所或有场所但没联系——扣缴义务人所在地

(二)纳税期限

企业所得税按年计征,分月或者分季预缴,年终汇算清缴,多退少补。

1. 一般情况

纳税年度为公历1月1日至12月31日。

2. 特殊情况

(1)开业当年,实际经营期不足12个月,以实际经营期为一个纳税年度;

(2)依法清算,以清算期间作为一个纳税年度。

(三)纳税申报

(1)分月或分季预缴。

应当自月份或者季度终了之日起"<u>15日内</u>",向税务机关报送预缴企业所得税纳税申报表,预缴税款。

(2)汇算清缴。

企业应当自年度终了后"<u>5个月内</u>"向税务机关报送年度企业所得税纳税申报表,并汇算清缴,结清应缴或应退税款。

(3)企业在年度中间终止经营活动的,应当自实际经营终止之日起"60日内",向税务机关办理当期企业所得税汇算清缴。

(4)企业在报送企业所得税纳税申报表时,应当按照规定附送财务会计报告和其他有关资料。

【例题1·单选题】根据企业所得税法律制度的规定,企业应当自纳税年度终了之日起一定期限内,向税务机关报送年度企业所得税申报表,并应缴应退税款。该期限为( )个月。

A. 3   B. 5
C. 6   D. 4

答案 B

【例题2·多选题】下列关于企业所得税纳税期限的表述中,正确的有( )。

A. 企业所得税按年计征,分月或者分季预缴,年终汇算清缴,多退少补

B. 企业在一个纳税年度中间开业,使该纳税年度的实际经营不足12个月的,应当以其实际经营期为1个纳税年度

C. 企业依法清算时,应当以清算期作为1个纳税年度

D. 企业在纳税年度中间终止经营活动的,应当自实际经营终止之日起60日内,向税务机关办理当期企业所得税汇算清缴

答案 ABCD

【例题3·判断题】在中国境内未设立机构、场所的非居民企业取得来源于中国境内的所得,以扣缴义务人所在地为企业所得税纳税地点。( )

答案 √

第二部分　个人所得税

考验一　纳税人和征税对象（★★）

扫我解疑难

（一）纳税人

表6-21　个人所得税纳税人的区分

纳税人	判定标准	纳税义务
居民	有住所	无限纳税义务
	无住所而"一个纳税年度内"在中国境内居住"满183天"	
非居民	无住所又不居住	有限纳税义务
	无住所而"一个纳税年度内"在中国境内居住"不满183天"	

个人所得税的纳税人包括中国公民，外籍个人以及中国香港、中国澳门、中国台湾同胞等，又包括"**自然人性质的特殊主体**"，如个体工商户、个人独资企业的投资人、合伙企业的合伙人。

（二）纳税人分类及纳税义务——属人+属地（见表6-21）

（三）所得"来源"地

所得来源地与所得支付地，两者可能是一致的，也可能是不同的，我国个人所得税依据"所得来源地"判断经济活动的实质，征收个人所得税。

【举例】美国人汤姆被美国母公司派往中国子公司进行为期8个月的业务指导，业务指导期间其工资由美国母公司发放。其中所得来源地为中国，所得支付地为美国。

下列所得，不论支付地点是否在中国境内，均为来源于中国境内的所得：

1. 因任职、受雇、履约等而在中国境内提供劳务取得的所得；

2. 将财产出租给承租人在中国境内使用而取得的所得；

3. 许可各种特许权在中国境内使用而取得的所得；

4. 转让中国境内的不动产等财产或者在中国境内转让其他财产取得的所得；

5. 从中国境内企、事业单位和其他经济组织以及居民个人取得的利息、股息、红利所得。

【例题1·单选题】根据个人所得税法律制度的规定，下列各项中，不属于个人所得税纳税人的是（　　）。

A. 个人独资企业的投资者个人

B. 一人有限责任公司

C. 个体工商户

D. 合伙企业中的自然人合伙人

解析　选项B，一人有限责任公司属于有限责任公司的特殊形式，为企业所得税的纳税人。

答案　B

【例题2·单选题】根据个人所得税法律制度的规定，下列在中国境内无住所的外籍人员中，属于2019年度居民个人的是（　　）。

A. 马丁2019年8月1日来到中国，2019年10月31日离开中国

B. 亨利2019年7月5日来到中国，2020年1月5日离开中国

C. 琼斯2019年3月1日来到中国，2019年12月1日离开中国

D. 路易2018年9月1日来到中国，2019年5月1日离开中国

解析　选项ABD，2019纳税年度内在中国境内居住累计不满183天，不属于居民个人。

答案　C

【例题3·判断题】中国居民张某，在境外工作，只就来源于中国境外的所得征收个人所得税。（　　）

解析　由题目表述可知，张某为中国居民，即在中国境内有住所，可以判定其为居民个人，居民个人应就来源于境内、境外的全部

所得缴纳个人所得税。

答案 ✗

【例题 4·多选题】 根据个人所得税法律制度的规定，下列个人所得中，不论支付地点是否在境内，均为来源于中国境内所得的有（ ）。

A. 转让境内房产取得的所得
B. 许可专利权在境内使用取得的所得
C. 因任职在境内提供劳务取得的所得
D. 将财产出租给承租人在境内使用取得的所得

答案 ABCD

考验二 综合所得（★★★）

扫我解疑难

(一)综合所得概述

1. 综合所得项目
(1)工资、薪金所得；
(2)劳务报酬所得；
(3)稿酬所得；
(4)特许权使用费所得。

2. 计税规定

居民个人按纳税年度"**合并计算**"个人所得税，非居民个人按月或者按次分项计算个人所得税。

【例题 1·单选题】 根据个人所得税法律制度的规定，在中国境内有住所的居民取得的下列所得中，属于综合所得的是（ ）。

A. 经营所得
B. 劳务报酬所得
C. 利息、股息、红利所得
D. 财产租赁所得

解析 综合所得包括工资薪金所得、劳务报酬所得、稿酬所得和特许权使用费所得。

答案 B

(二)综合所得税目

1. "工资、薪金所得"税目
(1)基本规定。

工资、薪金所得是指个人因"**任职或者受雇**"而取得的所得，属于"**非独立**"个人劳动所得。

(2)特殊规定。

①不属于工资、薪金性质的补贴、津贴，不征收个人所得税，包括：独生子女补贴；托儿补助费；差旅费津贴、误餐补助；执行公务员工资制度未纳入基本工资总额的补贴、津贴差额和家属成员的副食补贴。

②解除劳动关系一次性补偿收入按"工资、薪金所得"缴纳个人所得税。

在当地上年职工平均工资**3倍数额以内的部分，免征个人所得税**；超过3倍数额的部分，不并入当年综合所得，单独适用综合所得税率表，计算纳税。

『注意』 当地上年职工平均工资3倍数额部分属于"免征额"。

【举例】 2020年1月，甲公司将已经在本单位工作了10年的赵某辞退，公司支付赵某一次性补偿金200 000元，已知：当地上年度职工平均工资36 000元，计算赵某应就该项一次性补偿收入缴纳的个人所得税。

应纳税所得额 = 200 000 - 36 000 × 3 = 92 000(元)

经查个人所得税综合所得税率表(见表6-24)可知：

适用税率为10%，速算扣除数2 520

应纳个人所得税 = 92 000 × 10% - 2 520 = 6 680(元)

【链接】 劳动者月工资高于用人单位所在地人民政府公布的本地区上年度职工平均工资3倍的，向其支付经济补偿的标准按职工月平均工资3倍的数额支付，且最多不超过12个月。

『老侯提示』《劳动合同法》关于离职补偿的相关规定限制了劳动者主张权利的最高额度，但用人单位愿意按超过3倍的数额支付的，法律也允许劳动者取得。(不属于不当得利)

③正式退休。

离退休人员按规定领取离退休工资或养老金外，"**另从原任职单位取得的各类补贴、奖金、实物**"，不属于免税项目，应按"工资、薪金所得"缴纳个税。

离退休人员"**再任职**"取得的收入，按"工资、薪金所得"缴纳个税。

④内部退养。

内部退养的个人在其办理内部退养手续后至法定离退休年龄之间从原任职单位取得的工资、薪金，不属于离退休工资，应按"工资、薪金所得"项目计征个人所得税。

内部退养人员"**重新就业**"取得的工资、薪金所得与从原任职单位取得的同一月份的工资、薪金所得合并，按"工资、薪金所得"缴纳个税。

⑤提前退休。

"提前退休"取得一次性补贴收入，按"工资、薪金所得"缴纳个税。

⑥个人取得"**公务交通、通信补贴收入**"扣除一定标准的公务费用后，按照"工资、薪金所得"项目计征个人所得税。

⑦个人因任职、受雇上市公司取得的"**股票期权、股票增值权、限制性股票、股权奖励**"所得，按"工资、薪金所得"缴纳个税。

⑧保险金。

"三险一金"：缴费超过规定比例部分，按"工资、薪金所得"项目计征个人所得税。

"三险一金以外的非免税保险"：按"工资、薪金所得"项目计征个人所得税。

⑨特殊职业。

"**兼职**"（同时在两个以上所"任职、受雇"）律师：从律师事务所取得工资、薪金性质的所得以收入全额为应纳税所得额，不扣减生计费。兼职律师应自行申报两处或两处以上取得的"工资、薪金所得"，合并计算缴纳个人所得税。

⑩非营利性科研机构及高校奖励。

依法批准设立的非营利性研究开发机构和高校根据规定，从职务科技成果转化收入中给予科技人员的现金奖励，可减按50%计入科技人员当月"工资、薪金所得"，依法缴纳个人所得税。

【总结】个人所得税工资、薪金所得征税范围的特殊规定（见表6-22）。

表6-22 个人所得税工资、薪金所得征税范围的特殊规定

	所得项目		是否按工资薪金纳税
特殊所得	独生子女补贴；托儿补助费；差旅费津贴、误餐补助		×（不征税）
	公务交通、通信补贴		√（扣除一定标准的公务费）
	股票期权、股票增值权、限制性股票、**股权奖励**		√
保险	三险一金	规定比例部分	免税
		超过规定比例部分	√
	"三险一金"外的其他保险		√
离开工作岗位所得	辞退补偿一次性收入		√
	离退休人员	离退休工资或养老金	免税
		其他补贴、奖金、实物	√
	内部退养	达到法定离退休年龄前从原任职单位取得的工资、薪金	√
	提前退休	一次性所得	√
	上述人员再就业取得工资		√
特殊职业	"**兼职**"律师，按月计算不扣生计费，自行申报时扣除		√
科研奖励	非营利性科研机构和高校给予科技人员的现金奖励		√（减半计入）

2."劳务报酬所得"税目

(1)基本规定。

劳务报酬所得是指个人独立从事"非雇佣"的各种劳务所得。

(2)"劳务报酬所得"VS"工资、薪金所得"（见表6-23）。

表6-23 不同项目劳务报酬所得与工资薪金所得的区分

职业	收入来源	税目
老师、演员	在单位授课、演出取得所得	工资、薪金所得
	在外授课、演出取得所得	劳务报酬所得或经营所得

续表

职业	收入来源	税目
个人	兼职所得	劳务报酬所得
受雇于律师个人	为律师个人工作取得所得	劳务报酬所得（由该律师代扣代缴）
证券经纪人、保险营销员	取得佣金	劳务报酬所得（扣除25%的展业成本）

3."稿酬所得"税目

(1)基本规定。

稿酬所得是指个人因其作品以图书、报刊形式"出版、发表"而取得的所得。

(2)遗作稿酬。

作者去世后，财产继承人取得的遗作稿酬，也应征收个人所得税。

4."特许权使用费所得"税目

(1)基本规定。

特许权使用费所得是指个人提供"专利权、商标权、著作权、非专利技术"以及其他特许权的"使用权"所得。

『注意』"无形资产"所有权转让，在"企业所得税"中归属于"转让财产收入"。

(2)特别规定。

①作者将自己的文字作品"手稿原件或复印件"公开拍卖取得的所得，按"特许权使用费所得"计税。

②个人取得特许权的"经济赔偿收入"，按"特许权使用费所得"计税。

③编剧从影视制作单位取得的"剧本使用费"，按"特许权使用费所得"计税，无论剧本使用方是否为其任职的单位。

【例题2·单选题】根据个人所得税法律制度的规定，下列各项中，应缴纳个人所得税的是( )。

A. 年终加薪　　B. 托儿补助费
C. 差旅费津贴　D. 误餐补助

解析 选项BCD，不属于工资、薪金性质的补贴、津贴，不征收个人所得税。 答案 A

【例题3·单选题】根据个人所得税法律制度的规定，下列所得中，属于免税项目的是( )。

A. 提前退休取得的一次性补贴
B. 退休人员从原任职单位取得的补贴
C. 内部退养取得的一次性收入
D. 按国家统一规定发放的退休工资

解析 按国家统一规定发给干部、职工的退休工资，免征个人所得税。 答案 D

【例题4·单选题】根据个人所得税法律制度的规定，下列各项中，应按照"劳务报酬所得"税目计缴个人所得税的是( )。

A. 个人因与用人单位解除劳动关系而取得的一次性补偿收入
B. 退休人员从原任职单位取得的补贴
C. 兼职律师从律师事务所取得的工资性质的所得
D. 证券经纪人从证券公司取得的佣金收入

解析 选项ABC属于工资、薪金性质的收入。 答案 D

【例题5·单选题】根据个人所得税法律制度的规定，下列各项中，属于劳务报酬所得的是( )。

A. 作家李某取得的剧本使用费
B. 演员孙某从其所属单位领取的工资
C. 律师赵某出租房屋取得的租金
D. 教师王某在校外兼职讲课取得的课酬

解析 选项A，属于特许权使用费所得；选项B，属于工资、薪金所得；选项C，属于财产租赁所得。 答案 D

【例题6·单选题】根据个人所得税法律制度的规定，下列各项中，属于稿酬所得的是( )。

A. 画家将书画作品以图书的形式出版取得的所得
B. 科研工作者取得的专利赔偿所得
C. 剧本作者从电视剧制作单位取得的剧本使用费
D. 作者将自己的文字作品手稿原件拍卖取得的所得

解析 选项BCD，属于特许权使用费所得。 答案 A

【例题7·判断题】作者去世后其财产继承人的遗作稿酬免征个人所得税。 ( )

解析 ▶ 上述稿酬，应征收个人所得税。

答案 ▶ ×

【例题 8·多选题】下列收入中，按照"特许权使用费所得"税目缴纳个人所得税的有( )。

A. 提供商标权的使用权收入
B. 转让土地使用权收入
C. 转让著作权收入
D. 转让专利权收入

解析 ▶ 选项 ACD，"无形资产"（除土地使用权外）的"使用权"与"所有权"转让，按照"特许权使用费所得"税目征税；选项 B，土地使用权转让，按照"财产转让所得"税目征税。

答案 ▶ ACD

(三)居民个人"综合所得"计税方法的一般规定

居民纳税人的综合所得按"年"计征，分月或分次预缴，年终汇算清缴。

(四)居民个"综合所得"年终汇算清缴应纳税额计算

1. 适用税率

综合所得执行 3%～45% 七级超额累进税率（见表 6-24）。

表 6-24 "综合所得"个人所得税税率表（一）（按年）

级数	全"年"应纳税所得额 含税级距	税率(%)	速算扣除数
1	不超过 36 000 元的	3	0
2	超过 36 000 元至 144 000 元的部分	10	2 520
3	超过 144 000 元至 300 000 元的部分	20	16 920
4	超过 300 000 元至 420 000 元的部分	25	31 920
5	超过 420 000 元至 660 000 元的部分	30	52 920
6	超过 660 000 元至 960 000 元的部分	35	85 920
7	超过 960 000 元的部分	45	181 920

【说明】本表适用于"综合所得"汇算清缴的计算。

『老侯提示』"综合所得税率表"在考题中会作为已知条件提供，本书后续题目中不再单独列示，练习时可参照本表。本章其余税率表与本表要求相同。

2. 应纳税所得额——采用"定额扣除"与"附加扣除"相结合的方式

应纳税所得额 = 每年收入额 - <u>生计费 - 专项扣除 - 专项附加扣除</u> - 其他扣除

(1) 生计费。

每"年"扣除限额为"60 000 元"。

(2) 专项扣除。

个人按照国家或省级政府规定的缴费比例或办法实际缴付的"三险一金"，允许在个人应纳税所得额中扣除，超过规定比例和标准缴付的，超过部分并入个人当期的工资、薪金收入，计征个人所得税。

(3) 专项附加扣除。

①子女教育（见表 6-25）。

表 6-25 子女教育扣除

要点		具体内容
准予扣除的子女教育类型	学前教育	年满"3 岁"至小学入学前教育
	义务教育	小学和初中教育
	全日制学历教育 高中阶段教育	普通高中、中等职业教育、技工教育
	高等教育	大学专科、本科；硕士、博士研究生
扣除标准	"每个"子女每月 1 000 元 『注意』两个娃可以扣两份	

续表

要点	具体内容
扣除方式	(1)父母"分别"按扣除标准的"50%"扣除； (2)经父母"约定"，也可以由"其中一方"按扣除标准的"100%"扣除 『注意』具体扣除方式在"一个纳税年度内"不得变更

②继续教育(见表6-26)。

表6-26 继续教育扣除

要点	具体内容	
扣除标准	学历教育	每月400元 『注意』同一学历(学位)继续教育的扣除期限不能超过48个月
	职业教育	"取得"相关证书的年度，按照3 600元定额扣除
扣除方式	(1)本科及以下学历(学位)教育，可以由其"父母"按照"子女教育"支出扣除； (2)可以由"本人"按照"继续教育"支出扣除 『注意』不得同时扣除	

③大病医疗(见表6-27)。

表6-27 大病医疗扣除

要点	具体内容		
准予扣除的大病医疗支出	纳税人发生的与基本医保相关的医药费用支出，扣除医保报销后个人负担(指医保目录范围内的"自付部分")累计"超过15 000元"的部分		
扣除标准	按照每年8万元标准限额"据实扣除"		
扣除方式	(1)纳税人发生的医药费用支出可以选择由本人或者其配偶扣除； (2)未成年子女发生的医药费用支出可以选择由其父母一方扣除		
总结	医保目录范围内的自付费部分不超过15 000元		不得扣除
	医保目录范围内的自付费部分超过15 000元	"超过部分"在8万元以内	据实扣除
		"超过部分"超过8万元	扣除8万元

④住房贷款利息(见表6-28)。

表6-28 住房贷款利息扣除

要点	具体内容
准予扣除的住房贷款利息	纳税人本人或配偶单独或共同使用商业银行或住房公积金个人住房贷款为本人或其配偶购买中国境内住房，发生的"首套住房"贷款利息支出 『注意』"非首套"住房贷款利息支出，不得扣除
扣除标准	偿还贷款期间，每月1 000元 『注意1』定额扣除，即使每年贷款利息低于1.2万元，也按照上述标准扣除； 『注意2』扣除期限最长不超过240个月； 『注意3』纳税人只能享受一次首套住房贷款的利息扣除
扣除方式	经夫妻双方约定，可以选择由"其中一方"扣除 『注意』具体扣除方式在一个纳税年度内不得变更
特殊规定	夫妻双方婚前分别购买住房发生的首套住房贷款，其贷款利息支出，婚后可以"选择其中一套"购买的住房，由购买方按扣除标准的100%扣除，也可以由夫妻双方对各自购买的住房分别按扣除标准的50%扣除

⑤住房租金(见表6-29)。

表6-29 住房租金扣除

要点	具体内容	
准予扣除的住房租金	"主要工作城市"没有住房，而在主要工作城市租赁住房发生的租金支出 『注意1』纳税人的配偶在纳税人的主要工作城市有自有住房的，视同纳税人在主要工作城市有自有住房； 『注意2』夫妻双方主要工作城市"相同"的，只能由"一方"(签订租赁住房合同的承租人)扣除住房租金支出； 『注意3』纳税人及其配偶"不得同时分别享受"住房贷款利息和住房租金专项附加扣除。(异地购房，工作城市租房的，可"选择"享受相应扣除)	
扣除人	由签订租赁住房合同的承租人扣除	
扣除标准	直辖市、省会城市、计划单列市以及国务院确定的其他城市	每月1 500元
	市辖区户籍人口超过100万的其他城市	每月1 100元
	市辖区户籍人口不超过100万(含)的其他城市	每月800元

⑥赡养老人(见表6-30)。

表6-30 赡养老人扣除

要点	具体内容		
赡养老人	赡养"60岁"以上父母，以及子女均已去世的年满60岁的祖父母、外祖父母 『注意』不看老人自身是否有生活来源，如领取退休金等		
扣除标准	独生子女	每月2 000元 『注意1』赡养2个及以上老人的，"不按老人人数加倍"扣除； 『注意2』夫妻双方可以分别扣除双方赡养老人的支出	
	非独生子女	分摊方式	平均分摊、赡养人约定分摊、被赡养人指定分摊
		分摊金额	每一纳税人分摊的扣除额最高不得超过每月1 000元
		优先级	指定分摊优先于约定分摊，两者不一致，以指定分摊为准
	『注意』具体分摊方式在一个纳税年度内不得变更		

『老侯提示』新《个人所得税法》告诉我们：没结婚的抓紧结婚生个娃；房子是用来住的不是用来炒的，所以买一套就够了；如果暂时没有钱，租房也是不错的选择；有钱多孝敬爹妈；好好学习多考证，书中自有黄金屋；一定要爱惜自己的身体！

(4)其他扣除。

企业年金、职业年金、**商业健康保险**、税收递延型商业养老保险。

『注意1』购买符合规定的商业健康保险产品的支出在当年(月)计算应纳税所得额时予以税前扣除，扣除限额为2 400元/年(200元/月)。

『注意2』专项扣除、专项附加扣除和依法确定的其他扣除，以居民个人一个纳税年度的应纳税所得额为限额。一个纳税年度扣除不完的，"不结转"以后年度扣除。

(5)劳务报酬所得、稿酬所得、特许权使用费所得以收入减除20%的费用后的余额为收入额。稿酬所得的收入额减按70%计算。

3. 应纳税额

应纳税额＝应纳税所得额×适用税率－速算扣除数

【举例】赵某是我国公民，独生子单身，在甲公司工作。2019年取得工资收入80 000元，在某大学授课取得收入40 000元，出版著作一部,取得稿酬60 000元,转让商标使用权,取得特许权使用费收入20 000元。已知:赵某个人缴纳"三险一金"20 000元,赡养老人支出税法规定的扣除金额为24 000元,假设无其他扣除项目,计算赵某本年应缴纳的个人所得税。

【计算过程】(1)工资薪金、劳务报酬、稿酬、特许权使用费为综合所得;(2)劳务报酬所得、稿酬所得、特许权使用费所得以收入减除20%的费用后的余额为收入额。稿酬所得的收入额减按70%计算;(3)应纳税所得额=80 000+40 000×(1-20%)+60 000×(1-20%)×70%+20 000×(1-20%)-60 000-20 000-24 000=57 600(元)。可以用两种方法计算应纳所得税额。

第一种方法是按照速算扣除数简易计算法计算:

应纳税额=57 600×10%-2 520(速算扣除数)=3 240(元)。

第二种方法是按照超额累进税率定义分解计算:

应纳税额=36 000×3%+(57 600-36 000)×10%=1 080+2 160=3 240(元)。

速算扣除数的由来(见图6-3)。

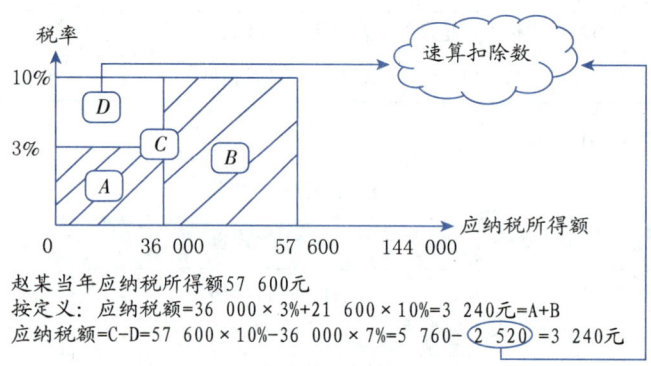

图6-3 速算扣除数的由来

【例题9·单选题】根据个人所得税法律制度的规定,下列各项中,属于专项扣除的是( )。

A. 个人购买符合国家规定的商业健康保险
B. 个人缴付符合国家规定的企业年金
C. 个人缴付符合国家规定的职业年金
D. 个人缴付符合国家规定的基本养老保险

解析 按照规定标准和范围缴纳的"三险一金"属于专项扣除;选项ABC属于依法确定的其他扣除。

答案 D

【例题10·多选题】根据个人所得税法律制度的规定,下列各项中,可以作为个人专项附加扣除的有( )。

A. 子女抚养   B. 继续教育
C. 赡养老人   D. 子女教育

解析 综合所得中允许扣除的专项附加扣除包括:子女教育、继续教育、赡养老人、首套住房贷款利息、住房租金、大病医疗。

答案 BCD

【例题11·单选题】根据个人所得税法律制度的规定,个人购买符合规定的商业健康保险产品的支出,允许在当年计算工资、薪金所得应纳税所得额时在一定限额内予以税前扣除,该限额为( )。

A. 3 600元/年
B. 2 400元/年
C. 3 200元/年
D. 2 800元/年

答案 B

(五)居民个人"综合所得"分月或分次预扣预缴个人所得税计税规定

1. 工资、薪金所得

(1)"按月"取得工资、薪金所得。

①适用税率。

执行**"累计预扣预缴制"**,适用"七级超额累进预扣率"。

"综合所得"个人所得税预扣率表(一)(见表6-31)。

表 6-31 "综合所得"个人所得税预扣率表(一)(按年)

级数	累计应纳税所得额 含税级距	预扣率(%)	速算扣除数
1	不超过36 000元的	3	0
2	超过36 000元至144 000元的部分	10	2 520
3	超过144 000元至300 000元的部分	20	16 920
4	超过300 000元至420 000元的部分	25	31 920
5	超过420 000元至660 000元的部分	30	52 920
6	超过660 000元至960 000元的部分	35	85 920
7	超过960 000元的部分	45	181 920

【说明】本表适用于"居民个人""工资薪金所得"按月"预缴"个人所得税的计算。

②累计预扣预缴应纳税所得额。

累计预扣预缴应纳税所得额=累计收入-累计免税收入-累计减除费用-累计专项扣除-累计专项附加扣除-累计依法确定的其他扣除

〖注意1〗减除费用按"5 000元/月"累计。

〖注意2〗居民个人向扣缴义务人提供专项附加扣除信息的,扣缴义务人按月预扣预缴税款时应当按照规定予以扣除,不得拒绝。

③本期应预扣预缴税额。

本期应预扣预缴税额=(累计预扣预缴应纳税所得额×预扣率-速算扣除数)-累计减免税额-累计已预扣预缴税额

【举例1】北京某公司职员赵某,2020年1月取得工资、薪金收入20 000元,个人缴纳的三险一金合计为4 500元,赵某为独生子,父母现年65岁,育有一子现年5岁接受学前教育,名下无房,现租房居住,计算赵某当月应缴纳的个人所得税税额。

【计算过程】①"生计费"扣除=5 000元

②专项扣除(三险一金)=4 500元

③专项附加扣除=1 000(子女教育)+1 500(住房租金)+2 000(赡养老人)=4 500(元)

④扣除项合计=5 000+4 500+4 500=14 000(元)

⑤应纳税所得额=20 000-14 000=6 000(元)

⑥应纳税所得额不超过36 000元,适用税率为3%

⑦应纳税额=6 000×3%=180(元)

【举例2】计算赵某2月应缴纳的个人所得税税额。

【计算过程】①"生计费"扣除=5 000×2=10 000(元)

②专项扣除(三险一金)=4 500×2=9 000(元)

③专项附加扣除=[1 000(子女教育)+1 500(住房租金)+2 000(赡养老人)]×2=9 000(元)

④扣除项合计=10 000+9 000+9 000=28 000(元)

⑤应纳税所得额=20 000×2-28 000=12 000(元)

⑥应纳税所得额不超过36 000元,适用税率为3%

⑦应纳税额=12 000×3%-180(1月已纳税款)=180(元)

【举例3】计算赵某7月应缴纳的个人所得税税额。

【计算过程】①"生计费"扣除=5 000×7=35 000(元)

②专项扣除(三险一金)=4 500×7=31 500(元)

③专项附加扣除=[1 000(子女教育)+1 500(住房租金)+2 000(赡养老人)]×7=31 500(元)

④扣除项合计=35 000+31 500+31 500=98 000(元)

⑤应纳税所得额=20 000×7-98 000=42 000(元)

⑥应纳税所得额超过36 000元至144 000元的,适用税率为10%,速算扣除数2 520

⑦应纳税额=42 000×10%-2 520-180×6=600(元)

【注意】累计减除费用 = 5 000×纳税人当年截至本月月份数。(2021 年新增)

(2)全年一次性奖金。

居民个人取得全年一次性奖金,符合相关规定的,在 2021 年 12 月 31 日前,可以选择"不并入"当年综合所得,"单独"计算纳税,或者选择并入当年综合所得计算纳税;自 2022 年 1 月 1 日起,一律并入当年综合所得计算缴纳个人所得税。

【方法一】"不并入"当年综合所得,"单独"计算纳税

①适用税率:

适用"综合所得"个人所得税税率表(二)(见表6-32)。

表 6-32 "综合所得"个人所得税税率表(二)(按月)

级数	全"月"(或次)应纳税所得额	税率	速算扣除数
1	不超过 3 000 元的	3%	0
2	超过 3 000 元至 12 000 元的部分	10%	210
3	超过 12 000 元至 25 000 元的部分	20%	1 410
4	超过 25 000 元至 35 000 元的部分	25%	2 660
5	超过 35 000 元至 55 000 元的部分	30%	4 410
6	超过 55 000 元至 80 000 元的部分	35%	7 160
7	超过 80 000 元的部分	45%	15 160

【说明】本表适用于"居民个人"年终一次性奖金(方法一)的计算和"非居民个人"应纳税额的计算。

②计算步骤:

找税率:全年一次性奖金÷12→查表

算税额:全年一次性奖金×税率-速算扣除数

『老侯提示』全年一次性奖金选择"不并入"当年综合所得,"单独"计算纳税的,应当先除"12"找税率,再用"全额"来计算。

【方法二】"并入"当年工资、薪金所得,执行"累计预扣预缴制"

【举例】赵某任职受雇于甲公司,2020 年每月平均发放工资 6 000 元,允许扣除的社保等专项扣除费用 500 元、每月专项附加扣除 3 000 元;2020 年 12 月取得全年一次性奖金 36 000 元,计算赵某全年一次性奖金应缴纳的个人所得税。

【计算过程】方法一:

①找税率:36 000÷12 = 3 000(元),查"综合所得"个人所得税税率表(二)(按月)可知,适用税率为 3%。

②算税额:36 000×3% = 1 080(元)

方法二:

应纳税所得 = (6 000×12+36 000)-5 000×12-500×12-3 000×12 = 6 000(元)

全年应纳税额 = 6 000×3% = 180(元)

【注意】2021 年 12 月 31 日前,纳税人可以选择上述两种方式之一计算应纳税额,2022 年起,全年一次性奖金一律并入当月工资,执行"累计预扣预缴制"。

(3)其他奖金。

除全年一次性奖金以外的其他奖金,如"月奖、季度奖、半年奖"等,一律并入取得当月的工资,执行"累计预扣预缴制"。

(4)单位低价向职工售房。

单位按低于购置或建造成本价格出售住房给职工,职工因此而少支出的差价部分,不并入当年综合所得,单独计算纳税。

①适用税率:

适用"综合所得"个人所得税税率表(二)(见表6-32)。

②计算步骤:

找税率:房款差价÷12→查表

算税额:房款差价×税率-速算扣除数

『老侯提示』与全年一次性奖金选择"不并入"当年综合所得,"单独"计算纳税的方法完全相同。

(5)居民个人取得股票期权、股票增值权、限制性股票、股权奖励等股权激励的计税规定。

在 2021 年 12 月 31 日前,不并入当年综合所得,全额单独适用综合所得税率表,计算纳税。

应纳税额 = 股权激励收入×适用税率-速算扣除数

『注意』居民个人一个纳税年度内取得两次以上(含两次)股权激励的,应合并计算纳税。

【举例1】赵某2020年1月取得某上市公司授予的股票期权15 000股,授予日股票价格为10元,授予期权价格为8元,规定可在2021年行权。赵某于2021年1月行权10 000股,行权当天股票市价为16元,计算赵某该笔所得应缴纳的个人所得税。

【计算过程】①股权激励收入=(16-8)×10 000=80 000(元)

②应纳税所得额超过36 000元至144 000元的适用税率为10%,速算扣除数为2 520

③应纳税额=80 000×10%-2 520=5 480(元)

【举例2】接上例,赵某于2021年4月将剩余5 000股行权,行权当天股票市价为23元,计算赵某该笔所得应缴纳的个人所得税。

【计算过程】①股权激励收入=(23-8)×5 000=75 000(元)

②赵某一个纳税年度内取得两次股权激励,应与上一次所得合并计算纳税

累计应纳税所得额=75 000+80 000=155 000(元)

③应纳税所得额超过144 000元至300 000的适用税率为20%,速算扣除数16 920

④应纳税额=155 000×20%-16 920-5 480=8 600(元)

(6)企业年金、职业年金(见表6-33)。

个人达到国家规定的退休年龄,领取的"企业年金、职业年金",不并入综合所得,全额单独计算应纳税款。

表6-33 企业年金、职业年金适用税率表

领取方式		适用税率
分期领取	按月领取	综合所得税率表(按月)
	按季领取并平均分摊计入各月	综合所得税率表(按月)
	按年领取	综合所得税率表(按年)
一次性领取	因出境定居	综合所得税率表(按年)
	因个人死亡	综合所得税率表(按年)
	除上述特殊原因外	综合所得税率表(按月)

2. 劳务报酬所得、稿酬所得、特许权使用费所得

(1)适用税率:

①劳务报酬所得适用20%~40%的3级超额累进预扣率。

"综合所得"个人所得税预扣率表(二)(见表6-34)。

表6-34 "综合所得"个人所得税预扣率表(二)

级数	全"月"(或次)应纳税所得额	预扣率	速算扣除数
1	不超过20 000元的	20%	0
2	超过20 000元至50 000元的部分	30%	2 000
3	超过50 000元的部分	40%	7 000

②稿酬所得、特许权使用费所得适用20%的比例税率。

【说明】本表适用于"居民个人""劳务报酬所得"按月或按次"预缴"个人所得税的计算。

(2)应纳税所得额——采用定额和定率相结合的扣除方式:

①每次收入额≤4 000元的:

应纳税所得额=每次收入额-800

②每次收入额>4 000元的:

应纳税所得额=每次收入额×(1-20%)

(3)应纳税额:

应纳税额=应纳税所得额×适用税率-速算扣除数

【举例1】我国居民赵某2020年内共取得4次劳务报酬,分别为3 000元;22 000元;

30 000元；100 000元；要求计算各次应缴纳的所得税税额。

【计算过程】第一次：3 000<4 000，费用扣除：800，应纳税所得额：2 200。

应纳税额=2 200×20%=440元

第二次：22 000>4 000，费用扣除：20%，应纳税所得额：17 600。

应纳税额=17 600×20%=3 520元

第三次：30 000>4 000，费用扣除：20%，应纳税所得额：24 000。

应纳税额=24 000×30%-2 000=5 200元

第四次：100 000>4 000，费用扣除：20%，应纳税所得额：80 000。

应纳税额=80 000×40%-7 000=25 000元

【举例2】2020年3月我国居民李某出版一部小说，取得稿酬10 000元。计算李某当月稿酬所得应缴纳个人所得税税额。

【计算过程】①应纳税所得额=10 000×(1-20%)×70%=5 600(元)

②应纳税额=5 600×20%=1 120(元)

【举例3】2020年5月我国居民张某转让一项专利权，取得转让收入150 000元，专利开发支出10 000元。计算张某当月特许权使用费所得应缴纳个人所得税税额。

【计算过程】①应纳税所得额=150 000×(1-20%)=120 000(元)

②应纳税额=120 000×20%=24 000(元)

(六)非居民个人"综合所得"应纳税额

1. 计税方法

(1)"工资、薪金"所得：按"月"计征；

(2)"劳务报酬"所得、"稿酬"所得、"特许权使用费"所得：按"次"计征。

【关于"次"的规定】(见表6-35)。

表6-35 "次"的规定

收入类型	计次规定
属于"一次性"收入	以取得该项收入为一次
属于同一项目"连续性"收入	以"1个月"内取得的收入为一次

【举例】非居民个人汤姆赵的职业为歌手，每周去闪亮酒吧演唱2次，属于同一事项连续取得收入，以1个月内取得的收入为一次。

『注意』分次支付的，应当合并计税。

2. 适用税率

执行3%~45%七级超额累进税率[见表6-32——"综合所得"个人所得税税率表(二)(按月)]。

3. 应纳税所得额

(1)工资、薪金所得。

以每月收入额减除"5 000元"后的余额为应纳税所得额。

应纳税所得额=每月收入额-5 000

(2)劳务报酬所得、稿酬所得、特许权使用费所得。

①以收入减除"20%"的费用后的余额为收入额。

②以每次"收入额"为应纳税所得额。

③"稿酬所得"的收入额减按"70%"计算。

劳务报酬所得、特许权使用费所得应纳税所得额=每次收入×(1-20%)

稿酬所得应纳税所得额=每次收入×(1-20%)×70%

4. 应纳税额

应纳税额=应纳税所得额×适用税率-速算扣除数

【例题12·单选题】中国公民张某2019年1月取得工资10 000元，缴纳基本养老保险费、基本医疗保险费、失业保险费、住房公积金2 000元，支付首套住房贷款利息2 500元。已知，工资、薪金所得个人所得税预扣率为3%，减除费用为5 000元/月，住房贷款利息专项附加扣除标准为1 000元/月，由张某按扣除标准的100%扣除。计算张某当月工资应预扣预缴个人所得税税额的下列算式中，正确的是( )。

A.(10 000-5 000-2 000-1 000)×3%=60(元)

B.(10 000-5 000-2 000-2 500)×3%=15(元)

C.(10 000-5 000-2 000)×3%=90(元)

D.(10 000-2 500)×3%=225(元)

解析 (1)工资薪金执行累计预扣预缴制度；(2)住房贷款利息专项附加扣除按法定标准(1 000元/月)扣除，而非按实际发生额(2 500元)扣除；(3)1月累计收入额10 000元，累计费用扣除为5 000元，累计专项扣除为2 000元，累计专项附加扣除为1 000元，累计应纳税所得额＝10 000－5 000－2 000－1 000＝2 000(元)，累计应纳税额＝2 000×3%＝60(元)，累计已纳税额为0，则本月应预缴税额＝60－0＝60(元)。**答案▶A**

【例题13·单选题】 北京某公司职员赵某，2020年每月取得工资、薪金收入20 000元，个人缴纳的三险一金合计为4 500元，赡养老人、子女教育、住房租金等专项附加扣除合计为4 500元，已知：赵某前七个月已预交税款1 680元，累计应纳税所得额超过36 000元至144 000元的，适用的预扣率为10%，速算扣除数为2 520。则赵某2020年8月工资、薪金所得应预缴个人所得税的下列计算中，正确的是( )。

A.（20 000－5 000－4 500－4 500）×8×10%－2 520－1 680＝600(元)

B.（20 000－5 000）×8×10%－2 520－1 680＝7 800(元)

C.（20 000－5 000－4 500－4 500）×8×10%－2 520＝2 280(元)

D.（20 000－5 000－4 500）×8×10%－2 520－1 680＝4 200(元)

解析▶ ①"生计费"扣除＝5 000×8＝40 000(元)；
②专项扣除（三险一金）＝4 500×8＝36 000(元)；
③专项附加扣除＝4 500×8＝36 000(元)；
④扣除项合计＝40 000＋36 000＋36 000＝112 000(元)；
⑤应纳税所得额＝20 000×8－112 000＝48 000(元)；
⑥应纳税所得额超过36 000元至144 000元的，适用税率为10%，速算扣除数2 520；
⑦应预缴税额＝48 000×10%－2 520－1 680＝600(元)。**答案▶A**

【例题14·单选题】 赵某任职受雇于甲公司，2020年每月取得工资10 000元，12月取得全年一次性奖金28 000元，已知甲公司全年一次性奖金采用不并入当年综合所得，单独计算纳税的方法，全月应纳税所得额不超过3 000元的，适用税率为3%，超过12 000元至25 000元的，适用税率为20%，速算扣除数1 410，超过25 000元至35 000元的，适用税率为25%，速算扣除数为2 660。则下列关于全年一次性奖金应纳税额的计算，正确的是( )。

A. 28 000×25%－2 660＝4 340(元)

B. 28 000×3%＝840(元)

C.（28 000－5 000）×20%－1 410＝3 190(元)

D. 0

解析▶（1）甲公司全年一次性奖金采用不并入当年综合所得，单独计算纳税的方法；
（2）计算步骤：找税率，28 000÷12＝2 333.33(元)，对应税率为3%。算税额，全年一次性奖金应纳税额＝28 000×3%＝840(元)。**答案▶B**

【例题15·单选题】 中国公民张某任职于国内某软件公司，2019年10月在M大学授课一次，取得劳务报酬所得3 500元，自行负担交通费200元。已知，劳务报酬所得个人所得税预扣率为20%；每次收入不超过4 000元的，减除费用按800元计算。计算张某当月该笔劳务报酬所得应预扣预缴个人所得税税额的下列算式中，正确的是( )。

A.（3 500－200－800）×20%＝500（元）

B. 3 500×20%＝700(元)

C.（3 500－800）×20%＝540(元)

D.（3 500－200）×20%＝660(元)

解析▶ 劳务报酬所得预扣预缴时，不超过4 000元的，减除费用800元，不能减除其他支出。**答案▶C**

【例题16·单选题】 2020年3月李某出版一部小说，取得稿酬10 000元，已知稿酬所得个人所得税预扣率为20%；每次收入超过4 000元的，减除20%的费用。李某当月稿酬所得应预缴个人所得税税额的下列算式中，正确的是( )。

A. 10 000×（1－30%）×20%＝1 400(元)

B. 10 000×（1－20%）×20%＝1 600(元)

C. 10 000×20%＝2 000(元)

D. 10 000×（1－20%）×（1－30%）×20%＝1 120(元)

解析▶ 居民个人取得稿酬所得，预缴税款时，稿酬所得减按70%计入应纳税所得额；应纳税额＝10 000×（1－20%）×（1－30%）×20%＝1 120(元)。**答案▶D**

【例题17·单选题】 2020年5月，张某转让一项专利权,取得转让收入150 000元,专利开发支出10 000元。已知特许权使用费所得个人所得税预扣率为20%;每次收入超过4 000元的,减除20%的费用。张某当月该笔收入应预缴个人所得税税额的下列计算中,正确的是( )。

A. (150 000-10 000)×(1-20%)×20%=22 400(元)

B. (150 000-10 000)×20%=28 000(元)

C. [150 000×(1-20%)-10 000]×20%=22 000(元)

D. 150 000×(1-20%)×20%=24 000(元)

解析 居民个人特许权使用费所得,计算预缴税款时,应按照税法规定进行费用扣除,不得减除专利开发支出。

答案 D

【**例题18·单选题**】赵某是我国公民,独生子单身,在甲公司工作。2020年取得工资收入80 000元,在某大学授课取得收入40 000元,出版著作一部,取得稿酬60 000元,转让商标使用权,取得特许权使用费收入20 000元。已知:赵某个人缴纳"三险一金"20 000元,赡养老人支出等专项附加扣除为24 000元,假设无其他扣除项目,已知全年综合所得应纳税所得额超过36 000元至144 000元的,适用的预扣率为10%,速算扣除数为2 520,赵某全年已预缴个人所得税23 000元,赵某2020年汇算清缴应补或应退个人所得税的下列计算列式中,正确的是( )。

A. [80 000+40 000×(1-20%)+60 000×(1-20%)×70%+20 000×(1-20%)-60 000-20 000-24 000]×10%-2 520-23 000=-19 760(元)

B. [80 000+40 000×(1-20%)+60 000×(1-20%)×70%+20 000×(1-20%)-60 000-20 000-24 000]×10%-2 520=3 240(元)

C. (80 000+40 000+6 000+20 000-60 000-20 000-24 000)×10%-2 520=7 080(元)

D. (80 000+40 000+60 000+20 000-60 000-20 000-24 000)×10%-2 520-23 000=-15 920(元)

解析 (1)工资薪金、劳务报酬、稿酬、特许权使用费为综合所得;(2)劳务报酬所得、稿酬所得、特许权使用费所得以收入减除20%的费用后的余额为收入额。稿酬所得的收入额减按70%计算;(3)全年应纳税所得额=80 000+40 000×(1-20%)+60 000×(1-20%)×70%+

20 000×(1-20%)-60 000-20 000-24 000=57 600(元);全年应纳税额=57 600×10%-2 520=3 240(元);全年已预缴税额为23 000元;应退税额=23 000-3 240=19 760(元)。

答案 A

【**例题19·单选题**】2020年1月"非居民个人"汤姆赵从本单位取得工资7 000元,加班费1 000元,奖金2 100元。已知工资、薪金所得减除费用标准为每月5 000元,全月应纳税所得额不超过3 000元的,适用税率为3%,超过3 000元至12 000元的,适用税率为10%,速算扣除数为210。"非居民"汤姆赵当月工资、薪金所得应缴纳个人所得税税额的下列算式中,正确的是( )。

A. (7 000+1 000+2 100)×10%-210=800(元)

B. (7 000-5 000)×3%=60(元)

C. (7 000+1 000+2 100-5 000)×10%-210=300(元)

D. (7 000+1 000-5 000)×3%=90(元)

解析 非居民个人取得的工资、薪金所得不执行综合所得税制,按月计算缴纳个人所得税;取得的加班费、奖金应当与本月工资合并计算应纳个人所得税;除每月5 000元"生计费"外,无其他扣除项目。

答案 C

【**例题20·单选题**】2020年10月"非居民个人"汤姆赵为李某提供一个月的钢琴培训,分两次取得劳务报酬,分别为1 000元、3 000元,共计4 000元。已知劳务报酬所得每次应纳税所得额不超过3 000元的,适用税率为3%,超过3 000元至12 000元的,适用税率为10%,速算扣除数210。"非居民个人"汤姆赵当月钢琴培训劳务报酬应缴纳个人所得税税额的下列算式中,正确的是( )。

A. [1 000×(1-20%)+3 000×(1-20%)]×(1-20%)×3%=76.8(元)

B. 1 000×(1-20%)×3%+3 000×(1-20%)×3%=96(元)

C. 4 000×(1-20%)×10%-210=110(元)

D. 4 000×10%-210=190(元)

解析 非居民个人取得的劳务报酬所得不执行综合所得税制,按次计算缴纳个人所得税;属于同一事项连续取得收入的,以一个月内取得的收入为一次,分次支付应当合并计税;劳务报酬所得以收入减除20%的费用后的余额为应纳税所得额。

答案 ▶ C

【例题21·单选题】 2020年3月"非居民个人"汤姆赵出版一部小说,取得稿酬10 000元,已知稿酬所得每次应纳税所得额超过3 000元至12 000元的,适用税率为10%,速算扣除数为210。"非居民"汤姆赵当月稿酬所得应缴纳个人所得税税额的下列算式中,正确的是( )。

A. 10 000×70%×10%-210=490(元)
B. 10 000×(1-20%)×10%-210=590(元)
C. 10 000×10%-210=790(元)
D. 10 000×(1-20%)×70%×10%-210=350(元)

解析 ▶ 非居民个人取得的稿酬所得不执行综合所得税制,按次计算缴纳个人所得税;稿酬所得以每次出版、发表为一次,以收入减除20%的费用后的余额的"70%"为应纳税所得额。

答案 ▶ D

【例题22·单选题】 2020年5月,"非居民个人"汤姆赵转让一项专利权,取得转让收入150 000元,专利开发支出10 000元。已知特许权使用费所得每次应纳税所得额超过80 000元的,适用税率为45%,速算扣除数为15 160。"非居民"汤姆赵当月该笔收入应缴纳个人所得税税额的下列计算中,正确的是( )。

A. (150 000-10 000)×(1-20%)×45%-15 160=35 240(元)
B. (150 000-10 000)×45%-15 160=47 840(元)
C. [150 000×(1-20%)-10 000]×45%-15 160=34 340(元)
D. 150 000×(1-20%)×45%-15 160=38 840(元)

解析 ▶ 非居民个人取得的特许权使用费所得不执行综合所得税制,按次计算缴纳个人所得税。特许权使用费所得以收入减除20%的费用后的余额为应纳税所得额,不得扣除开发支出。 **答案** ▶ D

考验三 经营所得(★★)

扫我解疑难

(一)税目
1. 基本规定

(1)"个体工商户"从事生产、经营活动取得的所得,"个人独资企业投资人""合伙企业的个人合伙人"来源于境内注册的个人独资企业、合伙企业生产、经营的所得;

(2)个人依法取得执照,从事办学、医疗、咨询以及其他有偿服务活动取得的所得;

(3)个人对企业、事业单位"承包"经营、"承租"经营以及"转包、转租"取得的所得。

2. 特殊规定

(1)出租车运营。

①经营单位对出租车驾驶员采取"单车承包或承租方式运营",驾驶员收入按"工资、薪金所得"缴纳个税。

②"出租车属于个人所有",但挂靠出租车经营单位缴纳管理费的,或出租车经营单位将出租车"所有权转移给驾驶员"的,驾驶员收入按"经营所得"缴纳个税。

(2)企业为个人购置房屋及其他财产的个人所得税务处理。

①适用情形:

Ⅰ.企业"出资"购买房屋及其他财产,将所有权登记为投资者个人、投资者家庭成员或企业其他人员;

Ⅱ.企业投资者个人、投资者家庭成员或企业其他成员向企业"借款"用于购买房屋及其他财产,将所有权登记为投资者、投资者家庭成员或企业其他人员,且借款年度终了后"未归还"借款的。

②所属税目:

Ⅰ.对个人独资企业、合伙企业的个人投资者或其家庭成员取得的上述所得,视为企业对个人投资者的利润分配,按照"经营所得"项目计征个人所得税;

Ⅱ.对除个人独资企业、合伙企业以外其他企业的个人投资者或其家庭成员取得的上述所得,视为企业对个人投资者的红利分配,按照"利息、股息、红利所得"项目计征个人所得税;

Ⅲ.对企业其他人员取得的上述所得,按照"综合所得中的工资、薪金所得"项目计征个人所得税。

【总结】 经营所得的征税范围(见表6-36)。

表 6-36　经营所得的征税范围

所得项目		所属税目
与生产经营无关的所得		按有关规定计征
出租车司机	出租车属于个人所有	经营所得
	单车承包或承租方式运营	工资、薪金所得
企业为个人购买资产	个人独资企业、合伙企业投资者+家庭成员	经营所得
	"非"个人独资企业、合伙企业投资者+家庭成员	利息、股息、红利所得
	企业其他成员	工资、薪金所得

(二)应纳税额计算

1. 计税方法：按"年"计征
2. 税率：五级超额累进税率(见表 6-37)

表 6-37　个人所得税税率表(经营所得适用)

级数	全年应纳税所得额	税率(%)	速算扣除数
1	不超过 30 000 元的	5	0
2	超过 30 000 元至 90 000 元的部分	10	1 500
3	超过 90 000 元至 300 000 元的部分	20	10 500
4	超过 300 000 元至 500 000 元的部分	30	40 500
5	超过 500 000 元的部分	35	65 500

3. 应纳税所得额

以每一纳税年度的收入总额，减除成本、费用以及损失后的余额，为应纳税所得额。

【说明】"经营所得"的计税依据与企业所得税的应纳税所得额计算类似，以下内容仅列示"经营所得"的特殊扣除规定(见表 6-38)。

表 6-38　"经营所得"的特殊扣除规定

扣除项目		税前扣除规定
生产经营费用和个人、家庭费用	划分清晰	据实扣除
	混用，难以分清的费用	"40%"视为与生产经营有关的费用，准予扣除
工资	职工	据实扣除
	业主本人(2020 年调整)	(1)不得扣除：实发工资 (2)可以扣除：6 万元+专项扣除+专项附加扣除+其他扣除 『注意1』扣除前提是该业主无综合所得； 『注意2』专项附加扣除在办理汇算清缴时减除
三项经费 (工会经费、职工福利费、职工教育经费)	职工	以"实发工资薪金总额"为计算依据
	业主本人	以"当地上年度社会平均工资 3 倍"为计算依据
	职工教育经费	扣除比例为2.5%
补充养老、补充医疗保险	职工	分别不超过实发工资薪金总额的5%的部分准予扣除
	业主本人	分别不超过"当地上年度社会平均工资 3 倍"的5%的部分准予扣除

续表

扣除项目		税前扣除规定
捐赠	公益性捐赠	不超过"**应纳税所得额30%**"的部分可以扣除
		符合法定条件的准予"**全额扣除**"
	非公益性捐赠	不得扣除
购置研发专用设备	单价<10万元	**准予一次性全额扣除**
	单价≥10万元	按固定资产管理

【说明】其他扣除项目和不得扣除项目,如业务招待费、广告和业务宣传费、借款费用、社会保险等与企业所得税完全一致,此处不再赘述

【例题1·多选题】根据个人所得税法律制度的规定,下列各项中,房屋所有权人需要缴纳个人所得税的有( )。

A. 企业投资者个人向企业借款购买房屋,逾期未归还借款的
B. 企业为企业员工购买房屋的
C. 企业员工向企业借款购买房屋,逾期未归还借款的
D. 企业为投资者家庭成员购买房屋的

解析 ▶ 选项AD,按"经营所得"或"利息、股息、红利所得"缴纳个人所得税;选项BC,按"工资薪金所得"缴纳个人所得税。

答案 ▶ ABCD

【例题2·单选题】根据个人所得税法律制度的规定,个体工商户的下列支出中,在计算经营所得应纳税所得额时,不得扣除的是( )。

A. 代替从业人员负担的税款
B. 支付给金融企业的短期流动资金借款利息支出
C. 依照国家有关规定为特殊工种从业人员支付的人身安全保险金
D. 实际支付给从业人员合理的工资薪金支出

解析 ▶ 选项A,个体工商户代其从业人员或者他人负担的税款,如代扣代缴的个人所得税,应由从业人员自行负担,不属于该个体工商户的费用,不得在税前扣除;选项BCD,与"企业所得税的准予扣除项目"相同,可以在计算个人所得税"经营所得"应纳税所得额时扣除。

答案 ▶ A

【例题3·判断题】个体工商户业主的工资薪金支出,在计算个人所得税经营所得应纳税所得额时,准予扣除。 ( )

解析 ▶ 业主的工资薪金支出,不得扣除;

支付给从业人员的、合理的工资薪金支出,准予扣除。

答案 ▶ ×

【例题4·单选题】个体工商户张某2020年度取得营业收入200万元,当年发生业务宣传费25万元,上年度结转未扣除的业务宣传费15万元。已知业务宣传费不超过当年营业收入15%的部分,准予扣除,个体工商户张某在计算当年个人所得税应纳税所得额时,允许扣除的业务宣传费金额为( )万元。

A. 30   B. 25
C. 40   D. 15

解析 ▶ 销售营业收入的15%=200×15%=30(万元)<实际发生额25+15=40(万元),按照限额扣除,即允许扣除的业务宣传费金额为30万元。

答案 ▶ A

考验四 财产租赁所得(★★★)

扫我解疑难

(一)税目
1. 基本规定
个人"**出租**"不动产、土地使用权、机器设备、车船以及其他财产而取得的所得。
2. 特别规定
房地产开发企业与商店购买者个人签订协议规定,以优惠价格出售其商店给购买者个人,购买者个人在一定期限内必须将购买的商店无偿提供给房地产开发企业对外出租使用。对购买者个人少支出的购房价款,应视同个人财产租赁所得,按照"财产租赁所得"项目征收个人所得税。

【例题1·判断题】个人取得的住房转租收

入，应按"财产转让所得"征收个人所得税。
（ ）

解析 上述收入，应按"财产租赁所得"征收个人所得税。
答案 ×

（二）应纳税额计算

1. 计税方法：按次计征，以"1个月"内取得的收入为一次

2. 税率：20%

『注意』个人出租"住房"取得的所得暂减按"10%"的税率征收个人所得税。

3. 应纳税所得额——采用"定额和定率相结合"的扣除方式

（1）每次收入额≤4 000元的：
应纳税所得额=每次收入额-800

（2）每次收入额>4 000元的：
应纳税所得额=每次收入额×（1-20%）

『注意』计算时还须扣除准予扣除的项目（包括：出租房屋时缴纳的城市维护建设税、教育费附加以及房产税、印花税等相关税费；不包括：增值税），若房屋租赁期间发生"修缮费用"同样准予在税前扣除但以"每月800元"为限，多出部分在"以后月份"扣除。

4. 应纳税额

（1）每次（月）收入不超过4 000元的：
应纳税额=[每次（月）收入-财产租赁过程中缴纳的税费-修缮费用（800元为限）-800]×20%

（2）每次（月）收入4 000元以上的：
应纳税额=[每次（月）收入额-财产租赁过程中缴纳的税费-修缮费用（800元为限）]×（1-20%）×20%

『注意』判定是否达到4 000元的基数为"收入额-财产租赁过程中缴纳的税费-修缮费"。

【例题2·多选题】赵某有A、B、C三套住房，其中A、B两套用于出租，3月共收取租金9 600元，其中住宅A租金4 799元，住宅B租金4 801元，同时两套住宅分别发生修缮费用，各900元，则下列说法中正确的有（ ）。（不考虑个人出租住房应缴纳的其他税费）

A. 出租A住房应缴纳个人所得税[（4 799-0-800）-800]×10%=319.9（元）

B. 出租A住房应缴纳个人所得税（4 799-0-900）×（1-20%）×10%=311.92（元）

C. 出租B住房应缴纳个人所得税（4 801-0-900）×（1-20%）×10%=312.08（元）

D. 出租B住房应缴纳个人所得税（4 801-0-800）×（1-20%）×10%=320.08（元）

解析 房屋租赁期间发生修缮费用准予在税前扣除但以每月800元为限，多出部分在以后月份扣除；个人出租住房适用10%的税率；选项AB，出租A住房取得租金4 799元，扣除财产租赁过程中缴纳的税费0，扣除修缮费用800元，收入额为3 999元<4 000元，费用扣除标准为800元，出租A住房应缴纳的个人所得税=[（4 799-0-800）-800]×10%=319.9（元）；选项CD，出租B住房取得租金4 801元，扣除财产租赁过程中缴纳的税费0，扣除修缮费用800元，收入额为4 001元>4 000元，费用扣除标准为20%，出租B住房应缴纳的个人所得税=（4 801-0-800）×（1-20%）×10%=320.08（元）。
答案 AD

【例题3·单选题】2020年9月王某出租自有住房取得租金收入6 000元，房屋租赁过程中缴纳的税费240元，支付该房屋的修缮费1 000元，已知个人出租住房个人所得税税费暂减按10%，每次收入4 000元以上的，减除20%的费用。计算王某当月出租住房应缴纳个人所得税税额的下列算式中正确的是（ ）。

A. （6 000-240-800）×10%=496（元）

B. （6 000-240-1 000）×10%=476（元）

C. （6 000-240-1 000）×（1-20%）×10%=380.8（元）

D. （6 000-240-800）×（1-20%）×10%=396.8（元）

解析 房屋租赁期间发生修缮费用准予在税前扣除但以每月800元为限，多出部分在以后月份扣除；租金收入6 000元，扣除财产租赁过程中缴纳的税费240元，扣除修缮费用800元，收入额为4 960元>4 000元，费用扣除标准为20%，出租住房应缴纳的个人所得税=（6 000-240-800）×（1-20%）×10%=396.8（元）。
答案 D

【例题4·单选题】下列各项中，暂减按10%税率征收个人所得税的是（ ）。

A. 周某出租机动车取得的所得

B. 夏某出租住房取得的所得

C. 林某出租商铺取得的所得

D. 刘某出租电子设备取得的所得

解析 个人出租住房取得的所得暂减按10%的税率征收个人所得税。　　**答案** B

【例题 5·判断题】个人转租房屋的，其向房屋出租方支付的租金及增值税额，在计算财产租赁所得个人所得税时，准予扣除。（　）

答案 √

考验五　财产转让所得（★★★）

（一）税目

1. 基本规定

财产转让所得是指个人"转让"有价证券、股权、合伙企业中的财产份额、不动产、机器设备、车船以及其他财产取得的所得。

『注意』属于财产转让所得税目的包括转让"有形资产"+"土地使用权"+"股权"+"债权"。

2. 特别规定

（1）"股权"转让所得税务处理（见表6-39）。

表 6-39　"股权"转让所得税务处理

交易行为		具体形式	纳税义务
上市公司股票	转让	"非限售股"股票	暂不征收个人所得税
		"限售股"股票	按"财产转让所得"纳税
非上市公司股权	转让	出售、公司回购、司法强制过户、抵偿债务、对外投资等	按"财产转让所得"纳税
	终止投资	各种名目的回收款项	按"财产转让所得"纳税
	回收转让股权	转让合同履行完毕 股权已作变更、收入已实现时	按"财产转让所得"纳税
		转让合同履行完毕 转让行为结束，双方当事人签订并执行解除原股权转让合同、退回股权的协议	视为另一次股权转让行为，前次转让征收的税款不予退回
		转让合同"未"履行完毕 因执行仲裁委员会作出的解除转让合同的裁决、停止执行原转让合同，并原价收回已转让股权	不缴纳个人所得税

（2）个人通过招标、竞拍或其他方式购置债权以后，通过相关司法或行政程序主张债权而取得的所得，按"财产转让所得"征税。

（3）个人通过网络收购玩家的虚拟货币，加价后向他人出售取得的收入，按"财产转让所得"征税。

（4）企业改制职工个人取得的量化资产税务处理（见表6-40）。

表 6-40　企业改制职工个人取得的量化资产税务处理

适用情形		计税规定
仅作分红依据无所有权		不征税
拥有所有权	取得时	暂缓征税
	转让时	财产转让所得
	持有期间参与分配	利息、股息、红利所得

3. 视同转让

个人以**非货币性资产投资**，属于转让和投资同时发生，对转让所得应按"财产转让所得"征税。

【例题 1·多选题】下列各项中，应按"财产转让所得"税目计征个人所得税的有（　）。

A. 转让机器设备所得
B. 提供著作权的使用权所得
C. 转让股权所得
D. 提供非专利技术使用权所得

解析 选项BD，"无形资产"（土地使用权除外）使用权、所有权的转让均应按"特许权使用费所得"税目计征个人所得税。

答案 AC

【例题2·多选题】根据个人所得税法律制度的规定，下列各项中，应按照"财产转让所得"项目计缴个人所得税的有（ ）。

A. 个人通过网络收购玩家的虚拟货币，加价后向他人出售取得的所得
B. 个人转让新三板挂牌公司原始股取得的所得
C. 个人通过竞拍购置债权后，通过司法程序主张债权而取得的所得
D. 个人取得专利赔偿所得

解析 选项D，个人取得专利赔偿所得应按"特许权使用费所得"项目征收个人所得税。

答案 ABC

【例题3·判断题】集体所有制企业职工个人在企业改制过程中，以股份形式取得的仅作为分红依据，不拥有所有权的企业量化资产，应按"利息、股息、红利所得"计缴个人所得税。（ ）

解析 上述情形，不征收个人所得税。

答案 ×

（二）应纳税额计算
1. 计税方法：按"次"计征
2. 税率：20%
3. 应纳税所得额

应纳税所得额=转让财产收入-原值-合理费用

4. 应纳税额

应纳税额=应纳税所得额×20%

『注意1』个人转让房屋的个人所得税应收入不含增值税，其取得房屋时所支付价款中包含的增值税计入财产原值，计算转让所得时可扣除的税费不包括本次转让缴纳的增值税。

『注意2』对个人转让自用**5年以上**并且是家庭**"唯一""生活用房"**取得的所得，继续免征个人所得税。

【链接】除"北上广深非普通住房"外，个人将购买"2年以上"房屋对外销售的，免征"增值税"。

【例题4·单选题】2018年11月，林某将一套3年前购入的普通住房出售，取得不含税收入160万元，原值120万元，售房中发生合理费用0.5万元。已知财产转让所得个人所得税税率为20%，计算林某出售该住房应缴纳个人所得税税额的下列算式中正确的是（ ）。

A.（160-120-0.5）×20%=7.9（万元）
B. 160×（1-20%）×20%=25.6（万元）
C.（160-120）×20%=8（万元）
D.（160-0.5）×20%=31.9（万元）

解析 财产转让所得应纳税额=（收入总额-财产原值-合理费用）×20%。

答案 A

【例题5·单选题】对个人转让自用一定期限并且是家庭唯一生活用房取得的所得，暂免征收个人所得税。该期限是（ ）。

A. 1年以上
B. 2年以上
C. 3年以上
D. 5年以上

答案 D

考验六 利息、股息、红利所得；偶然所得（★★★）

扫我解疑难

（一）利息、股息、红利所得税目
1. 基本规定

个人拥有债权、股权等而取得的利息、股息、红利性质的所得。

2. 特殊规定

（1）房屋买受人在未办理房屋产权证的情况下，按照与房地产公司约定条件（如对房屋的占有、使用、收益和处分权进行限制）在一定时期后无条件退房而取得的补偿款，应按照"利息、股息、红利所得"缴纳个人所得税。

『老侯提示』该项行为的本质为房地产公司以房产抵押向个人借款，个人取得所得实际为借款利息。

（2）个人投资者收购企业股权后，将企业原有盈余积累（资本公积、盈余公积、未分配利润）转增股本。（见表6-41）

表 6-41 盈余积累转增股本计税规定

新股东收购价款	转增股本的原盈余积累	如何纳税
≥净资产价格	全部计入股权交易价格	不征收个人所得税
<净资产价格	已经计入股权交易价格的部分	不征收个人所得税
	未计入股权交易价格的部分	按"利息、股息、红利所得"征收个人所得税

【注意】转增股本时,应当先转增应税的盈余积累部分,再转增免税的盈余积累部分。

【举例】甲公司净资产为 100 万元,包括股本 50 万元,盈余积累 50 万元。现赵某收购甲公司,并转增股本,根据其收购价款的不同,计税规定如下:

新股东收购价款	转增股本的原盈余积累	如何纳税
100 万元	50 万元	不征收个人所得税
80 万元	30 万元	不征收个人所得税
	20 万元	按"利息、股息、红利所得"征收个人所得税

(二)偶然所得税目

1. 基本规定

个人得奖、中奖、中彩以及其他偶然性质的所得。

2. 特别规定

(1)企业促销所得。

①企业对累积消费达到一定额度的顾客,给予额外"抽奖机会",个人的获奖所得,按照"偶然所得"项目,缴纳个人所得税。

②企业通过价格折扣、折让方式向个人销售商品和提供服务,不征收个人所得税。

③企业向个人销售商品和提供服务的同时给予"赠品",不征收个人所得税。

④企业对累积消费达到一定额度的个人按消费积分反馈的"礼品",不征收个人所得税。

(2)担保所得。

个人提供"担保"获得收入,按照"偶然所得"项目,缴纳个人所得税。

(3)受赠所得。

①受赠人因无偿"受赠房屋"取得的受赠收入,按照"偶然所得"项目,缴纳个人所得税。

②企业在业务宣传、广告等活动中,随机向本单位以外的个人赠送礼品(包括网络红包,下同),以及企业在年会、座谈会、庆典以及其他活动中向本单位以外的个人赠送礼品,个人取得的"礼品"收入,按照"偶然所得"项目,缴纳个人所得税。

【注意】企业赠送的具有折扣和折让性质的"消费券、代金券、抵用券、优惠券"等礼品除外。

(4)发票和彩票中奖所得的"起征点"。

①彩票,一次中奖收入"在 1 万元以下"的暂免征收个人所得税;超过 1 万元的,全额征收个人所得税。

②个人取得单张有奖发票奖金所得"不超过 800 元"的,暂免征收个人所得税;超过 800 元的,全额征收个人所得税。

(三)应纳税额计算

1. 计税方法:按"次"计征

2. 税率:20%

3. 应纳税所得额

以"每次收入额"为应纳税所得额,不扣减任何费用。

4. 应纳税额

应纳税额=应纳税所得额×20%

【例题 1·多选题】根据个人所得税法律制度的规定,下列情形中,不征收个人所得税的有( )。

A. 刘某取得甲商场按消费积分反馈的一床棉被

B. 张某参加乙化妆品公司周年庆典时获赠一套高档化妆品

C. 李某购入一台洗衣机时享受 20%的价格折扣

D. 王某在购买手机的同时获赠 200 元话费

解析 选项 A,企业对累积消费达到一定额度的个人按消费积分反馈的"礼品",不征收个人所得税;选项 B,企业在庆典活动中向本单位以外的个人赠送礼品,个人取得的"礼品"收入,按照"偶然所得"项目,缴纳个人所得税;选项 C,企业通过价格折扣、折让方式向个人销售商品和提供服务,不征收个人所得税;选项D,企业向个人销售商品和提供服务的同时给予"赠品",不征收个人所得税。 **答案** ACD

【例题2·单选题】 根据个人所得税法律制度的规定,关于非居民个人每次收入确定的下列表述中,不正确的是( )。

A. 劳务报酬所得,属于一次性收入的,以取得该项收入为一次

B. 偶然所得以每次取得该项收入为一次

C. 利息股息红利所得,以支付利息股息红利时取得的收入为一次

D. 财产租赁所得,以一个纳税年度内取得的收入为一次

解析 财产租赁所得,以"1个月内"取得的收入为一次。 **答案** D

【例题3·单选题】 2019年5月张某购买福利彩票取得一次中奖收入100 000元,购买彩票支出1 000元。已知,偶然所得个人所得税税率为20%。计算张某当月该笔中奖收入应缴纳的个人所得税税额的下列算式中,正确的是( )。

A. 100 000×20% = 20 000(元)

B. (100 000-1 000)×20% = 19 800(元)

C. (100 000-1 000)×(1-20%)×20% = 15 840(元)

D. 100 000×(1-20%)×20% = 16 000(元)

解析 偶然所得应以每次收入额全额计税,没有任何扣除。 **答案** A

考验七 关于捐赠的扣除规定(★★★)

扫我解疑难

(一)公益性捐赠

1. 限额扣除

个人将其所得对"教育、扶贫、济困"等公益慈善事业进行捐赠,捐赠额未超过纳税人申报的"应纳税所得额"30%的部分,可以从其"应纳税所得额"中扣除。

【注意】一般的"公益性捐赠"限额扣除,跟"应纳税所得额"比,从"应纳税所得额"中扣。

2. 全额扣除

(1)向"红十字事业"的捐赠;

(2)向"教育事业"的捐赠;

(3)向"农村义务教育"的捐赠;

(4)向"公益性青少年活动场所"的捐赠;

(5)向"福利性、非营利性老年服务机构"的捐赠;

(6)"通过特定基金会,用于公益救济"的捐赠。

(二)非公益性捐赠

个人的直接捐赠,不得在计算应纳税额时扣除。

【例题1·单选题】 2020年5月,李某花费500元购买体育彩票,一次中奖30 000元,将其中1 000元直接捐赠给甲小学,已知偶然所得个人所得税税率为20%,李某彩票中奖收入应缴纳个人所得税税额的下列计算中,正确的是( )。

A. (30 000-500)×20% = 5 900(元)

B. 30 000×20% = 6 000(元)

C. (30 000-1 000)×20% = 5 800(元)

D. (30 000-1 000-500)×20% = 5 700(元)

解析 (1)偶然所得按收入全额计征个人所得税,不扣除任何费用;(2)非公益性的直接捐赠税前不得扣除。 **答案** B

【例题2·单选题】 2020年5月,李某花费500元购买体育彩票,一次中奖30 000元,将其中10 000元通过公益性社会团体捐赠给贫困地区,已知偶然所得个人所得税税率为20%,李某彩票中奖收入应缴纳个人所得税税额的下列计算中,正确的是( )。

A. (30 000-500-10 000)×20% = 3 900(元)

B. 30 000×20% = 6 000(元)

C. (30 000-10 000)×20% = 4 000(元)

D. 30 000×(1-30%)×20% = 4 200(元)

解析 (1)偶然所得以收入全额为应纳税所得额,不扣除任何费用;(2)公益性捐赠额未超过纳税人申报的"应纳税所得额"30%的部分,可以从其"应纳税所得额"中扣除;(3)本题中应纳税所得额为30 000元,应纳税所得额的30%为9 000元<捐赠额10 000元,则可以在应纳税所得额中扣除的捐赠额为9 000元。应纳税额=30 000×(1-30%)×20% = 4 200(元)。 **答案** D

【例题3·多选题】 根据个人所得税法律制度的规定,个人发生的下列公益救济性捐赠支出,准予税前全额扣除的有( )。

A. 通过国家机关向红十字事业的捐赠

B. 通过国家机关向农村义务教育的捐赠

C. 通过非营利社会团体向公益性青少年活动场所的捐赠

D. 通过非营利社会团体向贫困地区的捐赠

解析 选项 D，捐赠额不超过应纳税所得额的 30% 的部分，可以从其应纳税所得额中扣除。 **答案** ABC

考验八 个人所得税应纳税额计算的其他规定（★）

扫我解疑难

（一）多人共同取得一项所得

两个以上个人共同取得同一项目收入的，应当对每个人取得的收入**分别**按照个人所得税法规定**减除费用**后计算纳税。

【例题·多选题】2020 年 1 月侯某和赵某出席非任职的某公司年会进行相声表演，共取得劳务报酬 8 000 元，其中侯某分得 5 000 元，赵某分得 3 000 元。已知劳务报酬所得每次收入额不超过 4 000 元的，费用扣除为 800 元，每次收入额超过 4 000 元的，费用扣除为 20%，应纳税所得额不超过 20 000 元的，适用税率为 20%。赵某与侯某该项劳务报酬应预缴个人所得税税额的下列算式中，正确的有（ ）。

A. 侯某应缴纳个人所得税 = 8 000×（1－20%）×20% = 1 280（元）

B. 侯某应缴纳个人所得税 = 5 000×（1－20%）×20% = 800（元）

C. 赵某应缴纳个人所得税 = 8 000×（1－20%）×20% = 1 280（元）

D. 赵某应缴纳个人所得税 =（3 000－800）×20% = 440（元）

解析 两个以上个人共同取得同一项目收入的，应当对每个人取得的收入分别按照个人所得税法规定减除费用后计算纳税。 **答案** BD

（二）境外所得应纳税额（略）

考验九 税收优惠（★★★）

扫我解疑难

（一）可以结合不定项选择题考核的减免税政策

1. **国债**和国家发行的金融债券利息

2. **保险赔款**

3. **退休工资**

4. 个人转让自用"**5 年以上**"并且是家庭"**唯一**""**生活用房**"取得的所得

5. **储蓄存款利息**

6. 持有上市公司股票的股息所得

（1）持股期限＞1 年：免征；

（2）1 个月＜持股期限≤1 年：减半征收；

（3）期限≤1 个月：全额征收；

（4）限售股解禁前取得的股息：减半征收。

7. **上市公司股票转让所得**

8. 彩票一次中奖收入"**在 1 万元以下**"

9. 发票奖金所得"**不超过 800 元**"

（二）直接考核的减免税政策

1. "**省级**"人民政府、"**国务院部委**"和中国人民解放军"**军以上**"单位，以及"**外国组织、国际组织**"颁发的科学、教育、技术、文化、卫生、体育、环境保护等方面的奖金

2. 按照国家统一规定发给的补贴、津贴

3. 福利费、抚恤金、救济金

4. 军人的转业费、复员费、退役金

5. 外交代表、领事官员和其他人员的所得

6. 拆迁补偿款

7. 企业职工从破产企业取得的一次性安置费收入

8. 外籍个人

（1）"**非现金**"形式或"**实报实销**"的住房补贴、伙食补贴、搬迁费、洗衣费；

（2）合理标准的境内外出差补贴；

（3）合理的探亲费、语言训练费、子女教育费；

（4）从外商投资企业取得的股息、红利所得；

（5）符合条件的工资、薪金所得（针对特定外籍专家）。

9. 以下情形的房屋产权无偿赠与的，对当事双方不征收个人所得税

（1）房屋产权所有权人将房屋产权无偿赠与"**近亲属**"；

（2）房屋产权所有权人将房屋产权无偿赠与对其承担直接"**抚养或赡养义务**"的人；

（3）房屋产权所有权人死亡，依法取得房屋产权的"**继承人**"。

10. 个人举报、协查各种违法、犯罪行为而

获得的奖金

11. 个人办理代扣代缴手续,按规定取得的扣缴手续费

【例题1·单选题】2020年1月中国公民李某在境内公开发行和转让市场购入某上市公司股票,当年7月取得该上市公司分配的股息4 500元,8月将持有的股票全部卖出。已知,利息、股息红利所得个人所得税税率为20%。计算李某该笔股息所得应缴纳个人所得税税额的下列算式中,正确的是( )。

A. 4 500×20%＝900(元)
B. 4 500×(1－20%)×20%＝720(元)
C. 4 500×(1－20%)×50%×20%＝360(元)
D. 4 500×50%×20%＝450(元)

解析 利息股息、红利所得不得减除费用,以收入全额计税;对于个人持有的上市公司股票,持股期限大于1个月小于1年的,其股息红利所得暂减按50%计入应纳税所得额。

答案 D

【例题2·多选题】根据个人所得税法律制度的规定,下列各项中,暂免征收个人所得税的有( )。

A. 赵某转让自用满10年,并且是唯一的家庭生活用房取得的所得500 000元
B. 在校学生李某因参加勤工俭学活动取得的1个月劳务所得1 000元
C. 王某取得的储蓄存款利息1 500元
D. 张某因举报某公司违法行为获得的奖金20 000元

解析 选项A,个人转让自用达5年以上,并且是唯一的家庭生活用房取得的所得,暂免征收个人所得税;选项B,按照"劳务报酬所得",缴纳个人所得税;选项C,储蓄存款利息所得暂免征收个人所得税;选项D,个人举报、协查各种违法、犯罪行为而获得的奖金,暂免征收个人所得税。

答案 ACD

【例题3·单选题】(2018年)根据个人所得税法律制度的规定,个人的下列所得中,不属于个人所得税免税项目的是( )。

A. 出租住房取得的租金
B. 国家发行的金融债券利息
C. 国债利息
D. 军人的转业费

解析 选项A,按"财产租赁所得"征收个人所得税。

答案 A

【例题4·单选题】根据个人所得税法律制度的规定,下列情形中,免征个人所得税的是( )。

A. 吴某取得所在单位发放的年终奖
B. 周某获得省政府颁发的科学方面的奖金
C. 王某取得所在公司发放的销售业绩奖金
D. 郑某获得县教育部门颁发的教育方面的奖金

解析 选项A,属于全年一次性奖金收入,按照工资、薪金所得缴纳个人所得税;选项C,按照工资、薪金所得缴纳个人所得税;选项BD,省级人民政府、国务院部委和中国人民解放军军以上单位,以及外国组织、国际组织颁发的科学、教育等方面的奖金,免征个人所得税,选项D的发奖机构为"县教育部门",不免征个人所得税。

答案 B

【例题5·判断题】对企业职工,因企业依照《破产法》宣告破产,从破产企业取得的一次性安置费收入,免予征收个人所得税。( )

答案 √

考验十 个人所得税的征收管理(★)

扫我解疑难

(一)纳税申报

1. 代扣代缴

(1)以支付所得的"单位"或"个人"为扣缴义务人。

(2)扣缴义务人在代扣税款的次月15日内,向主管税务机关报送其支付所得的所有个人的相关涉税信息资料。

(3)税务机关给付2%的手续费。

『注意』"经营所得"纳税人的双重身份(见图6-4)。

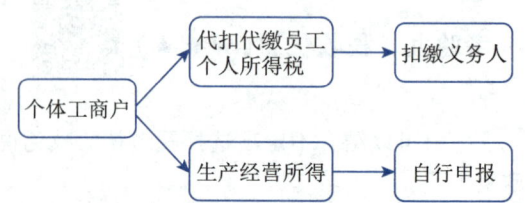

图6-4 "经营所得"纳税人的双重身份

2. 自行申报

(1) 取得"综合所得"需要办理汇算清缴。

①在"**两处或者两处以上**"取得综合所得，且综合所得年收入额"**减去专项扣除**"的余额"**超过6万元**"；

②取得劳务报酬所得、稿酬所得、特许权使用费所得中一项或者多项所得，且综合所得年收入额"**减去专项扣除**"的余额"**超过6万元**"；

【**注意**】扣减项目只包括专项扣除（三险一金），而不包括生计费、专项附加扣除和其他扣除项目。

③纳税年度内预缴税额"**低于**"应纳税额的；

④纳税人"**申请退税**"。

(2) 取得应税所得没有扣缴义务人。

(3) 取得应税所得，扣缴义务人未扣缴税款。

(4) 取得境外所得。

(5) 因移居境外注销中国户籍。

(6) "**非居民个人**"在中国境内从"**两处以上**"取得"**工资、薪金**"所得。

(二) 纳税期限

1. 综合所得

(1) 居民个人取得综合所得，按年计算个人所得税；有扣缴义务人的，由扣缴义务人按月或者按次预扣预缴税款；需要办理汇算清缴的，应当在取得所得的次年"**3月1日至6月30日**"内办理汇算清缴。

(2) 非居民个人取得工资、薪金所得，劳务报酬所得，稿酬所得和特许权使用费所得，有扣缴义务人的，由扣缴义务人"**按月或者按次**"代扣代缴税款，**不办理汇算清缴**。

2. 经营所得

纳税人取得经营所得，按年计算个人所得税，由纳税人在月度或者季度终了后"**15日内**"向税务机关报送纳税申报表，并预缴税款；在取得所得的次年"**3月31日**"前办理汇算清缴。

3. 利息、股息、红利所得，财产租赁所得，财产转让所得和偶然所得

纳税人取得上述所得，按月或者按次计算个人所得税，有扣缴义务人的，由扣缴义务人**按月或者按次**代扣代缴税款。

4. 纳税人取得应税所得没有扣缴义务人

应当在取得所得的**次月15日内**向税务机关报送纳税申报表，并缴纳税款。

5. 扣缴义务人未扣缴税款

(1) 纳税人应当在取得所得的**次年6月30日前**，缴纳税款；

(2) 税务机关**通知限期缴纳**的，纳税人应当**按照期限缴纳税款**。

6. 居民个人从中国境外取得所得

应当在取得所得的**次年3月1日至6月30日内**申报纳税。

7. 非居民个人在中国境内从两处以上取得工资、薪金所得

应当在取得所得的**次月15日内**申报纳税。

8. 纳税人因移居境外注销中国户籍

应当在**注销中国户籍前**办理税款清算。

9. 扣缴义务人每月或者每次预扣、代扣税款的缴库

应当在**次月15日内**缴入国库，并向税务机关报送扣缴个人所得税申报表。

【**注意**】纳税期限的最后一日是法定休假日的，以休假日的次日为期限的最后一日。

【**例题1·多选题**】根据个人所得税法律制度的规定，下列情形中，纳税人应当依法办理纳税申报的有（ ）。

A. 取得应税所得，扣缴义务人未扣缴税款的

B. 因移居境外注销中国户籍的

C. 取得境外所得的

D. 取得应税所得没有扣缴义务人的

答案 ▶ ABCD

【**例题2·单选题**】根据个人所得税法律制度的规定，居民个人从中国境外取得所得的，应当在取得所得的一定期限内向税务机关申报纳税，该期限是（ ）。

A. 次年6月1日至6月30日

B. 次年1月1日至3月1日

C. 次年3月1日至6月30日

D. 次年1月1日至1月31日

答案 ▶ C

【**例题3·判断题**】在个人所得税自行纳税申报方式下，纳税期限的最后一日是法定休假日的，以休假日的次日为期限的最后一日。（ ）

答案 ▶ √

心有灵犀 限时120min

扫我做试题

一、单项选择题

1. 根据企业所得税法律制度的规定，下列各项中，不属于企业所得税纳税人的是（ ）。
   A. 外商独资企业
   B. 一人有限责任公司
   C. 个人独资企业
   D. 社会团体

2. 甲企业为符合条件的小型微利企业。2020年甲企业的应纳税所得额为250万元。甲企业当年应缴纳的企业所得税税额的下列计算中正确的是（ ）。
   A. 250×20%＝50（万元）
   B. 250×50%×20%＝25（万元）
   C. 100×25%×20%＋150×50%×20%＝20（万元）
   D. 250×25%×20%＝12.5（万元）

3. 根据企业所得税法律制度的规定，下列各项中，不属于货币形式的收入的是（ ）。
   A. 现金
   B. 准备持有至到期的债券
   C. 不准备持有至到期的债券
   D. 应收票据

4. 根据企业所得税法律制度的规定，下列各项中，不属于财产转让所得的是（ ）。
   A. 转让房屋所有权
   B. 转让土地使用权
   C. 转让专利技术所有权
   D. 转让商标使用权

5. 根据企业所得税法律制度的规定，下列关于不同方式下销售商品收入金额确定的表述中，正确的是（ ）。
   A. 采用商业折扣方式销售商品的，按照商业折扣前的金额确定销售商品收入金额
   B. 采用现金折扣方式销售商品的，按照现金折扣前的金额确定销售商品收入金额
   C. 采用售后回购方式销售商品的，按照扣除回购商品公允价值后的余额确定销售商品收入金额
   D. 采用以旧换新方式销售商品的，按照扣除回收商品公允价值后的余额确定销售商品收入金额

6. 根据企业所得税法律制度的规定，关于确认收入实现时间的下列表述中，正确的是（ ）。
   A. 销售商品采用托收承付方式的，在签订合同时确认
   B. 销售商品采用支付手续费方式委托代销的，在销售时确认
   C. 销售商品采用预收款方式的，在发出商品时确认
   D. 销售商品需要安装的，在商品发出时确认

7. 根据企业所得税法律制度的规定，下列各项中，属于不征税收入的是（ ）。
   A. 财政拨款
   B. 国债利息收入
   C. 接受捐赠收入
   D. 转让股权收入

8. 甲公司是一家化妆品生产企业，2020年销售化妆品取得收入2 000万元，销售进口的原材料取得收入500万元，承接国家一项关于皮肤方面的科研项目，取得财政拨款400万元，投资国债取得利息收入30万元，接受乙公司投资取得投资款1 000万元。则该企业计算2020年企业所得税应纳税额时，计入收入总额的金额，下列计算正确的是（ ）。
   A. 2 000＋500＋400＋30＋1 000＝3 930（万元）
   B. 2 000＋500＋400＋30＝2 930（万元）
   C. 2 000＋500＋400＝2 900（万元）
   D. 2 000＋500＝2 500（万元）

9. 甲公司2020年度发生合理的工资薪金支出1 000万元，发生职工福利费支出150万元，拨缴工会经费21万元，发生职工教育经费支出75万元，上年度结转未扣除的职工教育经费支出13万元。已知企业发生的职工福利费支出、拨缴的工会经费、发生的职工教育经费支出分别在不超过工资薪金总额14%、2%、8%的部分，准予扣除。在计算甲公司

2020年度企业所得税应纳税所得额时，准予扣除的职工福利费支出、工会经费和职工教育经费支出合计金额为( )。

A. 235万元　　　B. 259万元
C. 240万元　　　D. 250万元

10. 甲公司2020年度利润总额300万元，预缴企业所得税税额60万元，在"营业外支出"账户中列支了通过公益性社会组织向灾区的捐款38万元。已知企业所得税税率为25%；公益性捐赠支出不超过年度利润总额12%的部分，准予在计算企业所得税应纳税所得额时扣除。计算甲公司当年应补缴企业所得税税额的下列算式中，正确的是( )。

A. 300×25%-60=15（万元）
B. （300+300×12%）×25%-60=24（万元）
C. ［300+（38-300×12%）］×25%-60=15.5（万元）
D. （300+38）×25%-60=24.5（万元）

11. 某家具企业2020年度销售收入为272 000元，发生业务招待费5 000元，发生广告费30 000元，业务宣传费10 000元，2019年结转未扣除的广告费10 000元，根据企业所得税法律的规定，该企业当年可以在税前扣除的业务招待费、广告费和业务宣传费合计的下列计算中，正确的是( )。

A. 5 000×60%+272 000×15%=43 800（元）
B. 272 000×5‰+30 000+10 000=41 360（元）
C. 272 000×5‰+272 000×15%=42 160（元）
D. 5 000+30 000+10 000+10 000=55 000（元）

12. 甲公司为一家化妆品生产企业，2020年3月因业务发展需要与工商银行借款100万元，期限半年，年利率8%；2020年5月又向自己的供应商借款200万，期限半年，支付利息10万元，上述借款均用于经营周转，该企业无其他借款，根据企业所得税法律制度的规定，该企业2020年可以在所得税前扣除利息费用的下列计算中，正确的是( )。

A. 100×8%=8（万元）
B. 10（万元）
C. 100×8%×50%+200×8%×50%=12（万元）
D. 100×8%×50%+10=14（万元）

13. 某公司2020年度支出合理的工资薪金总额1 000万元，按规定标准为职工缴纳基本社会保险费150万元，为受雇的全体员工支付补充养老保险费80万元，补充医疗保险45万元，为公司高管缴纳商业保险费30万元。根据企业所得税法律制度的规定，该公司2020年度发生的上述保险费在计算应纳税所得额时准予扣除数额的下列计算中，正确的是( )。

A. 150+80+45+30=305（万元）
B. 150+80+45=275（万元）
C. 150+1 000×5%=200（万元）
D. 150+1 000×5%+45=245（万元）

14. 根据企业所得税法律制度的规定，下列固定资产中，可以计提折旧扣除的是( )。

A. 以融资租赁方式租出的固定资产
B. 以经营租赁方式租入的固定资产
C. 已足额提取折旧仍继续使用的固定资产
D. 未投入使用的厂房

15. 某企业于2020年6月15日购入生产用设备一台，金额450万元，按照企业所得税法的规定，该设备应按照( )年计提折旧。

A. 0　　　　　B. 10
C. 5　　　　　D. 4

16. 自2018年1月1日起，当年具备资格的高新技术企业，其具备资格年度之前5个年度发生的尚未弥补完的亏损，准予结转以后年度弥补，但是最长不得超过一定期限。该期限是( )。

A. 3年　　　　B. 5年
C. 10年　　　D. 20年

17. 甲食品生产企业（不属于小型微利企业）2014年发生亏损20万元，2015年盈利12万元，2016年亏损1万元，2017年盈利4万元，2018年亏损5万元，2019年盈利2万元，2020年盈利38万元。则该企业2020年应缴纳企业所得税税额的下列计算中，正确的是( )。

A. 38×25%=9.5（万元）
B. （38-2-1-5）×25%=7.5（万元）
C. （38-1-5）×25%=8（万元）
D. （38-5）×25%=8.25（万元）

18. 2018年4月1日，甲创业投资企业采取股权投资方式向未上市的取得高新技术企业资格的乙公司（该公司属于中小企业）投资120万元，股权持有至2020年6月1日，甲创业投资企业2020年度计算应纳税所得额时，对乙公司的投资额可以抵免的数额下列计算中，正确的是（　　）。

A. 0
B. 120×70% = 84（万元）
C. 120×80% = 96（万元）
D. 120×90% = 108（万元）

19. 甲公司2020年应纳税所得额为1 000万元，当年购入一台安全生产专用设备增值税发票上注明的价款为100万元，取得境外所得，在中国境内可以抵免税额为20万元，则下列甲公司2020年度企业所得税应纳税额的计算中，正确的是（　　）。

A. （1 000 - 100×70%）×25% - 20 = 212.5（万元）
B. 1 000×25% - 100×10% - 20 = 220（万元）
C. 1 000×25% - 100×10% = 240（万元）
D. 1 000×25% = 250（万元）

20. 根据企业所得税法律制度的规定，下列各项中，应以该资产的公允价值和支付的相关税费为计税基础的是（　　）。

A. 盘盈的固定资产
B. 自行建造的固定资产
C. 外购的固定资产
D. 通过捐赠取得的固定资产

21. 甲公司2020年取得会计利润80万元，当年发生研发支出40万元，未形成无形资产，已做管理费用扣除，假设甲公司无其他纳税调整事项，则甲公司2020年应缴纳企业所得税的下列计算中，正确的是（　　）。

A. 80×25% = 20（万元）
B. （80 - 40×50%）×25% = 15（万元）
C. （80 - 40×75%）×25% = 12.5（万元）
D. （80 - 40×100%）×25% = 10（万元）

22. 某烟草公司2020年取得会计利润400亿元，研究新味道卷烟生产技术发生研究支出10亿元已做管理费用扣除，已知该公司适用的企业所得税税率为25%，假设该公司无其他纳税调整事项，则2020年应纳企业所得税的下列计算列式中正确的是（　　）。

A. 400×25% = 100（亿元）
B. （400 - 10）×25% = 97.5（亿元）
C. （400 - 10×75%）×25% = 98.13（亿元）
D. （400 - 10×50%）×25% = 98.75（亿元）

23. 甲公司为居民企业，2020年度境内应纳税所得额500万元，来源于W国的应纳税所得额150万元，已在W国缴纳企业所得税税额为30万元，已知甲公司适用的所得税税率为25%，计算甲公司2020年度应缴纳企业所得税税额的下列算式中，正确的是（　　）。

A. 500×25% = 125（万元）
B. （500 + 150）×25% = 162.5（万元）
C. （500 + 150）×25% - 30 = 132.5（万元）
D. 500×25% - 30 = 95（万元）

24. 境外某公司在中国境内未设立机构、场所，2020年取得境内甲公司支付的股息500万元，发生相关支出1万元，取得境内乙公司支付的特许权使用费350万元，发生相关支出2万元。2020年度该境外公司在我国的应纳税所得额是（　　）。

A. 348万元　　B. 499万元
C. 847万元　　D. 850万元

25. 根据个人所得税法律的规定，在中国境内无住所但取得所得的下列外籍个人中，属于居民个人的是（　　）。

A. M国甲，在华工作5个月
B. N国乙，2019年1月10日入境，2019年6月10日离境
C. X国丙，2020年1月5日入境，2020年8月31日离境
D. Y国丁，2019年8月1日入境，2020年3月1日离境

26. 根据个人所得税法律制度的规定，下列各项中，不属于来源于中国境内的所得的是（　　）。

A. 美国居民A在中国境内推销商品取得所得
B. 日本居民B在中国境内炒股取得所得
C. 韩国居民C在中国商场购物，获得抽奖机会，取得中奖所得
D. 中国居民D将位于美国纽约的一栋别墅出售给一家美国公司取得所得

27. 根据个人所得税法律制度的规定，下列各项中，不属于综合所得计算应纳税额时可以做专项附加扣除的是( )。
   A. 个人缴纳的基本养老保险
   B. 子女教育支出
   C. 继续教育支出
   D. 赡养老人支出

28. 根据个人所得税法律制度的规定，下列各项中，属于综合所得计算应纳税额时可以扣除的是( )。
   A. 赵某2岁儿子小赵的学前教育支出
   B. 钱某使用商业银行贷款购买第二套住房，发生的贷款利息支出
   C. 孙某赡养55岁母亲的支出
   D. 李某在上海拥有一套住房，其所任职的公司外派其在成都工作1年，李某在成都租房发生的租金支出

29. 根据个人所得税法律制度的规定，下列各项中，不属于工资、薪金性质的补贴、津贴是( )。
   A. 岗位津贴　　B. 加班补贴
   C. 差旅费津贴　D. 工龄补贴

30. 下列所得，应按"特许权使用费所得"缴纳个人所得税的是( )。
   A. 转让土地使用权取得的收入
   B. 转让债权取得的收入
   C. 提供房屋使用权取得的收入
   D. 转让专利所有权取得的收入

31. 根据个人所得税法律制度的规定，个体工商户发生的下列支出中，在计算个人所得税应纳税所得额时不得扣除的是( )。
   A. 非广告性的赞助支出
   B. 合理的劳动保护支出
   C. 实际支付给从业人员的合理的工资薪金支出
   D. 按规定缴纳的财产保险费

32. 王某于2020年12月获得季度奖金3 000元，每月工资收入6 000元，已知工资、薪金所得减除费用标准为每月5 000元，假设王某无其他扣除项目，前11月已预缴个人所得税330元，已知累计应纳税所得额不超过36 000元的，适用的预扣率为3%。则王某12月应预缴个人所得税的下列计算列式中正确的是( )。
   A. (6 000+3 000)×3%=270(元)
   B. (6 000-3 000)×3%=90(元)
   C. (6 000×12+3 000-5 000×12)×3%-330=120(元)
   D. (6 000-5 000)×3%=30(元)

33. 赵某任职受雇于甲公司，2020年12月份取得全年一次性奖金36 000元。已知甲公司全年一次性奖金采用不并入当年综合所得，单独计算纳税的方法，全月应纳税所得额不超过3 000元的，适用税率为3%，超过12 000元至25 000元的，适用税率为20%，速算扣除数1 410，超过25 000元至35 000元的，适用税率为25%，速算扣除数为660。则下列关于全年一次性奖金个人所得税应纳税额的计算，正确的是( )。
   A. 36 000×25%-660=8 340(元)
   B. 36 000×3%=1 080(元)
   C. (36 000-5 000)×25%-660=7 090(元)
   D. 0

34. 2020年6月王某应邀为甲公司员工进行法规培训，取得所得30 000元。已知劳务报酬所得每次应纳税所得额不超过20 000元的预扣率为20%，超过20 000元到50 000元的预扣率为30%，速算扣除数为2 000。每次收入超过4 000元的，减除费用20%。王某当月培训所得应预缴个人所得税税额的下列算式中，正确的是( )。
   A. [30 000×(1-20%)-2 000]×30%=6 600(元)
   B. 30 000×30%-2 000=7 000(元)
   C. 30 000×(1-20%)×30%-2 000=5 200(元)
   D. (30 000-2 000)×30%=8 400(元)

35. 作家李某在某报刊连载一部小说，报社共支付稿酬5 000元。已知稿酬所得个人所得税预扣率为20%；每次收入超过4 000元的，减除20%的费用；稿酬所得减按70%计入收入。李某当月稿酬所得应预缴个人所得税税额的下列算式中，正确的是( )。
   A. 5 000÷(1-20%)×20%=1 250(元)
   B. 5 000÷(1-20%)×70%×20%=875(元)
   C. 5 000×(1-20%)×70%×20%=560(元)

D. 5 000×(1-20%)×20%=800(元)

36. 赵某于2020年3月取得一项特许权使用费收入3 000元，4月取得另一项特许权使用费收入4 500元。已知特许权使用费所得个人所得税预扣率为20%；每次收入不超过4 000元的，减除800元的费用，超过4 000元的，减除20%的费用。赵某上述收入应预缴个人所得税税额的下列计算中，正确的是(　　)。

   A. (3 000-800)×20%+4 500×(1-20%)×20%=1 160(元)

   B. (3 000+4 500)×(1-20%)×20%=1 200(元)

   C. (3 000+4 500)×20%=1 500(元)

   D. (3 000+4 500-800)×20%=1 340(元)

37. 赵某是我国公民，独生子单身，在甲公司工作。2020年取得工资收入80 000元，在某大学授课取得收入40 000元，出版著作一部，取得稿酬60 000元，转让商标使用权，取得特许权使用费收入20 000元。已知：综合所得汇算清缴时，劳务报酬所得、稿酬所得、特许权使用费所得减除20%的费用，稿酬所得减按70%计入收入额。赵某2020年汇算清缴应补或应退个人所得税时，应计入全年综合所得收入额的下列计算列式中，正确的是(　　)。

   A. 80 000+40 000×(1-20%)+60 000×(1-20%)×70%+20 000×(1-20%)=161 600(元)

   B. 80 000+(40 000+60 000+20 000)×(1-20%)=176 000(元)

   C. 80 000+40 000+60 000+20 000=200 000(元)

   D. 80 000+40 000+60 000=180 000(元)

38. 赵某是我国公民，2020年取得工资、劳务报酬、稿酬、特许权使用费所得应计入年终汇算清缴的收入额共计为161 600元，全年个人缴纳的"三险一金"合计为20 000元，允许作为专项附加扣除的金额合计为24 000元，无其他扣除项目，已知全年综合所得应纳税所得额超过36 000元至144 000元的，适用的预扣率为10%，速算扣除数为2 520，赵某全年已预缴个人所得税23 000元，赵某2020年汇算清缴应补或应退个人所得税的下列计算列式中，正确的是(　　)。

   A. (161 600-60 000-20 000-24 000)×10%-2 520-23 000=-19 760(元)

   B. (161 600-60 000-20 000-24 000)×10%-2 520=3 240(元)

   C. (161 600-20 000-24 000)×10%-2 520-23 000=-13 760(元)

   D. (161 600-20 000-24 000)×10%-2 520=9 240(元)

39. "非居民个人"汤姆赵于2020年12月获得奖金3 000元，每月工资收入6 000元，已知非居民个人工资、薪金所得全月应纳税所得额不超过3 000元的，适用税率为3%，超过3 000元至12 000元的，适用税率为10%，速算扣除数210。"非居民个人"汤姆赵当月工资、薪金所得应缴纳个人所得税税额的下列算式中，正确的是(　　)。

   A. (6 000+3 000)×10%-210=690(元)

   B. (6 000-3 000)×3%=90(元)

   C. (6 000+3 000-5 000)×10%-210=190(元)

   D. (6 000-5 000)×3%=30(元)

40. 2020年6月"非居民个人"汤姆赵应邀为甲公司员工进行法规培训，取得所得30 000元。已知：非居民劳务报酬所得费用扣除标准为20%；每次应纳税所得额超过12 000元至25 000元的，适用税率为20%，速算扣除数1 410，超过25 000元至35 000元的，适用税率为25%，速算扣除数2 660。"非居民个人"汤姆赵当月劳务报酬所得应缴纳个人所得税税额的下列算式中，正确的是(　　)。

   A. [30 000×(1-20%)-1 410]×20%=4 518(元)

   B. 30 000×25%-2 660=4 840(元)

   C. 30 000×(1-20%)×20%-1 410=3 390(元)

   D. (30 000-2 660)×25%=6 835(元)

41. 作家"非居民个人"汤姆赵在某报刊连载一部小说，报社共支付稿酬5 000元。已知：非居民稿酬所得费用的减除标准为20%，同时减按70%计入收入额；每次应纳税所得额不超过3 000元的，适用税率为3%，超过

3 000 元至 12 000 元的，适用税率为 10%，速算扣除数为 210。"非居民个人"汤姆赵当月稿酬所得应缴纳个人所得税税额的下列算式中，正确的是（　　）。

A. 5 000×70%×10%－210＝140(元)
B. 5 000×10%－210＝290(元)
C. 5 000×(1－20%)×70%×3%＝84(元)
D. 5 000×(1－20%)×10%－210＝190(元)

42. "非居民个人"汤姆赵于 2020 年 3 月取得一项特许权使用费收入 3 000 元，4 月取得另一项特许权使用费收入 4 500 元。已知：非居民特许权使用费所得费用减除标准为 20%，每次应纳税所得额不超过 3 000 元的，适用税率为 3%，超过 3 000 元至 12 000 元的，适用税率为 10%，速算扣除数 210。"非居民个人"汤姆赵上述收入应缴纳个人所得税税额的下列计算中，正确的是（　　）。

A. 3 000×(1－20%)×3%＋4 500×(1－20%)×10%－210＝222(元)
B. (3 000＋4 500)×(1－20%)×10%－210＝390(元)
C. (3 000＋4 500)×10%－210＝540(元)
D. (3 000＋4 500－800)×10%－210＝460(元)

43. 张某出租住房取得租金收入 3 800 元，财产租赁缴纳税费 152 元，修缮费 600 元，已知个人出租住房暂减按 10%征收个人所得税，收入不超过 4 000，减除 800 元费用，下列关于张某当月租金收入应缴纳个人所得税税额的计算中，正确的是（　　）。

A. (3 800－800)×10%＝300(元)
B. 3 800×10%＝380(元)
C. (3 800－152－600－800)×10%＝224.8(元)
D. (3 800－152－600)×10%＝304.8(元)

44. 赵某准备移民海外，将其唯一的一套住房以 120 万元的价格出售，该住宅系 6 年前以 40 万元的价格购买，交易过程中支付相关税费及中介费等各项费用共计 8 万元(发票为证)，则赵某应缴纳的个人所得税的下列计算中，正确的是（　　）。

A. 0
B. (120－40－8)×20%＝14.4(万元)
C. (120－40)×20%＝16(万元)
D. 120×20%＝24(万元)

45. 2020 年 10 月，李某购买福利彩票，取得一次中奖收入 3 万元，购买彩票支出 400 元，已知偶然所得个人所得税税率为 20%，计算李某中奖收入应缴纳个人所得税税额的下列算式中，正确的是（　　）。

A. 30 000×(1－20%)×20%＝4 800(元)
B. (30 000－400)×20%＝5 920(元)
C. 30 000×20%＝6 000(元)
D. (30 000－400)×(1－20%)×20%＝4 736(元)

46. 2020 年 8 月，赵某购买彩票中奖 60 000 元，从中拿出 20 000 元通过国家机关捐赠给贫困地区。已知偶然所得适用的个人所得税税率为 20%，赵某中奖收入应缴纳的个人所得税额的下列计算列式中，正确的是（　　）。

A. 60 000×20%＝12 000(元)
B. (60 000－60 000×30%)×20%＝8 400(元)
C. (60 000－20 000)×20%＝8 000(元)
D. 20 000×20%＝4 000(元)

47. 赵某 2020 年取得 3 年期银行存款利息总收入 800 元。二级市场股票买卖所得 2 000 元。已知：利息、股息、红利所得适用的个人所得税税率为 20%，以收入全额为应纳税所得额，财产转让所得适用的个人所得税税率为 20%，以收入全额扣除原值及合理费用后的余额为应纳税所得额。则赵某 2020 年上述所得应缴纳个人所得税税额的下列计算列式中，正确的是（　　）。

A. 0
B. 800×20%＝160(元)
C. 2 000×20%＝400(元)
D. 800×20%＋2 000×20%＝560(元)

二、多项选择题

1. 根据企业所得税法律制度的规定，下列关于来源于中国境内、境外所得确定原则的表述中，正确的有（　　）。

A. 转让不动产所得，按照不动产所在地确定
B. 股息所得，按照分配所得的企业所在地确定
C. 销售货物所得，按照交易活动发生地确定
D. 提供劳务所得，按照劳务发生地确定

2. 下列各项关于企业所得税税率的说法中，正确的有（　　）。

A. 居民企业适用25%的税率
B. 非居民企业适用20%的税率
C. 小型微利企业适用20%的优惠税率
D. 高新技术企业适用10%的优惠税率

3. 下列关于企业所得税收入的确认,表述正确的有( )。
   A. 采取产品分成方式取得收入的,其收入额按照产品的公允价值确定
   B. 交易合同中规定租赁期限跨年度,且租金提前一次性支付的,出租人应在租赁期内分期确认收入
   C. 企业促销提供的商业折扣,应当按照扣除商业折扣后的金额确定销售商品收入的金额
   D. 企业为鼓励债务人在规定期限付款提供的现金折扣,应冲减企业的收入

4. 根据企业所得税法律制度的规定,下列各项中,应当视同销售货物的有( )。
   A. 林木公司将货物从A市的生产车间运送至B市的门市部准备对外销售
   B. 林森公司用存货与林木公司置换了一台机器设备
   C. 森木公司将一批自产家具捐赠给受灾地区
   D. 木林森公司将自产的货物用于偿还水烋淼公司的债务

5. 企业缴纳的下列税金中,在计算企业所得税应纳税所得额时准予扣除的有( )。
   A. 企业所得税
   B. 消费税
   C. 房产税
   D. 允许抵扣的增值税

6. 根据企业所得税法律制度的规定,下列各项中,应在计算应纳税所得额时限额扣除的有( )。
   A. 职工福利费
   B. 烟草公司的烟草广告费
   C. 通过国家机关向贫困地区的捐款
   D. 为本企业董事会成员支付的不超过工资薪金总额5%的人身意外伤害保险

7. 根据企业所得税法律制度的规定,下列企业缴纳的保险费用中准予在税前全额扣除的有( )。
   A. 为购入车辆支付的财产保险费用
   B. 为煤矿井下作业人员支付的人身安全商业保险费用
   C. 为企业职工支付的基本养老保险费用
   D. 为企业职工支付的补充养老保险费用

8. 根据企业所得税法律制度的规定,下列各项费用,超过税法规定的扣除标准后,准予在以后纳税年度结转扣除的有( )。
   A. 职工教育经费
   B. 广告费
   C. 业务宣传费
   D. 业务招待费

9. 根据企业所得税法律制度的规定,下列说法中正确的有( )。
   A. 企业发生的与经营活动有关的业务招待费支出,按照发生额的60%扣除,且不能超过当年销售(营业)收入5‰
   B. 企业发生的符合条件的广告费和业务宣传费支出,不超过当年销售(营业)收入15%的部分准予扣除
   C. 企业发生的捐赠支出,不超过年度利润总额12%的部分,准予在计算应纳税所得额时扣除
   D. 纳税人逾期归还银行贷款,银行按规定加收的罚息,允许在税前扣除

10. 企业发生的与经营活动有关的业务招待费支出,按照发生额的60%扣除,且不能超过当年销售(营业)收入5‰,下列收入属于企业销售(营业)收入的有( )。
    A. 销售商品收入
    B. 出租房屋收入
    C. 投资股票收益
    D. 现金盘盈

11. 甲公司2019年会计利润为3 000万元,取得销售收入10 000万元,其他收入2 000万元,发生广告费和业务宣传费2 500万元,已知甲公司适用的企业所得税税率为25%,假设甲公司无其他纳税调整事项,则甲公司2019年应缴纳所得税的下列说法中错误的有( )。
    A. 如甲公司为化妆品销售企业,则应纳税额为3 000×25%=750(万元)
    B. 如甲公司为白酒制造企业,则应纳税额为3 000×25%=750(万元)
    C. 如甲公司为汽车销售企业,则应纳税额

为 3 000×25%＝750(万元)

D. 如甲公司为烟草企业,则应纳税额为 3 000×25%＝750(万元)

12. 根据企业所得税法律制度的规定,下列关于企业发生的手续费及佣金支出的扣除标准表述中,正确的有( )。
   A. 财产保险企业按当年全部保费收入扣除退保金等后余额的18%计算扣除限额
   B. 人身保险企业按当年全部保费收入扣除退保金等后余额的18%计算扣除限额
   C. 除保险企业外的其他企业,按所签订合同确认的收入金额的18%计算扣除限额
   D. 从事代理服务,主营业务收入为手续费、佣金的企业,其为取得该类收入而实际发生的营业成本,包括手续费和佣金支出,准予在企业所得税前据实扣除

13. 根据企业所得税法律制度的规定,下列各项说法中,正确的有( )。
   A. 企业融资租入的固定资产,计提折旧应在所得税前扣除
   B. 企业经营租入的固定资产,其租金应在租入当期一次性扣除
   C. 企业发生的汇兑损失除已经计入有关资产成本以及与向所有者进行利润分配相关的部分外准予扣除
   D. 企业按规定提取的环境保护专项资金在提取时准予扣除

14. 根据企业所得税法律制度规定,下列各项中,在计算所得税应纳税所得额时准予扣除的有( )。
   A. 向客户支付的合同违约金
   B. 向税务机关支付的税收滞纳金
   C. 向银行支付的逾期利息
   D. 向公安部门缴纳的交通违章罚款

15. 下列各项中,属于企业所得税税收优惠的有( )。
   A. 免税收入   B. 加计扣除
   C. 减计收入   D. 税额抵免

16. 根据企业所得税法律制度的规定,企业从事下列项目取得的所得,免征企业所得税的有( )。
   A. 林木的培育和种植
   B. 蔬菜种植
   C. 海水养殖
   D. 家禽养殖

17. 根据企业所得税法律制度的规定,下列行业中不适用对研究开发费用加计扣除规定的有( )。
   A. 烟草制造业
   B. 白酒制造业
   C. 房地产业
   D. 娱乐业

18. 根据企业所得税法律制度的规定,企业的下列固定资产计提折旧时,可以采用加速折旧方法或缩短折旧年限的有( )。
   A. 技术进步,产品更新换代较快的固定资产
   B. 使用频率极高的固定资产
   C. 常年处于强震动、高腐蚀状态的固定资产
   D. 2020年6月15日购进的单价为450万元的机械设备

19. 根据企业所得税法律制度的规定,下列关于企业所得税纳税期限的表述中,正确的有( )。
   A. 企业所得税按年计征,分月或者分季预缴,年终汇算清缴,多退少补
   B. 企业在一个纳税年度中间开业,使该纳税年度的实际经营不足12个月的,应当以其实际经营期为1个纳税年度
   C. 企业依法清算时,应当以清算期作为1个纳税年度
   D. 企业在纳税年度中间终止经营活动的,应当自实际经营终止之日起90日内,向税务机关办理当期企业所得税汇算清缴

20. 根据个人所得税法律制度的规定,下列属于来源于中国境内的所得有( )。
   A. 在中国境内提供劳务,取得劳务报酬所得
   B. 转让中国境内的不动产,取得财产转让所得
   C. 许可专利技术在我国境内使用,取得特许权使用费所得
   D. 借款给中国境内企业,取得利息所得

21. 根据个人所得税法律制度的规定,下列所得中,属于综合所得的有( )。

A. 财产转让所得
B. 工资、薪金所得
C. 劳务报酬所得
D. 财产租赁所得

22. 根据个人所得税法律制度的规定，下列各项中，在计算个人综合所得应纳个人所得税额时准予作为专项附加扣除的有（ ）。
A. 子女抚养支出
B. 个人继续教育支出
C. 住房贷款支出
D. 住房租金支出

23. 下列关于个人所得税"工资、薪金所得"说法中，正确的有（ ）。
A. 个人因公务用车和通信制度改革而取得的公务用车、通信补贴收入全额计入工资、薪金所得项目计征个人所得税
B. 离退休人员从原任职单位取得的各类补贴、奖金、实物，应照工资、薪金所得项目征收个人所得税
C. 个人因与用人单位解除劳动关系而取得的一次性补偿收入，按照工资、薪金所得项目征收个人所得税
D. 离退休人员再任职取得的收入，免征个人所得税

24. 关于个人所得税"工资、薪金所得"，下列说法中，正确的有（ ）。
A. 企业为职工支付的各项保险金，应并入员工当期工资收入，按工资、薪金所得项目征收个人所得税
B. 企业为本单位职工交付的企业年金，超过规定标准的单位缴费部分和超过缴费基数4%的个人缴费部分，按照工资、薪金所得项目征收个人所得税
C. 城镇企事业单位及其职工个人实际缴付的失业保险费，超过规定比例的，应将其超过规定比例缴付的部分计入职工个人当期的工资薪金收入，依法计征个人所得税
D. 兼职律师从律师事务所取得工资、薪金性质的所得，律师事务所代扣代缴其个人所得税时，直接以其收入全额为应纳税所得额

25. 下列关于"经营所得"个人所得税的表述中，正确的有（ ）。
A. 个人因从事彩票代销业务而取得所得，按经营所得征税
B. 经营所得按月计征个人所得税
C. 个人对企事业单位承包经营所得，按经营所得计征个人所得税
D. 个体工商户取得与生产经营无关的其他所得，按经营所得计征个人所得税

26. 下列各项中，适用超额累进税率计征个人所得税的有（ ）。
A. 经营所得
B. 工资薪金所得
C. 财产转让所得
D. 偶然所得

27. 下列个人所得中，应按"劳务报酬所得"项目征收个人所得税的有（ ）。
A. 某编剧从电视剧制作单位取得的剧本使用费
B. 某公司高管从大学取得的讲课费
C. 某作家拍卖手稿取得的收入
D. 某大学教授从企业取得董事费

28. 下列个人所得中，应按"劳务报酬所得"项目征收个人所得税的有（ ）。
A. 赵某受雇于律师王某，为王某个人工作而取得的所得
B. 证券经纪人李某从证券公司取得佣金收入
C. 张某是受平安保险委托，在授权范围内代办保险业务的个体工商户，其取得的代办保险佣金收入
D. 某大学教师周某，利用业余时间从事翻译工作取得的收入

29. 下列个人所得中，应按"特许权使用费所得"项目征收个人所得税的有（ ）。
A. 转让专利技术
B. 转让土地使用权所得
C. 作者拍卖手稿原件或复印件所得
D. 取得特许权的经济赔偿收入

30. 下列所得，应按照"财产转让所得"缴纳个人所得税的有（ ）。
A. 赵某持有的甲公司股权被司法强制过户取得的所得
B. 钱某终止投资，从被投资方乙企业收回的款项
C. 孙某转让持有的上市公司股票取得所得

D. 李某转让持有的国债取得所得

31. 根据个人所得税法律制度的规定，下列各项中，视同财产转让所得缴纳个人所得税的有（ ）。
    A. 赵某将一辆汽车无偿赠送给侯某
    B. 侯某将赵某赠送的汽车用于投资设立公司
    C. 高某以一栋住房抵偿欠侯某的债务
    D. 侯某将高某抵债的住房与赵某换取一张名画

32. 根据个人所得税法律制度的规定，下列个人所得的税务处理中，正确的有（ ）。
    A. 集体所有制企业职工个人在企业改制过程中，以股份形式取得的仅作为分红依据，不拥有所有权的企业量化资产，取得时应按"财产转让所得"计缴个人所得税
    B. 集体所有制企业职工个人在企业改制过程中，以股份形式取得的拥有所有权的企业量化资产，取得时应按"财产转让所得"计缴个人所得税
    C. 集体所有制企业职工个人在企业改制过程中，以股份形式取得的拥有所有权的企业量化资产，转让时应按"财产转让所得"计缴个人所得税
    D. 对职工以股份形式取得的企业量化资产参与企业分配而获得的股息红利，应按"利息、股息、红利所得"计缴个人所得税

33. 下列各项中，按次计征个人所得税的有（ ）。
    A. 工资薪金所得
    B. 财产租赁所得
    C. 偶然所得
    D. 非居民个人的劳务报酬所得

34. 赵某持有的上市公司股票取得的下列股息中，减按50%计入应纳税所得额的有（ ）。
    A. 赵某持有A上市公司的限售股，解禁前取得的股息红利
    B. 赵某持有B上市公司股票时间3年，取得的股息红利
    C. 赵某持有C上市公司股票时间1年，取得的股息红利
    D. 赵某持有D上市公司股票时间1个月，取得的股息红利

35. 2020年侯某通过境内非营利社会团体进行的下列捐赠中，在计算缴纳个人所得税时，准予税前全额扣除的有（ ）。
    A. 侯某将1月份工资捐赠给非营利性老年服务机构
    B. 侯某将2月份工资捐赠给农村义务教育
    C. 侯某将3月份工资捐赠给红十字会
    D. 侯某将4月份工资捐赠给公益性青少年活动场所

36. 下列所得中，免予缴纳个人所得税的有（ ）。
    A. 著名作家莫言获得的诺贝尔文学奖奖金
    B. 赵某购买发票中奖1 000元
    C. 钱某取得的军人转业费
    D. 孙某退休后按月领取的养老金

37. 外籍个人的下列所得中，暂免缴纳个人所得税的有（ ）。
    A. 外籍个人以现金形式取得的住房补贴
    B. 外籍个人从外商投资企业取得的股息、红利所得
    C. 外籍个人取得的探亲费
    D. 外籍个人取得的合理的语言训练费

38. 根据个人所得税法律制度的规定，下列情形中，纳税人应当按照规定办理个人所得税自行纳税申报的有（ ）。
    A. 非居民个人从中国境内两处或者两处以上取得工资、薪金所得的
    B. 在两处或者两处以上取得综合所得，且综合所得年收入额减去专项扣除的余额超过6万元
    C. 从中国境外取得所得的
    D. 取得应纳税所得，没有扣缴义务人的

39. 下列关于个人所得税征收管理的说法中，错误的有（ ）。
    A. 非居民个人取得工资薪金所得，应当在取得所得的次年3月1日至6月30日内办理汇算清缴
    B. 扣缴义务人每月扣缴的税款，税务机关应根据扣缴义务人所扣缴的税款，付给2%的手续费
    C. 纳税人取得应税所得没有扣缴义务人的，应当在取得所得的次月15日内向税务机关报送纳税申报表，并缴纳税款
    D. 扣缴义务人未扣缴税款的纳税人应当在取得所得的次年3月1日至6月30日前，缴纳税款

三、判断题
1. 居民企业无须就其来源于中国境外的所得缴纳企业所得税。（　）
2. 在中国境内设立机构、场所的非居民企业取得的发生在中国境内但与其所设机构、场所有实际联系的所得无须缴纳企业所得税。（　）
3. 根据企业所得税法律制度的规定，利息收入按照债务人实际支付利息的日期确认收入的实现。（　）
4. 企业接受捐赠收入，按照实际收到捐赠资产的日期确认企业所得税收入的实现。（　）
5. 企业以前年度发生的资产损失未能在当年税前扣除的，可以按照规定，向税务机关说明并进行"专项申报"扣除。（　）
6. 职工因公出差乘坐交通工具发生的人身意外保险费，准予在计算企业所得税时扣除。（　）
7. 非金融企业向金融企业借款的利息支出可以据实扣除，非金融企业向非金融企业借款的利息支出不允许在税前扣除。（　）
8. 外购的生产性生物资产，以购买价款和支付的相关税费为企业所得税的计税基础。（　）
9. 合格境外机构投资者境内转让股票等权益性投资资产所得，减半征收企业所得税。（　）
10. 非居民企业在中国境内设立机构、场所且取得的所得与所设立的机构场所没有实际联系的，以机构、场所所在地为纳税地点。（　）
11. 企业应当自年度终了之日起5个月内，向税务机关报送年度企业所得税纳税申报表，并汇算清缴，结清应缴应退税款。（　）
12. 合伙企业的自然人合伙人，为个人所得税纳税人。（　）
13. 非居民个人仅就来源于中国境内的所得缴纳个人所得税。（　）
14. 出租车经营单位对出租车驾驶员采取单车承包方式运营，驾驶员收入按经营所得缴纳个人所得税。（　）
15. 个人综合所得中专项扣除、专项附加扣除和依法确定的其他扣除一个纳税年度扣除不完的，可以结转以后年度扣除。（　）
16. 个人独资企业出资购买房屋，将所有权登记为投资者个人，该投资者按照"利息、股息、红利所得"项目缴纳个人所得税。（　）
17. 非居民个人歌手TEMEIPU，每周去闪亮酒吧演唱2次，其应以一个月取得的所得为一次，按照"工资、薪金所得"项目缴纳个人所得税。（　）
18. 个人通过网络收购玩家的虚拟货币，加价后向他人出售取得的收入，应按照"特许权使用费所得"项目计算缴纳个人所得税。（　）
19. 房地产开发企业与商店购买者个人签订协议规定，以优惠价格出售其商店给购买者个人，购买者个人在一定期限内必须将购买的商店无偿提供给房地产开发企业对外出租使用。对购买者个人少支出的购房价款，应按照"财产租赁所得"项目征收个人所得税。（　）
20. 股权转让合同履行完毕、股权已做变更登记，所得已经实现后，当事人双方签订并执行解除原股权转让合同，退回股权的协议，对前次转让行为征收的个人所得税税款应与退还。（　）
21. 集体所有制企业职工个人在企业改制过程中，以股份形式取得的仅作为分红依据，不拥有所有权的企业量化资产，应按"财产转让所得"计缴个人所得税。（　）
22. 赵某以自有汽车一辆作价50万元出资，与钱某、孙某等人成立保卫萝卜有限责任公司，赵某的该行为应按照财产转让所得缴纳个人所得税。（　）
23. 个人转让房屋的个人所得税应税收入不含增值税，其计入财产原值的取得房屋时所支付价款中不包含增值税，计算转让所得时可扣除的税费不包括本次转让缴纳的增值税。（　）
24. 赵某在中国移动参与存话费送手机活动，缴费1 000元，获赠四星手机一部，其获得的手机应缴纳个人所得税。（　）
25. 2020年2月赵某购入甲上市公司股票10万股，2020年10月，甲公司以0.1元/股向股东派息，赵某取得股息收入1万元，赵某的该项所得免征个人所得税。（　）
26. 赵某将一栋房屋，无偿赠送给自己的儿子小赵，小赵的该项所得应当按照"偶然所得"项目缴纳个人所得税。（　）

四、不定项选择题
【资料一】
甲公司为居民企业，主要从事电子产品生产和销售业务。2019年度有关经营情况如下：

(1) 全年销售收入 6 000 万元，利润总额 850 万元。

(2) 转让所持有的居民企业乙公司公开发行并上市流通的股票，取得收入 70 万元；甲公司持有该股票共 9 个月，当年取得该股票股息、红利 6 万元。

(3) 从直接投资的非上市居民企业丙公司取得股票、红利 50 万元。

(4) 银行存款利息收入 13.5 万元。

(5) 发生与生产经营活动有关的业务招待费支出 200 万元。

(6) 发生符合条件的广告费和业务宣传费支出 800 万元。

已知：业务招待费支出，按照发生额的 60% 扣除，但最高不得超过当年销售（营业）收入的 5‰；广告费和业务宣传费支出，不超过当年销售（营业）收入 15% 的部分，准予扣除；符合条件的广告费和业务宣传费支出以前年度累计结转扣除额 150 万元。

要求：根据上述资料，不考虑其他因素，分析回答下列小题。

1. 在计算甲公司 2019 年度企业所得税应纳税所得额时，下列收入中，应计入收入总额的是（　）。
   A. 转让居民企业乙公司股票取得的收入 70 万元
   B. 银行存款利息收入 13.5 万元
   C. 从居民企业丙公司取得的股息、红利收入 50 万元
   D. 从居民企业乙公司取得的股息、红利收入 6 万元

2. 在计算甲公司 2019 年度企业所得税应纳税所得额时，准予扣除的业务招待费支出是（　）。
   A. 90 万元　　　B. 200 万元
   C. 30 万元　　　D. 120 万元

3. 在计算甲公司 2019 年度企业所得税应纳税所得额时，准予扣除的广告费和业务宣传费支出是（　）。
   A. 950 万元　　　B. 800 万元
   C. 900 万元　　　D. 750 万元

4. 计算甲公司 2019 年度企业所得税应纳税所得额的下列算式中，正确的是（　）。
   A. 850－50＋(200－6 000×5‰)－(6 000×15%－800)＝870（万元）
   B. 850－70－6＋(200－6 000×5‰)＝944（万元）
   C. 850－50－(6 000×15%－800)＝700（万元）
   D. 850－70－6－50－13.5＋(200－200×60%)＝790.5（万元）

【资料二】甲鞋业公司为居民企业，主要从事运动鞋的生产和销售业务，2019 年度有关经营情况如下：

(1) 取得运动鞋销售收入 8 000 元。

(2) 转让一项制鞋技术的所有权，取得符合税收优惠条件的技术所有权转让收入 700 万元，发生与之相关的转让成本及税费 100 万元。

(3) 取得国债利息收入 135 万元、W 石化公司债券利息收入 180 万元。

(4) 直接向 Y 小学捐赠 10 万元；支付 Q 公司违约金 3 万元。

(5) 发生符合条件的广告费和业务宣传费支出 1 500 万元。

已知：广告费和业务宣传费支出，不超过当年销售（营业）收入 15% 的部分，在计算企业所得税应纳税所得额时准予扣除。

要求：根据上述资料，不考虑其他因素，分析回答下列小题。

1. 在计算甲鞋业公司 2019 年度企业所得税应纳税所得额时，下列收入中，应计入收入总额的是（　）。
   A. W 石化公司债券利息收入 180 万元
   B. 国债利息收入 135 万元
   C. 制鞋技术所有权转让收入 700 万元
   D. 运动鞋销售收入 8 000 万元

2. 在计算甲鞋业公司 2019 年度企业所得税应纳税所得额时，制鞋技术所有权转让所应纳税调减的金额是（　）。
   A. 700 万元　　　B. 550 万元
   C. 100 万元　　　D. 500 万元

3. 在计算甲鞋业公司 2019 年度企业所得税应纳税所得额时，下列收支中，应纳税调减的是（　）。
   A. 支付 Q 公司违约金 3 万元
   B. 直接向 Y 小学捐赠 10 万元
   C. W 石化公司债券利息收入 180 万元
   D. 国债利息收入 135 万元

4. 在计算甲鞋业公司 2019 年度企业所得税应纳

税所得额时,准予扣除的广告费和业务宣传费支出金额是( )。
A. 1 247.25 万元
B. 1 332 万元
C. 1 352.25 万元
D. 1 200 万元

C. 发生会议费 30 万元
D. 发生非广告性质赞助支出 20 万元

4. 计算甲公司 2018 年度企业所得税应纳税所得额时,准予扣除的公益性捐赠支出是( )。
A. 80 万元 B. 89 万元
C. 91 万元 D. 90 万元

【资料三】甲公司为居民企业,主要从事生产与销售业务,2018 年有关经营活动如下:
(1)取得手机销售收入 8 000 万元,提供专利权的使用权取得收入 100 万元;
(2)确认无法偿付的应付款项 6 万元;接受乙公司投资,收到投资款 2 000 万元;
(3)当年 3 月因生产经营活动借款 300 万元,其中向金融企业借款 250 万元,期限 6 个月,年利率 6%,向非金融企业丙公司借款 50 万元,期限 6 个月,年利率 10%,利息均已支付;
(4)参加财产保险,按规定向保险公司缴纳保险费 5 万元;计提坏账准备金 15 万元;发生会议费 30 万元;发生非广告性质赞助支出 20 万元;
(5)通过市民政部门用于公益事业的捐赠支出 80 万元,直接向某小学捐赠 9 万元,向贫困户王某捐赠 2 万元;
(6)全年利润总额为 750 万元。
已知:公益性捐赠支出,在年度利润 12% 以内,准予在计算应纳税所得额时扣除。
要求:根据上述资料,不考虑其他因素,分析回答下列小题。

1. 计算甲公司 2018 年度企业所得税应纳税所得额时,应计入收入总额的是( )。
A. 手机销售收入 8 000 万元
B. 专利使用权取得收入 100 万元
C. 确认无法偿还的应付款项 6 万元
D. 收到的投资款 2 000 万元

2. 计算甲公司 2018 年度企业所得税应纳税所得额时,准予扣除利息支出的是( )。
A. 300×6%×50%=9(万元)
B. 250×6%×50%+50×10%×50%=10(万元)
C. 250×6%×50%=7.5(万元)
D. 50×10%×50%=2.5(万元)

3. 计算甲公司 2018 年度企业所得税应纳税所得额时,不得扣除的是( )。
A. 向保险公司缴纳的财产保险费 5 万元
B. 计提坏账准备金 15 万元

【资料四】中国公民张某为个体工商户业主,主要从事汽车修理业务。2019 年度有关收支情况如下:
(1)取得汽车修理收入 1 000 000 元。
(2)发生成本、费用 350 000 元,其中包括雇员工资 90 000 元、张某本人工资 120 000 元。
(3)张某的独生女正在读小学,课外辅导班支出 30 000 元,为妻子购买轿车支出 100 000 元。
(4)2 月从境内公开发行和转让市场购入 W 上市公司股票,4 月取得该上市公司分配的股息 35 000 元,4 月将持有的股票全部卖出。
(5)8 月转让普通住房一套,取得销售收入 800 000 元,转让时发生合理费用 53 000 元;该住房原值 500 000 元,系张某 2012 年 8 月购进,为张某在本地的第二套住房。
已知,张某当年没有综合所得,减除费用 60 000 元;专项扣除 27 000 元;子女教育专项附加扣除标准为 1 000 元/月,由张某按扣除标准的 100% 扣除;转让不动产增值税征收率为 5%;利息、股息、红利所得及财产转让所得个人所得税税率为 20%。
要求:根据上述资料,不考虑其他因素,分析回答下列小题。

1. 计算张某 2019 年度经营所得个人所得税应纳税所得额时,下列支出中,不得扣除的是( )。
A. 独生女课外辅导班支出 30 000 元
B. 为妻子购买轿车支出 100 000 元
C. 雇员工资 90 000 元
D. 张某本人工资 120 000 元

2. 计算张某 2019 年度经营所得个人所得税应纳税所得额的下列算式中,正确的是( )。
A. 1 000 000-(350 000-120 000)-1 000×12=758 000(元)
B. 1 000 000-(350 000-120 000)-60 000-27 000-1 000×12=671 000(元)
C. 1 000 000-350 000-30 000-100 000=

520 000(元)

D. 1 000 000 -（350 000 - 90 000）- 60 000 - 27 000 = 653 000(元)

3. 计算张某2019年4月取得股息所得应缴纳个人所得税税额的下列算式中，正确的是（ ）。

   A. 35 000×（1-20%）×20% = 5 600(元)
   B. 35 000×（1-20%）×50%×20% = 2 800(元)
   C. 35 000×50%×20% = 3 500(元)
   D. 35 000×20% = 7 000(元)

4. 计算张某2019年8月转让普通住房应缴纳个人所得税税额的下列算式中，正确的是（ ）。

   A. （800 000-53 000）×20% = 149 400(元)
   B. （800 000 - 500 000 - 53 000）×20% = 49 400(元)
   C. （800 000-500 000）×20% = 60 000(元)
   D. 800 000×20% = 160 000(元)

【资料五】中国公民陈某任职于国内甲公司，其独生子正在接受全日制硕士研究生教育。2019年陈某有关收支情况如下：

(1) 全年工资、薪金150 000元，缴纳的基本养老保险费、基本医疗保险费、失业保险费、住房公积金33 750元。

(2) 为乙公司提供一次法律咨询服务，取得劳务报酬3 000元。

(3) 取得全年一次性奖金51 000元，选择不并入当年综合所得计算纳税。

(4) 因持有境内丙上市公司股票，取得股息6 000元，该股票系陈某2年前从公开发行和转让市场购入。

(5) 取得国债利息4 000元。

(6) 在商场购买冰箱，获赠一台价值180元的豆浆机。

(7) 继承一套房产，价值1 600 000元。

已知：综合所得减除费用60 000元/年。劳务报酬所得以收入减除20%的费用后的余额为收入额；劳务报酬所得个人所得税预扣率为20%，每次收入不超过4 000元的，减除费用按800元计算；子女教育专项附加扣除标准为1 000元/月，陈某夫妻选择由双方分别按扣除标准的50%扣除。全年一次性奖金适用税率见表6-32；综合所得汇算清缴适用税率见表6-24。

要求：根据上述资料，不考虑其他因素，分析回答下列小题。

1. 计算陈某提供法律咨询服务应预扣预缴个人所得税税额的下列算式中，正确的是（ ）。

   A. （3 000-800）×（1-20%）×20% = 352（元）
   B. （3 000-800）×20% = 440(元)
   C. 3 000÷（1-20%）×20% = 750(元)
   D. 3 000×（1-20%）×20% = 480(元)

2. 计算陈某2019年度综合所得应缴纳个人所得税税额的下列算式中，正确的是（ ）。

   A. ［150 000+3 000×（1-20%）-60 000-12×1 000×2］×10%-2 520 = 4 320(元)
   B. ［150 000 +（3 000 - 800）- 60 000 - 12×1 000］×10%-2 520 = 5 500(元)
   C. ［150 000+（3 000-800）-60 000-33 750-12×1 000］×10%-2 520 = 2 125(元)
   D. ［150 000 + 3 000×（1 - 20%）- 60 000 - 33 750 - 12 × 1 000 × 50%］× 10% - 2 520 = 2 745(元)

3. 计算陈某2019年取得全年一次性奖金应缴纳个人所得税税额的下列算式中，正确的是（ ）。

   A. （51 000÷12×10%-210）×12 = 2 580(元)
   B. 51 000÷12×10%-210 = 215(元)
   C. 51 000×30%-4 410 = 10 890(元)
   D. 51 000×10%-210 = 4 890(元)

4. 陈某取得的下列收入中，不缴纳个人所得税的是（ ）。

   A. 境内丙上市公司股息6 000元
   B. 继承价值1 600 000元的房产
   C. 获赠价值180元的豆浆机
   D. 国债利息4 000元

【资料六】中国公民李某为甲公司销售主管，有两个孩子，女儿读小学一年级，儿子2018年出生；李某为独生子，父母已年满60岁。2019年1-10月李某有关收支情况如下：

(1) 每月取得工资16 000元。每月缴纳的基本养老保险费、基本医疗保险费、失业保险费、住房公积金2 700元；每月偿还享受首套住房贷款利率的住房贷款本息5 500元。1-9月工资累计已预扣预缴个人所得税税额1 350元。

(2) 2月转让小轿车取得收入50 000元。

(3) 3月发表文章取得稿酬3 000元。

(4) 9月为Y培训机构授课取得课酬4 000元，发生交通费100元。

已知：工资、薪金所得预扣预缴个人所得税减除费用为5 000元/月；子女教育专项附加扣除标准为1 000元/月；住房贷款利息专项附加扣除标准为1 000元/月；赡养老人专项附加扣除标准为2 000元/月；相关专项附加扣除由李某按扣除标准的100%扣除。

劳务报酬所得、稿酬所得个人所得税预扣率为20%，每次收入不超过4 000元的，减除费用按800元计算，稿酬所得的收入额减按70%计算。居民个人工资薪金所得预扣率见表6-31。

要求：根据上述资料，不考虑其他因素，分析回答下列小题。

1. 计算李某10月份工资应预扣预缴个人所得税税额的下列算式中，正确的是( )。
   A．(16 000×10-5 000×10-2 700×10-1 000×10-1 000×10)×10%-2 520=3 780(元)
   B．(16 000×10-5 000×10-2 700×10-1 000×10-1 000×10-2 000×10)×10%-2 520-1 350=430(元)
   C．(16 000×10-5 000×10-2 700×10-1 000×10-2 000×10)×10%-2 520=2 780(元)
   D．(16 000×10-5 000×10-1 000×2×10-1 000×10-2 000×10)×10%-2 520-1 350=2 130(元)

2. 李某取得的下列收入中，应并入居民个人综合所得计缴个人所得税的是( )。
   A．每月工资收入16 000元
   B．课酬收入4 000元
   C．稿酬收入3 000元
   D．转让小轿车收入50 000元

3. 计算李某3月份稿酬所得应预扣预缴个人所得税税额的下列算式中，正确的是( )。
   A．(3 000-800)×20%=440(元)
   B．3 000×70%×20%=420(元)
   C．3 000×20%=600(元)
   D．(3 000-800)×70%×20%=308(元)

4. 计算李某9月份课酬所得应预扣预缴个人所得税税额的下列算式中，正确的是( )。
   A．4 000×20%=800(元)
   B．(4 000-100)×20%=780(元)
   C．(4 000-100-800)×20%=620(元)
   D．(4 000-800)×20%=640(元)

心有灵犀答案及解析

一、单项选择题

1. **C** 【解析】选项AB，外商独资企业的组织形式为有限责任公司，经批准也可以为其他责任形式；我国《公司法》规定，有限责任公司的股东人数为50人以下(可以为1人)，一人有限责任公司，股东承担"有限责任"，是有限责任公司的特殊类型，属于企业所得税的纳税人；选项D，为其他取得收入的"组织"，属于企业所得税的纳税人；选项C，个人独资企业是由投资人承担"无限责任"的非法人企业，属于个人所得税的纳税人。

2. **C** 【解析】小型微利企业适用的所得税税率为20%；年应纳税所得额不超过100万元的部分，减按25%计入应纳税所得额；超过100万元但不超过300万元的部分，减按50%计入应纳税所得额。

3. **C** 【解析】(1)货币性资产，是指持有的"现金"及将以"固定或可确定"金额的货币收取的资产；(2)"准备持有至到期的债券"，持有期间不会出售，持有至到期兑现时取得"可确定"的货币资金，视为货币形式收入；(3)"不准备持有至到期的债券投资"，持有期间会根据市场情况选择出售或继续持有，无"固定或可确定金额"，不满足货币性资产的判定标准，属于投资资产，视为非货币形式收入。

4. **D** 【解析】选项ABC，在企业所得税中，转让有形资产和无形资产的所有权所得都属于"财产转让所得"；选项D，在企业所得税中，转让无形资产使用权属于"特许权使用费所得"收入。
『老侯提示』请与个人所得税的无形资产所有权转让做准确区分。

5. **B** 【解析】选项A，应当按照扣除商业折扣后的金额确定销售商品收入金额；选项C，一般情况下，销售的商品按售价确认收入，回购的商品作为购进商品处理；选项D，销售商品应当按照销售商品收入确认条件确认收入，回收的商品作为购进商品处理。

6. C 【解析】选项A，在办妥托收手续时确认收入；选项B，在收到代销清单时确认收入；选项D，在购买方接受商品以及安装和检验完毕时确认收入，如果安装程序比较简单，可在发出商品时确认收入。

7. A 【解析】选项A，不是企业经营行为所得收益，属于不征税收入；选项B，是企业经营行为所得收益，但满足税收优惠条件，属于免税收入；选项CD，是企业经营行为所得收益，且不满足税收优惠条件，属于应税收入。

8. B 【解析】(1)销售化妆品取得收入2 000万元为主营业务收入，销售进口的原材料取得收入500万元为其他业务收入，均属于应税收入；(2)取得财政拨款400万元属于不征税收入；(3)投资国债取得利息收入30万元为免税收入；(4)取得乙公司投资款属于实收资本，不属于企业收入；(5)本题要求计算的是"收入总额"，应税收入、不征税收入、免税收入均应当计入收入总额，但实收资本不能计入。

9. C 【解析】职工福利费支出的扣除限额 = 1 000×14% = 140(万元)；实际发生职工福利费支出150万元>140万元，按照限额140万元扣除；工会经费支出的扣除限额 = 1 000×2% = 20万元；实际拨缴工会经费21万元，按照限额20万元扣除；职工教育经费支出扣除限额 = 1 000×8% = 80万元，实际发生职工教育经费75万元+上年结转13万元>80万元，按照限额80万元扣除；合计准予扣除金额 = 20+80+140 = 240(万元)。

10. C 【解析】公益性捐赠的扣除限额 = 300×12% = 36(万元)，因此应调增38 − 36 = 2(万元)；应纳税额 = (300+2)×25% − 60 = 15.5(万元)。

11. C 【解析】(1)业务招待费发生额的60% = 5 000×60% = 3 000(元)>税法规定的扣除限额 = 272 000×5‰ = 1 360(元)，业务招待费可以扣除1 360元；(2)广告费和业务宣传费本年发生额及上年结转额合计 = 30 000+10 000+10 000 = 50 000(元)>税法规定的扣除限额 = 272 000×15% = 40 800(元)，广告费和业务宣传费可以扣除40 800元；(3)二者合计可扣除金额 = 40 800+1 360 = 42 160(元)。

12. C 【解析】(1)向银行借款的利息准予全额扣除，准予扣除的利息费用 = 100×8%×50% = 4(万元)；(2)向供应商的借款，不超过银行同期同类贷款利率的可以扣除，准予扣除的利息费用 = 200×8%×50% = 8(万元)；(3)2020年可以在所得税前扣除的利息费用 = 4+8 = 12(万元)。

13. D 【解析】(1)基本社会保险费：全额扣除；(2)补充养老保险费：税法规定的扣除限额 = 1 000×5% = 50(万元)<实际发生额80(万元)，故补充养老保险费税前可以扣除50万元；(3)补充医疗保险：税法规定的扣除限额 = 1 000×5% = 50(万元)>实际发生额45万元，故补充医疗保险费税前可以扣除45万元；(4)为高管缴纳的商业保险费：不得扣除；(5)准予扣除的数额合计 = 150+50+45 = 245(万元)。

14. D 【解析】选项AB，请仔细辨别"租赁方式"及"租赁双方"，经营租入，融资租出，均不得计提折旧费用在税前扣除；选项C，已经足额提取折旧后，不得再计提折旧；选项D，"房屋、建筑物以外"未投入使用的固定资产不得计算折旧扣除，房屋、建筑物无论是否投入使用均可以按税法规定计算折旧费用在税前扣除。

15. A 【解析】2018年1月1日后购进的设备、器具，单价不超过500万元的准予一次性全额扣除。

16. C 【解析】高新技术企业自2018年1月1日起，当年具备资格的企业，其具备资格年度之前5个年度发生的尚未弥补完的亏损，准予结转以后年度弥补，最长结转年限由5年延长至"10年"。

17. C 【解析】2014年亏损的20万元，可以以2015年、2017年、2019年的利润进行弥补，弥补后尚有2万元亏损，2016年、2018年企业亏损，应计入2014年亏损的弥补期限，至2019年，2014年亏损的延续弥补期限届满，2020年的盈利不能再用于弥补2014年尚未弥补的亏损；2020年的盈利可以用于弥补2016年、2018年的亏损,则该企业2020年应当缴纳的企业所得税=(38-1-5)×25%=8(万元)。

18. B 【解析】(1)自2018年4月1日至2020年6月1日,投资持有满2年;(2)应纳税所得额抵免额=120×70%=84(万元)。

19. B 【解析】(1)企业购入环境保护、节能节水、安全生产设备的,其投资额的10%可以在应纳税额中减免,减免税额=100×10%=10(万元);(2)应纳税额=应纳税所得额×税率-减免税额-抵免税额=1 000×25%-100×10%-20=220(万元)。

20. D 【解析】选项A,以同类固定资产的重置完全价值为计税基础;选项B,以竣工结算前发生的支出为计税基础;选项C,以购买价款和支付的相关税费以及直接归属于使该资产达到预定用途发生的其他支出为计税基础。

21. C 【解析】研发支出,未形成无形资产的,加计扣除75%。

22. A 【解析】烟草制造业不适用研发费用加计扣除政策。

23. C 【解析】(1)甲公司境外所得:在W国取得的所得在我国应缴税额=150×25%=37.5(万元),在W国已缴税额30万元,须补缴税额=37.5-30=7.5(万元);(2)甲公司境内所得:应纳税额=500×25%=125(万元);(3)应纳税额合计=125+7.5=132.5(万元)。

24. D 【解析】非居民企业在中国境内取得的股息、红利等权益性投资收益和利息、租金、特许权使用费所得,以收入全额为应纳税所得额;2020年度应纳税所得额=500+350=850(万元)。

25. C 【解析】选项AB,在一个纳税年度内在中国境内居住不满183天,不属于居民个人;选项C,丙2020年度在中国境内居住满183天,属于居民个人;选项D,丁2019年度和2020年度分别在中国境内居住均不满183天,在两个纳税年度均不属于居民个人。

26. D 【解析】选项A,在中国境内开展经营活动而取得与经营活动相关的所得,属于来源于中国境内的所得;选项B,转让对中国境内企事业单位和其他经济组织投资形成的权益性资产取得的所得属于来源于中国境内的所得;选项C,(1)企业对累积消费达到一定额度的顾客,给予额外"抽奖机会",个人的获奖所得,按照"偶然所得"项目,缴纳个人所得税;(2)中国境内企业支付的偶然所得属于来源于中国境内的所得;选项D,属于来源于中国境外的所得,但这里是属于居民个人,应当就其来源于中国境内、境外的全部所得缴纳个人所得税。

27. A 【解析】选项A,属于专项扣除。

28. D 【解析】选项A,子女教育支出包括学前教育和学历教育支出其中,学前教育是指年满"3岁"至小学入学前教育;选项B,住房贷款利息支出是指纳税人使用商业银行贷款为本人或其配偶购买住房,发生的"首套住房"贷款利息支出;选项C,赡养老人支出是指赡养"60岁"以上父母以及其他法定赡养人的支出;选项D,住房租金支出是指主要工作城市没有住房,而在主要工作城市租赁住房发生的租金支出。

29. C 【解析】独生子女补贴、托儿补助、差旅费津贴和误餐补助不属于工资、薪金性质的补贴、津贴,不征收个人所得税。

30. D 【解析】选项AB,转让有形资产所有权、土地使用权、股权、债权,按照"财产转让所得"税目征税;选项C,"有形资产""使用权"转让,按照"财产租赁所得"税目征税;选项D,"无形资产"(除土地使用权外)的"使用权"与"所有权"转让,按照"特许权使用费所得"税目征税。

31. A 【解析】根据规定,个体工商户发生的赞助支出不得扣除。

32. C 【解析】(1)工资薪金执行累计预扣预缴制度;(2)个人取得的季度奖金应当与本月工资合并计算应纳个人所得税;(3)12月累计收入额=6 000×12+3 000=75 000(元),累计费用扣除=5 000×12=60 000(元),累计应纳税所得额=75 000-60 000=15 000(元),累计应纳税额=15 000×3%=450(元),累计已纳税额为330,则本月应纳税额=450-330=120(元)。

33. B 【解析】(1)甲公司全年一次性奖金采用

不并入当年综合所得，单独计算纳税的方法；（2）计算步骤：找税率，36 000÷12＝3 000(元)，对应税率为3％。算税额，全年一次性奖金应纳税额＝36 000×3％＝1 080(元)。

34. C 【解析】（1）应纳税所得额＝30 000×(1－20％)＝24 000(元)，适用预扣率为30％，速算扣除数为2 000；（2）应纳税额＝24 000×30％－2 000＝5 200(元)。

35. C 【解析】稿酬所得以收入减除20％的费用后的余额的"70％"为应纳税所得额；应纳税额＝5 000×(1－20％)×70％×20％＝560(元)。

36. A 【解析】（1）属于"一次性"收入的，以取得该项收入为一次计算特许权使用费所得，本题应视为两次收入分别计算；（2）应纳税额＝(3 000－800)×20％＋4 500×(1－20％)×20％＝1 160(元)。

37. A 【解析】（1）工资薪金、劳务报酬、稿酬、特许权使用费为综合所得；（2）劳务报酬所得、稿酬所得、特许权使用费所得以收入减除20％的费用后的余额为收入额。稿酬所得的收入额减按70％计算；（3）全年综合所得收入额＝80 000＋40 000×(1－20％)＋60 000×(1－20％)×70％＋20 000×(1－20％)＝161 600(元)。

38. A 【解析】（1）工资薪金、劳务报酬、稿酬、特许权使用费为综合所得；（2）综合所得年终汇算清缴应当扣除60 000元生计费以及准予扣除的专项扣除、专项附加扣除和其他扣除；（3）全年应纳税所得额＝161 600－60 000－20 000－24 000＝57 600(元)；全年应纳税额＝57 600×10％－2 520＝3 240(元)；全年已预缴税额为23 000元；应退税额＝23 000－3 240＝19 760(元)。

39. C 【解析】非居民个人取得的工资、薪金所得不执行综合所得税制，按月计算缴纳个人所得税；取得的奖金应当与本月工资合并计算应纳个人所得税；除每月5 000元"生计费"外，无其他扣除项目。

40. C 【解析】（1）非居民个人取得的劳务报酬所得不执行综合所得税制，按次计算缴纳个人所得税；（2）应纳税所得额＝30 000×(1－20％)＝24 000(元)，适用税率为20％，速算扣除数为1 410；（2）应纳税额＝24 000×20％－1 410＝3 390(元)。

41. C 【解析】非居民个人取得的稿酬所得不执行综合所得税制，按次计算缴纳个人所得税；以收入减除20％的费用后的余额的"70％"为应纳税所得额。

42. A 【解析】属于"一次性"收入的，以取得该项收入为一次计算特许权使用费所得，本题应视为两次收入分别计算。

43. C 【解析】财产租赁所得，每次(月)收入不足4 000元的：应纳税额＝[每次(月)收入额－财产租赁过程中缴纳的税费－由纳税人负担的租赁财产实际开支的修缮费用(800元为限)－800]×20％。

44. A 【解析】对个人转让自用5年以上并且是家庭唯一生活用房取得的所得，免征个人所得税。

45. C 【解析】偶然所得以"每次收入额"为应纳税所得额，不扣减任何费用。

46. B 【解析】（1）偶然所得以收入全额为应纳税所得额；（2）捐赠额20 000(元)>应纳税所得额的30％＝60 000×30％＝18 000(元)，捐赠可扣除金额为18 000(元)；（3）应纳税额＝(60 000－18 000)×20％＝8 400(元)。

47. A 【解析】储蓄存款利息所得暂免征收个人所得税，股票转让所得暂不征收个人所得税。

二、多项选择题

1. ABCD

2. AC 【解析】选项B，在中国境内设立机构、场所且取得所得与所设机构、场所有实际联系的非居民企业，其企业所得税税率为25％；选项D，适用15％的优惠税率。

3. ABC 【解析】选项D，应当按扣除现金折扣前的金额确定销售商品收入金额，现金折扣在实际发生时作为财务费用扣除。

4. BCD 【解析】选项A，设有两个以上机构并实行统一核算的纳税人，将货物从一个机构移送至其他机构(同县除外)用于销售，在增值税上视同销售，但在企业所得税上，不视同销售；选项B，企业发生非货币性资产交换行为，视同销售；选项C，企业将货物用于捐赠；选项D，企业将自产货物用于偿债，视同销售。

5. BC 【解析】选项BC，记入"税金及附加"科目，在计算应纳税所得额时允许扣除；选项AD，在计算应纳税所得额时不得扣除。

6. AC 【解析】选项B，烟草企业的广告费不得扣除；选项D，为董事会成员支付的人身意外伤害保险，不得在税前扣除；选项A，不超过工资薪金总额14%的部分准予扣除；选项C，属于公益性捐赠，不超过年度会计利润12%的部分准予扣除。

7. ABC 【解析】选项D，不超过实发工资薪金总额5%的部分准予扣除，超过部分不得扣除。

8. ABC 【解析】选项A，三项经费中，只有职工教育经费准予结转以后纳税年度扣除；选项BC，广告费和业务宣传费准予结转以后纳税年度扣除。

9. ABD 【解析】选项C，企业发生的公益性捐赠支出，不超过年度利润总额12%的部分，准予在计算应纳税所得额时扣除。

10. AB 【解析】选项A，属于主营业务收入；选项B，属于其他业务收入；选项C，属于投资收益，选项D，属于营业外收入。销售（营业）收入包括主营业务收入、其他业务收入和视同销售收入，不包括投资收益和营业外收入。

11. BCD 【解析】选项A，化妆品生产与销售企业广告和业务宣传费不超过当年销售营业收入30%的部分，准予在计算应纳税所得额时扣除；选项BC，白酒制造企业不属于饮料制造企业，广告和业务宣传费不超过当年销售营业收入15%的部分，准予在计算应纳税所得额时扣除；选项D，烟草企业的烟草广告费不得在计算应纳税所得额时扣除。

12. ABD 【解析】选项C，扣除限额为5%。

13. ACD 【解析】选项B，企业以经营租赁方式租入固定资产发生的租赁费支出，按照租赁期限均匀扣除。

14. AC 【解析】选项AC，属于企业承担的民事责任赔偿，准予在税前扣除；选项B，税收滞纳金不得在税前扣除；选项D，属于企业承担的行政处罚中的财产罚款不得在税前扣除。

15. ABCD

16. ABD 【解析】选项C，海水养殖、内陆养殖减半征收。

17. ACD 【解析】下列行业不适用税前加计扣除政策：烟草制造业；住宿和餐饮业；批发和零售业；房地产业；租赁和商务服务业；娱乐业；财政部和国家税务总局规定的其他行业。

18. AC 【解析】选项B，按税法规定正常计提折旧；选项D，可以在购入时一次性扣除。

19. ABC 【解析】选项D，汇算清缴的期限为自实际经营终止之日起60日内。

20. ABCD 【解析】选项A，因任职、受雇、履约等而在中国境内提供劳务取得的所得属于来源于中国境内的所得；选项B，转让中国境内的不动产等财产或者在中国境内转让其他财产取得的所得属于来源于中国境内的所得；选项C，许可各种特许权在中国境内使用而取得的所得属于来源于中国境内的所得；选项D，从中国境内企事业单位和其他经济组织或者居民个人取得的利息、股息、红利所得属于来源于中国境内的所得。

21. BC 【解析】综合所得包括工资薪金所得、劳务报酬所得、稿酬所得和特许权使用费所得。

22. BD 【解析】选项AC，子女"教育"支出、住房贷款"利息"支出，在计算个人综合所得应纳个人所得税额时准予作为专项附加扣除。

23. BC 【解析】选项A，需扣除一定标准的公务费用；选项D，按"工资、薪金所得"项目征收个人所得税。

24. BCD 【解析】选项A，企业为职工支付各项免税之外的保险金，应并入员工当期工资收入，按"工资、薪金所得"项目征收个人所得税。

25. AC 【解析】选项B，经营所得按年计征；选项D，不属于经营所得，按有关规定计征个人所得税。

26. AB 【解析】选项A，适用五级超额累进税率；选项B，适用七级超额累进税率；选项CD，适用20%的比例税率。

27. BD 【解析】选项AC，按照"特许权使用费所得"税目征收个人所得税。

28. ABD 【解析】选项C，按"经营所得"税目缴纳个人所得税。

29. ACD 【解析】选项B，按照"财产转让所得"税目缴纳个人所得税。

30. ABD 【解析】选项C，个人转让上市公司股票取得的所得暂免征收个人所得税。

31. ABCD 【解析】个人发生"非货币性资产交换"（选项D），以及将财产用于"捐赠（选项A）、偿债（选项C）、赞助、投资（选项B）"等用途的，应当视同转让财产并缴纳个人所得税，但国务院财政、税务主管部门另有规定的除外。

32. CD 【解析】选项A，不征收个人所得税；选项B，暂缓征收个人所得税。

33. BCD 【解析】选项A，按月计征个人所得税。

34. AC 【解析】选项A，个人持有"上市公司限售股"，解禁前取得的股息红利，减按50%计入应纳税所得额；选项B，个人持有上市公司股票，超过1年的，取得的股息红利免征个人所得税；选项C，个人持有上市公司股票，超过1个月未超过1年的，取得的股息红利，减按50%计入应纳税所得额；选项D，个人持有上市公司股票，未超过1个月的，取得的股息红利全额计税。

35. ABCD

36. ACD 【解析】选项A，外国组织、国际组织颁发的文化方面的奖金免征个人所得税；选项B，个人取得单张有奖发票奖金所得"不超过800元"的，暂免征收个人所得税；超过800元的，全额征收个人所得税。

37. BCD 【解析】选项A，外籍个人以"非现金"形式或"实报实销"的住房补贴暂免征收个人所得税。

38. ABCD

39. AD 【解析】选项A，非居民个人取得工资、薪金所得，由扣缴义务人按月代扣代缴税款，不办理汇算清缴；选项D，扣缴义务人未扣缴税款的纳税人应当在取得所得的次年6月30日前，缴纳税款。

三、判断题

1. × 【解析】居民企业应当就其来源中国境内、境外的所得缴纳企业所得税。

2. × 【解析】根据属地原则，对来源于中国境内的所得，无论是否非居民企业，无论是否在中国境内设立机构、场所，无论与所设立的机构、场所是否有联系，均应当向我国缴纳企业所得税。

3. × 【解析】利息收入按照合同约定的债务人应付利息的日期确认收入的实现。

4. √

5. √

6. √

7. × 【解析】非金融企业向非金融企业借款的利息支出不超过金融企业同期同类贷款利率部分准予扣除。

8. √

9. × 【解析】题目所述所得，暂免征收企业所得税。

10. × 【解析】在中国境内设立机构、场所的非居民企业，取得的所得与其所设机构、场所"没有"实际联系的所得，以扣缴义务人所在地为纳税地点。

11. √

12. √ 【解析】合伙企业以每一个合伙人为个人所得税纳税义务人。

13. √

14. × 【解析】上述情形按"工资薪金所得"缴纳个人所得税。

15. × 【解析】专项扣除、专项附加扣除和依法确定的其他扣除，以居民个人一个纳税年度的应纳税所得额为限额。一个纳税年度扣除不完的，"不结转"以后年度扣除。

16. × 【解析】题目所述情形，该投资者按照"经营所得"项目缴纳个人所得税。

17. × 【解析】（1）非任职受雇所得，应按照"劳务报酬所得"缴纳个人所得税；（2）属于同一事项连续取得收入的，以"1个月"内取得的收入为一次。

18. × 【解析】题目所述所得，应按照"财产转让所得"缴纳个人所得税。

19. √

20. × 【解析】当事人双方签订并执行解除原股权转让合同，退回股权的协议，是另一次股权转让行为，对前次转让行为征收的个人所得税税款不予退还。

21. × 【解析】题目所述情形,不征收个人所得税。

22. √ 【解析】个人以"非货币性资产"投资,属于转让和投资同时发生,对转让所得应按"财产转让所得"征税。

23. × 【解析】个人转让房屋的个人所得税应税收入不含增值税,其取得房屋时所支付价款中包含的增值税"计入财产原值",计算转让所得时可扣除的税费不包括本次转让缴纳的增值税。

24. × 【解析】企业向个人销售商品和提供服务的同时给予"赠品",不征收个人所得税。

25. × 【解析】持有上市公司股票超过1个月但不满1年的,取得的股息减按50%计入应纳税所得额。

26. × 【解析】房屋产权所有权人将房屋产权无偿赠与近亲属,对当事双方不征收个人所得税。

四、不定项选择题

【资料一】

1. ABCD 【解析】选项AD,属于投资收益,因持有期间只有9个月,不属于免税收入;选项B,会计上应冲减财务费用,企业所得税中属于利息收入;选项C,属于投资收益,亦属于免税收入。应税收入、不征税收入和免税收入均应当计入收入总额。

2. C 【解析】业务招待费发生额的60% = 200×60% = 120(万元)>税法规定的扣除限额 = 6 000×5‰ = 30(万元),业务招待费可以扣除30万元。

3. C 【解析】广告费和业务宣传费本年发生额及上年结转额合计 = 800+150 = 950(万元)>税法规定的扣除限额 = 6 000×15% = 900(万元),广告费和业务宣传费可以扣除900万元。

4. A 【解析】居民企业直接投资于其他居民企业取得的股息、红利等权益性投资收益,免征企业所得税;不包括连续持有居民企业公开发行并上市流通的股票不足12个月取得的投资收益,业务(2)的转让股票收入与股息红利所得需要计征企业所得税,业务(3)需要纳税调减,业务(5)实际发生的业务招待费超扣除限额部分需要纳税调增;业务(6)当年扣除的广告费和业务宣传费支出为800万元,实际允许扣除的广告费和业务宣传费支出为900万元,需要纳税调减。

【资料二】

1. ABCD 【解析】选项A,属于投资收益;选项B,属于投资收益,亦是企业所得税的免税收入;选项C,属于营业外收入,其中符合法定条件的部分属于企业所得税的免税收入;选项D,属于主营业务收入。应税收入、不征税收入和免税收入均应当计入收入总额。

2. B 【解析】在一个纳税年度内,居民企业技术转让所得不超过500万元的部分,免征企业所得税,超过500万元的部分,减半征收企业所得税。技术转让所得 = 700 − 100 = 600(万元),应调减应纳税所得额 = 500 + (600−500)×50% = 550(万元)。

3. D 【解析】选项A,民事责任的违约金可据实扣除,不需纳税调整;选项B,直接捐赠不属于公益性捐赠,税前不得扣除,全额纳税调增;选项C,应税收入不需纳税调整,选项D,免税收入,应全额纳税调减。

4. D 【解析】广告费和业务宣传费扣除限额 = 销售(营业)收入×15% = 8 000×15% = 1 200(万元);实际发生额1 500万元大于扣除额1 200万元,故准予扣除的广告费和业务宣传费支出为1 200万元。

【资料三】

1. ABC 【解析】选项A,属于主营业务收入,应计入收入总额;选项B,属于特许权使用费所得,应计入收入总额;选项C,属于营业外收入,应计入收入总额;选项D,收到投资款属于实收资本,不属于企业收入,不应计入收入总额。

2. A 【解析】(1)非金融企业向金融企业借款的利息支出可据实扣除;(2)非金融企业向非金融企业借款的利息支出,不超过按照金融企业同期同类贷款利率计算的数额的部分可据实扣除,超过部分不许扣除。

3. BD 【解析】选项A,企业参加财产保险,按照规定缴纳的保险费,准予扣除;选项B,未经核定的准备金支出不得扣除;选项C,会议费允许扣除;选项D,非广告性质的赞助支出不允许扣除。

4. A 【解析】直接捐赠不允许扣除,公益性捐

赠的限额 = 750×12% = 90(万元)，实际用于公益事业的捐赠支出 80 万元，允许扣除的捐赠支出为 80 万元。

【资料四】
1. ABD　【解析】选项 AB，用于个人和家庭的支出，不得税前扣除；选项 CD，个体工商户实际支付给从业人员的、合理的工资薪金支出，准予扣除，个体工商户业主的工资薪金支出不得税前扣除。
2. B　【解析】取得经营所得的个人，没有综合所得的，计算其每一纳税年度的应纳税所得额时，应当减除费用 6 万元、专项扣除、专项附加扣除以及依法确定的其他扣除。应纳税所得额 = 1 000 000 − (350 000 − 120 000 张某本人工资) − 60 000 生计费 − 27 000 专项扣除 − 1 000×12 子女教育专项附加扣除 = 671 000(元)。
3. C　【解析】个人从公开发行和转让市场取得的上市公司股票，持股期限在 1 个月以上至 1 年(含 1 年)的，暂减按 50% 计入应纳税所得额。利息、股息、红利所得没有费用扣除，应纳税额 = 每次收入额×适用税率 = 35 000×50%×20% = 3 500(元)。
4. B　【解析】转让住房按照财产转让所得计征个人所得税，财产转让所得应按照一次转让财产的收入额减除财产原值和合理费用后的余额计算纳税。应纳税额 = (收入总额 − 财产原值 − 合理费用)×20% = (800 000 − 500 000 − 53 000)×20% = 49 400(元)。

【资料五】
1. B　【解析】劳务报酬所得预扣预缴时，每次收入不超过 4 000 元的，减除费用按 800 元计算；应预扣预缴税额 = (每次收入 − 800)×预扣率。
2. D　【解析】劳务报酬所得以收入减除 20% 的费用后的余额为收入额计入综合所得计税；综合所得应纳税额 = (每一纳税年度的收入额 − 费用 6 万元 − 专项扣除 − 专项附加扣除 − 依法确定的其他扣除)×适用税率 − 速算扣除数 = [150 000 + 3 000×(1 − 20%) − 60 000 − 33 750 专项扣除 − 12×1 000 子女教育专项附加扣除×50%]×10% − 2 520 = 2 745(元)。
3. D　【解析】选择不并入当年综合所得，应纳税额 = 全年一次性奖金收入×适用税率 − 速算扣除数；确定税率和速算扣除数时应以全年一次性奖金收入÷12 个月得到的数额，查找月度税率表确定，51 000÷12 = 4 250(元)，适用税率为 10%，速算扣除数为 210。
4. ABCD　【解析】选项 A，个人持有从公开发行和转让市场取得的上市公司股票而取得的股息红利持股期限大于 1 年的，免征个人所得税；选项 B，房屋产权所有人死亡，依法取得房屋产权的法定继承人、遗嘱继承人或者受遗赠人，对当事人双方不征收个人所得税；选项 C，企业在向个人销售商品(产品)和提供服务的同时给予赠品，不征收个人所得税；选项 D，国债利息收入免征个人所得税。

【资料六】
1. B　【解析】居民个人工资薪金所得应当按照累计预扣法计算预扣税款，累计预扣预缴应纳税所得额 = 累计收入 − 累计免税收入 − 累计减除费用 − 累计专项扣除 − 累计专项附加扣除 − 累计依法确定的其他扣除 = 16 000×10 − 5 000×10 − 2 700×10 − 1 000×10 − 1 000×10 − 2 000×10 = 43 000(元)；本期应预扣预缴税额 = (累计预扣预缴应纳税所得额×预扣率 − 速算扣除数) − 累计减免税额 − 累计已预扣预缴税额 = 43 000×10% − 2 520 − 1 350 = 430(元)。
2. ABC　【解析】综合所得包括工资薪金所得(选项 A)、劳务报酬所得(选项 B)、稿酬所得(选项 C)、特许权使用费所得。选项 D，属于财产转让所得。
3. D　【解析】居民个人取得稿酬所得，预缴税款时，每次收入不超过 4 000 元的，减除费用按 800 元计算，且稿酬所得减按 70% 计入应纳税所得额；应纳税额 = (3 000 − 800)×70%×20% = 308(元)。
4. D　【解析】居民个人取得劳务报酬所得，预缴税款时，每次收入不超过 4 000 元的，减除费用按 800 元计算。应纳税额 = (4 000 − 800)×20% = 640(元)。

第七绝 "花"——其他税收法律制度

深闺花舞

佳人"八绝"以"花"迷目。正所谓"邀来春色满园秀，撷取清风一地香"。一如本章，作为小税种的集合，给人以"群芳共舞，百花争艳"之感。在诸多小税种群策群力之下，本章在考试中所占分值也达到了13%。

初学本章，尤感"乱花渐欲迷人眼"，易懂难记，为便于考生分类识别，本书将分"房地产相关税种"、"车辆、船舶与环境相关税种"和"与增值税联系较为密切的税种"三部分加以介绍。

2021年考试变化

(1) 契税根据2020年8月11日通过的《契税法》重新编写。

『注意』该法自2021年9月1日起正式施行。

(2) 资源税根据2020年9月1日起施行的《资源税法》重新编写。

(3) 城市维护建设税根据2020年8月11日通过的《城市维护建设税法》重新编写。

『注意』该法自2021年9月1日起正式施行。

人生初见

第一部分 房地产相关税种

考验一 房产税(★★★)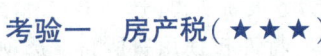

扫我解疑难

(一) 房产税的特征

1. 属于财产税，以房产为征税对象
2. 以房产的计税价值或房产租金收入为计税依据
3. 以房产所有人为纳税人

(二) 房产税的纳税人（见表7-1）

表7-1 房产税的纳税人

具体情形	纳税人
产权属于国家所有	经营管理单位
产权属于集体和个人所有	集体单位和个人

续表

具体情形	纳税人
产权出典	承典人
产权所有人、承典人均不在房产所在地	房产代管人或者使用人
产权未确定、租典纠纷未解决	
居民住宅区内业主共有的经营性房产	
产权出租	出租人 『注意』纳税人"无租使用"房管理部门、免税单位及其他纳税单位的房产，由"使用人代缴"房产税

【例题1·判断题】产权未确定以及租典纠纷未解决的，暂不征收房产税。（　）

解析 产权未确定以及租典纠纷未解决的，房产代管人或者使用人为纳税人，需要缴纳房产税。

答案 ×

【例题2·单选题】关于房产税纳税人的下列表述中，不符合法律制度规定的是（ ）。

A. 房屋出租的，承租人为纳税人

B. 房屋产权所有人不在房产所在地的，房产代管人为纳税人

C. 房屋产权属于国家的，其经营管理单位为纳税人

D. 房屋产权未确定的，房产代管人为纳税人

解析 选项A，房屋产权所有人（出租人）为纳税人。

答案 A

（三）房产税的征税范围

1. 属于

房产税的征税范围为城市、县城、建制镇和工矿区的房屋，"不包括农村"。

2. 不属于

独立于房屋之外的建筑物，如围墙、烟囱、水塔、菜窖、室外游泳池等不属于房产税的征税范围。

『注意』房地产开发企业建造的商品房，在出售前，不征收房产税，但对出售前房地产开发企业已使用或出租、出借的商品房应按规定征收房产税。

【例题3·单选题】根据房产税法律制度的规定，下列各项中，不属于房产税征税范围的是（ ）。

A. 建制镇工业企业的厂房

B. 农村的村民住宅

C. 市区商场的地下车库

D. 县城商业企业的办公楼

解析 房产税的征税范围为城市、县城、建制镇和工矿区的房屋（不包括农村）。

答案 B

【例题4·判断题】房地产开发企业建造的商品房，出售前已使用或出租、出借的，不缴纳房产税。（ ）

解析 房地产开发企业建造的商品房，在出售之前不征收房产税；但对出售前房地产开发企业已经使用、出租、出借的商品房应当征收房产税。

答案 ×

（四）房产税应纳税额的计算

1. 计税规则（见表7-2）。

表7-2 房产税计税规则

计税方法	计税依据	税率	税额计算公式
从价计征	房产**余值**	1.2%	全年应纳税额＝应税房产原值×(1－扣除比例)×1.2%
从租计征	房产**租金**	12%	全年应纳税额＝(不含增值税)租金收入×12%
税收优惠	个人出租住房（不区分出租后用途）		减按"4%"的税率
	单位按"市场价格"向"个人"出租用于"居住"的住房		

『注意1』扣除比例为10%~30%，由省级人民政府确定。（无须记忆）

『注意2』计税租金为不含增值税的租金收入，既包括货币收入，也包括实物收入。

『注意3』居民住宅区内业主共有的经营性房产，自营且没有房产原值或不能将业主共有房产与其他房产的原值准确划分开的，由房产所在地税务机关参照同类房产核定房产原值。

2. 关于房产原值

（1）房产原值，是指纳税人按照会计制度规定，在账簿固定资产科目中记载的房屋原价（不减除折旧）。

（2）凡以房屋为载体，不可随意移动的附属设备和配套设施，如给排水、采暖、消防、中央空调、电气及智能化楼宇设备等，无论在会计核算中是否单独记账与核算，都应计入房产原值，计征房产税。

（3）纳税人对原有房屋进行改建、扩建的，要相应增加房屋的原值。

3. 关于投资联营

（1）对以房产投资联营，投资者参与投资利润分红、共担风险的，按房产余值作为计税依据计缴房产税。

（2）对以房产投资收取固定收入，不承担联营风险的，实际上是以联营名义取得房产租金，应以出租方取得的租金收入为计税依据计缴房产税。

4. 关于融资租赁

对于融资租赁的房屋，由"承租人"以"房产余值"计征房产税。

『注意』应纳税额计算与税收优惠经常结合考核，此外还需注意同一所房屋"前半年自用，后半年出租"的情况(见图 7-1)。

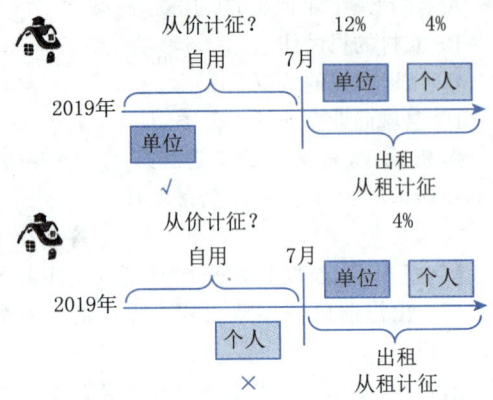

图 7-1　同一所房屋"前半年自用，后半年出租"纳税情况

【例题 5·单选题】 2020 年甲公司的房产原值为 1 000 万元，已提折旧 400 万元。已知从价计征房产税税率为 1.2%，当地规定的房产税扣除比例为 30%。甲公司当年应缴纳房产税税额的下列算式中，正确的是(　　)。

A. (1 000−400)×(1−30%)×1.2% = 5.04(万元)

B. (1 000−400)×1.2% = 7.2(万元)

C. 1 000×(1−30%)×1.2% = 8.4(万元)

D. 1 000×1.2% = 12(万元)

解析▶从价计征房产税的，以房产"原值"一次减除 10%~30% 后的"余值"为计税依据，不扣除折旧。　　答案▶C

【例题 6·单选题】 甲企业厂房原值 2 000 万元，2019 年 11 月对该厂房进行扩建，2019 年底扩建完工并办理验收手续，增加房产原值 500 万元，已知房产税的原值扣除比例为 30%，房产税比例税率为 1.2%，计算甲企业 2020 年应缴纳房产税税额的下列算式中，正确的是(　　)。

A. 2 000×(1−30%)×1.2% + 500×1.2% = 22.8(万元)

B. (2 000+500)×(1−30%)×1.2% = 21(万元)

C. 2 000×1.2% + 500×(1−30%)×1.2% = 28.2(万元)

D. 2 000×(1−30%)×1.2% = 16.8(万元)

解析▶纳税人对原有房屋进行改建、扩建的，要相应增加房屋的原值。　　答案▶B

【例题 7·单选题】 2020 年甲公司将一幢办公楼出租，取得含增值税租金 92.43 万元。已知增值税征收率为 5%。房产税从价计征的税率为 12%，下列关于甲公司 2020 年出租办公楼应缴纳房产税税额的计算中，正确的是(　　)。

A. 92.43÷(1+5%)×12% = 10.56(万元)

B. 92.43÷(1+5%)÷(1−12%)×12% = 12(万元)

C. 92.43÷(1−12%)×12% = 12.6(万元)

D. 92.43×12% = 11.09(万元)

解析▶房产出租的，计征房产税的租金收入不含增值税。　　答案▶A

【例题 8·单选题】 甲企业 2020 年年初拥有一栋房产，房产原值 1 000 万元，3 月 31 日将其对外出租，租期 1 年，每月收取不含税租金 1 万元。已知房产税税率从价计征的为 1.2%，从租计征的为 12%，当地省政府规定计算房产余值的减除比例为 30%。2020 年甲企业上述房产应缴纳房产税税额的下列计算中，正确的是(　　)。

A. 9×12% = 1.08(万元)

B. 1 000×(1−30%)×1.2%÷12×3 + 1×9×12% = 3.18(万元)

C. 1 000×(1−30%)×1.2%÷12×4 + 1×8×12% = 3.76(万元)

D. 1 000×(1−30%)×1.2% = 8.4(万元)

解析▶(1)甲企业经营用房产于 3 月 31 日对外出租，则 2020 年 1、2、3 月应从价计征房产税，房产税按年计算，则从价计征的房产税 = 1 000×(1−30%)×1.2%÷12×3 = 2.1(万元)；(2)该房产于 2020 年收取 9 个月的不含增值税的租金共计 9 万元，则从租计征的房产税 = 9×12% = 1.08(万元)；(3)2020 年甲企业上述房产应缴纳房产税税额 = 2.1 + 1.08 = 3.18(万元)。　　答案▶B

【例题 9·单选题】 张某 2020 年年初拥有一栋自有住房，房产原值 200 万元，3 月 31 日将其对外出租，租期 1 年，每月按照市场价格收取不含税租金 1 万元。已知房产税税率从价计征的为 1.2%，个人出租住房从租计征的为 4%，当地省政府规定计算房产余值的减除比例为 30%。2020 年张某上述房产应缴纳房产税税额的下列计算中，正确的是（ ）。

A. 1×9×4% = 0.36（万元）
B. 200×（1-30%）×1.2%÷12×3+1×9×4% = 0.78（万元）
C. 200×（1-30%）×1.2%÷12×4+1×8×4% = 0.88（万元）
D. 200×（1-30%）×1.2% = 1.68（万元）

解析 （1）个人自有居住用房产免征房产税；（2）该房产于2020年收取9个月的不含税租金共计9万元，则从租计征的房产税 = 9×4% = 0.36（万元）。 **答案** A

【例题10·多选题】下列与房屋不可分割的附属设备中，应计入房产原值计缴房产税的有（ ）。

A. 给排水管道　　B. 电梯
C. 暖气设备　　　D. 中央空调

答案 ABCD

【例题11·判断题】对以房产投资联营、投资者参与利润分红、共担风险的，以房产余值作为计税依据计缴房产税。（ ）

答案 √

（五）房产税的税收优惠（见表7-3）

表7-3 房产税的税收优惠

房产类别	税收优惠	
非经营性房产	（1）国家机关、人民团体、军队"自用"的房产； 『注意』军队空余房产租赁收入暂免征收房产税 （2）由国家财政部门拨付事业经费的单位所有的"本身业务范围"内使用的房产； （3）宗教寺庙、公园、名胜古迹"自用"的房产； （4）个人所有"非营业用"的房产； （5）租金偏低的公房出租； （6）公共租赁住房； （7）高校学生公寓； （8）非营利性医疗机构自用的房产； （9）老年服务机构自用房产 『注意』上述单位的"出租房产""非自身业务使用的生产、营业用房"不属于免税范围	免征
临时房及停用房	（10）危房、毁损不堪居住房屋停用后； （11）大修理连续停用半年以上停用期间； （12）基建工地临时房屋施工期间	
全民健身	（13）"企业"拥有并运营管理的大型体育场馆，其用于体育活动的房产	减半
	（14）其他用于体育活动的房产 『注意』（13）（14）用于体育活动的天数不得低于全年自然天数的70%	免征
鼓励	（15）农产品批发市场、农贸市场专门用于经营农产品的房产、土地 『注意1』市场如同时经营其他产品的，按其他产品与农产品交易场地面积的比例确定征免部分； 『注意2』市场行政办公区、生活区，以及商业餐饮娱乐等非直接为农产品交易提供服务的房产、土地，应按规定征收 （16）国家级、省级科技企业孵化器、大学科技园和国家备案众创空间自用以及无偿或通过出租等方式提供给在孵对象使用的房产、土地	免征

【例题12·单选题】根据房产税法律制度的规定，下列房产中，不属于房产税免税项目的是（ ）。

A. 个人出租的住房
B. 军队自用的房产
C. 高校学生公寓
D. 宗教寺庙自用的房产

解析 选项A，个人出租住房，不区分用途，按4%的税率征收房产税。 **答案** A

（六）房产税的征收管理

1. 纳税义务发生时间

(1)纳税人将原有房产用于生产经营,从生产经营"之月"起,缴纳房产税。

(2)纳税人自行新建房屋用于生产经营,从建成之次月起,缴纳房产税。

(3)纳税人委托施工企业建设的房屋,从办理验收手续之次月起,缴纳房产税。

(4)纳税人购置新建商品房,自房屋交付使用之次月起,缴纳房产税。

(5)纳税人购置存量房,自办理房屋权属转移、变更登记手续,房地产权属登记机关签发房屋权属证书之次月起,缴纳房产税。

(6)纳税人出租、出借房产,自交付出租、出借本企业房产之次月起,缴纳房产税。

(7)房地产开发企业自用、出租、出借本企业建造的商品房,自房屋使用或交付之次月起,缴纳房产税。

(8)融资租赁的房产,由承租人自融资租赁合同约定开始日的次月起缴纳房产税;合同未约定开始日的,由承租人自合同签订的次月起缴纳房产税。

(9)纳税人因房产的实物或权利状态发生变化而依法终止房产税纳税义务的,其应纳税款的计算应截止到房产的实物或权利状态发生变化的当月末。

2. 纳税期限

按"年"计算、分期缴纳。

3. 纳税地点

(1)房产税在房产所在地缴纳。

(2)房产不在同一地方的纳税人,应按房产的坐落地点分别向房产所在地的税务机关申报纳税。

【例题13·多选题】根据规定,下列各项中,不符合房产税纳税义务发生时间规定的有( )。

A. 纳税人将原有房产用于生产经营,从生产经营之次月起,缴纳房产税

B. 纳税人自行新建房屋用于生产经营,从建成之次月起,缴纳房产税

C. 纳税人委托施工企业建设的房屋,从办理验收手续之月起,缴纳房产税

D. 纳税人购置新建商品房,自房屋交付使用之次月起,缴纳房产税

解析 选项A,纳税人将原有房产用于生产经营,从生产经营之月起,缴纳房产税;选项C,纳税人委托施工企业建设的房屋,从办理验收手续之次月起,缴纳房产税。 答案 AC

【例题14·判断题】甲公司委托施工企业建设一栋办公楼,从该办公楼建成之次月起缴纳房产税。( )

解析 纳税人委托施工企业建设的房屋,从办理验收手续之次月起,缴纳房产税。

答案 ×

考验二 城镇土地使用税(★★)

(一)城镇土地使用税的概念

城镇土地使用税是国家在"城市、县城、建制镇和工矿区"范围内,对使用土地的单位和个人,以其实际占用的土地面积为计税依据,按照规定的税额计算征收的一种税。

(二)城镇土地使用税的纳税人

1. 城镇土地使用税由"拥有"土地使用权的单位或个人缴纳

2. 拥有土地使用权的纳税人不在土地所在地的,由"代管人或实际使用人"缴纳

3. 土地使用权未确定或权属纠纷未解决的,由"实际使用人"纳税

4. 土地使用权"共有"的,"共有各方"均为纳税人,以共有各方实际使用土地的面积占总面积的比例,分别计算缴纳城镇土地使用税

【理解】受益人纳税原则,谁使用,谁受益,谁纳税。

『注意』用于租赁的房屋,由"出租方"缴纳房产税、城镇土地使用税。

【例题1·多选题】下列关于城镇土地使用税纳税人的表述中,正确的有( )。

A. 城镇土地使用税由拥有土地使用权的单位和个人缴纳

B. 土地使用权共有的,共有各方均为纳税人,由共有各方分别纳税

C. 土地使用权未确定或权属纠纷未解决的,由实际使用人纳税

D. 拥有土地使用权的纳税人不在土地所在地的,由代管人或实际使用人纳税

答案 ABCD

(三)城镇土地使用税的征税范围

凡在城市、县城、建制镇、工矿区范围内的土地，不区分国家所有，还是集体所有。

『注意』不包括农村集体所有的土地。

【例题2·多选题】下列各项中属于城镇土地使用税的征收范围的有( )。

A. 集体所有的建制镇土地
B. 集体所有的城市土地
C. 集体所有的农村土地
D. 国家所有的工矿区土地

解析 ▶ 凡在城市、县城、建制镇、工矿区范围内(不包括农村)的土地，不论是属于国家所有的土地，还是集体所有的土地，都属于城镇土地使用税的征税范围。

答案 ▶ ABD

(四)城镇土地使用税的税率

采用幅度差别定额税率。

(五)城镇土地使用税的计税依据

纳税人"实际占用"的土地面积。

(1)凡由省级人民政府确定的单位组织测定土地面积的，以"测定"的土地面积为准。

(2)尚未组织测定，但纳税人持有政府部门核发的土地使用权证书的，以"证书确定"的土地面积为准。

(3)尚未核发土地使用权证书的，应当由纳税人"据实申报"土地面积，待核发土地使用权证书后再作调整。

【例题3·多选题】根据城镇土地使用税法律制度的规定，下列各项中，可以作为城镇土地使用税计税依据的有( )。

A. 省政府确定的单位测定的面积
B. 土地使用权证书确定的面积
C. 由纳税人申报的面积为准，核发土地使用权证书后再作调整
D. 税务部门规定的面积

答案 ▶ ABC

【例题4·单选题】甲房地产开发企业开发一住宅项目，实际占地面积12 000平方米，建筑面积24 000平方米，容积率为2，甲房地产开发企业缴纳的城镇土地使用税的计税依据为( )平方米。

A. 18 000
B. 24 000
C. 36 000
D. 12 000

解析 ▶ 城镇土地使用税的计税依据是实际占用的土地面积。

答案 ▶ D

(六)城镇土地使用税的应纳税额计算

1. 适用税额

城镇土地使用税执行"从量"计征(税率表略)。

2. 计税公式

"年"应纳税额=实际占用应税土地面积(平方米)×适用税额

『注意』与税收优惠的结合考核。

【例题5·单选题】甲公司2019年实际占地面积30 000平方米，其中位于市区的办公区占地27 000平方米、职工生活区占地2 000平方米，位于农村的仓库占地1 000平方米。已知城镇土地使用税适用税率每平方米年税额为5元。计算甲公司2019年度应缴纳城镇土地使用税税额的下列算式中，正确的是( )。

A. 27 000×5=135 000(元)
B. (27 000+1 000)×5=140 000(元)
C. (27 000+2 000)×5=145 000(元)
D. 30 000×5=150 000(元)

解析 ▶ 城镇土地使用税的征税范围包括在城市、县城、建制镇、工矿区范围内的土地，农村的土地不属于城镇土地使用税的征税范围。

答案 ▶ C

(七)城镇土地使用税的税收优惠(见表7-4)

表7-4 城镇土地使用税的税收优惠

记忆提示		优惠政策
非经营行为	免征	(1)国家机关、人民团体、军队自用的土地； (2)由国家财政部门拨付事业经费的单位自用的土地； (3)宗教寺庙、公园、名胜古迹自用的土地； 『注意』公园、名胜古迹内附设的营业单位占用的土地，如"索道公司经营用地"，应按规定缴纳城镇土地使用税 (4)市政街道、广场、绿化地带等公共用地； (5)老年服务机构的自用土地

续表

记忆提示		优惠政策
国家鼓励行为	免征	(1)直接用于农、林、牧、渔业的生产用地； (2)经批准开山填海整治的土地和改造的废弃土地，从使用的月份起免缴土地使用税5~10年； (3)农产品批发市场、农贸市场用地(同房产税)； (4)国家级、省级科技企业孵化器等用地(同房产税)
占用耕地		缴纳了耕地占用税的，从批准征用之日起"满1年后"征收城镇土地使用税
无偿使用	免征	免税单位无偿使用纳税单位的土地
	不免征	纳税单位无偿使用免税单位的土地
全民健身		体育用地(同房产税)
房地产开发	免征	经批准开发建设经济适用房的用地
	不免征	其他各类房地产开发用地
各行业免征规定	厂区内征	包括办公区、生活区、绿化带、机场跑道等 【注意】自2016年1月1日起，企业范围内的荒山、林地、湖泊等占地，全额征收城镇土地使用税
	厂区外免征	企业的铁路专用线、公路等用地：在厂区以外、与社会公用地段未加隔离的
		火电厂围墙外的灰场、输灰管、输油(气)管道、铁路专用线用地； 水电站除发电厂房、生产、办公、生活以外的用地； 供电部门的输电线路、变电站用地
		盐场的盐滩、盐矿的矿井用地
		林场的育林地、运材道、防火道、防火设施用地；森林公园、自然保护区用地
		水利设施及其管护用地：如水库库区、大坝、堤防、灌渠、泵站等用地
		港口：码头用地
		机场：飞行区用地、场内外通信导航设施用地、飞行区四周排水防洪设施用地、场外的道路用地
		石油行业：地质勘探、钻井、井下作业、油气田地面工程等施工临时用地；企业厂区以外的铁路专用线、公路及输油管道用地；油气长输管线用地；在城市、县城、建制镇以外工矿区内的消防、防洪排涝、防风、防沙设施用地

【例题6·单选题】根据城镇土地使用税法律制度的规定，下列城市用地中，不属于城镇土地使用税免税项目的是( )。

A. 市政街道公共用地
B. 国家机关自用的土地
C. 企业生活区用地
D. 公园自用的土地

解析 选项ABD，均属于非经营行为用地，免征城镇土地使用税。

答案 C

【例题7·单选题】甲公园位于市郊，2019年实际占用土地面积4 500 000平方米，其中索道公司经营用地30 000平方米。已知，城镇土地使用税适用税率每平方米年税额为5元。计算甲公园2019年度应缴纳城镇土地使用税税额的下列算式中，正确的是( )。

A. 30 000×5=150 000(元)

B. 4 500 000×5＝22 500 000(元)

C. (4 500 000＋30 000)×5＝22 650 000(元)

D. (4 500 000－30 000)×5＝22 350 000(元)

解析 公园自用土地免征城镇土地使用税,索道公司经营用地应按规定缴纳城镇土地使用税。

答案 A

【例题8·单选题】 2020年甲服装公司(位于某县城)实际占用面积30 000平方米,其中办公楼占地500平方米,厂房仓库占地面积22 000平方米,厂区内铁路专用线、公路等用地7 500平方米。已知当地规定的城镇土地使用税每平方米年税额为5元。甲服装公司当年应缴纳城镇土地使用税税额的下列计算中,正确的是( )。

A. 30 000×5＝150 000(元)

B. (30 000－7 500)×5＝112 500(元)

C. (30 000－500)×5＝147 500(元)

D. (30 000－22 000)×5＝40 000(元)

解析 企业的铁路专用线、公路等用地除另有规定外,在企业厂区以内的,应照章征收城镇土地使用税;在厂区以外、与社会公用地段未加隔离的,暂免征收城镇土地使用税。

答案 A

【例题9·判断题】 对公安部门无偿使用铁路、民航等单位的土地,免征城镇土地使用税。( )

解析 对免税单位无偿使用纳税单位的土地(如公安、海关等单位使用铁路、民航等单位的土地),免征城镇土地使用税。

答案 √

(八)城镇土地使用税的征收管理

1. 纳税义务发生时间

(1)纳税人购置新建商品房,为自房屋交付使用之次月起。

(2)纳税人购置存量房,为自办理房屋权属转移、变更登记手续,房地产权属登记机关签发房屋权属证书之次月起。

(3)纳税人出租、出借房产,为自交付出租、出借房产之次月起。

(4)以出让或转让方式有偿取得土地使用权的,为合同约定交付土地时间的次月起;合同未约定交付土地时间的,为合同签订的次月起。

(5)纳税人新征用的耕地,为自批准征用之日起满1年时。

(6)纳税人新征用的非耕地,为自批准征用次月起。

【总结】 一般情况自行为发生之"次月"起;新征用耕地的,为自批准征用之日起满1年时。

2. 征收方式及纳税地点——与房产税基本相同

【例题10·多选题】 下列关于城镇土地使用税纳税义务发生时间的表述中,正确的有( )。

A. 纳税人购置新建商品房,自房屋交付使用之次月起缴纳城镇土地使用税

B. 纳税人以出让方式有偿取得土地使用权的,应从合同约定交付土地时间的次月起缴纳城镇土地使用税

C. 纳税人新征用的耕地,自批准征用之日起满1年时缴纳城镇土地使用税

D. 纳税人新征用的非耕地,自批准征用次月起缴纳城镇土地使用税

答案 ABCD

考验三 耕地占用税(★★)

扫我解疑难

(一)耕地占用税的立法目的

合理利用土地资源,加强土地管理,保护耕地。

(二)耕地占用税的纳税人

在我国境内占用耕地建设建筑物、构筑物或者从事非农业建设的单位和个人,为耕地占用税的纳税人。

1. 何为耕地

用于种植农作物的土地(基本农田);占用园地、林地、草地、农田水利用地、养殖水面、渔业水域滩涂以及其他农用地(非基本农田)建设建筑物、构筑物或者从事非农业建设的,也应征收耕地占用税。

『注意』占用耕地建设"直接为农业生产服务"的生产设施的(农田水利设施),不征收耕地占用税。

2. 关于纳税人(见表7-5)。

表 7-5 耕地占用税纳税人

是否经批准		纳税人
经批准	农用地转用审批文件中标明建设用地人	建设用地人
	农用地转用审批文件中未标明建设用地人	用地申请人 『注意』用地申请人为各级人民政府的,由同级土地储备中心、自然资源主管部门或政府委托的其他部门、单位履行耕地占用税申报纳税义务
未经批准		实际用地人

【例题 1·单选题】根据耕地占用税法律制度的规定,下列情形中,不缴纳耕地占用税的是( )。
A. 占用渔业水域滩涂建设海上乐园的
B. 占用林地修建木材集材道的
C. 占用养殖水面建设城市公园的
D. 占用耕地建设经济技术开发区的

解析 ▶ 占用园地、林地、草地、农田水利用地、养殖水面、渔业水域滩涂以及其他农用地建设"直接为农业生产服务的生产设施"的,不缴纳耕地占用税。
答案 ▶ B

(三)耕地占用税的应纳税额计算
1. 计税依据
实际占用的耕地面积="经批准"占用的耕地面积+"未经批准"占用的耕地面积
2. 税率
实行定额税率(税率表略)。
3. 计税公式
应纳税额=实际占用耕地面积×适用税额
4. 应纳税额应当"一次性"缴纳

(四)耕地占用税的加征规定
1. 加征不超过 50%
人均耕地低于 0.5 亩的地区。
2. 加征 50%
占用"**基本农田**"。

(五)耕地占用税的税收优惠
1. 免征
军事设施、学校、幼儿园、社会福利机构、医疗机构。
『注意』学校内经营性场所、教职工住房和医院内职工住房不免征。
2. 减半征收
农村居民在规定用地标准以内占用耕地新建自用住宅,按照当地适用税额减半征收耕地占用税。

『注意 1』农村居民经批准搬迁,新建自用住宅占用耕地不超过原宅基地面积的部分,免征耕地占用税。

『注意 2』农村烈士家属、因公牺牲军人遗属、残疾军人以及符合农村最低生活保障条件的农村居民,在规定用地标准以内新建住宅,免征耕地占用税。

3. 部分减征
占用非基本农田,适用税额可以"适当低于"本地区占用耕地的适用税额,但降低的部分不得超过 50%。

【链接】非基本农田是指园地、林地、草地、农田水利用地、养殖水面,以及渔业水域滩涂以及其他农用地。

4. 减按 2 元/平方米的税额征收
铁路、公路、飞机场跑道和停机坪、港口、航道、水利工程。

5. 补税规定
按规定免征或减征耕地占用税后,纳税人改变原占地用途,不再属于免征或者减征耕地占用税情形的,应当按照当地适用税额补缴耕地占用税。

6. 纳税退还
(1)纳税人因"建设项目施工或者地质勘查"临时占用耕地,应当缴纳耕地占用税。纳税人在批准临时占用耕地"期满之日起 1 年内"依法复垦,恢复种植条件的,"全额退还"已经缴纳的耕地占用税。

(2)因"**挖损、采矿塌陷、压占、污染**"等损毁耕地属于税法所称的非农业建设,应依照税法规定缴纳耕地占用税;自自然资源、农业农村等相关部门认定损毁耕地之日起"**3 年内**"依法复垦或修复，恢复种植条件的，"**全额退还**"已经缴纳的耕地占用税。

【例题 2·单选题】2020 年 7 月甲公司开发住宅社区经批准共占用耕地 150 000 平方米，其中 800 平方米兴建幼儿园，5 000 平方米修建学校，已知耕地占用税适用税率为 30 元/平方米，甲公司应缴纳耕地占用税税额的下列算式中，正确的是（ ）。

  A. 150 000×30 = 4 500 000（元）
  B.（150 000-800-5 000）×30 = 4 326 000（元）
  C.（150 000-5 000）×30 = 4 350 000（元）
  D.（150 000-800）×30 = 4 476 000（元）

解析 ▶ 学校、幼儿园占用耕地，免征耕地占用税。
答案 ▶ B

【例题 3·多选题】下列各项中，免征耕地占用税的有（ ）。

  A. 公立学校教学楼占用耕地
  B. 厂区内机动车道占用耕地
  C. 军事设施占用耕地
  D. 医院内职工住房占用耕地

解析 ▶ 免征耕地占用税的项目包括：军事设施、学校、幼儿园、社会福利机构和医疗机构占用耕地。注意医院内职工住房占用耕地的，应缴纳耕地占用税。
答案 ▶ AC

（六）耕地占用税的纳税义务发生时间及纳税期限

1. 纳税义务发生时间

纳税人收到自然资源主管部门办理占用耕地手续的书面通知的当日。

2. 纳税期限

纳税人应当自纳税义务发生之日起 30 日内申报缴纳耕地占用税。

【例题 4·单选题】甲企业 2020 年 2 月经批准新占用一块耕地建造办公楼，另占用一块非耕地建造企业仓库。下列关于甲企业城镇土地使用税和耕地占用税的有关处理，说法正确的是（ ）。

  A. 甲企业建造办公楼占地，应征收耕地占用税，并自批准征用之次月起征收城镇土地使用税
  B. 甲企业建造办公楼占地，应征收耕地占用税，并自批准征用之日起满一年后征收城镇土地使用税
  C. 甲企业建造仓库占地，不征收耕地占用税，应自批准征用之月起征收城镇土地使用税
  D. 甲企业建造仓库占地，不征收耕地占用税，应自批准征用之日起满一年时征收城镇土地使用税

解析 ▶ 为避免对一块土地同时征收耕地占用税和城镇土地使用税，凡是缴纳了耕地占用税的，从批准征用之日起满 1 年后征收城镇土地使用税；征用非耕地因不需要缴纳耕地占用税，应从批准征用之次月起征收城镇土地使用税。
答案 ▶ B

考验四 契税（★★★）（2021 年调整）

扫我解疑难

（一）契税的特征

1. 属于财产转移税，在我国境内转移土地、房屋权属时征收
2. 以当事人双方签订的合同（契约）中所确定的价格为计税依据
3. 以"权属承受的单位和个人"为纳税人

（二）征税范围

1. 属于征税范围的
（1）土地使用权出让；
（2）土地使用权转让（包括出售、赠与、互换）；
（3）房屋买卖、赠与、互换。

『注意』以作价投资（入股）、偿还债务、划转、奖励等方式转移土地、房屋权属的，应当征收契税。

2. 不属于征税范围的
（1）土地使用权的转让不包括"土地承包经营权和土地经营权"的转移；
（2）土地、房屋权属的典当、出租、抵押，不属于契税的征税范围。

『老侯提示』与土地增值税区别，关键在于纳税人的不同。

【例题 1·单选题】根据契税法律制度的规定，下列各项中，属于契税纳税人的是（ ）。

  A. 抵押商铺的李某
  B. 转让土地使用权的乙公司
  C. 出租住房的王某
  D. 受让土地使用权的甲公司

解析 选项AC，土地、房屋典当、分拆（分割）、抵押以及出租等行为，不属于契税的征税范围；选项B，"受让方"为契税纳税人。

答案 D

【例题2·多选题】下列各项中，属于契税征税范围的有( )。
A. 土地承包经营权转移
B. 土地使用权赠与
C. 土地使用权出让
D. 房屋互换

解析 选项A，不属于契税的征收范围。

答案 BCD

(三)契税的应纳税额
1. 税率
3%~5%的幅度比例税率。
2. 计税依据
(1)土地使用权出让、出售，房屋买卖，为土地、房屋权属转移合同确定的"成交价格"，包括应交付的货币以及实物、其他经济利益对应的价款。
(2)土地使用权赠与、房屋赠与以及其他没有价格的转移土地、房屋权属行为，为税务机关参照土地使用权出售、房屋买卖的市场价格依法"核定的价格"。
(3)土地使用权互换、房屋互换，为所互换的土地使用权、房屋价格的差额。

『注意1』 互换价格不相等的，由"多交付货币"的一方缴纳契税；互换价格相等的，免征契税。

『老侯提示』 "互换"行为是指"房房、地地、房地"互换，"以房抵债"和"以房易货"均属于买卖行为。

『注意2』 纳税人申报的成交价格、互换价格差额明显偏低且无正当理由的，由税务机关核定。

3. 应纳税额计算
应纳税额=计税依据×税率

【例题3·判断题】房屋赠与，由税务机关参照房屋买卖的不含增值税市场价格核定契税的计税依据。( )

答案 √

【例题4·单选题】2021年10月，甲广告公司从乙公司购入一处写字楼，支付不含增值税价款500万元。该写字楼乙公司账面原值300万元，已提折旧75万元。已知，契税税率为4%。计算甲广告公司当月该笔业务应缴纳契税税额的下列算式中，正确的是( )。
A. 300×4%=12(万元)
B. 500×4%=20(万元)
C. [500-(300-75)]×4%=11(万元)
D. (300-75)×4%=9(万元)

解析 房屋买卖，应以不含增值税的成交价格(500万元)为计税依据，计征契税。

答案 B

【例题5·单选题】2022年5月，张某获得县人民政府奖励住房一套，经税务机关核定该住房价值80万元。张某对该住房进行装修，支付装修费用5万元。已知契税适用税率为3%。计算张某应缴纳契税税额的下列算式中，正确的是( )。
A. (80+5)×3%=2.55(万元)
B. 80×3%=2.4(万元)
C. (80+5)×(1+3%)×3%=2.63(万元)
D. (80-5)×3%=2.25(万元)

解析 获奖取得的房产，计税依据为税务机关核定的房屋价值，不得扣减装修支出。

答案 B

【例题6·单选题】2021年10月陈某与李某互换房屋，经房地产评估机构评估，陈某房屋价值220万元，李某房屋价值180万元，李某向陈某支付差价40万元，该房屋互换行为缴纳契税的计税依据是( )。
A. 220万元   B. 180万元
C. 40万元   D. 400万元

解析 房屋互换，以互换房屋的价格差额为契税的计税依据。

答案 C

(四)契税的税收优惠
1. 法定免征契税
(1)国家机关、事业单位、社会团体、军事单位承受土地、房屋权属，用于办公、教学、医疗、科研和军事设施；
(2)非营利性的学校、医疗机构、社会福利机构承受土地、房屋权属用于办公、教学、医疗、科研、养老、救助；
(3)承受荒山、荒地、荒滩土地使用权用于农、林、牧、渔业生产；

(4)婚姻关系存续期间夫妻之间变更土地、房屋权属；

(5)法定继承人通过继承承受土地、房屋权属；

(6)依照法律规定应当予以免税的外国驻华使馆、领事馆和国际组织驻华代表机构承受土地、房屋权属。

2. 国务院可以规定免征或减征契税的情形

居民住房需求保障、企业改制重组、灾后重建等。

3. 省、自治区、直辖市人民政府可以决定免征或者减征契税的情形

(1)因土地、房屋被县级以上人民政府征收、征用，重新承受土地、房屋权属；

(2)因不可抗力灭失住房，重新承受住房权属。

『注意』纳税人改变有关土地、房屋的用途，或者有其他不再属于免征、减征契税情形的，应当缴纳已经免征、减征的税款。

【例题7·判断题】李某的住房在地震中灭失，当他重新购买住房时，税务机关可酌情准予减征或者免征契税。 ( )

解析 ▶ 因不可抗力灭失住房而重新购买住房的，省、自治区、直辖市人民政府酌情准予减征或者免征契税。 答案 ▶ ×

【例题8·多选题】下列各项中，免征契税的有( )。

A. 国家机关承受房屋用于办公

B. 纳税人承受荒山土地使用权用于农业生产

C. 军事单位承受土地用于军事设施

D. 城镇居民购买商品房用于居住

解析 ▶ 选项AC，国家机关、事业单位、社会团体、军事单位承受土地、房屋权属，用于办公、教学、医疗、科研和军事设施免征契税；选项B，纳税人承受荒山、荒地、荒滩土地使用权用于农、林、牧、渔业生产免征契税。

答案 ▶ ABC

(五)契税的征收管理

1. 纳税义务发生时间

纳税人签订土地、房屋权属转移合同的当日，或者纳税人取得其他具有土地、房屋权属转移合同性质凭证的当日。

2. 纳税期限

依法办理土地、房屋权属登记手续前。

『注意』纳税人办理土地、房屋权属登记，不动产登记机构应当查验契税完税、减免税凭证或者有关信息。未按照规定缴纳契税的，不动产登记机构不予办理土地、房屋权属登记。

3. 纳税地点

土地、房屋所在地。

(六)纳税退还

在依法办理土地、房屋权属登记前，权属转移合同、权属转移合同性质凭证不生效、无效、被撤销或者被解除的，纳税人可以向税务机关申请退还已缴纳的税款。

考验五　土地增值税(★★★)

扫我解疑难

(一)土地增值税的特征

1. 属于财产转移税

2. 以"转让"土地使用权、地上建筑物及其附着物取得的增值额为计税依据

3. 以转让方为纳税人

(二)土地增值税的征税范围(见表7-6)

表7-6　土地增值税的征税范围

事项	土地增值税	
	不征或免征	征
土地使用权出让	★	
土地使用权转让		★
转让建筑物产权		★
继承	★	

续表

事项		土地增值税	
		不征或免征	征
赠与		(1)赠与直系亲属或者承担直接赡养义务人； (2)通过中国境内非营利的社会团体、国家机关赠与教育、民政和其他社会福利、公益事业	赠与其他人
改制	整体改制 合并 分立 投资、联营	一般企业	房地产开发企业
房地产开发企业		将部分开发房产自用或出租	出售或视同出售(如抵债等)
房地产交换		个人互换自有居住用房	企业互换
合作建房		建成后自用	建成后转让
出租		★	
抵押		抵押期间	抵押期满"且"发生权属转移
代建		★	
评估增值		★	

【老侯提示】土地增值税属于收益性质的土地税，只有在发生权属转移且有增值的情况下才予征收。同学们应在理解的基础上，关注出让与转让、企业改制。

【例题1·多选题】根据土地增值税法律制度的规定，下列行为中应征收土地增值税的有( )。

A. 个人出租不动产
B. 企业出售不动产
C. 企业转让土地使用权
D. 政府出让土地使用权

解析 选项A，不涉及土地使用权的转移，不征收土地增值税；选项CD，土地增值税对转让土地使用权的行为征税，对出让土地的行为(政府行为)不征税。 答案 BC

【例题2·单选题】下列各项中，属于土地增值税征税范围的是( )。

A. 房地产的出租
B. 企业间房地产的交换
C. 房地产的代建
D. 房地产的抵押

解析 选项ACD，出租、代建、抵押等行为未发生权属转移，不属于土地增值税的征税范围；选项B，房地产交换发生了房产产权、土地使用权的转移，交换双方取得了实物形态的收入，属于土地增值税的征税范围。 答案 B

【例题3·判断题】房产所有人将房屋产权赠与直系亲属的行为，不征收土地增值税。
( )
答案 √

(三)土地增值税的应纳税额计算

1. 适用税率

土地增值税适用四级"超率累进税率"(见表7-7)。

表7-7 土地增值税四级"超率累进税率表"

级数	增值额与扣除项目金额的比率	税率(%)	速算扣除系数(%)
1	不超过50%的部分	30	0
2	超过50%至100%的部分	40	5
3	超过100%至200%的部分	50	15
4	超过200%的部分	60	35

2. 计税公式

土地增值税=增值额×适用税率-扣除项目金额×速算扣除系数

增值额=转让房地产取得的收入-扣除项目金额

『注意』转让房地产取得的收入为不含增值税收入。

3. 新建项目具体扣除标准（见表7-8）

表7-8 新建项目具体扣除标准

转让项目		具体扣除项目	扣除标准	
新建项目	房地产开发企业	拿地	①取得土地使用权所支付的金额	据实扣除（成本+契税）
		建房	②房地产开发成本	据实扣除
			③房地产开发费用	利息明确：利息+(①+②)×省级政府确定的比例
				利息不明确：(①+②)×省级政府确定的比例
		销售	④与转让房地产有关的税金	城、教(不包括印花税)、不得抵扣的增值税
		优惠	⑤加计扣除额	(①+②)×20%
	非房地产开发企业	拿地	同	同
		建房	同	同
		销售	不同	城、教、印

『注意1』房地产开发成本包括土地的征用及拆迁补偿费、前期工程费、建筑安装工程费、基础设施费、公共配套设施费、开发间接费用等。

『注意2』两项即使明确也不得扣除的利息：

（1）利息的上浮幅度按国家的有关规定执行，超过上浮幅度的部分不允许扣除；

（2）超过贷款期限的利息部分和加罚的利息不允许扣除。

『老侯提示』房地产开发企业销售的新房属于期房，因此销售印花税与房屋开发费用属于同一会计期间，印花税已在开发费用中扣除故不允许单独再扣除；非房地产企业销售的新房属于现房，因此印花税虽然也计入税金及附加当中但与房地产开发费用显然不属于同一会计期间，故允许单独扣除。

『注意3』税收优惠：纳税人建造"普通标准住宅"出售，增值额未超过扣除项目金额20%的，予以免税。

4. 计算步骤

（1）确定收入——题目给出。

（2）确定扣除项目金额。

①取得土地使用权所支付的金额——题目给出；

②房地产开发成本——题目给出；

③房地产开发费用——根据题目内容判定利息是否明确；

④与转让房地产有关的税金——题目给出（注意印花税迷惑）；

⑤计算加计扣除。

（3）确定增值额——〔(1)-(2)〕。

（4）确定增值额与扣除项目的比率〔(3)/(2)〕。

（5）找税率。

（6）算税额。

应纳税额=增值额×税率-扣除项目金额×速算扣除系数

【举例】某房地产企业开发一普通标准住宅，已知支付的土地出让金为2 840万元，缴纳相关税费160万元；住宅开发成本2 800万元，其中含装修费用500万元；房地产开发费用中的利息支出为300万元（不能提供金融机构证明）；当年住宅全部销售，取得不含税销售收入9 000万元；缴纳城市维护建设税和教育费附加495万元；印花税4.5万元。已知：该企业所在省人民政府规定的房地产开发费用的计算扣除比例为10%，房地产开发加计扣除比率为20%。计算该企业应缴纳的土地增值税。

【计算步骤】（1）住宅销售收入为9 000万元。

（2）确定转让房地产的扣除项目金额包括：

①取得土地使用权所支付的金额=2 840+160=3 000(万元)。

②住宅开发成本为2 800万元。

③房地产开发费用=(3 000+2 800)×10%=580(万元)。

④与转让房地产有关的税金=495(万元)。缴纳的印花税已在税金及附加中扣除。

⑤加计扣除=(3 000+2 800)×20%=1 160(万元)。

转让房地产的扣除项目金额=3 000+2 800+580+495+1 160=8 035(万元)。

(3)转让房地产的增值额=9 000-8 035=965(万元)。

(4)增值额与扣除项目金额的比率=965/8 035=12%。

纳税人建造普通标准住宅出售,增值额未超过扣除项目金额20%的,予以免税。

5. 销售旧房具体扣除标准(见表7-9)

表7-9 销售旧房具体扣除标准

转让项目		具体扣除项目	扣除标准
存量项目	房屋 房地销售	①房屋及建筑物的"评估价格"	重置成本价×成新率
		②取得土地使用权所支付的地价款和缴纳的有关费用	据实扣除
		③与转让房地产有关的税金	据实扣除
	土地 地销售	同上	同上
		同上	同上

6. 计税依据的特殊规定

(1)纳税人隐瞒、虚报房地产成交价格的,应由评估机构参照同类房地产的市场交易价格进行评估,税务机关根据评估价格确定转让房地产的收入。

(2)纳税人申报扣除项目金额不实的,应由评估机构按照房屋重置成本价乘以成新度折扣率,计算的房屋成本价和取得土地使用权时的基准地价进行评估,税务机关根据评估价格确定扣除项目金额。

(3)转让房地产的成交价格低于房地产评估价格,又无正当理由的应按评估的市场交易价确定其实际成交价,并以此作为转让房地产的收入。

(4)非直接销售和自用房地产收入的确定。

①按本企业在同一地区、同一年度销售的同类房地产的平均价格确定;

②由主管税务机关参照当地当年、同类房地产的市场价格或评估价值确定。

【例题4·单选题】2019年9月甲房地产开发公司销售自行开发的一处住宅项目,取得不含增值税价款8 000万元,扣除项目金额5 000万元。已知,土地增值税税率为40%,速算扣除系数为5%。计算甲房地产开发公司销售该住宅项目应缴纳土地增值税税额的下列算式中,正确的是( )。

A. 8 000×40%=3 200(万元)

B. (8 000-5 000)×(40%-5%)=1 050(万元)

C. (8 000-5 000)×40%×5%=60(万元)

D. (8 000-5 000)×40%-5 000×5%=950(万元)

解析 土地增值税应纳税额=增值额×税率-扣除项目金额×速算扣除系数;增值额=不含增值税的房地产转让收入-扣除项目金额。

答案 D

【例题5·单选题】甲公司开发一项房地产项目,取得土地使用权支付的金额为1 000万元,发生开发成本6 000万元,发生开发费用2 000万元,其中利息支出900万元无法提供金融机构贷款利息证明。已知,当地房地产开发费用的计算扣除比例为10%。甲公司计算缴纳土地增值税时,可以扣除的房地产开发费用的下列计算中,正确的是( )。

A. 2 000-900=1 100(万元)

B. 6 000×10%=600(万元)

C. 2 000×10%=200(万元)

D. (1 000+6 000)×10%=700(万元)

解析 财务费用中的利息支出,凡不能按转让房地产项目计算分摊利息支出或不能提供金融机构证明的,房地产开发费用按"取得土地使用权所支付的金额和房地产开发成本"之和的10%以内计算扣除。计算扣除的具体比例,由各省、自治区、直辖市人民政府规定。 **答案** D

【例题6·多选题】根据土地增值税法律制度的规定,下列各项中,在计算土地增值税时,应计入房地产开发成本的有( )。

A. 公共配套设施费
B. 建筑安装工程费
C. 取得土地使用权所支付的地价款
D. 土地征用及拆迁补偿费

解析 选项C,属于"取得土地使用权所支付的金额"。 **答案** ABD

【例题7·单选题】根据土地增值税法律制度的规定,下列各项中,在计算土地增值税计税依据时不允许扣除的是( )。

A. 在转让房地产时缴纳的城市维护建设税
B. 纳税人为取得土地使用权所支付的地价款
C. 土地征用及拆迁补偿费
D. 超过贷款期限的利息部分

解析 对于超过贷款期限的利息部分在计算土地增值税时不允许扣除。 **答案** D

【例题8·多选题】纳税人转让旧房及建筑物,在计算土地增值税时,准予扣除的项目有( )。

A. 转让环节缴纳的税金
B. 取得土地使用权所支付的地价款
C. 评估价格
D. 重置成本

解析 转让旧房的,应按房屋及建筑物的评估价格、取得土地使用权所支付的地价款和按国家统一规定缴纳的有关费用以及在转让环节缴纳的税金作为扣除项目金额计征土地增值税。 **答案** ABC

【例题9·单选题】2020年5月,某国有企业转让2015年5月在市区购置的一栋办公楼,取得不含增值税收入10 000万元,签订产权转移书据,相关税费115万元,2009年购买时支付价款8 000万元,办公楼经税务机关认定的重置成本价为12 000万元,成新率70%。该企业在缴纳土地增值税时计算的增值额为( )万元。

A. 400 　　　　B. 1 485
C. 1 490 　　　D. 200

解析 转让旧房应按房屋及建筑物的评估价格、取得土地使用权所支付的地价款和按国家统一规定缴纳的有关费用,以及在转让环节缴纳的税金作为扣除项目金额计征土地增值税。评估价格=重置成本价×成新度折扣率=12 000×70%=8 400(万元);增值额=10 000−8 400−115=1 485(万元)。 **答案** B

【例题10·判断题】纳税人隐瞒、虚报房地产成交价格的,按照房产的购置原价计算征收土地增值税。 ( )

解析 对于纳税人隐瞒、虚报房地产成交价格的,应由评估机构参照同类房地产的市场交易价格进行评估,税务机关根据评估价格确定转让房地产的收入。 **答案** ×

(四)土地增值税的税收优惠

(1)纳税人建造"普通标准住宅"出售,增值额未超过扣除项目金额20%的,予以免税;超过20%的,应按全部增值额缴纳土地增值税。

『注意』房地产开发项目中同时包含普通住宅和非普通住宅的,应分别计算土地增值税的税额。

(2)因国家建设需要依法征用、收回的房地产,免征土地增值税。

『注意』因上述原因而"自行转让"比照国家收回处理。

(3)企事业单位、社会团体以及其他组织转让旧房作为公共租赁住房房源且增值额未超过扣除项目金额20%的,免征土地增值税。

(4)"个人""转让住房"暂免征收土地增值税。

【例题11·单选题】根据土地增值税法律制度的规定,下列各项中,不属于土地增值税免税项目的是( )。

A. 个人转让住房
B. 因国家建设需要被政府批准收回的土地使用权
C. 企业出售闲置办公用房
D. 因城市规划需要被政府批准征用的房产

解析 选项A,个人转让住房暂免征收土地增值税;选项BD,因国家建设需要依法征用、收回的房地产,免征土地增值税。 **答案** C

(五)土地增值税的纳税清算

1. 符合下列情形之一的,纳税人"应当"进行土地增值税的清算

(1)房地产开发项目全部竣工、完成销售的;

(2)整体转让未竣工决算房地产开发项目的;

(3)直接转让土地使用权的。

2. 符合下列情形之一的,主管税务机关"可以要求"纳税人进行土地增值税清算

(1)已竣工验收的房地产开发项目,已转让的房地产建筑面积占整个项目可售建筑面积的比例在"85%以上",或该比例虽未超过85%,但剩余的可售建筑面积已经"出租或自用"的;

(2)取得销售(预售)许可证满"三年"仍未销售完毕的;

(3)纳税人申请注销税务登记但未办理土地增值税清算手续的。

【例题12·多选题】根据土地增值税法律制度的规定,下列情形中,属于税务机关可要求纳税人进行土地增值税清算的有( )。

A. 房地产开发项目全部竣工并完成销售的

B. 整体转让未竣工决算房地产开发项目的

C. 纳税人申请注销税务登记但未办理土地增值税清算手续的

D. 取得销售(预售)许可证满3年仍未销售完毕的

解析 选项AB,属于纳税人"应当"进行土地增值税的清算的情形。 答案 CD

考验六 印花税(★★★)

扫我解疑难

(一)印花税的特征

1. 属于行为税,针对经济活动和经济交往中书立、领受、使用的应税经济凭证的行为

2. 以合同记载的交易金额或应税经济凭证的数量为计税依据

(二)印花税的纳税人和扣缴义务人

1. 纳税人

订立、领受在中华人民共和国境内具有法律效力的应税凭证,或者在中华人民共和国境内进行证券交易的单位和个人,为印花税的纳税人,应当依法缴纳印花税。

(1)立合同人——合同的当事人。

不包括合同的"担保人、证人、鉴定人"。

『注意』印花税"双向征收",签订合同或应税凭证的"各方"都是纳税人。

(2)立账簿人。

该"账簿"指营业账簿,包括资金账簿和其他营业账簿。

(3)立据人——产权转移书据。

(4)领受人——权利、许可证照。

(5)使用人——国外订立合同国内使用。

(6)各类电子应税凭证的签订人。

2. 扣缴义务人

证券登记结算机构为证券交易印花税的扣缴义务人。

【例题1·单选题】甲公司与乙公司签订购销合同,合同约定丙为担保人,丁为鉴定人。下列关于该合同印花税纳税人的表述中,正确的是( )。

A. 甲、乙、丙和丁为纳税人

B. 甲、乙和丁为纳税人

C. 甲、乙为纳税人

D. 甲、乙和丙为纳税人

解析 立合同人为印花税的纳税人,立合同人是指合同的当事人,即对凭证有直接权利义务关系的单位和个人,但不包括合同的担保人、证人、鉴定人。 答案 C

(三)印花税的征税范围(见表7-10)

表7-10 印花税的征税范围

分类	内容
合同类(11类)	买卖、借款、融资租赁、租赁、承揽、建设工程、运输、技术合同、保管、仓储、财产保险
产权转移书据	土地使用权出让和转让书据;房屋等建筑物、构筑物所有权、股权(不包括上市和挂牌公司股票)、商标专用权、著作权、专利权、专有技术使用权转让书据
营业账簿	资金账簿、其他营业账簿
权利、许可证照	不动产权证书、营业执照、商标注册证、专利证
证券交易	

『注意1』"专利申请转让、非专利技术转让"属于技术合同;"专利权转让、专利实施许可"属于产权转移书据;"商品房买卖合同、土地使用权出让与转让合同"均属于产权转移书据。

『注意2』凡属于明确双方供需关系,据以供货和结算,具有合同性质的凭证,应按规定缴纳印花税(仅有凭证而无合同)。

『注意3』纳税人以电子形式签订的各类应税凭证按规定征收印花税。

【例题2·多选题】下列合同中,应该缴纳印花税的有( )。
A. 买卖合同
B. 技术合同
C. 货物运输合同
D. 财产租赁合同

答案 ▶ ABCD

【例题3·单选题】下列不属于印花税征税范围的是( )。
A. 餐饮服务许可证
B. 营业执照
C. 商标注册证
D. 专利证

解析 ▶ 应缴纳印花税的权利、许可证照包括不动产权证书、营业执照、商标注册证、专利证。

答案 ▶ A

(四)印花税应纳税额的计算
1. 计税依据
(1)合同(见表7-11)。

表7-11 合同的计税依据

类别	包括	不包括
买卖合同、建设工程合同	合同价款	
加工承揽合同	报酬	委托方提供的材料
租赁合同、融资租赁合同	租金	租赁财产价值
运输合同	运费	装卸费等其他杂费
仓储合同	仓储费	
保管合同	保管费	
借款合同	借款金额	利息
财产保险合同	保费	被保险物价值
技术合同	价款、报酬、使用费	

『注意』上述应税合同的计税依据不包括增值税,但若合同价款和增值税"未分别列明",则按照"合计"金额计税贴花。

(2)产权转移书据(见表7-12)。

表7-12 产权转移书据的计税依据

适用情形	计税依据
价款与增值税分开列明	价款
价款与增值税未分开列明	价款与增值税的合计金额
未列明价款	(1)按订立时市场价格确定; (2)依法执行政府定价的,按照其规定确定; (3)按照实际结算价款或报酬确定

(3)营业账簿。
①资金账簿。
以"实收资本"与"资本公积"两项的合计金额为计税依据。

『注意』只征一次,金额不变不再纳税,金额增加差额纳税。

②不记载金额的营业账簿免征印花税。

(4)权利、许可证照。

以件数作为计税依据(税额 5 元/件)。

(5)证券交易(见表 7-13)。

表 7-13 证券交易的计税依据

适用情形	计税依据
一般情况	成交金额
以非集中交易方式转让证券时无转让价格的	(1)按照办理过户登记手续前一个交易日收盘价计算确定；(2)办理过户登记手续前一个交易日无收盘价的，按照证券面值计算确定

(6)其他规定。

①同一应税凭证载有两个或两个以上经济事项并"分别列明"价款或者报酬的，按照各自适用税目税率计算应纳税额；"未分别列明"价款或者报酬的，按税率高的计算应纳税额。

②同一应税凭证由两方或者两方以上当事人订立的，应当按照各自涉及的价款或者报酬分别计算应纳税额。(双向征收)

2. 应纳税额计算

印花税执行"比例税率"与"定额税率"相结合的征收方式。

(1)从价计征。

应纳税额=计税依据×税率

(2)定额贴花。

应纳税额=计税数量×5

【例题 4·单选题】根据印花税法律制度的规定，下列各项中，按件贴花的是( )。

A. 运输合同
B. 产权转移书据
C. 借款合同
D. 不动产权证书

解析 选项 A，以合同列明的不含增值税的价款为计税依据，适用 0.3‰的税率；选项 B，以合同列明的不含增值税的价款为计税依据，适用 0.5‰的税率；选项 C，以本金为计税依据，适用 0.05‰的税率；选项 D，以件数为计税依据，适用 5 元/件的固定税额。 答案 D

【例题 5·多选题】下列关于印花税计税依据的说法，不正确的有( )。

A. 租赁合同，以所租赁财产的金额作为计税依据

B. 运输合同，以所运货物金额和运输费用的合计金额为计税依据

C. 借款合同，以借款金额和借款利息的合计金额为计税依据

D. 财产保险合同，以保险费收入为计税依据

解析 选项 A，以租金作为计税依据；选项 B，以运输费用金额作为计税依据；选项 C，以借款金额作为计税依据。 答案 ABC

【例题 6·单选题】2020 年 10 月甲企业领受了营业执照、商标注册证、不动产权证、食品经营许可证各一件。已知"权利、许可证照"印花税单位税额为每件 5 元，计算甲企业当月应缴纳"权利、许可证照"印花税税额的下列算式中，正确的是( )。

A. 3×5=15(元)
B. 1×5=5(元)
C. 4×5=20(元)
D. 2×5=10(元)

解析 我国印花税税目中的权利、许可证照包括政府部门发放的不动产权证书、营业执照、商标注册证、专利证书等。食品经营许可证不属于印花税的征收范围。 答案 A

【例题 7·单选题】某企业本月签订两份合同：(1)承揽合同，合同载明材料金额 30 万元，加工费 10 万元；(2)财产保险合同，合同载明被保险财产价值 1 000 万元，保险费 1 万元。已知承揽合同印花税税率 0.3‰，财产保险合同印花税税率 1‰。则应缴纳的印花税为( )。

A. 30×0.3‰+1 000×1‰=1.009(万元)
B. 10×0.3‰+1 000×1‰=1.003(万元)
C. 30×0.3‰+1×1‰=0.01(万元)
D. 10×0.3‰+1×1‰=0.004(万元)

解析 (1)承揽合同以加工费为计税依据，不包括材料金额；(2)财产保险合同以保险费为计税依据，不包括被保险财产价值。 答案 D

【例题 8·单选题】某电厂与某运输公司签订了两份运输保管合同：第一份合同载明的金额合计 50 万元(运费和保管费并未分别记载)；第二份合同中注明运费 30 万元、保管费 10 万元。已知：运输合同印花税税率 0.3‰，保管合同 1‰，则该电厂签订两份合同应缴纳的印花税额的下列计算中，正确的是( )。

A. 300 000×0.3‰+100 000×1‰=190(元)
B. 500 000×1‰=500(元)

C. 500 000×1‰+300 000×0.3‰+100 000×1‰=690(元)

D.（500 000+300 000+100 000）×1‰=900(元)

解析 （1）载有两个或两个以上应适用不同税目税率经济事项的同一凭证，如分别记载金额的，应分别计算应纳税额，相加后按合计税额贴花；如未分别记载金额的，按税率高的计算贴花；（2）第一份合同应缴纳印花税税额=500 000×1‰=500(元)；（3）第二份合同应缴纳印花税税额=300 000×0.3‰+100 000×1‰=190(元)；（4）合计=500+190=690(元)。

答案 ▶ C

【例题9·单选题】 甲公司向乙公司租赁2台起重机并签订租赁合同，合同注明起重机总价值为80万元，租期为2个月，每台每月租金为2万元。已知租赁合同适用印花税税率为1‰。计算甲公司和乙公司签订该租赁合同共计应缴纳印花税税额的下列算式中，正确的是( )。

A. 2×2×2×1‰×10 000=80(元)
B. 2×2×2×2×1‰×10 000=160(元)
C. 80×1‰×10 000=800(元)
D. 80×2×1‰×10 000=1 600(元)

解析 ▶ 租赁合同以合同列明的租金为计税依据。合同双方当事人均应当缴纳印花税，因此甲公司和乙公司应缴纳的印花税=2×2×2×2×1‰×10 000=160(元)。

答案 ▶ B

(五)印花税的免税规定(见表7-14)

表7-14 印花税的免税规定

记忆提示	具体内容
金额较小	(1)应纳税额不足1角
与个人的小额交易	(2)"电网与用户"之间签订的供用电合同； (3)个人(不包括个体工商户)转让、租赁住房订立的应税凭证； (4)商店、门市部的零星加工修理业务开具的修理单； (5)电话和联网购物； (6)铁路、公路、航运、水路承运快件行李、包裹开具的托运单据
非列举凭证	(7)"人身"保险合同； (8)企业与主管部门签订的租赁承包合同； (9)银行"同业拆借"合同、"借款展期"合同、"日拆性"贷款合同、"国际金融组织"向我国提供优惠贷款订立的借款合同、金融机构与"小微企业"订立的借款合同； (10)"法律、会计、审计"合同，"出版"合同，"委托代理"合同； (11)非记载资金的其他账簿，车间、门市部、仓库设置的不记载金额的登记簿、统计簿、台账等，国库业务账簿； (12)物资调拨单
已贴过印花	(13)已经缴纳印花税的凭证的副本或抄本； (14)既书立合同，又开立单据的，只就合同贴花，所开立的各类单据，不再贴花； (15)对企业兼并的并入资金，凡已按资金总额贴花的，接收单位对并入的资金，不再补贴印花； (16)纳税人已履行并贴花的合同，发现实际结算金额与合同所载金额不一致的，一般不再补贴印花
鼓励行为	(17)财产所有人将财产赠与政府、社会福利单位、学校所立的书据
照顾行为	(18)书、报、刊发行单位之间，发行单位与订阅单位或个人之间书立的凭证； (19)农业保险合同、农业生产者购买生产资料或销售自产农产品签订的买卖合同； (20)铁道企业特定凭证免税
非经营行为	(21)军队、武警部队订立、领受的应税凭证
特殊货运	(22)由外国运输企业运输进口货物的，外国运输企业所持有的一份结算凭证，免征印花税； (23)抢险救灾物资运输结算凭证； (24)为新建铁路运输施工所属物料，使用工程临管线专用运费结算凭证

记忆提示	具体内容
政策扶持	(25)股权转让(国有股权的无偿划转) 【注意】上市公司国有股权无偿转让，需要免征证券交易印花税的，须由企业提出申请，报证券交易所所在地税务局审批，并报国家税务总局备案

【例题 10·单选题】根据印花税法律制度的规定，下列合同中，应征收印花税的是( )。

A. 金融机构与小型微型企业订立的借款合同
B. 农民销售自产农产品订立的买卖合同
C. 发电厂与电网之间签订的购售电合同
D. 代理单位与委托单位之间签订的委托代理合同

解析 ▶ 选项 A，金融机构与小型、微型企业签订的借款合同免征印花税；选项 B，销售自产农产品订立的买卖合同和农业保险合同，免征印花税；选项 C，发电厂与电网之间、电网与电网之间签订的购售电合同，按购销合同征收印花税；选项 D，代理单位与委托单位之间签订的委托代理合同不征收印花税。 答案 ▶ C

【例题 11·单选题】根据印花税法律制度的规定，下列合同中，应征收印花税的是( )。

A. 会计咨询合同
B. 审计咨询合同
C. 法律咨询合同
D. 技术咨询合同

解析 ▶ 根据规定，技术咨询合同是合同当事人就有关项目的分析、论证、评价、预测和调查订立的技术合同，而一般的法律、会计、审计等方面的咨询不属于技术咨询，其所立合同不贴印花。 答案 ▶ D

【例题 12·多选题】根据印花税法律制度的规定，下列各项中，免征印花税的有( )。

A. 发行单位与订阅单位之间书立的凭证
B. 借款展期合同
C. 应税凭证的副本
D. 财产所有人将财产赠与学校所立的书据

答案 ▶ ABCD

【例题 13·单选题】根据印花税法律制度的规定，下列合同中，不需要缴纳印花税的是( )。

A. 企业与主管部门签订的租赁承包合同
B. 车辆租赁合同
C. 设备租赁合同
D. 房屋租赁合同

解析 ▶ 印花税税目中的租赁合同，包括租赁房屋、船舶、飞机、机动车辆、机械、器具、设备等合同；还包括企业、个人出租门店、柜台等所签订的合同，但不包括企业与主管部门签订的租赁承包合同。 答案 ▶ A

(六)印花税的征收管理

1. 印花税纳税义务发生时间

一般情况：纳税人订立、领受应税凭证或者完成证券交易的当日。

在国外签订的合同：在将合同带入境时。

2. 印花税纳税地点(见表 7-15)

表 7-15 印花税纳税地点

适用情形	纳税地点
单位纳税人	机构所在地的税务机关
证券交易印花税的扣缴义务人	
个人纳税人	应税凭证订立、领受地或者居住地的税务机关
出让或者转让不动产产权	不动产所在地的税务机关

3. 印花税纳税期限(见表 7-16)

表 7-16 印花税纳税期限

方式	期限
按季、按年计征的	季度、年度终了之日起 15 日内申报并缴纳税款
按次计征	纳税义务发生之日起 15 日内申报并缴纳税款
按周解缴(证券交易印花税)	每周终了之日起 5 日内申报解缴税款及孳息

『注意』已缴纳印花税的凭证所载价款或者报酬增加的，纳税人应当补缴印花税；已缴纳印花税的凭证所载价款或者报酬减少的，纳税人可以向主管税务机关申请退还印花税税款。

【链接】纳税人已贴花合同，"实际结算金额"高于应税凭证所记载金额一般不再补贴印花。

【说明】是否补交印花税的关键在于"凭证所载"金额是否变化。

【例题14·单选题】根据印花税法律制度的规定，在下列各项中，印花税应当按周解缴的是（　　）。

A. 买卖合同印花税
B. 产权转移书据印花税
C. 证券交易印花税
D. 营业账簿印花税

答案 ▶ C

第二部分　车辆、船舶与环境相关税种

考验一　车船税（★★★）

扫我解疑难

（一）车船税的特征

1. 属于财产税

2. 以《车船税法》所附《车船税税目税额表》规定的车辆、船舶为征税范围

3. 以应税车辆、船舶的"所有人或者管理人"为纳税人

『注意』拥有并"使用"应税车船为车船税纳税人的判定标准。

4. 以从事机动车第三者责任强制保险业务的"保险机构"为机动车车船税的扣缴义务人

【例题1·多选题】下列纳税主体中，属于车船税纳税人的有（　　）。

A. 在中国境内拥有并使用船舶的国有企业
B. 在中国境内拥有并使用车辆的外籍个人
C. 在中国境内拥有并使用船舶的内地居民
D. 在中国境内拥有并使用车辆的外国企业

解析 ▶ 车船税的纳税人，是指在中国境内拥有或者管理车辆、船舶的单位和个人，包括外商投资企业、外籍个人。

答案 ▶ ABCD

（二）车船税的征税范围和应纳税额计算

1. 征税范围

（1）依法应当在车船登记管理部门登记的机动车辆和船舶。

（2）依法"不需要"在车船登记管理部门登记的在单位内部场所行驶或者作业的机动车辆和船舶。

2. 税率

车船税实行"有幅度的定额税率"。

3. 应纳税额的计算（见表7-17）

表7-17　车船税应纳税额的计算

税目	计税单位	应纳税额
乘用车、客车和摩托车	每辆	辆数×适用年税额
≤1.6升的节能乘用车		辆数×适用年税额×50%
货车、专用作业车和轮式专用机械车（不包括拖拉机）	整备质量每吨	整备质量吨位数×适用年税额
挂车		整备质量吨位数×适用年税额×50%
机动船舶	净吨位每吨	净吨位数×适用年税额
非机动驳船、拖船		净吨位数×适用年税额×50%
游艇	艇身长度每米	艇身长度×适用年税额

『注意』购入当年不足1年的自纳税义务发生"当月"按月计征。

【例题2·单选题】根据车船税法律制度的规定，下列各项中，不属于车船税征税范围的是（　　）。

A. 自行车　　B. 乘用车
C. 商用车　　D. 摩托车

解析 ▶ 车船税的税目包括乘用车、商用

车、挂车、其他车辆、摩托车和船舶。自行车不属于车船税的征税范围。

答案 ▶ A

【例题3·判断题】甲钢铁厂拥有的依法不需要在车船登记部门登记的在单位内部场所行驶的机动车辆,属于车船税的征税范围。( )

解析 ▶ 车船税的征税范围包括:(1)依法应当在车船登记管理部门登记的机动车辆和船舶;(2)依法不需要在车船登记管理部门登记的机场、港口、铁路站场内部行驶或作业的车船。

答案 ▶ √

【例题4·单选题】根据车船税法律制度的规定,下列车船中,以净吨位数为计税依据的是( )。

A. 机动船舶　　　B. 轮式专用机械车
C. 挂车　　　　　D. 商用客车

解析 ▶ 选项BC,以整备质量吨位数为计税依据;选项D,以辆数为计税依据。

答案 ▶ A

【例题5·单选题】我国车船税的税率形式是( )。

A. 地区差别比例税率
B. 有幅度的比例税率
C. 有幅度的定额税率
D. 全国统一的定额税率

答案 ▶ C

【例题6·单选题】甲公司2020年拥有机动船舶10艘,每艘净吨位为150吨,非机动驳船5艘,每艘净吨位为80吨,已知机动船舶适用年基准税率为每吨3元,计算甲公司当年应缴纳车船税税额的下列算式中,正确的是( )。

A.(10×150+5×80)×3=5 700(元)
B. 10×150×3×50%+5×80×3=3 450(元)
C.(10×150+5×80)×3×50%=2 850(元)
D. 10×150×3+5×80×3×50%=5 100(元)

解析 ▶ 非机动驳船的车船税税额按照机动船舶税额的50%计算。

答案 ▶ D

【例题7·单选题】2020年6月15日,甲公司购买2辆乘用车。已知乘用车发动机气缸容量排气量为2.0升,当地规定的车船税年基准税额为480元/辆。甲公司2020年应纳车船税税额的下列计算中,正确的是( )。

A. 2×480×7÷12=560(元)
B. 2×480×(6+15÷30)÷12=520(元)
C. 2×480×6÷12=480(元)
D. 2×480=960(元)

解析 ▶ (1)购置的新车船,购置当年的应纳税额自纳税义务发生的当月起按月计算,本题中应从6月开始计算车船税;(2)购入1.6升及以下排量的乘用车,减半征收车船税,本题为2.0升,不享受减半征收的税收优惠政策。

答案 ▶ A

(三)车船税的税收优惠

1. 免征车船税
(1)捕捞、养殖渔船。
(2)军队、武装警察部队专用的车船。
(3)警用车船。
(4)消防车船。
(5)依照法律规定应当予以免税的外国驻华使领馆、国际组织驻华代表机构及其有关人员的车船。
(6)商用新能源车船。

『注意』免征车船税的"新能源汽车"是指纯电动商用车、插电式(含增程式)混合动力汽车、燃料电池商用车。

2. 不属于车船税征税范围,不征收车船税
(1)乘用新能源车船。

『注意』"纯电动乘用车"和"燃料电池乘用车"不属于车船税征税范围,对其不征车船税。

(2)外国、港、澳、台临时入境车船。

3. 减半征收车船税
(1)节能汽车(1.6升及以下小排量);
(2)拖船、非机动驳船;
(3)挂车。

【例题8·单选题】下列车船中,应缴纳车船税的是( )。

A. 商用客车　　　B. 捕捞渔船
C. 警用车船　　　D. 养殖渔船

解析 ▶ 选项A,按辆征收车船税。

答案 ▶ A

【例题9·单选题】下列各项中,免征车船税的是( )。

A. 家庭自用的纯电动乘用车
B. 国有企业的公用汽油动力乘用车
C. 外国驻华使领馆的自用商务车
D. 个体工商户自用摩托车

解析 ▶ 选项A,纯电动乘用车不属于车船税征税范围,对其不征车船税,而非免税;选

项BD,按每辆计征车船税;选项C,外国驻华使领馆、国际组织驻华代表机构及其有关人员的车船免征车船税。

答案 ▶ C

(四)车船税的征收管理

1. 纳税义务发生时间

取得车船所有权或者管理权的当月。

2. 纳税地点

车船税的纳税地点为车船的登记地或者车船税扣缴义务人所在地。

(1)扣缴义务人代收代缴车船税的,纳税地点为扣缴义务人所在地。

(2)纳税人自行申报缴纳车船税的,纳税地点为车船登记地的主管税务机关所在地。

(3)依法不需要办理登记的车船,其车船税的纳税地点为车船的所有人或者管理人所在地。

3. 纳税申报

(1)车船税按年申报,分月计算,一次性缴纳。

(2)扣缴义务人,应当在收取保险费时依法代收车船税,并出具代收税款凭证,扣缴义务人已代收代缴车船税的,纳税人不再向车辆登记地的主管税务机关申报缴纳车船税。

(3)没有扣缴义务人的,纳税人应当向主管税务机关自行申报缴纳车船税。

(4)已缴纳车船税的车船在同一纳税年度内办理转让过户的,不另纳税,也不办理退税。

(5)在一个纳税年度内,已完税的车船被盗抢、报废、灭失的,纳税人可以凭有关机关出具的证明和完税凭证,向纳税所在地的主管税务机关申请退还自被盗抢、报废、灭失月份起至该纳税年度终了期间的税款。

『注意』失而复得的,自公安机关出具相关证明的当月起计算缴纳车船税。

【例题10·判断题】扣缴义务人代收代缴车船税的,纳税地点为扣缴义务人所在地。( )

答案 ▶ √

【例题11·单选题】下列关于车船税纳税申报的表述中,不正确的是( )。

A. 扣缴义务人已代收代缴车船税的,纳税人不再向车辆登记地的主管税务机关申报缴纳车船税

B. 没有扣缴义务人的,纳税人应当向主管税务机关自行申报缴纳车船税

C. 已缴纳车船税的车船在同一纳税年度内办理转让过户的,需要另外纳税

D. 车船税按年申报,分月计算,一次性缴纳

解析 ▶ 选项C,已缴纳车船税的车船在同一纳税年度内办理转让过户的,不另纳税,也不办理退税。

答案 ▶ C

【例题12·单选题】某企业2020年年初拥有小轿车2辆;当年4月,1辆小轿车被盗,已按照规定办理退税。通过公安机关的侦查,9月被盗车辆失而复得,并取得公安机关的相关证明。已知当地小轿车车船税年税额为500元/辆,该企业2020年实际应缴纳的车船税下列计算中,正确的是( )。

A. 500×1=500(元)
B. 500+500×3÷12=625(元)
C. 500+500×7÷12=792(元)
D. 500×2=1 000(元)

解析 ▶ 该企业两辆车中一辆丢失,则未丢失车辆正常缴纳车船税,丢失车辆自丢失月份起可凭证明申报退还已纳车船税,其后又失而复得的,自公安机关出具相关证明的当月起计算缴纳车船税。该企业4月丢失车辆9月找回,可申报退还4~8月共计5个月的税款。

答案 ▶ C

考验二 车辆购置税(★)

扫我解疑难

(一)车辆购置税的概念

车辆购置税,是对在中国境内购置规定车辆的单位和个人征收的一种税。

(二)车辆购置税的纳税人

在我国境内"购置""规定的车辆"的单位和个人。

"购置"行为:购买、进口、自产、受赠、获奖、其他(拍卖、抵债、走私、罚没等)方式取得并"自用"的行为。

规定的车辆:汽车、有轨电车、汽车挂车、排气量超过150ml的摩托车。

『注意』"无轨"电车属于规定车辆中"汽车"的范围,购入时同样应当征收车辆购置税。

【例题1·多选题】下列单位和个人中,属于车辆购置税纳税人的有( )。

A. 购买应税货车并自用的某外商投资企业

B. 进口应税小轿车并自用的某外贸公司
C. 获得奖励应税轿车并自用的李某
D. 受赠应税小型客车并自用的某学校

【解析】 车辆购置税的纳税人是在我国境内购置规定的车辆的单位和个人；购买、进口、获奖、受赠等均属于"购置行为"，货车、小轿车、轿车、小型客车均属于"应税车辆"，企、事业单位及个人均属于应税单位和个人。

【答案】 ABCD

【例题2·单选题】下列各项中，不属于车辆购置税征税范围的是（ ）。

A. 电动自行车　　B. 汽车
C. 挂车　　　　　D. 有轨电车

【解析】 车辆购置税的"应税车辆"包括：汽车、有轨电车、汽车挂车、排气量超过150ml的摩托车，不包括电动自行车。

【答案】 A

（三）车辆购置税的应纳税额计算

1. 应纳税额＝计税价格×10%
2. 应税车辆的计税价格——同增值税

【注意1】纳税人自产自用应税车辆的计税价格，按照纳税人生产的同类应税车辆的销售价格确定，不包括增值税税款。

【注意2】纳税人以受赠、获奖或者其他方式取得自用应税车辆的计税价格，按照购置应税车辆时相关凭证载明的价格确定。

【注意3】纳税人申报的应税车辆计税价格明显偏低，又无正当理由的，由税务机关核定其应纳税额。

【例题3·单选题】甲公司2019年8月进口自用小汽车一辆，海关审定关税完税价格120万元，缴纳关税30万元、消费税50万元。已知，车辆购置税税率为10%，计算甲公司进口自用该小汽车应缴纳车辆购置税税额的下列算式中，正确的是（ ）。

A. （120+30）×10%＝15（万元）
B. （120+50）×10%＝17（万元）
C. 120×10%＝12（万元）
D. （120+30+50）×10%＝20（万元）

【解析】 进口应税车辆的车辆购置税应纳税额＝（关税完税价格+关税+消费税）×车辆购置税税率。

【答案】 D

（四）车辆购置税的免税政策

（1）外国驻华使馆、领事馆和国际组织驻华机构及其有关人员自用的车辆。（黑牌车）

（2）中国人民解放军和中国人民武装警察部队列入军队装备订货计划的车辆。（白牌车）

（3）悬挂应急救援专用号牌的国家综合性消防救援车辆。（消防车）

（4）设有固定装置的非运输专用作业车辆。

（5）城市公交企业购置的公共汽电车辆。

【例题4·单选题】根据车辆购置税法律制度的规定，下列车辆中，不属于车辆购置税免税项目的是（ ）。

A. 外国驻华使馆的自用小汽车
B. 设有固定装置的非运输专用作业车辆
C. 城市公交企业购置的公共汽电车
D. 个人购买的经营用小汽车

【解析】 选项A，"黑牌车"，免征车辆购置税；选项B，设有固定装置的非运输专用作业车辆，免征车辆购置税；选项C，城市公交企业购置的公共汽电车辆免征车辆购置税。

【答案】 D

（五）车辆购置税的征收管理

1. 纳税地点（见表7-18）

表7-18　车辆购置税的纳税地点

是否需要办理车辆登记	纳税地点
是	"车辆登记地"的主管税务机关
否	"纳税人所在地"的主管税务机关

2. 纳税义务发生时间

纳税人购置应税车辆的当日。

3. 纳税期限

自纳税义务发生之日起"60日"内。

4. 纳税环节

（1）纳税人应当在向公安机关交通管理部门办理车辆注册登记前，缴纳车辆购置税。

（2）公安机关交通管理部门办理车辆注册登记，应当根据税务机关提供的应税车辆完税或者免税电子信息对纳税人申请登记的车辆信息进行核对，核对无误后依法办理车辆注册登记。

【注意】车辆购置税实行一次性征收，购置已征车辆购置税的车辆，不再征收车辆购置税。

5. 应予"补税"的情形

免税、减税车辆因转让、改变用途等原因不再属于免税、减税范围的，纳税人应当在办理车辆转移登记或者变更登记前缴纳车辆购置税。

【注意】计税价格以免税、减税车辆初次办理纳税申报时确定的计税价格为基准,每满1年扣减10%。

6. 准予"申请退税"的情形

纳税人将已征车辆购置税的车辆退回车辆生产企业或者销售企业的,可以向主管税务机关申请退还车辆购置税。

【注意】退税额以已缴税款为基准,自"缴纳税款之日至申请退税之日",每满1年扣减10%。

【例题5·判断题】赵某2019年4月1日购入一辆小汽车自用,5月30日申报并缴纳车辆购置税10万元。由于车辆制动系统存在严重问题,2020年4月30日赵某将该车退回,则赵某可以申请退还的车辆购置税为9万元。( )

解析 (1)车辆退回企业或者经销商的,纳税人申请退税时,主管税务机关自纳税人办理纳税申报之日起,按已缴纳税款每满1年扣减10%计算退税额;未满1年的,按已缴纳税款全额退税。(2)本题中纳税申报日为2019年5月30日,退回日为2020年4月30日,不满1年,应当全额退税。

答案 ×

【例题6·单选题】甲公司机构所在地为M市,于N市购进一辆应税汽车,在P市办理车辆登记,该汽车生产企业机构所在地为Q市。甲公司购置该汽车车辆购置税的纳税地点是( )。

A. N市   B. Q市
C. M市   D. P市

解析 纳税人购置应税车辆,需要办理车辆登记注册手续的,应当向"车辆登记地"的主管税务机关申报缴纳车辆购置税。

答案 D

考验三 船舶吨税

扫我解疑难

(一)船舶吨税的特征

1. 属于行为税
2. 以自中国境外港口进入境内港口的船舶为征税对象
3. 以应税船舶负责人为纳税人

【注意】并非仅针对外国船舶征收。

【例题1·判断题】船舶吨税只针对自中国境外港口进入中国境内港口的外国船舶征收。( )

解析 自中国境外港口进入境内船舶都征收船舶吨税。

答案 ×

(二)税率

1. 采用定额税率,按船舶净吨位和执照期限实行复式税率

2. 执行优惠税率的船舶
(1)我国国籍的应税船舶;
(2)船籍国(地区)与我国签订含有互相给予船舶税费最惠国待遇条款的条约或者协定的应税船舶。

(三)计税依据

以船舶净吨位为计税依据。

【注意】拖船和非机动驳船按相同净吨位船舶税率的50%计征。

(四)税收优惠

1. 应纳税额在人民币50元以下的船舶——海关本色

2. 自境外取得船舶所有权的初次进口到港的空载船舶——处女停

3. 吨税执照期满后24小时内不上下客货的船舶——幽灵船

4. 避难、防疫隔离、修理、终止运营或者拆解,并不上下客货的船舶——特殊目的

5. 非机动船舶(不包括非机动驳船)

6. 捕捞、养殖渔船

7. 军队、武装警察部队专用或征用的船舶、警用船舶

8. 依法应当予以免税的外国驻华使领馆、国际组织驻华代表机构及其有关人员的船舶

【例题2·单选题】根据船舶吨税法律制度的规定,下列船舶中,不予免征船舶吨税的是( )。

A. 捕捞渔船   B. 非机动驳船
C. 养殖渔船   D. 军队专用船舶

解析 拖船和非机动驳船分别按相同净吨位船舶税率的50%计征税款。

答案 B

(五)纳税期限

应税船舶负责人应当自海关填发吨税缴款凭证之日起15日内缴清税款。

【例题3·单选题】应税船舶负责人应当自海关填发吨税缴款凭证之日起( )日内向指定银行缴清船舶吨税税款。

A. 30   B. 20
C. 15   D. 40

答案 C

考验四　环境保护税（★★）

扫我解疑难

（一）纳税人

在我国领域和管辖海域，"直接"向环境排放应税污染物的"企业事业单位和其他生产经营者"。按照规定征收环境保护税，不再征收排污费。

『注意』不包括不从事生产经营的其他个人。

（二）征税范围

1. 税目

大气污染物、水污染物、固体废物、噪声。

2. 不属于"直接"排放的情形

（1）向依法设立的污水、生活垃圾"集中处理"场所排放应税污染物的；

（2）在符合国家和地方环境保护标准的设施、场所贮存或者处置固体废物的。

『注意』超标排放或不符合环保标准，应当缴纳环境保护税。

（三）税率

采用定额税率。

『注意』其中大气污染物、水污染物执行"幅度定额税率"，具体适用税额的确定和调整，由"省、自治区、直辖市人民政府"在规定的税额幅度内提出，报"同级人大常委会"决定，并报"全国人大常委会"和"国务院"备案。

（四）计税依据

1. 计税依据

（1）"大气和水污染物"按照污染物排放量折合的"污染当量数"确定；

（2）"固体废物"按照固体废物的"排放量"确定；

（3）"噪声"按照"超过国家规定标准的分贝数"确定。

2. 排放量和分贝数按照下列方法和顺序确定

（1）安装使用了符合规定的自动监测设备：按自动监测数据计算；

（2）未安装使用自动监测设备：按监测机构出具的监测数据计算；

（3）不具备监测条件的：按规定的排污系数、物料衡算方法计算；

（4）不能按上述方法计算的：按规定的抽样测算的方法核定计算。

（五）应纳税额计算

1. 计算公式

应纳税额＝计税依据×适用税额

2. 对噪声的特别规定

（1）一个单位边界上有"多处"噪声超标，根据"最高一处"超标声级计算应纳税额；当沿边界长度"超过100米"有两处以上噪声超标，按照"两个单位"计算应纳税额。

（2）一个单位有"不同地点"作业场所的，应当分别计算应纳税额，合并计征。

（3）"昼、夜"均超标的环境噪声，昼、夜分别计算应纳税额，累计计征。

（4）夜间频繁突发和夜间偶然突发厂界超标噪声，按等效声级和峰值噪声两种指标中超标分贝值高的一项计算应纳税额。

（六）税收优惠

1. 免征

（1）农业生产（不包括规模化养殖）排放应税污染物的；

（2）机动车、铁路机车、非道路移动机械、船舶和航空器等流动污染源排放应税污染物的；

（3）依法设立的城乡污水集中处理、生活垃圾集中处理场所排放相应应税污染物，不超过国家和地方规定的排放标准的；

（4）纳税人综合利用的固体废物，符合国家和地方环境保护标准的。

2. 减征

（1）纳税人排放应税大气污染物或者水污染物的浓度值低于国家和地方规定的污染物排放标准30%的，减按75%征收环境保护税；

（2）纳税人排放应税大气污染物或者水污染物的浓度值低于国家和地方规定的污染物排放标准50%的，减按50%征收环境保护税；

（3）工业噪声声源一个月内超标"不足15天"的，减半计算应纳税额。

（七）征收管理

1. 纳税义务发生时间

纳税人排放应税污染物的"当日"。

2. 纳税期限

按"月"计算，按"季"申报缴纳。不能按固定期限计算缴纳的，可以按"次"申报缴纳。

3. 纳税申报

（1）纳税人按季申报缴纳的，应当自季度终了之日起15日内，向税务机关办理纳税申报并缴纳税款。

（2）纳税人按次申报缴纳的，应当自纳税义务发生之日起15日内，向税务机关办理纳税申报并缴纳税款。

4. 纳税地点

向应税污染物"排放地"的税务机关申报缴纳。

【例题1·单选题】 根据环境保护税法律制度的规定，下列各项中，不属于环境保护税征税范围的是（　　）。

A. 噪声　　　　　B. 固体废物
C. 光污染　　　　D. 水污染物

解析 环境保护税的征税范围包括大气污染物、水污染物、固体废物和噪声等应税污染物。

答案 C

【例题2·判断题】 事业单位和其他生产经营者向依法设立的污水集中处理、生活垃圾集中处理场所排放应税污染物的，不缴纳相应污染物的环境保护税。（　　）

答案 √

【例题3·判断题】 大气污染物和水污染物按照污染范围计征环境保护税。（　　）

解析 大气污染物、水污染物按照污染物排放量折合的污染当量数计征环境保护税。

答案 ×

【例题4·单选题】 2019年7月甲公司产生炉渣400吨，其中80吨贮存符合国家和地方环境保护标准的设施中，100吨综合利用且符合国家和地方环境保护标准，其余的直接倒弃于周边空地。已知，炉渣环境保护税税率为25元/吨。计算甲公司当月所产生炉渣应缴纳环境保护税税额的下列算式中，正确的是（　　）。

A. （400-80-100）×25=5 500（元）
B. 400×25=10 000（元）
C. （400-100）×25=7 500（元）
D. （400-80）×25=8 000（元）

解析 （1）在符合国家和地方环境保护标准的设施、场所贮存或者处置固体废物（80吨），不属于直排污染物，不缴纳环境保护税；（2）纳税人综合利用的固体废物（100吨），符合国家和地方环境保护标准的免征环境保护税。

答案 A

【例题5·单选题】 甲建筑公司，2020年因施工作业导致产生的工业噪声超标16分贝以上，其中5月超标天数为12天，6月超标天数为22天，已知工业噪声超标16分贝以上每月税额为11 200元，则下列关于甲建筑公司应纳环境保护税的计算列式正确的是（　　）。

A. 11 200×2÷60×（12+22）=12 693.33（元）
B. 11 200×2=22 400（元）
C. 11 200×50%+11 200=16 800（元）
D. 11 200÷30×22=8 213.33（元）

解析 工业噪声声源一个月内超标"不足15天"的，减半计算应纳税额。

答案 C

【例题6·判断题】 机动车排放应税污染物应征收环境保护税。（　　）

解析 机动车、铁路机车、非道路移动机械、船舶和航空器等流动污染源排放应税污染物的，暂免征收环境保护税。

答案 ×

【例题7·单选题】 下列关于环境保护税的征收管理，说法错误的是（　　）。

A. 环境保护税的纳税义务发生时间为纳税人排放应税污染物的当日
B. 环境保护税按月计算，按年申报缴纳
C. 环境保护税可以按次申报缴纳
D. 纳税人应当向应税污染物排放地的税务机关申报缴纳环境保护税

解析 环境保护税按月计算，按"季"申报缴纳。

答案 B

第三部分　与增值税联系较为密切的税种

考验一　关税（★★★）

扫我解疑难

（一）关税的特征

1. 属于流转税
2. 以进出国境或关境的货物、物品为征税对象

（二）关税的纳税人（见表7-19）

表 7-19 关税的纳税人

适用情形	纳税人		
进口货物	收货人		
出口货物	发货人		
进境物品	所有人	入境旅客随身携带的行李、物品	持有人
		各种运输工具上服务人员入境时携带自用物品	持有人
		馈赠物品以及其他方式入境个人物品	所有人
		个人邮递物品	收件人

『老侯提示』接受纳税人委托办理货物报关等有关手续的"代理人",可以代办纳税手续,但不是纳税人。

【例题1·多选题】下列各项中,属于关税纳税人的有( )。
A. 进口货物的收货人
B. 进口货物的代理人
C. 出口货物的发货人
D. 个人邮递物品的发件人

解析 选项AC,贸易性商品的纳税人是经营进出口货物的"收、发货人";选项B,"代理人",可以代办纳税手续,但不是纳税人;选项D,个人邮递物品的"收件人"为关税纳税人。
答案 AC

(三)关税的课税对象

进出境的货物、物品。
『注意』对从境外采购进口的"原产于中国境内"的货物,也应按规定征收进口关税(执行最惠国税率)。

【例题2·判断题】对于从境外采购进口的原产于中国境内的货物,应按规定征收进口关税。( )
答案 √

(四)进口货物应纳税额的计算
1. 进口关税的完税价格
(1)一般贸易项下进口货物关税完税价格的确定。
以"海关审定"的成交价格为基础的到岸价格作为完税价格。具体内容见表7-20。

表 7-20 一般贸易项下进口货物关税完税价格的确定

应计入完税价格的项目	不应计入完税价格的项目(如已计入应予扣除)
(1)进口货物的买方为购买该项货物向卖方实际支付或应当支付的价格	—
(2)进口人在成交价格外另支付给"卖方"的佣金	(1)向境外采购代理人支付的"买方"佣金
—	(2)报关费、商检费等"报关费用"
(3)货物运抵我国关境内输入地点起卸"前"的包装费、运费、保险费和其他劳务费	(3)进口货物运抵境内输入地点起卸之"后"的运输及其相关费用、保险费
(4)为了在境内生产、制造、使用或出版、发行的目的而向境外支付的与该进口货物有关的专利、商标、著作权,以及专有技术、计算机软件和资料等费用	(4)厂房、机械、设备等货物进口后进行基建、安装、装配、维修和技术服务的费用

『注意』卖方付给进口人的"正常回扣",应从成交价格中扣除。卖方违反合同规定延期交货的罚款(补偿),卖方在货价中冲减的"罚款"(补偿)则不能从成交价格中扣除。

(2)特殊贸易下进口货物的完税价格。
①运往境外加工的货物。

出境时已向海关报明,并在海关规定期限内复运进境的,以境外加工费和料件费以及复运进境的运输及其相关费用和保险费审查确定完税价格。
②运往境外修理的机械器具、运输工具或者其他货物。

出境时已向海关报明并在海关规定期限内复运进境的,以经海关审定的修理费和料件费作为完税价格。

③租借和租赁进口货物。

以海关审定的租金作为完税价格。

【例题3·多选题】下列各项中,应计入进口货物关税完税价格的有( )。

A. 货物运抵我国关境内输入地点起卸前的运费、保险费

B. 货物运抵我国关境内输入地点起卸后的运费、保险费

C. 支付给卖方的佣金

D. 向境外采购代理人支付的买方佣金

解析 ▶ 选项AB,货物运抵我国关境内输入地点起卸"前"的包装费、运费、保险费和其他劳务费应计入关税完税价格,起卸之"后"的运输及其相关费用、保险费不能计入;选项CD,进口人在成交价格外另支付给"卖方"的佣金应计入关税完税价格,向境外采购代理人支付的"买方"佣金不得计入关税完税价格。 答案 ▶ AC

【例题4·判断题】在进口货物成交过程中,卖方付给进口人的正常回扣,在计算进口货物完税价格时不得从成交价格中扣除。( )

解析 ▶ 卖方付给进口人的正常回扣,应从成交价格中扣除。 答案 ▶ ×

【例题5·单选题】甲公司将一台设备运往境外修理,出境前向海关报关出口并在海关规定期限内复运进境,该设备经修理后的市场价格为500万元,经海关审定的修理费和料件费分别为15万元和20万元,计算甲公司该设备复运进境时进口关税完税价格的下列算式中,正确的是( )。

A. 500−15=485(万元)
B. 500−15−20=465(万元)
C. 500+15+20=535(万元)
D. 15+20=35(万元)

解析 ▶ 出境时已向海关报明并在海关规定期限内复运进境的,以经海关审定的修理费和料件费作为完税价格。本题完税价格=15+20=35(万元)。 答案 ▶ D

2. 关税的税率

(1)税率适用的标准。

进口货物适用何种关税税率是以"进口货物的原产地"为标准的。

(2)关税的税率种类(见表7-21)。

表7-21 关税的税率种类

种类	特点
普通税率	(1)原产于未与我国共同适用或订立最惠国税率、特惠税率或协定税率的国家或地区; (2)原产地不明
最惠国税率	(1)原产于共同适用最惠国条款的世贸组织成员; (2)原产于与我国签订最惠国待遇双边协定的国家; (3)原产于我国
协定税率	原产于与我国签订含有"关税优惠条款"的国家
特惠税率	原产于与我国签订含有"特殊关税优惠条款"的国家
关税配额税率	配额与税率结合,配额内税率较低,配额外税率较高
暂定税率	在最惠国税率的基础上,对特殊货物可执行暂定税率

【例题6·单选题】根据关税法律制度的规定,对原产于与我国签订含有特殊关税优惠条款的贸易协定的国家或地区的进口货物,适用特定的关税税率。该税率为( )。

A. 普通税率 B. 协定税率
C. 特惠税率 D. 最惠国税率

答案 ▶ C

【例题7·判断题】进口货物适用的关税税率是以进口货物原产地为标准的。( )

答案 ▶ √

3. 关税的计税依据及应纳税额计算(见表7-22)

表7-22 关税的计税依据及应纳税额计算

计税依据	适用范围	应纳税额
从价计征	一般货物	进口货物数量×单位完税价格×税率(①)
从量计征	啤酒、原油等	进口货物数量×关税单位税额(②)
复合计征	广播用录像机、放像机、摄像机	①+②
滑准税	滑准税是指关税的税率随着进口商品价格的变动而反方向变动的一种税率形式,即"价格越高,税率越低",税率为比例税率	

【注意】进口关税是计算进口增值税、消费税的基础,可以结合考核。

【例题8·单选题】根据关税法律制度的规定,下列应纳税额计算方法中,税率随着进口商品价格的变动而反方向变动的是( )。

A. 从价税计算方法
B. 复合税计算方法
C. 从量税计算方法
D. 滑准税计算方法

答案 ▶ D

【例题9·多选题】下列进口货物中,实行从价加从量复合计征进口关税的有( )。

A. 啤酒
B. 放像机
C. 广播用录像机
D. 摄影机

解析 ▶ 选项A,实行从量计征。

答案 ▶ BCD

【例题10·单选题】2019年9月甲公司进口生产设备一台,海关审定的货价45万元,运抵我国关境内输入地起卸前的运费4万元、保险费2万元。已知关税税率为10%。计算甲公司当月该笔业务应纳关税税额的下列算式中,正确的是( )。

A. (45+4+2)×10%=5.1(万元)
B. 45÷(1-10%)×10%=5(万元)
C. (45-2)×10%=4.3(万元)
D. (45-4)×10%=4.1(万元)

解析 ▶ 进口环节,关税完税价格包括货价以及货物运抵我国关境内输入地点起卸前的包装费、运费、保险费和其他劳务费等费用。

答案 ▶ A

(五)出口货物关税应纳税额的计算

1. 计税依据

出口货物离岸价格,扣除出口关税后作为完税价格。

出口货物完税价格=离岸价格÷(1+出口税率)

2. 应纳税额

应纳税额=出口货物完税价格×出口税率

【例题11·单选题】下列关于出口货物关税完税价格的计算公式中,正确的是( )。

A. 关税完税价格=离岸价格÷(1-出口税率)
B. 关税完税价格=离岸价格÷(1+出口税率)
C. 关税完税价格=离岸价格×(1-出口税率)
D. 关税完税价格=离岸价格×(1+出口税率)

解析 ▶ 出口货物离岸价格扣除出口关税后作为完税价格,出口货物完税价格=离岸价格÷(1+出口税率)。

答案 ▶ B

(六)关税的税收优惠

1. 法定减免

(1) 一票货物关税税额、进口环节增值税或者消费税税额在人民币"50元"以下的;

(2) "无商业价值"的广告品及货样;

(3) "国际组织、外国政府"无偿赠送的物资;

(4) 进出境运输工具装载的途中"必需"的燃料、物料和饮食用品;

(5) 因故"退还"的中国出口货物,可以免征进口关税,但已征收的出口关税不予退还;

(6) 因故"退还"的境外进口货物,可以免征出口关税,但已征收的进口关税不予退还。

2. 酌情减免

(1) 在境外运输途中或者在起卸时,遭受到损坏或者损失的;

(2) 起卸后海关放行前,因不可抗力遭受损坏或者损失的;

(3) 海关查验时已经破漏、损坏或者腐烂,经证明不是保管不善造成的。

【例题12·单选题】下列各项中,海关可以酌情减免关税的是( )。

A. 进出境运输工具装载的途中必需的燃料、物料和饮食用品
B. 无商业价值的广告品及货样
C. 国际组织无偿赠送的物资
D. 在境外运输途中遭受到损坏的进口货物

解析 ▶ 选项 ABC，属于法定免税项目；选项 D，属于海关可以酌情减免关税的项目。

答案 ▶ D

【例题13·单选题】下列各项中，经海关审查无误，可以免征关税的是（　）。
A. 关税税额为人民币 200 元的一票货物
B. 广告品和货样
C. 外国公司无偿赠送的物资
D. 进出境运输工具装载的途中必需的燃料、物料和饮食用品

解析 ▶ 选项 A，一票货物关税税额在人民币 50 元以下的免征关税；选项 B，"无商业价值"的广告品及货样免征关税；选项 C，国际组织、外国政府无偿赠送的物资（不包括外国企业）免征关税。

答案 ▶ D

（七）关税的征收管理

1. 纳税期限

进出口货物的收发货人或者代理人应当在海关填发税款缴款凭证之日起 15 日内，向指定银行缴纳税款。

2. 海关暂不予放行的旅客携运进、出境的行李物品

（1）旅客不能当场缴纳进境物品税款的；

（2）进出境的物品属于许可证件管理的范围，但旅客不能当场提交的；

【链接】《海关对进出境旅客行李物品监管办法》带进、带出国家限制进出境物品，应提交有关主管部门签发的准许进出境的证明。

（3）进出境的物品超出自用合理数量，按规定应当办理货物报关手续或者其他海关手续，尚未办理的；

（4）对进出境物品的属性、内容存疑，需要由有关主管部门进行认定、鉴定、验核的；

（5）按规定暂不予放行的其他行李物品。

3. 补征与追缴

（1）进出口货物完税后，如发现少征或漏征税款，海关有权在 1 年内予以补征；

（2）如因收发货人或其代理人违反规定而造成少征或漏征税款的，海关在 3 年内可以追缴。

【例题14·单选题】根据关税法律制度的规定，进出口货物完税后，如因收发货人违反规定而造成少征或漏征税款，海关在一定期限内可以追缴。该期限为（　）。
A. 3 年　　　　B. 6 年
C. 4 年　　　　D. 5 年

答案 ▶ A

考验二　城市维护建设税与教育费附加（★）（2021 年调整）

扫我解疑难

（一）城市维护建设税

1. 城市维护建设税的纳税人

实际缴纳"两税"（增值税、消费税）的单位和个人。

『注意』目前中、外资企业均需缴纳。

2. 城市维护建设税税率（见表7-23）

表7-23　城市维护建设税税率

地区	税率
市区	7%
县城、镇	5%
其他地区	1%

『注意1』由受托方代征、代扣增值税、消费税的单位和个人，其代征、代扣的城市维护建设税适用"受托方所在地"的税率。

『注意2』流动经营等无固定纳税地点的单位和个人，在经营地缴纳"两税"的，其城市维护建设税的缴纳按"经营地"适用税率执行。

3. 城市维护建设税计税依据

城市维护建设税的计税依据，是纳税人"实缴"的"两税"税额。

4. 城市维护建设税应纳税额的计算

应纳税额=（实际缴纳增值税+消费税）×适用税率

5. 城市维护建设税税收优惠

（1）进口不征；

（2）出口不退；

（3）对"两税"实行先征后返、先征后退、即征即退办法的，除另有规定外，对随"两税"附征的城市维护建设税，一律不予退（返）还。

【例题1·单选题】2020年10月甲公司向税

务机关实际缴纳增值税 70 000 元、消费税 50 000 元;向海关缴纳进口环节增值税 40 000 元、消费税 30 000 元。已知城市维护建设税适用税率为 7%,计算甲公司当月应缴纳城市维护建设税税额的下列算式中,正确的是( )。

 A.(70 000+50 000+40 000+30 000)×7% = 13 300(元)
 B.(70 000+40 000)×7% = 7 700(元)
 C.(50 000+30 000)×7% = 5 600(元)
 D.(70 000+50 000)×7% = 8 400(元)

【解析】 城市维护建设税的计税依据是纳税人当月实际缴纳的增值税、消费税税额。对进口货物或者境外单位和个人向境内销售劳务、服务、无形资产缴纳的增值税、消费税税额,不征收城市维护建设税。 【答案】 D

【例题 2·单选题】 甲公司委托乙公司加工一批高档化妆品,材料费 20 000 元,加工费 3 360 元,该批产品没有同类产品销售价格,已知消费税税率为 15%,甲公司、乙公司所在地城市维护建设税的税率分别为 5%、7%,下列关于应纳城市维护建设税税额的计算中正确的是( )。

 A.(20 000+3 360)×15%×5% = 175.2(元)
 B.(20 000+3 360)×15%×7% = 245.28(元)
 C.(20 000+3 360)÷(1-15%)×15%×5% = 206.12(元)
 D.(20 000+3 360)÷(1-15%)×15%×7% = 288.56(元)

【解析】 由受托方代扣代缴、代收代缴增值税、消费税的单位和个人,其代扣代缴、代收代缴的城市维护建设税按受托方所在地适用税率执行。委托加工高档化妆品由受托方(乙公司)代收代缴,甲公司应纳城市维护建设税=(材料费+加工费)÷(1-消费税税率)×消费税税率×城市维护建设税税率=(20 000+3 360)÷(1-15%)×15%×7% = 288.56(元)。 【答案】 D

【例题 3·单选题】 下列关于城市维护建设税税收优惠的表述中,不正确的是( )。

 A.对出口货物退还增值税的,可同时退还已缴纳的城市维护建设税
 B.海关对进口货物代征的增值税,不征收城市维护建设税
 C.对增值税实行先征后退办法的,除另有规定外,不予退还对随增值税附征的城市维护建设税
 D.对增值税实行即征即退办法的,除另有规定外,不予退还对随增值税附征的城市维护建设税

【解析】 对出口货物退还增值税、消费税的,不退还已缴纳的城市维护建设税。 【答案】 A

(二)教育费附加
1. 征收比率
教育费附加的征收比率为 3%。
2. 应纳税额计算
应纳教育费附加=(实际缴纳增值税+消费税)×3%

【说明】 教育费附加的其他规定如纳税人、计税依据、税收优惠等与城市维护建设税相同,此处不再赘述。

【例题 4·单选题】 2020 年 12 月甲企业当月应缴增值税 30 万元,实际缴纳 20 万元,应缴消费税 28 万元,实际缴纳 12 万元,已知教育费附加征收比率为 3%,则该企业当月应缴纳的教育费附加计算正确的是( )。

 A.(30+28)×3% = 1.74(万元)
 B.(20+12)×3% = 0.96(万元)
 C.30×3% = 0.9(万元)
 D.20×3% = 0.6(万元)

【解析】 教育费附加以纳税人实际缴纳的增值税、消费税税额之和为计征依据。 【答案】 B

【例题 5·判断题】 对海关进口产品征收的增值税、消费税,不征收教育费附加。 ( ) 【答案】 √

考验三 资源税(★★★)(2021 年调整)

扫我解疑难

(一)资源税的纳税人
1. 在我国"领域"和管辖的其他"海域"开发应税资源的单位和个人,为资源税的纳税人
2. 中外合作开采陆上、海上石油资源的企业
(1)合同期内:缴纳矿区使用费,不缴纳资源税。
(2)合同期满后:依法缴纳资源税。

【例题 1·多选题】 根据资源税法律制度的

规定,下列各项中,不征收资源税的有( )。

A. 石油公司销售自产原油
B. 加油站销售柴油
C. 贸易公司进口铁矿
D. 超市销售精盐

解析 资源税是对在中华人民共和国领域和中华人民共和国管辖的其他海域开发应税资源的单位和个人。选项BD不涉及应税资源,不征收资源税;选项C,进口资源产品不征收资源税。

答案 BCD

(二)资源税的征税范围

1. 能源矿产

原油、天然气、煤、铀、钍、地热等。

2. 金属矿产

黑色金属(如铁)、有色金属(如金)。

3. 非金属矿产

矿物类(如高岭土)、岩石类(如花岗岩)、宝玉石类(如玛瑙)。

4. 水气矿产

二氧化碳气、硫化氢气、氦气、氡气等。

5. 盐

钠盐、钾盐、镁盐、锂盐;天然卤水;海盐。

『注意』对取用地表水或者地下水的单位和个人试点征收水资源税。

【例题2·多选题】 根据资源税法律制度的规定,下列各项中属于资源税征税范围的有( )。

A. 石灰岩   B. 钾盐
C. 耐火黏土   D. 砂石

解析 选项ACD属于非金属矿产中的矿物类和岩石类;选项B,属于盐类。

答案 ABCD

【例题3·单选题】 根据资源税法律制度的规定,下列各项中,不属于资源税征税范围的是( )。

A. 开采的煤成(层)气
B. 以空气加工生产的液氧
C. 开采的原煤
D. 开采的天然气

解析 选项A,适用免税规定,但仍属于资源税征税范围;选项B,空气不属于我国境内不可再生的自然资源,因此以空气加工生产的液氧不属于资源税的征税范围。

答案 B

(三)资源税的税率形式

(1)绝大多数应税矿产品执行比例税率。

(2)"地热、石灰岩、其他粘土、砂石、矿泉水、天然卤水"纳税人可以"选择适用"比例税率或者定额税率。

『注意』纳税人开采或者生产不同税目应税产品的,应当分别核算不同税目应税产品的销售额,未分别核算的从高适用税率。

(四)资源税的应纳税额计算

1. 从价计征

应纳资源税=销售额×适用税率

『注意』销售额不包括应税产品从坑口或洗选(加工)地到车站、码头或购买方指定地点的运输费用、建设基金以及随运销产生的装卸、仓储、港杂费用。

2. 从量计征

应纳资源税=销售数量×适用税额

『注意』纳税人开采或者生产应税产品,自用于"连续生产应税产品"的,(移送使用时)不缴纳资源税;自用于其他方面的,视同销售,缴纳资源税。

3. 特殊情况下应纳税额计算

(1)应税产品为矿产品的,包括**"原矿"**和**"选矿"**。

①纳税人以自采原矿直接销售,或自用于应当缴纳资源税情形的,按照原矿计征资源税。

②纳税人以自采原矿洗选加工为选矿产品销售,或将选矿产品自用于应当缴纳资源税情形的,按照选矿产品计征资源税,在原矿移送环节不缴纳资源税。

(2)纳税人外购与自采应税产品混合销售或混合加工为应税产品销售。

①纳税人以外购与自采原矿混合为原矿销售,或以外购与自产选矿产品混合为选矿产品销售的,在计算应税产品销售额(数量)时,直接扣减外购原矿或选矿产品的购进金额(数量)。

②纳税人以外购原矿与自采原矿混合洗选加工为选矿产品销售的,在计算应税产品销售额(数量)时,准予扣减的外购应税产品购进金额(数量)=外购原矿购进金额(数量)×(本地区原矿适用税率÷本地区选矿产品适用税率)。

『老侯提示』准予扣减的外购应税产品的资源税=外购原矿购进金额(数量)×本地区原矿适用税率

【注意】上述情形,未准确核算外购应税产品的购进金额(数量),不得扣减,应当一并计算缴纳资源税。

(3)纳税人申报的销售额明显偏低且无正当理由,或有自用应税产品行为而无销售额的,主管税务机关可以按下列方法确定:

①按纳税人最近时期同类产品的平均销售价格确定。

②按其他纳税人最近时期同类产品的平均销售价格确定。

③按后续加工非应税产品销售价格,减去后续加工环节的成本利润后确定。

④按应税产品组成计税价格确定:

组成计税价格 = 成本×(1+成本利润率)÷(1-资源税税率)

(4)纳税人开采或生产同一应税产品,其中既有享受减免税政策的又有不享受减免税政策的,按照免税、减税项目的产量占比等方法分别核算确定免税、减税项目的销售额(数量)。

【例题4·判断题】纳税人将其开采的原煤自用于连续生产洗选煤的,在原煤移送使用环节,不缴纳资源税。( )

答案 √

【例题5·单选题】甲砂石企业开采砂石1 000吨,对外销售800吨,移送50吨砂石继续精加工。已知:砂石的资源税税率为4元/吨,甲企业应当缴纳的资源税的下列计算中,正确的是( )。

A. (800+50)×4 = 3 400(元)
B. 800×4 = 3 200(元)
C. 1 000×4 = 4 000(元)
D. 50×4 = 200(元)

解析 (1)矿石以销售数量为计税依据,而非开采数量;(2)纳税人开采应税产品,自用于连续生产应税产品的,移送使用时不缴纳资源税。

答案 B

【例题6·单选题】某铜矿2020年7月销售铜矿石原矿收取不含增值税的价款1 200万元,其中包括从坑口到车站的运输费用40万元,随运输产生的装卸、仓储费用20万元,均取得增值税发票。已知:该矿山铜矿石原矿适用的资源税税率为6%。计算该铜矿7月份应纳资源税税额的下列计算列式中,正确的是( )。

A. 1 200×6% = 72(万元)
B. (1 200-40)×6% = 69.6(万元)
C. (1 200-40-20)×6% = 68.4(万元)
D. (1 200+40+20)×6% = 75.6(万元)

解析 计入销售额中的相关运杂费用,凡取得增值税发票或者其他合法有效凭据的,准予从销售额中扣除。相关运杂费用是指应税产品从坑口或者洗选(加工)地到车站、码头或者购买方指定地点的运输费用、建设基金以及随运销产生的装卸、仓储、港杂费用。

答案 C

【例题7·单选题】甲铝矿2020年7月从乙铝矿购入一批铝土矿原矿,支付不含增值税的购买价款为600万元,当月将上述外购原矿与自采原矿混合洗选加工为选矿对外销售,取得不含增值税的销售额1 800万元。已知甲铝矿铝土矿原矿适用的税率为3%,选矿适用的税率为7%,乙铝矿铝土矿原矿适用的税率为2%。计算该铝矿7月份应纳资源税税额的下列计算列式中,正确的是( )。

A. 1 800×7% = 126(万元)
B. 1 800×7%-600×2% = 114(万元)
C. (1 800-600)×7% = 84(万元)
D. (1 800-600×3%÷7%)×7% = 108(万元)

解析 纳税人以外购原矿与自采原矿混合洗选加工为选矿产品销售,在计算应税产品销售额(数量)时,准予扣减的外购应税产品购进金额(数量) = 外购原矿购进金额(数量)×(本地区原矿适用税率÷本地区选矿产品适用税率)。

答案 D

(五)资源税的税收优惠

1. 免征

(1)开采原油以及油田范围内运输原油过程中用于"加热"的原油、天然气。

(2)煤炭开采企业因安全生产需要抽采的"煤成(层)气"。

【注意】"免征"区别于"不征":"人造"石油、"进口"石油,不属于开采我国境内不可再生的自然资源,因此不征收资源税。

2. 减征(见表7-24)

表 7-24 减征资源税

税目	条件	优惠幅度
石油天然气	低丰度油气田	减征 20%
	高含硫天然气、三次采油、深水油气田	减征 30%
	稠油、高凝油	减征 40%
煤炭	填充开采	减征 50%
所有矿产品	衰竭期矿山	减征 30%

『注意』上述优惠不能叠加适用。

3. 酌情减免

(1)纳税人开采或者生产应税产品过程中,因意外事故或者自然灾害等原因遭受重大损失;

(2)纳税人开采"共伴生矿、低品位矿、尾矿"。

『注意』纳税人的免税、减税项目,应当单独核算销售额或者销售数量;未单独核算或者不能准确提供销售额或者销售数量的,不予免税或者减税。

【例题8·多选题】下列各项中,免缴纳资源税的有( )。

A. 进口的原油
B. 出口的原油
C. 开采原油过程中用于加热的原油
D. 油田范围内运输原油过程中用于加热的原油

解析 ▶ 选项 A,进口原油不属于资源税征税范围;选项 B,出口原油正常征税;选项 CD,开采原油以及油田范围内运输原油过程中用于加热的原油免征资源税。 答案 ▶ CD

(六)资源税的征收管理

1. 纳税义务发生时间——同增值税
2. 纳税期限

(1)纳税申报。资源税按月或者按季申报缴纳;不能按固定期限计算缴纳的,可以按次申报缴纳。

(2)缴纳税款。

①按月或者按季申报的:月度或者季度终了之日起"15日"内;

②按次申报的:纳税义务发生之日起"15日"内。

3. 纳税地点

纳税人应当向应税产品"开采地"或者海盐的"生产地"的税务机关申报缴纳资源税。

考验四 烟叶税(★)

扫我解疑难

(一)烟叶税的概念

烟叶税是向收购烟叶产品的单位征收的,由烟草公司负担,按照收购金额的一定比例征收的一种税。

『注意』征收烟叶税不会增加农民负担。

(二)烟叶税的纳税人

(1)烟叶税的纳税人为在中华人民共和国境内"收购烟叶的单位"。(包括接受委托收购烟叶的单位)

(2)对依法查处没收的违法收购的烟叶,由"收购罚没烟叶的单位"缴纳烟叶税。

(三)烟叶税的征税范围

包括:晾晒烟叶、烤烟叶。

(四)烟叶税的计税依据

实际支付的价款总额=收购价款+价外补贴

价外补贴=收购价款×10%

(五)烟叶税的应纳税额

应纳税额=收购价款×(1+10%)×20%

【例题1·单选题】根据烟叶税法律制度的规定,下列各项中,属于烟叶税纳税人的是( )。

A. 销售香烟的单位
B. 生产烟叶的个人
C. 收购烟叶的单位
D. 消费香烟的个人

解析 ▶ 烟叶税的纳税人为我国境内"收购"烟叶的单位。 答案 ▶ C

【例题2·多选题】根据烟叶税法律制度规定,下列各项中属于烟叶税征收范围的有( )。

A. 晾晒烟叶 B. 烟丝

C. 卷烟 D. 烤烟叶

解析 选项BC，不属于烟叶，而属于烟叶的深加工产品。 **答案** AD

【**例题 3 · 单选题**】2020年9月甲公司向烟农收购烟叶一批，支付收购价款1 000 000元，支付价外补贴100 000元，已开具农产品收购发票。已知，烟叶税税率为20%，计算甲公司当月该笔业务应缴纳烟叶税税额的下列算式中，正确的是( )。

A.（1 000 000－100 000）×20%＝180 000（元）
B.（1 000 000＋100 000）×20%＝220 000（元）
C. 100 000×(1+20%)×20%＝24 000(元)
D. 1 000 000×20%＝200 000(元)

解析 烟叶税应纳税额＝实际支付的价款总额×烟叶税税率；价款总额＝烟叶收购价款＋价外补贴，价外补贴统一按烟叶收购价款的10%计算。 **答案** B

心有灵犀 限时120min

扫我做试题

一、单项选择题

1. 根据房产税法律制度的规定，下列房屋中，不属于房产税征税范围的是( )。
   A. 城市的房屋
   B. 农村的房屋
   C. 建制镇的房屋
   D. 县城的房屋

2. 甲公司厂房原值500万元，已提折旧200万元，已知房产原值减除比例为30%，房产税从价计征税率为1.2%，计算甲公司2020年度应缴纳房产税税额的下列算式中，正确的是( )。
   A. 200×(1－30%)×1.2%＝1.68(万元)
   B. 500×1.2%＝6(万元)
   C.（500－200）×(1－30%)×1.2%＝2.52(万元)
   D. 500×(1－30%)×1.2%＝4.2(万元)

3. 2020年甲公司出租办公用房取得含增值税租金199 500元。已知增值税征收率为5%；房产税从租计征的税率为12%。计算甲公司当年出租办公用房应缴纳房产税税额的下列算式中，正确的是( )。
   A. 199 500×(1－5%)×12%＝22 743(元)
   B. 199 500÷(1－5%)×12%＝25 200(元)
   C. 199 500×12%＝23 940(元)
   D. 199 500÷(1+5%)×12%＝22 800(元)

4. 2019年赵某以1 500万元的价格购入一栋2层别墅，作为其设立的个人独资企业的办公用房，同年经批准赵某花费200万元将其扩建为3层别墅，并支付30万元安装中央空调，已于年底完工。已知当地省政府规定计算房产余值的减除比例为30%，从价计征的房产税税率为1.2%，则赵某2020年应缴纳房产税的下列计算中，正确的是( )。
   A. 1 500×(1－30%)×1.2%＝12.6(万元)
   B.（1 500＋200＋30）×(1－30%)×1.2%＝14.53(万元)
   C.（1 500+200）×(1－30%)×1.2%＝14.28(万元)
   D.（1 500+30）×(1－30%)×1.2%＝12.85(万元)

5. 根据房产税法律制度的规定，下列各项中，免征房产税的是( )。
   A. 国家机关用于出租的房产
   B. 公立学校附设招待所使用的房产
   C. 公立幼儿园自用的房产
   D. 公园附设饮食部使用的房产

6. 甲公司2019年实际占地面积15 000平方米，其中生产区占地10 000平方米，生活区占地3 000平方米，对外出租2 000平方米。已知城镇土地使用税适用税率每平方米年税额2元。计算甲公司当年应缴纳城镇土地使用税税额的下列算式中，正确的是( )。
   A. 15 000×2＝30 000(元)
   B.（10 000+3 000）×2＝26 000(元)
   C. 10 000×2＝20 000(元)

D.（10 000+2 000)×2=24 000(元)

7. 某企业2020年年初实际占地面积为2 000平方米，2020年4月该企业为扩大生产，根据有关部门的批准，新征用非耕地3 000平方米。已知该企业所处地段适用年纳税额5元/平方米。该企业2020年应缴纳城镇土地使用税的下列计算中，正确的是( )。
   A. 2 000×5=10 000(元)
   B. 3 000×5=15 000(元)
   C. 2 000×5+3 000×5×8÷12=20 000(元)
   D. 2 000×5+3 000×5=25 000(元)

8. 甲房地产开发公司2020年实际占用土地面积30 000平方米，其中1 000平方米为售楼处和公司办公区；20 000平方米用于开发普通标准住宅，9 000平方米经批准用于开发经济适用房，已知该企业所处地段适用年税额24元/平方米，则甲房地产开发公司2020年应缴纳的城镇土地使用税税额的下列计算中，正确的是( )。
   A. 30 000×24=720 000(元)
   B. (20 000+1 000)×24=504 000(元)
   C. 1 000×24=24 000(元)
   D. 0

9. 甲公司从乙公司处购入一处土地使用权，双方于2020年3月5日签订合同，双方在合同中约定，支付价款的时间为4月30日前，交付土地使用权的日期为5月5日。因甲公司拖延付款，乙公司直至6月10日才向其交付该土地使用权，则甲公司城镇土地使用税的纳税义务发生时间是( )。
   A. 2020年4月   B. 2020年5月
   C. 2020年6月   D. 2020年7月

10. 下列各项中，不缴纳耕地占用税的是( )。
    A. 占用市区工厂土地建设商品房
    B. 占用市郊菜地建设公路
    C. 占用牧草地建设厂房
    D. 占用果园建设旅游度假村

11. 纳税人缴纳耕地占用税的方式是( )。
    A. 按年缴纳
    B. 按月缴纳
    C. 一次性缴纳
    D. 按季度缴纳

12. 农民赵某经批准在户籍所在地占用一块耕地建造住宅作为自己的婚房，对赵某的上述行为，根据耕地占用税的计税规定，下列说法中正确的是( )。
    A. 免征
    B. 减按2元/平方米征收
    C. 减半征收
    D. 加征50%

13. 根据契税法律制度的规定，下列各项中，免征契税的是( )。
    A. 房屋抵押   B. 房屋互换
    C. 房屋出租   D. 房屋承继

14. 甲企业将价值400万元的房屋与乙企业价值500万元的土地使用权进行互换，并向乙企业支付100万元差价。已知契税适用税率为3%。计算甲企业该笔业务应缴纳契税税额的下列算式中，正确的是( )。
    A. 400×3%=12(万元)
    B. 500×3%=15(万元)
    C. 100×3%=3(万元)
    D. (400+500)×3%=27(万元)

15. 下列各项中，不予免征契税的是( )。
    A. 医院承受划拨土地用于修建门诊楼
    B. 农民承受荒山土地用于林业生产
    C. 企业接受捐赠房屋用于办公
    D. 学校承受划拨土地用于建造教学楼

16. 根据土地增值税法律制度的规定，下列行为中，应缴纳土地增值税的是( )。
    A. 土地使用权的转让
    B. 房地产的出租
    C. 土地使用权的出让
    D. 房产的继承

17. 根据土地增值税法律制度的规定，下列各项中，在计算土地增值税时，应计入房地产开发成本的是( )。
    A. 与房地产开发项目有关的销售费用
    B. 取得土地使用权过程中缴纳的契税
    C. 取得土地使用权所支付的地价款
    D. 土地征用及拆迁补偿费

18. 2020年某房地产开发企业进行普通标准住宅开发，已知支付的土地出让金及相关税费为3 000万元；住宅开发成本2 800万元；房地产开发费用2 000万元，其中的利息支出为300万元，不能提供金融机构证明。已知：该企业所在省人民政府规定的房地产开发费用的计算扣除比例为10%。则该企业计算缴纳土地增值税时，可以扣除的房地产开发费用的下列计算中，正确的是( )。

A. 2 000-300=1 700(万元)
B. 3 000×10%=300(万元)
C. 2 000×10%=200(万元)
D. (3 000+2 800)×10%=580(万元)

19. 2020年6月甲公司销售自行开发的房地产项目，取得不含增值税销售收入10 000万元，准予从房地产转让收入中减除的扣除项目金额6 000万元，且增值额超过扣除项目金额50%、未超过扣除项目金额100%的部分，税率为40%，速算扣除系数为5%，计算甲公司该笔业务应缴纳土地增值税税额的下列计算公式中，正确的是( )。

A. (10 000-6 000)×40%+6 000×5%=1 900(万元)
B. 10 000×40%=4 000(万元)
C. (10 000-6 000)×40%-6 000×5%=1 300(万元)
D. 10 000×40%-6 000×5%=3 700(万元)

20. 下列企业的主管税务机关，可以要求其进行土地增值税清算的是( )。

A. 甲房地产开发公司的房地产开发项目全部竣工并已完成销售
B. 乙房地产开发公司取得销售许可证满2年仍未销售完毕
C. 丙房地产开发公司已竣工验收的房地产开发项目，已转让的房地产建筑面积占整个项目可售建筑面积的比例为75%，剩余的可售建筑面积已经出租
D. 丁房地产开发公司将未竣工决算的房地产开发项目整体转让

21. 根据印花税法律制度的规定，下列应税凭证中，以"件数"作为计税依据的是( )。

A. 仓储合同
B. 租赁合同
C. 权利、许可证照
D. 产权转移书据

22. 甲公司成立时注册资本500万元；领取营业执照、不动产权证书、商标注册证、药品经营许可证各一件；建立资金账簿1本，其他账簿10本；当月与乙公司签订买卖合同，商品售价50万元，由甲公司负责运输；与丙运输公司签订运输合同，合同价款2万元，其中运费1.5万元，装卸费0.5万元，分别记载。已知，买卖合同、运输合同的印花税税率为0.3‰，资金账簿的印花税税率为0.25‰，权利、许可证照的定额税率为每件5元，题目涉及价款均不含增值税。根据印花税法律制度的规定，甲公司应缴纳印花税的下列计算正确的是( )。

A. 5 000 000×0.25‰+14×5+500 000×0.3‰+15 000×0.3‰=1 460.5(元)
B. 5 000 000×0.25‰+3×5+500 000×0.3‰+15 000×0.3‰=1 419.5(元)
C. 5 000 000×0.25‰+15×5+500 000×0.3‰+15 000×0.3‰=1 479.5(元)
D. 5 000 000×0.25‰+4×5+500 000×0.3‰+20 000×0.3‰=1 426(元)

23. 根据车船税法律制度的规定，下列车船中，以整备质量吨位数为计税依据的是( )。

A. 商用客车   B. 机动船舶
C. 游艇   D. 商用货车

24. 赵某2020年4月12日购买1辆发动机气缸容量为1.6升的节能乘用车，已知适用年基准税额480元，则赵某2020年应缴纳车船税税额的下列计算中，正确的是( )。

A. 480×9÷12×50%=180(元)
B. 480×8÷12×50%=160(元)
C. 480×9÷12=360(元)
D. 480(元)

25. 赵某于2019年5月购入奔驰250一辆，2020年4月被盗，已按照规定办理退税。通过公安机关的侦查，2020年9月份被盗车辆失而复得，并取得公安机关的相关证明。已知当地小轿车车船税年税额为500元/辆，赵某2020年实际应缴纳的车船税的下列计算中，正确的是( )。

A. 0
B. 500×3÷12=125(元)
C. 500×7÷12=292(元)
D. 500(元)

26. 下列各项中，免予缴纳车船税的是( )。

A. 非机动驳船

B. 纯电动商用车

C. 政府机关公务用车

D. 出租车

27. 某汽车企业 2020 年 5 月进口自用小汽车一辆,海关审定的关税完税价格为 60 万元,缴纳关税 15 万元,消费税 25 万元,已知车辆购置税税率为 10%。计算车辆购置税税额的下列算式中,正确的是( )。

A.（60+15）×10%＝7.5（万元）

B.（60+25）×10%＝8.5（万元）

C.（60+15+25）×10%＝10（万元）

D. 60×10%＝6（万元）

28. 赵某 2019 年 6 月 1 日购入一辆小汽车自用,7 月 30 日申报并缴纳车辆购置税 10 万元。由于车辆制动系统存在严重问题,2020 年 6 月 30 日赵某将该车退回,则赵某可以申请退还的车辆购置税的下列计算中,正确的是（ ）。

A. 10（万元）

B. 10×（1-10%）＝9（万元）

C. 10×（1-20%）＝8（万元）

D. 0

29. 下列各项中,不征收环境保护税的是( )。

A. 光源污染　　B. 噪声污染

C. 水污染　　　D. 大气污染

30. 2020 年 3 月甲企业产生炉渣 150 吨,其中 30 吨在符合国家和地方环境保护标准的设施中贮存,100 吨综合利用且符合国家和地方环境保护标准,其余的直接倾弃于空地,已知炉渣环境保护税税率为 25 元/吨。计算甲企业当月所产生炉渣应缴纳环境保护税税额的下列算式中,正确的是( )。

A.（150-30）×25＝3 000（元）

B. 150×25＝3 750（元）

C.（150-100）×25＝1 250（元）

D.（150-100-30）×25＝500（元）

31. 纳税人排放应税大气污染物或者水污染物的浓度值低于国家和地方规定的污染物排放标准 50%的,减按( )征收环境保护税。

A. 0　　　　　B. 30%

C. 50%　　　　D. 75%

32. 甲公司从境外的乙公司进口一批平板电脑,委托丙公司代为办理进口报关手续,则下列关于我国进出口关税纳税人的说法中正确的是( )。

A. 甲公司是进口货物的收货人,因此甲公司是进出口关税的纳税人

B. 乙公司是出口货物的发货人,因此乙公司是进出口关税的纳税人

C. 丙公司是进口货物的代理人,因此丙公司是进出口关税的纳税人

D. 甲、乙、丙均不是进出口关税的纳税人

33. 2020 年 9 月甲公司进口一批货物,海关审定的成交价格为 1 100 万元,货物运抵我国境内输入地点起卸前的运费 96 万元,保险费 4 万元。已知关税税率为 10%。计算甲公司该笔业务应缴纳的关税税额的下列算式中,正确的是( )。

A.（1 100+96+4）×10%＝120（万元）

B.（1 100+4）×10%＝110.4（万元）

C. 1 100×10%＝110（万元）

D.（1 100+96）×10%＝119.6（万元）

34. 根据关税法律制度的规定,对原产地不明的进口货物,按( )征税。

A. 普通税率

B. 关税配额税率

C. 协定税率

D. 特惠税率

35. 下列进口货物中,实行从量计征进口关税的是( )。

A. 卷烟　　　　B. 汽车

C. 高档手表　　D. 原油

36. 甲化妆品公司为增值税一般纳税人,2020 年 6 月销售高档化妆品缴纳增值税 68 万元、消费税 60 万元,销售普通化妆品缴纳增值税 22 万元,缴纳本月房产税 2 万元。已知甲公司所在地使用的城市维护建设税税率为 7%。甲公司 2019 年 6 月应缴纳的城市维护建设税税额的下列计算中,正确的是( )。

A.（68+60+22+2）×7%＝10.64（万元）

B.（68+60+22）×7%＝10.5（万元）

C.（68+60）×7%＝8.96（万元）

D.（68+60+2）×7%＝9.1（万元）

37. 甲粘土企业开采陶粒用粘土 20 000 吨,对外销售 16 000 吨,移送 1 000 吨粘土继续精

工。已知粘土的资源税税率为0.5元/吨，甲企业应当缴纳的资源税的下列计算中，正确的是( )。

A. (16 000+1 000)×0.5＝8 500(元)
B. 16 000×0.5＝8 000(元)
C. 20 000×0.5＝10 000(元)
D. 1 000×0.5＝500(元)

38. 甲铝矿2020年7月从乙铝矿购入一批铝土矿原矿，支付不含增值税的购买价款为600万元，当月将上述外购原矿与自采原矿混合对外销售，取得不含增值税的销售额1 800万元。已知甲铝矿铝土矿原矿适用的税率为3%，乙铝矿铝土矿原矿适用的税率为2%。计算该铝矿7月份应纳资源税税额的下列计算列式中，正确的是( )。

A. 1 800×3%＝54(万元)
B. 1 800×3%-600×2%＝42(万元)
C. (1 800-600)×3%＝36(万元)
D. (1 800-600)×2%＝24(万元)

二、多项选择题

1. 下列各项中，应当由甲房地产公司缴纳房产税的有( )。

A. 甲公司已经开发完成尚未出售的商品房
B. 甲公司已经出售给赵某经营饭店的门面房
C. 甲公司已经出租给侯某经营饭店的门面房
D. 甲公司以自行开发的商品房作为销售部门的办公用房

2. 下列各项中，应当计入房产原值计征房产税的有( )。

A. 独立于房屋之外的烟囱
B. 中央空调
C. 房屋的给排水管道
D. 室外游泳池

3. 下列各项中，免征房产税的有( )。

A. 老年服务机构自用的房产
B. 因房屋大修导致连续停用3个月以上，在房屋停用期间
C. 施工期间在基建工地，为基建工地服务的工棚、材料棚等
D. 企业拥有并运营管理的大型体育场馆，其用于体育活动的房产，用于体育活动的天数不低于全年自然天数的70%

4. 下列关于城镇土地使用税的说法中，正确的有( )。

A. 城镇土地使用税以建筑面积为计税依据
B. 城镇土地使用税以使用面积为计税依据
C. 尚未核发土地使用证书的，应由纳税人据实申报土地面积，并据以缴纳城镇土地使用税，待核发土地使用证书后再作调整
D. 纳税人占用耕地，已缴纳了耕地占用税的，从批准征用之日起满1年后征收城镇土地使用税

5. 关于确定城镇土地使用税纳税人的下列表述中，符合法律制度规定的有( )。

A. 拥有土地使用权的单位或者个人为纳税人
B. 拥有土地使用权的单位或者个人不在土地所在地的，以代管人或者实际使用人为纳税人
C. 土地使用权未确定或权属纠纷未解决的，暂不缴纳城镇土地使用税
D. 土地使用权共有的，以共有各方为纳税人

6. 根据城镇土地使用税法律制度的规定，下列各项中，免征城镇土地使用税的有( )。

A. 直接用于农、林、牧、渔业的生产用地
B. 市政街道、广场、绿化地带等公共用地
C. 名胜古迹自用的土地
D. 国家机关、人民团体、军队自用的土地

7. 根据耕地占用税法律制度的规定，下列占用耕地进行非农业建设的行为，适用税额可以适当低于当地占用耕地适用税额的有( )。

A. 园地   B. 农田
C. 林地   D. 草地

8. 下列各项中，免征耕地占用税的有( )。

A. 工厂生产车间占用的耕地
B. 军用公路专用线占用的耕地
C. 学校教学楼占用的耕地
D. 医院职工住宅楼占用的耕地

9. 下列关于契税的说法中，错误的有( )。

A. 契税的纳税人是在我国境内转让土地、房屋权属的单位和个人
B. 土地使用权出让应按规定征收契税
C. 土地使用权转让应按规定征收契税
D. 承包者获得土地承包经营权应按规定征收契税

10. 下列情形中，免征土地增值税的有( )。

A. 因城市实施规划、国家建设的需要而搬

迁，由纳税人自行转让原房地产

B. 纳税人建造高级公寓出售，增值额未超过扣除项目金额20%的

C. 企事业单位转让旧房作为经济适用房房源且增值额未超过扣除项目金额20%的

D. 因国家建设需要依法征用、收回的房地产

11. 2018年2月，甲企业转让2010年自建的房产一栋取得收入2 000万元，该房产购入时的土地成本为600万元，房屋重置成本为300万元，成新率为50%，评估价格为150万元，缴纳增值税100万元，城建税及教育费附加10万元，评估费5万元，甲企业在计算土地增值税时准予扣除的项目有（　　）。

A. 土地成本600万元

B. 重置成本300万元

C. 评估价格150万元

D. 缴纳的增值税100万元及城建税及教育费附加10万元

12. 下列各项中，属于印花税纳税人的有（　　）。

A. 合同的双方当事人、担保人、证人、鉴定人

B. 会计账簿的立账簿人

C. 产权转移书据的立据人

D. 在国外书立、领受，但在国内使用应税凭证的单位

13. 下列各项中，不征收印花税的有（　　）。

A. 会计师事务所与客户之间签订的审计咨询合同

B. 电网与用户之间签订的供用电合同

C. 人身保险合同

D. 委托代理合同

14. 下列合同中，不征或免征印花税的有（　　）。

A. 企业与主管部门签订的租赁承包合同

B. 日拆性贷款合同

C. 软件公司与用户之间签订的技术培训合同

D. 研究所与企业之间签订的技术转让合同

15. 下列各项中，不征收印花税的有（　　）。

A. 应纳税额不足50元的

B. 商店、门市部的零星加工修理业务开具的修理单

C. 书、报、刊发行单位之间书立的凭证

D. 电话和联网购物

16. 下列关于印花税的计税依据，表述错误的有（　　）。

A. 承揽合同为加工承揽收入，包括委托方提供的原料及主要材料价值

B. 融资租赁合同为被租赁财产价值

C. 运输合同为运费包括装卸费、保险费

D. 借款合同为合同约定的借款利息

17. 下列关于印花税的表述中，正确的有（　　）。

A. 具有合同性质的凭证视同合同贴花

B. 既书立合同又开具单据，仅就合同贴花

C. 已缴纳印花税的凭证所载价款或者报酬增加的，纳税人应当补缴印花税

D. 已履行并贴花的合同，实际结算金额高于合同记载金额应补贴印花

18. 下列各项中，属于车船税征税范围的有（　　）。

A. 用于耕地的拖拉机

B. 用于接送员工的客车

C. 用于休闲娱乐的游艇

D. 供企业经理使用的小汽车

19. 下列各项中，不属于车船税征税范围的有（　　）。

A. 警车

B. 纯电动商用车

C. 纯电动乘用车

D. 临时入境的香港特别行政区车辆

20. 下列各项中，减半征收车船税的有（　　）。

A. 捕捞、养殖渔船

B. 拖船

C. 非机动船舶

D. 挂车

21. 下列各项中，属于车辆购置税纳税人的有（　　）。

A. 购买私家车并自用的个人

B. 进口车辆并对外出售的单位

C. 将自产汽车自用的单位

D. 获奖取得汽车并自用的个人

22. 下列各项中，属于车辆购置税征税范围的有（　　）。

A. 电动自行车

B. 汽车

C. 汽车挂车
D. 有轨电车

23. 下列各项中，免征车辆购置税的有( )。
    A. 外国驻华使领馆、国际组织驻华机构及其外交人员自用的车辆
    B. 设有固定装置的非运输专用作业车辆
    C. 城市公交企业购置的公共汽车
    D. 购置挂车

24. 下列关于环境保护税税收优惠的说法中，正确的有( )。
    A. 规模化养殖排放应税污染物，免征环境保护税
    B. 船舶排放应税污染物，免征环境保护税
    C. 城乡污水集中处理场所排放应税污染物，不超规定标准的，免征环境保护税
    D. 纳税人排放应税大气污染物的浓度值低于国家规定标准30%的，免征环境保护税

25. 下列关于环境保护税征收管理的说法中，正确的有( )。
    A. 纳税义务发生时间为排放应税污染物的当日
    B. 纳税人应当按月申报缴纳
    C. 不能按固定期限计算缴纳的，可以按次申报缴纳
    D. 纳税人应当向企业注册登记地税务机关申报缴纳

26. 下列各项中，应当计入关税完税价格的有( )。
    A. 进口货物的买方为购买该项货物向卖方实际支付或应当支付的价格
    B. 进口人在成交价格外另支付给买方代理人的佣金
    C. 货物运抵我国关境内输入地点起卸前的包装费、运费、保险费和其他劳务费
    D. 为了在境内生产、制造、使用或出版、发行的目的而向境外支付的与该进口货物有关的专利、商标、著作权，以及专有技术、计算机软件和资料等费用

27. 下列企业的行为中，免征进口关税的有( )。
    A. 赵某请美国的朋友代购皮包，报关进口时海关审定的关税完税价格为450元，我国箱包类产品关税税率为10%

    B. 甲公司想从新加坡进口一批特种纸，又担心该纸张无法满足设计及印刷需要，请厂家先运来一批纸样，该批纸样厂家已做特别标注，无商业价值
    C. 法国的一家葡萄酒厂无偿赠送中国葡萄酒生产企业一批葡萄酒
    D. 我国一家服装加工厂出口俄罗斯一批服装，因设计款式偏瘦被对方退回

28. 根据关税法律制度的规定，下列旅客携运进、出境的行李物品海关暂不予放行的有( )。
    A. 旅客不能当场缴纳进境物品税款
    B. 进出境的物品属于许可证件管理的范围，但旅客不能当场提交
    C. 进出境的物品超出自用合理数量，按规定应当办理货物报关手续或者其他海关手续，尚未办理
    D. 对进出境物品的属性、内容存疑，需要由有关主管部门进行认定、鉴定、验核

29. 下列各项中，海关可以酌情减免关税的有( )。
    A. 无商业价值的广告品及货样
    B. 起卸后海关放行前，因不可抗力遭受损坏的进口机械
    C. 外国企业无偿赠送的物资
    D. 在境外运输途中遭受到损坏的进口货物

30. 下列关于城市维护建设税税收优惠的说法中，正确的有( )。
    A. 由受托方代征、代扣增值税、消费税的单位和个人，其代征、代扣的城市维护建设税适用受托方所在地的税率
    B. 对进口货物缴纳的增值税、消费税税额，不征收城市维护建设税
    C. 对出口产品退还增值税、消费税的，应同时退还已缴纳的城市维护建设税
    D. 对增值税、消费税实行先征后返、先征后退、即征即退办法的，应同时退还已缴纳的城市维护建设税

31. 下列各项中，应当征收资源税的有( )。
    A. 原煤   B. 人造石油
    C. 海盐   D. 地热

32. 下列各项中，不征或免征资源税的有( )。
    A. 石油开采企业开采原油过程中用于加热

的原油

B. 煤炭加工企业使用未税原煤加工选煤对外销售

C. 盐业公司生产海盐对外销售

D. 煤矿开采企业因安全生产需要抽采煤层气对外销售

33. 下列各项中，属于烟叶税的纳税人的有（　）。

A. 种植烟叶的农民

B. 收购烟叶的烟草公司

C. 接受烟草公司委托收购烟叶的单位

D. 抽烟的烟民

34. 根据船舶吨税法律制度的规定，下列关于船舶吨税的说法中正确的有（　）。

A. 船舶吨税只针对自中国境外港口进入中国境内港口的外国船舶征收

B. 船舶吨税按净吨位和执照期限实行复式税率

C. 船籍国（地区）与我国签订含有互相给予船舶税费最惠国待遇条款的条约或者协定的应税船舶执行优惠税率

D. 船舶吨税由税务机关负责征收

35. 根据船舶吨税法律制度的规定，下列各项中免征船舶吨税的有（　）。

A. 应纳税额在人民币50元以下的船舶

B. 自境外取得船舶所有权的初次进口到港的空载船舶

C. 非机动驳船

D. 军队、武装警察部队专用或征用的船舶

三、判断题

1. 对融资租赁的房屋计征房产税时，应以出租方取得的租金收入为计税依据。（　）
2. 居民住宅区内业主共有的经营性房产税的纳税人为实际经营的房产代管人或者使用人。（　）
3. 纳税人出租房屋的，房产税的计税基础为含增值税的租金收入。（　）
4. 甲房地产公司以房产与乙公司投资联营，设立丙企业，双方约定甲房地产公司每年从丙企业分配保底利润500万元，甲公司投资的房产由丙企业按房产余值作为计税依据计缴房产税。（　）
5. 赵某拥有一套四合院，原一直用于居住，2020年6月转为经营民俗旅游，则赵某应于2020年7月起缴纳房产税。（　）
6. 房产不在同一地方的纳税人，应按房产的坐落地点分别向房产所在地的税务机关申报缴纳房产税。（　）
7. 纳税人购置新建商品房，自房屋交付使用当月缴纳城镇土地使用税。（　）
8. 纳税人购置存量房，为自办理房屋权属转移、变更登记手续，房地产权属登记机关签发房屋权属证书之月起缴纳城镇土地使用税。（　）
9. 在人均耕地低0.5亩的地区，耕地占用税加征50%。（　）
10. 经批准占用耕地的，纳税人应自实际占用耕地之日起30日内申报缴纳耕地占用税。（　）
11. 因采矿塌陷损毁耕地，应缴纳耕地占用税；自相关部门认定损毁耕地之日起1年内依法复垦或修复，恢复种植条件的，全额退还已经缴纳的耕地占用税。（　）
12. 王某转让位于市中心的一套房产，该交易涉及的契税应由王某申报缴纳。（　）
13. 土地使用权出让以不含增值税的成交价格作为契税的计税依据。（　）
14. 契税的纳税期限为自纳税义务发生之日起15日内。（　）
15. 对于一方出地，另一方出资金，双方合作建房，建成后按比例分房自用的，双方均应当征收土地增值税。（　）
16. 房地产开发项目中同时包含普通住宅和非普通住宅的，应分别计算土地增值税的税额。（　）
17. 专利权转让合同按技术合同缴纳印花税。（　）
18. 土地使用权转让合同按买卖合同缴纳印花税。（　）
19. 甲公司委托乙公司加工一批烟丝，并保管1个月，至甲公司新仓库建成时提货，双方在合同中约定加工费和保管费共计50万元，已知承揽合同的印花税税率为0.3‰，保管合同的印花税税率为1‰，上述合同应按1‰计税贴花。（　）
20. 根据印花税法律制度的规定，车间、门市部、仓库设置的不记载金额的登记簿、统计簿、台账等按5元/件贴花。（　）
21. 产权转移书据中价款与增值税税款未分开列明的，应当按照合计金额作为印花税的计税

依据。( )

22. 进行车辆牌照登记管理的车辆管理部门为机动车车船税的扣缴义务人。( )

23. 依法不需要在车船登记管理部门登记的,只在机场内部行驶,负责运送旅客登机的客车不属于车船税的征税范围,不征收车船税。( )

24. 2019年4月15日,赵某将2014年购买的一辆桑塔纳转让给侯某,已知转让时该车已经由赵某缴纳过2019年车船税,转让行为完成后,赵某可向当地主管税务机关申请办理车船税税款的退还。( )

25. 购置不需要办理车辆登记的应税车辆的,应当向车辆登记地的主管税务机关申报缴纳车辆购置税。( )

26. 进口货物适用何种关税税率是以进口货物进口地为标准的。( )

27. 滑准税是指关税的税率随着进口商品价格的变动而同方向变动的一种税率形式,即"价格越高,税率越高",税率为比例税率。( )

28. 出口货物关税完税价格的计算公式为:关税完税价格=离岸价格÷(1+出口税率)。( )

29. 对依法查处没收的违法收购的烟叶,由被罚没烟叶的单位缴纳烟叶税。( )

30. 城市维护建设税的计税依据为纳税人实际缴纳的增值税、消费税税额。( )

四、不定项选择题

【资料一】甲公司为增值税一般纳税人,主要从事房屋建筑工程施工业务。2019年6月有关经营情况如下:

(1)承建的一项住宅工程完工,取得含增值税工程款6 540 000元。

(2)销售库存的建筑材料,取得含增值税价款61 585元。

(3)将一台施工设备出租给乙公司,租期1个月,取得含增值税租金22 600元。

(4)向丙电网公司购电,取得增值税专用发票注明税额1 170元,所购电90%用于办公楼,10%用于职工食堂。

(5)公司经理王某国内出差,取得注明王某身份信息的铁路往返车票两张,票面金额共计1 090元;支付住宿费,取得增值税专用发票注明税额108元;支付餐费,取得增值税普通发票注明税额36元。

(6)转让2005年自建的办公用房一处,并签订产权转移书据,取得含增值税价款525 000元,选择适用简易计税方法计税;该办公用房已提折旧105 000元。

已知:建筑服务增值税税率为9%,销售货物增值税税率为13%,有形动产租赁服务增值税税率为13%,铁路旅客运输服务按照9%计算进项税额,取得的扣税凭证均符合抵扣规定。

要求:根据上述资料,不考虑其他因素,分析回答下列小题。

1. 计算甲公司当月增值税销项税额的下列算式中,正确的是( )。
   A. 6 540 000÷(1+9%)×9%+61 585÷(1+13%)×13%+22 600÷(1+13%)×13%=549 685(元)
   B. (6 540 000+22 600)×9%+61 585×13%=598 640.05(元)
   C. (6 540 000+61 585)÷(1+9%)×9%+22 600÷(1+13%)×13%=547 685(元)
   D. (6 540 000+61 585+22 600)×13%=861 144.05(元)

2. 计算甲公司当月准予抵扣增值税进项税额的下列算式中,正确的是( )。
   A. 1 170×90%+1 090÷(1+9%)×9%+108=1 251(元)
   B. 1 170+1 090÷(1+9%)×9%+36=1 296(元)
   C. 1 170×90%+1 090×9%+108=1 259.1(元)
   D. 1 170+1 090×9%+108+36=1 412.1(元)

3. 计算甲公司转让办公用房应缴纳增值税税额的下列算式中,正确的是( )。
   A. (525 000-105 000)÷(1+5%)×5%=20 000(元)
   B. 525 000×5%=26 250(元)
   C. 525 000÷(1+5%)×5%=25 000(元)
   D. (525 000-105 000)×5%=21 000(元)

4. 下列税种中,甲公司转让办公用房应缴纳的是( )。
   A. 印花税　　　B. 土地增值税
   C. 房产税　　　D. 契税

【资料二】甲电器公司为居民企业。主要从事热水器的生产和销售业务,2019年度有关经营情况如下：

(1)将一处仓库对外出租，与承租方签订房屋租赁合同。合同约定当年租金总额18.9万元，未分别列明租金与增值税税款。甲电器公司选择简易计税方法计算增值税。

(2)财务费用账户中列支两笔利息费用。向W金融企业借入生产用资金400万元。借款期限6个月，支付借款利息10.32万元。向本公司职工借入生产用资金120万元，并与职工签订了借款合同，借款期限4个月，支付利息3.2万元。金融企业同期同类贷款年利率为5.16%。

(3)8月购入一台价值576万元的机器设备并于当月投入使用，会计上按直线法计提折旧，会计折旧年限为10年，预计净残值为零。税法规定的最低折旧年限及预计净残值与会计规定相同。甲电器公司税务处理上选择享受固定资产加速折旧优惠政策，折旧年限为税法规定的最低折旧年限的60%。

已知：增值税征收率为5%；城市维护建设税税率为7%；教育费附加征收比率为3%；房产税税率为12%；印花税税率为1‰。

要求：根据上述资料，不考虑其他因素，分析回答下列小题。

1. 关于甲电器公司2019年度对外出租仓库应缴纳税费的下列表述中，正确的是( )。
   A. 应缴纳印花税税额 = 18.9×1‰ = 0.189(万元)
   B. 应缴纳城市维护建设税税额和教育费附加 = 18.9÷(1+5%)×5%×(7%+3%) = 0.09(万元)
   C. 应缴纳增值税税额 = 18.9÷(1+5%)×5% = 0.9(万元)
   D. 应缴纳房产税税额 = 18.9÷(1+5%)×12% = 2.16(万元)

2. 甲电器公司出租仓库缴纳的下列税费中，在计算2019年度企业所得税应纳税所得额时，准予扣除的是( )。
   A. 房产税
   B. 印花税
   C. 增值税
   D. 城市维护建设税和教育费附加

3. 在计算甲电器公司2019年度企业所得税应纳税所得额时，准予扣除的利息费用金额是( )。
   A. 10.32万元   B. 12.384万元
   C. 13.52万元   D. 3.2万元

4. 在计算甲电器公司2019年度企业所得税应纳税所得额时，购入机器设备计提的折旧费应纳税调减金额的下列算式中，正确的是( )。
   A. 576÷(10×60%) - 576÷10÷12×4 = 76.8(万元)
   B. 576÷(10×60%)÷12×4 = 32(万元)
   C. 576÷(10×60%)÷12×4 - 576÷10÷12×4 = 12.8(万元)
   D. 576÷(10×60%) - 576÷10 = 38.4(万元)

心有灵犀答案及解析

一、单项选择题

1. B 【解析】房产税的征税范围不包括农村。

2. D 【解析】从价计征房产税的，以房产"原值"一次减除10%~30%后的"余值"为计税依据，不扣除折旧。

3. D 【解析】房产出租的，计征房产税的租金收入不含增值税。

4. B 【解析】(1)以房屋为载体，不可随意移动的附属设备和配套设施，如中央空调，应计入房产原值，计征房产税；(2)纳税人对原有房屋进行改建、扩建的，要相应增加房屋的原值。

5. C 【解析】选项A，国家机关"自用"的房产免征，"出租房产"不属于免税范围；选项B，由国家财政部门拨付事业经费的单位所有的"本身业务范围"内使用的房产免征，"非自身业务使用的生产、营业用房"不属于免税范围；选项D，公园"自用"的房产免征，但其中附设的营业单位，如饮食部等所使用的房产，不属于免税范围。

6. A 【解析】各项占地均没有纳税减免优惠，均应缴纳城镇土地使用税。

7. C 【解析】纳税人新征用的非耕地，自批准征用之次月起计算缴纳城镇土地使用税，应纳税额=2 000×5+3 000×5×8÷12=20 000（元）。

8. B 【解析】房地产开发公司开发建造商品房的用地，除经批准开发建设经济适用房的用地外，对各类房地产开发用地一律不得减免城镇土地使用税。

9. C 【解析】以出让或转让方式有偿取得土地使用权的，城镇土地使用税的纳税义务发生时间为合同约定交付土地时间的次月起。

10. A 【解析】（1）耕地，是指用于种植农作物的土地，包括菜地、园地。其中，园地包括花圃、苗圃、茶园、果园、桑园和其他种植经济林木的土地。（2）占用牧草地，也视同占用耕地。

11. C

12. C 【解析】农村居民在规定用地标准以内占用耕地建设自用住宅减半征收耕地占用税。

13. D 【解析】选项AC，不属于契税的征税范围，不征收契税；选项B，按价格差额征收契税；选项D，免征契税。

14. C 【解析】房屋所有权与土地使用权之间相互交换，以互换的价格差额为计税依据，由多交付货币的一方缴纳契税。

15. C 【解析】选项AD，国家机关、事业单位、社会团体、军事单位承受土地、房屋用于办公、教学、医疗、科研和军事设施的，免征契税；选项B，纳税人承受荒山、荒地、荒滩土地使用权，用于农、林、牧、渔业生产的，免征契税。

16. A 【解析】选项AC，土地增值税只对转让土地使用权的行为征税，对出让土地的行为不征税；选项B，不涉及产权的转让，不征税；选项D，土地增值税只对有偿转让的房地产征税，对以继承等方式无偿转让的房地产，不予征税。

17. D 【解析】选项A，属于房地产开发费用；选项BC，属于"取得土地使用权所支付的金额"。

18. D 【解析】财务费用中的利息支出，凡不能按转让房地产项目计算分摊利息支出或不能提供金融机构证明的，房地产开发费用按"取得土地使用权所支付的金额和房地产开

发成本"之和的10%以内计算扣除。计算扣除的具体比例，由各省、自治区、直辖市人民政府规定。

19. C 【解析】土地增值税=增值额×税率－扣除项目金额×速算扣除系数；增值额=转让房地产取得的收入－扣除项目金额。

20. C 【解析】选项AD，纳税人"应当"进行土地增值税的清算；选项B，取得销售（预售）许可证满3年仍未销售完毕的主管税务机关可以要求其进行土地增值税清算；选项C，已竣工验收的房地产开发项目，已转让的房地产建筑面积占整个项目可售建筑面积的比例虽未超过85%，但剩余的可售建筑面积已经出租或自用的主管税务机关可以要求其进行土地增值税清算。

21. C 【解析】选项AB，以不含增值税的价款，为计税依据，适用1‰的比例税率；选项D，以不含增值税的价款，为计税依据，适用0.5‰的比例税率；选项C，以件数为计税依据，适用5元/件的固定税额。

22. B 【解析】（1）营业账簿中记载资金的账簿，以"实收资本"与"资本公积"两项的合计金额为其计税依据，应纳税额=5 000 000×0.25‰=1 250（元）；（2）不记载金额的其他账簿免征印花税；（3）应缴纳印花税的权利许可证照有营业执照、不动产权证书、商标注册证，一并按件贴花，应纳税额=3×5=15（元）；（4）买卖合同应纳税额=500 000×0.3‰=150（元）；（5）运输合同以不含增值税的运费为计税依据，不包括其他杂费，应纳税额=15 000×0.3‰=4.5（元）；（6）甲公司应缴纳印花税合计=1 250+15+150+4.5=1 419.5（元）。

23. D 【解析】选项A，以辆数为计税依据；选项B，以净吨位数为计税依据；选项C，以艇身长度为计税依据。

24. A 【解析】（1）购置的新车船，购置当年的应纳税额自纳税义务发生的当月起按月计算，本题应从4月开始计算车船税；（2）购入1.6升及以下排量的乘用车，减半征收车船税。

25. C 【解析】丢失车辆自丢失月份起可凭证明申报退还已纳车船税，其后又失而复得

的,自公安机关出具相关证明的当月起计算缴纳车船税。赵某于 2020 年 4 月丢失车辆 2020 年 9 月找回,可申报退还 4、5、6、7、8 月共计 5 个月的税款,则其实际应纳税款=500×7÷12=292(元)。

26. B 【解析】选项 A,减半征收车船税;选项 B,对使用新能源的车船,如纯电动商用车、插电式混合动力汽车、燃料电池商用车,免征车船税;选项 CD,全额缴纳车船税。

27. C 【解析】(1)纳税人进口自用的应税车辆组成计税价格=关税完税价格+关税+消费税;(2)应纳车辆购置税=组成计税价格×10%。

28. A 【解析】(1)已征车辆购置税的车辆退回车辆生产或销售企业,纳税人申请退还车辆购置税的,使用年限的计算方法是,自纳税人缴纳税款之日起,至申请退税之日止;;(2)本题中纳税申报日为 2019 年 7 月 30 日,退回日为 2020 年 6 月 30 日,不满一年,应当全额退税。

29. A 【解析】环境保护税的征税范围是规定的大气污染物、水污染物、固体废物和噪声等应税污染物。光源污染不征收环境保护税。

30. D 【解析】(1)在符合国家和地方环境保护标准的设施、场所贮存或者处置固体废物(30 吨),不属于直排污染物,不缴纳环境保护税;(2)纳税人综合利用的固体废物(100 吨),符合国家和地方环境保护标准的免征环境保护税。

31. C

32. A 【解析】进口贸易性商品的纳税人是进口货物的收货人。

33. A 【解析】进口环节,关税完税价格包括货价以及货物运抵我国关境内输入地点起卸前的包装费、运费、保险费和其他劳务等费用。

34. A

35. D 【解析】进口关税一般采用比例税率,实行从价计征的办法,但对啤酒、原油(选项 D)等少数货物则实行从量计征。

36. B 【解析】城建税的计税依据为纳税人实际缴纳的增值税和消费税之和。

37. B 【解析】纳税人开采应税产品,自用于连续生产应税产品的,移送使用时不缴纳资源税,最终产品出售时应当缴纳资源税。

38. C 【解析】纳税人以外购原矿与自采原矿混合为原矿销售的,在计算应税产品销售额时,直接扣减外购原矿的购进金额。

二、多项选择题

1. CD 【解析】选项 A,房地产开发企业建造的商品房,在出售前,不征收房产税;选项 B,应当由赵某缴纳房产税;选项 CD,房地产开发企业建造的商品房,在出售前该房地产开发企业已使用或出租、出借的应按规定征收房产税。

2. BC 【解析】选项 AD,独立于房屋之外的建筑物,如围墙、烟囱、水塔、菜窖、室外游泳池等不属于房产税的征税范围;选项 BC,凡以房屋为载体,不可随意移动的附属设备和配套设施,如给排水、采暖、消防、中央空调、电气及智能化楼宇设备等,无论在会计核算中是否单独记账与核算,都应计入房产原值,计征房产税。

3. AC 【解析】选项 B,纳税人因房屋大修导致连续停用半年以上的,在房屋大修期间免征房产税;选项 D,减半征收房产税。

4. CD 【解析】选项 AB,城镇土地使用税的计税依据是实际占用的土地面积。

5. ABD 【解析】选项 C,由实际使用人缴纳城镇土地使用税。

6. ABCD

7. ACD 【解析】占用园地、林地、草地、农田水利用地、养殖水面以及渔业养殖滩涂等其他农用地建设建筑物、构筑物或者从事非农业建设的,应征收耕地占用税,适用税额可以适当低于当地占用耕地的适用税额。

8. BC 【解析】选项 BC,军事设施占用耕地、学校、幼儿园、社会福利机构、医疗机构占用耕地,免征耕地占用税;选项 D,医院内职工住房应当按照规定征收耕地占用税。

9. AD 【解析】选项 A,契税的纳税人是在我国境内承受土地、房屋权属转移的单位和个人;选项 D,土地承包经营权的转移,不属于契税的征税范围。

10. ACD 【解析】选项 B,"高级公寓"不属于普通标准住宅,不能适用免税规定。

11. AC 【解析】纳税人转让旧房,准予扣除的项目包括取得土地时的成本、房屋的评估价格(非重置成本)、转让时缴纳的其他相关费用及税金(不含增值税)。

12. BCD 【解析】选项A,签订合同的各方都是印花税的纳税人,但不包括合同的担保人、证人和鉴定人。

13. ABCD 【解析】选项A,法律、会计、审计等方面的咨询不属于技术咨询,其所立合同不贴印花;选项B,电网与用户之间签订的供用电合同不征收印花税,但对发电厂与电网之间、电网与电网之间签订的购售电合同,按买卖合同征收印花税;选项C,财产保险合同按规定征收印花税,人身保险合同不属于印花税的征税范围;选项D,不属于印花税征税范围。

14. AB 【解析】选项A,企业与主管部门签订的租赁承包合同不属于财产租赁合同,不征收印花税;选项B,日拆性贷款合同免征印花税;选项CD,属于技术合同范围,应征收印花税。

15. BCD 【解析】选项A,应纳税额不足一角的,免征印花税。

16. ABCD 【解析】选项A,承揽合同为承揽收入,"不包括"委托方提供的原料及主要材料价值;选项B,融资租赁合同,以租赁金额为计税依据,"不包括"被租赁财产价值;选项C,运输合同,以合同记载的运费为计税依据,"不包括"装卸费和保险费;选项D,借款合同以借款金额为计税依据,"不包括"借款利息。

17. ABC 【解析】选项D,已履行并贴花的合同,实际结算金额高于合同记载金额一般不再补贴印花。

18. BCD 【解析】选项A,拖拉机不属于车船税的征税范围。

19. CD 【解析】选项AB,属于车船税征税范围,但免征车船税;选项CD,不属于车船税征税范围,同学们尤其注意区别选项B与选项C。

20. BD 【解析】选项A,免征车船税;选项C,不属于车船税征税范围;选项BD,拖船、非机动驳船、挂车、1.6升及以下排量的节能汽车减半征收车船税。

21. ACD 【解析】选项B,不属于自用,不缴纳车辆购置税。

22. BCD 【解析】车辆购置税的"应税车辆"包括:汽车、有轨电车、汽车挂车、排气量超过150ml的摩托车,不包括电动自行车。

23. ABC 【解析】选项C,城市公交企业购置的"公共汽电车辆"免征车辆购置税,公共气电车,包括汽车和电车;选项D,减半征收。

24. BC 【解析】选项A,农业生产(不包括规模化养殖)排放应税污染物,免征环境保护税;选项D,减按75%征收环境保护税。

25. AC 【解析】选项B,纳税人按月计算,按季申报纳税,不能按固定期限计算缴纳的,可以按次申报缴纳;选项D,纳税人应当向应税污染物排放地税务机关申报缴纳。

26. ACD 【解析】选项B,进口人在成交价格外另支付给"卖方"的佣金应当计入完税价格,买方佣金不能进入。

27. ABD 【解析】选项A,一票货物关税税额、进口环节增值税或者消费税税额在人民币50元以下的免税;选项B,无商业价值的广告品及货样免税;选项C,国际组织、外国政府无偿赠送的物资免税,不包括外国企业的无偿赠送;选项D,因故退还的中国出口货物,可以免征进口关税,但已征收的出口关税,不予退还。

28. ABCD

29. BD 【解析】选项A,属于法定免税项目;选项C,国际组织、外国政府无偿赠送的物资免征进口关税,外国企业无偿赠送的物资应按规定征收进口关税;选项BD,属于海关可以酌情减免关税的项目。

30. AB 【解析】选项C,城市维护建设税"进口不征,出口不退";选项D,对增值税、消费税实行先征后返、先征后退、即征即退办法的,除另有规定外对随增值税、消费税附征的城市维护建设税,一律不予退还。

31. ACD 【解析】选项B,天然原油征收资源税,人造石油不征收资源税。

32. AD 【解析】选项A,开采原油过程中用于加热的原油,免征资源税;选项D,煤炭开采企业因安全生产需要抽采的"煤成(层)

气",免征资源税。

33. BC 【解析】烟叶税的纳税人为在中华人民共和国境内"收购烟叶的单位",包括受委托收购烟叶的单位。

34. BC 【解析】选项A,船舶吨税是自中国境外港口进入中国境内港口的船舶征收的一种税;选项D,船舶吨税由海关征收。

35. ABD 【解析】选项C,按相同净吨位船舶税率的50%计征税款。

三、判断题

1. × 【解析】融资租赁的房屋,由承租人以房产余值计征房产税。
2. √
3. × 【解析】计税租金为不含增值税的租金收入。
4. × 【解析】对以房产投资收取固定收入、不承担经营风险的,实际上是以联营名义取得房屋租金,应以出租方取得的租金收入为计税依据计缴房产税。
5. × 【解析】纳税人将原有房产用于生产经营,从生产经营之月起缴纳房产税。
6. √
7. × 【解析】纳税人购置新建商品房,自房屋交付使用之次月起,缴纳城镇土地使用税。
8. × 【解析】题目所述情形,应自房地产权属登记机关签发房屋权属证书之次月起缴纳城镇土地使用税。
9. × 【解析】题目所述情形,耕地占用税加征"不超过50%"。
10. × 【解析】经批准占用耕地的,纳税人自收到土地管理部门农用地转用批复文件之日起30日内申报缴纳耕地占用税。
11. × 【解析】因"挖损、采矿塌陷、压占、污染"等损毁耕地属于税法所称的非农业建设,应依照税法规定缴纳耕地占用税;自自然资源、农业农村等相关部门认定损毁耕地之日起"3年内"依法复垦或修复,恢复种植条件的,"全额退还"已经缴纳的耕地占用税。
12. × 【解析】契税的纳税人,是在我国境内承受土地、房屋权属转移的单位和个人。
13. √
14. × 【解析】契税的纳税期限为自纳税义务发生之日起10日内。

15. × 【解析】题目所述情形,暂免征收土地增值税。
16. √
17. × 【解析】"专利权转让、专利实施许可"按产权转移书据贴花。
18. × 【解析】"商品房买卖合同、土地使用权出让与转让合同"均按照产权转移书据缴纳印花税。
19. √ 【解析】同一应税凭证载有两个或两个以上经济事项并"分别列明"价款或者报酬的,按照各自适用税目税率计算应纳税额;"未分别列明"价款或者报酬的,按税率高的计算应纳税额。
20. × 【解析】题目所述情形不贴印花。
21. √
22. × 【解析】从事机动车第三者责任强制保险业务的"保险机构"为机动车车船税的扣缴义务人。
23. × 【解析】车船税的征税范围包括:(1)依法应当在车船登记管理部门登记的机动车辆和船舶;(2)依法不需要在车船登记管理部门登记的在单位内部场所行驶或者作业的机动车辆和船舶。
24. × 【解析】已缴纳车船税的车船在同一纳税年度内办理转让过户的,不另纳税,也不办理退税。
25. × 【解析】不需要办理车辆登记的,单位纳税人向其机构所在地的主管税务机关申报纳税,个人纳税人向其户籍所在地或者经常居住地的主管税务机关申报纳税。
26. × 【解析】进口货物适用的关税税率以进口货物"原产地"为标准。
27. × 【解析】滑准税是指关税的税率随着进口商品价格的变动而反方向变动的一种税率形式,即"价格越高,税率越低",税率为比例税率。
28. √
29. ×
30. √

四、不定项选择题

【资料一】

1. A 【解析】业务(1)按照建筑服务计征增值税,适用9%的税率;业务(2)按照销售货物计征增值税,适用13%的税率;业务(3)按照有形动产租赁服务计征增值税,适用13%的税率。价款为含增值税金额,需要价税分离。

2. A 【解析】(1)用于职工食堂的10%的购进电力不得抵扣进项税额;(2)铁路旅客运输进项税额=票面金额÷(1+9%)×9%;(3)住宿费取得增值税专用发票可以凭票抵扣;(4)餐费取得的增值税普通发票不得抵扣进项税额。

3. C 【解析】转让自建不动产应以收入全额为计税销售额,525 000元为含增值税价款,应当价税分离。

4. AB 【解析】选项C,房地产流转过程中不涉及房产税的缴纳;选项D,甲公司是转让方,契税应由房产承受方缴纳。

【资料二】

1. ABCD 【解析】选项A,印花税应税合同的计税依据为合同列明的价款或者报酬,不包括增值税税款,但合同中价款或者报酬与增值税税款未分开列明的,按照合计金额确定;选项B,城建税和教育费附加以实缴的增值税为计税依据;选项C,不动产租赁服务适用简易计税方法征收率已知,取得的租金收入为含税销售额,应当换算为不含税销售额;选项D,房屋出租的房产税从租计征,应纳房产税税额=不含增值税租金×12%。

2. ABD 【解析】选项C,属于价外税,不计入收入,不得在税前扣除。

3. B 【解析】(1)向金融企业借款的利息费用,准予据实扣除,第1笔借款利息支出可扣除10.32万元;(2)向非金融机构或者个人的借款利息,不超过按照金融企业同期同类贷款利率计算的数额的部分,准予扣除,第二笔借款利息支出可扣除的金额=120×5.16%÷12×4=2.064(万元);(3)合计准予扣除的利息支出=10.32+2.064=12.384(万元)。

4. C 【解析】(1)固定资产应于投入使用的次月起开始计算折旧费用,本题2019年度应计算4个月的折旧费用;(2)按税法规定加速折旧的情况下应计提的折旧费用=576÷(10×60%)÷12×4=32(万元);(3)企业已经计提的折旧费用=576÷10÷12×4=19.2(万元);(4)应纳税调减的金额=32−19.2=12.8(万元)。

第八绝 "茶"——税收征收管理法律制度

深闺茶话

佳人"八绝",以"茶"送客。正所谓"日月精华叶底藏,静心洗浴不张扬"。一如本章,是《经济法基础》最低调的一章,在考试中所占分值也只有5%左右。程序法的内容本就不难,适当关注"时间规定"和"税款征收"的相关内容即可。

2021年考试变化

本章无实质性变动。

人生初见

第一部分 税收征管法概述

考验一 税收征管法的概念、性质和适用范围(★)

扫我解疑难

(一)概念
税收征收管理法,是指调整税收征收与管理过程中所发生的社会关系的法律规范的总称。

(二)性质
属于税收程序法。

(三)适用范围
由税务机关负责征收的税种,适用税收征管法。

【例题1·单选题】下列各项中,属于税收程序法的是( )。
A. 企业所得税法
B. 个人所得税法
C. 税收征管法
D. 车辆购置税法
解析 ▶ 选项ABD,属于税收实体法。
答案 ▶ C

考验二 征税主体和纳税主体的权利与义务(★)

扫我解疑难

(一)征税主体的权利与义务
1. 权利
(1)基本范围(见表8-1)。

表8-1 征税主体的权利

权利	考点
税收立法权	—
税务管理权	—
税款征收权	(1)最基本、最主要的职权; (2)包括依法计征权、核定税款权、税收保全和强制执行权、追征税款权

续表

权利	考点
税务检查权	查账权、场地检查权、询问权、责成提供资料权、存款账户核查权
税务行政处罚权	—
其他职权	审批减、免、退、延期缴纳的申请权；阻止欠税纳税人离境权；委托代征权；估税权；代位权与撤销权；欠税情况公告权；上诉权

(2)发票检查权。

①检查印制、领购、开具、取得、保管和缴销发票的情况。

②调出发票查验。

③查阅、复制与发票有关的凭证、资料。

④向当事各方询问与发票有关的问题和情况。

『注意』在查处发票案件时，对与案件有关的情况和资料，可以记录、录音、录像、照相和复制。

(3)税务检查权。

①查账权。

②场地检查权。

到纳税人的生产、经营场所和货物存放地检查纳税人应纳税的商品、货物或者其他财产；检查扣缴义务人与代扣代缴、代收代缴税款有关的经营情况。

『注意』不能进入生活场所。

③责成提供资料权。

④询问权。

⑤交通邮政检查权。

到车站、码头、机场、邮政企业及其分支机构检查纳税人托运、邮寄应纳税商品、货物或者其他财产的有关"单据、凭证和有关资料"。

『注意』不能对其他内容进行检查，比如旅客自带的行李物品等。

⑥存款账户核查权。

经"县以上税务局(分局)局长批准"可以查询从事生产经营的纳税人、扣缴义务人在银行或者其他金融机构的存款账户。

经"设区的市、自治州以上税务局(分局)局长"批准，可以查询案件涉嫌人员的储蓄存款。

『注意1』税务机关进行税务检查时，对满足法定条件的纳税人，可以采取税收保全措施或者强制执行措施。

『注意2』税务人员进行税务检查时，应当出示"税务检查证"和"税务检查通知书"，并有责任为被检查人保守秘密；未出示税务检查证和税务检查通知书的，被检查人有权拒绝检查。

2.义务

(1)广泛宣传税收法律、行政法规，普及纳税知识，无偿地为纳税人提供纳税咨询服务。

(2)依法为纳税人、扣缴义务人的情况保密。

『注意』"税收违法行为"不属于保密范围。

(3)加强队伍建设，提高税务人员的政治业务素质。

(4)秉公执法，忠于职守，清正廉洁，礼貌待人，文明服务，尊重和保护纳税人、扣缴义务人的权利，依法接受监督。

(5)税务人员不得索贿受贿、徇私舞弊、玩忽职守、不征或少征应征税款；不得滥用职权多征税款或者故意刁难纳税人和扣缴义务人。

(6)税务人员在核定应纳税额、调整税收定额、进行税务检查、实施税务行政处罚、办理税务行政复议时，与纳税人、扣缴义务人或者其法定代表人、直接责任人有夫妻关系、直系血亲关系、三代以内旁系血亲关系、近姻亲关系应当回避。

(7)建立、健全内部制约和监督管理制度。

(二)纳税主体的权利与义务

1.权利

知情权、(要求)保密权、税收监督权、纳税申报方式选择权、申请延期申报权、申请延期缴纳税款权、申请退还多缴税款权、依法享受税收优惠权、委托税务代理权、陈述与申辩权、对未出示税务检查证和税务检查通知书的拒绝检查权、税收法律救济权、依法要求听证权、索取有关税收凭证权。

2. 义务

依法进行税务登记的义务；依法设置账簿、保管账簿和有关资料以及依法开具、使用、取得和保管发票的义务；财务会计制度和会计核算软件备案的义务；按照规定安装、使用税控装置的义务；按时、如实申报的义务；按时缴纳税款的义务；代扣、代收税款的义务；接受依法检查的义务；及时提供信息的义务；报告其他涉税信息的义务。

【例题1·多选题】下列各项中，属于税务机关职权的有（　）。

A. 税务管理权
B. 税款征收权
C. 上诉权
D. 保密权

解析 ▶ 选项D，是纳税主体的权利。

答案 ▶ ABC

【例题2·单选题】下列各项中，属于税务机关最基本、最主要的职权的是（　）。

A. 税务管理权
B. 税款征收权
C. 税务检查权
D. 税务行政处罚权

答案 ▶ B

【例题3·多选题】根据税收征收管理法律制度的规定，下列各项中，属于纳税人权利的有（　）。

A. 陈述权
B. 核定税款权
C. 税收监督权
D. 税收法律救济权

解析 ▶ 选项B，属于税务机关的权利。

答案 ▶ ACD

【例题4·多选题】根据税收征收管理法律制度的规定，税务机关在对纳税人进行发票检查中有权采取的措施有（　）。

A. 调出发票查验
B. 查阅、复制与发票有关的凭证、资料
C. 向当事人各方询问与发票有关的问题和情况

D. 检查领购、开具和保管发票的情况

答案 ▶ ABCD

【例题5·多选题】根据税收征收管理法律制度的规定，下列各项中属于税务机关税务检查职责范围的有（　）。

A. 责成纳税人提供与纳税有关的资料
B. 可按规定的批准期限采取税收保全措施
C. 询问纳税人与纳税有关的问题和情况
D. 检查纳税的账簿、记账凭证和报表

解析 ▶ 选项B，税务机关对从事生产、经营的纳税人以前纳税期的纳税情况依法进行税务检查时，发现纳税人有逃避纳税义务行为，并有明显的转移、隐匿其应纳税的商品、货物以及其他财产或者应纳税的收入的迹象的，可以按照《征管法》规定的批准权限采取税收保全措施或者强制执行措施。

答案 ▶ ABCD

【例题6·多选题】根据税收征收管理法律制度规定，税务机关在实施税务检查时，可以采取的措施有（　）。

A. 检查纳税人的会计资料
B. 检查纳税人货物存放地的应纳税商品
C. 检查纳税人托运、邮寄应纳税商品的单据、凭证
D. 到车站检查旅客自带物品

解析 ▶ 选项D，税务机关有权到车站、码头、机场、邮政企业及其分支机构检查纳税人托运、邮寄应纳税商品、货物或者其他财产的有关"单据、凭证和有关资料"。税务机关只能对单据、凭证和有关资料进行检查，不包括旅客自带的物品。

答案 ▶ ABC

【例题7·多选题】根据税收征收管理法律制度规定，下列各项中，属于税务机关派出人员在税务检查中应履行的职责有（　）。

A. 出示税务检查通知书
B. 出示税务机关组织机构代码证
C. 为被检查人保守秘密
D. 出示税务检查证

解析 ▶ 税务人员进行税务检查时，应当出示"税务检查证"和"税务检查通知书"，并有责任为被检查人保守秘密。

答案 ▶ ACD

第二部分　税务管理

考验一　证、账、票的管理（★★★）

扫我解疑难

（一）一照一码
1. 一照：营业执照
2. 一码：社会信用代码

（二）证、账管理

（1）从事生产、经营的纳税人应当自领取"营业执照"或者"发生纳税义务"之日起"15 日内"，按照国家有关规定设置账簿。

（2）扣缴义务人应当自"扣缴义务发生"之日起"10 日内"，设置代扣代缴、代收代缴税款账簿。

（3）纳税人使用计算机记账的，其建立的会计电算化系统应当符合国家有关规定，并能正确、完整核算其收入或者所得。

（4）证、账、表及其他涉税资料应当保存"10 年"，法律、行政法规另有规定除外。

『老侯提示』不仅要关注时间，起算点也很重要。

【例题 1·单选题】根据税收征收管理法律制度规定，从事生产、经营的纳税人应当自领取营业执照或者发生纳税义务之日起一定期限内，按照国家规定设置账簿，该期限是（　　）日。
A. 15　　　　　　　　　B. 30
C. 60　　　　　　　　　D. 90

答案▶A

【例题 2·单选题】扣缴义务人应当自法律规定的扣缴义务发生之日起（　　）天内，按照所代扣、代收的税种，分别设置代扣代缴、代收代缴税款账簿。
A. 10　　　　　　　　　B. 15
C. 20　　　　　　　　　D. 30

答案▶A

【例题 3·单选题】根据税收征收管理法律制度的规定，除另有规定外，从事生产、经营的纳税人的账簿、记账凭证、报表、完税凭证、发票、出口凭证以及其他有关涉税资料应当保存一定期限，该期限为（　　）年。
A. 30　　　　　　　　　B. 10
C. 15　　　　　　　　　D. 20

答案▶B

（三）发票管理

1. 发票的类型（见表 8-2）

表 8-2　发票的类型

类型	包括内容
增值税专用发票	增值税专用发票、税控"机动车"销售统一发票
增值税普通发票	增值税普通发票（折叠票）、增值税电子普通发票、增值税普通发票（卷票）
其他发票	农产品收购发票、农产品销售发票、门票、过路（过桥）费发票、定额发票、客运发票、"二手车"销售统一发票

2. 发票的开具和使用

（1）单位和个人，对外发生经营业务收取款项，收款方应向付款方开具发票，特殊情况下由付款方向收款方开具发票。

（2）开具发票应当按照规定的时限、顺序、栏目，"全部联次一次性如实开具"，并加盖"发票专用章"。

（3）任何单位和个人不得有下列虚开发票行为：

①为他人、为自己开具与实际经营业务情况不符的发票；

②让他人为自己开具与实际经营业务情况不符的发票；

③介绍他人开具与实际经营业务情况不符的发票。

（4）任何单位和个人应当按照发票管理规定使用发票，不得有下列行为：

①转借、转让、介绍他人转让发票、发票监制章和发票防伪专用品；

②知道或者应当知道是私自印制、伪造、变造、非法取得或者废止的发票而受让、开具、存放、携带、邮寄、运输；

③拆本使用发票；
④扩大发票使用范围；
⑤以其他凭证代替发票使用。

3. 发票的保管

已开具的发票存根联和发票登记簿应当保存"**5年**"。保存期满，报经税务机关查验后销毁。

4. 增值税发票开具和使用的特别规定

（1）购买方为企业的，索取增值税"**普通发票**"时，应向销售方提供"**纳税人识别号或统一社会信用代码**"；销售方为其开具增值税普通发票时，应在"购买方纳税人识别号"栏填写购买方的纳税人识别号或统一社会信用代码。

（2）进一步扩大增值税发票网上申领适用范围，已经实现办税人员实名信息采集和验证的纳税人，可以"**自愿选择**"使用网上申领方式领用发票。

（3）积极推进增值税发票领用分类分级管理（见表8-3）。

表8-3 增值税发票领用分类分级管理

纳税人的税收风险程度	发票领用管理制度
较低	按需供应发票
中等	正常供应发票，加强事中事后监管
较高	严格控制发票领用数量和最高开票限额，并加强事中事后监管

【例题4·多选题】下列各项中，属于增值税专用发票的有( )。

A. 增值税专用发票
B. 税控机动车销售统一发票
C. 海关进口增值税专用缴款书
D. 农产品收购发票

解析 选项C，不属于发票；选项D，属于其他发票。 答案 AB

【例题5·多选题】根据税收征收管理法律制度的规定，增值税一般纳税人使用增值税发票管理新系统，可开具增值税发票的种类有( )。

A. 增值税普通发票
B. 增值税专用发票
C. 机动车销售统一发票
D. 增值税电子普通发票

解析 凡增值税专用(普通)发票，均可使用增值税发票管理新系统开具。 答案 ABCD

【例题6·多选题】根据税收征收管理法律制度的规定，下列各项中，属于虚开发票行为的有( )。

A. 为自己开具与实际经营业务情况不符的发票
B. 为他人开具与实际经营业务情况不符的发票
C. 介绍他人开具与实际经营业务情况不符的发票
D. 让他人为自己开具与实际经营业务情况不符的发票

解析 只要与实际经营情况不符即虚开发票。 答案 ABCD

【例题7·单选题】根据税收征收管理法律制度的规定，关于发票开具和保管的下列表述中，正确的是( )。

A. 销售货物开具发票时，可按付款方要求变更品名和金额
B. 经单位财务负责人批准后，可拆本使用发票
C. 已经开具的发票存根联保存期满后，开具发票的单位可直接销毁
D. 收购单位向个人支付收购款项时，由付款方向收款方开具发票

解析 选项A，属于虚开发票的行为；选项B，任何单位和个人不得拆本使用发票；选项C，已经开具的发票存根联保存期满后应报经税务机关查验后销毁。 答案 D

【例题8·多选题】根据税收征管法律制度的规定，下列各项财务资料中，除另有规定外，至少应保存10年的有( )。

A. 账簿
B. 发票的存根联
C. 完税凭证
D. 发票的登记簿

解析 选项BD，应当保存5年。 答案 AC

考验二 纳税申报（★）

扫我解疑难

（一）纳税申报表的内容

税种、税目；应纳税项目或者应代扣代缴、

代收代缴税款项目;计税依据;扣除项目及标准;适用税率或者单位税额;应退税项目及税额、应减免税项目及税额;应纳税额或者应代扣代缴、代收代缴税额;税款所属期限、延期缴纳税款、欠税、滞纳金等。

【例题1•多选题】 根据税收征收管理法律制度的规定,下列各项中,属于纳税申报表内容的有( )。

A. 税款所属期限
B. 适用的税率
C. 税种、税目
D. 计税依据

答案 ▶ ABCD

(二)纳税申报方式

1. 自行申报
2. 邮寄申报

以"**寄出**"的邮戳日期为实际申报日期。

3. 数据电文申报

以税务机关计算机网络系统"**收到**"该数据电文的时间为实际申报日期。

4. 其他方式

(1)简易申报。
(2)简并征期。

该两种方式只适用于实行定期定额征收方式的纳税人。

(三)其他要求

(1)纳税人在纳税期内"**没有应纳税款**"的,也应当按照规定进行纳税申报。

(2)纳税人"**享受减税、免税待遇**"的,在减税、免税期间应当按照规定办理纳税申报。

(3)延期申报。

①原因及程序。

不可抗力:无须申请直接延期,税务机关事后查明、核准;

其他原因:纳税人提出书面申请,税务机关核准。

②延期申报须"预缴税款"。

多缴:退还但不支付利息;
少缴:补交但不加收滞纳金。

【例题2•多选题】 根据税收征收管理法律制度的规定,下列纳税申报方式中,符合法律规定的有( )。

A. 甲企业在规定的申报期限内,自行到主管税务机关指定的办税服务大厅申报
B. 经税务机关批准,丙企业以网络传输方式申报
C. 经税务机关批准,乙企业使用统一的纳税申报专用信封,通过邮局交寄
D. 实行定期定额缴纳税款的丁个体工商户,采用简易申报方式申报

解析 ▶ 选项A,属于自行申报;选项B,属于数据电文申报;选项C,属于邮寄申报;选项D,属于其他申报方式。 **答案** ▶ ABCD

【例题3•单选题】 下列关于纳税申报方式的表述中,不正确的是( )。

A. 邮寄申报以税务机关收到的日期为实际申报日期
B. 数据电文方式的申报日期以税务机关计算机网络系统收到该数据电文的时间为实际申报日期
C. 实行定期定额缴纳税款的纳税人可以实行简易申报、简并征期等方式申报纳税
D. 自行申报是指纳税人、扣缴义务人按照规定的期限自行直接到主管税务机关办理纳税申报手续

解析 ▶ 选项A,以寄出的邮戳日期为实际申报日期。 **答案** ▶ A

【例题4•判断题】 甲企业按照国家规定享受3年免缴企业所得税的优惠待遇,甲企业在这3年内不需办理企业所得税的纳税申报。( )

解析 ▶ 纳税人享受减税、免税待遇的,在减税、免税期间应当按照规定办理纳税申报。

答案 ▶ ×

【例题5•判断题】 纳税人在纳税期内没有应纳税款的,不需办理纳税申报。( )

解析 ▶ 纳税人在纳税期内没有应纳税款的,也应当按照规定办理纳税申报。 **答案** ▶ ×

【例题6•判断题】 经核准延期办理纳税申报、报送事项的,应当在纳税期内按照上期实际缴纳的税额或者税务机关核定的税额预缴税款,并在核准的延期内办理税款结算。( )

答案 ▶ √

第三部分 税款征收、税务检查与法律责任

【说明】"税务行政复议"已与"总论"中的"行政复议"合并介绍，本部分不再赘述。

考验一 税款征收方式（★）（见表8-4）

表8-4 税款征收方式及范围

征收方式		适用范围
查账征收	有账且健全	财务会计制度健全，能够如实核算和提供生产经营情况，并能正确计算应纳税款和如实履行纳税义务的纳税人
查定征收	有账但不全的小型生产企业	生产经营规模较小、产品零星、税源分散、会计账册不健全，但能控制原材料或进销货的小型厂矿和作坊
查验征收	有账但不全的小型非生产企业	纳税人财务制度不健全，生产经营不固定，零星分散、流动性大的税源
定期定额征收	没账	经主管税务机关认定和县以上税务机关批准的生产、经营规模小，达不到法律规定设置账簿标准，难以查账征收，不能准确计算计税依据的个体工商户和个人独资企业

【例题·单选题】根据税收征收管理法律制度的规定，下列税款征收方式中，适用于纳税人财务制度不健全，生产经营不固定，零星分散、流动性大的税源的征收方式是（ ）。

A. 查定征收
B. 定期定额征收
C. 查账征收
D. 查验征收

解析 选项A，适用于财务会计制度不健全的小型生产型企业；选项B，适用于小型无账证的个体工商户和个人独资企业；选项C，适用于财务会计制度健全的企业。 答案 D

考验二 应纳税额的核定（★★）

（一）核定应纳税额的情形

（1）依照法律、行政法规的规定可以"**不设置**"账簿的。

（2）依照法律、行政法规的规定应当设置但"**未设置**"账簿的。

（3）"**擅自销毁**"账簿或者"**拒不提供**"纳税资料的。

（4）虽设置账簿，但账目混乱，或者成本资料、收入凭证、费用凭证残缺不全，"**难以查账**"的。

（5）发生纳税义务，未按照规定的期限办理"**纳税申报**"，经税务机关责令限期申报，逾期仍不申报的。

（6）纳税人申报的计税依据明显偏低，又"**无正当理由**"的。

【例题1·单选题】某酒店（一般纳税人）2020年12月取得餐饮收入5万元，客房出租收入10万元，该酒店未在规定期限内进行纳税申报，经税务机关责令限期申报，逾期仍未申报。根据税收征收管理法律制度的规定，税务机关有权对该酒店（ ）。

A. 采取税收保全措施
B. 责令提供纳税担保
C. 税务人员到酒店直接征收税款
D. 核定其应纳税额

解析 纳税人发生纳税义务，未按照规定

的期限办理纳税申报，经税务机关责令限期申报，逾期仍不申报的，由税务机关核定其应纳税额。

答案 ▶ D

【例题2·多选题】根据税收征收管理法律制度的规定，下列情形中税务机关有权核定纳税人应纳税额的有( )。

A. 纳税人设置的账簿账目混乱难以查账的

B. 纳税人按法律、行政法规规定应当设置但未设置账簿的

C. 纳税人虽设置账簿，但成本资料、收入凭证、费用凭证残缺不全难以查账的

D. 纳税人未按照规定的期限缴纳税款，经税务机关责令限期缴纳，逾期仍不缴纳的

解析 ▶ 选项D，纳税人未按照规定的期限缴纳税款，经税务机关责令限期缴纳，逾期仍不缴纳的，税务机关可以采取强制执行措施。

答案 ▶ ABC

(二)核定方法

(1)参照当地同类行业或者类似行业中经营规模和收入水平相近的纳税人的税负水平核定。

(2)按照营业收入或者成本加合理的费用和利润的方法核定。

(3)按照耗用的原材料、燃料、动力等推算或者测算核定。

(4)按照其他合理方法核定。

『注意』当其中一种方法不足以正确核定应纳税额时，可以同时采用"**两种以上**"的方法核定。

【例题3·多选题】下列关于税务机关核定应纳税额的方法中正确的有( )。

A. 参照当地同类行业中经营规模和收入水平相近的纳税人的税负水平核定

B. 按照营业收入核定

C. 按照成本加合理的费用的方法核定

D. 税务机关可以同时采用ABC三种方法核定

解析 ▶ 选项C，按照成本加合理的费用和利润的方法核定；选项D，当其中一种方法不足以正确核定应纳税额时，可以同时采用"两种以上"的方法核定；但本题中因为不能采用选项C的方法，故错误。

答案 ▶ AB

考验三　税款征收措施(★★★)

扫我解疑难

具体措施：责令缴纳；责令提供纳税担保；税收保全措施；税收强制执行措施；阻止出境。

【例题1·单选题】根据税收征收管理法律制度的规定，下列各项中，属于税款征收措施的是( )。

A. 查账征收

B. 税务行政复议

C. 税收保全

D. 自行申报

解析 ▶ 选项A属于税款征收的方式，选项B属于税务争议纠纷的解决途径，选项D属于纳税申报的方式。

答案 ▶ C

(一)责令缴纳

1. 前提条件——应税未税

(1)纳税人未按照规定期限缴纳税款。

(2)扣缴义务人未按照规定期限解缴税款。

(3)纳税担保人未按照规定期限缴纳所担保的税款。

(4)未办理税务登记及临时经营的纳税人税务机关核定其应纳税额后。

(5)税务机关有根据认为纳税人有逃避缴纳税款义务的行为。

『注意』(1)(2)自欠缴税款之日起应加收滞纳金。

2. 仍不缴纳的后果

(1)(2)(3)(4)→税收强制执行程序；

(5)→纳税担保程序。

3. 滞纳金

(1)计算公式：

滞纳金＝应纳税款×滞纳天数×0.5‰

(2)滞纳天数：

自纳税期限届满之次日起至实际缴纳税款之日止。(算尾不算头)

【链接】票据法贴现期的计算：贴现日至汇票到期前1日。(算头不算尾)

『老侯提示』滞纳金经常与实体法纳税期限进行结合考查。

【例题2·判断题】加收税收滞纳金的起始时间，为法律、行政法规或税务机关依法确定的税款缴纳期限届满当日。( )

解析 ▶ 加收滞纳金的起算点为税款缴纳期限届满次日，而非纳税义务发生之日。**答案** ▶ ×

【例题3·单选题】纳税人未按照规定期限

缴纳税款的，税务机关可责令限期缴纳，并从滞纳之日起，按日加收滞纳税款一定比例的滞纳金，该比例为( )。

A. 万分之一
B. 万分之三
C. 万分之五
D. 万分之七

答案▶C

【例题4·单选题】某餐饮公司2019年8月应缴纳增值税60 000元，城市维护建设税4 200元。该公司在规定期限内未进行纳税申报，税务机关责令其缴纳并加收滞纳金，该公司在9月30日办理了申报缴纳手续。税务机关核定该公司增值税和城市维护税均以1个月为一个纳税期；从滞纳税款之日起，按日加收滞纳税款0.5‰的滞纳金。该公司应缴纳的滞纳金金额的下列计算中，正确的是( )。

A. 60 000×0.5‰×15=450(元)
B. (60 000+4 200)×0.5‰×15=481.5(元)
C. 60 000×0.5‰×30=900(元)
D. (60 000+4 200)×0.5‰×30=963(元)

解析▶(1)增值税纳税人以1个月或者1个季度为一个纳税期的，自期满之日起15日内申报纳税；(2)滞纳金=应纳税款×滞纳天数×0.5‰；(3)应纳税款=60 000+4 200=64 200(元)；(4)滞纳天数为自纳税期限届满之次日(2019年9月16日)至实际缴纳税款之日(2019年9月30日)共计15天。

答案▶B

(二)纳税担保

1. 担保方式

保证、抵押、质押。

2. 适用纳税担保的情形

(1)税务机关有根据认为从事生产、经营的纳税人有逃避纳税义务行为，在规定的纳税期限之前经"责令其限期缴纳"应纳税款，在限期内发现纳税人有明显的转移、隐匿其应纳税的商品、货物以及其他财产或者应纳税收入的迹象，"责成纳税人提供纳税担保"的。

(2)欠缴税款、滞纳金的纳税人或者其法定代表人需要"出境"的。

(3)纳税人同税务机关在"纳税"上发生争议而"未缴清税款"，需要申请行政复议的。

『注意』如因为存在税务违法行为被税务机关处以"罚款"，未缴清罚款而申请行政复议，不需要提供纳税担保。

3. 纳税担保的范围

税款；滞纳金；实现税款、滞纳金的费用。

【链接】票据法：追索内容。

【例题5·单选题】下列各项中，不属于纳税担保方式的是( )。

A. 保证   B. 扣押
C. 质押   D. 抵押

解析▶纳税担保，是指经税务机关同意或确认，纳税人或其他自然人、法人、经济组织以"保证、抵押、质押"的方式，为纳税人应当缴纳的税款及滞纳金提供担保的行为。

答案▶B

【例题6·单选题】下列各项中，需要提供纳税担保的是( )。

A. 纳税人按照规定应设置账簿而未设置
B. 纳税人同税务机关在纳税上发生争议而未缴清税款，需要申请行政复议的
C. 纳税人对税务机关作出逾期不缴纳罚款加处罚款的决定不服，需要申请行政复议的
D. 纳税人开具与实际经营业务情况不符的发票

解析▶选项A，税务机关应当对纳税人核定应纳税额；选项C，不属于纳税争议，而属于罚款争议，纳税人可以直接申请行政复议而无须提供担保；选项D，属于虚开发票，税务机关应当对纳税人作出行政处罚。

答案▶B

【例题7·单选题】下列各项中，不属于税务担保范围的是( )。

A. 罚款
B. 滞纳金
C. 实现税款、滞纳金的费用
D. 税款

答案▶A

(三)税收保全与税收强制执行措施(见表8-5)

表 8-5 税收保全与税收强制执行措施

批准		经县以上税务局(分局)局长批准
保全	前提	税务机关责令符合条件的**纳税人**提供纳税担保而纳税人拒绝或不能提供担保
	具体措施	(1)书面通知银行**冻结相当于应纳税款的存款**(陷阱:冻结全部资金); (2)**扣押、查封相当于应纳税款**的商品、货物或者其他财产(陷阱:全部财产)
	期限	一般最长不得超过"**6个月**"
强制执行	前提	从事生产经营的**纳税人、扣缴义务人**未按照规定的期限缴纳或者解缴税款,**纳税担保人**未按照规定的期限缴纳所担保的税款,由税务机关责令限期缴纳,逾期仍未缴纳
	具体措施	(1)书面通知银行从存款中**扣缴**税款; (2)**扣押、查封、依法拍卖或者变卖**相当于应纳税款的商品、货物或者其他财产,以拍卖或者变卖所得抵缴税款 『注意』滞纳金同时强制执行
不适用的财产		个人及其所扶养家属维持生活必需的住房和用品,单价5 000元以下的其他生活用品

【例题8·单选题】根据税收征收管理法律制度的规定,下列各项中,属于税收保全措施的是( )。

A. 扣押纳税人价值相当于应纳税款的货物

B. 变卖纳税人价值相当于应纳税款的货物以变卖所得抵缴税款

C. 向纳税人加收滞纳金

D. 责令纳税人提供纳税担保

解析 选项B,属于税收强制执行措施;选项C,属于责令缴纳;选项D属于责令提供纳税担保。

答案 A

【例题9·单选题】根据税收征收管理法律制度的规定,下列各项中,不适用拍卖、变卖情形的是( )。

A. 纳税人在规定的纳税期限内有明显的转移其应纳税货物迹象的

B. 采取税收保全措施后,限期期满仍未缴纳税款的

C. 逾期不按规定履行复议决定的

D. 设置纳税担保后,限期期满仍未缴纳所担保的税款的

解析 选项A,属于应提供纳税担保的情形。

答案 A

【例题10·多选题】税务机关拟对个体工商户业主王某采取税收保全措施,王某的下列财产中,可以采取税收保全措施的有( )。

A. 价值20万元的小汽车

B. 价值10万元的金银首饰

C. 价值2 000元的电视机

D. 维持自己生活必需的唯一普通住房

解析 选项C,税务机关对单价5 000元以下的其他生活用品,不采取税收保全措施。选项D,个人及其所扶养家属维持生活必需的住房和用品,不在税收保全措施的范围之内。

答案 AB

【例题11·单选题】税务机关采取税收保全措施的期限一般最长不得超过( )。

A. 3个月   B. 6个月

C. 1年   D. 3年

答案 B

【例题12·判断题】林某欠缴税款4 000元,由税务机关责令限期缴纳,逾期仍未缴纳,为防止国家税款流失,税务机关扣押了其一批价值4 600元的商品,准备依法进行变卖,以变卖所得抵缴税款,税务机关的做法正确。( )

解析 扣押、查封的财产价值应相当于纳税人欠缴的应纳税款。本题税务机关应扣押其价值为4 000元的商品。

答案 ×

(四)阻止出境

欠缴税款的纳税人或者其法定代表人在出境前未按规定结清应纳税款、滞纳金或者"提供纳税担保"的,税务机关可以"通知出境管理机关"阻止其出境。

『老侯提示』核定应纳税额、责令提供纳税担保、税收保全、税收强制执行、阻止出境的前提条件是本部分易混知识点,需重点关注。

【例题13·单选题】税务机关在查阅甲公司公开披露的信息时发现,其法定代表人张某有一笔股权转让收入未申报缴纳个人所得税,要求张某补缴税款80万元,滞纳金3.8万元,张某未结清应纳税款、滞纳金的情况下,拟出国考察,且未提供纳税担保,税务机关知晓后对张某可以采取的税款征收措施是( )。

A. 查封住房
B. 查封股票交易账户
C. 通知出境管理机关阻止出境
D. 冻结银行存款

解析 ▶ 欠缴税款的纳税人或者其法定代表人在出境前未按规定结清应纳税款、滞纳金或者提供纳税担保的,税务机关可以通知出境管理机关阻止其出境。

答案 ▶ C

考验四　行政管理相对人违反税收法律制度的法律责任(★★)(见表8-6)
扫我解疑难

表8-6　行政管理相对人违反税收法律制度的法律责任

项目	违法行为	法律责任
逃税	纳税人采取欺骗、隐瞒手段进行虚假纳税申报或不申报逃避缴纳税款	追缴税款、滞纳金,并处50%以上5倍以下罚款
欠税	纳税人采取转移或隐匿财产的手段,妨碍税务机关追缴欠税	追缴税款、滞纳金,并处50%以上5倍以下罚款
抗税	暴力、威胁	追缴税款、滞纳金,并处1倍以上5倍以下罚款
骗税	以假报出口或其他欺骗手段骗取出口退税款	追缴税款,并处税款1倍以上5倍以下的罚款,在规定期限内停止办理退税
编造虚假计税依据		责令限期改正,并处5万元以下的罚款
扣缴义务人应扣未扣、应收未收税款		向**纳税人**追缴税款; 对**扣缴义务人**处以50%以上3倍以下罚款

【例题1·单选题】纳税人因逃税涉嫌犯罪,有权利判决其承担刑事责任的机关是( )。

A. 人民政府　　　B. 人民法院
C. 税务局　　　　D. 中国人民银行

解析 ▶ 追究刑事责任只能由司法机关依照《刑法》的规定决定。

答案 ▶ B

【例题2·多选题】纳税人的下列行为中,属于逃税的有( )。

A. 采取转移或隐匿财产的手段,妨碍税务机关追缴欠缴税款
B. 伪造账簿,不缴应纳税款
C. 进行虚假纳税申报,少缴应纳税款
D. 按照规定应设置账簿而未设置的

解析 ▶ 选项A,属于欠税行为;选项D,属于未按照规定设置账簿行为。

答案 ▶ BC

考验五　重大税收违法失信案件信息公布(★)
扫我解疑难

(一)公布信息的案件范围(见表8-7)

表8-7　公布信息的案件范围

违法行为	标准
逃税	100万元以上,且任一年度不缴或者少缴应纳税款占当年各税种应纳税总额10%以上的
欠税	10万元以上的
骗税	—
抗税	—

续表

违法行为	标准
虚开发票	虚开增值税专用发票或虚开用于骗取出口退税、抵扣税款的其他发票的
	虚开普通发票100份或金额40万元以上的
伪造、变造	私自印制、伪造、变造发票，非法制造发票防伪专用品，伪造发票监制章的
失联	有上述违法行为(逃、欠、抗、骗、虚开发票)经税务机关检查确认走逃的

(二)公布的案件信息

(1)对法人或者其他组织，公布其名称，统一社会信用代码或者纳税人识别号，注册地址，法定代表人、负责人或者经法院裁判确定的实际责任人的姓名、性别及身份证号码，经法院裁判确定的负有直接责任的财务人员、团伙成员的姓名、性别及身份证号码；

(2)对自然人，公布其姓名、性别、身份证号码；

(3)主要违法事实；

(4)走逃情况；

(5)适用的相关法律依据；

(6)税务处理、税务行政处罚等情况；

(7)实施检查的单位；

(8)对公布的重大税收违法失信案件负有直接责任的涉税专业服务机构及从业人员，税务机关可以依法一并公布其名称、统一社会信用代码或者纳税人识别号、注册地址，以及直接责任人的姓名、性别、身份证号码、职业资格证书编号等。

『注意1』法人或者其他组织的法定代表人、负责人与违法事实发生时的法定代表人、负责人不一致的，应一并公布，并对违法事实发生时的法定代表人、负责人进行标注。

『注意2』经法院裁判确定的实际责任人，与法定代表人或者负责人不一致的，除有证据证明法定代表人或者负责人有涉案行为外，只公布实际责任人信息。

(三)案件信息公布程序

1. 依法向社会公布的时间

(1)税务机关作出处罚决定，当事人在法定期间内没有申请行政复议或提起行政诉讼，或经行政复议或法院裁判对此案件最终确定效力；

(2)走逃案件，经税务机关查证处理，进行公告30日后，依法向社会公布。

2. 不公布的情形

当事人，在公布"前"缴清税款、滞纳金和罚款的。

3. 停止公布并从公告栏中撤出的情形

当事人，在公布"后"缴清税款、滞纳金和罚款的。

(四)案件信息公布管理

1. 公布渠道

(1)省以下税务机关通过省税务机关门户网站向社会公布；

(2)省以下税务机关通过本级税务机关公告栏、报纸、广播、电视、网络媒体等途径以及新闻发布会等形式向社会公布；

(3)国家税务总局门户网站设立专栏链接省税务机关门户网站的公布内容。

2. 公布期

自公布之日起满3年，停止公布并从公告栏中撤出。

3. 记录在案

案件信息一经录入相关税务信息管理系统，作为当事人的税收信用记录"永久"保存。

【例题1·多选题】甲公司3月发生的下列活动中，属于重大税收违法失信案件的信息公布范围的有(　　)。

A. 在账簿上多列支出，使其少缴应纳税款11万元

B. 通过转移财产的手段欠缴税款金额50万元

C. 以暴力、威胁方法拒不缴纳税款

D. 骗取国家出口退税款的

解析　选项A，纳税人多列支出不缴或者少缴应纳税款100万元以上，且任一年度不缴或者少缴应纳税款占当年各税种应纳税总额10%以上的属于信息公布的范围。　答案　BCD

【例题2·多选题】下列各项中，属于重大税收违法失信案件公布的案件信息内容的有(　　)。

A. 法人名称
B. 自然人姓名
C. 法人注册地址
D. 自然人家庭住址

解析 选项AC，对法人公布其名称、统一社会信用代码或者纳税人识别号、注册地址、法定代表人、负责人或者经法院裁判确定的实际责任人的姓名、性别及身份证号码，经法院裁判确定的负有直接责任的财务人员、团伙成员的姓名、性别及身份证号码；选项BD，对自然人，公布其姓名、性别、身份证号码。

答案 ABC

【例题3·单选题】对重大税收违法失信案件信息自公布之日起满一定期限的，停止公布并从公告栏中撤出。该期限是( )年。
A. 1　　　　　　　B. 2
C. 3　　　　　　　D. 10

答案 C

心有灵犀 限时30min

扫我做试题

一、单项选择题

1. 登记制度改革在全面实施"五证合一、一照一码"的基础上，将涉及企业登记、备案等有关事项和各类证照进一步整合到营业执照上，实现"多证合一、一照一码"。下列各项中，属于一照的是( )。
   A. 税务登记证
   B. 营业执照
   C. 社保登记证
   D. 统计登记证

2. 根据税收征收管理法律制度的规定，扣缴义务人应当在一定期限内设置代扣代缴、代收代缴税款账簿。该一定期限是( )。
   A. 自扣缴义务发生之日起10日内
   B. 自扣缴义务发生之日起15日内
   C. 自扣缴义务发生之日起20日内
   D. 自扣缴义务发生之日起30日内

3. 下列各项中，属于增值税专用发票的是( )。
   A. 增值税电子普通发票
   B. 税控机动车销售统一发票
   C. 农产品销售发票
   D. 二手车销售统一发票

4. 根据发票管理法律制度的规定，下列关于发票管理的表述中，不正确的是( )。
   A. 已经开具的发票存根联，应当保存5年
   B. 发票实行不定期换版制度
   C. 收购单位支付个人款项时，由付款方向收款方开具发票
   D. 发票记账联由付款方或受票方作为记账原始凭证

5. 下列发票的开具和使用行为错误的是( )。
   A. 开具发票的单位和个人应当建立发票使用登记制度，设置发票登记簿
   B. 开具发票应当按照规定的时限，逐栏、逐联如实开具，并加盖发票专用章
   C. 不拆本使用发票
   D. 不转借、转让、介绍他人转让发票、发票监制章和发票防伪专用品

6. 下列关于纳税申报的表述中，不正确的是( )。
   A. 纳税申报包括直接申报、邮寄申报、数据电文申报等方式
   B. 采用邮寄申报方式的以税务机关收到申报资料的日期为实际申报日期
   C. 采用数据电文申报的以税务机关的计算机网络收到该数据电文的时间为申报日期
   D. 纳税人在纳税期内没有应纳税款也应当办理纳税申报

7. 甲公司是执行按月纳税的增值税纳税人，按规定应于每月15日前申报并交纳上月税款，2020年9月至15日甲公司均未办理纳税申报，税务机关向其下达责令限期改正通知书，要求甲公司于9月20日前办理纳税申报，至限期满甲公司仍未申报，则税务机关应当( )。
   A. 责令甲公司提供纳税担保
   B. 核定甲公司应纳税额
   C. 对甲公司进行税收保全

D. 对甲公司执行税收强制执行

8. 2020年8月税务机关通过调查，发现某饭店的纳税申报表上有弄虚作假的情形，则税务机关可以采取的税款征收措施是( )。
   A. 核定其应纳税额
   B. 责令其缴纳税款
   C. 责令提供纳税担保
   D. 采取税收保全措施

9. 2020年8月税务机关通过调查，发现某饭店的纳税申报表上有弄虚作假的情形，遂责令其15日内缴纳本月应纳税款，在此期间税务机关接到举报，某饭店正在转让店面并已将银行存款账户注销。根据税收征收管理法律制度的规定，税务机关有权对该饭店采取的税款征收措施是( )。
   A. 核定其应纳税额
   B. 责令提供纳税担保
   C. 采取税收保全措施
   D. 税务人员到饭店直接征收税款

10. 税务机关责令某饭店提供纳税担保，该饭店明确表示拒绝，则税务机关可以采取的税款征收措施是( )。
    A. 核定其应纳税额
    B. 采取税收保全措施
    C. 采取税收强制执行措施
    D. 税务人员到饭店直接征收税款

11. 甲公司应于5月30日前完成上年度企业所得税汇算清缴，但其一直未缴纳税款，税务机关向其发出责令限期缴纳通知书，要求其于6月20日前补缴上年度所得税税款及滞纳金共计68万元。至限期满，甲公司仍未缴纳，则税务机关可以采取的税款征收措施是( )。
    A. 核定甲公司应纳税额
    B. 采取税收保全措施
    C. 采取税收强制执行措施
    D. 对甲公司处以罚款

12. 欠缴税款的甲公司的法定代表人赵某，准备去韩国做整容手术，在出境前该公司尚未按规定结清应纳税款、滞纳金，则税务机关的下列做法中正确的是( )。
    A. 核定甲公司应纳税额
    B. 责令甲公司提供纳税担保

C. 直接阻止赵某出境
D. 通知出境管理机关阻止赵某出境

13. 按照规定甲公司最晚于2020年5月15日缴纳应纳税款，甲公司迟迟未缴纳。主管税务机关责令其于当年6月30日前缴纳应纳税款，甲公司直到7月14日才缴纳税款。关于主管税务机关对甲公司加收滞纳金的起止时间的下列表述中，正确的是( )。
    A. 2020年6月30日至2020年7月15日
    B. 2020年6月15日至2020年7月15日
    C. 2020年7月1日至2020年7月14日
    D. 2020年5月16日至2020年7月14日

14. 下列各项关于税收强制执行措施的表述中，正确的是( )。
    A. 税收强制执行措施不适用于扣缴义务人
    B. 作为家庭唯一代步工具的轿车，不在税收强制执行的范围之内
    C. 税务机关采取强制执行措施时，可对纳税人未缴纳的滞纳金同时强制执行
    D. 书面通知纳税人开户银行冻结纳税人的金额相当于应纳税款的存款是税收强制执行的具体措施

15. 歌星赵某欠缴个人所得税2.48亿元，并采取转移财产的手段，妨碍税务机关追缴欠税，该行为属于( )行为。
    A. 欠税   B. 逃税
    C. 抗税   D. 骗税

16. 下列各项中，不属于征税主体税款征收权的是( )。
    A. 核定税款权
    B. 税收保全和强制执行权
    C. 阻止欠税纳税人离境权
    D. 追征税款权

17. 下列各项中，不属于重大税收违法失信案件的是( )。
    A. 纳税人经税务机关通知申报而拒不申报不缴应纳税款100万元以上且占当年各税种应纳税总额10%以上
    B. 纳税人采取转移财产妨碍税务机关追缴欠缴的税款金额5万元以上
    C. 虚开增值税专用发票
    D. 虚开普通发票100份

二、多项选择题

1. 根据税收征收管理法律制度的规定，任何单

位和个人不得有虚开发票行为,下列行为中属于虚开发票行为的有( )。

A. 甲公司向乙公司销售产品一批,售价50万元,给予20%的商业折扣,应乙公司要求甲公司按100万元开具了增值税专用发票

B. 甲公司购入一批食品进行业务招待使用,要求对方按办公用品项目开具了发票

C. 甲公司从农民手中收购粮食一批,收购价款100万元,因税法规定其中10万元可以作为进项税额抵扣,因此甲公司按90万元开具了农产品收购发票

D. 甲公司销售商品一批因质量不合格被退回,甲公司按规定给对方开具了红字增值税专用发票

2. 甲公司所在地因暴雨引发山洪,受此影响,甲公司当月没有进行纳税申报,甲公司主管税务机关认为,甲公司应向税务机关提出申请,经税务机关核准后才能延期申报,遂决定处以甲公司2 000元罚款,甲公司不服拟提起税务行政复议,则下列说法中错误的有( )。

A. 甲公司因不可抗力原因,不能按期办理纳税申报,可以延期办理,并于不可抗力消除后立即向税务机关报告

B. 税务机关对甲公司做出2 000元罚款的决定正确

C. 甲公司提起税务行政复议应先交纳罚款

D. 甲公司提起税务行政复议应先提供担保

3. 根据税收征收管理法律制度的规定,税务机关在税款征收中可以根据不同情况采取相应的税款征收措施,下列各项中,属于税款征收措施的有( )。

A. 查账征收
B. 罚款
C. 责令缴纳
D. 责令提供纳税担保

4. 下列关于税务机关核定应纳税额的方法中,说法正确的有( )。

A. 参照当地类似行业中经营规模和收入水平相近的纳税人的税负水平核定

B. 按照营业收入加利润的方法核定

C. 按照耗用的原材料、燃料、动力等推算或者测算核定

D. 税务机关可以同时采用A、B、C三种方法核定

5. 下列各项中,属于税务担保范围的有( )。

A. 罚款
B. 滞纳金
C. 实现税款、滞纳金的费用
D. 税款

6. 下列各项中,适用纳税担保的情形有( )。

A. 纳税人同税务机关在纳税上发生争议而未缴清税款,需要申请行政复议的

B. 纳税人在税务机关责令缴纳应纳税款限期内,有明显转移、隐匿其应纳税的商品、货物以及应纳税收入的迹象的

C. 欠缴税款、滞纳金的纳税人或者其法定代表人需要出境的

D. 从事生产、经营的纳税人未按规定期限缴纳税款,税务机关责令限期缴纳,逾期仍未缴纳的

7. 根据税收征收管理法律制度的规定,下列各项中,属于税收保全措施的有( )。

A. 拍卖纳税人的价值相当于应纳税款的财产

B. 扣押纳税人的价值相当于应纳税款的商品

C. 责令纳税人提供纳税担保

D. 书面通知纳税人开户银行冻结纳税人的金额相当于应纳税款的存款

8. 根据税收征收管理法律制度的规定,下列各项中,可以适用税收保全的财产有( )。

A. 金银首饰   B. 古玩字画
C. 豪华住宅   D. 小汽车

9. 根据税收征收管理法律制度规定,下列各项中,属于税务机关纳税检查职权的有( )。

A. 检查扣缴义务人代扣代缴、代收代缴税款账簿、记账凭证和有关资料

B. 检查纳税人托运、邮寄应纳税商品、货物或者其他财产的有关单据

C. 检查纳税人存放在生产、经营场所的应纳税的货物

D. 检查纳税人的账簿、记账凭证、报表和有关资料

10. 下列各项中,不属于重大税收违法失信案件公布的案件信息内容的有( )。

A. 法人名称
B. 提起行政复议的人民法院

C. 主要违法事实
D. 自然人家庭住址

11. 下列各项中,属于重大税收违法失信案件信息公布渠道的有( )。
   A. 省税务机关门户网站
   B. 新闻发布会
   C. 国家税务总局门户网站
   D. 微信朋友圈

三、判断题

1. 纳税人享受免税、减税待遇的,在免税、减税期间不需要办理纳税申报。( )
2. 查验征收适用于生产经营规模较小、产品零星、税源分散、会计账册不健全,但能控制原材料或进销货的小型厂矿和作坊。( )
3. 纳税人发生纳税义务,未按照规定的期限办理纳税申报,经税务机关责令限期申报,逾期仍不申报的,税务机关可对其执行税收保全措施。( )
4. 税务机关采取税收保全措施的期限一般最长不得超过3个月。( )
5. 李某欠缴税款3 000元,由税务机关责令限期缴纳,逾期仍未缴纳,为防止国家税款流失,税务机关扣押了其一批价值3 600元的商品,准备依法进行变卖,以变卖所得抵缴税款,税务机关的做法正确。( )
6. 税务机关行使交通邮政检查权时,可以到车站、码头、机场检查旅客自带的行李物品。( )
7. 税务人员到甲公司进行税务检查时,未出示税务检查证和税务检查通知书的,甲公司有权拒绝检查。( )
8. 《税收征收管理法》属于税收程序法。( )

心有灵犀答案及解析

一、单项选择题

1. B 【解析】一照:是指营业执照,一码是指社会信用代码。

2. A

3. B 【解析】选项A,属于增值税普通发票;选项CD,属于其他发票。

4. D 【解析】发票记账联由收款方或开票方作为记账原始凭证。

5. B 【解析】选项B,开具发票应当按照规定的时限、顺序、栏目,"全部联次"一次性如实开具,并加盖发票专用章,逐联开具的说法错误。

6. B 【解析】选项B,以寄出的邮戳日期为实际申报日期。

7. B 【解析】发生纳税义务,未按照规定的期限办理纳税申报,经税务机关责令限期申报,逾期仍不申报的,由税务机关核定其应纳税额。

8. B 【解析】税务机关有根据认为从事生产、经营的纳税人有逃避纳税义务行为的,可在规定的纳税期之前责令其限期缴纳应纳税款。

9. B 【解析】税务机关有根据认为从事生产、经营的纳税人有逃避纳税义务行为的,在规定的纳税期限之前经责令其限期缴纳应纳税款,在"限期内"发现纳税人有明显的转移、隐匿其应纳税的商品、货物以及其他财产或者应纳税收入的迹象,可以责成纳税人提供纳税担保。

10. B 【解析】税务机关责令具有税法规定情形的纳税人提供纳税担保而纳税人拒绝提供纳税担保或无力提供纳税担保的,经县以上税务局(分局)局长批准,税务机关可以采取税收保全措施。

11. C 【解析】从事生产、经营的纳税人未按照规定的期限缴纳或者解缴税款,纳税担保人未按照规定的期限缴纳所担保的税款,由税务机关责令限期缴纳,逾期仍未缴纳的,经县以上税务局(分局)局长批准,税务机关可以采取强制执行措施。

12. B 【解析】欠缴税款、滞纳金的纳税人或者其法定代表人需要出境的,税务机关可以责令其提供纳税担保。

13. D 【解析】滞纳天数为自纳税期限届满之次日(2020年5月16日)至实际缴纳税款之日(2020年7月14日)。

14. C 【解析】选项A,税收强制执行措施适用于纳税人、扣缴义务人、纳税担保人;选项B,个人及其所扶养家属维持生活必需住房和用品不适用税收强制执行措施,不包括汽车;选项 D,是税收保全的具体措施。

15. A 【解析】纳税人采取转移或隐匿财产的手段,妨碍税务机关追缴欠税属于欠税行为。

16. C 【解析】选项 ABD,征税主体税款征收权包括依法计征权、核定税款权、税收保全和强制执行权、追征税款权;选项 C,属于征税主体的其他职权。

17. B 【解析】选项 B,纳税人欠缴应纳税款,采取转移或者隐匿财产的手段,妨碍税务机关追缴欠缴的税款,欠缴税款金额 10 万元以上的。

二、多项选择题

1. ABC 【解析】选项 D,是合法行为。
2. BCD 【解析】选项 A,由于不可抗力原因无须申请直接延期,税务机关事后查明、核准;选项 B,甲公司做法正确,税务机关做出的处罚决定错误;选项 CD,对罚款决定不服可以直接申请行政复议,无须先交纳罚款也无须提供担保。
3. CD 【解析】选项 A,属于税款征收方式;选项 B,属于行政处罚。
4. AC 【解析】选项 B,按照营业收入或者成本加合理的费用和利润的方法核定;选项 D,因为 B 选项是错误的,所以无法采用 A、B、C 三种方法核定。
5. BCD 【解析】纳税担保范围包括税款、滞纳金和实现税款、滞纳金的费用。
6. ABC 【解析】选项 D,税务机关可以采取税收强制执行措施。
7. BD 【解析】选项 A,属于税收强制执行措施;选项 C,属于责令提供纳税担保。
8. ABCD 【解析】税务机关依法采取税收保全和强制执行措施时,对个人及其所扶养家属维持生活必需的住房和用品,不在税收保全和税收强制执行措施的范围之内。选项 ABCD 显然既不属于维持生活必需的住房也不属于维持生活必需的用品。
9. ABCD
10. BD 【解析】选项 B,实施检查的单位,非人民法院;选项 D,对自然人,公布其姓名、性别、身份证号码,不包括家庭住址。
11. ABC 【解析】信息公布渠道包括:省以下税务机关通过省税务机关门户网站向社会公布(选项 A);省以下税务机关通过本级税务机关公告栏、报纸、广播、电视、网络媒体等途径以及新闻发布会(选项 B)等形式向社会公布;国家税务总局门户网站(选项 C)设立专栏链接省税务机关门户网站的公布内容。

三、判断题

1. × 【解析】纳税人享受减税、免税待遇的,在减税、免税期间应当按照规定办理纳税申报。
2. × 【解析】查验征收适用于纳税人财务制度不健全,生产经营不固定,零星分散、流动性大的税源。
3. × 【解析】题目所述情形,税务机关可对其核定应纳税额。
4. × 【解析】题目所述期限一般最长不得超过 6 个月。
5. × 【解析】采取税收保全措施时,可以扣押、查封纳税人的"价值相当于应纳税款"的商品、货物或者其他财产,本题扣押商品超过应纳税额,不符合规定。
6. × 【解析】可以检查纳税人托运、邮寄应纳税商品、货物或者其他财产的有关"单据、凭证和有关资料";不能对其他内容进行检查,比如旅客自带的行李物品等。
7. √
8. √

第三篇

"纸短情长"
——易错易混知识点辨析

冲刺一拼，梦想成真

理顺思路，解决困惑

十分努力，十分坚持，一份成功

掌握学习方法，事半功倍

智慧启航

没有加倍的勤奋，就既没有才能，也没有天才。

——门捷列夫

2021年易错易混知识点辨析

一、权利能力 VS 民事行为能力

表1

区分		自然人	法人
权利能力	享有权利、承担义务的"资格"	始于出生、终于死亡	始于成立、终于终止
民事行为能力	以自己的行为取得权利、承担义务的"能力"	无民事行为能力：<8周岁、不能辨认	
		限制民事行为能力：8周岁≤且<18周岁、"不能完全"辨认	
		完全民事行为能力：≥18周岁或16周岁≤且<18周岁且自立	

【例题1·多选题】（非标准选项题目）根据《民法典》的规定，下列关于自然人行为能力的表述中，错误的有（ ）。

A. 14周岁的李某，以自己的劳动收入为主要生活来源，视为完全民事行为能力人

B. 7周岁的王某，不能完全辨认自己的行为，是限制民事行为能力人

C. 18周岁的周某，不能辨认自己的行为，是限制民事行为能力人

D. 20周岁的赵某，全身不遂，生活不能自理，是无民事行为能力人

E. 刚出生的钱某，因不满8周岁的，因此无权利能力

解析 ▶ 选项A，16周岁以上的未成年人，以自己的劳动收入为主要生活来源的，视为完全民事行为能力人；选项B，不满8周岁的未成年人属于无民事行为能力人；选项C，不能辨认自己行为的成年人为民事行为能力人；选项D，年满18周岁，且精神状况正常属于完全民事行为能力人，行为能力与生活自理能力无关；选项E，自然人的"权利能力"始于出生，与年龄无关。

答案 ▶ ABCDE

二、仲裁 VS 劳动仲裁 VS 民事诉讼

表2

	仲裁	劳动仲裁	民事诉讼
适用	合同关系、财产关系	劳动关系	财产关系、人身关系
审判（仲裁）制度	一裁终局	劳动诉讼的前置程序（先裁后审）	两审终审
合议（仲裁）庭组成	1名或3名	1名或3名	3名以上单数
级别管辖	×	×	√
地域管辖	×	合同履行地或用人单位所在地	普通管辖、特别管辖、协议管辖、专属管辖、共同管辖
时效	适用诉讼时效规定	一般争议：自知道或应当知道之日起1年；拖欠报酬争议：自劳动关系终止之日起1年	普通诉讼时效期间为3年，自知道或应当知道权利被侵害和义务人之日起计算

续表

		仲裁	劳动仲裁	民事诉讼
申请	前提	双方必须在事前或事后达成有效的仲裁协议	可以直接提出	可以直接提出
	形式	书面	可以书面也可以口头	一般书面,特殊情况可以口头提出
收费		√	×	√
开庭		√	√	√
公开		×	√	√
回避制度		√	√	√
和解		√	√	√
调解		可以	应当	一般可以调解 "离婚案件"应当调解 "非诉案件""身份确认案件"不得调解
法律文件生效		裁决:作出 调解书:签收	终局裁决:作出之日起 非终局裁决:自收到裁决书之日起15日内不起诉	一审:送达15日未上诉 二审:终审判决
向法院申请强制执行		被执行人住所地法院 被执行财产所在地法院	移送人民法院执行	判决、裁定:一审法院或被执行财产所在地法院 其他:被执行人住所地法院或被执行财产所在地法院

【例题2·多选题】下列关于仲裁与劳动仲裁相同点的表述中,正确的有( )。
A. 均实行回避制度
B. 仲裁裁决作出后,双方当事人均不得向人民法院提起诉讼
C. 均以双方当事人达成的书面仲裁协议为前提
D. 仲裁机构均不按行政区划层层设立

解析 ▶ 选项B,一般经济纠纷的仲裁实行一裁终局制度;劳动争议仲裁,当事人对裁决不服的,除法律规定的几类特殊劳动争议外,可以向人民法院起诉;选项C,一般经济纠纷的仲裁,当事人必须在事先或事后达成仲裁协议,才能据此向仲裁机构提出仲裁申请;劳动争议仲裁,不要求当事人达成仲裁协议,只要一方当事人提出申请,有关仲裁机构即可受理。

答案 ▶ AD

【例题3·多选题】关于经济仲裁与民事诉讼的下列说法中,正确的有( )。
A. 赵某与妻子的离婚财产纠纷既可以提请仲裁,也可以向人民法院起诉
B. 甲公司与乙公司的买卖合同纠纷在有仲裁协议的情况下可以提请仲裁,在没有仲裁协议的情况下可以向人民法院起诉
C. 甲公司与乙公司的买卖合同纠纷在仲裁协议对仲裁委员会没有约定的情况下,原告可以向被告住所地仲裁委员会申请仲裁
D. 甲公司与乙公司的买卖合同纠纷在协议对管辖法院没有约定的情况下,原告可以向被告住所地人民法院起诉

解析 ▶ 选项A,婚姻纠纷不能申请仲裁;选项B,平等主体的合同纠纷,只能在仲裁或者民事诉讼中"选择一种"解决方式,有效的仲裁协议可排除人民法院的管辖权,没有仲裁协议的可以向人民法院起诉;选项C,仲裁协议对仲裁委员会没有约定,当事人可以"补充协议",达不成补充协议的,仲裁协议无效;选项D,合同纠纷由被告住所地或合同履行地人民法院管辖。

答案 ▶ BD

【例题4·多选题】下列各项纠纷解决方式中,收取一定费用的有( )。
A. 经济仲裁   B. 民事诉讼
C. 劳动仲裁   D. 行政复议

解析 ▶ 选项CD,不收费,由财政予以保障。

答案 ▶ AB

三、诉讼时效的中止 VS 诉讼时效的中断

表 3

	诉讼时效中止	诉讼时效中断
发生原因	不可抗力，其他障碍	权利人提出请求，义务人同意履行
发生期间	诉讼时效期间最后 6 个月内	诉讼时效期间内
效果	暂停：加 6 个月	归零：加 3 年

【例题 5·单选题】2018 年 1 月 1 日，王某租住赵某的一套住房，约定每 3 个月支付 1 次租金，支付日期为 1 日。2018 年 7 月 1 日是支付租金的日期，王某拒付租金，赵某忙于工作未主张权利。2018 年 8 月 1 日，赵某出差遭遇泥石流，被困无法行使请求权的时间为 5 天。赵某向王某主张权利的最后期限是( )。
A. 2020 年 7 月 1 日　B. 2021 年 7 月 1 日
C. 2021 年 7 月 6 日　D. 2020 年 7 月 6 日

解析 ▶ 普通诉讼时效期间为 3 年，赵某虽然因不可抗力不能行使请求权，但是并非在诉讼时效期间的最后 6 个月内，因此不适用诉讼时效的中止，诉讼时效应当连续计算。　**答案** ▶ B

【思考 1】若赵某出差遭遇泥石流的时间是 2020 年 12 月 28 日至 2021 年 1 月 2 日，则赵某向王某主张权利的最后期限是那一天？

解析 ▶ 诉讼时效期间的最后 6 个月的起算点为 2021 年 1 月 1 日，不可抗力结束的时间点为 2021 年 1 月 2 日，满足发生在诉讼时效期间的最后 6 个月，自中止时效的"原因消除之日起满 6 个月"，诉讼时效期间届满，因此赵某向王某主张权利的最后期限是 2021 年 7 月 2 日。

【思考 2】若赵某出差遭遇泥石流的时间是 2021 年 6 月 1 日至 6 月 5 日，则赵某向王某主张权利的最后期限是那一天？

解析 ▶ 诉讼时效期间的最后 6 个月的起算点为 2021 年 1 月 1 日，不可抗力结束的时间点为 2021 年 6 月 5 日，满足发生在诉讼时效期间的最后 6 个月，自中止时效的"原因消除之日起满 6 个月"，诉讼时效期间届满，因此赵某向王某主张权利的最后期限是 2021 年 12 月 5 日。

【例题 6·单选题】侯某于 2018 年将一套房屋租给赵某居住，双方约定租期 1 年，房租预付，半年一次，2018 年 6 月 30 日赵某没有支付房租，侯某碍于情面亦未催要，2019 年 1 月 1 日，赵某在未支付其余租金的情况下搬出住房，不知去向。在侯某的多次寻找与催讨下，赵某在 2021 年 6 月 1 日写下还款计划书，保证于 2021 年 12 月 31 日以前将房租付清，但到期后仍未支付，则侯某请求赵某支付租金的诉讼时效期间届满日为( )。
A. 2025 年 1 月 1 日　B. 2024 年 1 月 1 日
C. 2024 年 6 月 1 日　D. 2025 年 6 月 1 日

解析 ▶ (1) 普通诉讼时效期间为 3 年，从知道或应当知道权利被侵害之日起计算。2018 年 6 月 30 日赵某未付房租，2018 年 7 月 1 日侯某"知道或应当知道权利被侵害"诉讼时效期间开始起算，直至 2021 年 7 月 1 日止；(2) 赵某在 2021 年 6 月 1 日写下还款计划书，保证于 2021 年 12 月 31 日以前将房租付清。在诉讼时效期间，"义务人同意履行义务"，而使已经经过的时效期间全部归于无效。从中断、有关程序终结时起，诉讼时效期间"重新计算"。因赵某承诺期满仍未支付房租，因此诉讼时效期间自 2022 年 1 月 1 日起重新计算，直至 2025 年 1 月 1 日止。　**答案** ▶ A

【例题 7·多选题】根据民事法律制度的规定，下列各项中，可导致诉讼时效中断的情形有( )。
A. 义务人拒绝履行义务
B. 权利人向义务人提出履行请求
C. 权利人提起诉讼
D. 权利人被义务人控制

解析 ▶ 选项 A，义务人"同意"履行义务会引起诉讼时效的中断；选项 D，权利人被义务人控制属于"客观原因"，如发生在诉讼时效期间的最后 6 个月，则引起诉讼时效期间的中止。
　答案 ▶ BC

四、三类会计监督的主体和对象

表 4

监督种类		主体	对象
内部监督		会计机构和会计人员	本单位经济活动
外部监督	政府监督	（主要监督人）财政部门：国务院财政部门、省级政府财政部门及派出机构和"县级"以上政府财政部门	各单位会计工作
		审计、税务、人民银行、证券监管、保险监管等	有关单位会计资料
	社会监督	（主要监督人）注册会计师及其所在会计师事务所	委托单位经济活动
		单位和个人检举	违法行为

【例题 8·多选题】（非标准选项题目）关于会计监督的监督主体及对象，下列说法正确的有( )。

A. 单位内部会计监督的主体是内部审计部门
B. 单位内部会计监督的对象是会计机构和会计人员
C. 财政部门对各单位中相关人员的会计行为实施监督检查
D. 审计部门可以对各单位的会计资料实施监督检查
E. 社会监督的主体是注册会计师及其所在的会计师事务所
F. 社会监督的对象是受托单位的经济活动

解析 选项 AB，单位内部监督的主体是会计机构和会计人员，对象是本单位的经济活动；选项 C，"财政部门"代表国家对"各单位"和单位中相关人员的会计行为实施监督检查，对发现的违法会计行为实施行政处罚；选项 D，审计部门依照有关法律、行政法规规定的职责和权限，可以对"有关单位"的会计资料实施监督检查；选项 EF，注册会计师及其所在的会计师事务所等中介机构接受委托，依法对"委托单位"的经济活动进行审计，出具审计报告，发表审计意见。 **答案** CE

五、各类银行结算账户的现金存取规定

表 5

账户名称	存现	取现
基本存款账户	√	√
一般存款账户	√	×

续表

账户名称		存现	取现
	单位银行卡账户	×	×
专用存款账户	证券交易结算资金	√	×
	期货交易保证金	√	×
	信托基金	√	×
	收入汇缴	√	×
	业务支出	×	√
	其他专用存款账户	√	√
临时存款账户	验资	×	×
	其他	√	√
预算单位零余额账户		×	√
个人银行结算账户	Ⅰ	√	√
	Ⅱ	限额	限额
	Ⅲ	×	×

【例题 9·多选题】下列银行结算账户中，可以支取现金的有( )。

A. 基本存款账户   B. 一般存款账户
C. 临时存款账户   D. 单位银行卡账户

解析 选项 A，存款人日常经营活动的资金收付，以及工资、奖金和现金的支取应通过基本存款账户办理；选项 B，一般存款账户可以办理现金缴存，但不得办理现金支取；选项 C，临时存款账户可以支取现金，但应当按照国家现金管理的规定办理；选项 D，单位银行卡账户的资金必须由基本存款账户转入，该账户不得办理现金收付业务。 **答案** AC

【例题 10·单选题】下列银行结算账户中，可以支取现金但不能缴存现金的是( )。

A. 一般存款账户
B. 单位银行卡账户
C. 预算单位零余额账户
D. Ⅲ类个人银行结算账户

解析 选项A，可以存入现金，但不能支取现金；选项BD，既不能存入现金，也不能支取现金。

答案 C

六、付款人VS承兑人

(一) 概念

1. 付款人：由出票人委托付款或自行承担付款责任的人。
2. 承兑人：接受汇票出票人的付款委托，同意承担支付票款义务的人

(二) 具体票据的付款人

表6

票据类型	付款人
银行汇票	"出票"人
商业承兑汇票	"承兑"人
银行承兑汇票	"承兑"银行
支票	"开户"银行
本票	"出票"人

『老侯提示1』区别付款人与承兑人：付款人只承担"相对"付款责任，即出票人账户有钱我替他付款，出票人账户没钱我没义务帮他付款；承兑人因承兑而成为票据的"主债务人"，需承担"绝对"付款责任，即使出票人账户没钱，我也要付款，付款后与出票人之间按贷款处理。两者的相同之处在于均需承担付款责任，因此"承兑人可以称为付款人"；两者的不同之处在于付款责任上的区别，因此"付款人不能称为承兑人"。

『老侯提示2』对承兑人行使追索权的注意事项：
(1) 对承兑人行使追索权的前提是承兑人已经承兑票据，承兑人一旦在票据承兑人栏签章即票据的主债务人，承担到期无条件付款的责任。
(2) 如承兑人未承兑或承兑附条件，则其身份为付款人而非承兑人，并非票据的主债务人，持票人不能向其行使追索权。
(3) 特别提示商业承兑汇票由银行以外的付款人承兑，则行使追索权的对象应为在票据上签章的承兑人，而非该承兑人的开户银行。

【例题11·单选题】根据支付结算法律制度的规定，下列关于票据付款人的表述中正确的是( )。
A. 支票的付款人是出票人
B. 商业承兑汇票的付款人是承兑人
C. 银行汇票的付款人是申请人
D. 银行承兑汇票的付款人是出票人

解析 选项A，支票的付款人是出票人的开户银行；选项C，银行汇票的付款人是出票银行；选项D，银行承兑汇票的付款人是承兑银行。

答案 B

【例题12·多选题】甲公司为支付货款向乙公司签发一张支票，乙公司在提示付款期限内持该支票向甲公司的开户银行P银行提示付款，银行以甲公司存款账户不足为由拒绝付款，则下列说法中正确的有( )。
A. 乙公司可以向甲公司追索
B. 乙公司可以向P银行追索
C. 乙公司不可以向甲公司追索
D. 乙公司不可以向P银行追索

解析 选项AC，支票的出票人，出票后即要保证后手能够获得付款，持票人行使付款请求权被拒绝的，可以向出票人行使追索权；选项BD，支票出票人的开户银行为付款人，只承担相对付款责任，持票人不能对其行使追索权。

答案 AD

【例题13·多选题】甲公司为支付货款向乙公司签发一张1个月后到期的银行承兑汇票，该票据经甲公司的开户银行P银行承兑，票据到期后乙公司在提示付款期限内向P银行提示付款，银行以甲公司存款账户不足为由拒绝付款，则下列说法中正确的有( )。
A. 乙公司可以向甲公司追索
B. 乙公司可以向P银行追索
C. 乙公司不可以向甲公司追索
D. 乙公司不可以向P银行追索

解析 (1) P银行的身份为承兑人，是银行承兑汇票的"主债务人"，需承担"绝对"付款责任；(2) 持票人行使追索权，可以不按照票据债务人的先后顺序，对出票人、背书人、承兑人和保证人其中任何一人、数人或者全体行使追索权。

答案 AB

【例题14·多选题】甲公司为支付货款向乙公司签发一张1个月后到期的商业承兑汇票，该票据经丙公司承兑，票据到期后乙公司在提示付款

期限内委托开户银行 P 向丙公司的开户银行 Q 银行提示付款,银行以丙公司存款账户不足为由拒绝付款,则下列说法中正确的有( )。

A. 乙公司可以向甲公司追索
B. 乙公司可以向 P 银行追索
C. 乙公司可以向丙公司追索
D. 乙公司可以向 Q 银行追索

解析 ▶ (1)持票人行使追索权,可以不按照票据债务人的先后顺序,对出票人、背书人、承兑人和保证人其中任何一人、数人或者全体行使追索权;(2)商业承兑汇票的承兑人为银行以外的付款人,持票人行使追索权的对象应为在票据上签章的承兑人,而非该承兑人的开户银行。

答案 ▶ AC

七、付款期限 VS 提示承兑期限 VS 提示付款期限 VS 票据权利时效期间

1. 付款期限——仅适用于"远期商业汇票"

表 7

商业汇票的类型	起算点	最长时间	
		纸质	电子
定日付款的汇票	出票日	6 个月	1 年
出票后定期付款的汇票			
见票后定期付款的汇票	自承兑日		

2. 提示承兑期限——仅适用于"远期商业汇票"

表 8

商业汇票的类型	提示承兑期限
定日付款的汇票	到期日前
出票后定期付款的汇票	
见票后定期付款的汇票	出票日起 1 个月内

3. 提示付款期限

表 9

票据类型	起算点	时间
银行本票	出票日	2 个月
银行汇票		1 个月
支票		10 日
商业汇票	到期日	10 日

4. 票据权利时效期间——注意追索对象

表 10

对象	票据	起算点	期限
对出票人或承兑人	商业汇票	自票据"到期日"起	2 年
	银行汇票、本票	自出票日起	2 年
	支票	自出票日起	6 个月
追索与再追索	追索	自被拒绝承兑或者被拒绝付款之日起	6 个月
	再追索	自清偿或者被提起诉讼之日起	3 个月

【例题15·多选题】甲公司为支付货款于2019年8月15日向乙公司签发了一张见票后3个月付款的纸质银行承兑汇票，乙公司于2019年9月6日向P银行提示承兑，银行于当日承兑。乙公司于2019年12月10日持该汇票向开户银行Q办理委托收款。则下列说法中正确的有（ ）。

A. 该汇票的付款期限为3个月，自2019年8月15日起计算

B. 该汇票的提示承兑期限为1个月，自2019年9月6日起计算

C. 该汇票的提示付款期限为10天，自2019年12月6日起计算

D. 该汇票的使用符合规定

解析 ▶ 选项A，见票后定期付款的纸质商业汇票，付款期限为承兑人见票之日起6个月内，该票据的的付款期限约定为3个月，符合规定，但起算点应为承兑人见票之日，既2019年9月6日；选项B，见票后定期付款的纸质商业汇票，提示承兑期限为承兑人见票之日起1个月内，本题中，应为自2019年9月6日起1个月；选项C，远期商业汇票的提示付款期限为自票据到期之日起10天，该票据到期日为2019年12月6日（承兑人见票3个月后）；选项D，该票据的付款期限，提示承兑及提示付款期限均无问题。 答案 ▶ BCD

【例题16·多选题】根据票据法律制度的规定，下列各项中，关于票据提示付款期限说法正确的有( )。

A. 银行本票的提示付款期限自出票日起最长10日

B. 银行汇票的提示付款期限自出票日起10日

C. 商业汇票的提示付款期限自到期日起10日

D. 支票的提示付款期限自出票起10日

解析 ▶ 选项A，银行本票的提示付款期限自出票日起最长不得超过2个月；选项B，银行汇票的提示付款期限自出票日起1个月。 答案 ▶ CD

【例题17·单选题】根据支付结算法律制度的规定，下列关于票据权利时效的表述中，正确的是( )。

A. 持票人对支票出票人的权利自出票日起1年

B. 持票人对银行汇票出票人的权利自出票日起2年

C. 持票人对前手的追索权自被拒绝承兑或拒绝付款之日起2年

D. 持票人对商业汇票承兑人的权利自到期日起1年

解析 ▶ 选项A，持票人对支票出票人的权利，自出票日起6个月；选项C，持票人对前手的追索权，自被拒绝承兑或者被拒绝付款之日起6个月；持票人对前手的再追索权，自清偿日或者被提起诉讼之日起3个月；选项D，持票人对票据的出票人和承兑人的权利自票据到期日起2年。见票即付的汇票、本票自出票日起2年。 答案 ▶ B

八、《经济法基础》考试常见的六类情形及追索对象的判定

表11

六类情形		追索对象
（1）票据无问题，程序无问题，但承兑人无理拒付		全体前手
（2）承兑附条件、拒绝承兑	最后的持票人提示承兑	除付款人外前手
	提示承兑后又背书转让	前手背书人
（3）背书附条件、保证附条件		全体前手
（4）背书人记载"不得转让"字样		除该背书人和该背书人的保证人外前手
（5）未按规定期限提示承兑		出票人
（6）未按规定期限提示付款	支票、本票、银行汇票	出票人
	商业汇票	承兑人、出票人

【例题18·多选题】2019年7月8日，甲公司为支付50万元货款向乙公司签发并承兑一张定日付款的商业汇票，汇票到期日为2020年1月8日。乙公司将该商业汇票背书转让给丙公司，

并记载"不得转让"字样。丙公司再次将该汇票转让给丁公司，丁公司将汇票背书转让给戊公司。戊公司在提示付款期内向甲公司提示付款遭到拒绝，下列关于戊公司行使追索权的表述中，正确的有(　　)。

A. 戊公司有权向甲公司行使追索权
B. 戊公司有权向丁公司行使追索权
C. 戊公司有权向丙公司行使追索权
D. 戊公司有权向乙公司行使追索权

解析 ▶ 背书人在票据上记载"不得转让"字样，其后手再背书转让的，原背书人(乙公司)对后手的被背书人(戊公司)不承担保证责任。 答案 ▶ ABC

【例题19·多选题】甲公司签发一张出票后1个月到期的银行承兑汇票给乙公司，记载付款人为P银行。乙公司将该票据背书转让给丙公司，赵某作为保证人在票据上签章，记载被保证人为乙公司。票据到期后的第二天，丙公司向P银行提示付款，P银行以丙公司未在规定期限内提示承兑为由拒绝付款，则下列说法中正确的有(　　)。

A. 丙公司不能向甲公司请求票据权利
B. 丙公司不能向乙公司追索
C. 丙公司不能向P银行追索
D. 丙公司不能向赵某追索

解析 ▶ 选项A，持票人未按照规定期限提示承兑的，持票人丧失对其前手的追索权，只能向出票人追索。 答案 ▶ BCD

九、纸质票据的电子化流程

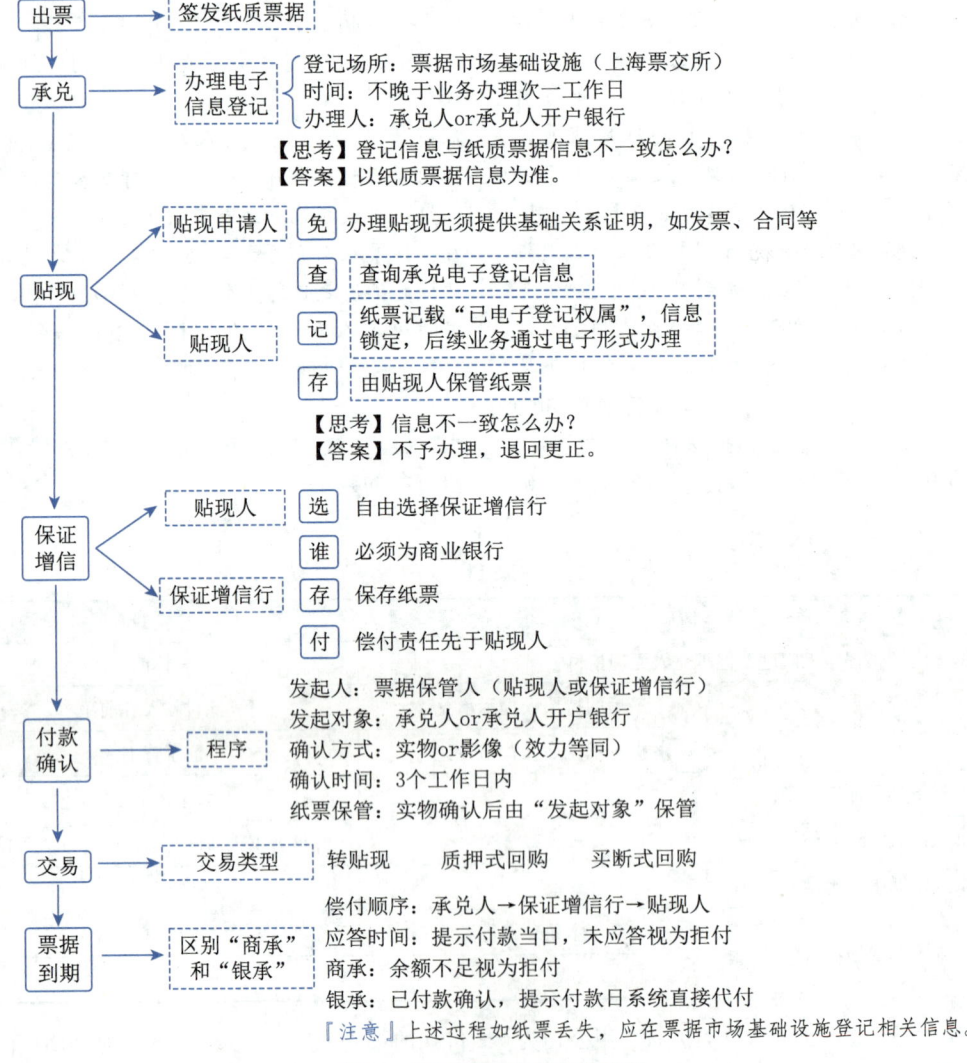

图1　纸质票据的电子化流程

十、各类结算方式的适用范围

表 12

结算方式	单位	个人	同城	异地
银行汇票	√	√	—	—
商业汇票	√	×	—	—
银行本票	√	√	√	×
支票	√	√	√	√
银行卡	√	√	√	√
汇兑	√	√	√	√
委托收款	√	√	√	√
国内信用证	√	×	√	√
网上支付	√	√	√	√

【例题20·单选题】根据支付结算法律制度的规定，下列各项结算方式中，只能在同城使用的是（　　）。
A. 支票　　　　　B. 银行本票
C. 国内信用证　　D. 委托收款
解析▶选项ACD，同城、异地均可使用。
答案▶B

【例题21·单选题】根据支付结算法律制度的规定，下列票据和结算方式中，仅适用于单位之间款项结算的是（　　）。
A. 电汇　　　　　B. 信汇
C. 商业汇票　　　D. 委托收款
解析▶选项ABD，单位和个人均可使用。
答案▶C

十一、竞业限制补偿金 VS 经济补偿金 VS 违约金 VS 赔偿金 VS 代通知金

表 13

	适用条件	性质	支付主体
竞业限制补偿金	单位与劳动者有竞业限制约定	法定+约定（竞业限制约定生效的必要条件）	单位
经济补偿金	劳动关系的解除和终止过程中除劳动者主动辞职或试用期外，劳动者无过错	法定（不以过错为条件，无惩罚性，是一项社会义务）	单位
违约金	劳动者违反了服务期和竞业禁止的规定（仅上述两项可约定）	法定+约定（以过错为构成要件，具有惩罚性和赔偿性）	劳动者
赔偿金	用人单位和劳动者由于自己的过错给对方造成损害	法定+约定（以过错为构成要件，具有惩罚性和赔偿性）	单位或劳动者
代通知金	无过失性辞退替代提前1个月的通知时间	法定（仅起到替代作用）	单位

【例题22·单选题】根据劳动合同法律制度的规定，下列关于经济补偿金和违约金的表述中，不正确的是（　　）。
A. 违约金的支付主体只能是劳动者
B. 经济补偿金只能由用人单位和劳动者在劳动合同中约定
C. 违约金只能在服务期和竞业限制条款中约定
D. 经济补偿金的支付主体只能是用人单位
解析▶选项B，经济补偿金是法定的，不能在劳动合同中约定。
答案▶B

十二、经济补偿金的计算基数 VS 基本养老保险的个人缴费计算基数

(一)经济补偿金的计算基数

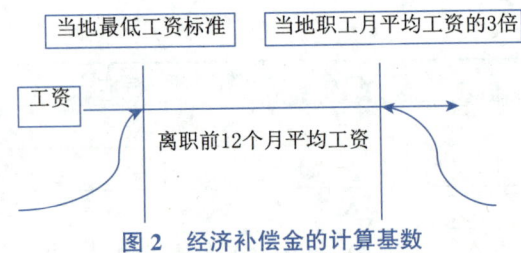

图2　经济补偿金的计算基数

(二)基本养老保险的个人缴费计算基数

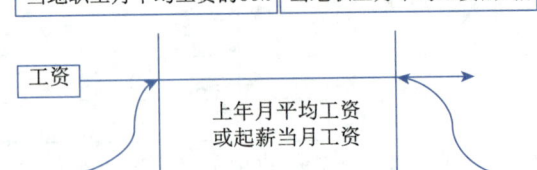

计算公式：个人养老账户月存储额=本人月缴费工资×8%

图3　基本养老保险的个人缴费计算基数

【例题23·单选题】赵某在甲公司工作3年零5个月后被甲公司辞退，已知赵某离职前12个月的平均工资为2 200元，当地职工月平均工资为4 000元，当地最低工资标准为2 000元，则劳动合同解除时，甲公司依法应向赵某支付的经济补偿的下列计算，正确的是(　　)。

A. 2 200×3.5＝7 700(元)
B. 2 000×3.5＝7 000(元)
C. 4 000×3.5＝14 000(元)
D. 4 000×60%×3.5＝8 400(元)

解析　(1)赵某月工资2 200元，介于甲公司所在地上年度职工月平均工资4 000元，和当地最低工资标准为2 000元之间，因此赵某离职经济补偿的计算基数为2 200元；(2)赵某在甲公司工作3年零5个月，每满1年支付1个月工资；不满6个月的支付0.5个月工资；(3)经济补偿＝2 200×3.5＝7 700(元)。**答案**　A

【例题24·单选题】甲公司职工赵某已参加职工基本养老保险，月工资2 200元。已知甲公司所在地职工月平均工资为4 000元，月最低工资标准为2 000元。计算甲公司每月应从孙某工资中扣缴基本养老保险费的下列算式中，正确的是(　　)。

A. 2 000×8%＝160(元)
B. 2 200×8%＝176(元)
C. 4 000×60%×8%＝192(元)
D. 4 000×8%＝320(元)

解析　职工个人按照本人缴费工资的8%缴费。本人月平均工资低于当地职工月工资60%的，按当地职工月平均工资的60%作为缴费基数。在本题中，赵某应当缴纳的基本养老保险费＝4 000×60%×8%＝192(元)。**答案**　C

十三、医疗期VS停工留薪期

表14

	医疗期	停工留薪期
适用范围	因病或非因工负伤	因工负伤
期间	根据累计工作年限及本单位工作年限确定 『注意』医疗期期间和累计计算期的多种提问方式	12个月+12个月
工资待遇	当地最低工资的80%	不变
期满后未康复	支付经济补偿后可解除合同	继续享受工伤医疗待遇
合同解除	支付经济补偿后可解除合同	1~4级伤残　不得解除 5、6级伤残　经本人提出可以解除 7~10级伤残　合同期满或经本人提出可以解除

【例题25·多选题】下列关于医疗期及停工留薪期待遇的说法中正确的有(　　)。

A. 在医疗期内工资福利待遇不变
B. 停职留薪期一般不超过12个月
C. 医疗期内不得解除劳动合同
D. 停工留薪期满劳动者未康复，用人单位在支付经济补偿后可以与劳动者解除劳动合同

解析　选项A，医疗期内工资标准最低为当地最低工资的80%，停工留薪期工资福利待遇不变，由所在单位按月支付；选项D，对医疗期满尚未痊愈者，或者医疗期满后不能从事原工作，也不能从事用人单位另行安排的工作，被解除

劳动合同的，用人单位需按经济补偿规定给予其经济补偿。工伤职工在停工留薪期满后仍需治疗的，继续享受工伤医疗待遇。　**答案** BC

【例题26·单选题】赵某已经从事工作12年，2017年4月1日赵某加入A公司，与公司签订3年期劳动合同，2019年8月1日因病无法从事工作，开始病休。

【问法1】则赵某可以享受的医疗期为(　)个月。
A. 3　　　　　　　　B. 6
C. 9　　　　　　　　D. 12

解析 累计工作年限10年以上，在本单位工作年限不足5年，可以享受的医疗期为6个月。
　答案 B

【问法2】赵某可以享受的医疗期的累计计算期为(　)个月。
A. 3　　　　　　　　B. 6
C. 9　　　　　　　　D. 12

解析 实际工作年限10年以上，在本单位工作年限不足5年，可以享受的医疗期为6个月，医疗期的累计计算期为12个月。
　答案 D

【问法3】在医疗期未满的情况下，赵某在(　)之前休假，均可以享受医疗期待遇。
A. 2019年11月1日　B. 2020年2月1日
C. 2020年5月1日　D. 2020年8月1日

解析 赵某可以享受的医疗期的累计计算期为12个月，2019年8月1日病休，则在2020年8月1日前休假，均可以享受医疗期待遇。
　答案 D

十四、工伤期间费用的负担

表15

	费用		用人单位	保险
治疗工伤期间	工资福利		√	
	生活护理费		√	
	医疗费用			√
	住院伙食补助、交通食宿费			√
	康复性治疗费			√
	辅助器具装配费			√
	劳动能力鉴定费			√
评定伤残等级后	一次性伤残补助			√
	生活护理费			√
	伤残津贴	一至四级		√
		五六级	√	
一次性辞退补助	伤残就业补助金		√	
	伤残医疗补助金			√
因工死亡	丧葬补助金			√
	供养亲属抚恤金			√
	死亡补助金			√

【例题27·单选题】根据社会保险法律制度的规定，参保职工因工伤事故发生的下列费用中，应由用人单位支付的是(　)。
A. 一次性工伤医疗补助金
B. 住院期间的工资福利
C. 医疗费用
D. 住院伙食补助

解析 选项ACD，一次性工伤医疗补助金、治疗工伤的医疗费用、住院伙食补助费按照国家规定从工伤保险基金中支付。
　答案 B

十五、增值税的视同销售 VS 进项税额不得抵扣

表 16

判定方向		具体内容
视同销售	视同销售货物	委托代销：(1)委托代销货物；(2)销售代销货物
		异地移送：总、分机构异地(非同一县市)移送
		用于"非生产性"支出：(1)"自产、委托加工"的货物"对内、对外"；(2)"购进"的货物"对外" 『老侯提示』对内行为：集体福利、个人消费； 对外行为：投资、分配股利、无偿赠送
	视同销售服务、无形资产或不动产	(1)单位或个体工商户向其他单位或个人"无偿"提供服务； (2)单位或个人向其他单位或个人"无偿"转让无形资产或不动产 『注意』用于"公益事业"或以"社会公众"为对象的除外
进项税额不得抵扣	纳税链条终止	用于"简易计税方法计税项目、免征增值税项目、集体福利或个人消费"的"购进"货物、加工修理修配劳务、服务、无形资产和不动产
	非正常损失	(1)"非正常损失"的购进货物及相关的应税劳务和交通运输服务； (2)"非正常损失"的在产品、产成品所耗用的购进货物、应税劳务和交通运输服务； (3)"非正常损失"的不动产、在建工程及所耗用的购进货物、设计服务和建筑服务 『注意』非正常损失：因"管理不善"造成被盗、丢失、霉烂变质+被执法部门"依法没收、销毁、拆除"
	"营改增"不得抵扣项目	购进的贷款服务、餐饮服务、居民日常服务和娱乐服务
	会计核算不健全	一般纳税人"会计核算不健全"，不能够准确提供税务资料，或应当办理一般纳税人资格登记而未办理

【例题 28·多选题】（非标准选项）根据增值税法律制度的规定，下列情形中，应视同销售缴纳增值税的有（　　）。
A. 甲公司将货物委托乙公司代销
B. 乙公司将位于 A 市 B 县仓库的货物移送至 B 县门市部用于对外销售
C. 丙公司将购入的一批月饼，作为中秋福利发放给职工
D. 丁公司将购入的苹果移送加工成果汁
E. 戊公司将购入的设备作为投资，提供给甲公司
F. 己航空公司向受灾地区无偿提供救灾物资的运输服务
G. 庚公司将自产运动服，发放给职工在职工运动会使用

解析　选项 A，将货物交付其他单位或者个人代销，视同销售；选项 B，设有两个以上机构并实行统一核算的纳税人，将货物从一个机构移送至其他机构用于销售，但相关机构设在同一县(市)的除外，本题中，乙公司是将货物在 B 县内移动，属于同一县市；选项 C，外购货物"对内"用于集体福利，进项税额不得抵扣；选项 D，属于生产行为，不视同销售，且进项税额可以抵扣，待将来销售果汁时计算增值税销项税额；选项 E，外购货物"对外"用于投资，视同销售；选项 F，单位向其他单位或个人"无偿"提供服务视同销售，但用于"公益事业"或以"社会公众"为对象的除外；选项 G，自产货物无论"对内"用于集体福利，还是"对外"均视同销售。

答案　AEG

【例题 29·多选题】（非标准选项）根据增值税法律制度的规定，下列情形中，增值税进项税额不得从销项税额中抵扣的有（　　）。
A. 甲公司将购入的一批月饼，作为中秋福利发放给职工
B. 乙公司将购入的苹果移送加工成果汁

C. 丙公司将购入的设备作为投资,提供给甲公司
D. 丁公司销售二手设备后委托 M 公司运输,购入的运输服务
E. 戊公司购入一批橡胶,用于生产避孕用具
F. 己公司因当地刮台风,导致外购汽车的发动机进水报废
G. 庚公司因仓库管理员疏忽,导致一批外购大米霉烂变质
H. 辛公司董事长出差乘坐火车取得的火车票
I. 壬公司从 P 银行贷款,支付的贷款利息和贷款手续费

解析 ▶ 选项 A,外购货物"对内"用于集体福利,进项税额不得抵扣;选项 B,属于生产行为,不视同销售,且进项税额可以抵扣,待将来销售果汁时计算增值税销项税额;选项 C,外购货物"对外"用于投资,应视同销售计算销项税额,同时进项税额可以抵扣;选项 D,用于简易计税方法计税项目"购进"服务,进项税额不得抵扣;选项 E,用于免税项目"购进"货物,进项税额不得抵扣;选项 F,因"自然灾害"导致的非正常损失,进项税额可以抵扣;选项 G,因"管理不善"导致的非正常损失,进项税额不得抵扣;选项 H,购入的国内旅客运输服务,进项税额可以抵扣;选项 I,纳税人接受贷款服务向贷款方支付的与该笔贷款直接相关的投融资顾问费、手续费、咨询费等费用,其进项税额不得抵扣。

答案 ▶ ADEGI

十六、价外费用在《经济法基础》考试"增值税"中的具体适用

表 17

项目		计税规则
包装费	销售方在价外向购买方收取的包装费	属于价外费用
包装物租金	单独出租收取的租金	属于"现代服务——有形动产租赁服务"
	销售货物一并收取的(未分别核算的)包装物租金	属于价外费用
包装物押金	白酒、其他酒	"取得"押金时即作为价外费用
	啤酒、黄酒和除酒类产品以外的其他货物	"逾期"时作为价外费用
运费	销售货物一并收取的(未分别核算的)运费	属于价外费用
	销售货物一并收取(未分别核算)运费后委托第三方提供运输支付运费取得第三方开具的运费发票	(1)收取运费时,作为价外费用;(2)支付运费时,作为进项税额抵扣
	销售货物代收运费并转交给运输方,同时将运输方开具的发票转交给购货方	属于合理的代收款项,不作为价外费用
销售货物时取得的增值税销项税额		不属于价外费用
其他合理代收款项,如:委托加工代收的消费税、代收的政府基金和行政事业性收费、代收的机场建设费、代收的车辆购置税和保险等		不属于价外费用

【例题 30·单选题】2020 年 9 月,甲公司销售产品取得含增值税价款 113 000 元,另收取包装物租金 6 780 元。已知增值税税率为 13%,则甲公司当月该笔业务增值税销项税额的下列计算中,正确的是( )。
A. [113 000×(1+13%)]×13% = 16 599.7(元)
B. [(113 000 + 6 780) ÷ (1 + 13%)] × 13% = 13 780(元)
C. 113 000×13% = 14 690(元)
D. (113 000+6 780)×13% = 15 571.4(元)

解析 ▶ 包装物租金为价外费用,应当并入销售额计征增值税,价外费用为含税销售额须进行价税分离,甲公司当月该笔业务增值税销项税额 = [(113 000 + 6 780) ÷ (1 + 13%)] × 13% = 13 780(元)。

答案 ▶ B

【例题 31·单选题】甲厂为增值税一般纳税人,2020 年 5 月销售食品取得不含增值税价款 113 万元,另收取包装物押金 2.26 万元。已知增值税税率为 13%,甲厂当月销售食品应缴纳增值税的下列计算中,正确的是( )。

A. （113+2.26）÷（1+13%）×13% = 13.26（万元）
B. 113÷（1+13%）×13% = 13（万元）
C. 113×13% = 14.69（万元）
D. 113+2.26÷（1+13%）×13% = 113.26（万元）

解析 ▶ 非酒类产品的包装物押金，收取时不作为价外费用，甲厂当月销售食品应缴纳增值税 = 113×13% = 14.69（万元）。

答案 ▶ C

十七、跨境服务适用"零税率"的项目 VS "免税"项目

(一) 跨境服务适用"零税率"的项目

表 18

类型		具体内容
运输服务		国际运输服务；航天运输服务
现代服务（向境外单位提供的完全在境外消费的服务）	研发和技术服务	研发服务；合同能源管理服务
	信息技术服务	软件服务；电路设计及测试服务；信息系统服务；业务流程管理服务；离岸服务外包业务
	文化创意服务	设计服务
	广播影视服务	广播影视节目（作品）的制作和发行服务
销售无形资产		转让技术

(二) 跨境服务适用"免税"的项目

表 19

类型		具体内容
运输服务		台湾航运公司、航空公司从事海峡两岸海上直航、空中直航业务在大陆取得的运输收入；以无运输工具承运方式提供的国际运输服务
邮政服务		为出口货物提供邮政服务
电信服务		向境外单位提供的完全在境外消费的电信服务
金融服务		为出口货物提供保险服务；为境外单位之间的货币资金融通及其他金融业务提供的直接收费金融服务，且与境内货物、无形资产和不动产无关
建筑服务		工程项目在境外的建筑服务、工程监理服务
现代服务	研发和技术服务	工程勘察勘探服务、向境外单位提供的完全在境外消费的专业技术服务
	文化创意服务	会议展览地点在境外的会展服务；向境外单位提供的完全在境外消费的知识产权服务、广告投放地在境外的广告服务
	物流辅助服务	存储地点在境外的仓储服务；为出口货物提供的收派服务；向境外单位提供的完全在境外消费的物流辅助服务（仓储服务、收派服务除外）
	租赁服务	标的物在境外使用的有形动产租赁服务
	鉴证咨询服务	向境外单位提供的完全在境外消费的鉴证咨询服务
	广播影视服务	在境外提供的广播影视节目的播映服务
	商务辅助服务	国际货物运输代理服务；向境外单位提供的完全在境外消费的商务辅助服务
生活服务		在境外提供的文化体育服务、教育医疗服务、旅游服务
销售无形资产		向境外单位提供的完全在境外消费的无形资产

【例题32·多选题】（非标准选项）根据增值税法律制度的规定，下列跨境服务中适用零税率的有（　　）。

A. 向境外单位提供的完全在境外消费的合同能源管理服务
B. 国际运输服务

C. 为出口货物提供的邮政服务
D. 存储地点在境外的仓储服务
E. 向境外单位提供的完全在境外消费的广播影视节目的制作
F. 标的物在境外使用的有形动产租赁服务
G. 国际货物运输代理服务
H. 境外单位向境内单位销售完全在境外使用的无形资产

解析 选项CDFG免征增值税，选项H不属于在境内销售无形资产，不征收增值税。
答案 ABE

十八、消费税委托加工业务串联

表20

环节	适用情形		计税规则
委托加工时	委托方		消费税纳税人，受托方为"个人"时自行缴纳消费税
	受托方		增值税纳税人，受托方为"单位"时代收代缴消费税
委托加工收回后	"直接"销售		不缴纳消费税
	"加价"销售		差额计税（准予扣除委托加工环节已纳的消费税）
	使用		不缴纳消费税
	移送	连续生产"非"应税消费品销售	不缴纳消费税
		连续生产应税消费品销售 一般产品	准予扣除已纳消费税
		特殊商品	正常纳税，不得扣除已纳消费税

【例题33·多选题】甲公司是一家卷烟厂，2020年8月从烟农乙手中收购一批烟叶，并将之委托给丙公司加工成烟丝，收回后一半直接出售给A企业，一半用于连续生产卷烟，并将生产出的卷烟销售给丁卷烟批发公司，丁公司又将卷烟销售给戊卷烟批发公司，戊公司又将其批发给B、C、D等多家卷烟零售企业。

【第一问】下列关于消费税的说法中错误的有（ ）。
A. 在收购烟叶的业务中甲公司是消费税的纳税人
B. 在收购烟叶的业务中烟农乙是消费税的纳税人
C. 在委托加工的业务中甲公司是消费税的纳税人
D. 在委托加工的业务中丙公司是消费税的纳税人

解析 选项AB，烟叶不属于消费税应税消费品；选项CD，委托加工卷烟的业务中，委托加工单位为消费税纳税人，即甲公司。 **答案** ABD

【第二问】下列关于消费税的说法中错误的有（ ）。
A. 在将烟丝出售给A企业的业务中，甲公司是消费税的纳税人
B. 在用烟丝加工卷烟的活动中，甲公司是消费税的纳税人
C. 在向丁公司销售卷烟的业务中，甲公司是消费税的纳税人
D. 在向戊公司的销售业务中，丁公司是消费税的纳税人

的纳税人

解析 选项A，委托方将直接收回的应税消费品，以不高于受托方的计税价格出售的，为直接出售，不再缴纳消费税；选项B，用委托加工收回的应税消费品连续生产应税消费品，加工环节不缴纳消费税，最终销售终端应税消费品时缴纳消费税，但可以扣除委托加工时已经代扣代缴的消费税；选项C，卷烟在生产销售环节须缴纳消费税；选项D，烟草批发企业将卷烟销售给其他烟草批发企业的，不缴纳消费税。 **答案** ABD

【第三问】下列关于消费税的说法中错误的有（ ）。
A. 在向零售企业的批发业务中，戊公司是消费税的纳税人
B. 在卷烟零售环节中，B、C、D等卷烟零售企业是消费税的纳税人
C. 在委托加工业务中，消费税的纳税地点为甲公司所在地
D. 在委托加工业务中，消费税的纳税地点为丙公司所在地

解析 选项A，烟草批发企业将卷烟销售给零售单位的，要再征一道消费税；选项B，卷烟在生产、委托加工和进口环节缴纳消费税，零售环节不缴纳消费税；选项CD，委托加工应税消费品，受托方为单位的，由"受托方"在向委托

方交货时代收代缴消费税，向受托方机构所在地税务机关解缴。

答案 ▶ BC

十九、各类财产"使用权"与"所有权"转让归属企业所得税收入类型 VS 适用的个人所得税税目

表 21

财产种类	转让方式	企业所得税收入类型	适用个人所得税税目
无形资产 （除土地使用权外）	使用权转让	特许权使用费所得	特许权使用费所得
	所有权转让	财产转让所得	
有形资产	使用权转让	财产租赁所得	财产租赁所得
	所有权转让	财产转让所得	财产转让所得
土地使用权	使用权转让	财产转让所得	财产转让所得
股权	所有权转让	财产转让所得	财产转让所得
债权	所有权转让	财产转让所得	财产转让所得

【例题34·多选题】下列收入中，按照"特许权使用费所得"税目缴纳个人所得税的有（　）。
A. 转让商标权收入
B. 转让土地使用权收入
C. 转让房屋使用权收入
D. 转让专利使用权收入

解析 ▶ 选项AD，"无形资产"（除土地使用权外）的"使用权"与"所有权"转让，按照"特许权使用费所得"税目征税；选项B，土地使用权转让，按照"财产转让所得"税目征税；选项C，"有形资产""使用权"转让，按照"财产租赁所得"税目征税。

答案 ▶ AD

【例题35·单选题】下列收入中，按照"特许权使用费所得"税目缴纳个人所得税的是（　）。
A. 提供房屋使用权取得的所得
B. 提供运输工具使用权取得的所得
C. 提供生产设备使用权取得的所得
D. 提供商标权使用权取得的所得

解析 ▶ 选项ABC，"有形资产""使用权"转让，按照"财产租赁所得"税目征税；选项D，"无形资产"（除土地使用权外）的"使用权"与"所有权"转让，按照"特许权使用费所得"税目征税。

答案 ▶ D

二十、个人所得税各类所得应纳税额的计算

表 22

征税项目		应纳税所得额	费用扣除	税率	计税方法	税额
综合所得	非居民 工资	月工薪收入-5 000元	定额扣除	七级超额累进税率	按月缴纳	应纳税所得额×适用税率-速算扣除数
	劳务报酬	每次收入×(1-20%)	定率		按次缴纳	
	特许权使用费					
	稿酬	每次收入×(1-20%)×70%				
	居民 工资	累计预扣预缴制	定额与附加扣除相结合	七级超额累进预扣率	按月预缴	年终汇算清缴 应纳税所得额×20%
	劳务报酬	每次收入≤4 000＝每次收入额-800元 每次收入>4 000＝每次收入额×(1-20%) 『注意』稿酬所得按70%计算	定额与定率相结合	三级超额累进预扣率 20%比例预扣率	按次预缴	
	特许权使用费					
	稿酬					

续表

征税项目	应纳税所得额	费用扣除	税率	计税方法	税额
经营所得	全年收入总额-成本-费用-损失	限额内据实扣除	五级超额累进税率	按年计征	应纳税所得额×适用税率-速算扣除数
财产租赁	（1）每次（月）收入额≤4 000元=每次收入额-800元 （2）每次收入额＞4 000元=每次收入额×(1-20%) 『注意』收入额=每次租金-其他税费-修缮费用（800元为限）	定额、定率相结合	20%比例税率	按次纳税	应纳税所得额×20%
财产转让	收入全额-原值-合理费用	限额内据实扣除			
利息、股息、红利、偶然	按收入总额计税，不扣费用	无			

【例题36·单选题】根据个人所得税法律制度的规定，关于每次收入确定的下列表述中，不正确的是( )。
A. 偶然所得，以一个月内取得的收入为一次
B. 非居民个人劳务报酬所得只有一次性收入的，以取得该项收入为一次
C. 利息所得，以支付利息时取得的收入为一次
D. 非居民个人特许权使用费所得只有一次性收入的，以取得该项收入为一次

解析▶ 选项A，以每次收入为一次。 答案▶ A

【例题37·单选题】下列各项中，居民纳税人以每次收入全额为应纳税所得额计算个人所得税的是( )。
A. 稿酬所得
B. 劳务报酬所得
C. 经营所得
D. 偶然所得

解析▶ 选项AB，定额与定率相结合扣除；选项C，在税法规定的限额内据实扣除。
答案▶ D

【例题38·不定项选择题】中国公民王某为境内甲公司研发人员，其独生子正在读小学。2019年王某有关收支情况如下：
（1）每月工资、薪金所得20 000元，每月缴纳的基本养老保险费、基本医疗保险费、失业保险费、住房公积金3 900元。1-11月工资、薪金所得累计已预扣预缴个人所得税税额8 590元。

（2）为乙公司提供技术服务，取得一次性劳务报酬5 000元。
（3）购买福利彩票，取得一次中奖收入3 000元。
（4）网约车充值获赠价值2 500元的返券。
（5）储蓄存款利息收入1 750元。
（6）将一套住房出租，全年租金收入37 200元。
已知：工资、薪金所得预扣预缴个人所得税减除费用为5 000元/月；综合所得减除费用为60 000元；子女教育专项附加扣除标准为1 000元/月；由王某按扣除标准的100%扣除；劳务报酬所得个人所得税预扣率为20%，每次收入4 000元以上的，减除费用按20%计算；劳务报酬所得以收入减除20%的费用后的余额为收入额；工资薪金个人所得税预扣率见表6-31；综合所得汇算清缴个人所得税税率见表6-24。
要求：根据上述资料，不考虑其他因素，分析回答下列小题。

（1）计算王某12月份工资、薪金所得应预扣预缴个人所得税税额的下列算式中，正确的是( )。
A. （20 000-5 000-3 900-1 000)×3%=303（元）
B. （20 000-5 000)×3%=450（元）
C. （20 000-5 000-3 900)×3%=333（元）
D. （20 000×12-5 000×12-3 900×12-1 000×12)×10%-2 520-8 590=1 010（元）

解析▶ 居民个人工资薪金所得应当按照累计预

扣法计算预扣税款,累计预扣预缴应纳税所得额=累计收入-累计免税收入-累计减除费用-累计专项扣除-累计专项附加扣除-累计依法确定的其他扣除=20 000×12-5 000×12-3 900×12-1 000×12=121 200(元);本期应预扣预缴税额=(累计预扣预缴应纳税所得额×预扣率-速算扣除数)-累计减免税额-累计已预扣预缴税额=121 200×10%-2 520-8 590=1 010(元)。

答案 ▶ D

(2)计算王某一次性劳务报酬应预扣预缴个人所得税税额的下列算式中,正确的是( )。

A. 5 000×(1-20%)×20%=800(元)
B. 5 000÷(1-20%)×20%=1 250(元)
C. 5 000×20%=1 000(元)
D. 5 000×20%×20%=200(元)

解析 ▶ 预扣预缴税款时,劳务报酬所得每次收入4 000元以上的,减除费用按收入的20%计算,即应预扣预缴的税额=每次收入×(1-20%)×预扣率=5 000×(1-20%)×20%=800(元)。

答案 ▶ A

(3)计算王某2019年综合所得应缴纳个人所得税税额的下列算式中,正确的是( )。

A.(20 000×12+5 000-60 000-3 900×12)×10%-2 520=11 300(元)
B.[20 000×12+5 000×(1-20%)-60 000-3 900×12-1 000×12]×10%-2 520=10 000(元)
C.(20 000×12+5 000-60 000-3 900×12-1 000×12)×10%-2 520=10 100(元)
D.[20 000×12+5 000×(1-20%)-60 000]×20%-16 920=19 880(元)

解析 ▶ 劳务报酬所得以收入减除20%的费用后的余额为收入额计入综合所得计税;综合所得应纳税额=(每一纳税年度的收入额-费用6万元-专项扣除-专项附加扣除-依法确定的其他扣除)×适用税率-速算扣除数。

答案 ▶ B

(4)王某取得的下列所得中,不需要缴纳个人所得税的是( )。

A. 储蓄存款利息收入1 750元
B. 出租住房全年租金收入37 200元
C. 网约车充值获赠价值2 500元的返券
D. 购买福利彩票一次中奖收入3 000元

解析 ▶ 选项A,储蓄存款利息所得暂免征收个人所得税;选项C,企业赠送的具有价格折扣或折让性质的消费券、代金券、抵用券、优惠券,不缴纳个人所得税;选项D,对个人购买福利彩票、体育彩票,一次中奖收入在1万元以下(含1万元)的暂免征收个人所得税;超过1万元的,全额征收个人所得税。

答案 ▶ ACD

二十一、个人所得税存款、债券、股票所得税收优惠的判定

表23

		转让	利息、股息
储蓄存款		—	免征
国债		全额征收	免征
上市公司股票	非限售股	免征	持股期限>1年	免征
			1个月<持股期限≤1年	减半征收
			持股期限≤1个月	全额征收
	限售股	全额征收	解禁前取得	减半征收

[例题39·多选题] 中国公民李某2019年6月的下列收入中,不缴纳个人所得税的有( )。

A. 专利权经济赔偿收入2 000元
B. 取得2019年1月购入的W上市公司非限售股股息1 600元
C. 转让2019年1月购入的W上市公司非限售股股票,取得转让收入30 000元
D. 领取原提存住房公积金15 000元

解析 ▶ 选项A,个人取得专利权的经济赔偿收入,应按"特许权使用费所得"项目缴纳个人所得税。选项B,持股期限在1个月以上不满1年,暂减按50%计入应纳税所得额,不免税。选项C,对股票转让所得暂不征收个人所得税。选项D,属于专项扣除内容,不缴纳个人所得税。

答案 ▶ CD

二十二、房地产销售过程中涉及的税种

表 24

税种	卖方	买方	个人转让的税收优惠
增值税	√		个人转让购买 2 年以上住房,除"北上广深非普通住房"外免征
城建税	√		
教育费附加	√		
土地增值税	√		个人转让住房免征
契税		√	
印花税	√	√	个人转让、租赁住房订立的应税凭证免征
所得税	√		个人转让购买 5 年以上且是家庭唯一生活用房免征

【例题 40·多选题】2019 年 12 月,位于市区的甲工业企业销售 2016 年购入的一栋旧厂房,取得不含增值税收入 800 万元,并签订产权转移书据。该厂房购入原价为 500 万元,购入时另支付相关税费 20 万元,已提折旧 300 万元。房地产评估机构评定的该厂房重置成本价为 600 万元,成新度折扣率为七成。产权转移书据适用的印花税税率为 0.5‰。假设不考虑地方教育附加,下列关于该企业在计算土地增值税时,相关扣除项目金额的计算,正确的有( )。

A. 准予扣除的与转让房地产有关的增值税为 72 万元

B. 准予扣除的与转让房地产有关的印花税为 0.14 万元

C. 准予扣除的房地产评估价格为 420 万元

D. 准予扣除的城市维护建设税和教育费附加为 7.2 万元

解析 ▶ 选项 A,增值税为价外税,不计入销售收入也不属于扣除项目;选项 B,800×0.5‰=0.4(万元);选项 C,准予扣除的房地产评估价格=600×70%=420(万元);选项 D,准予扣除的城建税和教育费附加=800×9%×(7%+3%)=7.2(万元)。

答案 ▶ CD

【例题 41·多选题】张某于 2019 年以每套 80 万元的价格购入两套高档公寓作为投资。2020 年将其中一套公寓以 100 万元的价格转让给谢某,从中获利 20 万元,根据我国税收法律制度的规定,张某出售公寓的行为应缴纳的税种有( )。

A. 个人所得税
B. 印花税
C. 契税
D. 土地增值税

解析 ▶ 选项 ABD,张某为卖方,按照"财产转让所得"缴纳个人所得税,按照"产权转移书据"缴纳印花税,其出售的高档公寓作为投资,不属于个人住房,不满足免税条件,应当缴纳土地增值税;选项 C,契税由房屋承受方(买方)缴纳。

答案 ▶ ABD

【例题 42·多选题】甲房地产公司将开发的商业楼对外投资,该商业楼开发成本 4 800 万元,评估作价 5 240 万元,协议约定,甲公司参与投资利润分红,共同承担投资风险。甲公司将开发的商业楼对外投资,应缴纳的税种有( )。

A. 增值税
B. 土地增值税
C. 契税
D. 企业所得税

解析 ▶ 选项 A,用自产产品对外投资,应视同销售缴纳增值税;选项 B,房地产企业以开发的商品房对外投资,应视同销售,缴纳土地增值税;选项 C,契税为受让方缴纳,甲企业不缴纳契税;选项 D,以非货币性资产投资视同转让和投资行为同时发生,企业应按评估后的公允价值扣除计税基础后的余额计算确认非货币性资产转让所得,缴纳企业所得税。

答案 ▶ ABD

二十三、进口环节涉及的税种

表 25

进口环节涉及的税种	计税依据	应纳税额
关税	关税完税价格＝买价＋卖方佣金＋运抵"前"的运费和保险费＋无形资产使用费	关税完税价格×关税税率
消费税 增值税 车辆购置税	组成计税价格＝关税完税价格＋关税＋消费税＝关税完税价格×(1＋关税税率)÷(1－消费税率)	组成计税价格×适用税率 『注意』不区分一般纳税人进口还是小规模纳税人进口

【例题43·多选题】2019年10月,甲公司进口3辆小轿车自用,合同价款为每辆100万元,运抵我国海关前发生的运输费、保险费等共计20万元,已知进口小汽车的关税税率为15%,消费税税率为25%,增值税税率为13%,车辆购置税税率为10%。甲公司当月进口小汽车应缴纳相关税费的下列计算中,正确的有( )。

A. 应缴纳关税＝(100×3＋20)×15%＝48(万元)
B. 应缴纳增值税＝(100×3＋20)×(1＋15%)÷(1－25%)×13%＝63.79(万元)
C. 应缴纳消费税＝(100×3＋20)×(1＋15%)÷(1－25%)×25%＝122.67(万元)
D. 应缴纳车辆购置税＝(100×3＋20)×(1＋15%)÷(1－25%)×10%＝49.07(万元)

答案 ▶ ABCD

二十四、税款征收方式 VS 税款征收措施 VS 税务行政处罚

表 26

项目	具体内容
税款征收方式	查账征收、查定征收、查验征收、定期定额征收
税款征收措施	责令缴纳加收滞纳金、责令提供纳税担保、税收保全、税收强制执行、阻止出境
税务行政处罚	罚款、没收违法所得、停止出口退税权

『注意1』区分税款征收方式与税款征收措施:税款征收方式是征税的方法,税款征收措施是保证税款及时足额入库的手段。

『注意2』区分税款征收措施与税务行政处罚:税款征收措施属于行政强制措施,是纳税人应履行的义务不履行,国家采取的强制其履行的手段,并非处罚。税务行政处罚是税务机关依照税收法律、法规有关规定,依法对纳税人、扣缴义务人、纳税担保人以及其他与税务行政处罚有直接利害关系的当事人(以下简称当事人)违反税收法律、法规、规章的规定进行处罚的具体行政行为。

【例题44·多选题】(非标准选项)税务机关在税款征收中可以根据不同情况采取相应的税款征收措施,下列各项中,属于税款征收措施的有( )。

A. 查账征收
B. 责令提供纳税担保
C. 税收保全
D. 由税务机关核定应纳税额
E. 停止出口退税权

解析 ▶ 选项A,属于税款征收方式;选项D,在税款征收方式的"查定征收、查验征收、定期定额征收"税款征收措施中的"责令缴纳、税收保全、税收强制执行"中,均涉及先要核定应纳税额,因此在"经济法基础"的考试中,核定应纳税额不属于税款征收措施;选项E,属于税务行政处罚。

答案 ▶ BC

第四篇

"执子之手"
——考前预测试题

冲刺一拼，梦想成真

理顺思路，解决困惑

十分努力，十分坚持，一份成功

掌握学习方法，事半功倍

智慧启航

没有人事先了解自己到底有多大的力量，直到他试过以后才知道。

——歌德

2021 年考前预测试题

预测试题（一）

扫我做试题

一、**单项选择题**（本类题共 23 小题，每小题 2 分，共 46 分。每小题备选答案中，只有一个符合题意）

1. 下列法律责任形式中，属于刑事责任的是（　　）。
   A. 没收违法所得　　B. 吊销许可证
   C. 剥夺政治权利　　D. 恢复原状
2. 根据民事诉讼法律制度的规定，对票据纠纷拥有管辖权的是（　　）人民法院。
   A. 出票人所在地
   B. 持票人所在地
   C. 票据支付地
   D. 出票银行所在地
3. 单位之间会计档案交接完毕后，交接双方的（　　）应当在会计档案移交清册上签名或者盖章。
   A. 经办人
   B. 监交人
   C. 会计机构负责人
   D. 经办人和监督人
4. 根据会计法律制度的规定，企业不相容职务应当相互分离。下列各项中，不属于不相容职务的是（　　）。
   A. 授权批准与业务经办
   B. 业务经办与会计记录
   C. 现金日记账与出纳
   D. 业务经办与稽核检查
5. 甲公司因长期经营不善被宣告破产，撤销在银行开立的结算账户时，其应当最后撤销的是（　　）。
   A. 临时存款账户
   B. 专用存款账户
   C. 一般存款账户
   D. 基本存款账户
6. 根据支付结算法律制度的规定，关于国内信用证的下列表述中，正确的是（　　）。
   A. 可用于支取现金
   B. 开证申请人可以是个人
   C. 付款期限最长不超过 9 个月
   D. 国内信用证为不可撤销的跟单信用证
7. 某票据的出票日期为"2020 年 3 月 20 日"，其规范写法是（　　）。
   A. 贰零贰零年零叁月零贰拾日
   B. 贰零贰零年叁月零贰拾日
   C. 贰零贰零年零叁月贰拾日
   D. 贰零贰零年叁月贰拾日
8. 甲公司职工赵某因违章操作给公司造成了 20 000 元的经济损失。甲公司按照劳动合同的约定要求赵某赔偿，并每月从其工资中扣除。已知赵某月工资为 4 800 元，当地最低工资标准为 2 200 元。甲公司每月可从赵某工资中扣除的最高限额为（　　）。
   A. 960 元　　　　　B. 4 800 元
   C. 2 600 元　　　　D. 440 元
9. 根据劳动合同法律制度的规定，下列情形中，用人单位可在劳动合同中约定由劳动者承担违约金的是（　　）。
   A. 劳动者同时与其他用人单位建立劳动关系，对完成本单位的工作任务造成严重影响的
   B. 劳动者严重失职，营私舞弊，给用人单位造成重大损害的

C. 劳动者违反服务期约定的

D. 劳动者不能胜任工作的

10. 根据社会保险法律制度的规定，参保职工因工伤事故发生的下列费用中，应由用人单位支付的是（   ）。

A. 治疗工伤的医疗费用

B. 一次性伤残补助金

C. 停工留薪期工资福利待遇

D. 住院伙食补助费

11. 甲公司与赵某口头约定，赵某每天来甲公司工作3小时，每小时30元费用，试用期一周，每周结算一次工资，以下约定不符合法律规定的是（   ）。

A. 试用期一周

B. 王某每天去甲公司工作3小时

C. 每周结算一次工资

D. 以小时为单位计算工资

12. 赵某在甲公司工作了12年，因劳动合同到期而劳动关系终止，符合领取失业保险待遇，赵某最长可以领取失业保险的期限是（   ）。

A. 24个月　　　　B. 12个月

C. 18个月　　　　D. 6个月

13. 甲酒厂为增值税一般纳税人，2020年8月销售果木酒，取得不含增值税销售额10万元，同时收取包装费0.565万元、优质费2.26万元。已知果木酒消费税税率为10%，增值税税率为13%，计算甲酒厂当月销售果木酒应缴纳的消费税税额的下列算式中，正确的是（   ）。

A. $(10+0.565+2.26)\times10\%=1.28$（万元）

B. $[10+(0.565+2.26)\div(1+13\%)]\times10\%=1.25$（万元）

C. $(10+0.565)\times10\%=1.06$（万元）

D. $[10+0.565\div(1+13\%)]\times10\%=1.05$（万元）

14. 甲商业银行W分行为增值税一般纳税人，2020年11月销售一批债券，卖出价805.6万元，该批债券买入价795万元，除此之外无其他金融商品买卖业务，上一纳税期金融商品买卖销售额为正差且已纳税。W分行该笔业务增值税的销项税额的下列计算列式中，正确的是（   ）。

A. $805.6\times6\%=48.34$（万元）

B. $(805.6-795)\times(1+6\%)\times6\%=0.67$（万元）

C. $(805.6-795)\times6\%=0.64$（万元）

D. $(805.6-795)\div(1+6\%)\times6\%=0.6$（万元）

15. 根据增值税法律制度的规定，下列各项中，属于免税项目的是（   ）。

A. 超市销售保健品

B. 外贸公司进口供残疾人专用的物品

C. 商场销售儿童玩具

D. 外国政府无偿援助的进口物资

16. 根据企业所得税法律制度的规定，下列企业和取得收入的组织中，不属于企业所得税纳税人的是（   ）。

A. 事业单位　　　B. 民办非企业单位

C. 个人独资企业　D. 社会团体

17. 根据个人所得税法律制度的规定，下列各项中，不属于专项附加扣除的是（   ）。

A. 基本医疗保险　B. 住房租金

C. 大病医疗　　　D. 子女教育

18. 中国公民赵某2020年10月提供咨询服务取得劳务报酬5 200元，支付交通费200元。已知，劳务报酬所得个人所得税预扣率为20%，每次收入4 000元以上的，减除费用按20%计算。计算赵某当月该笔劳务报酬应预扣预缴个人所得税税额的下列算式中，正确的是（   ）。

A. $(5\,200-200)\times20\%=1\,000$（元）

B. $5\,200\times20\%=1\,040$（元）

C. $5\,200\times(1-20\%)\times20\%=832$（元）

D. $(5\,200-200)\times(1-20\%)\times20\%=800$（元）

19. 根据房产税法律制度的规定，下列房屋中，不属于房产税免税项目的是（   ）。

A. 居民个人出租的市区住房

B. 公园管理部门自用的办公用房

C. 军队自用的房产

D. 国家机关自用的房产

20. 某林场占地面积100万平方米，其中森林公园占地58万平方米，防火设施占地17万平方米，办公用地占地10万平方米，生活区用地占地15万平方米，该林场需要交纳城镇土地使用税的面积为（   ）。

A. 58万平方米　　B. 100万平方米

C. 42万平方米　　D. 25万平方米

21. 2020年10月，甲卷烟厂向烟农收购烟叶一批，支付收购价款800 000元、价外补贴80 000元，已开具农产品收购发票。已知，烟叶税税率为20%，计算甲卷烟厂当月该笔业务应缴纳烟叶税税额的下列算式中，正确的是（ ）。

   A. 800 000×20% = 160 000（元）

   B. （800 000+80 000）×20% = 176 000（元）

   C. （800 000 + 80 000）×（1 + 20%）= 1 056 000（元）

   D. （800 000−80 000）×20% = 144 000（元）

22. 根据车船税法律制度的规定，下列车船中，应缴车船税以"净吨位数"为计税依据的是（ ）。

   A. 商用货车   B. 专用作业车
   C. 摩托车   D. 非机动驳船

23. 根据税收征收管理法律制度的规定，下列各项中，属于税收保全措施的是（ ）。

   A. 依法拍卖纳税人价值相当于应纳税款的货物，以拍卖所得抵缴税款

   B. 书面通知纳税人开户银行冻结纳税人的金额相当于应纳税款的存款

   C. 通知出境管理机关阻止纳税人出境

   D. 责令纳税人提供纳税担保

二、**多项选择题**（本类题共10小题，每小题2分，共20分。每小题备选答案中，有两个或两个以上符合题意的正确答案。多选、错选、不选均不得分，少选得相应分值。）

1. 下列法律事实中，属于法律行为的有（ ）。

   A. 爆发洪水   B. 台风登陆
   C. 书立遗嘱   D. 买卖房屋

2. 根据会计法律制度的规定，下列各项中，属于会计职业道德内容的有（ ）。

   A. 提高技能   B. 强化服务
   C. 诚实守信   D. 爱岗敬业

3. 2020年12月12日，甲公司持有一张出票人为乙公司，金额为100万元，到期日为2020年12月12日，承兑人为P银行的银行承兑汇票。甲公司于12月12日去P银行提示付款，发现乙公司账户只有存款20万元。P银行拟采取的下列做法中，正确的有（ ）。

   A. 于2020年12月12日起对乙公司欠款80万元开始计收利息

   B. 于2020年12月12日起向甲公司付款20万元

   C. 于2020年12月12日拒绝付款并出具拒绝付款证明

   D. 于2020年12月12日向甲公司付款100万元

4. 下列信用卡诈骗活动中，数额较大的，当事人应负刑事责任的有（ ）。

   A. 赵某冒用他人信用卡

   B. 钱某恶意透支信用卡

   C. 孙某使用作废的信用卡

   D. 李某使用伪造的信用卡

5. 甲公司与赵某订立了3年期劳动合同。工作1年后，关于赵某解除劳动合同的下列表述中，不正确的有（ ）。

   A. 劳动合同未到期，赵某不得解除劳动合同

   B. 赵某可提前3日通知甲公司解除劳动合同

   C. 赵某应提前30日以书面形式通知甲公司解除劳动合同

   D. 甲公司应向其支付1个月工资的经济补偿

6. 根据增值税法律制度的规定，一般纳税人提供的下列服务中，可以选择适用简易计税方法的有（ ）。

   A. 收派服务   B. 仓储服务
   C. 电影发行服务   D. 文化体育服务

7. 根据增值税法律制度的规定，下列关于固定业户纳税地点的表述中，不正确的有（ ）。

   A. 销售商标使用权，应当向商标使用权购买方所在地税务机关申报纳税

   B. 销售采矿权，应当向矿产所在地税务机关申报纳税

   C. 销售设计服务，应当向设计服务发生地税务机关申报纳税

   D. 销售广告服务，应当向机构所在地税务机关申报纳税

8. 根据个人所得税法律制度的规定，下列各项中，免征个人所得税的有（ ）。

   A. 银行储蓄存款利息

   B. 保险佣金

   C. 按照国务院规定发给的政府特殊津贴

   D. 退休工资

9. 甲商业企业在转让其自用的办公楼时产生的下列各项税费中，在计算土地增值税时可以

扣除的有（　　）。
A. 增值税　　　　B. 城市维护建设税
C. 教育费附加　　D. 印花税

10. 下列各项中，属于重大税收违法失信案件的有（　　）。
A. 甲公司进行虚假的纳税申报，少缴税款150万元占当年各税种应纳税总额15%
B. 乙公司妨碍税务机关追缴欠缴的税款，金额10万元
C. 赵某骗取国家出口退税款
D. 高某虚开普通发票50份，金额合计为20万元

三、**判断题**（本类题共10小题，每小题1分，共10分。请判断每小题的表述是否正确。每小题答题正确得1分，答题错误、不作答的不得分也不扣分。）

1. 纳税人对税务机关作出的征税行为不服的，可以直接向人民法院提起行政诉讼。（　　）
2. 从事会计工作2年且具有助理会计师专业技术资格人员，可担任单位会计机构负责人。（　　）
3. 发卡机构调整信用卡利率应当通知持卡人。（　　）
4. 当事人可以口头形式向劳动争议调解组织申请调解。（　　）
5. 银行以1个季度为纳税期限申报缴纳增值税。（　　）
6. 某卷烟厂通过自设独立核算门市部销售自产卷烟，应当按照门市部对外销售额或销售数量计算征收消费税。（　　）
7. 个人通过国家机关向红十字会的捐赠在计算个人所得税时可以全部扣除。（　　）
8. 个人取得福利彩票中奖收入计征个人所得税时，可以扣除领奖所发生的交通费和住宿费。（　　）
9. 建设直接为农业生产服务的生产设施占用税法规定的农用地，不征收耕地占用税。（　　）
10. 根据税收征收管理法律制度的规定，上诉权是税务机关的权利。（　　）

四、**不定项选择题**（本类题共12小题，每小题2分，共24分。每小题备选答案中，有一个或者一个以上符合题意的正确答案。每小题全部选对得满分，少选得相应分值，多选、错选、不选均不得分。）

【资料一】甲公司开户银行为P银行，2020年5月6日，工作人员赵某携带甲公司当日签发的一张金额10万元、部分记载事项不完整的支票外出采购。5月8日赵某购买货物后将支票交付给乙公司。5月10日乙公司委托开户银行Q银行收取支票款项，当日P银行见票时甲公司存款余额为8万元。

要求：根据上述资料，不考虑其他因素，分析回答下列小题。

1. 甲公司签发该支票应当注意的事项是（　　）。
A. 支票金额的中文大写与阿拉伯数码记载应当一致
B. 在支票上的签章必须与其预留P银行的签章一致
C. 出票日期必须使用中文大写
D. 该支票金额不得超过付款时甲公司在P银行实有存款金额

2. 赵某交付支票，可授权乙公司补记的事项是（　　）。
A. 付款人名称　　　　B. 收款人名称
C. 出票日期　　　　　D. 付款日期

3. 乙公司委托收款时，在支票背面应记载的事项是（　　）。
A. 在背书人签章栏签章
B. 委托收款字样
C. 背书日期
D. 在被背书人栏记载Q银行名称

4. 关于该支票提示付款的下列表述中，正确的是（　　）。
A. 乙公司应将支票送交Q银行
B. 甲公司承担保证该支票付款的责任
C. P银行见票当日应足额支付票款
D. 乙公司应填制进账单并送交Q银行

【资料二】甲公司为增值税一般纳税人，主要从事大型机械设备制造和销售业务。2020年10月有关经营情况如下：
(1)购入原材料取得增值税专用发票注明税额39万元；进口检测仪器取得海关进口增值税专用缴款书注明税额26万元。
(2)报销销售人员国内差旅费，取得网约车费增值税电子普通发票注明税额0.09万元；取得住宿费增值税普通发票注明税额0.6万元；取得注明销售人员身份信息的铁路车票，票面金额合计10.9万元；取得注明销售人员身份信息的公

路客票,票面金额合计 5.15 万元。

(3)采取分期收款方式销售 W 型大型机械设备一台,含增值税价款 226 万元,合同约定当月收取 50%价款,次年 4 月再收取 50%价款;采取预收货款方式销售 Y 型大型机械设备一台,设备生产工期 18 个月,合同约定本月应预收含增值税价款 960.5 万元,甲公司当月实际收到该笔预收款。

(4)支付境外乙公司专利技术使用费,合同约定含增值税价款 99.64 万元,乙公司在境内未设有经营机构且无代理人。

已知:销售货物增值税税率为 13%;销售无形资产增值税税率 6%;铁路旅客运输服务按照 9%计算进项税额;公路旅客运输服务按照 3%计算进项税额;取得的扣税凭证均符合抵扣规定。

要求:根据上述资料,不考虑其他因素,分析回答下列小题。

1. 甲公司当月下列进项税额中,准予从销项税额中抵扣的是( )。
   A. 网约车费用的进项税额 0.09 万元
   B. 住宿费的进项税额 0.6 万元
   C. 原材料的进项税额 39 万元
   D. 检测仪器的进项税额 26 万元

2. 计算甲公司当月铁路车票和公路客票准予抵扣进项税额的下列算式中,正确的是( )。
   A. $10.9 \div (1+9\%) \times 9\% + 5.15 \times 3\% = 1.0545$(万元)
   B. $10.9 \div (1+9\%) \times 9\% + 5.15 \div (1+3\%) \times 3\% = 1.05$(万元)
   C. $10.9 \times 9\% + 5.15 \times 3\% = 1.1355$(万元)
   D. $10.9 \times 9\% + 5.15 \div (1+3\%) \times 3\% = 1.131$(万元)

3. 计算甲公司当月销售大型机械设备增值税销项税额的下列算式中,正确的是( )。
   A. $(226 \times 50\% + 960.5) \div (1+13\%) \times 13\% = 123.5$(万元)
   B. $960.5 \times 13\% = 124.865$(万元)
   C. $(226+960.5) \div (1+13\%) \times 13\% = 136.5$(万元)
   D. $226 \div (1+13\%) \times 13\% = 26$(万元)

4. 计算甲公司支付专利技术使用费应代扣代缴增值税税额的下列算式中,正确的是( )。
   A. $99.64 \times 6\% = 5.9784$(万元)
   B. $99.64 \div (1+6\%) \times 6\% = 5.64$(万元)
   C. $99.64 \div (1-6\%) \times (1+6\%) \times 6\% = 6.7416$(万元)
   D. $99.64 \div (1-6\%) \times 6\% = 6.36$(万元)

【资料三】甲公司为居民企业,主要从事施工设备的生产和销售业务。2020 年有关经营情况如下:

(1)国债利息收入 40 万元,从未上市的居民企业乙公司取得股息 25.2 万元。

(2)直接向某养老院捐赠 10 万元,向市场监督管理部门缴纳罚款 6 万元。

(3)实际发生未形成无形资产计入当期损益的新产品研究开发费用 194 万元。

(4)经事务所审计发现甲公司接受捐赠原材料一批,取得增值税专用发票注明金额 20 万元、税额 2.6 万元,甲公司将接受的捐赠收入直接计入"资本公积"账户。

(5)全年利润总额 1522 万元,预缴企业所得税款 280 万元。

已知:企业所得税税率为 25%。新产品研究开发费用,在按照规定据实扣除的基础上,按照研究开发费用的 75%加计扣除。

要求:根据上述资料,不考虑其他因素,分析回答下列小题。

1. 计算甲公司 2020 年度企业所得税应纳税所得额时,应调增的是( )。
   A. 直接向某养老院捐赠 10 万元
   B. 国债利息收入 40 万元
   C. 向市场监督管理部门缴纳罚款 6 万元
   D. 从未上市的居民企业乙公司取得股息 25.2 万元

2. 下列关于甲公司 2020 年度新产品研究开发费用企业所得税纳税调整的表述中,正确的是( )。
   A. 纳税调减 194 万元
   B. 纳税调减 145.5 万元
   C. 纳税调增 145.5 万元
   D. 纳税调增 194 万元

3. 下列关于甲公司 2020 年度接受捐赠原材料企业所得税纳税调整的表述中正确的是( )。
   A. 纳税调增 22.6 万元
   B. 纳税调减 22.6 万元
   C. 纳税调减 20 万元

D. 纳税调增 20 万元
4. 计算甲公司 2020 年度应补缴企业所得税税款的下列算式中，正确的是（　　）。

A.（1 522－40－25.2＋10－6－194－22.6）×25%－280＝31.05（万元）

B.（1 522＋40＋25.2＋10－6＋194×75%＋20）×25%－280＝159.175（万元）

C.（1 522－40－25.2＋10＋6－194×75%＋22.6）×25%－280＝57.475（万元）

D.（1 522－40－25.2＋10＋6－194×75%）×25%－280＝51.825（万元）

预测试题（一）
参考答案及详细解析

一、单项选择题

1. C 【解析】选项 AB，属于行政责任；选项 C，属于刑事责任中的附加刑；选项 D，属于民事责任。

2. C 【解析】因票据纠纷提起的诉讼，由票据支付地或者被告住所地人民法院管辖。

3. D 【解析】交接完毕后，交接双方经办人和监督人应当在会计档案移交清册上签名或盖章。

4. C 【解析】选项 C，现金日记账由出纳登记，不属于不相容职务。

5. D 【解析】撤销银行结算账户时，应先撤销一般存款账户、专用存款账户、临时存款账户，将账户资金转入基本存款账户后，方可办理基本存款账户的撤销。

6. D 【解析】选项 A，信用证只限于转账结算，不得支取现金；选项 B，信用证结算适用于银行为国内企事业单位之间货物和服务贸易提供的结算服务；选项 C，信用证付款期限最长不超过 1 年。

7. B 【解析】选项 AC，"3 月"前无须加"零"，因为不加零也不会导致变造行为的发生，即票据出票日期不可能被变造为"壹拾叁月"；选项 D，"20 日"前应加"零"，因为不加零，票据出票日期很容易被变造为"贰拾壹日"等。

8. A 【解析】因劳动者本人原因给用人单位造成经济损失的，用人单位可按照劳动合同的约定要求其赔偿经济损失。经济损失的赔偿，可从劳动者本人的工资中扣除。但每月扣除的部分不得超过劳动者当月工资的 20%。若扣除后的剩余工资部分低于当地月最低工资标准，则按最低工资标准支付。

9. C 【解析】劳动合同法只允许用人单位在服务期和竞业限制中约定由劳动者支付违约金。选项 AB，给用人单位造成损失的，用人单位可以要求劳动者支付赔偿金；选项 D，劳动者不能胜任工作，经过培训或者调整工作岗位仍不能胜任工作的，用人单位可以适用无过失性辞退解除与劳动者的劳动合同。

10. C 【解析】选项 ABD，由工伤保险基金支付。

11. A 【解析】非全日制用工双方当事人可以订立口头协议。非全日制用工，是指以小时计酬为主，劳动者在同一用人单位一般平均每日工作时间不超过 4 小时，每周工作时间累计不超过 24 小时的用工形式。非全日制用工双方当事人不得约定试用期。

12. A 【解析】累计缴费 10 年以上的，领取失业保险金的期限最长为 24 个月。

13. B 【解析】包装费和优质费属于价外费用，需要计入销售额计征消费税。价外费用为含税金额需要换算为不含税金额。

14. D 【解析】金融商品转让无法取得增值税专用发票，为避免重复征税，采用余额计税方式，因无增值税专用发票，则卖出价和买入价均为含税销售额，应当换算为不含税销售额。

15. D 【解析】选项 AC，适用 13% 的增值税税率；选项 B，由残疾人的组织直接进口供残疾人专用的物品免征增值税，外贸企业进口残疾人专用物品适用 13% 的增值税税率。

16. C 【解析】事业单位、民办非企业单位和社会团体属于企业所得税的纳税人；个人独资企业、合伙企业不属于企业所得税的纳税人，不缴纳企业所得税，缴纳个人所得税。

17. A 【解析】专项附加扣除包括：子女教育、继续教育、大病医疗、住房贷款利息、住房租金及赡养老人。选项 A，属于专项扣除。

18. C 【解析】劳务报酬所得在预扣预缴时，减除费用实行定额和定率相结合的模式,每次收入4 000元以下的定额减除800元费用,每次收入4 000元以上的定率减除20%的费用,其他支出(例如交通费200元)不得减除。

19. A 【解析】选项A,从租计征房产税,适用4%的税率。

20. D 【解析】(1)对林区的育林地、运材道、防火道、防火设施用地,免征城镇土地使用税;(2)林业系统的森林公园、自然保护区可比照公园免征城镇土地使用税。

21. B 【解析】烟叶税应纳税额的计算公式为:烟叶税应纳税额=价款总额×税率;纳税人收购烟叶实际支付的价款总额包括纳税人支付给烟叶生产销售单位和个人的烟叶收购价款和价外补贴,价外补贴统一按烟叶收购价款的10%计算。

22. D 【解析】选项AB,以整备质量每吨为计税依据;选项C,以每辆为计税依据。

23. B 【解析】选项A,属于税收强制执行措施;选项C,属于阻止出境措施;选项D,属于责令缴纳并加收滞纳金措施。

二、多项选择题

1. CD 【解析】选项AB,属于法律事件中的自然现象,属于法律事实。

2. ABCD 【解析】会计职业道德内容包括:爱岗敬业(选项D)、诚实守信(选项C)、廉洁自律、客观公正、坚持准则、提高技能(选项A)、参与管理、强化服务(选项B)。

3. AD 【解析】银行承兑汇票的出票人于汇票到期日未能足额交存票款时,承兑银行除凭票向持票人无条件付款外,对出票人尚未支付的汇票金额按照每天万分之五计收利息。

4. ABCD 【解析】使用伪造的信用卡,或者使用以虚假的身份证明骗领的信用卡;使用作废的信用卡;冒用他人信用卡;恶意透支的,均属于信用卡诈骗活动。进行信用卡诈骗活动,数额较大的,处5年以下有期徒刑或者拘役,并处2万元以上20万元以下罚金。

5. ABD 【解析】选项ABC,在劳动合同期内,劳动者提前30日以书面形式通知用人单位可以解除劳动合同;选项D,由劳动者主动提出解除劳动合同的,用人单位无须向劳动者支付经济补偿。

6. ABD 【解析】选项C,电影放映服务(非电影发行服务)可以选择适用简易计税方法。

7. ABC 【解析】固定业户应当向其机构所在地税务机关申报纳税,其中B选项如果是"其他个人"转让自然资源使用权应当向自然资源所在地税务机关申报纳税,固定业户依旧向其机构所在地税务机关申报纳税。

8. ACD 【解析】选项B,保险赔款属于免税项目,保险佣金照章纳税;保险营销员、证券经纪人取得的佣金收入按照劳务报酬所得计征个人所得税。

9. BCD 【解析】与转让房地产有关的税金,是指在转让房地产时缴纳的城市维护建设税、印花税。因转让房地产缴纳的教育费附加,也可视同税金予以扣除。房地产开发企业按照规定,在转让时缴纳的印花税已列入管理费用中,故不允许单独再扣除。其他纳税人缴纳的印花税允许在此扣除。

10. ABC 【解析】选项A,纳税人进行虚假的纳税申报,不缴或者少缴应纳税款100万元以上且任一年度不缴或者少缴应纳税款占当年各税种应纳税总额10%以上的;选项B,纳税人欠缴应纳税款,采取转移或者隐匿财产的手段,妨碍税务机关追缴欠缴的税款,欠缴税款金额10万元以上的;选项C,骗取国家出口退税款的;选项D,虚开普通发票100份或者金额40万元以上的。

三、判断题

1. × 【解析】纳税人、扣缴义务人及纳税担保人对税务机关作出的征税行为不服的,应当先向复议机关申请行政复议,对行政复议决定不服,可以再向人民法院提起行政诉讼。

2. × 【解析】担任单位会计机构负责人(会计主管人员)的,应当具备会计师以上专业技术职务资格或者从事会计工作3年以上经历。

3. √ 【解析】发卡机构调整信用卡利率标准的,应至少提前45个自然日,按照约定方式通知持卡人。

4. √ 【解析】当事人申请劳动争议调解可以书面申请,也可以口头申请。

5. √ 【解析】以1个季度为纳税期限的规定适用于小规模纳税人、银行、财务公司、信托投资公司、信用社,以及财政部和国家税务总局规定的其他纳税人。

6. × 【解析】纳税人通过自设"非独立核算"门市部销售自产应税消费品,应当按照门市部对外销售额或销售数量计算征收消费税。

7. √ 【解析】个人通过非营利性的社会团体和国家机关向红十字事业的捐赠,在计算缴纳个人所得税时,准予在税前的所得额中全额扣除。

8. × 【解析】福利彩票中奖收入按照偶然所得计征个人所得税,以收入全额计税,不得扣除其他费用。

9. √

10. √ 【解析】对行政诉讼案件不服时,税务机关和纳税人均有上诉的权利。

四、不定项选择题

【资料一】

1. ABCD 【解析】选项 A,票据和结算凭证金额以中文大写和阿拉伯数码同时记载,二者必须一致,二者不一致的票据无效;二者不一致的结算凭证,银行不予受理。

2. B 【解析】支票的金额、收款人名称,可以由出票人授权补记,未补记前不得背书转让和提示付款。

3. ABCD 【解析】持票人委托开户银行收款时,应作委托收款背书(在支票背面背书人签章栏内签章、记载"委托收款"字样、背书日期、在被背书人栏记载开户银行名称),将支票和填制的进账单送交开户银行。

4. ABD 【解析】选项 C,出票人签发的支票金额超过其付款时在付款人处实有的存款金额的,为空头支票,对空头支票,付款银行有权拒付。

【资料二】

1. ACD 【解析】选项 A,购进的旅客运输服务,取得增值税电子普通发票,可以凭票抵扣;选项 B,取得增值税"普通"发票,其进项税额不得抵扣;选项 C,取得增值税专用发票可以凭票抵扣;选项 D,取得海关进口增值税专用缴款书可以凭票抵扣。

2. B 【解析】取得注明旅客身份信息的铁路车票、公路、水路等其他客票的,计算抵扣进项税额,铁路旅客运输进项税额 = 票面金额÷(1+9%)×9%;取得注明旅客身份信息的公路、水路等其他旅客运输进项税额 = 票面金额÷(1+3%)×3%。

3. A 【解析】纳税人采取赊销和分期收款方式销售货物,增值税纳税义务发生时间为书面合同约定的收款日期当天,无书面合同的或者书面合同没有约定收款日期的,为货物发出的当天;在本题中,分期收款方式销售 W 型大型机械设备约定了收款日期,应以不含增值税的本月应收金额为计税销售额;采取预收货款方式销售货物,增值税纳税义务发生时间为货物发出的当天,但生产销售生产工期超过 12 个月的大型机械设备、船舶、飞机等货物,为收到预收款或书面合同约定的收款日期的当天;在本题中,Y 型大型机械设备的生产工期为 18 个月,纳税义务发生时间应为收到预收款的当天。

4. B 【解析】境外单位或者个人在境内发生应税行为,在境内未设有经营机构的,扣缴义务人按照下列公式计算应扣缴税额:应扣缴税额 = 购买方支付的价款÷(1+税率)×税率。

【资料三】

1. AC 【解析】选项 A,非公益性捐赠不得税前扣除,需要做纳税调增;选项 B,国债利息收入免税,需做纳税调减;选项 C,向市场监管部门缴纳的罚款不得税前扣除,需要做纳税调增;选项 D,居民企业的股息收入暂免征收企业所得税,需做纳税调减。

2. B 【解析】未形成无形资产的研发费用在原扣除的基础上加计扣除 75%,需纳税调减 194×75% = 145.5(万元)。

3. A 【解析】接受捐赠应将材料价值及其相关税费金额一并计入营业外收入,确认为当期所得,缴纳企业所得税。

4. C 【解析】应纳税额 = (1 522 利润总额 − 40 国债利息 − 25.2 投资居民企业收益 + 10 非公益性捐赠 + 6 行政性罚款 − 194×75% 研发费用 + 22.6 接受捐赠收入)×25% − 280 预缴税款 = 57.475(万元)。

预测试题(二)

扫我做试题

一、单项选择题(本类题共23小题,每小题2分,共46分。每小题备选答案中,只有一个符合题意)

1. 甲公司和乙公司签订买卖合同,向乙公司购买3台机器设备,总价款为60万元,该买卖合同法律关系的主体是( )。
   A. 签订买卖合同　　B. 甲公司和乙公司
   C. 60万元价款　　　D. 3台机器设备

2. 2020年11月甲公司与乙公司之间发生租赁合同纠纷,甲公司请求其民事权利的诉讼时效期间不得超过一定期限,该期限为( )。
   A. 1年　　B. 2年
   C. 3年　　D. 4年

3. 根据支付结算法律制度的规定,下列关于预算单位零余额账户的使用,说法正确的是( )。
   A. 不得支取现金
   B. 可以向所属下级单位账户划拨资金
   C. 可以向上级主管单位账户划拨资金
   D. 可以向本单位按账户管理规定保留的相应账户划拨工会经费

4. 根据支付结算法律制度的规定,下列关于记名预付卡的表述中,正确的是( )。
   A. 可以挂失
   B. 有效期最长为3年
   C. 单张限额1万元
   D. 不可以赎回

5. 根据支付结算法律制度的规定,下列各项中,属于背书任意记载事项的是( )。
   A. 不得转让　　B. 背书日期
   C. 被背书人名称　D. 背书人签章

6. 甲公司于2020年3月10日签发将一张出票后2个月到期的商业承兑汇票给乙公司,乙公司于汇票到期日2020年5月10日向付款人请求付款时遭到拒绝,乙公司向甲公司行使追索权的最后日期为( )。
   A. 2020年8月10日
   B. 2020年11月10日
   C. 2022年3月10日
   D. 2022年5月10日

7. 根据支付结算法律制度的规定,下列关于银行汇票使用的表述中,错误的是( )。
   A. 银行汇票可以用于个人款项结算
   B. 现金银行汇票可以支取现金
   C. 银行汇票的提示付款期限为自出票日起1个月
   D. 银行汇票必须按出票金额付款

8. 甲公司与赵某签订3年期限劳动合同,并约定试用期。根据劳动合同法律制度的规定,该试用期期限最长不得超过( )。
   A. 3个月　　B. 1个月
   C. 6个月　　D. 2个月

9. 赵某与A公司签订了3年期限的劳动合同,试用期2个月,工资2 000元,当地最低工资标准为1 500元,试用期工资不得低于( )。
   A. 1 600元　　B. 1 500元
   C. 2 000元　　D. 1 400元

10. 甲商场为增值税一般纳税人,2020年7月销售货物取得含增值税销售额101.7万元,销售餐饮服务取得含增值税销售额21.2万元。已知销售货物的增值税税率为13%,销售餐饮服务增值税税率为6%。计算该商场增值税销项税额的下列算式中,正确的是( )。
    A. $101.7 \div (1+13\%) \times 13\% + 21.2 \div (1+6\%) \times 6\% = 12.9$(万元)
    B. $101.7 \times 13\% + 21.2 \div (1+6\%) \times 6\% = 14.421$(万元)
    C. $101.7 \div (1+13\%) \times 13\% + 21.2 \times 6\% = 12.972$(万元)
    D. $101.7 \times 13\% + 21.2 \times 6\% = 14.493$(万元)

11. 甲酒厂为增值税一般纳税人,2020年10月销售啤酒取得增值税价款791 000元,另收取包装物押金22 600元。已知,增值税税率为13%,计算甲酒厂当月销售啤酒增值税销项税额的下列算式中,正确的是( )。
A. 791 000÷(1+13%)×13% = 91 000(元)
B. (791 000+22 600)×13% = 105 768(元)
C. 791 000×13% = 102 830(元)
D. (791 000+22 600)÷(1+13%)×13% = 93 600(元)

12. 2020年10月甲公司进口一批高档化妆品,海关审定关税完税价格170万元。已知增值税税率为13%,消费税税率为15%,关税税率为5%。计算甲公司当月该笔业务应缴纳增值税税额的下列算式中,正确是( )。
A. 170×13% = 22.1(万元)
B. 170×(1+5%)×13% = 23.205(万元)
C. 170×(1+5%)÷(1−15%)×13% = 27.3(万元)
D. 170÷(1−15%)×13% = 26(万元)

13. 根据消费税法律制度的规定,下列情形中,应缴纳消费税的是( )。
A. 汽车厂销售自产电动汽车
B. 超市零售白酒
C. 化妆品厂销售自产高档化妆品
D. 珠宝店进口钻石饰品

14. 根据消费税法律制度规定,下列各项应税消费品中,采用从量定额计征消费税的是( )。
A. 啤酒   B. 红酒
C. 白酒   D. 药酒

15. 根据消费税法律制度的规定,下列各项中,应按纳税人同类应税消费品的最高销售价格作为计税依据计征消费税的是( )。
A. 用于无偿赠送的应税消费品
B. 用于集体福利的应税消费品
C. 用于换取生产资料的应税消费品
D. 用于连续生产非应税消费品的应税消费品

16. 甲公司2020年度利润总额500万元,通过当地乡政府向文化事业捐款55万元,通过公益性社会组织向教育事业捐款10万元。已知,公益性捐赠支出不超过年度利润总额12%的部分,准予扣除。计算甲公司2020年度企业所得税应纳税所得额时,准予扣除的公益性捐赠支出是( )。
A. 10万元   B. 60万元

C. 65万元   D. 55万元

17. 根据企业所得税法律制度的规定,企业从事下列项目取得的所得中,减半征收企业所得税的是( )。
A. 中药材的种植   B. 海水养殖
C. 林产品的采集   D. 远洋捕捞

18. 根据个人所得税法律制度的规定,下列各项中,以一个月内取得的收入为一次的是( )。
A. 偶然所得
B. 利息、股息、红利所得
C. 财产租赁所得
D. 财产转让所得

19. 甲公司委托某施工企业建造一幢办公楼,工程于2019年12月完工,2020年1月办妥(竣工)验收手续,4月付清全部价款。甲公司此幢办公楼房产税的纳税义务发生时间是( )。
A. 2019年12月   B. 2020年1月
C. 2020年2月   D. 2020年4月

20. 赵某向高某借款80万元,后因高某急需资金,赵某以一套价值90万元的房产抵偿所欠高某债务,高某取得该房产产权的同时支付赵某差价款10万元。已知契税税率为3%。关于此次房屋交易缴纳契税的下列表述中,正确的是( )。
A. 赵某应缴纳契税0.3万元
B. 赵某应缴纳契税2.7万元
C. 高某应缴纳契税2.7万元
D. 高某应缴纳契税0.3万元

21. 根据城市维护建设税法律制度的规定,纳税人向税务机关实际缴纳的下列税款中,应为城市维护建设税计税依据的是( )。
A. 房产税税款
B. 消费税税款
C. 土地增值税税款
D. 车船税税款

22. 2020年6月甲公司进口一批货物,海关核定的货价100万元,货物运抵我国关境内输入地点起卸前的运费9万元、保险费3万元。已知关税税率为8%。甲公司当月该笔业务应缴纳关税税额的下列算式中,正确的是( )。

A. (100+9)×8%=8.72(万元)
B. (100+9+3)×8%=8.96(万元)
C. (100+3)×8%=8.24(万元)
D. 100×8%=8(万元)

23. 根据税收征收管理法律制度的规定，对财务会计制度健全、能够如实核算和提供生产经营情况，并能正确计算应纳税款和如实履行纳税义务的纳税人适用的税款征收方式是（　　）。
A. 查账征收　　B. 查定征收
C. 定期定额征收　D. 查验征收

二、多项选择题（本类题共 10 小题，每小题 2 分，共 20 分。每小题备选答案中，有两个或两个以上符合题意的正确答案。多选、错选、不选均不得分，少选得相应分值。）

1. 下列纠纷中，可以适用《仲裁法》解决的有（　　）。
A. 侯某与高某的股权转让纠纷
B. 赵某与钱某的租赁合同纠纷
C. 冯某与吴某的遗产继承纠纷
D. 张某与李某的监护权纠纷

2. 下列关于商业汇票提示承兑期限的表述中，符合法律规定的有（　　）。
A. 商业汇票的提示承兑期限，为自汇票到期日起 10 日内
B. 定日付款的商业汇票，持票人应该在汇票到期日前提示承兑
C. 出票后定期付款的商业汇票，提示承兑期限为自出票日起 1 个月内
D. 见票后定期付款的商业汇票，持票人应该自出票日起 1 个月内提示承兑

3. 根据支付结算法律制度的规定，下列关于银行卡交易的表述中，正确的有（　　）。
A. 信用卡持卡人不得通过银行柜面办理现金提取业务
B. 信用卡持卡人通过 ATM 办理现金提取业务有限额控制
C. 借记卡持卡人在 ATM 机上取款无限额控制
D. 储值卡的面值具有上限

4. 根据票据法律制度的规定，下列各项中，属于票据交易的有（　　）。
A. 背书　　B. 转贴现
C. 买断式回购　D. 再贴现

5. 2020 年 11 月 1 日，甲公司向赵某发出录用通知，11 月 6 日，赵某到甲公司上班，截至 2020 年 12 月 31 日，甲公司一直未与赵某签订劳动合同。关于甲公司未与赵某签订书面劳动合同法律后果的下列表述中，正确的有（　　）。
A. 甲公司与赵某之间视为自 2020 年 12 月 6 日起已订立无固定期限劳动合同
B. 甲公司应当与赵某补订书面劳动合同
C. 甲公司与赵某之间未建立劳动关系
D. 甲公司与赵某之间的劳动关系自 2020 年 11 月 6 日起建立

6. 下列税种中，不由海关系统负责征收和管理的有（　　）。
A. 契税　　B. 船舶吨税
C. 车船税　D. 车辆购置税

7. 根据增值税法律制度的规定，企业发生的下列行为中，属于视同销售货物行为的有（　　）。
A. 将服装交付他人代销
B. 将自产服装用于职工福利
C. 将购进服装无偿赠送给某小学
D. 将购进的水果用于公司联欢会

8. 根据企业所得税法律制度的规定，下列各项中，属于不征税收入的有（　　）。
A. 依法收取并纳入财政管理的政府性基金
B. 各级人民政府对纳入预算管理的事业单位拨付的财政资金
C. 外国政府向中国政府提供贷款取得的利息所得
D. 依法收取并纳入财政管理的行政事业性收费

9. 根据印花税法律制度的规定，下列各项中，属于印花税征收范围的有（　　）。
A. 审计咨询合同
B. 财产保险合同
C. 技术中介合同
D. 建筑工程分包合同

10. 根据税收征收管理法律制度的规定，关于发票开具和保管的下列表述中，正确的有（　　）。
A. 销售货物开具发票时，可按付款方要求变更品名和金额
B. 不得拆本使用发票
C. 已经开具的发票存根联保存期满后，开

具发票的单位可直接销毁
D. 收购单位向个人支付收购款项时，由付款方向收款方开具发票

三、判断题（本类题共10小题，每小题1分，共10分。请判断每小题的表述是否正确。每小题答题正确得1分，答题错误、不作答的不得分也不扣分。）

1. 对限制人身自由的行政强制措施不服提起的行政诉讼，由被告所在地或者原告所在地人民法院管辖。（　　）
2. 记账凭证可以根据每一张原始凭证，若干张原始凭证汇总或原始凭证汇总表填制。（　　）
3. 结算凭证金额的中文大写与阿拉伯数码记载不一致的，以中文大写为准。（　　）
4. 用人单位发生合并或者分立的，原劳动合同自动终止。（　　）
5. 将建筑物的广告位出租给其他单位用于发布广告，应按照"广告服务"税目计缴增值税。（　　）
6. 甲公司为聘用的员工提供的班车服务应视同提供交通运输服务缴纳增值税。（　　）
7. 计算企业所得税应纳税所得额时，企业当年发生的职工福利费超过法律规定扣除标准的部分，准予在以后纳税年度结转扣除。（　　）
8. 在计算企业所得税应纳税所得额时，以经营租赁方式租入的固定资产不得计算折旧扣除。（　　）
9. 环境保护税的纳税义务发生时间为纳税人排放应税污染物的当日。（　　）
10. 纳税人办理纳税申报采用邮寄方式的，以到达的邮戳日期为实际申报日期。（　　）

四、不定项选择题（本类题共12小题，每小题2分，共24分。每小题备选答案中，有一个或者一个以上符合题意的正确答案。每小题全部选对得满分，少选得相应分值，多选、错选、不选均不得分。）

【资料一】2019年2月，某国有企业甲公司聘任赵某、钱某担任公司出纳。分别兼任固定资产卡片登记、会计档案保管。钱某为会计机构负责人吴某的儿媳。

2019年9月，钱某休产假，按程序将出纳工作交与赵某，将会计档案保管交与负责稽核工作的会计人员孙某并分别办理工作交接手续。

2019年10月，赵某审核原始凭证时发现所收乙公司开具的两张发票有问题。W发票金额的大小写不一致，Y发票商品名称出现错误。

2020年2月，孙某将会计凭证等会计资料整理归档立卷，编制会计档案保管清册，请示吴某将档案移交档案管理部门。

要求：根据上述资料，不考虑其他因素，分析回答下列小题。

1. 甲公司的下列会计工作岗位设置中，不符合法律规定的是（　　）。
   A. 聘用赵某担任公司出纳
   B. 钱某兼任会计档案保管工作
   C. 赵某兼任固定资产卡片管理工作
   D. 聘用钱某担任公司出纳

2. 关于会计人员钱某和赵某、孙某办理工作交接的下列表述中，正确的是（　　）。
   A. 移交后赵某应另立新账进行会计记录
   B. 每项工作的移交清册一式三份，交接双方各执一份，存档一份
   C. 移交由交接双方和监交人签名或盖章
   D. 由吴某进行监交

3. 赵某拟对W、Y发票的下列处理方式中，符合法律制度规定的是（　　）。
   A. 要求乙公司重开W发票
   B. 要求乙公司就Y发票商品名称填写错误出具书面说明并由乙公司加盖公章
   C. 在Y发票上对记载的商品名称直接更正
   D. 要求乙公司重新开具Y发票

4. 关于会计档案保管和移交的下列表述中正确的是（　　）。
   A. 会计档案可由甲公司会计机构临时保管1年，再移交其档案管理机构保存
   B. 会计档案的保管期是从会计年度终了后的第一天算起
   C. 甲公司会计机构临时保管会计档案最长不超过3年
   D. 会计档案因工作需要确需推迟移交的，应当经甲公司档案管理机构同意

【资料二】2017年1月4日，甲公司初次录用赵某并安排其担任车间操作工，月工资5 000元，双方签订了5年期劳动合同。

2020年1月5日，赵某在工作中突发心脏病入院治疗，一个半月后出院上班。住院治疗期间，公司按月向张某支付工资。

2020年10月10日,赵某在下班后做收尾性工作时,被车间坠物砸伤腿部致残并被确认部分丧失劳动能力,住院治疗2个月后出院。因赵某腿部伤残不能从事原工作,甲公司欲解除双方的劳动合同。

已知:赵某实际工作年限8年,甲公司已为其办理社会保险,甲公司所在地月最低工资标准为1 800元。

要求:根据上述资料,不考虑其他因素,分析回答下列小题。

1. 赵某在工作中突发心脏病入院治疗法律后果的下列表述中,正确的是( )。
   A. 赵某在工作中突发心脏病应视同工伤
   B. 赵某可享受3个月的医疗期待遇
   C. 赵某在工作中突发心脏病不应认定为工伤
   D. 赵某应享受停工留薪期待遇

2. 赵某突发心脏病住院期间,甲公司按月向其支付的工资不得低于( )。
   A. 1 800元　　　　B. 4 000元
   C. 1 440元　　　　D. 5 000元

3. 赵某下班后做收尾性工作被车间坠落物砸伤法律后果的下列表述中,正确的是( )。
   A. 赵某受伤住院期间的工资福利待遇保持不变
   B. 赵某受伤住院期间的工资福利待遇,由甲公司按月支付
   C. 赵某受伤应认定为工伤
   D. 赵某受伤是在下班之后,不应认定为工伤

4. 甲公司解除劳动合同的下列表述中,正确的是( )。

   A. 甲公司可提前30日以书面形式通知赵某解除劳动合同
   B. 甲公司可额外支付赵某1个月工资后解除劳动合同
   C. 甲公司不得单方面解除与赵某的劳动合同
   D. 甲公司无需提前通知赵某即可解除劳动合同

【资料三】中国公民赵某为境内甲合伙企业的自然人合伙人,同时任职于境内乙公司;赵某有两个孩子,一个未满3岁,一个正在读小学。2020年度赵某有关收支情况如下:
(1)甲合伙企业年度收入总额1 000 000元,发生成本、费用以及损失600 000元,赵某按照合伙协议约定的分配比例为70%。
(2)每月从乙公司取得工资、薪金所得10 000元,每月缴纳的基本养老保险费、基本医疗保险费、失业保险费、住房公积金1 800元。
(3)为W公司提供一项技术指导服务,取得一次性劳务报酬19 200元。
(4)取得国债利息5 330元。
(5)取得储蓄存款利息3 500元。
(6)为Y公司提供担保获得收入3 000元。
(7)参加Y公司年会获赠价值2 000元的手机。

已知:综合所得减除费用60 000元;子女教育专项附加扣除标准为1 000元/月,由张某按扣除标准的100%扣除;劳务报酬所得个人所得税预扣率为20%,每次收入4 000元以上的,减除费用按20%计算;劳务报酬所得以收入减除20%的费用后的余额为收入额。

个人所得税税率表(经营所得适用)

级数	全年应纳税所得额	税率(%)	速算扣除数
1	不超过30 000元的	5	0
2	超过30 000元至90 000元的部分	10	1 500
3	超过90 000元至300 000元的部分	20	10 500
4	超过300 000元至500 000元的部分	30	40 500
5	超过500 000元的部分	35	65 500

个人所得税税率表(综合所得适用)

级数	累计预扣预缴应纳税所得额	预扣率(%)	速算扣除数
1	不超过36 000元的部分	3	0
2	超过36 000元的至144 000元的部分	10	2 520
3	超过144 000元至300 000元的部分	20	16 920

要求：根据上述资料，不考虑其他因素，分析回答下列小题。

1. 计算赵某 2020 年度经营所得应缴纳个人所得税税额的下列算式中，正确的是（ ）。
   A. （1 000 000－600 000－60 000－1 800×12－1 000×12）×70%×20%－10 500＝32 396（元）
   B. （1 000 000－600 000－60 000－1 000×12×2）×70%×20%－10 500＝33 740（元）
   C. 1 000 000×70%×35%－65 500＝179 500（元）
   D. （1 000 000－600 000）×70%×20%－10 500＝45 500（元）

2. 计算赵某一次性劳务报酬所得应预扣预缴个人所得税税额的下列算式中，正确的是（ ）。
   A. 19 200÷（1－20%）×20%＝4 800（元）
   B. 19 200÷（1+20%）×20%＝3 200（元）
   C. 19 200×20%＝3 840（元）
   D. 19 200×（1－20%）×20%＝3 072（元）

3. 计算赵某 2020 年综合所得应缴纳个人所得税税额的下列算式中，正确的是（ ）。
   A. （10 000×12＋19 200－60 000）×10%－2 520＝5 400（元）
   B. ［10 000×12＋19 200×（1－20%）－60 000－1 800×12－1 000×12］×10%－2 520＝1 656（元）
   C. ［10 000×12＋19 200×（1－20%）－60 000－1 800×12－1 000×12］×3%＝892.8（元）
   D. （10 000×12＋19 200）×10%－2 520＝11 400（元）

4. 赵某取得的下列所得中，免征个人所得税的是（ ）。
   A. 为 Y 公司提供担保获得收入 3 000 元
   B. 储蓄存款利息 3 500 元
   C. 国债利息 5 330 元
   D. 参加 Y 公司年会获赠价值 2 000 元的手机

预测试题（二）
参考答案及详细解析

一、单项选择题

1. B【解析】选项 A，属于引起法律关系产生的法律行为；选项 CD，属于买卖合同的标的物和对价，其中选项 D 在"经济法基础"考试中被认定为该买卖合同的客体。

2. C【解析】普通诉讼时效期间为 3 年，从权利人知道或者应当知道权利被侵害及义务人时计算。

3. D【解析】选项 A，预算单位零余额账户可以办理转账"提取现金"等结算业务；选项 BC，预算单位零余额账户不得违反规定向"本单位其他账户"和"上级主管单位""所属下级单位账户"划拨资金；选项 D，预算单位零余额账户可以向本单位按账户管理规定保留的相应账户划拨工会经费、住房公积金及提租补贴，以及财政部门批准的特殊款项。

4. A【解析】选项 ABD，记名预付卡可挂失，可赎回，不得设置有效期；不记名预付卡不挂失，不赎回，另有规定的除外；不记名预付款有效期不得低于 3 年。选项 C，单张记名预付卡资金限额不得超过 5 000 元，单张不记名预付卡资金限额不得超过 1 000 元。

5. A【解析】选项 B，为相对记载事项，不记载视为在票据到期日前背书；选项 CD，为背书的必须记载事项，不记载会导致背书行为无效。

6. D【解析】持票人对商业汇票出票人的追索权，自票据到期之日起 2 年。

7. D【解析】选项 D，银行汇票按不超过出票金额的实际结算金额办理结算。

8. C【解析】3 年以上（包括 3 年）固定期限劳动合同、无固定期限的劳动合同，试用期不得超过 6 个月。

9. A【解析】劳动者在试用期的工资不得低于本单位相同岗位最低档工资的 80% 或者劳动合同约定工资的 80%，并不得低于用人单位所在地的最低工资标准。本题中 2 000×80%＝1 600（元），未低于最低工资标准 1 500 元，故张某试用期工资不得低于 1 600 元。

10. A【解析】本题销售额为含税价，需要换算为不含税金额。

11. A【解析】非酒类产品、啤酒、黄酒的单独记账核算的包装物押金：收取时不作销售处理；逾期未退时，并入销售额计征增值税。销售啤酒取得的价款为含税价款，需换算为不含税价款。

12. C【解析】进口应征消费税的应税消费，采用组成计税价格计算进口环节应缴纳的增值税；组成计税价格＝关税完税价格×（1＋关税率)÷(1-消费税税率);应纳税额=组成计税价格×增值税税率。

13. C 【解析】选项 A,电动汽车不属于应税消费品,不缴纳消费税。选项 BC,白酒、高档化妆品在生产、委托加工、进口环节缴纳消费税;选项 B 是零售环节,不缴纳消费税;选项 C 是生产销售环节,应缴纳消费税。选项 D,钻石及钻石饰品在零售环节缴纳消费税,进口环节不缴纳消费税。

14. A 【解析】啤酒、黄酒、成品油从量定额计征消费税。卷烟和白酒实行从价定率和从量定额相结合的复合计征办法征收消费税。

15. C 【解析】纳税人用于换取生产资料和消费资料、投资入股和抵偿债务等方面的应税消费品,应当以纳税人同类应税消费品的最高销售价格作为计税依据计算消费税。

16. A 【解析】公益性捐赠是指企业通过公益性社会组织或者"县级以上"人民政府及其部门,用于符合法律规定的慈善活动、公益事业的捐赠。在本题中,通过当地乡政府向文化事业捐款 55 万元不属于公益性捐赠,不得税前扣除;因此,公益性捐赠扣除限额=500×12%=60(万元)>实际发生额 10 万元,通过公益性社会组织向教育事业的捐款 10 万元允许全额扣除。

17. B 【解析】选项 ACD,农林牧渔,原则上免征企业所得税;选项 B,海水养殖、内陆养殖减半征收企业所得税。

18. C 【解析】选项 AD,以每次取得该项收入为一次选项;选项 B,以支付利息、股息、红利时取得的收入为一次;C,以一个月内取得的收入为一次。

19. C 【解析】纳税人委托施工企业建设的房屋,从办理验收手续之次月起,缴纳房产税。

20. C 【解析】选项 AB,契税的纳税人,是指在我国境内"承受"土地、房屋权属转移的单位和个人,本题中承受房屋权属转移的为高某,赵某不缴纳契税;选项 CD,以房屋抵债不属于"房屋互换",按照房屋买卖计征契税,应纳税额=90×3%=2.7(万元)。

21. B 【解析】城市维护建设税以纳税人依法实际缴纳的"增值税、消费税税额"为计税依据。

22. B 【解析】货物运抵我国关境内输入地点

起卸"前"的包装费、运费、保险费和其他劳务费应计入关税完税价格。

23. A

二、多项选择题

1. AB 【解析】选项 CD,婚姻、收养、监护、扶养、继承纠纷不能提请仲裁。

2. BD 【解析】选项 A,汇票到期日起 10 日内,是商业汇票的提示付款期限,而非提示承兑期限;选项 C,出票后定期付款的商业汇票,持票人应于汇票到期日前向付款人提示承兑。

3. BD 【解析】选项 A,信用卡持卡人可通过柜面办理现金提取业务;选项 B,信用卡持卡人通过 ATM 等自助机具办理现金提取业务,每卡每日累计不得超过人民币 1 万元;选项 C,发卡银行应当对借记卡持卡人在自动柜员机(ATM 机)取款设定上限,每卡每日累计提款不得超过 2 万元人民币;选项 D,储值卡的面值或卡内币值不得超过 1 000 元人民币。

4. BC 【解析】票据交易包括转贴现、质押式回购、买断式回购。

5. BD 【解析】选项 AB,用人单位自用工之日起超过 1 个月不满 1 年未与劳动者订立书面劳动合同的,应当向劳动者每月支付 2 倍的工资并与劳动者补订书面劳动合同;选项 CD,用人单位自用工之日起(2020 年 11 月 6 日)即与劳动者建立劳动关系。

6. ACD 【解析】选项 ACD,由税务机关负责征收管理。

7. ABC 【解析】选项 A,将货物交付其他单位或者个人代销和销售代销货物均视同销售;选项 B,自产货物,无论"对内、对外"均视同销售;选项 C,外购货物"对外"(用于无偿赠送)视同销售;选项 D,外购货物"对内"(用于集体福利和个人消费)进项税额不得抵扣。

8. ABD 【解析】下列所得可以免征企业所得税:(1)外国政府向中国政府提供贷款取得的利息所得(选项 C);(2)国际金融组织向中国政府和居民企业提供优惠贷款取得的利息所得;(3)经国务院批准的其他所得。

9. BCD 【解析】根据规定,技术咨询合同是合同当事人就有关项目的分析、论证、评价、预测和调查订立的技术合同,而一般的法律、会计、审计等方面的咨询不属于技术咨询,其所立合同不贴印花。

10. BD 【解析】选项A,属于虚开发票的行为;选项B,任何单位和个人不得拆本使用发票;选项C,已经开具的发票存根联保存期满后应报经税务机关查验后销毁。

三、判断题
1. √
2. × 【解析】记账凭证可以根据每一张原始凭证、"若干张同类原始凭证汇总"或原始凭证汇总表填制,不得将不同内容和类别的原始凭证汇总填制在一张记账凭证上。
3. × 【解析】票据和结算凭证金额以中文大写和阿拉伯数码同时记载,二者必须一致,二者不一致的票据无效;二者不一致的结算凭证,银行不予受理。
4. × 【解析】用人单位发生合并或者分立等情况,原劳动合同继续有效,劳动合同由承继其权利和义务的用人单位继续履行。
5. × 【解析】将建筑物、构筑物等不动产或者飞机、车辆等有形动产的广告位出租给其他单位或者个人用于发布广告,按照"经营租赁服务"缴纳增值税。
6. × 【解析】单位或者个体工商户为聘用的员工提供服务不征收增值税。
7. × 【解析】职工福利费支出超过规定标准的部分,不得结转以后年度扣除;职工教育经费支出、广告费和业务宣传费支出、公益性捐赠支出、保险企业的手续费及佣金支出可以依法结转扣除。
8. √ 【解析】经营租入的固定资产为他有资产,租入方租金作为费用扣除。
9. √
10. × 【解析】邮寄申报以寄出的邮戳日期为实际申报日期。

四、不定项选择题
【资料一】
1. BD 【解析】选项B,出纳人员不得兼任稽核、会计档案保管和收入、支出、费用、债权债务账目的登记工作;选项D,国有企业的会计机构负责人(会计主管人员)的直系亲属不得在本单位会计机构中担任出纳工作。
2. BCD 【解析】选项A,接替人员应当继续使用移交的会计账簿,不得自行另立新账,以

保持会计记录的连续性。
3. AD 【解析】原始凭证记载的各项内容均不得涂改;原始凭证有错误的,应当由出具单位重开或者更正,更正处应当加盖出具单位印章。原始凭证金额有错误的,应当由出具单位重开,不得在原始凭证上更正。
4. ABCD

【资料二】
1. BC 【解析】选项AC,在工作时间和工作岗位,突发疾病死亡或者在48小时内经抢救无效死亡的,视同工伤;突发心脏病入院治疗不属于视同工伤情形;选项B,实际工作年限10年以下的,在本单位工作年限5年以下的医疗期为3个月;选项D,停工留薪期属于工伤医疗待遇,赵某不享受工伤医疗待遇。
2. C 【解析】病假工资或疾病救济费可以低于当地最低工资标准支付,但最低不能低于最低工资标准的80%。因此按月支付的工资不得低于 1 800×80% = 1 440(元)。
3. ABC 【解析】工作时间前后在工作场所内,从事与工作有关的预备性或收尾性工作受到事故伤害的应当认定为工伤,享受停工留薪期,原工资福利待遇不变,由所在单位按月支付。
4. C 【解析】在本单位患职业病或者因工负伤并被确认丧失或者部分丧失劳动能力的,用人单位不得单方解除劳动合同,也不得终止劳动合同,劳动合同应当延续至相应的情形消失时终止。

【资料三】
1. D 【解析】合伙企业的投资者按照合伙企业的全部生产经营所得和合伙协议约定的分配比例确定应纳税所得额,张某应分配的所得是(1 000 000-600 000)×70% = 280 000(元);取得经营所得的个人,没有综合所得的,计算其每一纳税年度的应纳税所得额时,应当减除费用6万元、专项扣除、专项附加扣除以及依法确定的其他扣除。张某有工资薪金所得,不得减除上述项目。所以张某经营所得应纳税额 = (1 000 000 - 600 000)×70%×20%-10 500 = 45 500(元)。
2. D 【解析】预扣预缴时,劳务报酬所得每次收入4 000元以上的,减除费用20%。应预扣预缴税额=收入×(1-20%)×预扣率=19 200×

（1-20%)×20%=3 072(元)。

3. B 【解析】未满3岁的孩子不得享受子女教育专项附加扣除。张某取得的综合所得包括工资薪金所得和劳务报酬所得。应纳税额=[全年的工资10 000×12+全年的劳务报酬19 200×(1-20%)-全年的专项扣除1 800×12-全年的生计费60 000-全年的专项附加扣除子女教育支出1 000×12]×10%-2 520=1 656(元)。

4. BC 【解析】选项BC，国债利息、个人储蓄存款利息免征个人所得税；选项A，个人为单位或他人提供担保获得收入，按照"偶然所得"项目计算缴纳个人所得税；选项D，企业在年会、座谈会、庆典以及其他活动中向本单位以外的个人赠送礼品，个人取得的礼品收入，按照"偶然所得"项目计算缴纳个人所得税。

你来找茬，给你奖励

"梦想成真"系列辅导丛书自出版以来，以严谨细致的专业内容和清晰简洁的编撰风格受到了广大读者的一致好评，但因水平和时间有限，书中难免会存在一些疏漏和错误。读者如有发现本书不足，可扫描"欢迎来找茬"二维码上传纠错信息，审核后每处错误奖励10元购课代金券。（多人反馈同一错误，只奖励首位反馈者。请关注"中华会计网校"微信公众号接收奖励通知。）

在此，诚恳地希望各位学员不吝批评指正，帮助我们不断提高完善。

邮箱：mxcc@cdeledu.com

微博：@正保文化

欢迎来找茬

中华会计网校微信公众号

正保文化官微

关注正保文化官方微信公众号，回复"勘误表"，获取本书勘误内容。